DIZIONARIO

INGLESE-ITALIANO
ITALIANO-INGLESE

GIUNTI

Copyright © The Hamlyn Publishing Group Limited
1976, 1983, 1988

Per l'edizione italiana

© 2002 Giunti Gruppo Editoriale, Firenze
Prima edizione: marzo 2002

Ristampa							Anno				
6	5	4	3	2	1	0	2006	2005	2004	2003	2002

ISBN 88-09-02477-X

Stampato presso Giunti Industrie Grafiche S.p.A. – Stabilimento di Prato

Foreword

This dictionary aims to give concise and accurate definitions of 24,000 of the most important words in use in the English and Italian languages today.

A pronunciation system based on the International Phonetic Alphabet is used (see Key to symbols used in pronunciation). Pronunciation is given for all headwords in both sections of the dictionary, and also for selected subentries in the Italian-English section.

Modern technical, commercial, and informal usage is given particular attention, in preference to outmoded terms or other expressions not in common contemporary use. Definitions are numbered in order to distinguish senses, and abbreviations are used to indicate use in specific technical, scientific, or commercial fields (see Abbreviations used in the Dictionary). An additional feature is the inclusion of idiomatic expressions and phrases, so necessary for the understanding and use of the foreign language.

This dictionary, with its emphasis on modernity, together with its compact form and clear typeface, should prove indispensable in the home, at school, in the office, and abroad.

Premessa

Questo dizionario vuole offrire in forma sintetica, ma accurata, la traduzione di 24.000 tra le parole oggi più usate nelle lingue italiana e inglese.

In entrambe le sezioni viene fornita la pronuncia dei lemmi secondo l'Alfabeto Fonetico Internazionale. Nella scelta dei vocaboli da tradurre si è dato spazio a quelli di ambito tecnico-commerciale e ad alcuni termini scientifici, come pure a quelli di uso più informale. Particolare attenzione e rilievo hanno avuto quelle espressioni e forme idiomatiche che tanto utili risultano alla reale comprensione e all'uso di una lingua straniera.

Le differenti traduzioni di uno stesso vocabolo sono numerate in successione in modo da distinguerne i significati e sono accompagnate ove sia necessario, da abbreviazioni specifiche che ne identificano l'ambito linguistico di appartenenza.

Per la particolare attenzione dedicata alle forme correnti della lingua moderna, per la scelta del formato tascabile e la chiarezza di impaginazione, questo dizionario si propone come indispensabile strumento di consultazione per il turismo, lo studio e il lavoro.

Notes on the use of the Dictionary

Irregular plural forms of Italian nouns are shown immediately after the part of speech; the gender of the plural is given only if it differs from that of the singular:

e.g. **uomo**...*nm, pl* **uomini**
uovo...*nm, pl* **uova** *f*

Nouns or adjectives that do not change in the plural are marked as invariable:

e.g. **re**... *nm invar* king.

Feminine forms of nouns are not shown when they can be derived in a regular way from the masculine form. Both masculine and feminine forms are shown when different translations are required, e.g. *figlio* son, *figlia* daughter.

When the same word may be both an adjective and a noun, the gender of the noun is given only when it is fixed. Thus, **segreto**... *adj,nm* (secret) indicates that the word is an adjective or a masculine noun; **adulto**... *adj,n* indicates that the word is an adjective or a masculine or feminine noun (*l'adulto, l'adulta*).

Adverbs derived from adjectives are not shown in either section of the dictionary unless a separate translation is required, or unless the formation is irregular. Italian adverbs are considered regular if they are formed by adding -*mente* to the feminine singular of the adjective, e.g. *lenta–lentamente*, or by dropping the final *e* of a feminine adjective ending in a vowel followed by -*le* or -*re* and adding -*mente*, e.g. *facile–facilmente*. English adverbs are considered regular if they are formed by adding -*ly* to the adjective.

Irregular verbs are marked with an asterisk in the headword list of both sections of the dictionary. The principal parts of all these verbs, except compounds, are shown in the verb tables. For the conjugation of compounds the reader should refer to the base form, e.g. for *aggiungere*, see *giungere*.

A swung dash (~) before a change of part of speech indicates that the part of speech refers to the headword, not the preceding subentry shown in heavy type.

In entrambe le sezioni del dizionario, i verbi irregolari sono segnati con un asterisco al lemma corrispondente e, per la massima parte, si ritrovano negli elenchi posti nella parte iniziale del volume.

In questa parte, inoltre, si trovano esemplificate le diverse tipologie dei plurali irregolari inglesi più comuni.

Gli avverbi derivati dagli aggettivi non ricorrono nelle due sezioni del dizionario, eccettuate le forme irregolari e i casi in cui si renda necessaria una traduzione specifica del vocabolo.

Gli avverbi italiani sono considerati regolari quando sono formati con l'aggiunta del suffisso -mente all'aggettivo femminile singolare corrispondente (es. lenta-lentamente), con caduta della e finale nei casi di terminazione in -le o -re (es. facile-facilmente).

Gli avverbi inglesi sono considerati regolari quando sono formati con l'aggiunta del suffisso -ly alla forma dell'aggettivo.

Una tilde (~) segnala che il vocabolo seguente costituisce in effetti la traduzione del lemma e non piuttosto della parola composta o comunque derivata dal lemma, battuta in neretto, che la precede.

Abbreviazioni

aggettivo	adj.	*adjective*
avverbio	adv.	*adverb*
anatomia	anat.	*anatomy*
architettura	arch.	*architecture*
ausiliare	aux.	*auxiliary*
aeronautica	aviat.	*aviation*
botanica	bot.	*botany*
commercio	comm.	*commerce*
computer	comp.	*computer*
congiunzione	conj.	*conjunction*
culinaria	cul.	*culinary*
articolo determinativo	def. art.	*definite article*
dispregiativo	derog.	*derogatory*
educazione	educ.	*education*
femminile	f.	*feminine*
familiare	fam.	*familiar*
formale	fml.	*formal*
giuochi	game	*cards, chess, etc.*
grammatica	gram.	*grammar*
geografia	geog.	*geography*
articolo indeterminativo	indef. art.	*indefinite article*
informale	inf.	*informal*

Abbreviations

infinito	infin.	*infinitive*
interiezione	interj.	*interjection*
invariabile	invar.	*invariable*
letterario	lit.	*literature*
maschile	m.	*masculine*
matematica	math.	*mathematics*
medicina	med.	*medical*
militare	mil.	*military*
mineralogia	min.	*minerals*
modale	mod.	*modal*
automobilismo	mot.	*motoring*
musica	mus.	*music*
sostantivo	n.	*noun*
nautico	naut.	*nautical*
negazione	neg.	*negative*
persona	pers.	*person*
fotografia	phot.	*photography*
politica	pol.	*politics*
possessivo	poss.	*possessive*
prefisso	pref.	*prefix*
preposizione	prep.	*preposition*
pronome	pron.	*pronoun*
religione	rel.	*religion*
singolare	s.	*singular*
scientifico	sci.	*science*
gergo	sl.	*slang*
suffisso	suff.	*suffix*
volgare	tab.	*taboo*
industriale	TdmK	*trademark*
tecnico	tech.	*technical*
teatro	Th.	*theater*
Stati Uniti	U.S.	*United States*
verbo	v.	*verb*
verbo intransitivo	vi.	*intransitive verb*
verbo impersonale	vimp.	*impersonal verb*
verbo riflessivo	vr.	*reflexive verb*
verbo transitivo	vt.	*transitive verb*
zoologia	zool.	*zoology*

7

Trascrizione fonetica				Phonetic transcription	
vocali				*vowels*	
vino		i			bit
			i:	meet	
sera	e				get
bello		ɛ			get
			æ	hat	
			ɑ:	heart	
			ʌ	cut	
			ə	ago	
			ə:	sir	
brodo		ɔ			hot
			ɔ:	ought	
notte	o				
rupe		u			put
			u:	shoot	
semivocali				*semivowels*	
ieri		j			yes
			w	war	
dittonghi				*diphtongs*	
piaga	ia				
lieto	ie				
azione	io				
fiume	iu				
baita		ai			fly
lei		ei			late
eroico	oi				
guida	ui				
lauto		au			how
reuma	eu				
			ou	go	
quattro	ua				
quello	ue				
galantuomo	uo				
			iə	here	
			ɔi	boy	
			ɛə	air	
			uə	poor	

8

consonanti			*consonants*
bambino		b	*baby*
dado		d	*dear*
famiglia		f	*free*
gatto		g	*game*
		h	*hot*
cane		k	*kiss*
letto		l	*little*
madre		m	*mark*
no		n	*nice*
gnomo	ɲ		
		ŋ	*sing*
penna		p	*pencil*
ramo		r	*rose*
sano		s	*see*
tutto		t	*time*
vero		v	*very*
esame		z	*cousin*
uscire		ʃ	*ship*
		ʒ̧	*measure*
cercare		tʃ	*chin*
cagionare		dʒ̧	*gin*
		θ	*thin*
		ð	*then*
gli	ʎ		
aglio	ʎʎ		

---

altri segni

accento tonico principale che precede la sillaba su cui cade la voce

posto sotto *n* o *l* indica che esse sono pronunciate come una sillaba

ə'gou

'flænl̩

miscellaneous

*indicates that the following syllable
is stressed as in 'ago'*

*placed under an 'n' or 'l' is pronun-
ced as a syllable, as in 'button' and
'flannel'*

Alcuni plurali irregolari inglesi

I plurali irregolari sono, per definizione, difficilmente riconducibili a una sistemazione coerente ed unitaria.

È d'altro canto possibile individuare alcuni dei casi più comuni e ricorrenti:

a) sostantivi con plurale in -ves:

calf/calves	*elf/elves*	*half/halves*
knife/knives	*leaf/leaves*	*life/lives*
loaf/loaves	*self/selves*	*sheaf/sheves*
shelf/shelves	*thief/thieves*	*wife/wives*
wolf/wolves		

b) sostantivi che formano il plurale con mutazione di vocali:

foot/feet	*goose/geese*	*louse/lice*
man/men	*mouse/mice*	*tooth/teeth*
woman/women		

c) altri plurali irregolari:

child/children	*ox/oxen*

d) alcuni sostantivi invariabili che possono essere seguiti sia da un verbo singolare che plurale:

deer	*fish*	*sheep*
barracks	*crossroads*	*data*
dice	*headquarters*	*means*
oats	*series*	*species*

e) sostantivi che possono essere usati solo al singolare:

advice	*baggage*	*business*
furniture	*hair*	*information*
luggage	*news*	*progress*

f) altre forme invariabili:

- sostantivi indicanti nazionalità terminanti in -ese (oltre a *Swiss*)
  es. *The Chinese*: i cinesi

- i sostantivi *dozen, hundred, thousand* e *million* quando sono accompagnati da un numerale:
  es. *three hundred people*

g) i sostantivi stranieri spesso seguono le regole della lingua originale:

> *basis/bases*
> *crisis/crises*
> *phenomenon/phenomena*
> *thesis/theses*

Salvo nel linguaggio tecnico, si tende tuttavia comunemente a formare il plurale secondo le regole inglesi:

> *formula/formulae* (matematica)/*formulas* (in generale) *villa/villas*

Verbi irregolari inglesi

Infinito	Passato	Participio passato
abide	abode *or* abided	abode *or* abided
arise	arose	arisen
awake	awoke *or* awaked	awoke *or* awaked
be	was	been
bear	bore	borne *or* born
beat	beat	beaten
become	became	become
begin	began	begun
bend	bent	bent
bet	bet	bet
beware		
bid	bid	bidden *or* bid
bind	bound	bound
bite	bit	bitten *or* bit
bleed	bled	bled
blow	blew	blown
break	broke	broken
breed	bred	bred
bring	brought	brought
build	built	built
burn	burnt *or* burned	burnt *or* burned
burst	burst	burst
by	bought	bought
can	could	
cast	cast	cast
catch	caught	caught
choose	chose	chosen
cling	clung	clung
come	came	come
cost	cost	cost
creep	crept	crept
crow	crowed *or* crew	crowed
cut	cut	cut
deal	dealt	dealt

Infinito	Passato	Participio passato
dig	dug or digged	dug or digged
do	did	done
draw	drew	drawn
dream	dreamed or dreamt	dreamed or dreamt
drink	drank	drunk
drive	drove	driven
dwell	dwelt	dwelt
eat	ate	eaten
fall	fell	fallen
feed	fed	fed
feel	felt	felt
fight	fought	fought
find	found	found
flee	fled	fled
fling	flung	flung
fly	flew	flown
forbid	forbade or forbad	forbidden or forbid
forget	forgot	forgotten or forgot
forgive	forgave	forgiven
forsake	forsook	forsaken
freeze	froze	frozen
get	got	got
give	gave	given
go	went	gone
grind	ground	ground
grow	grew	grown
hang	hung or hanged	hung or hanged
have	had	had
hear	heard	heard
hide	hid	hidden or hid
hit	hit	hit
hold	held	held
hurt	hurt	hurt
keep	kept	kept
kneel	knelt	knelt

Infinito	Passato	Participio passato
knit	knitted or knit	knitted or knit
know	knew	known
lay	laid	laid
lead	led	led
lean	leant or leaned	leant or leaned
leap	leapt or leaped	leapt or leaped
learn	learnt or learned	learnt or learned
leave	left	left
lend	lent	lent
let	let	let
lie	lay	lain
light	lit or lighted	lit or lighted
lose	lost	lost
make	made	made
may	might	—
mean	meant	meant
meet	met	met
mow	mowed	mown
must	—	—
ought	—	—
panic	panicked	panicked
pay	paid	paid
picnic	picnicked	picnicked
put	put	put
quit	quitted or quit	quitted or quit
read	read	read
rid	rid or ridded	rid or ridded
ride	rode	ridden
ring	rang	rung
rise	rose	risen
run	ran	run
saw	sawed	sawn or sawed
say	said	said
see	saw	seen
seek	sought	sought
sell	sold	sold

Infinito	Passato	Participio passato
send	sent	sent
set	set	set
sew	sewed	sewn or sewed
shake	shook	shaken
shall	should	
shear	sheared	sheared or shorn
shed	shed	shed
shine	shone	shone
shoe	shod	shod
shoot	shot	shot
show	showed	shown
shrink	shrank or shrunk	shrunk or shrunken
shut	shut	shut
sing	sang	sung
sink	sank	sunk
sit	sat	sat
sleep	slept	slept
slide	slid	slid
sling	slung	slung
slink	slunk	slunk
slit	slit	slit
smell	smelt or smelled	smelt or smelled
sow	sowed	sown or sowed
speak	spoke	spoken
speed	sped or speeded	sped or speeded
spell	spelt or spelled	spelt or spelled
spend	spent	spent
spill	spilt or spilled	spilt or spilled
spin	spun	spun
spit	spat or spit	spat or spit
split	split	split
spoil	spoilt or spoiled	spoilt or spoiled
spread	spread	spread
spring	sprang	sprung

Infinito	Passato	Participio passato
stand	stood	stood
steal	stole	stolen
sting	stung	stung
stink	stank or stunk	stunk
stride	strode	stridden
strike	struck	struck
string	strung	strung
strive	strove	striven
swear	swore	sworn
sweep	swept	swept
swell	swelled	swollen or swelled
swim	swam	swum
swing	swung	swung
take	took	taken
teach	taught	taught
tear	tore	torn
tell	told	told
think	thought	thought
throw	threw	thrown
thrust	thrust	thrust
traffic	trafficked	trafficked
tread	trod	trodden or trod
wake	woke	woken
wear	wore	worn
weave	wove	woven or wove
weep	wept	wept
will	would	
win	won	won
wind	wound	wound
wring	wrung	wrung
write	wrote	written

Italian irregular verbs

Infinitive	Present Indicative	Past Definite	Future	Past Participle
accendere	accendo	accesi	accenderò	acceso
accludere	accludo	acclusi	accluderò	accluso
accorgersi	mi accorgo	mi accorsi	mi accorgerò	accorto
affiggere	affiggo	affissi	affiggerò	affisso
affliggere	affliggo	afflissi	affliggerò	afflitto
alludere	alludo	allusi	alluderò	alluso
andare	vado	andai	andrò	andato
apparire	apparisco *or* appaio	apparvi *or* apparsi	apparirò	apparso
appendere	appendo	appesi	appenderò	appeso
aprire	apro	apri *or* apersi	aprirò	aperto
ardere	ardo	arsi	arderò	arso
assalire	assalgo *or* assalisco	assalii	assalirò	assalito
assistere	assisto	assistei	assisterò	assistito
assolvere	assolvo	assolsi	assolverò	assolto
assumere	assumo	assunsi	assumerò	assunto
avere	ho	ebbi	avrò	avuto
bere	bevo	bevvi *or* bevei	berrò	bevuto
cadere	cado	caddi	cadrò	caduto
chiedere	chiedo	chiesi	chiederò	chiesto
chiudere	chiudo	chiusi	chiuderò	chiuso
cogliere	colgo	colsi	coglierò	colto
coincidere	coincide	coincisi	coinciderò	coinciso
comparire	comparisco *or* compaio	comparsi *or* comparii	comparirò	comparso
comprimere	comprimo	compressi	comprimerò	compresso
concedere	concedo	concessi *or* concedei	concederò	concesso *or* conceduto
concludere	concludo	conclusi	concluderò	concluso
connettere	connetto	connettei	connetterò	connesso
conoscere	conosco	conobbi	conoscerò	conosciuto
coprire	copro	copri *or* copersi	coprirò	coperto
correre	corro	corsi	correrò	corso
costruire	costruisco	costruii	costruirò	costruito
crescere	cresco	crebbi	crescerò	cresciuto
cuocere	cuocio	cossi	cuocerò	cotto
dare	do	diedi *or* detti	darò	dato
decidere	decido	decisi	deciderò	deciso
deludere	deludo	delusi	deluderò	deluso
deprimere	deprimo	depressi	deprimerò	depresso

Infinitive	Present Indicative	Past Definite	Future	Past Participle
difendere	difendo	difesi	difenderò	difeso
dipendere	dipendo	dipesi	dipenderò	dipeso
dipingere	dipingo	dipinsi	dipingerò	dipinto
dire	dico	dissi	dirò	detto
dirigere	dirigo	diressi	dirigerò	diretto
discutere	discuto	discussi	discuterò	discusso
dissuadere	dissuado	dissuasi	dissuaderò	dissuaso
distinguere	distinguo	distinsi	distinguerò	distinto
dividere	divido	divisi	dividerò	diviso
dolere	dolgo	dolsi	dorrò	doluto
dovere	devo or debbo	dovetti or dovei	dovrò	dovuto
emergere	emergo	emersi	emergerò	emerso
esaurire	esaurisco	esaurii	esaurirò	esaurito/esausto
escludere	escludo	esclusi	escluderò	escluso
esigere	esigo	esigetti or esigei	esigerò	esatto
esistere	esisto	esistei	esisterò	esistito
espellere	espello	espulsi	espellerò	espulso
esplodere	esplodo	esplosi	esploderò	esploso
esprimere	esprimo	espressi	esprimerò	espresso
essere	sono	fui	sarò	stato
evadere	evado	evasi	evaderò	evaso
fare	faccio	feci	farò	fatto
fingere	fingo	finsi	fingerò	finto
fondere	fondo	fusi	fonderò	fuso
friggere	friggo	frissi	friggerò	fritto
giacere	giaccio	giacqui	giacerò	giaciuto
giungere	giungo	giunsi	giungerò	giunto
illudere	illudo	illusi	illuderò	illuso
immergere	immergo	immersi	immergerò	immerso
incidere	incido	incisi	inciderò	inciso
includere	includo	inclusi	includerò	incluso
invadere	invado	invasi	invaderò	invaso
istruire	istruisco	istruii	istruirò	istruito
leggere	leggo	lessi	leggerò	letto
mettere	metto	misi	metterò	messo
mordere	mordo	morsi	morderò	morso
morire	muoio	morii	morrò or morirò	morto
muovere	muovo	mossi	muoverò	mosso
nascere	nasco	nacqui	nascerò	nato

Infinitive	Present Indicative	Past Definite	Future	Past Participle
nascondere	nascondo	nascosi	nasconderò	nascosto
nuocere	nuoccio	nocqui	nuocerò	nociuto
offendere	offendo	offesi	offenderò	offeso
offrire	offro	offrii or offersi	offrirò	offerto
opprimere	opprimo	oppressi	opprimerò	oppresso
parere	paio	parvi or parsi	parrò	parso
percuotere	percuoto	percossi	percuoterò	percosso
perdere	perdo	persi or perdei	perderò	perso or perduto
persuadere	persuado	persuasi	persuaderò	persuaso
piacere	piaccio	piacqui	piacerò	piaciuto
piangere	piango	piansi	piangerò	pianto
piovere	piove	piovve	pioverà	piovuto
porgere	porgo	porsi	porgerò	porto
porre	pongo	posi	porrò	posto
potere	posso	potei	potrò	potuto
premere	premo	premei or premetti	premerò	premuto
prendere	prendo	presi	prenderò	preso
presumere	presumo	presunsi	presumerò	presunto
produrre	produco	produssi	produrrò	prodotto
proteggere	proteggo	protessi	proteggerò	protetto
provvedere	provvedo	provvidi	provvederò	provveduto or provvisto
prudere	prudo	prudei	pruderò	—
pungere	pungo	punsi	pungerò	punto
radere	rado	rasi	raderò	raso
reggere	reggo	ressi	reggerò	retto
rendere	rendo	resi	renderò	reso
reprimere	reprimo	repressi	reprimerò	represso
ridere	rido	risi	riderò	riso
riflettere	rifletto	riflessi or riflettei	rifletterò	riflesso or riflettuto
rimanere	rimango	rimasi	rimarrò	rimasto
risolvere	risolvo	risolsi	risolverò	risolto
rispondere	rispondo	risposi	risponderò	risposto
rodere	rodo	rosi	roderò	roso
rompere	rompo	ruppi	romperò	rotto
salire	salgo	salii	salirò	salito
sapere	so	seppi	saprò	saputo
scegliere	scelgo	scelsi	sceglierò	scelto
scendere	scendo	scesi	scenderò	sceso
sciogliere	sciolgo	sciolsi	scioglierò	sciolto

Infinitive	Present Indicative	Past Definite	Future	Past Participle
scomparire	scomparisco or scompaio	scomparvi or scomparsi	scomparirò	scomparso
scoprire	scopro	scoprii or scopersi	scoprirò	scoperto
scorgere	scorgo	scorsi	scorgerò	scorto
scrivere	scrivo	scrissi	scriverò	scritto
scuotere	scuoto	scossi	scuoterò	scosso
sedere	siedo or seggo	sedei	sederò	seduto
seppellire	seppellisco	seppellii	seppellirò	seppellito or sepolto
soffrire	soffro	soffersi or soffrii	soffrirò	sofferto
sommergere	sommergo	sommersi	sommergerò	sommerso
sopprimere	sopprimo	soppressi	sopprimerò	soppresso
sorgere	sorgo	sorsi	sorgerò	sorto
sospendere	sospendo	sospesi	sospenderò	sospeso
spargere	spargo	sparsi	spargerò	sparso
sparire	sparisco	sparvi or sparii	sparirò	sparito
spegnere	spengo	spensi	spegnerò	spento
spendere	spendo	spesi	spenderò	speso
spingere	spingo	spinsi	spingerò	spinto
stare	sto	stetti	starò	stato
stringere	stringo	strinsi	stringerò	stretto
succedere	succedo	successi or succedei	succederò	successo or succeduto
tacere	taccio	tacqui	tacerò	taciuto
tendere	tendo	tesi	tenderò	teso
tenere	tengo	tenni	terrò	tenuto
tingere	tingo	tinsi	tingerò	tinto
togliere	tolgo	tolsi	toglierò	tolto
torcere	torco	torsi	torcerò	torto
trarre	traggo	trassi	trarrò	tratto
uccidere	uccido	uccisi	ucciderò	ucciso
udire	odo	udii	udirò	udito
ungere	ungo	unsi	ungerò	unto
uscire	esco	uscii	uscirò	uscito
valere	valgo	valsi	varrò	valso or valuto
vedere	vedo	vidi	vedrò	veduto or visto
venire	vengo	venni	verrò	venuto
vincere	vinco	vinsi	vincerò	vinto
vivere	vivo	vissi	vivrò	vissuto
volere	voglio	volli	vorrò	voluto
volgere	volgo	volsi	volgerò	volto

[1] Most *-ere* verbs have the alternative endings of *-ei* or *-etti* in the Past Definite.

DIZIONARIO
INGLESE-ITALIANO

A

a, an (ə, ən; *stressed* ei, æn) *indef art* un, uno *ms.* una, un' *fs.*

aback (əˈbæk) *adv* all'indietro. **taken aback** preso alla sprovvista.

abandon (əˈbændən) *vt* abbandonare, lasciare. *n* abbandono, trasporto *m.* **abandonment** *n* abbandono *m.* rinuncia *f.*

abashed (əˈbæʃt) *adj* intimidito, umiliato.

abate (əˈbeit) *vt* mitigare, diminuire. *vi* calmarsi, indebolirsi.

abattoir (ˈæbətwɑː) *n* mattatoio *m.*

abbess (ˈæbis) *n* badessa *f.*

abbey (ˈæbi) *n* abbazia *f.*

abbot (ˈæbət) *n* abate *m.*

abbreviate (əˈbriːvieit) *vt* abbreviare, accorciare. **abbreviation** *n* abbreviazione *f.*

abdicate (ˈæbdikeit) *vt* abdicare, rinunciare a. *vi* abdicare. **abdication** *n* abdicazione, rinuncia *f.*

abdomen (ˈæbdəmən) *n* addome *m.* **abdominal** *adj* addominale.

abduct (æbˈdʌkt) *vt* rapire, portar via. **abduction** *n* rapimento, ratto *m.* **abductor** *n* rapitore *m.*

abet (əˈbet) *vt* incitare, istigare, favoreggiare.

abeyance (əˈbeiəns) *n* sospensione *f.* **in abeyance** giacente.

abhor (əbˈhɔː) *vt* abborrire, detestare. **abhorrence** *n* avversione, ripugnanza *f.* **abhorrent** *adj* odioso, ripugnante.

abide* (əˈbaid) *vi* rimanere, dimorare. *vt* tollerare. **abide by** rispettare, tener fede a.

ability (əˈbiliti) *n* abilità *f.* talento *m.*

abject (ˈæbdʒekt) *adj* abietto, vile, spregevole.

ablaze (əˈbleiz) *adj* in fiamme, risplendente.

able (ˈeibəl) *adj* **1** abile, esperto. **2** in grado di. **able-bodied** *adj* robusto, forte. **ably** *adv* abilmente.

abnormal (æbˈnɔːməl) *adj* anormale. **abnormality** *n* anormalità *f.*

aboard (əˈbɔːd) *adv* a bordo. **go aboard** imbarcarsi. ~*prep* a bordo di.

abode (əˈboud) *n* dimora, residenza *f.*

abolish (əˈbɔliʃ) *vt* abolire, sopprimere. **abolition** *n* abolizione *f.*

abominable (əˈbɔminəbəl) *adj* abominevole, detestabile. **abomination** *n* **1** infamia *f.* **2** disgusto *m.*

Aborigine (æbəˈridʒini) *n* aborigeno *m.*

abort (əˈbɔːt) *vi* **1** abortire. **2** fallire. **abortion** *n* aborto *m.* **abortive** *adj* **1** abortivo. **2** mancato.

abound (əˈbaund) *vi* abbondare.

about (əˈbaut) *prep* **1** circa, intorno a. **2** riguardo a. *adv* **1** circa, quasi. **2** presso.

above (əˈbʌv) *adv* in alto, lassù. *prep* sopra, più di, oltre. **above all** soprattutto. **above mentioned** suddetto. **above-board** *adv* lealmente, apertamente. *adj* leale.

abrasion (ə'breiʒən) n abrasione, escoriazione f. **abrasive** adj, n abrasivo m.

abreast (ə'brest) adv di fianco.

abridge (ə'bridʒ) vt abbreviare, ridurre. **abridgment** n sommario, riassunto m.

abroad (ə'brɔːd) adv all'estero.

abrupt (ə'brʌpt) adj 1 brusco, improvviso. 2 ripido, scosceso.

abscess ('æbses) n ascesso m.

abscond (əb'skɔnd) vi nascondersi, rendersi latitante.

absent ('æbsənt) adj assente, mancante. **absent-minded** adj distratto. **absentmindedness** n distrazione f. **absence** n assenza, mancanza f. **absentee** n persona abitualmente assente f. assente m.

absinthe ('æbsinθ) n assenzio m.

absolute ('æbsəluːt) adj 1 assoluto. 2 completo, perfetto.

absolve (əb'zɔlv) vt assolvere. **absolution** n assoluzione f.

absorb (əb'zɔːb) vt assorbire. **absorbent** adj assorbente. **absorption** n assorbimento m.

abstain (əb'stein) vi astenersi. **abstention** n astensione f. **abstinence** n astinenza f. digiuno m.

abstract (adj, n 'æbstrækt v əb'strækt) adj astratto. n estratto, riassunto m. vt astrarre, rimuovere. **abstraction** n astrazione f.

absurd (əb'səːd) adj assurdo, ridicolo. **absurdity** n assurdità f.

abundance (ə'bʌndəns) n abbondanza f. **abudant** adj abbondante.

abuse (v ə'bjuːz; n ə'bjuːs) vt 1 abusare di. 2 insultare, maltrattare, ingiuriare. n 1 abuso, cattivo uso. 2 insulti m pl.

abusive adj 1 ingiurioso. 2 abusivo.

abyss (ə'bis) n abisso m. **abysmal** adj abissale, profondo.

Abyssinia (æbə'siniə) n Abissinia f. **Abyssinian** adj, n abissino.

academy (ə'kædəmi) n accademia f. **academic** adj, n accademico, universitario m.

accelerate (ək'seləreit) vt accelerare. **acceleration** n accelerazione f. **accelerator** n acceleratore m.

accent ('æksənt) n accento m. **accentuate** v accentuare, mettere in evidenza. **accentuation** n accentuazione f. enfasi f invar.

accept (ək'sept) vt accettare, accogliere, approvare. **acceptable** adj accettabile, ammissibile. **acceptance** n accettazione, approvazione f.

access ('ækses) n accesso, ingresso m. **accessible** adj accessibile.

accessory (ək'sesəri) adj accessorio. n 1 complice m. 2 accessorio m.

accident ('æksidnt) n 1 disgrazia f. incidente m. 2 accidente, caso m. **by accident** per caso. **accidental** adj fortuito, casuale.

acclaim (ə'kleim) vt acclamare. **acclamation** n acclamazione f.

acclimatize (ə'klaimətaiz) vt acclimatare.

accommodate (ə'kɔmədeit) vt 1 ricevere, ospitare. 2 metter d'accordo, conciliare. 3 adattare, conformare. **accommodating** adj accomodante, compiacente. **accommodation** n alloggio m.

accompany (ə'kʌmpəni) vt accompagnare. **accompaniment** n accompagnamento *m.*

accomplice (ə'kʌmplis) *n* complice *m,f.*

accomplish (ə'kʌmpliʃ) *vt* compiere, terminare, realizzare. **accomplished** *adj* esperto. **accomplishment** *n* 1 compimento *m.* 2 talento *m.*

accord (ə'kɔ:d) *n* accordo, consenso *m.* **of one's own accord** spontaneamente. ~*vt* accordare, concedere. **accordance** *n* accordo *m.* conformità *f.* **accordingly** *adv* pertanto, di conseguenza, perciò, quindi. **according to** *adv* secondo, conformemente a.

accordion ('ə:kɔ:diən) *n* fisarmonica *f.*

accost (ə'kɔst) *vt* indirizzarsi a, rivolgersi a.

account (ə'kaunt) *n* 1 conto, calcolo *m.* 2 versione *f.* resoconto *m.* **by all accounts** a quanto si dice. **on account of** a causa di. **on no account** per nessun motivo. ~*vt* considerare, riguardare. **account for** essere responsabile di, render conto di. **accountable** *adj* responsabile. **accountancy** *n* contabilità *f.* **accountant** *n* contabile *m.* **chartered accountant** ragioniere *m.*

accumulate (ə'kju:mjuleit) *vt* accumulare, ammassare. *vi* accumularsi. **accumulation** *n* accumulamento, ammasso *m.* **accumulative** *adj* accumulativo.

accurate ('ækjurət) *adj* accurato, preciso, esatto. **accuracy** *n* accuratezza, precisione *f.*

accuse (ə'kju:z) *vt* accusare, incolpare. **accusation** *n* accusa *f.* **accused** *n* accusato, imputato *m.*

accustom (ə'kʌstəm) *vt* abituare.

ace (eis) *n* 1 asso *m.* 2 *inf* campione *m.*

ache (eik) *n* dolore, male *m.* *vi* dolere, far male.

achieve (ə'tʃi:v) *vt* 1 compiere, portare a termine. 2 ottenere, raggiungere. **achievement** *n* 1 compimento *m.* 2 impresa *f.* successo *m.*

acid ('æsid) *adj,n* acido *m.* **acidity** *n* acidità *f.*

acknowledge (ək'nɔlidʒ) *vt* ammettere, riconoscere. **acknowledge receipt** accusare ricevuta. **acknowledgment** *n* 1 riconoscimento *m.* ammissione *f.* 2 ricevuta *f.*

acne ('ækni) *n* acne *m.*

acorn ('eikɔ:n) *n* ghianda *f.*

acoustic (ə'ku:stik) *adj* acustico. **acoustics** *n* acustica *f.*

acquaint (ə'kweint) *vt* informare, mettere al corrente. **be acquainted with** 1 conoscere. 2 essere al corrente di. **acquaintance** *n* conoscenza *f.*

acquiesce (ækwi'es) *vi* acconsentire, assentire. **acquiescence** *n* acquiescenza *f.* **acquiescent** *adj* acquiescente, docile.

acquire (ə'kwaiə) *vt* 1 acquistare, acquisire. 2 imparare. **acquisition** *n* acquisizione *f.* acquisto *m.* **acquisitive** *adj* avido di guadagno.

acquit (ə'kwit) *vt* 1 assolvere. 2 pagare. **acquit oneself well** comportarsi bene. **acquittal** *n* assoluzione *f.*

acre ('eikə) *n* acro *m.*

acrimony ('ækriməni) *n* acrimonia *f.* **acrimonious** *adj* acrimonioso.

acrobat ('ækrəbæt) *n* acrobata *m.* **acrobatic** *adj* acrobatico. **acrobatics** *n* acrobazia *f.*

across (ə'krɔs) *prep* attraverso, di là da. *adv* attraverso.

acrylic (ə'krilik) *adj* acrilico.

act (ækt) *n* **1** atto, decreto *m*. **2** azione *f*. gesto *m*. **3** *Th* atto *m*. *vi* agire, comportarsi. *vt* **1** fare. **2** *Th* recitare. **act as** fungere da. **acting** *n* recitazione *f*.

action ('ækʃən) *n* **1** azione *f*. fatto *m*. **2** effetto *m*. **3** processo *m*. **out of action** fuori servizio.

active ('æktiv) *adj* attivo. **activate** *vt* attivare. **activist** *n* attivista *m*. **activity** *n* attività, energia *f*.

actor ('æktə) *n* attore *m*.

actress ('æktris) *n* attrice *f*.

actual ('æktʃuəl) *adj* reale, vero, effettivo.

actuary ('æktʃuəri) *n* attuario *m*.

acupuncture ('ækjupʌŋktʃə) *n* agopuntura *f*.

acute (ə'kjuːt) *adj* **1** acuto, aguzzo. **2** perspicace.

adamant ('ædəmənt) *adj* duro, inflessibile.

Adam's apple ('ædəmz) *n* pomo d'Adamo *m*.

adapt (ə'dæpt) *vt* adattare, modificare. **adaptable** *adj* adattabile. **adaptability** *n* adattabilità *f*. **adaptation** *n* adattamento *m*.

add (æd) *vt* **1** aggiungere. **2** sommare. **add to** aumentare. **add up** sommare. **adding machine** *n* addizionatrice, calcolatrice *f*. **addition** *n* **1** aggiunta *f*. **2** addizione *f*. **in addition to** oltre a. **additional** *adj* addizionale. **additive** *adj,n* additivo *m*.

addendum (ə'dendəm) *n*, *pl* **addenda** aggiunta, appendice *f*.

adder ('ædə) *n* vipera, aspide *f*.

addict (*n* 'ædikt; *v* ə'dik) *n* tossicomane, drogato *m*. *vt* abbandonarsi a. **addiction** *n* inclinazione, dedizione *f*.

addled ('ædld) *adj* putrido.

address (ə'dres) *n* **1** indirizzo, recapito *m*. **2** discorso *m*. *vt* **1** indirizzare. **2** rivolgere la parola a. **address book** *n* rubrica *f*. **addressee** *n* destinatario *m*.

adenoids ('ædinɔidz) *n pl* adenoidi *f pl*.

adept ('ædept) *adj* perito, esperto, abile.

adequate ('ædikwət) *adj* adeguato, sufficiente.

adhere (əd'hiə) *vi* aderire, attaccarsi. **adherent** *adj* aderente. *n* partigiano, seguace *m*. **adhesion** *n* adesione *f*. **adhesive** *adj* adesivo, viscoso. **adhesive plaster** *n* cerotto *m*.

adjacent (ə'dʒeisənt) *adj* adiacente, attiguo.

adjective ('ædʒiktiv) *n* aggettivo *m*.

adjoining (ə'dʒɔiniŋ) *adj* contiguo, vicino.

adjourn (ə'dʒəːn) *vt* aggiornare, rinviare. *vi* trasferirsi. **adjournment** *n* rinvio, aggiornamento *m*.

adjudicate (ə'dʒuːdikeit) *vi* giudicare, decidere.

adjust (ə'dʒʌst) *vt* aggiustare, adattare, regolare. **adjustment** *n* adattamento *m*.

ad-lib (æd'lib) *vt,vi* improvvisare. *n* improvvisazione *f*. *adj* improvvisato.

administer (əd'ministə) *vt* **1** amministrare, gestire, governare. **2** somministrare. *vi* contribuire. **administration** *n* **1** amministrazione, gestione *f*. **2**

somministrazione f. **administrative** adj amministrativo. **administrator** n amministratore m.

admiral ('ædmərəl) n ammiraglio m.

admiralty n **1** ammiragliato m. **2** Ministero della Marina m.

admire (əd'maiə) vt ammirare. **admirable** adj ammirevole. **admiration** n ammirazione f. **admirer** n ammiratore, corteggiatore m.

admit (əd'mit) vt **1** ammettere, riconoscere. **2** lasciar entrare. **admission** n **1** ammissione, entrata f. ingresso m. **2** confessione f. **admittance** n accesso m. entrata f. **no admittance** vietato l'ingresso.

ado (ə'du:) n **1** fatica, difficoltà f. **2** rumore, trambusto m.

adolescence (ædə'lesəns) n adolescenza f. **adolescent** adj,n adolescente.

adopt (ə'dɔpt) vt adottare. **adoption** n adozione f.

adore (ə'dɔ:) vt adorare, venerare. **adorer** n adoratore m. adoratrice f.

adorn (ə'dɔ:n) vt adornare, abbellire.

adrenaline (ə'drenəlin) n adrenalina f.

Adriatic (eidri'ætik) adj adriatico. **Adriatic (Sea)** n (Mare) Adriatico m.

adrift (ə'drift) adv alla deriva.

adroit (ə'drɔit) adj abile, destro.

adulation (ædju'leiʃən) n adulazione f.

adult ('ædʌlt) adj,n adulto.

adulterate (ə'dʌltəreit) vt adulterare, falsificare.

adultery (ə'dʌltəri) n adulterio m. **adulterer** n adultero m. **adulteress** n adultera f.

advance (əd'vɑ:ns) n **1** avanzamento,

progresso m. marcia in avanti f. **2** anticipo m. **make advances** fare degli approcci. ~vt **1** avanzare, promuovere. **2** anticipare. vi avanzare, progredire.

advancement n **1** progresso m. **2** promozione f.

advantage (əd'vɑ:ntidʒ) n vantaggio, profitto m. **take advantage of** approfittare di. **advantageous** adj vantaggioso.

advent ('ædvent) n **1** venuta f. **2** cap avvento m.

adventure (əd'ventʃə) n avventura, impresa f. **adventurous** adj avventuroso.

adverb ('ædvə:b) n avverbio m.

adverse ('ædvə:s) adj avverso, contrario. **adversity** n avversità f.

advertise ('ædvətaiz) vt annunziare, fare pubblicità a. vi mettere annunci. **advertisement** n annuncio m. inserzione f. **advertising** n pubblicità f.

advise (əd'vaiz) vt consigliare, raccomandare. **advice** n consigli m pl. avviso m. **advisable** adj consigliabile, opportuno. **advised** adj giudizioso, prudente. **ill-/well-advised** incauto/saggio.

advocate (n 'ædvəkət; v 'ædvəkeit) n difensore, avvocato m. vt difendere, sostenere.

Aegean (i'dʒi:ən) adj egeo. **Aegean (Sea)** n (Mare) Egeo m.

aerate ('eəreit) vt aerare.

aerial ('eəriəl) adj aereo. n antenna f.

aerodynamics (eəroudai'næmiks) n aerodinamica f.

aeronautics (eərə'nɔ:tiks) n aeronautica f. **aeronautical** adj aeronautico.

aeroplane ('eərəplein) n aeroplano m.

aerosol ('ɛərəsɔl) *n* aerosol *m invar*.

aesthetic (is'θetik) *adj* estetico. **aesthetics** *n* estetica *f*.

afar (ə'faː) *adv* lontano, in lontananza. **from afar** da lontano.

affable ('æfəbəl) *adj* affabile, cortese. **affability** *n* affabilità, cortesia *f*.

affair (ə'fɛə) *n* **1** affare *m*. **2** faccenda *f*. **3** relazione amorosa *f*.

affect[1] (ə'fekt) *vt* **1** concernere, riguardare. **2** commuovere.

affect[2] (ə'fekt) *vt* **1** affettare, ostentare. **2** fingere. **affectation** *n* affettazione, simulazione *f*. **affected** *adj* affettato, ricercato.

affection (ə'fekʃən) *n* affetto *m*. **affectionate** *adj* affettuoso, affezionato.

affiliate (ə'filieit) *vt* affiliare, associare. *vi* affiliarsi, unirsi.

affinity (ə'finiti) *n* affinità, parentela *f*.

affirm (ə'fəːm) *vt* affermare, confermare, asserire. **affirmation** *n* affermazione, asserzione *f*. **affirmative** *adj* affermativo. *n* affermativa *f*.

affix (ə'fiks) *vt* affiggere, apporre.

afflict (ə'flikt) *vt* affliggere, tormentare. **affliction** *n* afflizione *f*. dolore *m*.

affluence ('æfluəns) *n* abbondanza *f*. **affluent** *adj* ricco, opulento.

afford (ə'fɔːd) *vt* **1** concedere, offrire, dare. **2** permettere. **afford to** avere i mezzi di.

affront (ə'frʌnt) *n* affronto, insulto *m*. *vt* offendere, insultare.

Afghanistan (æf'gænistaːn, -stæn) *n* Afganistan *m*. **Afghan** *adj,n* afghano.

afield (ə'fiːld) **far afield** *adv* molto lontano.

afloat (ə'flout) *adv* a galla, in mare.

afoot (ə'fut) *adv* in movimento.

aforesaid (ə'fɔːsed) *adj* suddetto, predetto.

afraid (ə'freid) *adj* spaventato, pauroso. **be afraid** aver paura.

afresh (ə'freʃ) *adv* da capo, di nuovo.

Africa ('æfrikə) *n* Africa *f*. **African** *adj,n* africano.

aft (æːft) *adv* a poppa.

after ('aːftə) *prep* **1** dopo, in seguito a. **2** secondo. *adv* dopo, poi. *conj* dopo che. **after-care** *n* assistenza postoperatoria *f*. **after-effect** *n* conseguenza *f*. risultato *m*. **afterlife** *n* vita dell'al di là *f*. **aftermath** *n* conseguenze *f pl*. frutti *m pl*. **afternoon** *n* pomeriggio *m*. **afterthought** *n* ripensamento *m*. riflessione *f*. **afterwards** *adv* dopo, in seguito.

again (ə'gen) *adv* ancora, di nuovo. **again and again** ripetutamente. **as much again** altrettanto. **now and again** di tanto in tanto.

against (ə'genst) *prep* contro, in opposizione a.

age (eidʒ) *n* **1** età *f*. **2** periodo, secolo *m*. **be of age** essere maggiorenne. **be under age** essere minorenne. **~** *vi* invecchiare, invecchiarsi. **aged** *adj* vecchio, stagionato. **age-group** *n* persone pressappoco della stessa età *f pl*.

agency ('eidʒənsi) *n* agenzia, succursale *f*.

agenda (ə'dʒendə) *n* ordine del giorno *m*.

agent ('eidʒənt) *n* agente, rappresentante *m*.

aggravate ('ægrəveit) *vt* aggravare.

aggregate (*adj,n* 'ægrigit; *v* 'ægrigeit)

adj,n aggregato *m. vt* aggregare.

aggression (ə'greʃən) *n* aggressione *f*.

aggressive *adj* aggressivo, offensivo.

aggressor *n* aggressore *m*.

aggrieved (ə'griːvd) *adj* addolorato.

aghast (ə'gaːst) *adj* atterrito, costernato.

agile ('ædʒail) *adj* agile.

agitate ('ædʒiteit) *vt* **1** agitare, scuotere. **2** turbare. **agitation** *n* agitazione *f*.

aglow (ə'glou) *adj* ardente.

agnostic (æg'nɔstik) *adj,n* agnostico.

ago (ə'gou) *adv* fa, passato. **long ago** molto tempo fa.

agog (ə'gɔg) *adv,adj* in ansia, bramoso.

agony ('ægəni) *n* agonia, angoscia *f*. dolore *m*. **agonize** *vi* agonizzare. **agonizing** *adj* angoscioso, lancinante.

agrarian (ə'greəriən) *adj* agrario, agricolo.

agree (ə'griː) *vi* **1** accordarsi, convenire, andare d'accordo. **2** acconsentire. **agreeable** *adj* **1** piacevole. **2** disposto. **agreement** *n* **1** accordo *m*. **2** contratto, patto *m*.

agriculture ('ægrikʌltʃə) *n* agricoltura *f*. **agricultural** *adj* agricolo.

aground (ə'graund) *adv* a secco *m*. **run aground** arenarsi, incagliarsi.

ahead (ə'hed) *adv* (in) avanti.

aid (eid) *n* **1** aiuto, soccorso *m*. sussidi *m pl*. **2** aiutante *m. vt*. soccorrere, assistere.

ailment ('eilmənt) *n* indisposizione, malattia *f*.

aim (eim) *n* **1** mira *f*. **2** proposito, scopo *m. vt* **1** puntare. **2** dirigere. *vi* **1** mi-

rare. **2** aspirare.

air (ɛə) *n* **1** aria, atmosfera *f*. **2** aspetto *m*. **in the open air** all'aperto. ~ *vt* ventilare.

airborne ('ɛəbɔːn) *adj* **1** sostenuto dall'aria. **2** aviotrasportato.

air-conditioning *n* aria condizionata *f*.

aircraft ('ɛəkrɑːft) *n* aereo, velivolo *m*.

aircraft carrier *n* portaerei *f invar*.

airfield ('ɛəfiːld) *n* campo d'aviazione *m*.

airforce ('ɛəfɔːs) *n* aviazione, aeronautica *f*.

air-hostess *n* hostess *f*. assistente di volo *f*.

air lift *n* ponte aereo *m. vt* mandare per aereo.

airline ('ɛəlain) *n* linea aerea *f*.

airmail ('ɛəmeil) *n* posta aerea *f*. **by air mail** per via aerea.

airman ('ɛəmən) *n* aviatore *m*.

airport ('ɛəpɔːt) *n* aeroporto *m*.

air-raid *n* incursione aerea *f*.

airtight ('ɛətait) *adj* a tenuta d'aria, ermetico.

airy ('ɛəri) *adj* aerato, arioso, leggero.

aisle (ail) *n* navata *f*.

ajar (ə'dʒɑː) *adj,adv* socchiuso.

alabaster ('æləbɑːstə) *n* alabastro *m*.

alarm (ə'lɑːm) *n* **1** allarme *m*. **2** (electrical) suoneria elettrica *f. vt* allarmare, spaventare. **alarm clock** *n* sveglia *f*. **alarming** *adj* allarmante.

alas (ə'læs) *interj* ahimè!

Albania (æl'beiniə) *n* Albania *f*. **Albanian** *adj,n* albanese.

albatross ('ælbətrɔs) *n* albatro *m*.

albeit (ɔːl'biːit) *conj* quantunque.

album ('ælbəm) *n* album *m invar*.

alchemy ('ælkəmi) *n* alchimia *f*.

alcohol ('ælkəhɔl) *n* alcool *m invar*. spirito *m*. **alcoholic** *adj* alcoolico. *n* alcolizzato *m*.

alcove ('ælkouv) *n* alcova *f*.

alderman ('ɔːldəmən) *n* assessore municipale *m*.

ale (eil) *n* birra *f*. **brown ale** *n* birra scura *f*. **pale ale** *n* birra chiara *f*.

alert (ə'ləːt) *adj* vigilante. *n* allarme *m*. **on the alert** all'erta.

algebra ('ældʒibrə) *n* algebra *f*.

Algeria (æl'dʒiəriə) *n* Algeria *f*. **Algerian** *adj,n* algerino.

alias ('eiliəs) *adv* altrimenti detto, alias.

alibi ('ælibai) *n* alibi *m invar*.

alien ('eiliən) *adj* alieno, straniero, estraneo. *n* straniero, forestiero *m*. **alienate** *vt* alienare, estraniare. **alienation** *n* alienazione *f*.

alight[1] (ə'lait) *adj* in fiamme, illuminato. **set alight** dar fuoco a.

alight[2] (ə'lait) *vi* discendere, smontare, atterrare.

align (ə'lain) *vt* allineare. *vi* allinearsi. **alignment** *n* allineamento *m*.

alike (ə'laik) *adj* simile, somigliante. **be alike** assomigliarsi. ~*adv* similmente.

alimentary (æli'mentəri) *adj* alimentare, alimentario.

alimony ('æliməni) *n* alimenti *m pl*.

alive (ə'laiv) *adj* vivo, vivente.

alkali ('ælkəlai) *n, pl* **-is** *or* **-ies** alcale *m*.

all (ɔːl) *adj* tutto, intero. *adv* completamente. **all right** va bene. ~*pron* tutto.

allay (ə'lei) *vt* calmare, mitigare.

allege (ə'ledʒ) *vt* allegare, asserire.

allegiance (ə'liːdʒəns) *n* fedeltà, obbedienza *f*.

allegory ('æligəri) *n* allegoria *f*. **allegorical** *adj* allegorico.

allergy ('ælədʒi) *n* allergia *f*. **allergic** *adj* allergico.

alleviate (ə'liːvieit) *vt* alleviare, lenire, attenuare.

alley ('æli) *n* vicolo *m*.

alliance (ə'laiəns) *n* alleanza *f*.

allied (ə'laid, 'ælaid) *adj* alleato, connesso.

alligator ('æligeitə) *n* alligatore *m*.

alliteration (əlitə'reifən) *n* allitterazione *f*.

allocate ('æləkeit) *vt* assegnare, distribuire. **allocation** *n* assegnamento, stanziamento *m*.

allot (ə'lɔt) *vt* assegnare, spartire.

allow (ə'lau) *vt* permettere, lasciare, concedere. **allow for** tener conto di. **allowance** *n* **1** assegno *m*. pensione *f*. **2** riduzione *f*.

alloy ('ælɔi) *n* lega metallica. *vt* amalgamare.

All Saint's Day *n* Ognissanti *m pl*.

allude (ə'luːd) *vi* alludere. **allusion** *n* allusione *f*.

allure (ə'luə) *vt* adescare, allettare. **alluring** *adj* seducente, attraente.

ally (*n* 'ælai; *v* ə'lai) *n* alleato *m*. *vt* unire, alleare. *vi* allearsi.

almanac ('ɔːlmənæk) *n* almanacco, calendario *m*.

almighty (ɔːl'maiti) *adj* onnipotente.

almond ('aːmənd) *n* mandorla *f*. **almond tree** *n* mandorlo *m*.

almost ('ɔːlmoust) *adv* quasi.

alms (aːmz) *n pl invar* elemosina *f*.

almshouse n ospizio di carità m.

aloft (ə'lɔft) adv in alto, in aria.

alone (ə'loun) adj solo, solitario. adv solamente.

along (ə'lɔŋ) prep lungo. adv avanti. **all along** sempre. **along with** insieme a.

alongside prep accanto a, al fianco di. adv a fianco.

aloof (ə'luːf) adj riservato. adv a distanza.

aloud (ə'laud) adv a voce alta or forte.

alphabet ('ælfəbet) n alfabeto m. **alphabetical** adj alfabetico.

alpine ('ælpain) adj alpino.

Alps (ælps) n pl Alpi f pl.

already (ɔːl'redi) adv già.

Alsatian (æl'seifən) n cane-lupo m.

also ('ɔːlsou) adv anche, inoltre, pure.

altar ('ɔːltə) n altare m. **altarpiece** n pala d'altare f. **altar rail** n balaustra f.

alter ('ɔːltə) vt alterare, cambiare. vi cambiarsi. **alteration** n alterazione, modifica f.

alternate (adj ɔːl'təːnit; v 'ɔːltəneit) adj alterno, alternato. vt alternare. vi alternarsi. **alternative** adj alternativo. n alternativa f.

although ('ɔːlðou) conj sebbene, benché, quantunque.

altitude ('æltitjuːd) n altitudine, altezza f.

alto ('æltou) n contralto m.

altogether (ɔːltə'geðə) adv interamente, complessivamente.

aluminium (ælju'miniəm) n alluminio m.

always ('ɔːlweiz) adv sempre.

am (əm; stressed æm) v see **be**.

amalgamate (ə'mælgəmeit) vt amalgamare. vi amalgamarsi. **amalgamation** n amalgamazione f.

amass (ə'mæs) vt accumulare, ammassare.

amateur ('æmətə) n dilettante m,f.

amaze (ə'meiz) vt meravigliare, stupire. **amazed** adj stupito, sorpreso. **amazing** adj straordinario, sbalorditivo.

ambassador (æm'bæsədə) n ambasciatore m.

amber ('æmbə) n ambra f.

ambidextrous (æmbi'dekstrəs) adj ambidestro.

ambiguous (æm'bigjuəs) adj ambiguo.

ambition (æm'bifən) n ambizione f. **ambitious** adj ambizioso.

ambivalent (æm'bivələnt) adj ambivalente.

amble ('æmbəl) vi camminare lentamente.

ambulance ('æmbjuləns) n ambulanza f.

ambush ('æmbuʃ) n imboscata f. agguato m. vt tendere un'imboscata a.

amenable (ə'miːnəbəl) adj malleabile, trattabile. **amend** (ə'mend) vt emendare, migliorare. vi migliorarsi. **amendment** n emendamento m. **amends** n pl compenso m. riparazione f. **make amends** fare ammenda.

amenity (ə'miːniti) n amenità f.

America (ə'merikə) n America f. **American** adj,n americano.

amethyst ('æmiθist) n ametista f.

amiable ('eimiəbəl) adj amabile.

amicable ('æmikəbəl) adj amichevole.

amid (ə'mid) *prep also* **amidst** fra, tra, in mezzo a.

amiss (ə'mis) *adv* male, erroneamente.

ammonia (ə'mouniə) *n* ammoniaca *f*.

ammunition (æmju'niʃən) *n* munizioni *f pl*.

amnesty ('æmnəsti) *n* amnistia *f*.

amoeba (ə'mi:bə) *n, pl* **-bae** *or* **-bas** ameba *f*.

among (ə'mʌŋ) *prep also* **amongst** tra, fra, in mezzo a.

amoral (ei'mɔrəl) *adj* amorale.

amorous ('æmərəs) *adj* amoroso, erotico.

amorphous (ə'mɔ:fəs) *adj* amorfo.

amount (ə'maunt) *n* ammontare, totale *m*. somma *f*. *vi* ammontare, equivalere.

ampere ('æmpeə) *n* ampère *m*.

amphetamine (æm'fetəmi:n) *n* anfetamina *f*.

amphibian (æm'fibiən) *adj,n* anfibio *m*. **amphibious** *adj* anfibio.

amphitheatre ('æmfiθiətə) *n* anfiteatro *m*.

ample ('æmpəl) *adj* ampio, abbondante.

amplify ('æmplifai) *vt* amplificare, ampliare. **amplification** *n* amplificazione *f*. **amplifier** *n* amplificatore *m*.

amputate ('æmpjuteit) *vt* amputare.

amuse (ə'mju:z) *vt* divertire, dilettare. **amusement** *n* divertimento *m*. **amusing** *adj* divertente.

an (ən; *stressed* æn) *indef art* see **a**.

anachronism (ə'nækrənizəm) *n* anacronismo *m*.

anaemia (ə'ni:miə) *n* anemia *f*. **anae-**

mic *adj* anemico.

anaesthetic (ænis'θetik) *adj,n* anestetico *m*. **anaesthetist** *n* anestesista *m*. **anaesthetize** *vt* anestetizzare.

anagram ('ænəgræm) *n* anagramma *m*.

anal ('einl) *adj* anale.

analogy (ə'nælədʒi) *n* analogia *f*. **analogous** (ə'næləgəs) *adj* analogo.

analysis (ə'nælisis) *n, pl* **-ses** analisi *f invar*. **analyse** *vt* analizzare. **analyst** *n* analista *m*.

anarchy ('ænəki) *n* anarchia *f*. **anarchist** *n* anarchico *m*.

anatomy (ə'nætəmi) *n* anatomia *f*. **anatomical** *adj* anatomico.

ancestor ('ænsəstə) *n* antenato *m*.

anchor ('æŋkə) *n* ancora *f*. *vt* ancorare. *vi* ancorarsi.

anchovy ('æntʃəvi) *n* acciuga *f*.

ancient ('einʃənt) *adj* antico, vecchio.

ancillary (æn'siləri) *adj* sussidiario, ausiliario.

and (ən, ənd; *stressed* ænd) *conj* e, ed. **and so forth** e così via.

anecdote ('ænikdout) *n* aneddoto *m*.

anemone (ə'neməni) *n* anemone *m*.

anew (ə'nju:) *adv* di nuovo, da capo.

angel ('eindʒəl) *n* angelo *m*. **angelic** *adj* angelico.

angelica (æn'dʒelikə) *n* angelica *f*.

anger ('æŋgə) *n* ira, collera *f*. *vt* adirare, far andare in collera.

angle[1] ('æŋgəl) *n* **1** *math* angolo *m*. **2** punto di vista *m*. prospettiva *f*.

angle[2] ('æŋgəl) *vi* **1** pescare. **2** *inf* adescare. **angler** *n* pescatore *m*. **angling** *n* pesca con l'amo.

Anglican ('æŋglikən) *adj,n* anglicano.

angry ('æŋgri) *adj* arrabbiato, adirato,

stizzito. **get angry** arrabbiarsi, adirarsi.

anguish ('æŋgwiʃ) n angoscia f.

angular ('æŋgjulə) adj angolare.

animal ('æniməl) adj,n animale m.

animate (adj 'ænimət; v 'ænimeit) adj animato, vivente. vt animare. **animation** n animazione, vivacità f.

aniseed ('ænisi:d) n semi di anice m pl.

ankle ('æŋkəl) n caviglia f.

annals ('ænlz) n pl annali m pl.

annex (ə'neks) vt annettere, unire. **annexe** n annesso, edificio secondario m.

annihilate (ə'naiəleit) vt annientare. **annihilation** n annientamento m.

anniversary (æni'və:səri) n anniversario m.

annotate ('ænəteit) vt annotare.

announce (ə'nauns) vt annunciare, render noto. **announcement** n annuncio m. dichiarazione f. **announcer** n annunciatore m.

annoy (ə'nɔi) vt disturbare, irritare. **annoying** adj seccante, fastidioso.

annual ('ænjuəl) adj annuale, annuo. n annuario m.

annuity (ə'nju:iti) n pensione annuale f.

annul (ə'nʌl) vt annullare.

anode ('ænoud) n anodo m.

anoint (ə'nɔint) vt consacrare, ungere.

anomaly (ə'nɔməli) n anomalia f.

anonymous (ə'nɔniməs) adj anonimo.

another (ə'nʌðə) adj,pron altro. **one another** l'un l'altro, si.

answer ('ɑ:nsə) n risposta f. vt rispondere a.

ant (ænt) n formica f.

antagonize (æn'tægənaiz) vt opporsi, provocare. **antagonism** n antagonismo m.

Antarctic (æn'tɑ:ktik) adj,n antartico m.

antelope ('æntiloup) n antilope f.

antenatal (ænti'neitl) adj prenatale.

antenna (æn'tenə) n,pl -tennae antenna f.

anthem ('ænθəm) n inno m. antifona f.

anthology (æn'θɔlədʒi) n antologia f.

anthropology (ænθrə'pɔlədʒi) n antropologia f.

anti-aircraft adj antiaereo, contraereo.

antibiotic (æntibai'ɔtik) adj,n antibiotico m.

antibody ('æntibɔdi) n anticorpo m.

anticipate (æn'tisipeit) vt anticipare, aspettarsi, prevenire. **anticipation** n anticipazione f. anticipo m.

anticlimax (ænti'klaimæks) n conclusione banale f.

anticlockwise (ænti'klɔkwaiz) adj, adv in senso antiorario.

antics ('æntiks) n pl buffoneria, stramberia f.

anticyclone (ænti'saikloun) n anticiclone m.

antidote ('æntidout) n antidoto m.

antifreeze ('æntifri:z) n antigelo m.

antique (æn'ti:k) n oggetto antico m. adj antico, arcaico. **antique dealer** n antiquario m. **antiquated** adj antiquato. **antiquity** n 1 antichità f. 2 pl ruderi m.

anti-Semitic adj antisemita.

antiseptic (ænti'septik) adj,n antisettico m.

antisocial (ænti'souʃəl) adj antisociale.

antithesis (æn'tiθəsis) *n, pl* **-ses** antitesi *f invar*.

antler ('æntlə) *n* corno *m, pl* corna *f*.

antonym ('æntənim) *n* opposto *m*.

anus ('einəs) *n* ano *m*.

anvil ('ænvil) *n* incudine *f*.

anxious ('æŋkʃəs) *adj* ansioso, apprensivo. **anxiety** *n* ansietà, apprensione *f*.

any ('eni) *adj* **1** del, qualche. **2** ogni, qualsiasi, qualunque. *pron* **1** alcuno. **2** ne. **in any case** comunque. **anybody** *pron also* **anyone** **1** qualcuno, alcuno. **2** chiunque. **anyhow** *adv* in ogni caso, comunque, tuttavia. **anything** *pron* **1** qualche cosa. **2** qualunque cosa. **anyway** *adv* in ogni modo, in tutti i casi. **anywhere** *adv* dovunque, in qualunque luogo. **anywhere else** in qualsiasi altro luogo.

apart (ə'pɑːt) *adv* a parte, in disparte. **come apart** dividersi, sfasciarsi.

apartheid (ə'pɑːtait) *n* segregazione razziale *f*.

apartment (ə'pɑːtmənt) *n* **1** stanza, camera *f*. **2** appartamento *m*.

apathy ('æpəθi) *n* apatia *f*. **apathetic** *adj* apatico.

ape (eip) *n* scimmia *f*. *vt* scimmiottare, imitare.

aperitif (ə'peritif) *n* aperitivo *m*.

aperture ('æpətʃə) *n* apertura *f*.

apex ('eipeks) *n, pl* **apexes** *or* **apices** apice, vertice *m*.

apiece (ə'piːs) *adv* a testa, per ciascuno.

apology (ə'pɒlədʒi) *n* scusa, giustificazione *f*. **apologetic** *adj* spiacente, pieno di scuse. **apologize** *vi* scusarsi.

apostle (ə'pɒsəl) *n* apostolo *m*.

apostrophe (ə'pɒstrəfi) *n* apostrofo *m*.

appal (ə'pɔːl) *vt* spaventare, inorridire. **appalling** *adj* terribile, spaventoso.

apparatus (æpə'reitəs) *n, pl* **-tus** *or* **-tuses** apparato, apparecchio *m*.

apparent (ə'pærənt) *adj* apparente, visibile, chiaro.

appeal (ə'piːl) *vi* **1** appellarsi, fare appello a. **2** ricorrere in appello. **3** attrarre. *n* appello *m*. attrazione *f*.

appear (ə'piə) *vi* **1** apparire, comparire. **2** sembrare. **appearance** *n* **1** apparenza *f*. aspetto *m*. **2** apparizione *f*.

appease (ə'piːz) *vt* pacificare, calmare, placare.

appendix (ə'pendiks) *n, pl* **-ixes** *or* **-ices** appendice *f*. **appendicitis** *n* appendicite *f*.

appetite ('æpətait) *n* appetito *m*. **appetizing** *adj* appetitoso.

applaud (ə'plɔːd) *vt, vi* applaudire. **applause** *n* applauso *m*.

apple ('æpəl) *n* mela *f*. **apple tree** *n* melo *m*.

apply (ə'plai) *vt* applicare. *vi* **1** applicarsi, riferirsi. **2** rivolgersi. **apply oneself** dedicarsi. **appliance** *n* apparecchio, dispositivo *m*. **applicable** *adj* applicabile. **applicant** *n* candidato *m*. richiedente *m,f*. **application** *n* **1** applicazione. **2** domanda, richiesta *f*.

appoint (ə'pɔint) *vt* **1** fissare, stabilire. **2** nominare. **appointment** *n* **1** appuntamento, impegno *m*. **2** nomina *f*.

appraise (ə'preiz) *vt* stimare, valutare. **appraisal** *n*

appreciate (ə'priːʃiet) *vt* apprezzare, rendersi conto di. **appreciable** *adj* apprezzabile. **appreciation** n apprezzamento, giudizio m.

apprehend (æpri'hend) vt **1** arrestare. **2** cogliere, afferrare. **apprehension** n **1** timore m. **2** arresto m. **apprehensive** adj timoroso.

apprentice (ə'prentis) n apprendista m. vt mettere a far pratica. **apprenticeship** n apprendistato m.

approach (ə'prout∫) vt avvicinare, avvicinarsi a. vi avvicinarsi. n **1** accostamento m. **2** accesso m.

appropriate (adj ə'proupriət; v ə'prouprieit) adj appropriato, adatto. vt **1** appropriarsi di. **2** assegnare.

approve (ə'pru:v) vt approvare, sanzionare. **approval** n approvazione f. **on approval** in prova, in visione.

approximate (adj ə'prɔksimət; v ə'prɔksimeit) adj approssimativo. vt approssimare.

apricot ('eiprikɔt) n albicocca f. **apricot tree** n albicocco m.

April ('eiprəl) n aprile m. **April Fool** n pesce d'aprile m.

apron ('eiprən) n grembiule, grembiale m.

apse (æps) n abside f.

apt (æpt) adj adatto, idoneo. **aptitude** ('æptitju:d) n abilità, attitudine f.

aquarium (ə'kwεəriəm) n acquario m.

Aquarius (ə'kwεəriəs) n Aquario m.

aquatic (ə'kwætik) adj acquatico.

aqueduct ('ækwədʌkt) n acquedotto m.

Arabia (ə'reibiə) n Arabia f. **Arab** adj,n arabo. **Arabic** adj arabico. **Arabic** (language) n arabo m.

arable ('ærəbəl) adj arabile.

arbitrary ('ɑ:bitrəri) adj arbitrario.

arbitrate ('ɑ:bitreit) vt,vi arbitrare. **arbitration** n arbitraggio, arbitrato m. **arbitrator** n arbitro m.

arc (ɑ:k) n arco m.

arcade (ɑ:'keid) n galleria f. portico m.

arch (ɑ:t∫) n arco m. arcata, volta f. vt arcuare, curvare. vi arcuarsi.

archaeology (ɑ:ki'ɔledʒi) n archeologia f. **archaeologist** n archeologo m.

archaic (ɑ:'keiik) adj arcaico.

archangel ('ɑ:keindʒəl) n arcangelo m.

archbishop (ɑ:t∫'bi∫əp) n arcivescovo m.

archduke (ɑ:t∫'dju:k) n arciduca m.

archery ('ɑ:t∫əri) n tiro all'arco m.

archetype ('ɑ:kitaip) n archetipo m. **archetypal** adj archetipo.

archipelago (ɑ:ki'peləgou) n, pl **-gos** or **-goes** arcipelago m.

architect ('ɑ:kitekt) n architetto m. **architecture** n architettura f. **architectural** adj architettonico.

archives ('ɑ:kaivz) n pl archivio m.

archway ('ɑ:t∫wei) n passaggio a volta m.

arctic ('ɑ:ktik) adj,n artico m.

ardent ('ɑ:dnt) adj ardente, fervente.

ardour ('ɑ:də) n ardore, fervore m.

arduous ('ɑ:djuəs) adj arduo, difficile.

are (ə; stressed ɑ:) v see **be**.

area ('εəriə) n area, zona f.

arena (ə'ri:nə) n arena f.

Argentina (ɑ:dʒən'ti:nə) n Argentina f. **Argentinian** adj,n Argentino m.

argue ('ɑ:gju:) vi argomentare, discutere, disputare. **arguable** adj discutibile. **argument** n discussione, disputa f. **argumentative** adj polemico.

arid ('ærid) *adj* arido.

Aries ('ɛəri:z) *n* Ariete *m*.

arise* (ə'raiz) *vi* **1** alzarsi, sorgere. **2** derivare.

aristocrat ('æristəkræt) *n* aristocratico *m*. **aristocracy** *n* aristocrazia *f*.

arithmetic (ə'riθmətik) *n* aritmetica *f*.

arm[1] (a:m) *n* **1** braccio *m,pl* braccia *f. or* bracci *m*. **2** (of a chair, etc.) bracciuolo *m*. **arm in arm** a braccetto. **armchair** *n* poltrona *f*. **armful** *n* bracciata *f*. **armhole** *n* giro della manica *m*. **armpit** *n* ascella *f*.

arm[2] (a: :m) *vt* armare. *vi* armarsi.

armour ('a:mə) *n* armatura, corazza *f*. **armour-plated** *adj* corazzato. **armoury** *n* arsenale *m*.

arms (a:mz) *n pl* armi *f pl*. **in arms** armato.

army ('a:mi) *n* esercito *m*. armata *f*. **be in the army** prestare servizio militare.

aroma (ə'roumə) *n* aroma *m*.

arose (ə'rouz) *v see* **arise**.

around (ə'raund) *adv* intorno, all'intorno. *prep* intorno a.

arouse (ə'rauz) *vt* **1** destare, risvegliare. **2** eccitare.

arrange (ə'reindʒe) *vt* **1** accomodare, disporre, combinare. **2** *mus* adattare. **arrangement** *n* **1** accomodamento, ordinamento *m*. **2** *mus* arrangiamento *m*. **make arrangements** fare i preparativi.

array (ə'rei) *vt* **1** ornare. **2** *mil* schierare. *n* schiera *f*.

arrears (ə'riəz) *n pl* arretrati *m pl*.

arrest (ə'rest) *n* **1** arresto *m*. **2** sospensione *f*. *vt* **1** arrestare. **2** fermare, sospendere.

arrive (ə'raiv) *vi* arrivare, giungere. **ar-**

rival *n* arrivo *m*. venuta *f*.

arrogant ('ærəgənt) *adj* arrogante. **arrogance** *n* arroganza *f*.

arrow ('ærou) *n* freccia *f*. **arrowroot** *n* fecola dell'arundinacea *f*.

arsenic ('a:snik) *n* arsenico *m*.

arson ('a:sən) *n* incendio doloso *m*.

art (a:t) *n* arte *f*. **art gallery** *n* galleria d'arte *f*. **art school** *n* scuola d'arte *f*. **artful** *adj* subdolo, astuto.

artery ('a:təri) *n* arteria *f*. **arterial** *adj* arterioso, arteriale.

arthritis (a:'θraitis) *n* artrite *f*.

artichoke ('a:titʃouk) *n* carciofo *m*.

article ('a:tikəl) *n* articolo *m*. *vt* collocare come apprendista.

articulate (*adj* a:'tikjulət; *v* a:'tikjuleit) *adj* articolato, distinto. *vt,vi* articolare.

artificial (a:ti'fiʃəl) *adj* artificiale, artificioso.

artillery (a:'tiləri) *n* artiglieria *f*.

artist ('a:tist) *n* artista, pittore *m*. pittrice *f*. **artistic** *adj* artistico.

as (əz; *stressed* æz) *conj* **1** come. **2** poiché. **3** mentre. **as far as** sin dove. **as if** come se. **as long as** finché. **as for me** per quanto mi riguarda. **as soon as** non appena. **as it were** per così dire. ~*adv* così, come, tanto, quanto. *pron* che.

asbestos (æs'bestəs) *n* amianto *m*.

ascend (ə'send) *vi* ascendere, salire. *vt* salire. **ascension** *n* ascensione *f*.

ascertain (æsə'tein) *vt* assicurarsi di, accertarsi di.

ash[1] (æʃ) *n* cenere *f*. **ashtray** *n* portacenere *m*.

ash[2] (æʃ) *n bot* frassino *m*.

ashamed (ə'ʃeimd) *adj* che prova vergogna. **be ashamed** vergognarsi.

ashore (ə'ʃɔː) adv a o sulla riva.

Ash Wednesday n le Ceneri f pl.

Asia ('eiʃə) n Asia f. **Asian** adj,n asiatico.

aside (ə'said) adv da parte, in disparte. n parole dette a parte f pl.

ask (ɑːsk) vt 1 domandare, chiedere. 2 invitare. vi informarsi. **ask a question** rivolgere una domanda.

askew (ə'skjuː) adv di traverso. adj obliquo, storto.

asleep (ə'sliːp) adv,adj addormentato. **fall asleep** addormentarsi.

asparagus (ə'spærəgəs) n asparago m, pl asparagi m.

aspect ('æspekt) n aspetto m. apparenza f.

asphalt ('æsfælt) n asfalto m.

aspire (ə'spaiə) vi aspirare. **aspiring** adj ambizioso.

aspirin ('æsprin) n aspirina f.

ass (æs) n asino m.

assassin (ə'sæsin) n assassino m. **assassinate** vt assassinare. **assassination** n assassinio m.

assault (ə'sɔːlt) n assalto, attacco m. vt assalire, aggredire.

assemble (ə'sembəl) vt riunire. vi riunirsi. **assembly** n 1 assemblea f. 2 montaggio m. **assembly hall** n sala di riunioni f. **assembly line** n catena di montaggio f.

assent (ə'sent) n consenso m. sanzione f. vi acconsentire, approvare.

assert (ə'səːt) vt asserire, sostenere. **assert oneself** farsi valere. **assertion** n asserzione f.

assess (ə'ses) vt valutare, stimare. **assessment** n valutazione f.

asset ('æset) n 1 bene, vantaggio m. 2 pl comm attività f pl.

assign (ə'sain) vt assegnare, attribuire. **assignment** n 1 assegnazione f. 2 incarico m.

assimilate (ə'simileit) vt assimilare.

assist (ə'sist) vt assistere, aiutare. **assistance** n assistenza f.

assizes (ə'saizis) n pl corte d'assise f.

associate (v ə'souʃieit; n ə'souʃiit) vt associare. vi associarsi. **associate with** frequentare. ~ n collega m. **association** n associazione f.

assort (ə'sɔːt) vt assortire, raggruppare. **assortment** n assortimento m.

assumere (ə'sjuːm) vt assumere, fingere, presumere.

assure (ə'ʃuə) vt assicurare, rassicurare. **assurance** n assicurazione, certezza f.

asterisk ('æstərisk) n asterisco m.

asteroid ('æstərɔid) n asteroide m.

asthma ('æsmə) n asma f.

astonish (ə'stɔniʃ) vt stupire, meravigliare. **astonishment** n sorpresa f. stupore m.

astound (ə'staund) vt stupefare.

astray (ə'strei) adv fuori strada. **go astray** smarrirsi, traviarsi. **lead astray** sviare, traviare.

astride (ə'straid) adv a cavalcioni.

astrology (ə'strɔlədʒi) n astrologia f. **astrologer** n astrologo m. **astrological** adj astrologico.

astronaut ('æstrənɔːt) n astronauta m.

astronomy (ə'strɔnəmi) n astronomia f. **astronomer** n astronomo m. **astronomical** adj astronomico.

astute (ə'stju:t) *adj* furbo, astuto.

asunder (ə'sʌndə) *adv* separatamente, a pezzi.

asylum (ə'sailəm) *n* asilo, rifugio *m*. **lunatic asylum** *n* manicomio *m*.

at (ət; *stressed* æt) *prep* **1** a, in. **2** da.

ate (eit) *v* see **eat**.

atheism ('eiθiizm) *n* ateismo *m*. **atheist** *n* ateo *m*.

Athens ('æθinz) *n* Atene *f*.

athlete ('æθli:t) *n* atleta *m*. **athletic** *adj* atletico. **athletics** *n* atletica *f*.

Atlantic (ət'læntik) *adj* atlantico. **Atlantic (Ocean)** *n* (Oceano) Atlantico *m*.

atlas ('ætləs) *n* atlante *m*.

atmosphere ('ætməsfiə) *n* atmosfera *f*. **atmospheric** *adj* atmosferico. **atmospherics** *n pl* disturbi atmosferici *m pl*.

atom ('ætəm) *n* atomo *m*. **atom bomb** *n* bomba atomica *f*. **atomic** *adj* atomico.

atone (ə'toun) *vi* espiare, fare ammenda. **atonement** *n* espiazione, riparazione *f*.

atrocious (ə'trouʃəs) *adj* atroce. **atrocity** *n* atrocità *f*.

attach (ə'tætʃ) *vt* **1** attaccare. **2** attribuire. *vi* attaccarsi. **attachment** *n* attaccamento, affetto *m*.

attaché (ə'tæʃei) *n* addetto diplomatico *m*. **attaché case** *n* borsa per documenti *f*.

attack (ə'tæk) *vt* **n 1** attacco *m*. offensiva *f*. **2** *med* accesso *m*. *vt* assalire, attaccare.

attain (ə'tein) *vt* raggiungere, ottenere. **attainment** *n* conseguimento *m*.

attempt (ə'tempt) *n* tentativo, attentato

m. *vt* tentare, provare, attentare a.

attend (ə'tend) *vt* frequentare, assistere a. *vi* prestare attenzione. **attendance** *n* **1** servizio *m*. **2** frequenza *f*. **3** pubblico *m*. **attendant** *n* inserviente, accompagnatore *m*. *adj* presente. **attention** *n* attenzione, premura *f*. **pay attention** fare attenzione. **attentive** *adj* attento, premuroso.

attic ('ætik) *n* attico *m*. soffitta *f*.

attire (ə'taiə) *vt* vestire. *n* vestiti *m pl*.

attitude ('ætitju:d) *n* posa *f*. atteggiamento *m*.

attorney (ə'tə:ni) *n* procuratore *m*. **attorney general** *n* procuratore generale *m*.

attract (ə'trækt) *vt* attrarre. **attraction** *n* attrazione *f*. **attractive** *adj* attraente.

attribute (*n* 'ætribju:t; *v* ə'tribju:t) *n* attributo *m*. qualità *f*. *vt* attribuire, ascrivere.

aubergine ('oubəʒi:n) *n* melanzana *f*.

auburn ('ɔ:bən) *adj* color di rame, ramato.

auction ('ɔ:kʃən) *n* asta. *vt* vendere all'asta. **auctioneer** *n* banditore *m*.

audacious (ɔ:'deiʃəs) *adj* audace.

audible ('ɔ:dibəl) *adj* udibile, intelligibile.

audience ('ɔ:diəns) *n* pubblico *m*. udienza *f*.

audiovisual (ɔ:diou'viʒuəl) *adj* audiovisivo.

audit ('ɔ:dit) *n* controllo *m*. verifica dei conti *f*. *vt* verificare. **auditor** *n* revisore, sindaco *m*.

audition (ɔ:'diʃən) *n* audizione *f*. *vt* ascoltare in audizione.

auditorium (ɔdi'tɔ:riəm) *n* auditorio *m*.

sala per concerti f.

August ('ɔːgəst) n agosto m.

aunt (ɑːnt) n zia f.

au pair (ou 'peə) adj,adv alla pari. n ragazza alla pari f.

aura ('ɔːrə) n atmosfera, aria f.

austere (ɔːˈstiə) adj austero. **austerity** n austerità f.

Australia (ɔˈstreiliə) n Australia f. **Australian** adj,n australiano.

Austria ('ɔːstriə) n Austria f. **Austrian** adj,n austriaco.

authentic (ɔːˈθentik) adj autentico.

author ('ɔːθə) n autore m. autrice f.

authority (ɔːˈθɔriti) n autorità f. **on good authority** da fonte autorevole. **authoritarian** adj autoritario, assolutista. **authoritative** adj autoritario, autorevole.

authorize ('ɔːθəraiz) vt autorizzare. **authorization** n autorizzazione f.

autistic (ɔːˈtistik) adj autistico.

autobiography (ɔːtəbaiˈɔgrəfi) n autobiografia f. **autobiographical** adj autobiografico.

autograph ('ɔːtəgrɑːf) n autografo m. firma f. vt autografare.

automatic (ɔːtəˈmætik) adj automatico.

automation (ɔːtəˈmeiʃən) n automazione f.

autonomous (ɔːˈtɔnəməs) adj autonomo.

autumn ('ɔːtəm) n autunno m.

auxiliary (ɔːgˈziliəri) adj,n ausiliario, ausiliare.

available (əˈveiləbəl) adj disponibile, libero.

avalanche ('ævəlɑːnʃ) n valanga f.

avenge (əˈvendʒ) vt vendicare.

avenue ('ævənjuː) n viale m.

average ('ævridʒ) n media f. adj medio. vt fare la media di.

aversion (əˈvəːʃən) n avversione, antipatia f.

aviary ('eiviəri) n uccelliera f.

aviation (eiviˈeiʃən) n aviazione f.

avid ('ævid) adj avido.

avocado (ævəˈkɑːdou) n avocado m.

avoid (əˈvɔid) vt evitare, schivare.

await (əˈweit) vt aspettare.

awake* (əˈweik) vt svegliare. vi svegliarsi. adj sveglio. **awaken** vt risvegliare. vi risvegliarsi. **awakening** n risveglio m.

award (əˈwɔːd) n ricompensa f. vt giudicare, conferire.

aware (əˈweə) adj conscio, consapevole. **awareness** n consapevolezza f.

away (əˈwei) adv lontano, via.

awe (ɔː) n timore reverenziale m. **awe-inspiring** adj maestoso. **awe-struck** adj in preda a timore.

awful ('ɔːfəl) adj terribile, spaventoso. **awfully** adv **1** terribilmente, notevolmente. **2** inf molto.

awkward ('ɔːkwəd) adj goffo, difficile.

awoke (əˈwouk) v see **awake**.

axe (æks) n ascia f.

axis ('æksis) n, pl **axes** asse m.

axle ('æksəl) n asse, assale m.

azalea (əˈzeiliə) n azalea f.

B

babble ('bæbəl) *vt* balbettare. *vi* ciarlare, far pettegolezzi. *n* **1** balbettio *m*. **2** chiacchiera *f*.

baboon (bə'bu:n) *n* babbuino *m*.

baby ('beibi) *n* bimbo *m*. **babyhood** *n* prima infanzia *f*. **baby-sit** *vi* far da baby-sitter.

baccarat ('bækəra:) *n* baccarà *m*.

bachelor ('bætʃələ) *n* **1** celibe, scapolo *m*. **2** *educ* laureato *m*. **Bachelor of Arts/Science** laureato in lettere/scienze.

back (bæk) *n* **1** *anat* dorso *m*. schiena *f*. **2** schienale *m*. parte posteriore *f*. *adj* **1** posteriore. **2** arretrato. *adv* **1** dietro, indietro. **2** di ritorno. **be back** essere di ritorno. ~*vt* **1** sostenere, aiutare. **2** scommettere (su). **back out** ritirarsi.

backache ('bækeik) *n* mal di schiena *m*.

backbone ('bækboun) *n* **1** spina dorsale *f*. **2** fermezza *f*.

backbreaking ('bækbreikiŋ) *adj* massacrante, faticosissimo.

backchat ('bæktʃæt) *n* rimbecco *m*.

backcloth ('bækklɔθ) *n* fondale *m*.

backdate ('bækdeit) *vt* retrodatare.

backdoor ('bækdɔ:) *n* porta di servizio *f*. *adj* segreto.

backfire ('bækfaiə) *vi* **1** far ritorno di fiamma. **2** fallire. *n* ritorno di fiamma *m*.

backgammon ('bækgæmən) *n* tavola reale *f*.

background ('bækgraund) *n* **1** sfondo *m*. **2** precedenti *m pl* retroscena *m*.

backhand ('bækhænd) *adj* di rovescio.

backlash ('bæklæʃ) *n* reazione sfavorevole *f*.

backlog ('bæklɔg) *n* arretrati *m pl*.

backstage (bæk'steidʒ) *adj,adv* dietro le quinte.

backstroke ('bækstrouk) *n* nuoto sul dorso *m*.

backward ('bækwəd) *adj* arretrato, tardivo. **backwards** *adv* indietro, all'indietro.

backwater ('bækwɔ:tə) *n* acqua stagnante *f*.

bacon ('beikən) *n* lardo affumicato *m*. pancetta *f*.

bacteria (bæk'tiəriə) *n pl* batteri *m pl*.

bad (bæd) *adj* cattivo, malvagio, nocivo. **from bad to worse** di male in peggio. **not too bad** non c'è male. **bad-tempered** *adj* irascibile.

bade (beid) *v* see **bid**.

badge (bædʒ) *n* distintivo, emblema *m*.

badger ('bædʒə) *n* tasso *m*. *vt* tormentare.

badminton ('bædmintən) *n* badminton, volano *m*.

baffle ('bæfəl) *vt* eludere, confondere.

bag (bæg) *n* **1** sacco *m*. **2** borsa, borsetta *f*. *vt* insaccare. **baggage** *n* bagaglio *m*. **baggy** *adj* rigonfio. **bagpipes** *n pl* cornamusa *f*.

bail (beil) *n* cauzione, garanzia *f* **go bail for** rendersi garante per. ~*vt* prestare cauzione.

bailiff ('beilif) n 1 ufficiale fiscale m. 2 fattore m.

bait (beit) n esca f vt 1 adescare. 2 tormentare.

baize (beiz) n panno di lana m.

bake (beik) vt cuocere al forno. vi cuocersi. **baker** n fornaio m. **bakery** n forno, panificio m.

balance ('bæləns) n 1 bilancia f. 2 comm bilancio m. 3 equilibrio m. armonia f. **lose one's balance** perdere l'equilibrio. ~vt 1 bilanciare 2 pareggiare. vi bilanciarsi. **balance sheet** n bilancio di esercizio m.

balcony ('bælkəni) n 1 balcone m. 2 Th balconata f.

bald (bɔːld) adj 1 calvo. 2 nudo, disadorno. **baldness** n 1 calvizie f. 2 semplicità f.

bale[1] (beil) n balla f. vt (straw, etc.) imballare.

bale[2] (beil) vt vuotare, aggottare. **bale out** lanciarsi col paracadute.

ball[1] (bɔːl) n 1 palla f. pallone m. 2 sfera f. **ball-bearing** n cuscinetto a sfere m.

ball[2] (bɔːl) n (dance) ballo m. **ballroom** n sala da ballo f.

ballad ('bæləd) n ballata f.

ballast ('bæləst) n zavorra f.

ballet ('bælei) n balletto m. **ballet-dancer** n ballerino m.

ballistic (bə'listik) adj balistico. **ballistics** n balistica f.

balloon (bə'luːn) n aerostato, pallone m.

ballot ('bælət) n 1 scheda f. 2 voto m. vi votare a scrutinio segreto. **ballot-box** n urna elettorale f.

Baltic ('bɔːltik) adj baltico. **Baltic (Sea)** n (Mare) Baltico m.

bamboo (bæm'buː) n bambù m.

ban (bæn) vt bandire, proibire. n bando m. interdizione f.

banal (bə'nɑːl) adj banale.

banana (bə'nɑːnə) n banan f. **banana tree** n banano m.

band[1] (bænd) n 1 comitiva f. 2 mus banda, orchestrina f.

band[2] (bænd) n (strip) benda, striscia, fascia f. **bandage** n benda f. vt bendare, fasciare.

bandit ('bændit) n bandito m.

bandy ('bændi) vt 1 gettare, lanciare. 2 scambiare. adj arcato, curvo, storto.

bang (bæn) n 1 fracasso, colpo rumoroso m. 2 esplosione f. vt,vi sbattere, rimbombare.

bangle ('bæŋgəl) n braccialetto m.

banish ('bæniʃ) vt bandire, esiliare. **banishment** n esilio, bando m.

banister ('bænistə) n ringhiera f.

banjo ('bændʒou) n banjo m.

bank[1] (bæŋk) n altura, sponda, riva f.

bank[2] (bæŋk) n comm banca f. vt,vi depositare in banca. **bank on** contare su.

bank account n conto in banca m.

bankbook n libretto di deposito m.

banker n banchiere m. **banker's card** n carta di credito f. **bank holiday** n festività legale f. **banking** n operazione bancaria f. adj di banca. **banknote** n banconota f.

bankrupt ('bæŋkrʌpt) adj,n fallito. **go bankrupt** fallire. ~ vt far fallire, rovinare. **bankruptcy** n bancarotta f.

banner ('bænə) n stendardo m. insegna f.

banquet ('bæŋkwit) n banchetto m.

baptize (bæp'taiz) vt battezzare. **bap-**

tism n battesimo m. **baptismal** adj battesimale.

bar (baː) n 1 sbarra, spranga f. 2 barriera f. 3 bar m invar. 4 law tribunale m. 5 (of chocolate, etc.) tavoletta f. vt 1 impedire, sbarrare. 2 escludere. **barmaid** n cameriera (al banco) f. **barman** n barista m.

barbarian (baːˈberiən) adj,n barbaro. **barbaric** adj barbarico, incolto. **barbarity** n barbarie f invar. **barbarous** adj barbaro.

barbecue (ˈbaːbikjuː) n banchetto all'aperto m.

barbed wire (baːbd) n filo spinato m.

barber (ˈbaːbə) n barbiere m.

barbiturate (baːˈbitjurət) n barbiturico m.

bare (beə) adj 1 nudo, scoperto, brullo. 2 vuoto. vt denudare, smascherare. **barefoot** adj scalzo. adv a piedi scalzi. **barely** adv appena, a mala pena.

bargain (ˈbaːgin) n affare m. occasione f. **into the bargain** in aggiunta. ~vi contrattare, pattuire.

barge (baːdʒ) n chiatta f. barcone m. v **barge into** urtare contro.

baritone (ˈbæritoun) n baritono m.

bark[1] (baːk) n (of a dog) abbaio, latrato m. vi abbaiare, latrare.

bark[2] (baːk) n bot scorza, corteccia f.

barley (ˈbaːli) n orzo m. **barley sugar** n zucchero d'orzo m.

barn (baːn) n granaio m.

barometer (bəˈrɔmitə) n barometro m.

baron (ˈbærən) n barone m. **baronet** n baronetto m.

barracks (ˈbærəks) n pl caserma f.

barrel (ˈbærəl) n 1 barile m. botte f. 2 (of a gun) canna f.

barren (ˈbærən) adj desolato, nudo, sterile.

barricade (ˈbærikeid) n barricata f. vt barricare.

barrier (ˈbæriə) n barriera f.

barrister (ˈbæristə) n avvocato m.

barrow (ˈbærou) n carretta, carriola f.

barter (ˈbaːtə) vt barattare, scambiare. n baratto, cambio m.

base[1] (beis) n base f. fondamento m. vt basare, fondare. **baseball** n base-ball m. **basement** n sottosuolo m.

base[2] (beis) adj vile, indegno. **baseness** n bassezza f.

bash (bæʃ) vt inf fracassare, colpire violentemente. n colpo m.

bashful (ˈbæʃfəl) adj timido, vergognoso.

basic (ˈbeisik) adj basilare, fondamentale.

basil (ˈbæzəl) n basilico m.

basin (ˈbeisən) n 1 bacino m. 2 lavabo m. catinella f.

basis (ˈbeisis) n, pl **bases** base f. fondamento m.

bask (baːsk) vi scaldarsi, bearsi.

basket (ˈbaːskit) n canestro, cesto m. **basketball** n pallacanestro f.

bass[1] (beis) adj,n mus basso m.

bass[2] (beis) n zool pesce persico m.

bassoon (bəˈsuːnn) n fagotto m.

bastard (ˈbaːstəd) adj,n bastardo.

baste (beist) vt cul spruzzare.

bat[1] (bæt) n 1 mazza f. 2 racchetta f. vi battere. **batsman** n battitore m.

bat[2] (bæt) n zool pipistrello m.

batch (bætʃ) n 1 lotto m. partita f. 2 (of loaves) infornata f.

bath (bɑ:θ) n bagno m. **have a bath** fare un bagno. **bathrobe** n accappatoio m. **bathroom** n stanza da bagno f.

bathe (beið) vt bagnare. vi farsi il bagno. n bagno m. **bathing costume** n costume da bagno m. **bathing trunks** n pl calzoncini da bagno m pl.

baton ('bætən) n 1 bastone (di comando) m. 2 bacchetta f.

battalion (bə'tæliən) n battaglione m.

batter¹ ('bætə) vt colpire, battere.

batter² ('bætə) n pastella f.

battery ('bætəri) n 1 pila, batteria f. 2 also **storage battery** accumulatore m.

battle ('bætl) n battaglia f. combattimento m. vi combattere, lottare. **battlefield** n campo di battaglia m. **battleship** n nave da battaglia f.

bawl (bɔ:l) vi urlare, schiamazzare. n schiamazzo m.

bay¹ (bei) n geog baia, insenatura del mare f.

bay² (bei) n arch vano m. **bay window** n finestra sporgente f.

bay³ (bei) vi abbaiare, latrare. **at bay** adv a bada.

bay⁴ (bei) n bot lauro m. **bay leaf** n foglia d'alloro f.

bay⁵ (bei) adj baio. n cavallo baio m.

bayonet ('beiənit) n baionetta f.

be* (bi:) vi 1 essere. 2 esistere, vivere. 3 stare. 4 fare. v aux essere. **be about to** stare per. **be cold 1** (of a person) aver freddo. 2 (of the weather) far freddo. **be warm 1** (of a person) aver caldo. 2 (of the weather) far caldo.

beach (bi:tʃ) n. spiaggia f. lido m. **beachcomber** n vagabondo m.

beacon ('bi:kən) n faro m. segnalazione luminosa f.

bead (bi:d) n 1 perlina f. grano m. 2 goccia f. 3 pl rosario m.

beak (bi:k) n becco, rostro m.

beaker ('bi:kə) n coppa f.

beam (bi:m) n 1 trave f. 2 raggio m. 3 sorriso m. vi 1 irradiare. 2 sorridere.

bean (bi:n) n fagiolo m. fava f. **full of beans** pieno d'energia.

bear*¹ (beə) vt 1 sopportare, tollerare. 2 portare. 3 partorire. **bear a grudge** portare rancore. **bearable** adj sopportabile. **bearing** n 1 condotta f. 2 portamento m. 3 orientamento m. 4 tech cuscinetto m.

bear² (beə) n orso m.

beard (biəd) n barba f. **bearded** adj barbuto.

beast (bi:st) n bestia f. animale m.

beat* (bi:t) vt battere, bastonare. vi battere, palpitare. **beat about the bush** menare il can per l'aia. ~n 1 battito, palpito m. 2 ronda f.

beauty ('bju:ti) n bellezza f. **beauty queen** n regina di bellezza f. **beautiful** adj bello.

beaver ('bi:və) n castoro m.

became (bi'keim) v see **become**.

because (bi'kɔ:z) conj poiché, perché. **because of** a causa di.

beckon ('bekən) vt, vi accennare.

become* (bi'kʌm) vi diventare, divenire. vt addirsi a, star bene a. **becoming** adj adatto.

bed (bed) n 1 letto m. 2 (of a river) alveo m. **bedclothes** n pl coperte f pl. **bedding** n coperte per letto f pl. **bedridden** adj costretto a letto. **bedroom** n camera da letto f. **bedside** n capezzale m. **bed-sitter** n monocamera f. **bedspread** n copriletto m.

bedraggled (bi'drægǝld) adj inzaccherato, infangato.

bee (bi:) n ape f. **beehive** n alveare m.

beech (bi:tʃ) n faggio m.

beef (bi:f) n manzo m. **beefburger** ('bi:fbǝːrgǝ) n hamburger m.

been (bin) v see **be**.

beer (biǝ) n birra f.

beet (bi:t) n barbabietola f. **beetroot** n barbabietola f.

beetle ('bi:tl) n scarafaggio m.

befall* (bi'fɔːl) vi accadere, succedere.

before (bi'fɔː) adv prima, precedentemente. prep **1** davanti a. **2** prima di. conj prima che. **beforehand** adv in anticipo.

befriend (bi'frend) vt **1** aiutare, sostenere. **2** mostrarsi amico a.

beg (beg) vt implorare, pregare. vi elemosinare. **beggar** n mendicante m.

beget* (bi'get) vt **1** generare, procreare, causare.

begin* (bi'gin) vt, vi cominciare, iniziare. **to begin with** innanzi tutto. **beginner** n principiante m,f. **beginning** n **1** inizio, esordio m. **2** origine f.

begrudge (bi'grʌdʒ) vt **1** invidiare. **2** lesinare.

behalf (bi'hɑːf) n vantaggio m. **on behalf of** a nome di, a favore di.

behave (bi'heiv) vi comportarsi. **behave oneself** comportarsi bene. **behaviour** n comportamento m. condotta f.

behind (bi'haind) prep dietro a. adv indietro, in ritardo. **behindhand** adv in arretrato, in ritardo.

behold* (bi'hould) vt scorgere, vedere.

beige (beiʒ) adj,nm beige.

being ('bi:iŋ) n **1** creatura f. **2** essere m. esistenza f. **for the time being** per il momento.

belch (beltʃ) vi ruttare.

belfry ('belfri) n campanile m.

Belgium ('beldʒǝm) n Belgio m. **Belgian** adj,n belga.

believe (bi'liːv) vt **1** credere, aver fede in. **2** pensare, supporre. vi credere. **belief** n credenza, fede, convinzione f. **believer** n credente, fedele m,f.

bell (bel) n campana f. campanile m. **bellringer** n campanaro m.

bellow ('belou) vt,vi muggire, rombare, tuonare. n muggito m.

bellows ('belouz) n pl mantice m.

belly ('beli) n pancia f. ventre m.

belong (bi'lɔŋ) vi appartenere, spettare, far parte di. **belongings** n pl effetti personali m pl. roba f.

below (bi'lou) prep sotto, al di sotto di. adv al di sotto, giù.

belt (belt) n **1** cintura f. **2** zona, regione f.

bench (bentʃ) n **1** panca f. sedile, seggio m. **2** banco di lavoro m. **3** law ufficio di magistrato m.

bend* (bend) vt curvare, piegare, torcere. vi peigarsi, chinarsi, adattarsi. n **1** curva, curvatura f. **2** inclinazione f.

beneath (bi'niːθ) prep sotto, al di sotto di. adv sotto, in basso.

benefit ('benifit) n beneficio, vantaggio m. utilità f. vt giovare a, beneficare. vi profittare, avvantaggiarsi. **beneficial** adj utile, vantaggioso.

benevolent (bi'nevələnt) *adj* benevolo, caritatevole.

bent (bent) *v* see **bend**. *adj* **1** curvato. **2** risoluto. *n* tendenza *f*.

bereave* (bi'ri:v) *vt* privare, spogliare.

berry ('beri) *n* bacca *f*. chicco *m*.

berth (bə:θ) *n* **1** cuccetta *f*. **2** *naut* ormeggio *m*. *vt* ancorare.

beseech (bi'si:tʃ) *vt* supplicare, scongiurare.

beset (bi'set) *vt* circondare.

beside (bi'said) *prep* accanto a, di fianco a, presso. **be beside oneself** essere fuori di sé. **besides** *adv* d'altronde, inoltre. *prep* oltre a.

besiege (bi'si:dʒ) *vt* assediare.

best (best) *adj* il migliore. *adv* nel modo migliore. **in** meglio, migliore *m*. **best man** *n* testimone dello sposo *m*. **best-seller** *n* libro di gran successo *m*.

bestow (bi'stou) *vt* elargire, conferire, dare.

bet* (bet) *vt,vi* scommettere. *n* scommessa, puntata *f*.

betray (bi'trei) *vt* tradire, svelare. **betrayal** *n* tradimento *m*.

better (betə) *adj* migliore, meglio. **all the better** tanto meglio. **be better** star meglio. **~** *adv* meglio. **better and better** di bene in meglio. **get the better of** avere la meglio su.

between (bi'twi:n) *prep* tra, fra, in mezzo a. *adv* in mezzo.

beverage ('bevridʒ) *n* bevanda *f*.

beware* (bi'wɛə) *vi* guardarsi, stare attento.

bewilder (bi'wildə) *vt* disorientare, confondere. **bewildering** *adj* sconcertante, sbalorditivo. **bewilderment**

n confusione *f*. smarrimento *m*.

beyond (bi'jɔnd) *adv* oltre. *prep* al di là di, oltre.

bias ('baiəs) *n* inclinazione *f*. pregiudizio *m*. *vt* influenzare.

bib (bib) *n* bavaglino *m*.

Bible ('baibəl) *n* Bibbia *f* **biblical** *adj* biblico.

bibliography (bibli'ɔɡrəfi) *n* bibliografia *f*. **bibliographical** *adj* bibliografico.

biceps ('baiseps) *n* bicipite *m*.

bicker ('bikə) *vi* bisticciare, litigare. **bickering** *n* litigio *m*.

bicycle ('baisikəl) *n* bicicletta *f*.

bid* (bid) *vt* **1** comandare, ordinare. **2** offrire. **3** invitare. *n* offerta, proposta *f*. **bidder** *n* offerente *m,f*.

biennial (bai'eniəl) *adj* biennale.

bifocals (bai'foukəlz) *n pl* lenti bifocali *fpl*.

big (big) *adj* **1** grosso, grande. **2** ampio. **3** importante.

bigamy ('bigəmi) *n* bigamia *f*. **bigamist** *n* bigamo *m*.

bigoted ('bigətid) *adj* bigotto, fanatico.

bikini (bi'ki:ni) *n* bikini *m*.

bilingual (bai'liŋgwəl) *adj* bilingue.

bilious ('biliəs) *adj* biliare.

bill[1] (bil) *n* **1** conto *m*. fattura *f*. **2** *pol* progetto di legge *m*. **3** affisso *m*.

bill[2] (bil) *n zool* becco *m*.

billiards ('biliədz) *n* biliardo *m*.

billion ('biliən) *n* **1** bilione *m*. **2** US miliardo *m*.

bin (bin) *n* bidone *m*. deposito *m*.

binary ('bainəri) *adj* binario.

bind* (baind) *vt* **1** attaccare, legare. **2** rilegare. **3** obbligare. **be bound to** dovere. **binding** *adj* obbligatorio, impegnativo. *n* **1** legame *m*. **2** rilegatura *f*.

binoculars (bi'nɔkjuləz) *n pl* binocolo *m*.

biodegradable (baioudi'greidəbəl) *adj* biodegradabile.

biography (bai'ɔgrəfi) *n* biografia *f*. **biographical** *adj* biografico.

biology (bai'ɔlədʒi) *n* biologia *f*. **biological** *adj* biologico. **biologist** *n* biologo *m*.

birch ('bəːtʃ) *n* betulla *f*.

bird (bəːd) *n* uccello *m*. **birdcage** *n* gabbia per uccelli *f*.

birth (bəːθ) *n* **1** nascita *f*. **2** origine *f*. **3** discendenza *f*. **give birth to 1** partorire. **2** dar luogo a. **birth certificate** *n* certificato di nascita *m*. **birth control** *n* limitazione delle nascite *f*. **birthday** *n* compleanno *m*. **birthmark** *n* voglia *f*. **birth rate** *n* natalità *f*.

biscuit ('biskit) *n* biscotto *m*.

bishop ('biʃəp) *n* **1** vescovo *m*. **2** *game* alfiere *m*.

bit (bit) *n* **1** pezzetto *m*. briciola *f*. **2** tozzo, boccone *m*. **a bit more** un po' di più. **bit by bit** a poco a poco. **not to care a bit** infischiarsene.

bitch (bitʃ) *n* cagna *f*.

bite* (bait) *vt* mordere, pungere. *n* **1** morso, boccone *m*. **2** puntura *f*.

bitter (bitə) *adj* **1** amaro. **2** aspro. **3** accanito. **bitterness** *n* **1** amarezza *f*. **2** rancore *m*.

bizarre (bi'zɑː) *adj* bizzarro, strano.

black (blæk) *adj* nero, oscuro, sporco. *n* **1** nero. **2** *cap* negro *m*. **balcken** *vt* annerire. *vi* diventar nero. **blackness** *n* nerezza *f*.

blackberry ('blækbəri) *n* mora *f*. **blackberry bush** *n* rovo *m*.

blackbird ('blækbəːd) *n* merlo *m*.

blackboard ('blækbɔːd) *n* lavagna *f*.

blackcurrant (blæk'kʌrənt) *n* ribes nero *m*.

black eye *n* occhio nero *m*.

blackleg ('blækleg) *n* truffatore, crumiro *m*.

blackmail ('blækmeil) *n* ricatto *m*. *vt* ricattare.

black market *n* mercato nero *m*.

blackout ('blækaut) *n* **1** oscuramento *m*. **2** perdita momentanea della conoscenza *f*.

black pudding *n* sanguinaccio *m*.

blacksmith ('blæksmiθ) *n* fabbro *m*.

bladder ('blædə) *n* vescica *f*.

blade (bleid) *n* **1** lama *f*. **2** (of grass) filo *m*.

blame (bleim) *n* biasimo *m*. colpa *f*. *vt* biasimare, rimproverare. **blameless** *adj* innocente.

blanckmange (blə'mɔnʒ) *n* biancomangiare *m*.

blank (blæŋk) *adj* **1** in bianco. **2** confuso. *n* **1** spazio vuoto *m*. lacuna *f*. **2** *mil* cartuccia a salve *f*.

blanket ('blæŋkit) *n* coperta di lana *f*.

blare (bleə) *vi* squillare. *n* squillo *m*.

blaspheme (blæs'fiːm) *vi* bestemmiare. **blasphemous** *adj* balsfemo, empio.

blast (blɑːst) *n* esplosione, raffica *f*. squillo *m*. *vt* faare esplodere, rovinare.

blatant ('bleitnt) *adj* evidente.

blaze (bleiz) *n* fiamma, vampata *f*. *vt* ardere, fiammeggiante. **blazer** *n* giacca sportiva *f*.

bleach (bliːtʃ) n candeggina f. vt imbiancare, scolorire, vi scolorirsi.

bleak (bliːk) adj squallido, deserto, desolato. **bleakness** n desolazione, freddezza f.

bleat (bliːt) vi belare. n belato m.

bleed* (bliːd) vi sanguinare. **bleeding** n 1 emorragia f. 2 salasso m.

blemish ('blemiʃ) n macchia f. difetto m. vt macchiare, sfigurare.

blend (blend) vt mescolare. vi fondersi. n miscela f. miscuglio m.

bless (bles) vt benedire, consacrare. **bless you!** interj salute! **blessing** n benedizione f.

blew (bluː) v see **blow**[2].

blind (blaind) adj 1 cieco. 2 senza apertura. n 1 persiana f. 2 pretesto m. vt. 1 accecare. 2 ingannare. **blind alley** n vicolo cieco m. **blindfold** adv ad occhi bendati. vt bendare gli occhi a. **blind person** n cieco m.

blink (bliŋk) vi battere le palpebre, ammiccare. n occhiata f. **blinkers** n paraocchi m pl.

bliss (blis) n beatitudine f. **blissful** adj beato.

blister ('blistə) n bolla, vescica f.

blizzard ('blizəd) n tormenta f.

blob (blob) n macchia f.

bloc (blok) n blocco m.

block (blok) n 1 blocco, ceppo m. 2 (of houses) gruppo m. 3 ostacolo m. vt bloccare, ostacolare.

blockade (blo'keid) n blocco m. vt bloccare.

blond (blond) adj,n biondo.

blood (blʌd) n 1 sangue m. 2 stirpe f. parentela f. **bloodcurdling** adj raccapricciante. **blood pressure** n pressione del sangue f. **bloodstream** n circolazione del sangue f. **bloodthirsty** adj assetato di sangue. **bloody** adj 1 sanguinoso, cruento. 2 sl maledetto.

bloom (bluːm) n 1 fiore m. fioritura f. 2 freschezza f. **blooming** adj 1 fiorente. 2 prosperoso.

blossom ('blosəm) n fiore m. fioritura f. vi fiorire, essere in fiore.

blot (blot) n 1 macchia f. 2 cancellatura f. 3 colpa f. vt 1 macchiare. 2 asciugare. **blotting paper** n carta assorbente f.

blotch (blotʃ) n macchia f. scarabocchio m.

blouse (blauz) n camicetta, blusa f.

blow[1] (blou) n colpo m.

blow*[2] (blou) vt 1 soffiare. 2 suonare. vi sbuffare. **blow one's nose** soffiarsi il naso. **blow up** (far) saltare per aria.

blubber ('blʌbə) n grasso di balena m.

blue (bluː) adj azzurro, celeste, blu. n blu m. **bluebell** n giacinto selvatico m.

bluff (blʌf) vi bluffare, ingannare.

blunder ('blʌndə) n errore, sbaglio m. papera f. vi commettere un errore grossolano.

blunt (blʌnt) adj 1 ottuso, spuntato. 2 sgarbato. vt ottundere, smussare. **bluntly** adv bruscamente.

blur (bləː) vt offuscare, confondere. n offuscamento m. macchia f.

blush (blʌʃ) n rossore m. vi arrossire.

boar (bɔː) n cinghiale m.

board (bɔːd) n 1 asse m. tavola f. 2 pensione f. 3 commissione f. ministero m. **on board** a bordo. ~vi alloggiare. vt imbarcarsi. **boarder** n pensionante *m,f.* **boarding house** *n* pensione *f.* **boarding school** *n* collegio *m.*

boast (boust) *vi* gloriarsi, vantarsi. *n* vanto *m.*

boat (bout) *n* barca *f.* battello *m.* imbarcazione *f.*

bob (bɔb) *n* inchino *m. vi* **1** oscillare. **2** inchinarsi. **bob up** venire a galla.

bodice ('bɔdis) *n* corpetto, busto *m.*

body ('bɔdi) *n* **1** corpo. **2** tronco, cadavere *m.* **3** gruppo *m.* **4** *mot* carrozzeria *f.* **bodyguard** *n* guardia del corpo *f.*

bog (bɔg) *n* palude *f.* pantano *m.*

bohemian (bəˈhiːmiən) *adj* **1** boemo. **2** di artista.

boil[1] (bɔil) *vi* bollire. *vt* far bollire, lessare. **boil down** condensare, ridursi. **boiler** *n* caldaia *f.* **boiling point** *n* punto d'ebollizione *m.*

boil[2] (bɔil) *n* vescica *f.* foruncolo *m.*

boisterous ('bɔistərəs) *adj* impetuoso, turbolento.

bold (bould) *adj* audace, temerario, impudente. **boldness** *n* audacia, spavalderia *f.*

bolster ('boulstə) *n* cuscinetto *m.*

bolt (boult) *n* **1** *tech* bullone *m.* **2** catenaccio *m. vt* **1** sprangare. **2** imbullonare. *vi* scappare.

bomb (bɔm) *n* bomba *f. vt* bombardare. **bombard** *vt* bombardare.

bond (bɔnd) *n* **1** legame, vincolo *m.* **2** titolo *m.* **3** cauzione *f.*

bone (boun) *n* osso *m,* pl ossa *f.* **bony** *adj* ossuto.

bonfire ('bɔnfaiə) *n* falò *m.*

bonnet ('bɔnit) *n* **1** berretto, cappellino da donna *m.* **2** *mot* cofano *m.*

bonus ('bounəs) *n* gratifica, indennità *f.*

booby trap ('buːbi) *n* mina nascosta *f.* tranello *m.*

book (buk) *n* **1** libro *m.* **2** registro *m. vt* **1** prenotare. **2** registrare, mettere in lista. **bookcase** *n* scaffale *m.* **booking office** *n* biglietteria *f.* ufficio prenotazioni *m.* **bookkeeping** *n* contabilità *f.* **booklet** *n* libretto, opuscolo *m.* **bookmaker** *m* allibratore *m.* **bookshop** *n* libreria *f.* **bookstall** *n* edicola *f.*

boom (buːm) *vi* **1** rimbombare. **2** essere in periodo di sviluppo. *n* **1** rimbombo *m.* **2** *comm* aumento improvviso, boom *m.*

boost (buːst) *n* spinta, pressione *f. vt* **1** alzare. **2** aumentare.

boot (buːt) *n* **1** stivale *m.* **2** *mot* portabagagli *m invar.*

booth (buːθ) *n* baracca, cabina *f.*

booze (buːz) *n inf* bevande alcoliche *f pl. vi inf* sbronzarsi.

border ('bɔːdə) *n* **1** confine, margine *m.* **2** bordo *m. vt* orlare. **border on** confinare con. **borderline** *n* linea di demarcazione *f. adj* marginale.

bore[1] (bɔː) *n* **1** buco *m.* **2** (of a gun) calibro *m. vt* forare, trapanare.

bore[2] (bɔː) *vt* annoiare, infastidire. *n* **1** seccatura, noia *f.* **2** seccatore *m.*

bore[3] (bɔː) *v see* **bear**[1].

born (bɔːn) *adj* nato, generato. **be born** nascere.

borough ('bʌrə) *n* borgo, capoluogo, comune *m.*

borrow ('bɔrou) *vt* farsi prestare, prendere a prestito.

bosom ('buzəm) *n* petto, seno *m. adj* intimo, del cuore.

boss (bɔs) *n inf* capo, direttore *m*. *vt* spadroneggiare. **bossy** *adj* autoritario, dispotico.

botany ('bɔtəni) *n* botanica *f*. **botanical** *adj* botanico. **botanist** *n* botanico *m*.

both (bouθ) *adj,pron* ambedue, entrambi. **both of them** tutti e due. **both...and** tanto...quanto. **~adv** insieme.

bother ('bɔðə) *vt* infastidire, seccare. *vi* preoccuparsi. *n* noia, seccatura *f*.

bottle ('bɔtl) *n* bottiglia *f*. *vt* imbottigliare. **bottleneck** *n* ingorgo *m*.

bottom ('bɔtəm) *adj* ultimo, inferiore. *n* 1 fondo *m*. base *f*. 2 *inf* sedere *m*.

bough (bau) *n* ramo *m*.

bought ('bɔːt) *v* see **buy**.

boulder ('bouldə) *n* macigno *m*. roccia *f*.

bounce (bauns) *vi* rimbalzare. *vt* far rimbalzare. *n* balzo, salto *m*.

bound¹ (baund) *v* see **bind**. *adj* 1 legato. 2 rilegato. 3 obbligato.

bound² (baund) *n* (jump) salto, balzo *m*. *vi* saltare.

bound³ (baund) *n* confine, limite *m*. **boundary** *n* limite *m* frontiera *f*.

bound⁴ (baund) *adj* diretto, con destinazione. **be bound for** essere diretto a.

boundary ('baundri) *n* limite *m*. frontiera *f*.

bouquet (buˈkei) *n* mazzo di fiori *m*.

bourgeois ('buəʒwaː) *adj,n* borghese.

bout (baut) *n* 1 periodo d'attività *m*. 2 *med* accesso *m*. 3 *sport* turno *m*. ripresa *f*.

bow¹ (bau) *vt* piegare. *vi* chinarsi, sottomettersi. *n* saluto, inchino *m*.

bow² (bou) *n* 1 arco *m*. 2 *mus* archetto *m*. **bow-legged** *adj* dalle gambe arcuate.

bow³ (bau) *n naut* prua *f*.

bowels ('bauəlz) *n pl* intestini *m pl*. viscere *f pl*.

bowl¹ (boul) *n* ciotola, vaschetta *f*. recipiente *m*.

bowl² (boul) *n* boccia *f*. *vt* far rotolare. *vi* servire la palla.

box¹ (bɔks) *n* 1 scatola *f*. 2 cassetta *f*. 3 *law* banco dei testimoni *m*. 4 *Th* palco *m*. **box number** *n* casella postale *f*. **box office** *n Th* botteghino *m*.

box² (bɔks) *vi* fare del pugilato. *vt* schiaffeggiare. *n* ceffone, pugno *m*. **boxing** *n* pugilato *m*.

Boxing Day *n* giorno di Santo Stefano *m*.

boy (bɔi) *n* ragazzo *m*. **boy-friend** *n* amico, ragazzo *m*. **boyhood** *n* adolescenza *f*. **boyish** *adj* fanciullesco, giovanile.

boycott ('bɔikɔt) *vt* boicottare. *n* boicottaggio *m*.

bra (braː) *n inf* reggipetto *m*.

brace (breis) *n* 1 supporto *m*. 2 *pl* bretelle *f pl*. 3 coppia *f*. *vt* assicurare, fortificare.

bracelet ('breislət) *n* braccialetto *m*.

bracket ('brækit) *n* 1 mensola *f*. 2 parentesi *f invar*. *vt* 1 munire di supporto. 2 mettere tra parentesi.

brag (bræg) *vi* vantarsi.

braid (breid) *n* gallone *m*. *vt* intrecciare, legare con un nastro.

braille (breil) *n* alfabeto braille *m*.

brain (brein) *n* 1 cervello *m*. 2 *pl* intelligenza *f*. senno *m*. **rack one's brains** lambiccarsi il cervello. **brainwash** *vt* fare il lavaggio del cervello a. **brainwave** n buona idea f.

braise (breiz) vt brasare, cuocere a stufato.

brake (breik) n freno m. vi frenare.

branch (brɑːntʃ) n 1 ramo m. 2 comm filiale f. vi diramarsi. **branch off** biforcarsi.

brand (brænd) n 1 tizzone m. 2 marchio m. 3 marca f. 4 qualità f. vt 1 marchiare. 2 stigmatizzare. **brand-new** adj nuovo fiammante.

brandish ('brændiʃ) vt brandire.

brandy ('brændi) n acquavite f.

brass (brɑːs) n 1 ottone m. 2 sl moneta f. adj di ottone. **brass band** n banda f.

brassiere ('bræziə) n reggipetto m.

brave (breiv) adj coraggioso, ardito. vt sfidare, affrontare.

brawl (brɔːl) n zuffa, disputa f. vi rissare, azzuffarsi.

bray (brei) vi ragliare. n raglio m.

brazen ('breizən) adj 1 impudente. 2 di ottone.

Brazil (brə'zil) n Brasile m. **Brazilian** adj,n brasiliano.

breach (briːtʃ) n 1 breccia f. 2 rottura f. 3 violazione f. vt far breccia in.

bread (bred) n pane m. **breadcrum** n mollica, briciola f. **breadknife** n coltello da pane m. **breadwinner** n sostegno della famiglia m.

breadth (bredθ) n 1 larghezza, ampiezza f. 2 altezza f.

break* (breik) vt 1 rompere. 2 infrangere. vi rompersi. **break away** fuggire, distaccarsi. **break down** essere in panne. **breakdown** n 1 collasso, esaurimento nervo-

so m. 2 mot panna f. **break out** scoppiare. **break up** sciogliere. ~ n 1 rottura f. 2 interruzione f. 3 pausa f. **breakthrough** n innovazione, conquista f.

breakfast ('brekfəst) n prima colazione f.

breast (brest) n petto, seno m. **breaststroke** n nuoto a rana m.

breath (breθ) n respiro, fiato, soffio m. **out of breath** ansimante. **breathtaking** adj sorprendente, affascinante.

breathe (briːð) vi respirare, soffiare, sussurrare. **breathe a sigh** sospirare. **breathing** n respirazione f.

breed* (briːd) vt 1 generare. 2 allevare. vi nascere. n razza, stirpe, covata f. **breeding** n allevamento m.

breeze (briːz) n brezza f.

brew (bruː) vt mescolare, fare fermentare. n mistura f. **brewery** n fabbrica di birra f.

bribe (braib) vt corrompere, allettare. n offerta a scopo di corruzione, bustarella f. **bribery** n corruzione f.

brick (brik) n mattone m.

bride (braid) n sposa f. **bridegroom** n sposo m. **bridesmaid** n damigella d'onore f.

bridge[1] (bridʒ) n ponte m. vt congiungere.

bridge[2] (bridʒ) n game bridge m.

bridle ('braidl) n briglia, f. freno m. **bridlepath** n pista f.

brief (briːf) adj breve, conciso. n riassunto m. istruzioni f pl. vt impartire istruzioni a. **briefcase** n cartella f. borsa d'avvocato f.

brigade (bri'geid) n brigata f. **brigadier** n generale di brigata m.

bright (brait) *adj* **1** risplendente, luminoso, chiaro. **2** allegro. **3** intelligente.

brighten *vt* **1** rendere più brillante. **2** rallegrare. *vi* illuminarsi, schiarirsi.

brilliant ('briliənt) *adj* brillante, splendido. **2** di talento.

brim (brim) *n* **1** orlo, bordo *m*. **2** (of a hat) tesa *f*.

bring* (briŋ) *vt* **1** portare, recare. **2** produrre, provocare. **bring about** far accadere. **bring up** educare.

brink (briŋk) *n* orlo, limite estremo *m*.

brisk (brisk) *adj* vivace, arzillo.

bristle ('brisəl) *n* setola *f*. *vi* rizzarsi.

Britain ('britn) *n* Gran Bretagna *f*. **British** *adj* britannico. **Briton** *n* inglese *m,f*.

brittle ('britl) *adj* fragile.

broad (brɔːd) *adj* **1** largo, ampio. **2** generale. **3** marcato. **broad bean** *n* fava *f*. **broaden** *vt* allargare. *vi* allargarsi. **broad-minded** *adj* di larghe vedute.

broadcast* ('brɔːdkɑːst) *n* trasmissione radiofonica *f*. *vt* trasmettere per radio, diffondere.

broccoli ('brɔkəli) *n* broccoli *m pl*.

brochure ('brouʃə) *n* opuscolo *m*.

broke (brouk) *v see* **break**. *adj inf* rovinato, al verde.

broken ('broukən) *v see* **break** *adj* rotto, sconnesso, affranto.

broker ('broukə) *n* mediatore, sensale, agente di cambio *m*.

bronchitis (brɔŋ'kaitis) *n* bronchite *f*.

bronze (brɔnz) *n* bronzo *m*. *adj* di bronzo.

brooch (broutʃ) *n* spilla *f*.

brood (bruːd) *n* covata *f*. *vi* **1** covare. **2** meditare.

brook (bruk) *n* ruscello *m*.

broom (bruːm) *n* **1** scopa *f*. **2** *bot* ginestra *f*.

brothel ('brɔðəl) *n* bordello *m*. casa di tolleranza *f*.

brother ('brʌðə) *n* fratello *m*. **brotherhood** *n* fratellanza, fraternità *f*. **brother-in-law** *n* cognato *m*. **brotherly** *adj* fraterno.

brought (brɔːt) *v see* **bring**.

brow (brau) *n* sopracciglio *m*. fronte *f*.

brown (braun) *adj* marrone, castano. *n* bruno *m*. *vt* **1** brunire. **2** *cul* rosolare. *vi* diventare bruno.

browse (brauz) *vi* scartabellare.

bruise (bruːz) *n* contusione *f*. livido *m*. *vt* ammaccare. *vi* ammaccarsi.

brunette (bruː'net) *adj,n* bruna, brunetta *f*.

brush (brʌʃ) *n* **1** pennello *m*. **2** spazzola *f*. *vt* spazzolare. **brush against** sfiorare. **brush up** ripassare.

brusque (bruːsk) *adj* brusco, rude.

Brussels ('brʌsəlz) *n* Bruxelles *f*. **Brussels sprout** *n* cavolino di Bruxelles *m*.

brute (bruːt) *n* bruto *m*. *adj* brutale, selvaggio. **brutal** *adj* brutale.

bubble ('bʌbəl) *n* bolla *f*. *vi* formare bolle.

buck[1] (bʌk) *vi* impennarsi.

buck[2] (bʌk) *n* *zool* daino, caprone *m*.

bucket ('bʌkit) *n* secchio *m*.

buckle ('bʌkəl) *n* fibbia *f*. *vt* affibbiare, allacciare. *vi* affibbiarsi.

bud (bʌd) *n* germoglio, bocciolo *m*.

Buddhism ('budizəm) *m* buddismo *m*.

Buddhist *adj,n* buddista.

budget ('bʌdʒit) *n* bilancio preventivo

m. vi fare un bilancio preventivo.

buffalo ('bɔfələu) *n, pl* **-loes** *or* **- los** bufalo *m.*

buffer ('bʌfə) *n* respingente, cuscinetto *m.*

buffet[1] ('bufit) *n* schiaffo *m. vt* schiaffeggiare.

buffet[2] ('bʌfei) *n* ristorante *m.* tavola calda *f.*

bug (bʌg) *n* 1 *zool* cimice *f.* 2 *inf* virus *m.*

bugle ('bju:gəl) *n* tromba *f.*

build* (bild) *vi* costruire, fabbricare, nidicare. *n* corporatura *f.* **building** *n* fabbricato, edificio *m.* **building society** *n* credito edilizio *m.*

bulb (bʌlb) *n* 1 *bot* bulbo *m.* 2 (electric) lampadina *f.*

Bulgaria (bʌl'geriə) *n* Bulgaria *f.* **Bulgarian** *adj,n* bulgaro. **Bulgarian** (language) *n* bulgaro *m.*

bulge (bʌldʒ) *n* gonfiore *m.* protuberanza *f. vi* gonfiare, gonfiarsi.

bulk (bʌlk) *n* massa *f.* volume *m.* **bulky** *adj* ingombrante, voluminoso.

bull (bul) *n* toro *m.* **bulldog** *n* mastino *m.* **bulldozer** *n* livellatrice *f.* **bullfight** *n* corrida *f.*

bullet ('bulit) *n* pallottola *f.* **bulletproof** *adj* a prova di pallottola, corazzato.

bulletin ('bulətin) *n* bollettino *m.*

bully ('buli) *n* gradasso, prepotente *m. vt* maltrattare, tiranneggiare.

bump (bʌmp) *vt* battere, urtare. *vi* sbattere. *n* colpo, bernoccolo *m.* **bumper** *n* paraurti *m. invar. adj inf* abbondante.

bun (bʌn) *n* 1 *cul* focaccia *f.* 2 crocchia *f.*

bunch (bʌntʃ) *n* fascio, mazzo, grappolo *m. vt* riunire, raggruppare.

bundle ('bʌndl) *n* fagotto, involto *m. vt* fare un involto di.

bungalow ('bʌŋgəlou) *n* casa ad un piano *f.*

bungle ('bʌŋgəl) *vt* guastare. *n* lavoro malfatto *m.*

bunk (bʌŋk) *n* cuccetta *f.*

bunker ('bʌŋkə) *n* 1 carbonile *m.* 2 *sport* ostacolo *m.*

buoy (bɔi) *n* boa *f.* **buoyant** *adj* 1 galleggiante. 2 allegro, esuberante.

burden ('bə:dn) *n* fardello, carico, onere *m. vt* caricare, opprimere.

bureau ('bjuərou) *n, pl* **-eaus** *or* **-eaux** 1 ufficio *m.* 2 scrittoio *m.*

bureaucracy (bju'rɔkrəsi) *n* burocrazia *f.* **bureaucrat** *n* burocrate *m.*

burglar ('bə:glə) *n* ladro, scassinatore *m.* **burglar alarm** *n* segnale antifurto *m.* **burglary** *n* furto con scasso *m.* **burgle** *vt* svaligiare, scassinare.

burn* (bə:n) *vt* bruciare, incendiare. *vi* 1 bruciare, essere in fiamme. 2 scottare. *n* ustione, scottatura *f.*

burrow ('bʌrou) *n* tana *f. vi* fare una tana, nascondersi.

burst* (bə:st) *vt* far esplodere. *vi* scoppiare. *n* scoppio *m.* esplosione *f.*

bury ('beri) *vt* seppellire, sotterrare. **burial** *n* sepoltura *f.*

bus (bʌs) *n* autobus *m invar.* **bus-stop** *n* fermata dell'autobus *f.*

bush (buʃ) *n* 1 cespuglio *m.* 2 macchia *f.* **bushy** *adj* folto, cespuglioso.

business ('biznis) *n* affari *m pl.* commercio *m.* occupazione *f.* **business-like** *adj* pratico, sbrigativo. **busines-**

sman n uomo d'affari m.

bust[1] (bʌst) n busto m.

bust[2] (bʌst) inf vt far saltare. vi andare in malora.

bustle ('bʌsəl) n attività disordinata f. trambusto m. vi muoversi, agitarsi.

busy ('bizi) adj indaffarato, occupato.

but (bət; stressed bʌt) conj ma. adj solo, soltanto. prep tranne, eccetto.

butcher ('butʃə) n macellaio m. vt massacrare, macellare. **butcher's shop** n macelleria f.

butler ('bʌtlə) n maggiordomo m.

butt[1] (bʌt) n 1 mozzicone m. 2 (of a gun) calcio m.

butt[2] (bʌt) n (person or object) bersaglio m. meta f.

butt[3] (bʌt) n cornata f. vt dar cornate a, cozzare.

butter ('bʌtə) n burro m. **buttercup** n ranuncolo m. **butterfly** n farfalla f. **but-**

terscoth n tipo di caramella m.

buttocks ('bʌtəks) n pl natiche f pl.

button ('bʌtn) n bottone m. vt abbottonare. **button up** abbottonarsi. **buttonhole** n occhiello m. vt inchiodare.

buttress ('bʌtrəs) n contrafforte f. sperone m.

buy* (bai) vt comprare, acquistare. n acquisto m. **buyer** n acquirente, compratore m.

buzz (bʌz) n 1 ronzio m. 2 inf telefonata f. vi ronzare, mormorare.

by (bai) prep 1 da, di, a, per, in, con. 2 vicino a. 3 entro, durante. adv 1 vicino. 2 da parte. **by the way** a proposito. **by-election** n elezione straordinaria f. **bylaw** n legge locale f. regolamento m. **bypass** n circonvallazione f. vt girare intorno a.

Byzantine (bi'zæntain, bai-) adj,n bizantino.

C

cab (kæb) *n* tassì *m invar.* vettura pubblica *f.*

cabaret ('kæbərei) *n* caffè concerto *m.*

cabbage ('kæbidʒ) *n* cavolo *m.*

cabin ('kæbin) *n* cabina, capanna *f.* **cabin cruiser** *n* cabinato *m.*

cabinet ('kæbinət) *n* **1** armadietto *m.* **2** *pol* gabinetto *m.* **cabinet-maker** *n* ebanista *m.*

cable ('keibəl) *n* **1** cavo *m.* **2** cablogramma *m. vt* mandare un cablogramma a. **cable car** *n* funivia *f.*

cackle ('kækəl) *vi* schiamazzare, ridacchiare. *n* **1** verso della gallina *m.* **2** chiacchierio *m.*

cactus ('kæktəs) *n, pl* **-ti** *or* **-tuses** cactus *m.*

cadence ('keidns) *n* cadenza *f.*

cadet (kə'det) *n* cadetto *m.*

cafe ('kæfei) *n* caffè *m invar.* ristorante *m.*

cafeteria (kæfi'tiəriə) *n* bar-ristorante *m.*

caffeine ('kæfi:n) *n* caffeina *f.*

cage (keidʒ) *n* gabbia *f.*

cake (keik) *n* torta, focaccia *f. vt* incrostare. *vi* incrostarsi, indurirsi.

calamity (kə'læməti) *n* calamità *f.*

calcium ('kælsiəm) *n* calcio *m.*

calculate ('kælkjuleit) *vt* calcolare, valutare. **calculation** *n* calcolo *m.* **calculator** *n* calcolatore *m.* macchina calcolatrice *f.*

calendar ('kælində) *n* calendario *m.*

calf[1] (kɑːf) *n, pl* **calves** *anat* polpaccio *m.*

calf[2] (kɑːf) *n, pl* **calves** *zool* vitello *m.*

calibre ('kælibə) *n* calibro *m.*

call (kɔːl) *vt* **1** chiamare. **2** richiamare. **3** svegliare. *vi* **1** gridare. **2** fare scalo. **3** visitare. **call on** visitare. **call up** **1** convocare. **2** richiamare. ~*n* **1** chiamata *f.* appello, grido *m.* **2** visita *f.* **3** vocazione *f.* **call-box** *n* cabina telefonica *f.*

callous ('kæləs) *adj* calloso, insensibile, spietato.

calm (kɑːm) *adj* calmo, sereno. *n* calma, quiete *f. vt* calmare. **calm down** calmarsi.

calorie ('kæləri) *n* caloria *f.*

Cambodia (kæm'boudiə) *n* Cambogia *f.* **Cambodian** *adj,n* cambogiano.

came (keim) *v* see **come**.

camel ('kæməl) *n* cammello *m.* **camelhair** *n* pelo di cammello *m.*

camera ('kæmrə) *n* macchina fotografica *f.* **cameraman** *n* operatore *m.*

camouflage ('kæməflɑːʒ) *n* mimetizzazione *f.* camuffamento *m. vt* **1** mascherare. **2** *mil* mimetizzare.

camp[1] (kæmp) *n* accampamento, campo *m. vi* accampare, accamparsi. **camp bed** *n* brandina *f.* **camping** *n* campeggio *m.* **camping site** *n* luogo per campeggio *m.*

camp[2] (kæmp) *adj* effeminato.

campaign (kæm'pein) *n* campagna *f. vi* fare una campagna.

campus ('kæmpəs) *n* città universitaria *f.*

can[1] (kæn) *n* recipiente, bidone, barattolo *m. vt* mettere in scatola.

can[*2] (kæn) *v mod aux* **1** potere, essere in grado di. **2** sapere.

Canada ('kænədə) *n* Canada *m.* **Canadian** *adj,n* canadese.

canal (kə'næl) *n* canale *m.*

canary (kə'nɛəri) *n* canarino *m.*

Canary Islands *n pl* Isole Canarie *f pl.*

cancel ('kænsəl) *vt* annullare, cancellare, sopprimere. **cancellation** *n* cancellazione *f.* annullamento *m.*

cancer ('kænsə) *n* **1** cancro *m.* **2** *cap* Cancro *m.*

candid ('kændid) *adj* franco, sincero.

candidate ('kændidət) *n* candidato *m.*

candle ('kændl) *n* candela *f.* **candlelight** *n* lume di candela *m.* **candlestick** *n* candelabro, candeliere *m.*

candour ('kændə) *n* franchezza *f.*

cane (kein) *n* **1** canna *f.* **2** bastone da passeggio *m. vt* bastonare.

canine (keinain) *adj* canino.

cannabis ('kænəbis) *n* ascisc *m.*

cannibal ('kænəbəl) *n* cannibale *m.*

cannon ('kænən) *n* cannone *m.*

cannot ('kænət) contraction of **can not**.

canoe (kə'nu) *n* canoa *f.*

canon[1] ('kænən) *n* canone *m.* regola, disciplina *f.*

canon[2] ('kænən) *n rel* canonico *m.* **canonize** *vt* canonizzare.

canopy ('kænəpi) *n* baldacchino *m.* volta *f.*

canteen (kæn'ti:n) *n* mensa aziendale, cantina *f.*

canter ('kæntə) *n* piccolo galoppo *m. vi* andare al piccolo galoppo.

canton ('kæntən) *n* cantone *m.*

canvas ('kænvəs) *n* canovaccio *m.* tela, vela *f.*

canvass ('kænvəs) *vt* sollecitare.

canyon ('kænjən) *n* burrone *m.*

cap (kæp) *n* **1** berretto *m.* cuffia *f.* **2** *tech* cappuccio *m.*

capable ('keipəbəl) *adj* capace, abile.

capacity (kə'pæsiti) *n* **1** capacità, abilità *f.* **2** *tech* potenza *f.*

cape[1] (keip) *n* cappa, mantellina *f.*

cape[2] (keip) *n geog* capo, promontorio *m.*

caper ('keipə) *n* cappero *m.*

capital ('kæpitl) *n* **1** *geog* capitale *f.* **2** *comm* capitale *m.* **3** (letter) maiuscola *f. adj* **1** capitale, eccellente. **2** maiuscolo. **capitalism** *n* capitalismo *m.* **capitalist** *n* capitalista *m,f.* **capitalize** *vt* capitalizzare.

capricious (ke'priʃəs) *adj* capriccioso, volubile.

Capricorn ('kæprikɔ:n) *n* Capricorno *m.*

capsicum ('kæpsikəm) *n* peperone, pimento *m.*

capsize (kæp'saiz) *vi* capovolgersi. *vt* rovesciare.

capsule ('kæpsju:l) *n* capsula *f.*

captain ('kæptin) *n* capitano, comandante *m.*

caption ('kæpʃən) *n* **1** intestazione *f.* **2** (cinema) didascalia *f.*

captivate ('kæptiveit) *vt* attrarre, sedurre.

captive ('kæptiv) *adj,n* prigioniero, schiavo *m.*

capture ('kæptʃə) *vt* catturare, far prigioniero. *n* cattura *f*. arresto *m*.

car (kɑ:) *n* **1** automobile, macchina *f*. **2** (railway) carro *m*. **car park** *n* posteggio *m*.

caramel ('kærəməl) *n* caramella *f*.

carat ('kærət) *n* carato *m*.

caravan ('kærəvæn) *n* carovana *f*.

caraway ('kærəwei) *n* cumino *m*.

carbohydrate (kɑ:bou'haidreit) *n* carboidrato *m*.

carbon ('kɑ:bən) *n* **1** *sci* carbonio *m*. **2** *tech* carbone *m*. **carbon paper** *n* carta carbone *f*. **carbon dioxide** *n* anidride carbonica *f*.

carburettor (kɑ:bju'retə) *n* carburatore *m*.

carcass ('kɑ:kəs) *n* carcassa *f*.

card (kɑ:d) *n* carta *f*. **card-board** *n* cartone *m*.

cardigan ('kɑ:digən) *n* giacchetta di lana *f*.

cardinal ('kɑ:dinl) *adj* cardinale, principale. *n* cardinale *m*.

care (keə) *n* **1** ansietà *f*. **2** cura, premura, sollecitudine *f*. **3** custodia *f*. **care of** presso. ~ *vi* curarsi, preoccuparsi. **care for 1** voler bene a. **2** curare. **care-free** *adj* spensierato. **careful** *adj* attento, accurato. **careless** *adj* trascurato, negligente. **caretaker** *n* custode, guardiano *m*.

career (kə'riə) *n* carriera *f*.

caress (kə'res) *n* carezza *f*. *vt* carezzare.

cargo ('kɑ:gou) *n, pl* -**goes** carico *m*.

Caribbean (kæri'biən) *adj* dei Caraibi. **Caribbean (Sea)** *n* Mare dei Caraibi *m*.

caricature ('kærikətjuə) *n* caricatura *f*. *vt* far la caricatura di.

carnal ('kɑ:nl) *adj* carnale, sensuale.

carnation (kɑ:'neiʃən) *n* garofano *m*.

carnival ('kɑ:nivəl) *n* carnevale *m*.

carnivorous (kɑ:'nivərəs) *adj* carnivoro.

carol ('kærəl) *n* canto, inno natalizio *m*.

carpenter ('kɑ:pintə) *n* carpentiere, falegname *m*.

carpet ('kɑ:pit) *n* tappeto *m*.

carriage ('kæridʒ) *n* **1** carro *m*. vettura *f*. **2** (railway) vagone *m*. **3** trasporto *m*. **4** portamento *m*. **carriageway** *n* strada rotabile *f*.

carrier ('kæriə) *n* trasportatore *m*. **carrier bag** *n* sacchetto *m*.

carrot ('kærət) *n* carota *f*.

carry ('kæri) *vt,vi* portare. **carry away** trasportare. **carry on** proseguire. **carry out** effettuare. **carrycot** *n* culla portabile *f*.

cart (kɑ:t) *n* carro, calesse *m*. **carthorse** *n* cavallo da traino *m*. **cartwheel** *n* ruota di carro *f*.

cartilage ('kɑ:tilidʒ) *n* cartilagine *f*.

carton ('kɑ:tn) *n* **1** scatola di cartone *f*. **2** (of cigarettes) stecca *f*.

cartoon (kɑ:'tu:n) *n* cartone *m*. **cartoonist** *n* disegnatore, vignettista *m*.

cartridge ('kɑ:tridʒ) *n* cartuccia *f*.

carve (kɑ:v) *vt* **1** *Art* intagliare, incidere. **2** tagliare. **carving** *n* intaglio *m*. **carving-knife** *n* trinciante *m*.

cascade (kæ'skeid) *n* cascata *f*.

case¹ (keis) *n* **1** caso, avvenimento *m*. **2** *law* causa *f*. processo *m*.

case² (keis) *n* **1** scatola, custodia *f*. **2**

(for glasses, etc.) astuccio *m*.

cash (kæʃ) *n* cassa *f*. denaro *m*. contanti *m pl*. *vt* incassare, riscuotere. **cash desk** *n* cassa *f*.

cashier[1] (kæ'ʃiə) *n* cassiere *m*.

cashier[2] (kæ'ʃiə) *vt* destituire.

cashmere (kæʃ'miə) *n* cachemire *m*.

casino (kə'si:nou) *n* casinò *m*.

casket ('ka:skit) *n* cofanetto, scrigno *m*.

casserole ('kæsəroul) *n* teglia, casseruola *f*.

cassette (kə'set) *n* cassetta *f*.

cassock ('kæsək) *n* tonaca, veste *f*.

cast* (ka:st) *vt* **1** gettare, lanciare. **2** reclutare. **3** fondere. *n* **1** lancio, getto, stampo *m*. **2** *Th* complesso *m*.

castanets (kæstə'nets) *n pl* nacchere *f pl*.

caste (ka:st) *n* casta *f*.

castle ('ka:səl) *n* castello *m*.

castrate (kæ'streit) *vt* castrare.

casual ('kæʒuəl) *adj* **1** accidentale, casuale, fortuito. **2** sportivo, semplice.

casualty *n* **1** vittima *m*. **2** incidente, sinistro *m*.

cat (kæt) *n* gatto *m*. **cat's eye** *n mot* catarifrangente *m*.

catalogue ('kætələg) *n* catalogo *m*. *vt* catalogare.

catamaran (kætəmə'ræn) *n* catamarano *m*.

catapult ('kætəpʌlt) *n* catapulta, fionda *f*.

cataract ('kætərækt) *n* cateratta *f*.

catarrh (kə'ta:) *n* catarro *m*.

catastrophe (kə'tæstrəfi) *n* catastrofe *f*.

catch* (kætʃ) *vt* **1** prendere, afferrare. **2** sorprendere. *vi* attaccarsi. *n* **1** cattura, preda *f*. **2** trucco *m*.

catechism ('kætikizəm) *n* catechismo *m*.

category ('kætigəri) *n* categoria *f*. **categorical** *adj* categorico. **categorize** *vt* classificare, giudicare.

cater ('keitə) *vi* provvedere cibo. **cater for** provvedere. **caterer** *n* fornitore, negoziante *m*.

caterpillar ('kætəpilə) *n* bruco *m*.

cathedral (kə'θi:drəl) *n* cattedrale *f*.

cathode ('kæθoud) *n* catodo *m*.

Catholic ('kæθlik) *adj,n* cattolico. **Catholicism** *n* cattolicesimo *m*.

catkin ('kætkin) *n* amento *m*.

cattle (kætl) *n pl* bestiame *m*.

caught (kɔ:t) *v see* **catch**.

cauliflower ('kɔliflauə) *n* cavolfiore *m*.

cause (kɔ:z) *n* ragione, causa *f*. motivo *m*. *vt* causare, provocare.

causeway ('kɔ:zwei) *n* strada rialzata *f*.

caustic ('kɔ:stik) *adj* caustico, mordente.

caution ('kɔ:ʃən) *n* **1** cautela, prudenza *f*. **2** avvertimento *m*. *vt* ammonire, mettere in guardia.

cavalry ('kævəlri) *n* cavalleria *f*.

cave (keiv) *n* caverna, tana *f*.

caviar ('kævia:) *n* caviale *m*.

cavity ('kæviti) *n* cavità *f*.

cayenne (kei'en) *n* pepe di Caienna *m*.

cease (si:s) *vt,vi* cessare, finire. **cease-fire** *n* cessato il fuoco *m*. tregua *f*. **cea-se-less** *adj* incessante.

cedar ('si:də) *n* cedro *m*.

ceiling ('si:liŋ) *n* soffitto *m*.

celebrate ('seləbreit) *vt* celebrare, onorare. *vi* far festa. **celebration** *n* celebrazione *f*.

celebrity (si'lebriti) *n* celebrità *f*.

celery ('seləri) n sedano m.

celestial (si'lestiəl) adj celestiale.

celibate ('selibət) adj,n celibe m.

cell (sel) n 1 cella f. 2 sci cellula f.

cellar ('selə) n cantina f. sóttosuolo m.

cello ('tʃelou) n violoncello m.

Cellophane ('seləfein) n Tdmk Cellophane m.

Celt (kelt) n celta m. **Celtic** adj celtico.

cement (si'ment) n cemento m. vt cementare.

cementery ('semətri) n cimitero m.

censor ('sensə) n censore m. vt censurare. **censorship** n censura f.

censure ('senʃə) n censura, critica f. vt criticare, biasimare.

census ('sensəs) n censimento m.

cent (sent) n 1 centesimo m. 2 soldo m.

centenary (sen'ti:nəri) adj,n centenario m.

centigrade ('sentigreid) adj centigrado.

centimetre ('sentimi:tə) n centimetro m.

centipede ('sentipi:d) n millepiedi m invar.

centre ('sentə) n centro m. vt centrare, concentrare. vi concentrarsi. **centre-forward** n centravanti m. **centre-half** n centromediano m. **central** adj centrale. **central heating** n riscaldamento centrale m. **centralize** vt centralizzare. **centralization** n centralizzazione f.

century ('sentʃəri) n secolo m.

ceramic (si'ræmik) adj di ceramica. **ceramics** n ceramica f.

cereal ('siəriəl) n cereale m.

ceremony ('serəməni) n cerimonia f. **stand on ceremony** far complimenti.

ceremonial adj da cerimonia. n cerimonia f. **ceremonious** adj cerimonioso.

certain ('sə:tn) adj certo, sicuro. **certainty** n certezza f.

certify ('sə:tifai) vt attestare, certificare. **certificate** n certificato m.

Ceylon (si'lɔn) n Ceylon m. **Ceylonese** adj,n cingalese.

chaffinch ('tʃæfintʃ) n fringuello m.

chain (tʃein) n catena f. vt incatenare. **chain-smoke** vi fumare ininterrottamente. **chain-reaction** n reazione a catena f. **chain-store** n negozio che fa parte di una catena f.

chair (tʃeə) n 1 sedia f. seggio m. 2 educ cattedra f. **chair lift** n seggiovia f. **chairman** n presidente m.

chalet ('ʃælei) n chalet m.

chalk (tʃɔ:k) n gesso m.

challenge ('tʃæləndʒ) n sfida, provocazione f. vt sfidare, provocare. **challenging** adj stimolante.

chamber ('tʃeimbə) n camera, sala f. **chambermaid** n cameriera f. **chamber music** n musica da camera f.

chamberlain ('tʃeimbəlin) n ciambellano m.

chameleon (kə'mi:liən) n camaleonte m.

chamois ('ʃæmi) n invar pelle di camoscio f.

champagne (ʃæm'pein) n sciampagna m.

champion ('tʃæmpiən) n campione m. vt difendere, sostenere. **championship** n campionato m.

chance (tʃɑ:ns) n fortuna f. caso m. **by chance** per caso. ~vt arrischiare. vi accadere. *adj* fortuito, casuale.

chancellor ('tʃɑːnsələ) *n* cancelliere *m*.

chandelier (ʃændə'liə) *n* lampadario *m*.

change (tʃeindʒ) *vt* cambiare. *vi* mutarsi. *n* **1** cambio *m*. alterazione *f*. **2** (of money) moneta *f*. **changeable** *adj* mutevole.

channel ('tʃænl) *n* canale *m*. *vt* incanalare.

Channel Islands *n pl* Isole Normanne *f pl*.

chant (tʃɑːnt) *n* canto monotono *m*. cantilena *f*. *vi* cantare, salmodiare.

chaos ('keiɒs) *n* caos *m*.

chap[1] (tʃæp) *vt* screpolare. *vi* screpolarsi. *n* screpolatura *f*.

chap[2] (tʃæp) *n inf* tipo, individuo, ragazzo *m*.

chapel ('tʃæpəl) *n* cappella *f*.

chaperon ('ʃæpəroun) *n* compagna *f*. *vt* accompagnare.

chaplain ('tʃæplin) *n* cappellano *m*.

chapter ('tʃæptə) *n* capitolo *m*.

char[1] (tʃɑː) *vt* carbonizzare. *vi* carbonizzarsi.

char[2] (tʃɑː) *n inf* domestica a ore *f*. *vi* lavorare a giornata.

character ('kærɪktə) *n* **1** carattere *m*. indole *f*. **2** personalità *f*. **3** personaggio *m*. **characteristic** *adj* caratteristico. *n* caratteristica *f*.

charcoal ('tʃɑːkoul) *n* carbonella *f*.

charge (tʃɑːdʒ) *vt* **1** far pagare. **2** incaricare. **3** caricare. *n* **1** spesa *f*. costo *m*. **2** incarico *m*. sorveglianza *f*. **3** accusa *f*. **4** *mil* carica *f*.

chariot ('tʃæriət) *n* cocchio *m*.

charisma (kə'rizmə) *n* carisma *m*.

charity ('tʃæriti) *n* carità, elemosina *f*.

charitable *adj* caritatevole.

charm (tʃɑːm) *n* **1** fascino *m*. **2** incantesimo *m*. **3** amuleto *m*. *vt* affascinare, incantare, stregare. **charming** *adj* attraente, grazioso.

chart (tʃɑːt) *n* **1** carta nautica *f*. **2** grafico *m*. **3** cartella clinica *f*. *vt* fare la carta idrografica di, tracciare.

charter ('tʃɑːtə) *n* carta *f*. documento *m*. **charter flight** *n* volo speciale *or* charter *m*. ~ *vt* **1** noleggiare. **2** concedere statuto.

chase (tʃeis) *vt* cacciare, inseguire, rincorrere. *n* caccia *f*. inseguimento *m*.

chasm ('kæzəm) *n* abisso *m*.

chassis ('ʃæsi) *n invar* telaio *m*.

chaste (tʃeist) *adj* casto, virtuoso, severo.

chastise (tʃæ'staiz) *vt* castigare, punire. **chastisement** *n* castigo *m*. punizione *f*.

chat (tʃæt) *n* chiacchierata *f*. *vi* chiacchierare. **chatty** *adj* chiacchierone, ciarliero.

chatter ('tʃætə) *n* chiacchiera *f*. **chatterbox** *n* chiacchierone *m*. *vi* **1** chiacchierare. **2** battere i denti.

chauffeur ('ʃoufə) *n* autista *m*.

chauvinism ('ʃouvinizəm) *n* sciovinismo *m*. **chauvinist** *n* sciovinista *m*.

cheap (tʃiːp) *adj* **1** a buon mercato. **2** di scarso valore, spregevole.

cheat (tʃiːt) *n* **1** inganno *m*. **2** (person) imbroglione *m*. *vt, vi* ingannare, truffare.

check (tʃek) *n* **1** arresto, impedimento *m*. **2** controllo *m*. **3** (on material) quadretto *m*. **4** *game* scacco *m*. *vt* **1** controllare. **2** fermare. **3** tenere in scacco.

checkmate *n* scacco matto *m*. *vt* dar scacco matto a. **checkpoint** *n* punto di controllo *m*. **check up** *vt* **1** revisione *f*. **2** visita medica *f*.

cheek (tʃiːk) *n* **1** guancia, gota *f*. **2** *inf* sfrontatezza *f*. **cheekbone** *n* zigomo *m*. **cheeky** *adj* insolente.

cheer (tʃiə) *n* applauso *m*. *vt* rallegrare, incoraggiare. *vi* applaudire. **cheer up** rallegrarsi. **cheerful** *adj* allegro.

cheese (tʃiːz) *n* formaggio *m*. **cheese-cake** *n* torta di formaggio *f*.

cheetah ('tʃiːtə) *n* ghepardo *m*.

chef (ʃef) *n* capocuoco *m*.

chemical ('kemikəl) *adj* chimico. *n* prodotto chimico *m*.

chemist ('kemist) *n* **1** chimico *m*. **2** *med* farmacista *m*. **chemist's shop** *n* farmacia *f*.

chemistry ('kemistri) *n* chimica *f*.

cheque (tʃek) *n* assegno *m*. **cheque-book** *n* libretto degli assegni *m*. **cheque card** *n* carta bancaria *f*.

cherish ('tʃeriʃ) *vt* **1** tener caro, amare. **2** nutrire.

cherry ('tʃeri) *n* ciliegia *f*. **cherry tree** *n* ciliegio *m*.

cherub ('tʃerəb) *n* cherubino *m*.

chess (tʃes) *n* scacchi *m pl*. **chessboard** *n* scacchiera *f*. **chessman** *n* pezzo degli scacchi *m*.

chest (tʃest) *n* **1** *anat* petto, torace *m*. **2** cassa *f*. **chest of drawers** *n* cassettone *m*.

chestnut ('tʃesnʌt) *n* castagna *f*. **chestnut tree** *n* castagno *m*.

chew (tʃuː) *vt,vi* masticare. **chew over** meditare. **chewing gum** *n* gomma da masticare *f*.

chick (tʃik) *n* pulcino *m*.

chicken ('tʃikən) *n* pollo, pollastro *m*. **chickenpox** *n* varicella *f*.

chicory ('tʃikəri) *n* cicoria *f*.

chief (tʃiːf) *adj* principale. *n* capo, comandante *m*.

chilblain ('tʃilblein) *n* gelone *m*.

child (tʃaild) *n, pl* **children 1** bambino *m*. **2** figlio *m*. **childbirth** *n* parto *m*. **childhood** *n* infanzia *f*. **childish** *adj* puerile, infantile. **childlike** *adj* da bambino, infantile. **childminder** *n* bambinaia *f*.

chill (tʃil) *n* **1** *med* raffreddore *m*. **2** brivido *m*. *vt* raffreddare. *adj* freddo. **chilly** *adj* **1** freddoloso, frescolino. **2** senza cordialità.

chilli ('tʃili) *n* pepe di Caienna *m*.

chime (tʃaim) *n* scampanio *m*. *vi* risuonare, scampanare. *vt* suonare, battere.

chimney ('tʃimni) *n* camino, fumaiolo *m*. **chimneypot** *n* comignolo *m*. **chimneysweep** *n* spazzacamino *m*.

chimpanzee (tʃimpæn'ziː) *n* scimpanzé *m*.

chin (tʃin) *n* mento *m*.

china ('tʃainə) *n* porcellana *f*.

China ('tʃainə) *n* Cina *f*. **Chinese** *adj,n* cinese. **Chinese** (language) *n* cinese *m*.

chink[1] (tʃiŋk) *n* fessura, crepa *f*.

chink[2] (tʃiŋk) *vt* far tintinnare. *vi* tintinnare. *n* tintinnio *m*.

chip (tʃip) *n* **1** frammento *m*. scheggia *f*. **2** *cul* patatina fritta *f*. *vt* rompere. *vi* scheggiarsi.

chiropody (ki'rɔpədi) *n* arte del pedicure *f*. **chiropodist** *n* chiropodista *m*.

chirp (tʃəːp) *n* cinguettio, canto *m*. *vi*

cinguettare, pigolare.

chisel ('tʃizəl) n scalpello, cesello m. vt cesellare, scalpellare.

chivalry ('ʃivəlri) n galanteria f.

chives (tʃaivz) n erba cipollina f.

chlorine ('klɔːriːn) n cloro m.

chlorophyll ('klɔrəfil) n clorofilla f.

chocolate ('tʃɔklit) n **1** cioccolato m. cioccolata f. **2** (sweet) cioccolatino m. adj di cioccolato.

choice (tʃɔis) n scelta f. assortimento m. adj scelto, di prima qualità.

choir (kwaiə) n coro m. **choirboy** n ragazzo cantore m. **choirmaster** n maestro di cappella m.

choke (tʃouk) vt soffocare, asfissiare. vi soffocarsi, ostruirsi.

cholera ('kɔlərə) n colera m.

choose* (tʃuːz) vt,vi scegliere.

chop¹ (tʃɔp) vt tagliare, spaccare. n **1** colpo m. **2** cul braciola f. **chopper** n accetta f.

chop² (tʃɔp) vi mutare.

chopsticks ('tʃɔpstiks) n pl bastoncini m pl.

chord (kɔːd) n **1** corda f. **2** mus accordo m.

chore (tʃɔː) n **1** lavoro m. **2** pl lavori in casa.

choreography (kɔriˈɔgrəfi) n coreografia f. **choreographer** n coreografo m.

chorus ('kɔːrəs) n coro m. **choral** adj corale.

chose (tʃouz) v see **choose**.

chosen ('tʃouzən) v see **choose**.

Christ (kraist) n Cristo m.

christen ('krisən) vt battezzare. **christening** n battesimo m.

Christian ('kristʃən) adj,n cristiano. **Christian name** n nome di battesimo m. **Christianity** n cristianesimo m.

Christmas ('krisməs) n Natale m. **Christmas tree** n albero di Natale m.

chromatic (krəˈmætik) adj cromatico.

chrome (kroum) n cromo m.

chromium ('kroumiəm) n cromo m.

chromosome ('krouməsoum) n cromosomo m.

chronic ('krɔnik) adj cronico.

chronicle ('krɔnikəl) n cronaca f. vt narrare.

chronological (krɔnəˈlɔdʒikəl) adj cronologico.

chrysalis ('krisəlis) n crisalide f.

chrysanthemum (kriˈzænθiməm) n crisantemo m.

chubby ('tʃʌbi) adj paffuto, pienotto.

chuck (tʃʌk) vt lanciare. **chuck out** scacciare.

chuckle ('tʃʌkəl) n riso soffocato m. vi ridacchiare.

chunk (tʃʌŋk) n grosso pezzo m.

church (tʃəːtʃ) n chiesa f. **churchyard** n cimitero m.

churn (tʃəːn) n zangola f.

chute (ʃuːt) n **1** cascata d'acqua f. **2** scivolo m.

chutney ('tʃʌtni) n salsa indiana f.

cicada (siˈkaːdə) n cicala f.

cider ('saidə) n sidro m.

cigar (siˈgaː) n sigaro m. **cigarette** n sigaretta f. **cigarette lighter** n accendino m.

cinder ('sində) n **1** brace f. tizzone m. **2** pl cenere f.

cinecamera ('sinikæmrə) n macchina da presa f.

cinema ('sinəmə) *n* cinema *m*.

cinnamon ('sinəmən) *n* cannella *f*.

circle ('sə:kəl) *n* 1 cerchio, circolo *m*. 2 *Th* galleria. 3 gruppo *m*. *vt* circondare, aggirare. *vi* volteggiare. **circular** *adj* circolare. **circulation** *n* 1 circolazione *f*. 2 tiratura *f*. **circulate** *vi* circolare. *vt* mettere in circolazione.

circuit ('sə:kit) *n* circuito, giro *m*.

circumcise ('sə:kəmsaiz) *vt* circoncidere. **circumcision** *n* circoncisione *f*.

circumference (sə'kʌmfərəns) *n* circonferenza *f*.

circumscribe ('sə:kəmskraib) *vt* circoscrivere.

circumstance ('sə:kəmstæns) *n* circostanza, condizione *f*.

circus ('sə:kəs) *n* circo *m*.

cistern ('sistən) *n* cisterna *f*. serbatoio *m*.

cite (sait) *vt* citare.

citizen ('sitizən) *n* cittadino *m*. **citizenship** *n* cittadinanza *f*.

citrus ('sitrəs) *n* agrume *m*. **citrus fruits** agrumi *m pl*.

city ('siti) *n* città *f*.

civic ('sivik) *adj* civico.

civil ('sivəl) *adj* 1 civile. 2 cortese, educato. **civil engineering** *n* ingegneria civile *f*. **civil servant** *n* funzionario dello stato *m*. **civil service** *n* amministrazione statale *f*. **civil war** *n* guerra civile *f*.

civilian (si'viliən) *adj,n* borghese *m*.

civilization (sivilai'zeiʃən) *n* civiltà, civilizzazione *f*. **civilize** *vt* incivilire, civilizzare. **civilized** *adj* civile, civilizzato.

clad (klæd) *adj* vestito, rivestito.

claim (kleim) *n* 1 richiesta, pretesa, rivendicazione *f*. 2 diritto *m*. *vt* 1 chiedere, reclamare, rivendicare. 2 asserire.

clam (klæm) *n* mollusco *m*.

clamber ('klæmbə) *vi* arrampicarsi.

clammy ('klæmi) *adj* vischioso, viscido.

clamour ('klæmə) *n* clamore, schiamazzo *m*. *vi* gridare a gran voce, richiedere rumorosamente. **clamour for** strepitare per.

clamp (klæmp) *n* morsa, tenaglia *f*. *vt* stringere, incastrare.

clan (klæn) *n* tribù *f*.

clandestine (klæn'destin) *adj* clandestino.

clang (klæŋ) *vt* far risuonare. *vi* risuonare. *n* suono metallico *m*.

clank (klæŋk) *vt,vi* risuonare. *n* rumore metallico *m*.

clap (klæp) *n* 1 colpo, scoppio *m*. 2 battimano *m*. *vt,vi* applaudire. *vt* battere.

claret ('klærət) *n* chiaretto *m*.

clarify ('klærifai) *vt* chiarificare. *vi* chiarificarsi. **clarity** *n* 1 chiarezza *f*. 2 lucidità di mente *f*.

clarinet (klæri'net) *n* clarinetto *m*.

clash (klæʃ) *n* urto, conflitto *m*. *vi* 1 urtare, urtarsi. 2 (of colours) stonare. *vt* far cozzare.

clasp (klɑ:sp) *vt* abbracciare, stringere, afferrare. *n* 1 fermaglio *m*. 2 abbraccio *m*. presa *f*.

class (klɑ:s) *n* 1 classe, categoria *f*. 2 lezione *f*. *vt* classificare. **classroom** *n* aula *f*. **classify** *vt* classificare.

classic ('klæsik) *adj,n* classico *m*. **classical** *adj* classico.

clatter ('klætə) *vi* far fracasso. *vt* far risuonare. *n* fracasso, schiamazzo *m.*

clause (klɔːz) *n* **1** clausola *f.* **2** *gram* proposizione *f.*

claustrophobia (klɔstrəˈfoubiə) *n* claustrofobia *f.*

claw (klɔː) *n* **1** artiglio *m.* **2** grinfia, chela *f.* *vt* artigliare, graffiare.

clay (klei) *n* argilla, creta *f.*

clean (kliːn) *adj* pulito, netto. *vt* pulire, purificare.

cleanse (klenz) *vt* pulire, depurare. **cleanser** *n* detersivo *m.*

clear (kliə) *adj* **1** chiaro, evidente. **2** libero. **3** limpido. *vt* **1** chiarire, schiarire. **2** assolvere. *vi* schiarirsi. **clear away 1** portar via. **2** dissiparsi. **clear off** andarsene. **clear up 1** rassettare. **2** rasserenarsi. **clearance** *n* **1** chiarificazione *f.* **2** sgombero *m.* **3** *comm* liquidazione *f.* **clearing** *n* **1** schiarimento *m.* **2** radura *f.*

clef (klef) *n* chiave *f.*

clench (klentʃ) *vt* stringere, serrarsi.

clergy (ˈklɜːdʒi) *n* clero *m.* **clergyman** *n* ecclesiastico, pastore evangelico *m.*

clerical (ˈklerikəl) *adj* **1** clericale. **2** impiegatizio.

clerk (klɑːk) *n* impiegato, commesso *m.*

clever (ˈklevə) *adj* intelligente, abile, ingegnoso.

cliché (ˈkliːʃei) *n* luogo comune *m.*

click (klik) *n* suono secco, schiocco *m.* *vt* fare schioccare. *vi* produrre un suono breve e secco.

client (ˈklaiənt) *n* cliente *m, f.* **clientele** *n* clientela *f.*

cliff (klif) *n* scogliera, rupe *f.*

climate (ˈklaimit) *n* clima *m.*

climax (ˈklaimæks) *n* apice, punto cul-

minante *m.*

climb (klaim) *vt* salire, scalare. *vi* arrampicarsi. *n* ascesa *f.*

cling* (kliŋ) *vi* aggrapparsi, aderire, attaccarsi.

clinic (ˈklinik) *n* clinica *f.* **clinical** *adj* clinico.

clip[1] (klip) *vt* tosare, tagliare. *n* tosatura *f.* taglio *m.*

clip[2] (klip) *n* molletta *f.* fermaglio *m.*

clitoris (ˈklitəris) *n* clitoride *m.*

cloak (klouk) *n* **1** mantello *m.* **2** pretesto *m.* **cloakroom** *n* guardaroba *m.*

clock (klɔk) *n* orologio *m.* pendola *f.* **clocktower** *n* campanile *m.* **clockwise** *adj,adv* in senso orario. **clockwork** *n* meccanismo d'orologeria *m.*

clog (klɔg) *n* **1** (shoe) zoccolo *m.* **2** impedimento *m.* *vt* impedire, impacciare, intasare.

cloister (ˈklɔistə) *n* convento, monastero *m.*

close *vt,vi* (klouz) **1** chiudere. **2** terminare, finire. **close down** chiudere. *adj* (klous) **1** chiuso. **2** stretto. **3** intimo. **4** pesante. *adv* (klous) vicino, presso. *n* **1** (klouz) fine, conclusione *f.* **2** (klous) recinto, spazio, cintato *m.* **closeness** *n* **1** prossimità *f.* **2** afa *f.*

closet (ˈklɔzit) *n* gabinetto *m.* *vt* chiudere, rinchiudere.

clot (klɔt) *n* grumo, coagulo *m.* *vi* raggrumare, coagularsi.

cloth (klɔθ) *n* **1** stoffa, tela *f.* panno *m.* **2** tovaglia *f.*

clothe (klouð) *vt* vestire, abbigliare. **clothes** *n pl* indumenti, vestiti *m.* **clothes brush** *n* spazzola per vestiti *f.* **clothes line** *n* corda per stendere il bucato *f.* **clothes peg** *n* molletta per biancheria *f.* **clothing** *n invar* vestiario *m.* abiti *m pl.*

cloud (klaud) *n* nuvola *f.* **cloudburst** *n* acquazzone *m.* **cloudy** *adj* **1** nuvoloso. **2** oscuro.

clove[1] (klouv) *n* chiodo di garofano *m.*

clove[2] (klouv) *n* (of garlic) spicchio *m.*

clover ('klouvə) *n* trifoglio *m.*

clown (klaun) *n* pagliaccio, buffone *m.*

club (klʌb) *n* **1** bastone *m.* **2** circolo *m.* associazione *f.* **3** *game* fiore *m.* *v* **club together** riunirsi.

clue (klu:) *n* indizio *m.* traccia *f.*

clump (klʌmp) *n* gruppo, cespo *m.*

clumsy ('klʌmzi) *adj* goffo, maldestro.

clung (klʌŋ) *v see* **cling**.

cluster ('klʌstə) *n* **1** grappolo *m.* **2** gruppo, sciame *m.*

clutch (klʌtʃ) *n* **1** stretta, presa *f.* **2** *mot* frizione *f.* *vt* afferrare, aggrapparsi a.

clutter ('klʌtə) *n* trambusto *m.* confusione *f.* *vt* scompigliare.

coach (koutʃ) *n* **1** *mot* corriera *f.* pullman *m.* **2** istruttore, allenatore *m.* *vt* allenare.

coal (koul) *n* carbone *m.* **coalmine** *n* miniera di carbone *f.*

coalition (kouə'liʃən) *n* coalizione *f.*

coarse (kɔːs) *adj* **1** grezzo. **2** ruvido, volgare, grossolano.

coast (koust) *n* costa *f.* litorale *m.* **coastguard** *n* guardia costiera *f.* **coastline** *n* costa *f.* litorale *m.*

coat (kout) *n* **1** cappotto, soprabito *m.* **2** (of an animal) pelliccia *f.* **3** rivestimento, strato *m.* *vt* spalmare, rivestire. **coat-hanger** *n* attaccapanni *m invar.*

stampella *f.* **coat of arms** *n* insegna nobiliare *f.*

coax (kouks) *vt* persuadere.

cobble ('kɔbəl) *n* ciottolo *m.* **cobblestone** *n* ciottolo *m.*

cobbler ('kɔblə) *n* calzolaio *m.*

cobra ('koubrə) *n* cobra *m.*

cobweb ('kɔbweb) *n* ragnatela *f.*

cock[1] (kɔk) *n* **1** gallo *m.* **2** maschio di uccelli *m.*

cock[2] (kɔk) *vt* **1** drizzare. **2** (a gun) armare.

cockle ('kɔkəl) *n* **1** *zool* cardio *m.* **2** *bot* loglio *m.*

cockpit ('kɔkpit) *n* **1** *aviat* carlinga *f.* **2** *naut* castello di poppa *m.*

cockroach ('kɔkroutʃ) *n* scarafaggio *m.*

cocktail ('kɔkteil) *n* cocktail *m.*

cocky ('kɔki) *adj* arrogante.

cocoa ('koukou) *n* cacao *m.*

coconut ('koukənʌt) *n* noce di cocco *f.*

cocoon (kə'kuːn) *n* bozzolo *m.*

cod (kɔd) *n* merluzzo *m.*

code (koud) *n* codice, cifrario *m.* *vt* codificare, cifrare.

codeine ('koudiːn) *n* codeina *f.*

co-education (kouedju'keiʃən) *n* istruzione in scuola mista *f.*

coerce (kou'əːs) *vt* costringere.

coexist (kouig'zist) *vi* coesistere.

coffee ('kɔfi) *n* caffè *m invar.* **coffee bar** *n* caffè *f.* **coffee bean** *n* chicco di caffè *m.* **coffee table** *n* tavolo da caffè *f.*

coffin ('kɔfin) *n* bara *f.*

cog (kɔg) *n* dente *m.*

cognac ('kɔnjæk) *n* cognac *m.*

cohabit (kou'hæbit) *vi* coabitare.

cohere (kou'hiə) *vi* aderire. **coherence**

n coerenza *f.* **coherent** *adj* coerente.

coil (koil) *n* 1 matassa *f.* rotolo *m.* 2 (of a snake) spira *f.* 3 *tech* bobina *f.* *vt* avvolgere.

coin (kɔin) *n* moneta *f.* *vt* 1 coniare. 2 inventare.

coincide (kouin'said) *vi* coincidere. **coincidence** *n* coincidenza *f.*

colander ('kʌləndə) *n* colino *m.*

cold (kould) *adj* freddo. **be cold** 1 (of a person) aver freddo. 2 (of the weather) fare freddo. ~ *n* 1 freddo *m.* 2 *med* raffreddore *m.* **catch a cold** prendersi un raffreddore.

collaborate (kə'læbəreit) *vi* collaborare.

collapse (kə'læps) *n* crollo *m.* caduta *f.* *vi* 1 crollare, sprofondare. 2 accasciarsi.

collar ('kɔlə) *n* colletto, bavero, collare *m.* **collarbone** *n* clavicola *f.*

colleague ('kɔli:g) *n* collega *m.*

collect (kə'lekt) *vt* 1 riunire. 2 fare collezione di, raccogliere. *vi* radunarsi, ammassarsi. **collection** *n* 1 collezione, raccolta *f.* 2 colletta *f.* **collective** *adj* collettivo.

college ('kɔlidʒ) *n* collegio *m.*

collide (kə'laid) *vi* scontrarsi, urtarsi. **collision** *n* urto, scontro *m.*

colloquial (kə'loukwiəl) *adj* familiare. **colloquialism** *n* espressione familiare *f.*

colon ('koulən) *n gram* due punti *m pl.*

colonel ('kə:nl) *n* colonnello *m.*

colony ('kɔləni) *n* colonia *f.* **colonial** *adj* coloniale.

colossal (kə'lɔsəl) *adj* colossale.

colour ('kʌlə) *n* 1 colore *m.* tinta *f.* 2 colorito *m.* 3 *pl* bandiera *f.* *vt* colorire, dipingere. *vi* arrossire, colorirsi. **colourbar** *n* discriminazione razziale *f.* **colour-blind** *adj* daltonico. **coloured person** *n* persona di colore *f.*

colt (koult) *n* puledro *m.*

column ('kɔləm) *n* colonna *f.*

columnist ('kɔləmnist) *n* giornalista, cronista *m.*

coma ('koumə) *n* coma *m.*

comb (koum) *n* 1 pettine *m.* 2 (of a cock) cresta *f.* *vt* 1 pettinare, strigliare. 2 perlustrare.

combat (*n* 'kɔmbæt; *v* kəm'bæt) *n* combattimento *m.* lotta *f.* *vt* combattere, lottare.

combine (*v* kəm'bain; *n* 'kɔmbain) *vt* combinare, unire. *vi* unirsi. *n* associazione *f.*

combustion (kəm'bʌstʃən) *n* combustione *f.*

come* (kʌm) *vi* 1 venire, arrivare. 2 avvenire. 3 derivare. **come about** accadere. **come across** incontrare per caso. **come back** ritornare. **comeback** *n* ritorno *m.* **come round** riprendere i sensi.

comedy ('kɔmədi) *n* commedia *f.* **comedian** *n* comico *m.* **comic** *adj* comico, buffo. *n* giornale a fumetti *m.*

comet ('kɔmit) *n* cometa *f.*

comfort ('kʌmfət) *n* 1 agio, benessere *m.* comodità *f.* 2 sollievo *m.* *vt* confortare, consolare. **comfortable** *adj* confortevole, agiato.

comma ('kɔmə) *n* virgola *f.*

command (kə'mɑ:nd) *vt* comandare, ordinare, controllare. *n* 1 comando, ordine *m.* 2 padronanza *f.* **command-**

ment *n* comandamento *m*.

commemorate (kə'meməreit) *vt* commemorare, celebrare.

commence (kə'mens) *vt* cominciare. *vi* esordire. **commencement** *n* inizio, principio *m*.

commend (kə'mend) *vt* raccomandarme, lodare. **commendable** *adj* lodevole.

comment ('kɔment) *n* commento *m*. critica *f*. *vi* commentare, fare note critiche. **commentary** *n* commentario *m*. **commentator** *n* commentatore, radiocronista *m*.

commerce ('kɔmə:s) *n* commercio, scambio *m*. **commercial** *adj* commerciale. *n* pubblicità *f*. **commercial vehicle** *n* utilitaria *f*.

commission (kə'miʃən) *n* 1 commissione *f*. comitato *m*. 2 incarico *m*. 3 provvigione *f*. *vt* 1 incaricare. 2 *mil* dare una carica a. **commissioner** *n* commissario *m*.

commit (kə'mit) *vt* 1 commettere. 2 affidare, consegnare. **commit oneself** impegnarsi. **committed** *adj* impegnato.

committee (kə'miti) *n* comitato *m*. commissione *f*.

commodity (kə'mɔditi) *n* merce *f*.

common ('kɔmən) *adj* 1 comune, ordinario. 2 pubblico. 3 volgare. *n* terreno demaniale *m*. **commonplace** *adj* banale, comune. *n* luogo comune *m*. banalità *f*. **commonsense** *n* buon senso *m*. **commonwealth** *n* confederazione *f*.

Common Market *n* Mercato Comune *m*.

commotion (kə'mouʃən) *n* agitazione

f. tumulto *m*.

communal ('kɔmju:nl) *adj* della comunità, comunale.

commune[1] (kɔ'mju:n) *vi* comunicare, discutere.

commune[2] ('kɔmju:n) *n* comune *m*.

communicant (kə'mju:nikənt) *n* comunicando *m*.

communicate (kə'mju:nikeit) *vt* comunicare, far conoscere. *vi* fare la comunione. **communication** *n* comunicazione, informazione *f*.

communion (kə'mju:niən) *n* 1 comunione *f*. 2 *rel* santa comunione *f*.

communism ('kɔmjunizəm) *n* comunismo *m*. **communist** *adj,n* comunista.

community (kə'mju:niti) *n* comunità *f*.

commute (kə'mju:t) *vt* commutare. *vi* viaggiare con abbonamento, fare il pendolare. **commuter** *n* pendolare *m*.

compact[1] (*adj* kəm'pækt; *n* 'kɔmpækt) *adj* compatto, unito. *n* cipria compatta *f*.

compact[2] ('kɔmpækt) *n* accordo, trattato *m*.

companion (kəm'pæniən) *n* compagno, socio *m*. **companionship** *n* amicizia *f*. cameratismo *m*.

company ('kʌmpəni) *n* 1 compagnia *f*. 2 *comm* società *f*. 3 comitiva *f*.

compare (kəm'pɛə) *vt* comparare, confrontare. *vi* reggere al confronto. **comparable** *adj* paragonabile. **comparative** *adj* comparativo, comparato. **comparison** *n* paragone, confronto *m*.

compartment (kəm'pɑ:tmənt) *n* scompartimento *m*.

compass ('kʌmpəs) *n* 1 bussola *f*. 2 circonferenza f. spazio m. **3** pl compasso m.

compassion (kəm'pæʃən) n compassione, pietà f. **compassionate** adj compassionevole.

compatible (kəm'pætibəl) adj compatibile.

compel (kəm'pel) vt costringere, obbligare.

compensate ('kɔmpənseit) vt compensare, ricompensare. vi compensarsi. **compensation** n compenso m.

compete (kəm'pi:t) vi competere, concorrere. **competition** n competizione, gara f. concorso m. **competitive** adj di concorrenza, di competizione, competitivo, agonistico.

competent ('kɔmpitənt) adj competente, abile.

compile (kəm'pail) vt compilare.

complacent (kəm'pleisənt) adj compiacente, soddisfatto.

complain (kəm'plein) vi lagnarsi, lamentarsi. **complaint** n **1** lamentela f. **2** med malattia f.

complement (n 'kɔmplimənt; v 'kɔmpliment) n complemento m. vt completare. **complementary** adj complementare.

complete (kəm'pli:t) adj **1** completo, finito. **2** intero. vt completare, terminare.

complex ('kɔmpleks) adj complesso, intricato. n complesso m.

complexion (kəm'plekʃən) n carnagione f. colorito m.

complicate ('kɔmplikeit) vt complicare.

compliment (n 'kɔmplimənt; v 'kɔm-pliment) n complimento m. vt congratularsi con. **complimentary** adj **1** lusinghiero. **2** di favore.

comply (kəm'plai) vi accondiscendere, prestare osservanza.

component (kəm'pounənt) adj,n componente m.

compose (kəm'pouz) vt comporre. **compose oneself** calmarsi. **composed** adj calmo, composto. **composition** n composizione f. **composure** n calma, imperturbabilità f.

compound[1] (adj,n 'kɔmpaund; v kem'paund) adj composto. n miscela f. composto m. vt mescolare, comporre.

compound[2] ('kɔmpaund) n cinta f.

comprehend (kɔmpri'hend) vt comprendere. **comprehension** n comprensione f. **comprehensive** adj comprensivo, inclusivo, esauriente. **comprehensive school** n scuola secondaria f.

compress (v kəm'pres; n 'kɔmpres) vt comprimere. n compressa f.

comprise (kəm'praiz) vt comprendere, includere.

compromise ('kɔmprəmaiz) n compromesso m. vi venire a un compromesso, compromettere.

compulsion (kəm'pʌlʃən) n costrizione f. **compulsive** adj coercitivo.

compulsory (kəm'pʌlsəri) adj obbligatorio, irresistibile.

computer (kəm'pju:tə) n calcolatore m. **computerize** vt computerizzare.

comrade ('kɔmrəd, -reid) n compagno m.

concave ('kɔŋkeiv) adj concavo, a volta.

conceal (kən'si:l) vt nascondere, dissimulare.

concede (kən'si:d) vt ammettere, riconoscere.

conceit (kən'si:t) n 1 presunzione f. 2 idea ricercata f. **conceited** adj presuntuoso.

conceive (kən'si:v) vt 1 concepire. 2 immaginare.

concentrate ('konsəntreit) vt concentrare. vi concentrarsi. **concentration camp** n campo di concentramento m.

concentric (kon'sentrik) adj concentrico.

concept ('konsept) n concetto m.

conception (kən'sepʃən) n 1 concezione f. 2 idea f.

concern (kən'sə:n) vt 1 concernere, riguardare. 2 toccare. n 1 interesse m. faccenda f. 2 ansietà f. 3 azienda f. **concerning** prep riguardo a, circa.

concert (n 'konsət; v kən'sə:t) n concerto m. vt concertare. **concerted** adj concertato, convenuto.

concertina (konsə'ti:nə) n piccola fisarmonica f.

concerto (kən'tʃeətou) n concerto m.

concession (kən'seʃən) n concessione f.

concise (kən'sais) adj conciso, breve.

conclude (kən'klu:d) vt 1 concludere. 2 dedurre. vi terminare. **conclusion** n 1 conclusione f. 2 decisione f.

concoct (kən'kokt) vt 1 mescolare. 2 preparare, tramare. **concoction** n 1 intruglio m. 2 storia inventata f.

concrete ('konkri:t) adj concreto. n cemento m.

concussion (kən'kʌʃən) n trauma m. commozione cerebrale f.

condemn (kən'dem) vt 1 condannare, biasimare. **condemnation** n condanna f.

condense (kən'dens) vt condensare. **condensation** n condensazione f.

condescend (kondi'send) vi accondiscendere. **condescending** adj condiscendente.

condition (kən'diʃən) n 1 condizione f. 2 patto m. **conditional** adj condizionale.

condolence (kən'doulans) n condoglianza f.

condone (kən'doun) vt condonare, perdonare.

conduct (n 'kondʌkt; v kən'dʌkt) n 1 condotta f. comportamento m. vt 1 condurre. 2 mus dirigere. **conductor** n 1 mus direttore d'orchestra m. 2 biglettaio, capotreno m.

cone (koun) n 1 cono m. 2 bot pigna f.

confectioner (kən'fekʃənə) n pasticciere m. **confectioner's shop** n pasticceria f.

confederate (adj,n kən'fedərət; v kən'fedəreit) adj,n confederato, alleato m. vi associarsi.

confer (kən'fə:) vi conferire, consultarsi. vt conferire. **conference** n conferenza f. congresso m.

confess (kən'fes) vt,vi confessare. **confession** n confessione f.

confetti (kən'feti) n pl coriandoli m pl.

confide (kən'faid) vt confidare. **confide in** confidarsi con, fare affidamento su. **confidence** n fiducia, confidenza f. **confident** adj 1 fiducioso, sicuro. 2 baldanzoso. **confidential** adj confidenziale, riservato.

confine (kən'fain) vt relegare, confinare, limitare. **confinement** n 1 imprigionamento m. reclusione f. 2 parto m.

confirm (kən'fə:m) vt 1 confermare, convalidare. 2 rel cresimare. **confirmation** n 1 conferma f. 2 rel cresima f. **confirmed** adj convinto.

confiscate ('kɔnfiskeit) vt confiscare.

conflict (v kən'flikt; n 'kɔnflikt) vi essere in conflitto, lottare. n conflitto m. lotta, guerra f.

conform (kən'fɔ:m) vt conformare. vi uniformarsi.

confound (kən'faund) vt 1 confondere. 2 turbare.

confront (kən'frʌnt) vt affrontare, mettere a confronto.

confuse (kən'fju:z) vt confondere, disorientare. **confusion** n 1 confusione f. 2 tumulto m.

congeal (kən'dʒi:l) vt congelare. vi coagularsi.

congenial (kən'dʒi:niəl) adj congeniale, affine.

congested (kən'dʒestid) adj congestionato, sovrappopolato.

congratulate (kən'grætjuleit) vt congratularsi con, rallegrarsi con. **congratulation** n felicitazione f.

congregate ('kɔngrigeit) vt radunare. vi radunarsi. **congregation** n congregazione f. insieme dei fedeli m.

congress ('kɔngres) n congresso m.

conical ('kɔnikəl) adj conico.

conifer ('kɔnifə) n conifera f.

conjugal ('kɔndʒugəl) adj coniugale.

conjugate ('kɔndʒugeit) vt coniugare.

conjunction (kən'dʒʌŋkʃən) n 1 gram

congiunzione f. 2 unione f.

conjure ('kʌndʒə) vi fare giochi di prestigio. vt scongiurare. **conjure up** evocare. **conjurer** n prestigiatore m.

connect (kə'nekt) vt 1 connettere, collegare. 2 associare. vi collegarsi. **connection** n 1 connessione, attinenza f. 2 parentela f. 3 (of trains, buses, etc.) coincidenza f.

connoisseur (kɔnə'sə:) n conoscitore, intenditore m.

connotation (kɔnə'teiʃən) n significato implicito m. connotazione f.

conquer ('kɔŋkə) vt conquistare, vincere. **conqueror** n conquistatore m.

conquest ('kɔŋkwest) n conquista f.

conscience ('kɔnʃəns) n coscienza f. **conscientious** adj coscienzioso.

conscious ('kɔnʃəs) adj conscio, consapevole, cosciente.

conscript ('kɔnskript) n coscritto m.

consecrate ('kɔnsikreit) vt consacrare.

consecutive (kən'sekjutiv) adj consecutivo.

consent (kən'sent) n accordo, consenso m. vi acconsentire, aderire.

consequence ('kɔnsikwəns) n 1 conseguenza f. risultato m. 2 importanza f.

conservative (kən'sə:vətiv) adj,n conservatore.

conservatory (kən'sə:vətri) n serra f. conservatorio m.

conserve (kən'sə:v) vt conservare. n conserva f.

consider (kən'sidə) vt considerare. vi pensare. **considerable** adj considerevole, notevole. **considerably** adv assai. **considerate** adj gentile, riguardoso. **consideration** n 1 considerazione, riflessione *f.* **2** riguardo *m.*

consign (kən'sain) *vt* consegnare, affidare. **consignment** *n* **1** consegna *f.* **2** partita di merci *f.*

consist (kən'sist) *vi* consistere, essere composto. **consistency** *n* consistenza, densità *f.* **consistent** *adj* coerente, logico.

console (kən'soul) *vt* consolare.

consolidate (kən'solideit) *vt* consolidare. *vi* consolidarsi.

consonant ('konsənənt) *n* consonante *f.*

conspicuous (kən'spikjuəs) *adj* cospicuo, evidente.

conspire (kən'spaiə) *vi* cospirare, congiurare.

constable ('konstəbəl) *n* poliziotto *m.* guardia *f.*

Constance, Lake *n* Lago di Costanza *m.*

constant ('konstənt) *adj* invariabile, costante, fedele. *n math* costante *f.*

constellation (konstə'leiʃən) *n* costellazione *f.*

constipation (konsti'peiʃən) *n* stitichezza *f.*

constituency (kən'stitjuənsi) *n* circoscrizione elettorale *f.*

constituent (kən'stitjuənt) *adj* costituente. *n* **1** costituente *m.* **2** elettore *m.*

constitute ('konstitjuːt) *vt* costituire, fondare. **constitution** *n* costituzione *f.* statuto *m.*

constraint (kən'streint) *n* **1** repressione, costrizione *f.* **2** imbarazzo *m.*

constrict (kən'strikt) *vt* costringere, comprimere.

construct (kən'strʌkt) *vt* costruire. **construction** *n* costruzione *f.*

consul ('konsəl) *n* console *m.*

consulate ('konsjulət) *n* consolato *m.*

consult (kən'sʌlt) *vt* consultare. **consultant** *n* consulente, esperto *m.*

consume (kən'sjuːm) *vt* consumare.

contact ('kontækt) *n* contatto *m.* *vt* mettere in contatto. *vi* mettersi in contatto. **contact lenses** *n pl* lenti a contatto *f pl.*

contagious (kən'teidʒəs) *adj* contagioso.

contain (kən'tein) *vt* **1** contenere. **2** reprimere. **container** *n* recipiente *m.*

contaminate (kən'tæmineit) *vt* contaminare.

contemplate ('kontəmpleit) *vt* contemplare, meditare. *vi* proporsi.

contemporary (kən'tempərəri) *adj,n* contemporaneo.

contempt (kən'tempt) *n* disprezzo *m.* **contemptuous** *adj* sprezzante.

content[1] (kontent) *n* contenuto *m.* dose *f.*

content[2] (kən'tent) *adj* contento, soddisfatto. *vt* accontentare.

contest (*n* 'kontest; *v* kən'test) *n* contesa, gara *f.* *vt,vi* contestare, disputare. **contestant** *n* concorrente *m,f.*

context ('kontekst) *n* contesto *m.*

continent ('kontinənt) *n* continente *m.* *adj* **1** moderato. **2** casto. **continental** *adj,n* continentale.

contingency (kən'tindʒənsi) *n* contingenza *f.*

continue (kən'tinjuː) *vt,vi* continuare. **continual** *adj* continuo. **continuity** *n* continuità *f.* **continuous** *adj* continuo.

contour ('kontuə) *n* contorno *m.*

contraband ('kontrəbænd) *n* contrabbando *m.* *adj* di contrabbando.

contraception (kɔntrəˈsepʃən) n pratiche antifecondative f pl. **contraceptive** adj,n antifecondativo, anticoncezionale m.

contract (n ˈkɔntrækt; v kənˈtrækt) n 1 contratto m. 2 appalto m. vt contrarre. vi contrarsi, contrattare. **contraction** n contrazione f.

contradict (kɔntrəˈdikt) vt contraddire. **contradiction** n contraddizione f.

contraflow (ˈkɔntrəflou) n traffico contrario m.

contralto (kənˈtræltou) n contralto f.

contraption (kənˈtræpʃən) n aggeggio m.

contrary (ˈkɔntrəri) adj contrario, opposto, sfavorevole. n contrario m. **on the contrary** al contrario.

contrast (v kənˈtrɑːst; n ˈkɔntrɑːst) vt mettere in contrasto. vi far contrasto. n contrasto m.

contravene (kɔntrəˈviːn) vt contravvenire a.

contribute (kənˈtribjuːt) vt contribuire. vi contribuire a. **contribution** n 1 contributo m. 2 lit collaborazione f.

contrive (kənˈtraiv) vt 1 escogitare. 2 inventare.

control (kənˈtroul) n 1 autorità f. 2 controllo m. sorveglianza f. 3 freno m. 4 pl comandi m pl. vt 1 regolare, dirigere. 2 dominare.

controversy (ˈkɔntrəvəːsi, kənˈtrɔvəsi) n polemica, controversia f. **controversial** adj polemico, controverso.

convalesce (kɔnvəˈles) vi essere in convalescenza. **convalescence** n convalescenza f.

convenience (kənˈviːniəns) n convenienza, comodità f. comodo m. **convenient** adj conveniente, adatto.

convent (ˈkɔnvənt) n convento m.

convention (kənˈvenʃən) n convenzione f. **conventional** adj tradizionale, convenzionale.

converge (kənˈveːdʒ) vi convergere.

converse[1] (kənˈvəːs) vi conversare. **conversation** n conversazione f.

converse[2] (ˈkɔnvəːs) adj,n contrario, opposto m.

convert (v kənˈvəːt; n ˈkɔnvəːt) vt convertire, trasformare. n convertito m. **conversion** n conversione f. **convertible** adj 1 trasformabile. 2 mot decappottabile.

convex (ˈkɔnveks) adj convesso.

convey (kənˈvei) vt 1 trasportare. 2 esprimere. **conveyor belt** n nastro trasportatore m.

convict (v kənˈvikt; n ˈkɔnvikt) vt condannare. n forzato, ergastolano m. **conviction** n 1 law condanna f. 2 convinzione f.

convince (kənˈvins) vt convincere.

convoy (ˈkɔnvɔi) n convoglio m. scorta f. vt convogliare, scortare.

cook (kuk) n cuoco m. vt 1 fare cuocere, cucinare. 2 inf falsificare. vi cuocersi. **cookery** n arte culinaria f. **cookery book** n libro di cucina m.

cool (kuːl) adj 1 fresco. 2 calmo. 3 disinvolto, senza entusiasmo. n fresco m. vt rinfrescare. vi raffreddarsi.

coop (kuːp) n stia f. v **coop up** rinchiudere.

cooperate (kouˈɔpəreit) vi cooperare. **cooperation** n cooperazione f. **cooperative** adj cooperativo.

coordinate (*adj,n* kou'ɔ:dinət; *v* kou'ɔ:dineit) *adj* coordinato. *n math* coordinata *f*. *vt* coordinare.

cope[1] (koup) *vi* far fronte, riuscire.

cope[2] (koup) *n* cappa di ecclesiastico *f*.

copious *adj* abbondante.

copper[1] ('kɔpə) *n* rame *m*. *adj* di rame.

copper[2] ('kɔpə) *n inf* poliziotto *m*.

copy ('kɔpi) *n* **1** copia, trascrizione *f*. **2** (of a book) esemplare *m*. *vt* **1** copiare. **2** imitare. **copyright** *n* diritto d'autore *m*.

coral ('kɔrəl) *n* corallo *m*. *adj* di corallo.

cord (kɔ:d) *n* corda *f*. spago *m*.

cordial ('kɔ:diəl) *adj,n* cordiale *m*.

cordon ('kɔ:dn) *n* cordone *m*.

corduroy ('kɔ:dərɔi) *n* velluto a coste *m*.

core (kɔ:) *n* **1** (of fruit) torsolo *m*. **2** centro *m*.

cork (kɔ:k) *n* **1** sughero *m*. **2** (of a bottle) tappo *m*. *vt* tappare. **corkscrew** *n* cavatappi *m invar*.

corn[1] (kɔ:n) *n* grano, granturco *m*. cereali *m pl*. **cornflakes** *n pl* fiocchi di granturco *m pl*. **cornflour** *n* farina di granturco *f*. **cornflower** *n* fiordaliso *m*.

corn[2] (kɔ:n) *n med* callo *m*.

corner ('kɔ:nə) *n* angolo *m*. *vt* **1** mettere alle strette. **2** *comm* accaparrare.

cornet ('kɔ:nit) *n* **1** *mus* cornetta *f*. **2** cartoccio, cono *m*.

coronary ('kɔrənəri) *adj* coronario.

coronation (kɔrə'neiʃən) *n* incoronazione *f*.

corporal[1] ('kɔ:prəl) *adj* corporale, corporeo.

corporal[2] ('kɔ:prəl) *n mil* corporale *m*.

corporation (kɔ:pə'reiʃən) *n* corporazione *f*.

corps (kɔ:) *n invar* corpo *m*.

corpse (kɔ:ps) *n* cadavere *m*.

correct (kə'rekt) *adj* corretto, esatto. *vt* correggere. **correction** *n* correzione *f*.

correlate ('kɔrəleit) *vt* mettere in correlazione. *vi* essere in correlazione.

correspond (kɔri'spɔnd) *vi* corrispondere, rispondere. **correspondence** *n* corrispondenza *f*. **correspondent** *adj,n* corrispondente.

corridor ('kɔridɔ:) *n* corridoio *m*.

corrode (kə'roud) *vt* corrodere. *vi* corrodersi. **corrosion** *n* corrosione *f*.

corrupt (kə'rʌpt) *adj* corrotto, guasto. *vt* corrompere. **corruption** *n* corruzione, decomposizione *f*.

corset ('kɔ:sit) *n* corsetto, busto *m*.

Corsica ('kɔ:sikə) *n* Corsica *f*. **Corsican** *adj,n* corso.

cosmetic (kɔz'metik) *adj,n* cosmetico *m*.

cosmopolitan (kɔzmə'pɔlitən) *adj,n* cosmopolita.

cosmos ('kɔzmɔs) *n* cosmos *m*. **cosmic** *adj* cosmico.

cost* (kɔst) *n* costo, prezzo *m*. spesa *f*. *vi,vt* costare.

costume ('kɔstju:m) *n* costume, abito *m*.

cosy ('kouzi) *adj* comodo, intimo.

cot (kɔt) *n* lettino per bambini *m*. culla *f*.

cottage ('kɔtidʒ) *n* villino *m*. casetta *f*. **cottage cheese** *n* specie di ricotta *f*.

cotton ('kɔtn) *n* cotone *m*. **cottonwool** *n* cotone idrofilo *m*.

couch (kautʃ) *n* divano *m*.

cough (kɔf) *n* tosse *f. vi* tossire.

could (kud; *unstressed* kəd) *v* see **can**.

council ('kaunsəl) *n* consiglio *m.* **councillor** *n* consigliere *m.*

counsel ('kaunsəl) *n* **1** consiglio, parere *m.* **2** *law* avvocato *m. vt* raccomandare.

count[1] (kaunt) *vt* **1** contare, calcolare. **2** considerare. *vi* avere importanza, contare. *n* conto, calcolo *m.* **countdown** *n* conto alla rovescia *m.*

count[2] (kaunt) *n* (title) conte *m.*

counter[1] ('kauntə) *n* **1** banco *m.* cassa *f.* **2** *game* gettone *m.*

counter[2] ('kauntə) *adj* contrario, opposto. *adv* contrariamente. *vt* contraddire, opporsi a.

counterattack ('kauntərətæk) *n* contrattacco *m.*

counterfeit ('kauntəfit) *adj* contraffatto. *n* contraffazione, falsificazione *f. vt* contraffare, falsificare.

counterfoil ('kauntəfɔil) *n* matrice *f.*

counterpart ('kauntəpɑːt) *n* **1** sostituto *m.* **2** sosia *m.* **3** complemento *m.*

countess (kauntis) *n* contessa *f.*

country ('kʌntri) *n* **1** paese *m.* nazione *f.* **2** campagna *f.* **countryside** *n* campagna *f.*

county ('kaunti) *n* contea *f.*

coup (kuː) *n* colpo audace *m.* **coup de grâce** *n* colpo di grazia *m.* **coup d'état** *n* colpo di stato *m.*

couple ('kʌpəl) *n* coppia *f.* paio *m,* pl paia *f. vt* accoppiare, agganciare.

coupon ('kuːpɔn) *n* tagliando, scontrino *m.*

courage ('kʌridʒ) *n* coraggio *m.* **courageous** *adj* coraggioso.

courgette (kuə'ʒet) *n* zucchino *m.*

courier ('kuriə) *n* corriere, messaggero *m.*

course (kɔːs) *n* **1** corso *m.* direzione *f.* **2** *cul* portata *f.* **in due course** a tempo debito. **of course** naturalmente.

court (kɔːt) *n* **1** corte *f.* **2** *law* tribunale *m.* **3** *sport* campo *m. vt* corteggiare. **court martial** *n* corte marziale *f.* **court-martial** *vt* processare davanti alla corte marziale. **court-yard** *n* cortile *m.*

courteous ('kəːtiəs) *adj* cortese. **courtesy** *n* cortesia *f.*

cousin ('kʌzən) *n* cugino *m.*

cove (kouv) *n* grotta, insenatura *f.*

covenant ('kʌvənənt) *n* patto, contratto *m.*

cover ('kʌvə) *vt* **1** coprire. **2** nascondere. *n* **1** coperto *m.* copertura *f.* **2** (of a book) copertina *f.* **3** riparo *m.*

cow (kau) *n* vacca *f.* **cowboy** *n* bovaro, cowboy *m.* **cowhand** *n* vaccaro *m.* **cowshed** *n* stalla *f.*

coward ('kauəd) *n* vigliacco, codardo *m.* **cowardly** *adj* codardo, vile.

cower ('kauə) *vi* acquattarsi, accasciarsi.

coy (kɔi) *adj* timido, modesto.

crab (kræb) *n* granchio *m.*

crack (kræk) *vt* **1** incrinare. **2** schiantare. **3** (a joke) fare. *vi* spaccarsi. *n* **1** spaccatura, screpolatura *f.* **2** schianto *m.* *adj* di prim'ordine.

cracker ('krækə) *n* petardo *m.* galletta *f.*

crackle ('krækəl) *n* crepitio *m. vi* crepitare.

cradle ('kreidl) *n* culla *f.*

craft (krɑːft) *n* **1** mestiere *m.* arte *f.* **2** *naut* imbarcazione *f.* **craftsman** *n* artigiano *m.* **craftsmanship** *n* artigianato *m.* abilità d'esecuzione *f.* **crafty** *adj* astuto, abile.

cram (kræm) *vt* stipare, rimpinzare. *vi* imbottirsi di nozioni.

cramp[1] (kræmp) *n* crampo *m.* *vt* paralizzare, causare crampi a.

cramp[2] (kræmp) *n tech* morsetto *m.*

crane (krein) *n* gru *f* invar.

crash (kræʃ) *vt* fracassare. *vi* 1 fracassarsi. 2 *aviat* precipitare. *n* 1 tonfo *m.* 2 *comm* crollo *m.* *adj* intenso. **crash-helmet** *n* casco paraurti *m.*

crate (kreit) *n* gabbia d'imballaggio *f.*

crater ('kreitə) *n* cratere *m.*

crave (kreiv) *vt* desiderare ardentemente. **crave for** bramare.

crawl (krɔːl) *vi* 1 strisciare, trascinarsi. 2 brulicare. *n* 1 movimento strisciante *m.* 2 (swimming) crawl *m.*

crayfish ('kreifiʃ) *n* gambero *m.*

crayon ('kreiən) *n* pastello per disegno *m.*

craze (kreiz) *n* pazzia, mania *f.* **crazy** *adj* pazzo, instabile.

creak (kriːk) *n* cigolio *m.* *vi* scricchiolare, cigolare.

cream (kriːm) *n* crema, panna *f.* **creamy** *adj* cremoso.

crease (kriːs) *n* grinza, piegatura *f.* *vt* increspare. *vi* fare pieghe, sgualcirsi. **crease-resistant** *adj* antipiega.

create (kriˈeit) *vt* creare. **creation** *n* creazione *f.* **creative** *adj* creativo.

creature ('kriːtʃə) *n* creatura *f.*

creche (kreʃ) *n* nido, asilo infantile *m.*

credentials (kriˈdenʃəlz) *n pl* credenziali *f pl.*

credible ('kredibəl) *adj* credibile.

credit ('kredit) *n* 1 credito *m.* 2 fiducia *f.* 3 merito *m.* *vt* 1 credere, attribuire. 2 *comm* accreditare. **credit card** *n* carta di credito *f.*

creep* (kriːp) *vi* 1 insinuarsi, strisciare. 2 *bot* arrampicarsi.

cremate (kriˈmeit) *vt* cremare. **crematorium** *n* crematorio *m.*

creosote ('kriːəsout) *n* creosoto *m.*

crept (krept) *v* see **creep.**

crescent ('kresənt) *adj* crescente. *n* mezzaluna *f.*

cress (kres) *n* crescione *m.*

crest (krest) *n* 1 cresta *f.* ciuffo *m.* 2 pennacchio *m.* **crestfallen** *adj* abbattuto.

crevice ('krevis) *n* fessura, crepa *f.*

crew (kruː) *n* 1 *naut* equipaggio *m.* 2 squadra *f.*

crib (krib) *n* presepio, letto da bambino *m.*

cricket[1] ('krikit) *n zool* grillo *m.*

cricket[2] ('krikit) *n sport* cricket *m.*

crime (kraim) *n* crimine, delitto *m.* **criminal** *adj* criminale. *n* criminale, delinquente *m,f.*

crimson ('krimzən) *adj,n* cremisi *m.*

cringe (krindʒ) *vi* 1 acquattarsi. 2 sottomettersi.

crinkle ('kriŋkəl) *n* crespa, ruga *f.* *vi* incresparsi, raggrinzirsi.

cripple ('kripəl) *n* invalido, storpio *m.* *vt* storpiare, menomare.

crisis ('kraisis) *n,* *pl* **-ses** crisi *f* invar.

crisp (krisp) *adj* 1 croccante. 2 crespo. 3 frizzante. *n* patatina *f.*

criterion (kraiˈtiəriən) *n,* *pl* **-teria** *or* **-terions** criterio *m.*

criticize ('kritisaiz) vt criticare, censurare. **critic** n critico m. **critical** adj critico. **criticism** n critica f.

croak (krouk) vi gracchiare, gracidare, brontolare. n gracchio m.

crochet ('krouʃei) n lavoro all'uncinetto m. vt lavorare all'uncinetto.

crockery ('krɔkəri) n vasellame m.

crocodile ('krɔkədail) n coccodrillo m.

crocus ('kroukəs) n croco m.

crook (kruk) n 1 curva f. 2 inf imbroglione m.

crooked ('krukid) adj 1 storto, piegato. 2 inf disonesto.

crop (krɔp) n 1 raccolto m. 2 (of a bird) gozzo m. vt 1 mietere, falciare. 2 brucare. **crop up** capitare.

croquet ('kroukei) n croquet m.

cross (krɔs) n croce f. adj 1 trasversale. 2 imbronciato, contrario. vt 1 attraversare. 2 incrociare. 3 ostacolare. vi accoppiarsi. **cross-examine** vt sottoporre ad interrogatorio. **cross-eyed** adj strabico. **crossing** n 1 incrocio m. 2 traversata f. **cross-question** vt esaminare attentamente, sottoporre ad interrogatorio. **cross-reference** n riferimento m. **crossroads** n incrocio, crocevia m. **crossword** n parole incrociate f pl. **crossword puzzle** n cruciverba m.

crotchet ('krɔtʃit) n mus semi-minima f.

crouch (krautʃ) vi rannicchiarsi.

crow[1] (krou) n zool corvo m. cornacchia f.

crow[2] (krou) vi 1 cantare. 2 esultare. n canto del gallo m.

crowd (kraud) n folla, massa f. vt affollare. vi accalcarsi.

crown (kraun) n 1 corona f. 2 cima, sommità f. vt 1 incoronare. 2 sormontare. **crowning** adj supremo, finale. n coronamento m. incoronazione f.

crucial ('kru:ʃəl) adj cruciale, critico.

crucify ('kru:sifai) vt crocifiggere. **crucifix** n crocifisso m. **crucifixion** n crocifissione f.

crude (kru:d) adj 1 grezzo, rozzo. 2 volgare. **crude oil** n petrolio grezzo m.

cruel ('kruəl) adj crudele. **cruelty** n crudeltà f.

cruise (kru:z) n crociera f. **cruiser** n incrociatore m.

crumb (krʌm) n mollica, briciola f.

crumble ('krʌmbəl) vi 1 sbriciolarsi, sgretolarsi. 2 crollare. vt sbriciolare.

crumple ('krʌmpəl) vt sgualcire. vi spiegazzarsi, sgualcirsi.

crunch (krʌntʃ) n sgretolio m. vt sgranocchiare.

crusade (kru:'seid) n crociata f.

crush (krʌʃ) n calca f. affollamento m. vt 1 sgualcire. 2 frantumare, annientare.

crust (krʌst) n crosta f.

crustacean (krʌs'teiʃən) adj,n crostaceo m.

crutch (krʌtʃ) n gruccia, stampella f.

cry (krai) n grido, richiamo, lamento m. vt,vi gridare. vi piangere.

crypt (kript) n cripta f. **cryptic** adj occulto, misterioso.

crystal ('kristl) n cristallo m. adj di cristallo. **crystallize** vt cristallizzare. vi fossilizzarsi.

cub (kʌb) n cucciolo m.

cube (kju:b) n cubo m. **cubic** adj cubico. **cubicle** n cubicolo m.

cuckoo ('kuku:) n cuculo m.

cucumber ('kju:kʌmbə) n cetriolo m.

cuddle ('kʌdl) vt abbracciare affettuosamente. n abbraccio affettuoso m.

cue[1] (kju:) n spunto m. indicazione f.

cue[2] (kju:) n sport stecca f.

cuff[1] (kʌf) n polsino m. **cufflinks** n pl gemelli da camicia m pl.

cuff[2] (kʌf) vt schiaffeggiare, picchiare. n pugno, schiaffo m.

culinary ('kʌlinri) adj culinario.

culprit ('kʌlprit) n accusato, colpevole m.

cult (kʌlt) n culto m.

cultivate ('kʌltiveit) vt coltivare.

culture ('kʌltʃə) n 1 cultura f. 2 coltivazione f. **cultural** adj culturale. **cultured** adj colto.

cumbersome ('kʌmbəsəm) adj ingombrante, scomodo.

cunning ('kʌniŋ) n furbizia, accortezza f. adj astuto, furbo.

cup (kʌp) n 1 tazza f. 2 sport coppa f. **cupful** n tazza piena f.

cupboard ('kʌbəd) n credenza f.

curate ('kjuərit) n curato m.

curator (kju'reitə) n sovrintendente m,f.

curb (kə:b) n freno m. vt frenare, reprimere.

curdle ('kə:dl) vt agghiacciare. vi rapprendersi, coagularsi.

cure (kjuə) n cura f. rimedio m. vt 1 guarire, sanare. 2 cul salare.

curfew ('kə:fju:) n coprifuoco m.

curious ('kjuəriəs) adj curioso. **curiosity** n curiosità f.

curl (kə:l) n ricciolo m. vt arricciare. vi arrotolarsi. **curly** adj ricciuto.

currant ('kʌrənt) n 1 ribes m. 2 (dried) uva sultanina f.

current ('kʌrənt) n corrente f. adj attuale, in corso. **current account** n conto corrente m. **currency** n valuta, moneta legale f.

curry ('kʌri) n pietanza indiana f. v **curry favour with** cercare di avere il favore di. **curry powder** n curry, polvere di radice di curcuma f.

curse (kə:s) n maledizione, bestemmia f. vt maledire, imprecare. vi bestemmiare.

curt (kə:t) adj brusco, sbrigativo.

curtail (kə:'teil) vt accorciare, restringere.

curtain ('kə:tn) n 1 cortina, tendina f. 2 Th sipario m.

curtsy ('kə:tsi) n inchino m. riverenza f. vi inchinarsi, fare la riverenza.

curve (kə:v) n curva f. diagramma m. vt curvare. vi piegarsi, svoltare.

cushion ('kuʃən) n cuscino m. vt imbottire, ammortizzare.

custard ('kʌstəd) n crema f.

custody ('kʌstədi) n custodia, detenzione f.

custom ('kʌstəm) n 1 usanza, abitudine f. 2 comm clientela f. 3 pl dogana f. **customs officer** n doganiere m.

customer ('kʌstəmə) n cliente m,f. avventore m.

cut* (kʌt) n 1 taglio m. incisione f. 2 riduzione f. 3 (of clothes) linea f. vt,vi tagliare. vt game alzare. **cut down 1** abbattere. 2 ridurre. **cut off** tagliar fuori. **cut out** ritagliare. **cut-price** adj a prezzo ridotto. **cutting** adj 1 tagliente. 2 mordace. n 1 taglio m. 2 ritaglio m.

cute ('kju:t) *adj* 1 svelto, ingegnoso. 2 grazioso.

cuticle ('kju:tikəl) *n* cuticola *f.*

cutlery ('kʌtləri) *n* posate *f pl.*

cutlet ('kʌtlit) *n* cotoletta *f.*

cycle ('saikəl) *n* 1 ciclo *m.* 2 bicicletta *f. vi* andare in bicicletta.

cyclone ('saikloun) *n* ciclone *m.*

cygnet ('signit) *n* giovane cigno *m.*

cylinder ('silində) *n* cilindro *m.*

cymbal ('simbəl) *n* cembalo *m.*

cynic ('sinik) *n* cinico *m.* **cynical** *adj* cinico.

cypress ('saiprəs) *n* cipresso *m.*

Cyprus ('saiprəs) *n* Cipro *f.* **Cypriot** *adj,n* cipriota.

czar (zɑ:) *n* zar *m.*

Czechoslovakia (tʃekəslə'vækiə) *n* Cecoslovacchia *f.* **Czech** *adj,n* ceco. **Czech** (language) *n* ceco *m.*

D

dab (dæb) *n* colpetto *m.* macchia *f.*
vt toccare leggermente, cospargere.

dabble ('dæbəl) *vt* inumidire. *vi* sguazzare. **dabble in** dilettarsi in.

daddy ('dædi) *n inf also* **dad** babbo, babbino *m.*

daffodil ('dæfədil) *n* narciso selvatico *m.*

daft (dɑːft) *adj* sciocco, matto.

dagger ('dægə) *n* stiletto, pugnale *m.*

dahlia ('deiliə) *n* dalia *f.*

daily ('deili) *adj* quotidiano, giornaliero. *adv* ogni giorno. *n* giornale, quotidiano *m.*

dainty ('deinti) *adj* raffinato, prelibato, grazioso.

dairy ('dɛəri) *n* latteria *f.* caseificio *m.* **dairy farm** *n* fattoria con cascina *f.*

daisy ('deizi) *n* margherita *f.*

dam (dæm) *n* diga *f.* argine *m. vt* arginare, sbarrare.

damage ('dæmidʒ) *n* danno, guasto *m. vt* danneggiare, avariare.

damn (dæm) *vt* dannare. *n* un bel niente *m.* **I don't give a damn!** non m'importa un fico! **damnable** *adj* **1** maledetto, dannabile. **2** detestabile. **damnation** *n* dannazione *f.*

damp (dæmp) *adj* umido, bagnato. *n* umidità *f.* vapore *m.* **dampen 1** inumidire. **2** soffocare, deprimere.

damson ('dæmzən) *n* prugna damaschina *f.* **damson tree** *n* prugno di Damasco *m.*

dance (dɑːns) *n* **1** danza *f.* **2** ballo *m. vi* ballare.

dandelion ('dændilaiən) *n* dente di leone *m.*

dandruff ('dændrʌf) *n* forfora *f.*

Dane (dein) *n* danese *m,f.* **Danish** *adj* danese. **Danish** (language) *n* danese *m.*

danger ('deindʒə) *n* pericolo *m.* **dangerous** *adj* pericoloso.

dangle ('dæŋgəl) *vt* far ciondolare. *vi* penzolare.

dare (dɛə) *vi* osare. *vt* sfidare. **daring** *adj* audace, temerario.

dark (dɑːk) *adj* buio, cupo, scuro. *n* oscurità *f.* buio *m.* tenebre *f pl.* **darken** *vt* scurire, turbare. *vi* rabbuiarsi.

darling ('dɑːliŋ) *adj* caro, amatissimo. *n* tesoro *m.*

darn (dɑːn) *vt* rammendare. *n* rammendo *m.*

dart (dɑːt) **1** dardo *m.* **2** movimento improvviso *m. vi* scagliare, balzare, slanciarsi. **dartboard** *n* tirasegno per freccette *m.*

dash (dæʃ) *n* **1** slancio *m.* **2** spruzzo *m.* **3** trattino *m. vt* **1** cozzare. **2** spruzzare. *vi* **1** slanciarsi. **2** battere violentemente. **dashboard** *n* cruscotto *m.*

data ('deitə) *n pl* dati, elementi *m pl.* **data processing** *n* elaborazione di dati *f.*

date[1] (deit) *n* **1** data *f.* **2** *inf* appuntamento *m.* **be up to date 1** essere al corrente. **2** essere aggiornato. **out of date** antiquato. ~*vt* datare, mettere la data a. **a date from** risalire a.

date² (deit) *n bot* dattero *m*.

daughter ('dɔːtə) *n* figlia *f*. **daughter-in-law** *n* nuora *f*.

dawdle ('dɔːdl) *vi* bighellonare, oziare.

dawn (dɔːn) *n* aurora, alba *f*. *vi* albeggiare.

day (dei) *n* giorno *m*. giornata *f*. **by day** di giorno. **day after tomorrow** dopodomani. **day before yesterday** l'altroieri. **one day** un bel giorno. **daybreak** *n* spuntar del giorno *m*. **daydream** *n* fantasticheria *f*. sogno ad occhi aperti *m*. *vi* sognare ad occhi aperti. **daylight** *n* luce del giorno *f*.

daze (deiz) *n* stupore, sbalordimento *m*. *vt* sbalordire, stupefare.

dazzle ('dæzəl) *vt* abbagliare. *n* abbagliamento *m*.

dead (ded) *adj* **1** morto, estinto. **2** spento. **3** sordo. *adv* assolutamente. **deaden** *vt* attutire, affievolire. **deadline** *n* data di scadenza *f*. **deadlock** *n* punto morto *m*.

deaf (def) *adj* sordo. **deafaid** *n* apparecchio acustico *m*. **deafen** *vt* assordare. **deafmute** *n* sordomuto *m*.

deal* (diːl) *vi* **1** trattare. **2** occuparsi. **3** negoziare. *vt* distribuire. *n* **1** quantità *f*. **2** *comm* affare *m*. **3** accordo *m*. **4** *game* mano *f*.

dean (diːn) *n* **1** *educ* preside *m*. **2** *rel* decano *m*.

dear (diə) *adj* **1** caro. **2** costoso.

death (deθ) *n* morte *f*. **death certificate** *n* certificato di morte *m*. **death duty** *n* tassa di successione *f*. **death rate** *n* (indice di) mortalità *f*.

debase (di'beis) *vt* abbassare, degradare, svalutare.

debate (di'beit) *n* dibattito *m*. disputa *f*. *vt,vi* discutere, deliberare.

debit ('debit) *n* debito *m*. *vt* addebitare.

debris ('deibri) *n* detriti *m pl*.

debt (det) *n* debito *m*. **debtor** *n* debitore *m*.

decade ('dekeid) *n* decennio *m*.

decadent ('dekədənt) *adj* decadente.

decaffeinated (diː'kæfineitid) *adj* decaffeinato.

decant (di'kænt) *vt* travasare. **decanter** *n* caraffa *f*.

decay (di'kei) *n* **1** rovina *f*. deperimento *m*. **2** putrefazione *f*. *vi* decadere, andare in rovina, deperire.

decease (di'siːs) *n* decesso *m*. **deceased** *adj,n* defunto.

deceit (di'siːt) *n* inganno *m*. frode *f*. **deceitful** *adj* ingannevole, falso.

deceive (di'siːv) *vt* ingannare. **deceive oneself** illudersi.

December (di'sembə) *n* dicembre *m*.

decent ('diːsənt) *adj* **1** decente, modesto. **2** onesto.

deceptive (di'septiv) *adj* ingannevole.

decibel ('desibel) *n* decibel *m*.

decide (di'said) *vi* decidersi. *vt* decidere. **decided** *adj* deciso, risoluto.

deciduous (di'sidjuəs) *adj* caduco.

decimal ('desiməl) *adj,n* decimale *f*.

decipher (di'saifə) *vt* decifrare.

decision (di'siʒən) *n* decisione *f*. **decisive** *adj* decisivo, fermo.

deck (dek) *n* ponte *m*. coperta *f*. *vt* coprire, adornare. **deckchair** *n* sedia a sdraio f.

declare (di'kleə) vt dichiarare, proclamare. **declaration** n dichiarazione f.

decline (di'klain) vt 1 declinare. 2 rifiutare. vi deperire. n 1 declino m. 2 deperimento m. 3 decadenza f. **declension** n declinazione f.

decorate ('dekəreit) vt decorare, abbellire. **decoration** n decorazione f. ornamento m.

decoy (n 'di:kɔi; v di'kɔi) n 1 trappola f. 2 uccello da richiamo m. vt adescare, abbindolare.

decrease (di'kri:s) n diminuzione f. vt,vi diminuire.

decree (di'kri:) n decreto m.

decrepit (di'krepit) adj decrepito.

dedicate ('dedikeit) vt dedicare. **dedicated** adj dedicato, scrupoloso.

deduce (di'dju:s) vt dedurre.

deduct (di'dʌkt) vt dedurre, sottrarre. **deduction** n sottrazione f, deduzione f.

deed (di:d) n 1 atto m. 2 azione f. 3 impresa f.

deep (di:p) adj profondo, alto. n abisso m. adv profondamente. **deepen** vt approfondire. vi approfondirsi. **deepfreeze** n congelatore m. vt surgelare. **deep-seated** adj radicato.

deer (diə) n invar cervo, daino m.

deface (di'feis) vt sfigurare, deturpare, cancellare.

default (di'fɔ:lt) n 1 mancanza f. 2 law contumacia f.

defeat (di'fi:t) n sconfitta, disfatta f. vt sconfiggere.

defect (n 'di:fekt; v di'fekt) n difetto m. mancanza f. vi disertare, defezionare. **defection** n defezione f. abbandono m.

defective adj difettoso, anormale.

defence (di'fens) n difesa f. **defenceless** adj indifeso. **defend** vt difendere. **defendant** n imputato m.

defer (di'fə:) vt differire, rimandare. **deference** n deferenza f. riguardo m. **deferential** adj deferente.

defiant (di'faiənt) adj ardito, provocante.

deficient (di'fiʃənt) adj deficiente, insufficiente.

deficit ('defisit) n deficit, disavanzo m.

define (di'fain) vt definire, determinare. **definition** n definizione f.

definite ('defənit) adj determinato, preciso. **definitely** adv definitivamente, senz'altro.

deflate (di'fleit) vt 1 sgonfiare. 2 comm deflazionare. vi sgonfiarsi. **deflation** n 1 sgonfiamento m. 2 comm deflazione m.

deform (di'fɔ:m) vt deformare.

defraud (di'frɔ:d) vt defraudare, privare.

defrost (di'frɔst) vt disgelare, sbrinare.

deft (deft) adj abile, destro.

defunct (di'fʌŋkt) adj defunto.

defy (di'fai) vt sfidare. **defiance** n sfida f.

degenerate (v di'dʒenəreit; adj, n di'dʒnərit) vi degenerare. adj,n degenerato.

degrade (di'greid) vt degradare. **degrading** adj avvilente.

degree (di'gri:) n 1 grado, punto m. 2 educ laurea f.

dehydrate (di'haidreit) vt disidratare.

deity ('deiiti) n divinità f.

dejected (di'dʒektid) adj scoraggiato, abbattuto.

delay (di'lei) n ritardo, indugio, rinvio m. vt ritardare. vi indugiare.

delegate (n 'deligət; v 'deligeit) n delegato m. vt delegare.

delete (di'li:t) vt cancellare.

deliberate (adj di'libərət; v di'libəreit) adj ponderato, intenzionale. vt, vi deliberare, riflettere.

delicate ('delikət) adj delicato, sensibile. **delicacy** n 1 delicatezza f. 2 leccornia f.

delicatessen (delikə'tesən) n pizzicheria f.

delicious (di'liʃəs) adj delizioso.

delight (di'lait) n gioia f. entusiasmo m. vt dilettare. **delightful** adj piacevole, simpatico.

delinquency (di'liŋkwənsi) n delinquenza f. **delinquent** n delinquente m.

deliver (di'livə) vt 1 distribuire, consegnare. 2 liberare. 3 partorire. 4 (a speech) pronunciare. **delivery** n 1 consegna, distribuzione f. 2 med parto m. 3 dizione f.

delta ('deltə) n delta m.

delude (di'lu:d) vt deludere, illudere.

delve (delv) vi scavare, far ricerche.

demand (di'ma:nd) n 1 domanda f. 2 esigenza f. vt 1 richiedere, domandare. 2 esigere.

democracy (di'mɔkrəsi) n democrazia f. **democrat** n democratico n. **democratic** adj democratico.

demolish (di'mɔliʃ) vt demolire. **demolition** n demolizione f.

demon ('di:mən) n demonio m.

demonstrate ('demənstreit) vt dimostrare. vi fare una dimostrazione. **demonstration** n 1 dimostrazione f.

2 pol manifestazione f.

demoralize (di'mɔrəlaiz) vt demoralizzare.

demure (di'mjuə) adj modesto, pudico.

den (den) n covo m. tana f.

denial (di'naiəl) n rifiuto, diniego m.

denim ('denim) n 1 tessuto di cotone m. 2 pl pantaloni, blue-jeans m pl.

Denmark ('denma:k) n Danimarca f.

denomination (dinɔmi'neiʃən) n 1 denominazione f. 2 confessione f. 3 comm taglio m. **denominator** m denominatore m.

denote (di'nout) vt denotare, indicare.

denounce (di'nauns) vi denunciare.

dense (dens) adj 1 denso, fitto. 2 inf stupido. **density** n densità f.

dent (dent) n incavo m. ammaccatura f. vt ammaccare, intaccare.

dental ('dentl) adj dentale. **dentist** n dentista m. **dentistry** n odontoiatria f. **denture** n dentiera f.

deny (di'nai) vt negare, smentire.

deodorant (di'oudərənt) n deodorante m.

depart (di'pa:t) vi 1 partire. 2 deviare. **departure** n partenza f.

department (di'pa:tmənt) n dipartimento, reparto m. **department store** n grande magazzino m.

depend (di'pend) vi 1 dipendere. 2 fare assegnamento. **dependable** adj fidato, sicuro. **dependant** n dipendente m, f. **dependence** n dipendenza f. **dependent** adj dipendente.

depict (di'pikt) vt descrivere, rappresentare.

deplete (di'pli:t) vt vuotare, esaurire.

deplore (di'plɔ:) vt deplorare.

deport (di'pɔ:t) vt deportare, esiliare. **deportment** n comportamento m.

depose (di'pouz) vt deporre.

deposit (di'pɔzit) n deposito m. vt depositare, posare.

depot ('depou) n magazzino m.

deprave (di'preiv) vt depravare.

depreciate (di'pri:ʃieit) vi deprezzarsi.

depress (di'pres) vt deprimere. **depression** n **1** depressione f. avvilimento m. **2** comm. depressione f. crisi f invar.

deprive (di'praiv) vt privare.

depth (depθ) n profondità, altezza f.

deputize ('depjutaiz) vi fungere da delegato. **deputation** n deputazione f. **deputy** n deputato, delegato m.

derail (di'reil) vi deragliare. vt far deragliare. **derailment** n deragliamento m.

derelict ('derəlikt) adj derelitto, abbandonato.

deride (di'raid) vt deridere.

derive (di'raiv) vt,vi derivare. vi provenire.

derogatory (di'rɔgətri) adj calunnioso, sprezzante.

descend (di'send) vt,vi discendere, scendere. **descendant** n discendente m,f. **descent** n **1** discesa f. **2** discendenza f.

describe (di'skraib) vt descrivere. **description** n descrizione f.

desert[1] ('dezət) n deserto m.

desert[2] (di'zə:t) vt,vi disertare. **deserter** n disertore m. **desertion** n diserzione f. abbandono m.

desert[3] (di'zə:t) n merito m.

deserve (di'zə:v) vt meritare.

design ('di'zain) n **1** progetto, disegno m. **2** intento m. vt progettare.

designate ('dezigneit) vt designare.

desire (di'zaiə) n desiderio m. passione f. vt desiderare, augurare.

desk (desk) n scrivania f.

desolate ('dəsələt) adj desolato, deserto.

despair (di'spεə) n disperazione f. vi disperare.

desperate ('desprət) adj disperato, accanito.

despise (di'spaiz) vt disprezzare.

despite (di'spait) prep malgrado.

despondent (di'spɔndənt) adj scoraggiato, depresso.

dessert (di'zə:t) n frutta f. dolce m. **dessertspoon** n cucchiaio da dessert m.

destine ('destin) vt destinare. **destination** n destinazione f. **destiny** n destino m.

destitute ('destitju:t) adj indigente.

destroy (di'strɔi) vt distruggere, abbattere. **destroyer** n naut cacciatorpediniere m.

detach (di'tætʃ) vt staccare, isolare. **detachable** adj staccabile. **detachment** n **1** distacco m. indifferenza f. **2** mil distaccamento m.

detail ('di:teil) n dettaglio, particolare m. vt specificare, dettagliare.

detain (di'tein) vt trattenere, detenere. **detainee** n confinato m.

detect (di'tekt) vt scoprire, scovare, percepire. **detective** n investigatore m. adj poliziesco.

detention (di'tenʃən) n detenzione f. arresto m.

deter (di'tə:) *vt* trattenere, dissuadere. **deterrent** *n* arma *f.* freno *m.*

detergent (di'tə:dʒənt) *n* detergente, detersivo *m.*

deteriorate (di'tiəriəreit) *vi* deteriorare, deteriorarsi.

determine (di'tə:min) *vt* determinare, stabilire. *vi* decidersi. **determination** *n* determinazione, risolutezza *f.*

detest (di'test) *vt* detestare. **detestable** *adj* odioso.

detonate ('dətəneit) *vt,vi* detonare, esplodere.

detour ('di:tuə) *n* deviazione, digressione *f.*

detract (di'trækt) *vt* detrarre.

devalue (di:'vælju:) *vt* svalutare. **devaluation** *n* svalutazione *f.*

devastate ('devəsteit) *vt* devastare, rovinare.

develop (di'veləp) *vt* sviluppare, ampliare. *vi* svilupparsi. **development** *n* sviluppo *m.* crescita *f.*

deviate ('di:vieit) *vt,vi* deviare. **devious** *adj* tortuoso, remoto.

device (di'vais) *n* 1 congegno, dispositivo *m.* 2 mezzo, stratagemma *m.*

devil ('devəl) *n* diavolo, demonio *m.*

devise (di'vaiz) *vt* escogitare, progettare.

devoid (di'vɔid) *adj* privo.

devote (di'vout) *vt* dedicare, consacrare. **devotee** *n* devoto, fanatico *m.* **devotion** *n* devozione *f.* affetto *m.*

devour (di'vauə) *vt* divorare.

devout (di'vaut) *adj* devoto, fervente.

dew (dju:) *n* rugiada *f.*

dexterous ('dekstrəs) *adj* abile, capace.

diabetes (dæiə'bi:tiz) *n* diabete *m.*

diagonal (dai'agən:l) *adj,n* diagonale *m.*

diagram ('dæiəgræm) *n* diagramma *m.*

dial (dail) *n* 1 (of a clock) quadrante *m.* 2 (of a telephone) disco combinatore *m. vt* comporre.

dialect ('daiəlekt) *n* dialetto *m.*

dialogue ('daiələg) *n* dialogo *m.*

diameter (dai'æmitə) *n* diametro *m.*

diamond ('daiəmənd) *n* diamante *m.*

diaphragm ('daiəfræm) *n* diaframma *m.*

diarrhoea (daiə'riə) *n* diarrea *f.*

diary ('daiəri) *n* diario *m.*

dice (dais) *n pl* dadi *m pl. vt* tagliare a cubetti.

dictate (dik'teit) *vt,vi* dettare. **dictation** *n* dettato *m.* **dictator** *n* dittatore *m.* **dictatorship** *n* dittatura *f.*

dictionary ('dikʃənri) *n* dizionario *m.*

did (did) *v* see **do.**

die (dai) *vi* morire.

diesel ('di:zəl) *n* diesel *m.*

diet ('daiət) *n* 1 dieta *f.* 2 alimentazione *f. vi* essere a dieta.

differ ('difə) *vi* 1 dissentire. 2 essere diverso.

difference ('difrəns) *n* 1 differenza *f.* 2 divergenza *f.* **different** *adj* differente. **differential** *adj,n* differenziale *m.* **differentiate** *vt* differenziare.

difficult ('difikəlt) *adj* difficile. **difficulty** *n* difficoltà *f.*

dig* (dig) *vt,vi* scavare. *n* 1 vangata *f.* 2 urto *m.* 3 scavi *m pl.* 4 *pl* camera ammobiliata *f.*

digest (dai'dʒest) *vt,vi* digerire. **digestible** *adj* digeribile. **digestion** *n* digestione *f.*

digit ('didʒit) *n* numero semplice *m*. cifra *f*. **digital** *adj* digitale.

dignity ('digniti) *n* dignità *f*. **dignified** *adj* dignitoso, nobile.

dilapidated (di'læpideitid) *adj* decrepito, in rovina.

dilemma (di'lemə) *n* dilemma *m*.

diligent ('dilidʒənt) *adj* diligente.

dilute (dai'lu:t) *vt* diluire.

dim (dim) *adj* pallido, vago, ottuso. *vt* smorzare, offuscare. *vi* oscurarsi, indebolirsi.

dimension (di'menʃən) *n* dimensione *f*.

diminish (di'miniʃ) *vt* diminuire, ridurre. *vi* ridursi.

diminutive (di'minjutiv) *adj,n* diminutivo *m*.

dimple ('dimpəl) *n* fossetta *f*.

din (din) *n* rumore assordante, fracasso *m*.

dine (dain) *vi* pranzare. **dining car** *n* carrozza ristorante *f*. **dining room** *n* sala da pranzo *f*.

dinghy ('diŋgi) *n* lancia, barchetta *f*.

dingy ('dindʒi) *adj* scuro, sbiadito, sporco.

dinner ('dinə) *n* pranzo, desinare *m*. cena *f*. **dinner jacket** *n* smoking *m*.

dinosaur ('dainəsɔ:) *n* dinosauro *m*.

diocese ('daiəsis) *n* diocesi *f invar*.

dip (dip) *vt* 1 immergere, intingere, tuffare. 2 abbassare. *vi* 1 immergersi. 2 abbassarsi. *n* 1 immersione *f*. tuffo *m*. 2 pendenza *f*.

diphthong ('difθɔŋ) *n* dittongo *m*.

diploma (di'ploumə) *n* diploma *m*.

diplomacy (di'plouməsi) *n* diplomazia *f*. **diplomat** ('dipləmæt) *n* diplomatico *m*. **diplomatic** *adj* diplomatico.

direct (di'rekt) *vt* 1 dirigere. 2 indirizzare. 3 ordinare. *adj* 1 diretto. 2 sincero. **direction** *n* 1 direzione *f*. senso *m*. 2 istruzione *f*. **director** *n* 1 direttore *m*. 2 *Th* regista *m*. **directory** *n* elenco telefonico *m*. guida *f*.

dirt (də:t) *n* sporcizia, immondizia *f*. **dirty** *adj* sporco, sudicio. *vt* insudiciare, sporcare.

disability (disə'biliti) *n* incapacità, impotenza *f*. **disabled** *adj* invalido *m*.

disadvantage (disəd'va:ntidʒ) *n* svantaggio *m*. **disadvantageous** *adj* svantaggioso.

disagree (disə'gri:) *vi* 1 non andar d'accordo, differire. 2 far male. **disagreeable** *adj* sgradevole.

disappear (disə'piə) *vi* sparire. **disappearance** *n* scomparsa *f*.

disappoint (disə'pɔint) *vt* deludere. **disappointment** *n* delusione *f*.

disapprove (disə'pru:v) *vt,vi* disapprovare. **disapproval** *n* disapprovazione *f*.

disarm (dis'a:m) *vt* disarmare. **disarmament** *n* disarmo *m*.

disaster (di'za:stə) *n* disastro *m*. catastrofe *f*. **disastrous** *adj* disastroso.

disc (disk) *n* disco *m*. **disc jockey** *n* presentatore radiofonico di dischi *m*.

discard (di'ska:d) *vt* scartare, abbandonare.

discern (di'sə:n) *vt* percepire, scorgere. **discernment** *n* discernimento, acume *m*.

discharge (dis'tʃa:dʒ) *vt* 1 scaricare. 2 congedare. 3 assolvere, liberare. *n* 1 scarico *m*. 2 *mil* congedo *m*. 3 *law* assoluzione f.

disciple (di'saipəl) n discepolo m.

discipline ('disəplin) n disciplina f.

disclose (dis'klouz) vt rivelare, svelare.

discomfort (dis'kʌmfət) n disagio m. vt mettere a disagio.

disconnect (diskə'nekt) vt 1 sconnettere. 2 tech disinnestare.

disconsolate (dis'kɔnsələt) adj sconsolato.

discontinue (diskən'tinju:) vt,vi cessare.

discord ('diskɔ:d) n discordia, disarmonia f.

discotheque ('diskətek) n discoteca f.

discount (n 'diskaunt; v dis'kaunt) n sconto m. riduzione f. vt scontare, ribassare.

discourage (dis'kʌridʒ) vt scoraggiare, dissuadere. **discouragement** n scoraggiamento m.

discover (dis'kʌvə) vt scoprire. **discovery** n scoperta f.

discredit (dis'kredit) vt screditare.

discreet (dis'kri:t) adj prudente, riservato.

discrepancy (dis'krepənsi) n contraddizione f. divario m. **discretion** n discrezione f. discernimento m.

discrete (dis'kri:t) adj separato, distinto.

discriminate (dis'krimineit) vt,vi discriminare, distinguere. **discrimination** n 1 discriminazione f. 2 discernimento m.

discus ('diskəs) n, pl **discuses** disco m.

discuss (dis'kʌs) vt discutere. **discussion** n discussione f.

disease (di'zi:z) n malattia f.

disembark (disim'ba:k) vi sbarcare.

disengage (disin'geidʒ) vt disimpegnare, disinnestare.

disfigure (dis'figə) vt deturpare, sfigurare.

disgrace (dis'greis) n disonore m. vergogna f. vt disonorare, destituire.

disgruntled (dis'grʌntəld) adj di cattivo umore, scontento.

disguise (dis'gaiz) vt travestire, dissimulare. n 1 travestimento m. 2 finzione f.

disgust (dis'gʌst) n disgusto m. nausea f. vt disgustare.

dish (diʃ) n 1 piatto m. 2 cul pietanza f. vt scodellare, servire. **dishcloth** n strofinaccio per i piatti m. **dishwasher** n lavastoglie f.

dishearten (dis'hɑ:tn) vt scoraggiare.

dishevelled (di'ʃevəld) adj arruffato.

dishonest (dis'ɔnist) adj disonesto. **dishonesty** n disonestà f.

dishonour (dis'ɔnə) n disonore m. vt disonorare.

disillusion (disi'lu:ʒən) n disinganno m. vt disilludere.

disinfect (disin'fekt) vt disinfettare. **disinfectant** adj,n disinfettante m.

disinherit (disin'herit) vt diseredare.

disintegrate (dis'intigreit) vt disintegrare. vi disgregarsi.

disinterested (dis'intrəstid) adj disinteressato.

disjointed (dis'dʒɔintid) adj disgiunto, sconnesso.

dislike (dis'laik) vt non piacere. n antipatia, avversione f.

dislocate ('disləkeit) vt slogare, spostare.

dislodge (dis'lɔdʒ) vt sloggiare, scacciare.

disloyal (dis'lɔiəl) adj sleale.

dismal ('dizməl) adj tetro, cupo, lugubre.

dismantle (dis'mæntl) vt smantellare, demolire.

dismay (dis'mei) n sgomento m. vt costernare, spaventare.

dismiss (dis'mis) vt 1 licenziare, mandar via. 2 respingere. **dismissal** n 1 licenziamento m. 2 congedo m.

dismount (dis'maunt) vi scendere. vt smontare.

disobey (disə'bei) vt disubbidire a. **disobedient** adj disubbidiente. **disobedience** n disubbidienza f.

disorder (dis'ɔːdə) n 1 disordine m. 2 med disturbo m.

disorganized (dis'ɔːgənaizd) adj disorganizzato.

disown (dis'oun) vt smentire, rinnegare.

disparage (dis'pæridʒ) vt sottovalutare, disprezzare. **disparaging** adj sprezzante, spregiativo.

dispassionate (dis'pæʃənət) adj calmo, spassionato.

dispatch (dis'pætʃ) vt spedire, inviare, sbrigare. n 1 spedizione f. 2 dispaccio m. 3 prontezza f.

dispel (dis'pel) vt dissipare, disperdere.

dispense (dis'pens) vt dispensare, distribuire. **dispense with** fare a meno di. **dispensary** n dispensario m.

disperse (dis'pəːs) vt disperdere, sparpagliare. vi disperdersi.

displace (dis'pleis) vt spostare, sop-

piantare. **displacement** n 1 spostamento m. 2 naut dislocamento m.

display (dis'plei) n 1 mostra f. 2 ostentazione f. vt mostrare, ostentare, rivelare.

displease (dis'pliːz) vt dispiacere a, offendere.

dispose (dis'pouz) vt disporre. **dispose of** liberarsi di, eliminare. **disposal** n disposizione f. **disposition** n disposizione f. carattere m.

disprove (dis'pruːv) vt confutare, contraddire.

dispute (dis'pjuːt) n disputa, vertenza f. vt contestare. vi discutere.

disqualify (dis'kwɔlifai) vt sport squalificare. **disqualification** n squalifica f.

disregard (disri'gaːd) n noncuranza f. disprezzo m. vt ignorare, trascurare.

disreputable (dis'repjutəbəl) adj indecoroso, di cattiva fama.

disrespect (disri'spekt) n mancanza di rispetto f.

disrupt (dis'rʌpt) vt 1 mettere in confusione. 2 rompere, spaccare. **disruption** n disordine m.

dissatisfy (di'sætisfai) vt scontentare, deludere. **dissatisfaction** n scontento m.

dissect (di'sekt) vt sezionare, analizzare. **dissection** n sezionamento m.

dissent (di'sent) n dissenso m. vi dissentire.

dissimilar (di'similə) adj diverso.

dissociate (di'souʃieit) vt dissociare, separare.

dissolve (di'zɔlv) vt dissolvere. vi sciogliersi.

dissuade (dis'sweid) vt dissuadere.

distance ('distəns) n distanza f.

distant ('distnt) adj 1 distante, lontano. 2 vago, riservato.

distaste (dis'teist) n ripugnanza f.

distil (dis'til) vt stillare, distillare.

distinct (dis'tiŋkt) adj 1 distinto, chiaro. 2 diverso. **distinction** n distinzione f. **distinctive** adj caratteristico.

distinguish (dis'tiŋgwiʃ) vt distinguere. **distinguished** adj distinto, illustre.

distort (dis'tɔːt) vt distorcere, alterare.

distract (dis'trækt) vt 1 distrarre. 2 turbare. **distraction** n 1 distrazione f. 2 svago m. 3 follia f.

distraught (dis'trɔːt) adj turbato, pazzo.

distress (dis'tres) n 1 dolore m. angoscia f. 2 miseria f. vt affliggere, tormentare.

distribute (dis'tribjuːt) vt distribuire. **distribution** n distribuzione f.

district ('distrikt) n distretto, quartiere m.

distrust (dis'trʌst) n diffidenza f. sospetto m. vt non aver fiducia in.

disturb (dis'təːb) vt disturbare. **disturbance** n perturbazione f. tumulto m.

ditch (ditʃ) n fossato m. vt inf piantare in asso.

ditto ('ditou) n idem, lo stesso m.

divan (di'væn) n divano m.

dive (daiv) n tuffo m. immersione f. vi tuffarsi, immergersi. **diving board** n trapolino m.

diverge (dai'vəːdʒ) vi divergere.

diverse (dai'vəːs) adj 1 differente. 2 vario.

diversify (di'vəːrsifai) vt differenziare.

divert (dai'vəːt) vt 1 deviare, sviare. 2 divertire. **diversion** n 1 diversione f. 2 diversivo m.

divide (di'vaid) vt dividere. vi separarsi. **divisible** adj divisibile. **division** n divisione f.

dividend ('dividend) n dividendo m.

divine (di'vain) adj divino. **divinity** n divinità f.

divorce (di'vɔːs) n divorzio m. vt 1 divorziare. 2 separare.

divulge (di'vʌldʒ) vt divulgare.

dizzy ('dizi) adj stordito, che ha il capogiro. **dizziness** n vertigine f.

do* (duː) vt fare, compiere. vi 1 bastare. 2 andare bene. 3 agire. **do one's utmost** fare tutto il possibile. **do up** abbottonare. **do without** fare a meno.

docile ('dousail) adj docile.

dock[1] (dɔk) n naut molo, bacino, portuario m. vi attraccare. **dockyard** n arsenale m.

dock[2] (dɔk) n (tail) troncone m. vt mozzare, ridurre.

dock[3] (dɔk) n law banco degli imputati m.

doctor ('dɔktə) n dottore, medico m.

doctrine ('dɔktrin) n dottrina f.

document ('dɔkjumənt) n documento m. vt documentare. **documentary** adj,n documentario m.

dodge (dɔdʒ) vt schivare, eludere. vi scansarsi. n 1 sotterfugio m. 2 schivata f.

dog (dɔg) n cane m. vt pedinare. **dogcollar** n 1 collare per cani m. 2 inf collarino m. **dogged** adj ostinato.

dogma ('dɔgmə) n dogma m. **dogmatic** adj dogmatico.

dole (doul) *n* sussidio *m*. distribuzione *f*. **go on the dole** ricevere il sussidio per disoccupati. *v* **dole out** distribuire.

doll (dɔl) *n* bambola *f*.

dollar ('dɔlə) *n* dollaro *m*.

Dolomites ('dɔləmaits) *n pl* Dolomiti *f pl*.

dolphin ('dɔlfin) *n* delfino *m*.

domain (də'mein) *n* dominio *m*. proprietà *f*.

dome (doum) *n* cupola *f*.

domestic (də'mestik) *adj* domestico, casalingo. **domesticate** *vt* addomesticare.

dominate ('dɔmineit) *vt,vi* dominare. **dominant** *adj* dominante. **domineer** *vi* tiranneggiare.

dominion (də'miniən) *n* dominio *m*.

donate (dou'neit) *vt* donare. **donation** *n* 1 dono *m*. 2 *pl* carità *f*.

done (dʌn) *v* see **do**.

donkey ('dɔnki) *n* asino *m*.

donor ('dounə) *n* donatore *m*. donatrice *f*.

doom (du:m) *n* destino *m*. sorte, distruzione, morte *f*. **doomsdsay** *n* giorno del giudizio *m*.

door (dɔ:) *n* porta *f*. **doorbell** *n* campanello *m*. **doorhandle** *n* maniglia della porta *f*. **doorknob** *n* pomo della porta *m* **doorknocker** *n* battente *m*. **doormat** *n* zerbino *m*. **doorstep** *n* gradino della porta *m*. **doorway** *n* soglia, entrata *f*.

dope (doup) *n sl* stupefacente *m*. *vt sl* narcotizzare, drogare.

dormant ('dɔ:mənt) *adj* dormiente, sopito, latente.

dormitory ('dɔ:mitri) *n* dormitorio *m*.

dormouse ('dɔ:maus) *n* ghiro *m*.

dose (dous) *n* dose *f*. *vt* somministrare a dosi, dosare. **dosage** *n* dosaggio *m*.

dot (dɔt) *n* punto, puntino *m*. **on the dot** in punto. ~ *vt* mettere il punto su, punteggiare.

dote (dout) *vi* **dote on** essere infatuato di.

double ('dʌbəl) *adj* doppio. *n* 1 doppio *m*. 2 sosia *m,f invar. adv* due volte tanto, in coppia. *vt* raddoppiare, doppiare. *vi* piegarsi. **double bass** *n* contrabbasso *m*. **double-cross** *vt* tradire. **double-decker bus** *n* autobus a due piani *m invar*. **double-dutch** *n* lingua incomprensibile *f*. **double glazing** *n* vetro doppio *m*.

doubt (daut) *n* dubbio *m*. incertezza *f*. *vt* dubitare di. *vi* dubitare. **doubtful** *adj* ambiguo, incerto.

dough (dou) *n* pasta *f*. **doughnut** *n* ciambella *f*.

dove (dʌv) *n* colomba *f*. **dovecote** *n* colombaia *f*.

dowdy ('daudi) *adj* sciatto, vestito male.

down[1] (daun) *adv* giù, in basso, di sotto. *adj* abbattuto, depresso. *prep.* giù per. *vt* 1 abbattere. 2 *inf* tracannare.

down[2] (daun) *n* (soft fur etc.) lanugine *f*.

downcast ('daunka:st) *adj* scoraggiato, abbattuto.

downfall ('daunfɔ:l) *n* caduta, rovina *f*.

downhearted (daun'hɑ:tid) *adj* depresso.

downhill ('daunhil) *adj* discendente. *adv* in pendio.

downpour ('daunpɔ:) *n* acquazzone *m*.

downright ('daunrait) *adj* vero, sincero. *adv* assolutamente.

downstairs (daun'steəz) *adj* di sotto. *adv* dabbasso. *n* pianterreno *m*.

downstream (daun'stri:m) *adv* seguendo la corrente.

downtrodden ('dauntrɔdn) *adj* calpestato, oppresso.

downward ('daunwəd) *adj* discendente. **downwards** *adv* dall'alto al basso, verso il basso.

dowry ('dauəri) *n* dote *f*.

doze (douz) *n* sonnellino *m*. *vi* sonnecchiare. **doze off** assopirsi.

dozen ('dʌzən) *n* dozzina *f*.

drab (dræb) *adj* sbiadito, scialbo.

draft (drɑ:ft) *n* **1** abbozzo *m*. **2** *comm* assegno *m*. **3** *mil* leva *f*. *vt* **1** redigere. **2** *mil* arruolare.

drag (dræg) *vt* **1** trascinare. **2** *naut* dragare. *vi* trascinarsi. **drag on** prolungarsi.

dragon ('drægən) *n* drago *m*. **dragonfly** *n* libellula *f*.

drain (drein) *n* canale, tubo di scarico *m*. *vt* prosciugare, drenare. *vi* defluire, prosciugarsi. **drainage** *n* fognatura *f*, drenaggio *m*. **draining board** *n* scolatoio *m*. **drainpipe** *n* tubo di scarico *m*.

drake (dreik) *n* anitra maschio *m*.

dram (dræm) *n* **1** (weight) dramma *f*. **2** sorso *m*.

drama ('drɑːmə) *n* dramma *m*. arte drammatica *f*. **dramatic** *adj* drammatico. **dramatist** *n* drammaturgo *m*. **dramatize** *vt* drammatizzare, mettere in forma drammatica.

drank (dræŋk) *v see* **drink**.

drape (dreip) *vt* drappeggiare.

draper ('dreipə) *n* negoziante di tessuti *m*. **drapery** *n* tendaggio *m*. tessuti *m pl*.

drastic ('dræstik) *adj* drastico.

draught (drɑ:ft) *n* **1** corrente d'aria *f*. **2** sorso *m*. **draughtsman** *n* disegnatore *m*.

draw* (drɔ:) *vt* **1** tirare, attirare, estrarre. **2** disegnare. **draw near** avvicinarsi. ~ *n* **1** tirata *f*. **2** *sport* pareggio *m*. **3** estrazione *f*. **4** attrazione *f*. **drawback** *n* inconveniente, ostacolo *m*. **drawbridge** *n* ponte levatoio *m*. **drawer** *n* cassetto *m*. **drawing** *n* disegno *m*. **drawing pin** *n* puntina da disegno *f*. **drawing room** *n* salotto *m*.

drawl (drɔ:l) *vt,vi* strascicare.

dread (dred) *n* timore *m*. *adj* terribile. *vt* temere, aver paura di. **dreadful** *adj* spaventoso, terribile.

dream* (dri:m) *n* sogno *m*. *vt,vi* sognare.

dreary ('driəri) *adj* triste, cupo.

dredge (dredʒ) *vt* dragare. **dredger** *n* draga *f*.

dregs (dregz) *n pl* feccia *f*. scorie *f pl*.

drench (drentʃ) *vt* inzuppare, bagnare.

dress (dres) *vt* **1** vestire. **2** *med* bendare. **3** *cul* condire. *vi* abbigliarsi. *n* **1** abito *m*. **2** vestito *m*. **dress circle** *n* Th prima galleria *f*. **dressmaker** *n* sarta da donna *f*. **dress rehearsal** *n* prova generale *f*. **dressing** *n* **1** *med* medicazione, benda *f*. **2** *cul* condimento *m*. **dressing-gown** *n* vestaglia *f*. **dressing-room** *n* spogliatoio, camerino *m*. **dressing-table** *n* tavola da toletta *f*.

dresser¹ ('dresə) *n* Th guardarobiere *m*.

dresser² ('dresə) n credenza f.

drew (dru:) v see **draw**.

dribble ('dribəl) n gocciolamento m. vi gocciolare, sbavare.

drier ('draiə) n essiccatore m.

drift (drift) n 1 spinta f. 2 corrente f. 3 deriva f. 4 (of snow) monticello m. vi andare alla deriva.

drill (dril) n 1 tech trapano m. 2 mil esercitazione f. vt 1 tech trapanare. 2 mil addestrare.

drink* (driŋk) vt,vi bere. n bevanda f. **drinking water** n acqua potabile f.

drip (drip) vi gocciolare. n sgocciolio m. **drip-dry** adj che s'asciuga rapidamente e non si stira. **dripping** adj gocciolante. n 1 cul grasso colato m. 2 sgocciolio m.

drive* (draiv) n 1 corsa f. 2 viale m. 3 impulso m. vt,vi 1 guidare, condurre. 2 spingere. vi guidare. **drive away** scacciare. **drive mad** far impazzire. **drive off** partire. **driver** n guidatore, autista m. **driving licence** n patente automobilistica f. **driving school** n scuola guida f. **driving test** n esame di guida m.

drivel ('drivəl) vi 1 sbavare. 2 dire sciocchezze. n 1 bava f. 2 stupidaggini f pl.

drizzle ('drizəl) vi piovigginare. n pioggerella f.

dromedary ('drʌmədəri) n dromedario m.

drone¹ (droun) n zool fuco m.

drone² (droun) vi ronzare. n ronzio m.

droop (dru:p) vi curvarsi, languire, afflosciarsi. **drooping** adj pendente, abbattuto.

drop (drɔp) n 1 goccio m. goccia f. 2 dislivello m. 3 abbassamento m. 4 pastiglia f. vt lasciar cadere. vi 1 cadere. 2 diminuire. **drop out** sparire, ritirarsi. **drop-out** persona emarginata dalla società f.

drought (draut) n siccità f.

drove¹ (drouv) v see **drive**.

drove² (drouv) n mandria f. gregge m.

drown (draun) vt,vi annegare, affogare.

drowsy ('drauzi) adj sonnolento.

drudge (drʌdʒ) n sgobbone, schiavo m. vi sfacchinare. **drudgery** n lavoro faticoso e monotono m.

drug (drʌg) n 1 droga f. stupefacente m. 2 prodotto chimico m. vt narcotizzare, drogare. **drug addict** n morfinomane m,f.

drum (drʌm) n 1 tamburo m. 2 tech rullo m. 3 anat timpano m. vi suonare il tamburo. vt tamburellare.

drunk (drʌŋk) v see **drink**. adj,n ubriaco. **drunken** adj ebbro, ubriaco.

dray (drai) adj 1 secco, arido. 2 monotono. vt seccare. vi asciugarsi. **dry-clean** vt lavare a secco. **dry-cleaning** n lavaggio a secco m.

dual ('djuəl) adj doppio, duplice. **dual carriageway** n strada a doppia carreggiata f.

dubious ('dju:biəs) adj dubbio, esitante.

duchess ('dʌtʃis) n duchessa f.

duck¹ (dʌk) n anitra f. **duckling** n anatroccolo m.

duck² (dʌk) n 1 tuffo m. immersione f. 2 colpo m. vi 1 immergersi. 2 chinarsi di colpo. vt 1 tuffare. 2 chinare.

duct (dʌkt) n **1** condotto, canale m. **2** anat vaso m.

dud (dʌd) adj inutile, falso. n proiettile che non esplode m.

due (dju:) adj **1** dovuto, adatto. **2** scaduto. **3** atteso. **be due to** essere causato da. ~n spettanza f. debito m.

duel ('djuəl) n duello m.

duet (dju'et) n duetto m.

dug (dʌg) v see **dig**.

duke (dju:k) n duca m.

dulcimer ('dʌlsimə) n salterio m.

dull (dʌl) adj **1** tardo, lento. **2** sordo. **3** monotono. **4** cupo. vt **1** istupidire, intorpidire. **2** smussare. **3** offuscare. **dullness** n **1** stupidità, lentezza f. **2** monotonia f.

dumb (dʌm) adj **1** muto, reticente. **2** sciocco. **dumbfound** vt sbalordire, confondere.

dummy ('dʌmi) adj muto, falso. n **1** fantoccio m. **2** game morto m.

dump (dʌmp) n **1** mucchio, deposito m. **2** luogo di scarico m. vt scaricare, ammassare.

dumpling ('dʌmpliŋ) n gnocco m.

dunce (dʌns) n inf ignorante m,f. asino m.

dune (dju:n) n duna f.

dung (dʌŋ) n sterco, letame m.

dungeon ('dʌndʒən) n cella sotterranea f.

duplicate (adj,n 'dju:plikət; v 'dju:plikeit) adj doppio. n duplicato m. vt duplicare.

durable ('djuərəbəl) adj durevole.

duration (djuə'reiʃən) n durata f.

during ('djuəriŋ) prep durante.

dusk (dʌsk) n crepuscolo m.

dust (dʌst) n polvere f. vt **1** impolverare. **2** spolverare. **dustbin** n pattumiera f. **duster** n spolverino m. **dustman** n netturbino m. **dustpan** n paletta per la spazzatura f.

Dutch (dʌtʃ) adj olandese. **go Dutch** pagare alla romana. **Dutch (language)** n olandese m. **Dutchman** n olandese m.

duty ('dju:ti) n **1** dovere, obbligo m. **2** comm dazio m. imposta f. **be on/off duty** essere in/fuori servizio. **duty-free** adj esente da dogana. **dutiful** adj rispettoso, obbediente.

duvet ('du:vei) n coperta imbottita con piume f.

dwarf (dwɔ:f) n nano m. vt rimpicciolire.

dwell* (dwel) vi **1** dimorare. **2** soffermarsi, restare. **dwelling** n abitazione, dimora f.

dwindle ('dwindl) vi diminuire, consumarsi.

dye (dai) n tintura f. colorante m. vt tingere. vi tingersi.

dyke (daik) n diga f. argine m.

dynamic (dai'næmik) adj dinamico. **dynamics** n dinamica f.

dynamite ('dainəmait) n dinamite f.

dynasty ('dinəsti) n dinastia f.

dysentery ('disəntri) n dissenteria f.

dyslexia (dis'leksiə) n dislessia f.

E

each ('i:tʃ) *adj* ogni, ciascuno. *pron* ognuno. **each other** l'un l'altro, si.

eager ('i:gə) *adj* ardente, avido, impaziente. **eagerness** *n* brama, impazienza *f*.

eagle ('i:gəl) *n* aquila *f*.

ear[1] (iə) *n anat* orecchio *m*. **turn a deaf ear** fare orecchi da mercante. **earache** *n* mal d'orecchi *m*. **eardrum** *n* timpano *m*. **earmark** *n* marchio di riconoscimento *m*. *vt* assegnare. **earring** *n* orecchino *m*.

ear[2] (iə) *n bot* spiga *f*.

earl (ə:l) *n* conte *m*. **earldom** *n* contea *f*.

early ('ə:li) *adv* presto, di buon'ora. *adj* **1** primo. **2** mattiniero. **3** precoce.

earn (ə:n) *vt* guadagnare, meritarsi. **earnings** *n pl* guadagni *m pl*. stipendio *m*.

earnest ('ə:nist) *adj* serio, zelante. **in earnest** sul serio.

earth (ə:θ) *n* **1** terra *f*. mondo *m*. **2** terreno *m*. **earthenware** *n* terraglia *f*. **earthly** *adj* terrestre, terreno. **earthquake** *n* terremoto *m*. **earthworm** *n* lombrico *m*.

earwig ('iəwig) *n* forfecchia *f*.

ease (i:z) *n* **1** agio, comodo *m*. **2** riposo *m*. *vt* alleviare, calmare. *vi* attenuarsi. **easy** *adj* **1** facile, agevole. **2** disinvolto. *adv* facilmente, piano. **easygoing** *adj* facilone, poco esigente.

easel ('i:zəl) *n* cavalletto *m*.

east (i:st) *n* est, oriente *m*. *adj* d'est, orientale. **easterly** *adj* d'est, orientale. **eastern** *adj* orientale.

Easter ('i:stə) *n* Pasqua *f*.

eat* (i:t) *vt,vi* **1** mangiare. **2** corrodere.

eavesdrop ('i:vzdrɔp) *vi* origliare.

ebb (eb) *n* **1** riflusso *m*. **2** declino *m*. *vi* rifluire, abbassarsi.

ebony ('ebəni) *n* ebano *m*. *adj* d'ebano, nero.

eccentric (ik'sentrik) *adj,n* eccentrico.

ecclesiastical (ikli:zi'æstikəl) *adj* ecclesiastico.

echo ('ekou) *n, pl* **echoes** eco *f, pl* echi *m*. *vi* echeggiare. *vt* ripetere.

eclair (ei'klɛə) *n* bignè *m*. pasta al cioccolato *f*.

eclipse (i'klips) *n* eclissi *f*. *vt* eclissare.

ecology (i:'kɔlədʒi) *n* ecologia *f*.

economy (i'kɔnəmi) *n* economia *f*. **economic** *adj* economico. **economics** *n* scienze economiche *f pl*. economia *f*. **economical** *adj* economico, parsimonioso. **economize** *vi* economizzare.

ecstasy ('ekstəsi) *n* estasi *f invar*.

eczema ('eksimə) *n* eczema *m*.

edge (edʒ) *n* **1** orlo, margine *m*. **2** (of a blade) filo *m*. **3** sponda *f*. **be on edge** avere i nervi tesi. *~vt* bordare, rasentare. **edge one's way** farsi strada.

edible ('edibəl) *adj* commestibile.

Edinburgh ('edinbərə) *n* Edimburgo *f*.

edit ('edit) *vt* **1** redigere, curare. **2** dirigere. **editor** *n* redattore, direttore *m*. **editorial** *adj* editoriale. *n* articolo di fondo *m*.

edition (i'diʃən) *n* edizione *f*.

educate ('edjukeit) *vt* educare, istruire. **educated** *adj* istruito, colto. **education** *n* istruzione, pedagogia *f*. **educational** *adj* pedagogico, della scuola.

eel (i:l) *n* anguilla *f*.

eerie ('iəri) *adj* strano, misterioso.

effect (i'fekt) *n* **1** risultato *m*. conseguenza *f*. **2** *pl* effetti personali *m pl*. *vt* compiere, eseguire. **effective** *adj* efficace.

effeminate (i'feminət) *adj* effeminato.

effervesce (efə'ves) *vi* essere effervescente.

efficient (i'fiʃənt) *adj* efficiente, abile.

effigy ('efidʒi) *n* effigie *f*.

effort ('efət) *n* sforzo *m*. **effortless** *adj* senza sforzo.

egg[1] (eg) *n* uovo *m*, *pl* uova *f*. **eggcup** *n* portauovo *m*. **eggshell** *n* guscio d'uovo *m*. **eggwhisk** *n* frullino *m*.

egg[2] (eg) *vt* **egg on** incitare, istigare.

ego ('i:gou) *n* ego *m*. **egocentric** *adj* egocentrico. **egoism** *n* egoismo *m*. **egotism** *n* egotismo *m*.

Egypt ('i:dʒipt) *n* Egitto *m*. **Egyptian** *adj,n* egiziano.

eiderdown ('aidədaun) *n* piumino *m*.

eight (eit) *adj,n* otto *m*. **eighth** *adj* ottavo.

eighteen (ei'ti:n) *adj,n* diciotto *m or f*. **eighteenth** *adj* diciottesimo.

eighty ('eiti) *adj,n* ottanta *m*. **eightieth** *adj* ottantesimo.

either ('aiðə) *adj,pron* **1** l'uno o l'altro. **2** tutti e due. *adv* nemmeno. **either...or** o...o.

ejaculate (i'dʒækjuleit) *vt* **1** esclamare. **2** eiaculare. **ejaculation** *n* **1** esclamazione *f*. **2** emissione *f*.

eject (i'dʒekt) *vt* espellere, emettere. **ejection** *n* **1** espulsione *f*. **2** *tech* eiezione *f*.

eke (i:k) *vt* **eke out** aggiungere a, accrescere.

elaborate (*adj* i'læbrət; *v* i'læbəreit) *adj* elaborato, minuzioso. *vt* elaborare.

elapse (i'læps) *vi* trascorrere.

elastic (i'læstik) *adj,n* elastico *m*. **elastic band** *n* elastico *m*.

elated (i'leitid) *adj* esaltato, esultante.

elbow (i'lbou) *n* gomito *m*.

elder[1] ('eldə) *adj* maggiore, più vecchio. *n* maggiore *m,f*. **elderly** *adj* anziano.

elder[2] ('eldə) *n bot* sambuco *m*. **elderberry** *n* bacca del sambuco *f*.

eldest ('eldist) *adj* primogenito, maggiore.

elect (i'lekt) *vt* eleggere, designare, scegliere. *adj* scelto, eletto. **election** *n* elezione *f*. **electorate** *n* elettorato *m*.

electricity (ilek'trisiti) *n* elettricità *f*.

electric *adj* elettrico. **electrician** *n* elettricista *m*. **electrify** *vt* **1** elettrificare. **2** elettrizzare. **electrocute** *vt* fulminare con l'elettricità.

electrode (i'lektroud) *n* elettrodo *m*.

electromagnet (ilektrou'mægnit) *n* elettromagnete *m*. **electromagnetic** *adj* elettromagnetico.

electron (i'lektrɔn) *n* elettrone *m*. **elec-**

tronics *adj* elettronico. **electronics** *n* elettronica *f.*

elegant ('eligənt) *adj* elegante. **elegance** *n* eleganza *f.*

element ('eləmənt) *n* elemento, fattore *m.* **elemental** *adj* degli elementi, essenziale. **elementary** *adj* elementare, schematico.

elephant ('eləfənt) *n* elefante *m.*

elevate (i'levən) *vt* innalzare, esaltare. **elevation** *n* elevazione, altezza *f.* **elevator** *n* ascensore, elevatore *m.*

eleven (i'levən) *adj,n* undici *m or f.* **eleventh** *adj* undicesimo.

elf (elf) *n* folletto *m.*

eligible ('elidʒəbəl) *adj* eleggibile, accettabile.

eliminate (i'limineit) *vt* **1** eliminare. **2** scartare.

elite (ei'liːt) *n* elite *f.* fior fiore della società *m.*

ellipse (i'lips) *n* ellisse *f.*

elm (elm) *n* olmo *m.*

elocution (elə'kjuːʃən) *n* elocuzione *f.*

elope (i'loup) *vi* fuggire. **elopement** *n* fuga *f.*

eloquent ('eləkwənt) *adj* eloquente.

else (els) *adv* **1** altro. **2** altrimenti, oppure. **elsewhere** *adv* altrove.

elucidate (i'luːsideit) *vt* spiegare, chiarire.

elude (i'luːd) *vt* eludere, schivare.

emaciate (i'meisieit) *vt* emaciare. **emaciated** *adj* emaciato.

emanate ('eməneit) *vi* emanare, provenire.

emancipate (i'mænsipeit) *vt* emancipare. **emancipation** *n* emancipazione *f.*

embalm (im'bɑːm) *vt* imbalsamare.

enbankment (im'bæŋkmənt) *n* argine *m.*

embargo (im'bɑːgou) *n, pl* **-goes** embargo *m.* proibizione *f.*

embark (im'bɑːk) *vt* imbarcare. *vi* imbarcarsi.

embarrass (im'bærəs) *vt* mettere in imbarazzo. **embarrassing** *adj* imbarazzante. **embarrassment** *n* imbarazzo *m.*

embassy ('embəsi) *n* ambasciata *f.*

embellish (im'beliʃ) *vt* abbellire, ornare.

ember ('embə) *n* **1** tizzone *m.* **2** *pl* brace *f.*

embezzle (im'bezəl) *vt* appropriarsi indebitamente di. **embezzlement** *n* appropriazione fraudolenta *f.*

embitter (im'bitə) *vt* amareggiare.

emblem ('embləm) *n* emblema *m.*

embody (im'bɔdi) *vt* **1** incarnare, personificare. **2** includere.

emboss (im'bɔs) *vt* scolpire in rilievo.

embrace (im'breis) *vt* abbracciare. *vi* abbracciarsi. *n* abbraccio *m.*

embroider (im'brɔidə) *vt* ricamare. **embroidery** *n* ricamo *m.*

embryo ('embriou) *n* embrione *m.*

emerald ('emrəld) *n* smeraldo *m.*

emerge (i'məːdʒ) *vi* emergere, affio-rare.

emergency (i'məːdʒənsi) *n* emergenza *f.* **emergency exit** *n* uscita di sicurezza *f.*

emigrate ('emigreit) *vi* emigrare.

eminent ('eminənt) *adj* eminente.

emit (i'mit) *vt* emettere, emanare.

emotion (i'mouʃən) *n* emozione *f.* sentimento *m*. **emotional** *adj* emotivo, commovente.

empathy ('empəθi) *n* empatia *f*.

emperor ('empərə) *n* imperatore *m*.

emphasis ('emfəsis) *n*, *pl* **-ses** rilievo *m*. evidenza *f*. enfasi *f invar*. **emphasize** *vt* accentuare, mettere in evidenza. **emphatic** *adj* enfatico, espressivo.

empire ('empaiə) *n* impero *m*.

empirical (im'pirikəl) *adj* empirico.

employ (im'plɔi) *vt* **1** impiegare, servirsi di. **2** dare impiego a. **employee** *n* impiegato *m*. **employer** *n* datore di lavoro *m*. **employment** *n* impiego *m*. occupazione *f*. **employment exchange** *n* ufficio di collocamento *m*.

empower (im'pauə) *vt* autorizzare.

empress ('emprəs) *n* imperatrice *f*.

empty ('empti) *adj* **1** vuoto. **2** vano. *vt* vuotare. *vi* vuotarsi. **empty-handed** *adj* a mani vuote. **empty-headed** *adj* scervellato.

emu ('iːmjuː) *n* emu *m*.

emulate ('emjuleit) *vt* emulare.

emulsion (i'mʌlʃən) *n* emulsione *f*.

enable (i'neibəl) *vt* mettere in grado di.

enact (i'nækt) *vi* **1** *law* decretare. **2** *Th* rappresentare.

enamel (i'næməl) *n* smalto *m*. *vt* smaltare.

enchant (in'tʃɑːnt) *vt* incantare. **enchantment** *n* incantesimo *m*.

encircle (in'səːkəl) *vt* circondare, cingere.

enclose (in'klouz) *vt* **1** racchiudere. **2** includere.

encore ('ɔŋkɔː) *n Th* bis *m*.

encounter (in'kauntə) *n* **1** incontro *m*. **2** lotta *f*. *vt* **1** incontrare. **2** affrontare.

encourage (in'kʌridʒ) *vt* incoraggiare. **encouragement** *n* incoraggiamento *m*.

encroach (in'kroutʃ) *vi* usurpare, abusare, intromettersi.

encumber (in'kʌmbə) *vt* ingombrare, ostacolare, opprimere.

encyclopedia (insaiklə'piːdiə) *n* enciclopedia *f*.

end (end) *n* **1** fine *f*. termine *m*. **2** scopo, fine *m*. **3** morte *f*. **make ends meet** sbarcare il lunario. ~*vt, vi* finire, concludere. **endless** *adj* senza fine, interminabile.

endanger (in'deindʒə) *vt* mettere in pericolo.

endeavour (in'devə) *n* sforzo, tentativo *m*. *vi* tentare, sforzarsi.

endemic (en'demik) *adj* endemico.

endive ('endaiv) *n* indivia *f*.

endorse (in'dɔːs) *vt* **1** *comm* girare, firmare. **2** approvare. **endorsement** *n* **1** *comm* girata *f*. **2** attergato *m*.

endow (in'dau) *vt* dotare. **endowment** *n* dotazione *f*.

endure (in'djuə) *vt* **1** sopportare. **2** durare. *vi* durare.

enemy ('enəmi) *adj, n* nemico, *pl* nemici *m*.

energy ('enədʒi) *n* energia *f*. **energetic** *adj* energico.

enfold (in'fould) *vt* avvolgere.

enforce (in'fɔːs) *vt* imporre, far rispettare. **enforcement** *n* **1** imposizione *f*. **2** *law* applicazione *f*.

engage (in'geidʒ) *vt* **1** impegnare, occupare. **2** *mot* ingranare. *vi* impegnarsi. **engaged 1** fidanzato. **2** occupato.

engagement n **1** impegno, appuntamento m. **2** fidanzamento m.

engine ('endʒin) n motore m.

engineer (endʒi'niə) n **1** ingegnere m. **2** tecnico m. vt costruire, ideare. **engineering** n ingegneria f.

England ('iŋglənd) n Inghilterra f. **English** adj inglese. **English** (language) n inglese m. **English Channel** n Manica f. **Englishman** n inglese m.

engrave (in'greiv) vt intagliare, incidere. **engraving** n incisione f.

engross (in'grous) vt assorbire.

engulf (in'gʌlf) vt inghiottire, inabissare.

enhance (in'hɑːns) vt **1** migliorare. **2** accrescere.

enigma (i'nigmə) n enigma m. **enigmatic** adj enigmatico.

enjoy (in'dʒɔi) vt **1** godere. **2** apprezzare. **enjoy oneself** divertirsi. **enjoyment** n divertimento, piacere m.

enlarge (in'lɑːdʒ) vt espandere, ingrandire.

enlighten (in'laitn) vt illuminare. **enlightenment** n **1** spiegazione f. **2** cap Illuminismo m.

enlist (in'list) vt arruolare. vi arruolarsi.

enormous (i'nɔːməs) adj enorme, immenso.

enough (i'nʌf) adj abbastanza. adv sufficientemente, abbastanza. **be enough** bastare.

enquire (in'kwaiə) vi chiedere, domandare, informarsi. vt chiedere, domandare. **enquiry** n **1** domanda f. **2** law inchiesta f. **enquiry office** n ufficio informazioni m.

enrage (in'reidʒ) vt far arrabbiare.

enrich (in'ritʃ) vt arricchire.

enrol (in'roul) vt arruolare, iscrivere. **enrolment** n arruolamento m.

ensign (in'sain) n bandiera, insegna f.

enslave (in'sleiv) vt assoggettare, asservire.

ensure (in'ʃuə) vt assicurare, garantire.

entail (in'teil) vt implicare.

entangle (in'tæŋgəl) vt impigliare, coinvolgere. **entanglement** n groviglio, imbroglio m.

enter ('entə) vt **1** entrare in. **2** iscrivere. vi entrare.

enterprise ('entəpraiz) n impresa, iniziativa f. **enterprising** adj intraprendente.

entertain (entə'tein) vt **1** intrattenere, divertire. **2** ricevere. **3** accarezzare. **entertaining** adj divertente. **entertainment** n festa f. spettacolo m.

enthral (in'θrɔːl) vt affascinare, incantare.

enthusiasm (in'θjuːziæzəm) n entusiasmo m. **enthisiast** n entusiasta m. **thusiastic** adj entusiastico.

entice (in'tais) vt **1** sedurre. **2** allettare.

entire (in'taiə) adj intero, completo.

entitle (in'taitl) vt intitolare, dare diritto a.

entity ('entiti) n entità f.

entrails ('entreilz) n pl viscere f pl. intestini m pl.

entrance¹ ('entrəns) n **1** entrata f. ingresso m. **2** ammissione f. **entrance fee** n tassa d'iscrizione f.

entrance² (in'trɑːns) *vt* mandare in estasi.

entreat (in'triːt) *vt* supplicare. **entreaty** *n* supplica *f*.

entrench (in'trentʃ) *vt* trincerare.

entrepreneur (ɔntrəprə'nəː) *n* impresario, imprenditore *m*.

entrust (in'trʌst) *vt* affidare, consegnare.

entry ('entri) *n* **1** entrata *f*. ingresso *m*. **2** registrazione *f*.

entwine (in'twain) *vt* intrecciare.

enunciate (i'nʌnsieit) *vt* enunciare.

envelop (in'veləp) *vt* avviluppare.

envelope ('envəloup) *n* busta *f*.

environment (in'vairənmənt) *n* ambiente *m*.

envisage (in'vidiʒ) *vt* considerare, immaginare.

envoy ('envɔi) *n* inviato *m*.

envy ('envi) *n* invidia, gelosia *f*. *vt* invidiare.

enzyme ('enzaim) *n* enzima *m*.

epaulet ('epəlet) *n* spallina *f*.

ephemeral (i'femərəl) *adj* effimero.

epic ('epik) *adj* epico. *n* epica *f*.

epidemic (epi'demik) *n* epidemia *f*. *adj* epidemico.

epilepsy ('epilepsi) *n* epilessia *f*. **epileptic** *adj,n* epilettico.

epilogue ('epilɔg) *n* epilogo *m*.

Epiphany (i'pifəni) *n* Epifania *f*.

episcopal (i'piskəpəl) *adj* episcopale.

episode ('episoud) *n* episodio *m*.

epitaph ('epitɑːf) *n* epitaffio *m*.

epitome (i'pitəmi) *n* epitome *f*.

epoch ('iːpɔk) *n* epoca *f*.

equable ('ekwəbəl) *adj* uniforme, costante.

equal ('iːkwəl) *adj* uguale, simile, pari. *n* pari *m invar*. *vt* uguagliare. **equalize** *vt* uguagliare. *vt,vi sport* pareggiare.

equate (i'kweit) *vt* uguagliare, paragonare. **equation** *n* equazione *f*. **equator** *n* equatore *f*.

equestrian (i'kwestriən) *adj* equestre.

equilateral (iːkwi'lætərəl) *adj* equilatero.

equilibrium (iːkwi'libriəm) *n* equilibrio *m*.

equinox ('iːkwinɔks) *n* equinozio *m*.

equip (i'kwip) *vt* **1** equipaggiare. **2** fornire. **equipment** *n* **1** equipaggiamento *m*. **2** attrezzatura *f*.

equity ('ekwiti) *n* giustizia *f*.

equivalent (i'kwivələnt) *adj* equivalente.

era ('iərə) *n* era, epoca *f*.

eradicate (i'rædikeit) *vt* sradicare.

erase (i'reiz) *vt* cancellare, raschiare.

erect (i'rekt) *adj* eretto, elevato. *vt* erigere, rizzare. **erection** *n* costruzione, erezione *f*.

ermine ('əːmin) *n* ermellino *m*.

erode (i'roud) *vt* erodere, corrodere. **erosion** *n* erosione *f*.

erotic (i'rɔtik) *adj* erotico.

err (əː) *vi* sbagliare.

errand ('erənd) *n* commissione *f*. **errand boy** *n* fattorino *m*.

erratic (i'rætik) *adj* erratico, irregolare.

error ('erə) *n* **1** errore *m*. **2** torto *m*.

erupt (i'rʌpt) *vi* erompere, eruttare. **eruption** *n* eruzione *f*.

escalate ('eskəleit) *vt* aumentare, accrescere. **escalator** *n* scala mobile *f*.

escalope (i'skæləp) *n* scaloppa *f*.

escape (i'skeip) *vi* fuggire, evadere, sfuggire. *vt* evitare. *n* **1** fuga *f*. **2** salvezza *f*.

escort (*n* 'eskɔ:t; *v* is'kɔ:t) *n* scorta *f*. *vt* scortare, accompagnare.

Eskimo ('eskimou) *adj,n* eschimese.

esoteric (esə'terik) *adj* esoterico.

especial (i'speʃəl) *adj* speciale. **especially** *adv* soprattutto, specialmente.

espionage ('espiənɑ:ʒ) *n* spionaggio *m*.

esplanade ('espləneid) *n* spianata, passeggiata lungo mare *f*.

essay ('esei) *n* saggio *m*.

essence ('esəns) *n* essenza *f*. **essential** *adj* essenziale.

establish (i'stæbliʃ) *vt* **1** affermare. **2** fondare, stabilire. **establishment** *n* **1** fondazione *f*. **2** stabilimento *m*.

estate (i'steit) *n* proprietà *f*. patrimonio *m*. **estate agent** *n* mediatore *m*. **estate car** *n* giardiniera *f*.

esteem (i'sti:m) *vt* stimare, rispettare. *n* stima, considerazione *f*.

estimate (*n* 'estimət; *v* 'estimeit) *n* valutazione *f*. preventivo *m*. *vt* valutare, preventivare.

estuary ('estʃuəri) *n* estuario *m*.

etching ('etʃiŋ) *n* incisione, acquaforte *f*.

eternal (i'tə:nl) *adj* eterno. **eternity** *n* eternità *f*.

ether ('i:θə) *n* etere *m*.

ethereal (i'θiəriəl) *adj* etereo, leggero.

ethical ('eθikəl) *adj* etico, morale. **ethics** *n pl* etica *f*.

Ethiopia (iθi'oupiə) *n* Etiopia *f*. **Ethiopian** *adj,n* etiope.

ethnic ('eθnik) *adj* etnico.

etiquette ('etikit) *n* etichetta *f*. cerimoniale *m*.

etymology (eti'mɔlədʒi) *n* etimologia *f*.

eucalyptus (ju:kə'liptəs) *n* eucalipto *m*.

Eucharist ('ju:kərist) *n* Eucarestia *f*.

eunuch ('ju:nək) *n* eunuco *m*.

euphemism ('ju:fəmizəm) *n* eufemismo *m*.

euphoria (ju:'fɔ:riə) *n* euforia *f*.

Europe ('juərəp) *n* Europa *f*. **European** *adj,n* europeo.

European Economic Community *n* Comunità Economica Europea *f*.

euthanasia (ju:θə'neiziə) *n* eutanasia *f*.

evacuate (i'vækjueit) *vt* evacuare, sfollare. **evacuation** *n* evacuazione *f*.

evade (i'veid) *vt* evitare, eludere. **evasion** *n* evasione *f*. **evasive** *adj* evasivo.

evaluate (i'væljueit) *vt* valutare.

evangelical (i:væn'dʒelikəl) *adj* evangelico. **evangelist** *n* evangelista *m*.

evaporate (i'væpəreit) *vi* evaporare. *vt* far evaporare.

eve (i:v) *n* vigilia *f*.

even ('i:vən) *adj* **1** uguale, costante. **2** pari. **3** piano. *adv* perfino, anche. *vt* appianare, livellare. **even-tempered** *adj* di umore costante.

evening ('i:vəniŋ) *n* sera, serata *f*. **evening dress** *n* abito da sera *m*.

event (i'vent) *n* **1** avvenimento *m*. **2** eventualità *f*. **3** *sport* prova *f*. **eventual** *adj* eventuale, finale. **eventually** *adv* alla fine.

ever ('evə) *adv* **1** mai. **2** sempre. **for ever** per sempre. **evergreen** *adj,n* sempreverde *m*. **everlasting** *adj* eterno, perenne. **evermore** *adv* sempre.

every ('evri) *adj* ogni, ciascuno. **every now and then** di tanto in tanto. **everybody** *pron* ognuno, tutti. **everyday** *adj* di tutti i giorni. **everyone** *pron* ognuno, tutti. **everything** *pron* tutto, ogni cosa. **everywhere** *adv* dovunque.

evict (i'vikt) *vt* sfrattare. **eviction** *n* sfratto *m*.

evidence ('evidəns) *n* **1** evidenza, prova *f*. **2** *law* deposizione *f*. **evident** *adj* evidente, ovvio.

evil ('i:vəl) *adj* cattivo, malvagio. *n* male *m*.

evoke (i'vouk) *vt* evocare.

evolve (i'vɔlv) *vt* evolvere. *vi* svilupparsi. **evolution** *n* evoluzione *f*. sviluppo *m*.

ewe (ju:) *n* pecora *f*.

exact (ig'zækt) *adj* esatto, giusto. *vt* esigere, richiedere. **exacting** *adj* esigente, impegnativo.

exaggerate (ig'zædʒəreit) *vt,vi* esagerare. **exaggeration** *n* esagerazione *f*.

exalt (ig'zɔ:lt) *vt* esaltare, innalzare. **exaltation** *n* esaltazione *f*.

examine (ig'zæmin) *vt* esaminare, verificare. **examination** *n* esame *m*. **examiner** *n* ispettore, esaminatore *m*.

example (ig'zɑ:mpəl) *n* esempio *m*.

exasperate (ig'zɑ:spəreit) *vt* esasperare, inasprire.

excavate ('ekskəveit) *vt* scavare. **excavation** *n* scavo *m*.

exceed (ik'si:d) *vt* eccedere, superare. **excel** (ik'sel) *vi* eccellere. *vt* battere. **Excellency** ('eksələnsi) *n* (title) Eccellenza *f*.

excellent ('eksələnt) *adj* eccellente, ottimo.

except (ik'sept) *prep* eccetto, tranne, all'infuori di. **excepting** *prep* tranne. **exception** *n* eccezione *f*. **with the exception of** eccetto. **exceptional** *adj* eccezionale.

excerpt ('eksə:pt) *n* brano *m*.

excess (ik'ses) *n* eccesso *m*. **excessive** *adj* eccessivo.

exchange (iks'tʃeindʒ) *n* **1** scambio *m*. **2** *comm* cambio *m*. **3** (telephone) centralino *m*. *vt* cambiare, scambiare.

exchequer (iks'tʃekə) *n* tesoro *m*.

excise ('eksaiz) *n* imposta indiretta *f*.

excite (ik'sait) *vt* **1** eccitare. **2** provocare, suscitare. **excitement** *n* agitazione *f*.

exclaim (ik'skleim) *vt,vi* esclamare, gridare. **exclamation** *n* esclamazione *f*. **exclamation mark** *n* punto esclamativo *m*.

exclude (ik'sklu:d) *vt* escludere, interdire. **exclusion** *n* esclusione *f*. **exclusive** *adj* scelto, esclusivo, unico.

excommunicate (ekskə'mju:nikeit) *vt* scomunicare.

excruciating (ik'skru:ʃieitiŋ) *adj* straziante, tormentoso.

excursion (ik'skə:ʒən) *n* gita *f*.

excuse (ik'skju:z; *vt* ik'skju:s) *vt* scusare, esentare. *n* scusa *f*. pretesto *m*.

execute ('eksikju:t) *vt* **1** eseguire. **2** giustiziare. **execution** *n* esecuzione *f*. **executioner** *n* boia *m invar*.

executive (ig'zekjutiv) *adj* esecutivo. *n* **1** *pol* potere esecutivo *m*. **2** *comm* dirigente *m*.

exempt (ig'zempt) *adj* esente. *vt* esentare, esonerare.

exercise ('eksəsaiz) *n* **1** esercizio *m*. **2**

mil esercitazione *f*. **exercise book** *n* quaderno *m*.

exert (ig'zə:t) *vt* esercitare, fare uso di. **exert oneself** sforzarsi.

exhale (eks'heil) *vt* esalare, emanare.

exhaust (ig'zɔ:st) *vt* esaurire. *n* scarico, scappamento *m*. **exhaust pipe** *n* tubo di scappamento *m*. **exhausted** *adj* esaurito, sfinito.

exhibit (ig'zibit) *vt* esibire, esporre. *n* oggetto per mostra *m*. **exhibition** *n* mostra, esibizione *f*. **exhibitionism** *n* esibizionismo *m*.

exhilarate (ig'ziləreit) *vt* rallegrare, esilarare.

exile ('egzail) *n* **1** esilio *m*. **2** esule *m,f*. *vt* esiliare, bandire.

exist (ig'zist) *vi* esistenza *f*. **existence** *n* esistenza *f*. **existent** *adj* esistente. **existentialism** *n* esistenzialismo *m*.

exit ('eksit) *n* uscita *f*.

exorbitant (ig'zɔ:bitənt) *adj* esorbitante.

exorcize ('eksɔ:saiz) *vt* esorcizzare.

exotic (ig'zɔtik) *adj* esotico.

expand (ik'spænd) *vt* espandere. *vi* dilatarsi. **expansion** *n* espansione *f*.

expanse (ik'spæns) *n* spazio *m*. estensione *f*.

expatriate (*adj,n* eks'pætriit; *v* eks'pætrieit) *adj,n* espatriato. *vt* esiliare, espatriare. **expatriation** *n* espatrio *m*.

expect (ik'spekt) *vt* **1** aspettare, aspettarsi. **2** pensare. **expectation** *n* **1** aspettativa *f*. **2** attesa *f*. **3** speranza *f*.

expedient (ik'spi:diənt) *adj* conveniente. *n* espediente, mezzo *m*.

expedition (ekspi'diʃən) *n* spedizione *f*.

expel (ik'spel) *vt* espellere.

expenditure (ik'spenditʃə) *n* spesa *f*.

expense (ik'spens) *n* **1** spesa *f*. **2** *pl* spese *f pl*. indennità *f*. **expensive** *adj* costoso, caro.

experience (ik'spiəriəns) *n* esperienza *f*. *vt* provare, subire.

experiment (ik'sperimənt) *n* esperimento *m*. *vi* fare esperimenti. **experimental** *adj* sperimentale.

expert ('ekspə:t) *adj* esperto, competente. *n* esperto, perito *m*. **expertise** *n* abilità *f*.

expire (ik'spaiə) *vi* **1** scadere. **2** morire.

explain (ik'splein) *vt* spiegare. **explanation** *n* spiegazione *f*.

expletive (ik'spli:tiv) *n* bestemmia *f*.

explicit (ik'splisit) *adj* esplicito.

explode (ik'sploud) *vt* **1** far esplodere. **2** demolire. *vi* esplodere. scoppiare. **explosive** *adj,n* esplosivo *m*.

exploit[1] (ik'splɔit) *vt* sfruttare, utilizzare. **exploitation** *n* sfruttamento *m*. utilizzazione *f*.

exploit[2] ('eksplɔit) *n* impresa eroica *f*.

explore (ik'splɔ:) *vt* esplorare.

exponent (ik'spounənt) *n* esponente *m*.

export (*v* ik'spɔ:t, 'ekspɔ:t; *n* 'ekspɔ:t) *vt* esportare. *n* esportazione *f*.

expose (ik'spouz) *vt* esporre, scoprire, svelare. **exposure** *n* **1** esposizione *f*. **2** smascheramento *m*. **3** *phot* posa *f*.

express (ik'spres) *adj* **1** espresso. **2** preciso. *vt* esprimere. **expression** *n* **1** espressione *f*. **2** manifestazione *f*. **express train** *n* direttissimo *m*.

exquisite (ek'skwizit) *adj* squisito, fine.

extend (ik'stend) *vt* estendere, prolungare. *vi* estendersi. **extension** *n* estensione, proroga *f*. **extensive** *adj* esteso, vasto.

extent (ik'stent) *n* limite, grado, punto *m*.

exterior (ek'stiəriə) *adj* esteriore. *n* esterno *m*.

exterminate (ik'stəmineit) *vt* distruggere, sterminare.

external (ek'stə:nl) *adj* esterno.

extinct (ik'stiŋkt) *adj* estinto, spento.

extinguish (ik'stiŋgwiʃ) *vt* estinguere, spegnere.

extra ('ekstrə) *adj* extra, straordinario. *n* 1 supplemento *m*. 2 edizione straordinaria *f*. 3 *Th* comparsa *f*. *adv* in più.

extract (ik'strækt) *n* estratto *m*. citazione *f*. *vt* estrarre. **extraction** *n* 1 estrazione *f*. 2 origine *f*.

extramural (ekstrə'mjuərəl) *adj* fuori dell'università.

extraordinary (ik'strɔ:dənri) *adj* straordinario.

extravagant (ik'strævəgənt) *adj* stravagante, eccessivo.

extreme (ik'stri:m) *adj* estremo, grave. *n* estremo *m*. **extremist** *n* estremista *m*. **extremity** *n* estremità *f*.

extricate ('ekstrikeit) *vt* districare, liberare.

extrovert ('ekstrəvə:t) *n* estroverso *m*.

exuberant (ig'zju:bərənt) *adj* esuberante.

eye (ai) *n* 1 occhio *m*. 2 (of needle) cruna *f*. *vt* 1 guardare. 2 sbirciare.

eyeball ('aibɔ:l) *n* bulbo oculare *m*.

eyebrow ('aibrau) *n* sopracciglio *m*,*pl* sopracciglia *f*.

eye-catching *adj* che salta all'occhio.

eyelash ('ailæʃ) *n* ciglio *m*, *pl* ciglia *f*.

eyelid ('ailid) *n* palpebra *f*.

eye-opener *n* fatto sorprendente *m*.

eye-shadow *n* ombretto *m*.

eyesight ('aisait) *n* vista *f*.

eye-witness *n* testimone oculare *m*,*f*.

F

fable ('feibel) *n* favola *f*.

fabric ('fæbrik) *n* **1** tessuto *m*. stoffa *f*. **2** struttura *f*. **fabricate** *vt* inventare, falsificare.

fabulous ('fæbjuləs) *adj* favoloso, leggendario.

façade (fə'sɑːd) *n* **1** *arch* facciata *f*. **2** apparenza *f*.

face (feis) *n* **1** faccia *f*. volto *m*. **2** (of a clock) quadrante *m*. **lose face** perdere prestigio. ~*vt* fronteggiare, essere esposto a. **facecloth** *n* telo per lavarsi il volto *m*. **facecream** *n* crema per il viso *f*. **facelift** *n* plastica facciale *f*. **face-pack** *n* maschera di bellezza *f*. **face value** *n* valore nominale *m*.

facet ('fæsit) *n* **1** faccetta *f*. **2** aspetto *m*.

facetious (fə'siːʃəs) *adj* gioviale, scherzoso.

facile ('fæsail) *adj* **1** facile. **2** superficiale. **facilitate** *vt* facilitare. **facility** *n* **1** facilità, destrezza *f*. **2** *pl* attrezzatura *f*.

facing ('feisiŋ) *n* rivestimento *m*.

facsimile (fæk'siməli) *n* facsimile *m*.

fact (fækt) *n* fatto *m*. **as a matter of fact** effettivamente. **in fact** infatti. **factual** *adj* effettivo, reale.

faction ('fækʃən) *n* **1** fazione *f*. **2** discordia *f*.

factor ('fæktə) *n* **1** fattore *m*. **2** agente *m*.

factory ('fæktəri) *n* fabbrica, officina, azienda *f*.

faculty ('fækəlti) *n* facoltà *f*.

fad (fæd) *n* capriccio *m*. moda *f*.

fade (feid) *vi* **1** appassire. **2** scolorirsi. *vt* far sbiadire. **faded** *adj* sbiadito.

fag (fæg) *n* **1** lavoro pesante *m*. **2** *sl* sigaretta *f*. **fagged out** *adj* stanco morto.

Fahrenheit ('færənhait) *adj* Fahrenheit.

fail (feil) *vi* **1** venire a mancare. **2** diminuire. **3** *comm* fallire. *vt* **1** bocciare. **2** abbandonare. **without fail** *adv* senza fallo. **failing** *n* difetto *m*. debolezza *f*. *adj* debole. *prep* in mancanza di. **failure** *n* **1** insuccesso *m*. **2** indebolimento *m*. **3** fallimento *m*.

faint (feint) *vi* svenire. *adj* fiacco, incerto, tenue. *n* svenimento *m*. **faint-hearted** *adj* timido, pusillanime.

fair[1] (feə) *adj* **1** giusto, onesto. **2** chiaro, biondo. **3** bello. *adv* giustamente, lealmente. **fair play** *n* comportamento leale *m*. **fairly** *adv* abbastanza, giustamente.

fair[2] (feə) *n* mercato *m*. fiera *f*. **fairground** *n* spazio per la fiera *m*.

fairy ('feəri) *n* fata *f*. **fairytale** *n* fiaba *f*.

faith (feiθ) *n* fede, fiducia *f*. **faith-healing** *n* guarigione ottenuta con preghiere *f*. **faithful** *adj* fedele.

fake (feik) *vt* contraffare, fingere. *n* trucco *m*. *adj* falso.

falcon ('fɔːlkən) *n* falcone *m*.

fall* (fɔːl) *n* **1** caduta *f*. **2** crollo *m*. **3** ribasso *m*. *vi* cadere. **fall down** prostrarsi. **fall off** staccarsi. **fall through** fallire.

fallacy ('fæləsi) *n* errore, sofisma *m*.

fallacious *adj* fallace.

fallible ('fæləbəl) *adj* fallibile.

fallow ('fælou) *adj* fulvo, incolto.

false (fɔːls) *adj* falso. *adv* falsamente. **false alarm** *n* falso allarme *m*. **falsehood** *n* menzogna, bugia *f*. **false pretences** *n pl* millantato credito *m*. **false teeth** *n pl* dentiera *f*. **falsify** *vt* falsificare.

falter ('fɔːltə) *vi* **1** barcollare, indugiare. **2** balbettare.

fame (feim) *n* fama, rinomanza *f*.

familiar (fə'miliə) *adj* familiare, usuale. **familiarize** *vt* familiarizzare.

family ('fæmili) *n* famiglia *f*.

famine ('fæmin) *n* carestia *f*. **famished** *adj* affamato.

famous ('feiməs) *adj* famoso.

fan[1] (fæn) *n* **1** ventaglio *m*. **2** ventilatore *m*. *vt* far vento a, ventilare. **fanbelt** *n* cinghia del ventilatore *f*.

fan[2] (fæn) *n* tifoso, appassionato *m*. **fan club** *n* circolo di ammiratori *m*.

fanatic (fə'nætik) *adj,n* fanatico.

fanciful ('fænsifəl) *adj* fantasioso, bizzarro.

fancy ('fænsi) *adj* elaborato. *n* **1** immaginazione *f*. **2** capriccio *m*. **3** illusione *f*. *vt* **1** credere. **2** desiderare. **3** immaginare. **fancy dress** *n* costume *m*.

fanfare ('fænfeə) *n* fanfara *f*.

fang (fæŋ) *n* zanna *f*.

fantasy ('fæntəsi) *n* fantasia *f*.

fantastic (fæn'tæstik) *adj* fantastico.

far (fɑː) *adj* lontano, distante. *adv* **1** lontano. **2** molto, assai. **far-fetched**

adj improbabile, inverosimile. **far-off** *adj* lontano. **far-reaching** *adj* di grande portata.

farce (fɑːs) *n* farsa *f*.

fare (feə) *n* prezzo *m*. tariffa *f*.

Far East *n* Estremo Oriente *m*.

farewell (feə'wel) *n* addio, congedo *m*.

farm (fɑːm) *n* fattoria *f*. podere *m*. *vt* coltivare. *vi* fare l'agricoltore. **farmer** *n* coltivatore *m*. **farmhouse** *n* casa colonica *f*. **farmland** *n* terreno da coltivare *m*. **farmyard** *n* aia *f*.

farther ('fɑːðə) *adj,adv* più lontano. **farthest** *adj* il più lontano.

fascinate ('fæsineit) *vt* affascinare. **fascination** *n* fascino *m*.

fascism ('fæʃizəm) *n* fascismo *m*. **fascist** *n* fascista *m*.

fashion ('fæʃən) *n* **1** moda *f*. **2** maniera *f*. *vt* foggiare, adattare. **fashionable** *adj* elegante, di moda.

fast[1] (fɑːst) *adj* **1** veloce. **2** saldo, costante. **3** *inf* dissoluto. *adv* **1** velocemente. **2** saldamente.

fast[2] (fɑːst) *vi* digiunare. *n* digiuno *m*.

fasten ('fɑːsən) *vt* attaccare, fissare. *vi* chiudersi. **fastener** *n* chiusura *f*. fermaglio *m*.

fastidious (fə'stidiəs) *adj* meticoloso, schizzinoso.

fat (fæt) *adj* **1** untuoso. **2** grasso. *n* grasso *m*.

fatal ('feitl) *adj* fatale, mortale. **fatality** *n* fatalità *f*.

fate (feit) *n* fato *m*. sorte *f*.

father ('fɑːðə) *n* padre *m*. **father-in-law** *n* suocero *m*. **fatherland** *n* patria *f*. **fatherly** *adj* paterno.

fathom ('fæðəm) *n naut* braccio *m*, *pl*

braccia *f. vt* capire. **fathomless** *adj* impenetrabile.

fatigue (fə'ti:g) *n* stanchezza *f. vt* affaticare.

fatten ('fætn) *vt,vi* ingrassare.

fatuous ('fætjuəs) *adj* fatuo.

fault (fɔ:lt) *n* 1 errore *m.* 2 colpa *f.* 3 difetto *m.* **faulty** *adj* difettoso.

fauna ('fɔ:nə) *n* fauna *f.*

favour ('feivə) *n* 1 favore *m.* 2 parzialità *f. vt* favorire, preferire. **favourable** *adj* propizio, favorevole. **favourite** *adj* preferito. *n* favorito *m.*

fawn¹ (fɔ:n) *n* 1 *zool* cerbiatto *m.* 2 fulvo *m. adj* fulvo.

fawn² (fɔ:n) *vi* **fawn on** adulare.

fear (fiə) *n* paura *f. vt* temere, aver paura di. **fearless** *adj* ardimentoso.

feasible ('fi:zibəl) *adj* probabile, realizzabile.

feast (fi:st) *n* 1 festa *f.* 2 banchetto *m. vi* far festa, banchettare.

feat (fi:t) *n* azione, impresa *f.*

feather ('feðə) *n* piuma, penna *f.* **featherbed** *n* letto di piume *m.* **featherweight** *n* peso piuma *m.*

feature ('fi:tʃə) *n* 1 fattezza *f.* 2 *pl* fisionomia *f.* 3 caratteristica *f.* 4 articolo speciale *m. vt* 1 caratterizzare. 2 mettere in risalto.

February ('februəri) *n* febbraio *m.*

feckless ('fekləs) *adj* debole, inetto.

fed (fed) *v see* **feed.**

federal ('fedərəl) *adj* federale. **federate** *vt* confederare. *vi* confederarsi. *adj* confederato. **federation** *n* federazione *f.*

fee (fi:) *n* 1 onorario *m.* 2 tassa *f.*

feeble ('fi:bəl) *adj* debole.

feed* (fi:d) *vt* nutrire. *vi* nutrirsi. **be fed up** essere stufo. ~ *n* alimentazione, pastura *f.* **feedback** *n* reazione *f.*

feel* (fi:l) *vt* 1 sentire, percepire. 2 ritenere. *vi* sentirsi. **feel one's way** procedere a tastoni. ~ *n* tatto *m.* **feeler** *n* 1 tentacolo *m.* 2 sondaggio *m.* **feeling** *n* sentimento *m.* sensazione *f.*

feign (fein) *vt* fingere, simulare.

feint¹ (feint) *n* finta *f. vi* fare una finta.

feint² (feint) *adj* rigato leggermente.

feline ('fi:lain) *adj* felino.

fell¹ (fel) *v see* **fall.**

fell² (fel) *vt* abbattere.

fellow ('felou) *n* 1 compagno, collega *m.* 2 individuo *m.* 3 *educ* docente *m.* **fellowship** *n* 1 associazione *f.* 2 borsa di studio *f.*

felon ('felən) *n* criminale *m,f.* **felony** *n* crimine *m.*

felt¹ (felt) *v see* **feel.**

felt² (felt) *n* feltro *m.*

female ('fi:meil) *adj* femminile, di sesso femminile. *n* donna, femmina *f.*

feminine ('feminin) *adj* femminile, femminino. **feminism** *n* femminismo *m.*

fence (fens) *n* recinto *m.* palizzata *f. vt* recintare. *vi* tirar di scherma. **fencing** *n* 1 *sport* scherma *f.* 2 recinto *m.*

fend (fend) *vt* **fend for oneself** provvedere a se stesso. **fend off** parare, schivare. **fender** *n* 1 paraurti *m invar.*

fennel ('fenl) *n* finocchio *m.*

ferment (fə'ment) *vi* fermentare. *vt* fare fermentare. **fermentation** *n* fermentazione *f.*

fern (fə:n) *n* felce *f.*

ferocious (fə'rouʃəs) *adj* feroce.

ferret ('ferit) *n* furetto *m*. *vi* frugare. **ferret out** scoprire.

ferry ('feri) *n* traghetto *m*. **ferryboat** *n* nave traghetto *f*.

fertile ('fə:tail) *adj* fertile. **fertilize** *vt* fertilizzare.

fervent ('fə:vənt) *adj* fervente, ardente.

fervour ('fə:və) *n* fervore *m*.

fester ('festə) *vi* suppurare.

festival ('festivəl) *n* festival *m*. celebrazione *f*. **festivity** *n* festa *f*.

festoon (fes'tu:n) *vt* decorare con festoni. *n* festone *m*.

fetch (fetʃ) *vt* **1** andare a prendere, andare a chiamare. **2** dare. **fetching** *adj* attraente.

fete (feit) *n* festa *f*.

fetid ('fetid) *adj* fetido.

fetish ('fetiʃ) *n* feticcio *m*.

fetlock ('fetlok) *n* barbetta *f*.

fetter ('fetə) *n* catena *f*. *vt* incatenare.

feud (fju:d) *n* feudo *m*. **feudal** *adj* feudale.

fever ('fi:və) *n* febbre *f*. **feverish** *adj* febbricitante, eccitato.

few (fju:) *adj,pron* pochi, alcuni. *adj* qualche. **a few** alcuni. **quite a few** un numero considerevole.

fiancé (fi'ãsei) *n* fidanzato *m*. **fiancée** *n* fidanzata *f*.

fiasco (fi'æskou) *n* fiasco, insuccesso *m*.

fib (fib) *n* frottola, bugia *f*. *vi* raccontare frottole.

fibre ('faibə) *n* fibra *f*. **fibreglass** *n* lana di vetro *f*.

fickle ('fikəl) *adj* volubile.

fiction ('fikʃən) *n* **1** novellistica *f*. **2** finzione *f*. **fictitious** *adj* falso.

fiddle ('fidl) *n* **1** violino *m*. **2** *inf* imbroglio *m*. *vt inf* imbrogliare.

fidelity (fi'deliti) *n* fedeltà *f*.

fidget ('fidʒit) *vi* agitarsi, essere irrequieto.

field (fi:ld) *n* **1** campo *m*. **2** settore *m*. **fieldwork** *n* fortificazione *f*.

fiend (find) *n* demonio *m*. **fiendish** *adj* diabolico.

fierce (fiəs) *adj* **1** fiero, selvaggio. **2** ardente.

fiery ('faiəri) *adj* impetuoso.

fifteen (fif'ti:n) *adj,n* quindici *m* or *f*. **fifteenth** *adj* quindicesimo.

fifth (fifθ) *adj* quinto.

fifty ('fifti) *adj,n* cinquanta *m*. **fiftieth** *adj* cinquantesimo.

fig (fig) *n* fico *m*.

fight* (fait) *vt,vi* combattere. *n* combattimento *m*. lotta *f*.

figment ('figmənt) *n* finzione, invenzione *f*.

figure ('figə) *n* **1** figura *f*. **2** *math* cifra *f*. **3** linea *f*. *vt* figurarsi, immaginare. *vi* apparire. **figure out** calcolare. **figurative** *adj* figurativo, simbolico. **figurehead** *n* uomo di paglia *m*.

filament ('filəmənt) *n* filamento *m*.

file¹ (fail) *n* schedario, archivio *m*. *vt* ordinare, archiviare. **filing cabinet** *n* casellario *m*.

file² (fail) *n* lima *f*. *vt* limare.

filial ('filiəl) *adj* filiale.

fill (fil) *vt* **1** riempire. **2** (a tooth) otturare. **3** ricoprire. *vi* riempirsi. **fill in** compilare. **fill up** *mot* fare il pieno. ~ *n* sazietà, sufficienza *f*. **filling** *n* **1** otturazione *f*. **2** *cul* ripieno *m*. **filling station** stazione di rifornimento *f*.

fillet ('filit) n filetto m.

filly ('fili) n puledra f.

film (film) n **1** pellicola f. velo m. **2** film m. vt filmare. **film star** n diva, stella del cinema f.

filter ('filtə) n filtro m. vt filtrare.

filth (filθ) n sudiciume m. **filthy** adj sudicio, sporco, sordido.

fin (fin) n pinna f.

final ('fainl) adj ultimo, decisivo. n **1** sport finale f. **2** pl esami finali m pl. **finalize** vt mettere a punto, concludere.

finance ('fainæns) n finanza f. vt finanziare. **financial** adj finanziario. **financier** n finanziere m.

finch (fintʃ) n fringuello m.

find* (faind) vt trovare, scoprire. **find out** scoprire. n scoperta f.

fine¹ (fain) adj bello, buono, raffinato. adv bene. **fine arts** n pl belle arti f pl. **finery** n abiti delle feste m pl.

fine² (fain) n multa f. vt multare.

finesse (fi'nes) n delicatezza, sottigliezza f.

finger ('fiŋgə) n dito m,pl dita f. vt toccare con le dita. **fingermark** n ditata f. **fingernail** n unghia f. **fingerprint** n impronta digitale f. **fingertip** n punta delle dita f.

finish ('finiʃ) vt,vi finire. n **1** fine, conclusione f. **2** rifinitura f.

finite ('fainait) adj limitato, circoscritto.

Finland ('finlənd) n Finlandia f. **Finn** n finlandese m,f. **Finnish** adj finnico, finlandese. **Finnish** (language) n finlandese m.

fiord (fjɔːd) n fiordo m.

fir (fəː) n abete m. **fir cone** n pigna f.

fire (faiə) n **1** fuoco m. **2** incendio m.

catch fire prendere fuoco. ~vt **1** incendiare. **2** (a gun, etc.) sparare. **3** inf licenziare. vi **1** incendiarsi. **2** sparare.

fire alarm n allarme d'incendio m.

fire brigade n pompieri m pl.

fire drill n esercitazione di pompieri f.

fire-engine n pompa antincendio f.

fire-escape n uscita di sicurezza f.

fireguard ('faiəgaːd) n parafuoco m.

firelight ('faiəlait) n luce del focolare f.

fireman ('faiəmən) n pompiere m.

fireplace ('faiəpleis) n caminetto m.

fireproof ('faiəpruːf) adj antincendio.

fireside ('faiəsaid) n angolo del focolare m.

fire station n caserma dei pompieri f.

firework ('faiəwəːk) n fuoco d'artificio m.

firm¹ (fəːm) adj **1** solido. **2** risoluto. **firmly** adv fermamente.

firm² (fəːm) n ditta, società f.

first (fəːst) adj primo. adv prima di tutto. **first aid** n pronto soccorso m. **first-class** adj di prima qualità. **first-hand** adj,adv di prima mano. **first person** n prima persona f. **first-rate** adj ottimo.

fiscal ('fiskəl) adj fiscale.

fish (fiʃ) n, pl **fishes** or **fish** pesce m. vi pescare. **fisherman** n pescatore m. **fish finger** n bastoncino di pesce m. **fishing** n pesca f. adj da pesca. **fishing rod** n canna da pesca f. **fishmonger** n pescivendolo m. **fishslice** n paletta per il pesce f. **fishy** adj inf losco, ambiguo.

fission ('fiʃən) n fissione f.

fist (fist) n pugno m.

fit*¹ (fit) adj **1** adatto. **2** sano, in forma.

n misura *f. vt* **1** adattare. **2** convenire a. *vi* **1** andare bene. **2** convenire. **fitting** *adj* adatto, opportuno. *n* **1** prova *f.* **2** *pl* mobili *m pl.*

fit² (fit) *n med* convulsione *f.* accesso *m.* **fitful** *adj* spasmodico, incostante.

five (faiv) *adj,n* cinque *m.*

fix (fiks) *vt* **1** assicurare, sistemare. **2** riparare. *n inf* difficoltà *f.* **fixation** *n* fissazione *f.* **fixture** *n* **1** infisso *m.* **2** avvenimento sportivo *m.*

fizz (fiz) *vi* frizzare. **fizzy** *adj* effervescente, frizzante. **fizzle** *vi* frizzare. **fizzle out** fare fiasco.

flabbergast ('flæbəgɑːst) *vt inf* sbalordire.

flabby ('flæbi) *adj* floscio, molle.

flag¹ (flæg) *n* bandiera *f.* **flagpole** *n* asta della bandiera *f.*

flag² (flæg) *vi* pendere, avvizzire, indebolirsi.

flagon ('flægən) *n* flacone, bottiglione *m.*

flagrant ('fleigrant) *adj* flagrante.

flair (flɛə) *n* istinto *m.* attitudine *f.*

flake (fleik) *n* **1** fiocco *m.* **2** scaglia *f. vi* sfaldare. *vi* squamarsi. **flaky** *adj* a scaglie.

flamboyant (flæm'bɔiənt) *adj* sgargiante, vistoso.

flame (fleim) *n* fiamma *f.*

flamingo (flə'miŋgou) *n* fenicottero *m.*

flan (flæn) *n* sformato *m.*

flank (flæŋk) *n* fianco, lato *m. vt* fiancheggiare.

flannel ('flænl) *n* flanella *f. adj* di flanella.

flap (flæp) *n* **1** lembo *m.* **2** colpo leggero *m.* **3** *tech* deflettore *m.* **be in a flap** essere agitato. ~*vt* **1** agitare. **2** (wings) battere. *vi* sbattere.

flare (flɛə) *n* **1** bagliore *m.* fiammata *f.* **2** razzo *m. vi* splendere, avvampare. **flare up** infiammarsi.

flash (flæʃ) *n* lampo, sprazzo *m. vi* lampeggiare, balenare. *vt* dirigere. **flashback** *n* scena retrospettiva *f.* **flashbulb** *n* lampada per fotolampo *f.* **flashlight** *n* fotolampo *m.*

flask (flɑːsk) *n* borraccia *f.* fiasco *m.*

flat¹ (flæt) *adj* **1** piatto. **2** deciso. **flatfish** *n* sogliola *f.* **flat-footed** *adj* con i piedi piatti. **flatten** *vt* appiattire.

flat² (flæt) *n* appartamento *m.*

flatter ('flætə) *vt* adulare, lusingare. **flattering** *adj* lusinghiero. **flattery** *n* adulazione *f.*

flaunt (flɔːnt) *vt* ostentare. *vi* pavoneggiarsi.

flautist ('flɔːtist) *n* flautista *m.*

flavour ('fleivə) *n* gusto, sapore *m. vt* aromatizzare.

flaw (flɔː) *n* difetto *m.*

flax (flæks) *n* lino *m.*

flea (fliː) *n* pulce *f.*

fleck (flek) *n* chiazza *f.*

fled (fled) *v* see **flee.**

flee* (fliː) *vt* fuggire, abbandonare. *vi* fuggire.

fleece (fliːs) *n* vello *m. vt* **1** tosare. **2** *sl* derubare.

fleet (fliːt) *n* flotta *f.*

fleeting ('fliːtiŋ) *adj* fuggevole.

Fleming ('flemiŋ) *n* fiammingo *m.*

Flemish ('flemiʃ) *adj* fiammingo. **Flemish** (language) *n* fiammingo *m.*

flesh (fleʃ) *n* **1** carne *f.* **2** polpa *f.*

flew (flu:) v see **fly**.

flex (fleks) n filo m. **flexible** adj flessibile, arrendevole.

flick (flik) n colpo, buffetto m. vt far saltare con un colpetto.

flicker ('flikə) n barlume, guizzo m. vi tremolare.

flight[1] (flait) n **1** (of a bird, plane, etc.) volo m. **2** slancio m. **3** (of stairs) rampa f.

flight[2] (flait) n (departure) fuga f.

flimsy ('flimzi) adj **1** sottile, fragile. **2** inconsistente.

flinch (flintʃ) vi ritrarsi, sottrarsi.

fling* (fliŋ) vt gettare, lanciare. n lancio m.

flint (flint) n **1** selce f. **2** pietra focaia f.

flip (flip) n colpetto, buffetto m. vt dare un buffetto a. **flipper** n pinna f.

flippant ('flipənt) adj impertinente, leggero.

flirt (flə:t) n civetta f. vi civettare, flirtare.

flit (flit) vi **1** svolazzare. **2** andarsene.

float (flout) n **1** carro m. **2** galleggiante m. **3** comm riserva di cassa. vi **1** galleggiare. **2** fluttuare.

flock[1] (flɔk) n **1** gregge m. **2** folla f. vi affollarsi.

flock[2] (flɔk) n (of wool, etc.) fiocco di lana m.

flog (flɔg) vt frustare.

flood (flʌd) n **1** diluvio m. inondazione, piena f. **2** (of tears) torrente m. vt allargare, inondare. **floodlight** n riflettore m.

floor (flɔ:) n **1** pavimento m. **2** piano m. **floorboard** n tavola di pavimento f.

flop (flɔp) vi fallire. **flop down** cadere. ~n **1** tonfo m. **2** inf fiasco m. **floppy** adj floscio. **floppy disc** n disco flessibile m.

flora ('flɔːrə) n flora f.

floral ('flɔːrəl) adj floreale. **florist** n fiorista m,f.

Florence ('flɔrəns) n Firenze f. **Florentine** adj,n fiorentino.

flounce[1] (flauns) n gesto rapido m. vi sussultare, agitarsi.

flounce[2] (flauns) n falpalà m.

flounder[1] ('flaundə) vi dibattersi.

flounder[2] ('flaundə) n zool passera f.

flour ('flauə) n farina f.

flourish ('flʌriʃ) vi prosperare, fiorire. vt agitare. n **1** ornamento m. **2** squillo di tromba m.

flout (flaut) vt sprezzare.

flow (flou) n **1** flusso m. **2** corrente f. vi **1** scorrere. **2** circolare.

flown (floun) v see **fly**.

flower ('flauə) n fiore m. vi fiorire. **flowerbed** n aiuola f. **flowerpot** n vaso da fiori m.

fluctuate ('flʌktʃueit) vi fluttuare, oscillare. **fluctuation** n fluttuazione f.

flue (flu:) n canna del camino f.

fluent ('fluːənt) ajd scorrevole. **fluently** adv correntemente.

fluff (flʌf) n lanugine, peluria f.

fluid ('fluːid) adj,n fluido m.

flung (flʌŋ) v see **fling**.

fluorescent (fluə'resənt) adj fluorescente.

fluoride ('fluəraid) n fluoruro m.

flush[1] (flʌʃ) n **1** rossore m. **2** violento flusso d'acqua m. **3** game colore m. vi arrossire. vt sciacquare. **flushed** adj accaldato.

lush² (flʌʃ) *adj* **1** a livello, rasente. **2** abbondante.

luster ('flʌstə) *n* agitazione *f*. *vt* stordire, eccitare.

lute (flu:t) *n* flauto *m*.

lutter ('flʌtə) *n* **1** battito *m*. **2** agitazione *f*. *vt* **1** battere. **2** innervosire. *vi* sventolare.

lux (flʌks) *n* flusso *m*.

ly*¹ (flai) *vi* volare, slanciarsi. *vt* far volare. **flyover** *n* cavalcavia *m*.

ly² (flai) *n* mosca *f*.

oal (foul) *n* puledro *m*.

oam (foum) *n* schiuma, bava *f*. *vi* spumeggiare, far bava.

ocus ('foukəs) *n* **1** fuoco *m*. **2** centro *vt* **1** mettere a fuoco. **2** concentrare. *vi* convergere.

odder ('fɔdə) *n* foraggio *m*.

oe (fou) *n* nemico, *pl* nemici, avversario *m*.

oetus ('fi:təs) *n* feto *m*.

fog (fɔg) *n* nebbia *f*. **foghorn** *n* sirena da nebbia *f*. **foggy** *adj* nebbioso.

foible ('fɔibəl) *n* punto debole *m*.

foil¹ (fɔil) *vt* frustrare, sventare.

foil² (fɔil) *n* **1** lamina di metallo *f*. **2** carta stagnola *f*.

foil³ (fɔil) *n sport* fioretto *m*.

foist (fɔist) *vt* rifilare, introdurre di soppiatto.

fold¹ (fould) *n* piega, ripiegatura *f*. *vt* **1** piegare. **2** (one's arms) incrociare. **folder** *n* cartella *f*.

fold² (fould) *n* (for sheep) ovile *m*.

foliage ('fouliidʒ) *n* fogliame *m*.

folk (fouk) *n* gente *f*. popolo *m*. **folkdance** *n* ballo popolare *m*. **folklore** *n*

folclore *m*. **folksong** *n* canzone popolare *f*. **folktale** *n* racconto *m*. leggenda popolare *f*.

follicle ('fɔlikəl) *n* follicolo *m*.

follow ('fɔlou) *vt* **1** seguire. **2** imitare. *vi* seguire, risultare. **follower** *n* seguace *m,f*.

folly ('fɔli) *n* pazzia, follia *f*.

fond (fɔnd) *adj* amante, affezionato. **be fond of 1** voler bene a. **2** amare.

fondant ('fɔdənt) *adj,n* fondente *m*.

fondle ('fɔndl) *vt* accarezzare, vezzeggiare.

font (fɔnt) *n* fonte battesimale *f*.

food (fu:d) *n* cibo, nutrimento *m*.

fool (fu:l) *n* sciocco, stupido, buffone *m*. **make a fool of oneself** rendersi ridicolo. ~*vt* ingannare. **foolish** *adj* stolto, insensato.

foolscap ('fu:lzkæp) *n* carta protocollo *f*.

foot (fut) *n, pl* feet *anat* piede *m*. **2** base *f*. **3** (measure) piede *m*. *v* **foot the bill** pagare il conto. **football** *n* **1** (game) calcio *m*. **2** pallone *m*. **footbridge** *n* passerella *f*. **foothold** *n* punto d'appoggio *m*. **footing** *n* **1** punto d'appoggio *m*. **2** posizione *f*. **footnote** *n* nota in calce *f*. **footprint** *n* orma *f*. **footstep** *n* passo, rumore di passi *m*. **footwear** *n* calzatura *f*.

for (fə; *stressed* fɔ:) *prep* per, adatto a, di. **for sale** in vendita. ~*conj* poiché, perché.

forage ('fɔridʒ) *n* foraggio *m*.

forbear* (fə'bɛə) *vt* astenersi da. *vi* astenersi.

forbid* (fə'bid) *vt* proibire, impedire. **forbidding** *adj* severo, minaccioso.

force (fɔ:s) n **1** forza f. vigore m. **2** validità f. **3** pl forze armate f pl. vt forzare, costringere. **forcible** adj forte.

forceps ('fɔ:seps) n pl forcipe m.

ford (fɔ:d) n guado m.

fore (fɔ:) adj anteriore. n naut prua f.

forearm[1] ('fɔ:rɑ:m) n avambraccio m.

forearm[2] (fɔ:'rɑ:m) vt premunire.

forecast ('fɔ:kɑ:st) vt prevedere, predire. n pronostico m. previsione f.

forecourt ('fɔ:kɔ:t) n cortile m.

forefather ('fɔ:fɑ:ðə) n avo, antenato m.

forefinger ('fɔ:fiŋgə) n dito indice m.

forefront ('fɔ:frʌnt) n prima linea f.

foreground ('fɔ:graund) n primo piano m.

forehand ('fɔ:hænd) n **1** posizione superiore f. **2** sport colpo diritto m.

forehead ('fɔrid) n fronte f.

foreign ('fɔrin) adj straniero, estraneo. **foreigner** n straniero m.

foreleg ('fɔ:leg) n zampa anteriore f.

forelock ('fɔ:lɔk) n ciuffo m.

foreman ('fɔ:mən) n caposquadra, capo-operaio m.

foremost ('fɔ:moust) adj primo, principale. adv in testa.

forensic (fə'rensik) adj forense.

forerunner ('fɔ:rʌnə) n precursore m.

foresee* (fɔ:'si:) vt prevedere.

foresight ('fɔ:sait) n previsione, prudenza f.

forest ('fɔrist) n foresta f.

forestall (fɔ:'stɔ:l) vt prevenire, anticipare.

foretaste ('fɔ:teist) n pregustazione f.

foretell* (fɔ:'tel) vt predire.

forethought ('fɔ:θɔ:t) n premeditazione, previdenza f.

forfeit ('fɔ:fit) n multa, pena, perdita f. vt perdere.

forge[1] (fɔ:dʒ) n fucina f. vt **1** forgiare. **2** contraffare, falsificare. **forgery** n **1** contraffazione f. **2** documento falso m. **3** falsificazione f.

forge[2] (fɔ:dʒ) vi **forge ahead** avanzare gradatamente.

forget* (fə'get) vt dimenticare. **forgetful** adj smemorato, immemore.

forgive* (fə'giv) vt perdonare. **forgiving** adj indulgente.

forgo* (fɔ:'gou) vt rinunziare a, fare a meno di.

fork (fɔ:k) n **1** cul forchetta f. **2** forca f. **3** (in a road) biforcazione f. vi biforcarsi.

forlorn (fə'lɔ:n) adj sperduto, desolato.

form (fɔ:m) n **1** forma f. **2** modulo m. **3** classe f. **4** formalità f. vt formare. **formality** n **1** formalità f. **2** convenzionalismo m. **formation** n formazione f. **formative** adj formativo.

former ('fɔ:mə) adj precedente, anteriore. **formerly** adv in passato, già.

formidable ('fɔ:midəbəl) adj spaventoso, temibile.

formula ('fɔ:mjulə) n, pl **-las** or **-lae** formula f. **formulate** vt formulare.

forsake* (fə'seik) vt abbandonare.

fort (fɔ:t) n forte m.

forte ('fɔ:tei) n forte m.

forth (fɔ:θ) adv avanti. **and so forth** e così via. **forthcoming** adj prossimo, imminente.

fortify ('fɔ:tifai) vt **1** mil fortificare. **2** rinvigorire, incoraggiare.

fortnight ('fɔ:tnait) n due settimane f pl. quindicina f.

fortress ('fɔːtrəs) n fortezza f.

fortune ('fɔːtʃən) n 1 fortuna, sorte f. 2 ricchezza f. **fortune-teller** n chiromante m,f. **fortunate** adj fortunato.

forty ('fɔːti) adj,n quaranta m. **fortieth** adj quarantesimo.

forum ('fɔːrəm) n foro m.

forward ('fɔːwəd) adj 1 avanzato, precoce. 2 sfrontato. adv avanti. n sport attaccante m. vt 1 promuovere, agevolare, inoltrare. 2 rispedire. **forwards** adv avanti, in poi.

fossil ('fɔsəl) n fossile m.

foster ('fɔstə) vt 1 allevare. 2 favorire, incoraggiare. **fosterchild** n figlio adottivo m. **fostermother** n madre adottiva f.

fought (fɔːt) v see **fight**.

foul (faul) adj 1 sporco, infetto, osceno. 2 (of weather) cattivo. n sport fallo m. vt 1 sporcare. 2 sport commettere un fallo su. **foul play** n giuoco scorretto m.

found[1] (faund) v see **find**.

found[2] (faund) vt fondare, istituire. **foundation** n 1 istituzione f. 2 base f. 3 pl fondamenta f pl.

founder[1] ('faundə) n fondatore m.

founder[2] ('faundə) vi affondare, sprofondarsi.

foundry ('faundri) n fonderia f.

fountain ('fauntin) n fontana, sorgente f.

four (fɔː) adj,n quattro m or f. **on all fours** carponi. **four-poster** n letto a quattro colonne m. **foursome** n quartetto m. **fourth** adj quarto.

fourteen (fɔː'tiːn) adj,n quattordici m or f. **fourteenth** adj quattordicesimo.

fowl (faul) n pollo, uccello m.

fox (fɔks) n volpe f. **foxglove** n digitale m. **foxhound** n cane per caccia alla volpe m. **foxhunting** n caccia alla volpe f.

foyer ('fɔiei) n ridotto m.

fraction ('frækʃən) n frazione f.

fracture ('fræktʃə) n frattura f. vt spaccare. vi fratturarsi.

fragile ('frædʒail) adj fragile.

fragment ('frægmənt) n frammento, brano m.

fragrant ('freigrənt) adj fragrante.

frail (freil) adj debole, fragile.

frame (freim) n 1 struttura f. 2 telaio m. 3 cornice f. 4 inquadratura f. **frame of mind** stato d'animo m. ~vt 1 costruire. 2 incorniciare. **framework** n struttura f. scheletro m.

franc (fræŋk) n franco m.

France (frɑːns) n Francia f.

franchise ('fræntʃaiz) n 1 diritto di voto m. 2 franchigia f.

frank (fræŋk) adj sincero, schietto.

frankfurter ('fræŋkfəːtə) n salsiccia tedesca f.

frantic ('fræntik) adj frenetico.

fraternal (frə'təːnl) adj fraterno. **fraternity** n fraternità, confraternita f. **fraternize** vi fraternizzare.

fraud (frɔːd) n frode f.

fraught (frɔːt) adj carico.

fray[1] (frei) n lotta, conflitto m.

fray[2] (frei) vt consumare. vi logorarsi.

freak (friːk) n 1 capriccio m. 2 anomalia della natura f.

freckle ('frekəl) n lentiggine f.

free (friː) adj 1 libero. 2 esente. 3 gratuito. adv liberamente, gratuitamente.

vt liberare. **freedom** *n* libertà *f.* **freehold** *n* proprietà fondiaria assoluta *f.*

freelance *adj* a ore, indipendente. *n* giornalista indipendente *m.* **freewheel** girare a ruota libera. **free will** *n* libero arbitrio *m.*

freeze* (fri:z) *vt* congelare, gelare. *vi* gelare. **freezing point** *n* punto di congelamento *m.*

freight (freit) *n* 1 carico mercantile *m.* 2 trasporto *m. vt* trasportare. **freight train** *n* treno merci *m.*

French (frent∫) *adj* francese. **French** (language) *n* francese *m.* **French bean** *n* fagiolino verde *m.* **French dressing** *n* condimento alla francese *m.* **French horn** *n* corno da caccia *m.* **Frenchman** *n* francese *m.* **French window** *n* porta-finestra *f.*

frenzy ('frenzi) *n* frenesia *f.*

frequency ('fri:kwənsi) *n* frequenza *f.* **frequent** *adj* frequente, diffuso.

fresco ('freskou) *n, pl* **-oes** *or* **-os** affresco *m.*

fresh (fre∫) *adj* 1 fresco, nuovo. 2 vigoroso. **freshwater** *adj* d'acqua dolce.

fret[1] (fret) *vi* logorarsi, affliggersi.

fret[2] (fret) *n arch* fregio *m.* **fretwork** *n* lavoro di traforo *m.*

friar ('fraiə) *n* frate *m.*

friction ('frik∫ən) *n* frizione *f.*

Friday ('fraidi) *n* venerdì *m.*

fridge (fridʒ) *n* frigorifero *m.*

friend (frend) *n* amico, *pl* amici *m.* **friendly** *adj* amichevole, affabile. **friendship** *n* amicizia *f.*

frieze (fri:z) *n* fregio *m.*

fright (frait) *n* spavento *m.* paura *f.* **frighten** *vt* spaventare. **frightful** *adj* spaventoso, terribile. **frightfully** *ad* straordinariamente.

frigid ('fridʒid) *adj* frigido, freddo.

frill (fril) *n* fronzolo *m.*

fringe (frindʒ) *n* 1 frangia *f.* orlo *m.* 2 periferia *f. vt* ornare con frangia, orlare.

frisk (frisk) *vt* perquisire. *vi* saltellare.

fritter[1] ('fritə) *vt* sperperare, sciupare.

fritter[2] ('fritə) *n* frittella *f.*

frivolity (fri'vɔliti) *n* leggerezza, vanità *f.* **frivolous** *adj* leggero, frivolo.

frizz (friz) *vt* arricciare. *n* ricciolo *m.* **frizzy** *adj* ricciuto.

frizzle[1] ('frizl) *vt* arricciare. *vi* arricciarsi.

frizzle[2] ('frizəl) *cul vt* friggere. *vi* sfrigolare.

fro (fro) **to and fro** *adv* avanti e indietro

frock (frɔk) *n* abito *m.*

frog (frɔg) *n* rana *f.* **frogman** *n* sommozzatore *m.*

frolic ('frɔlik) *vi* divertirsi. *n* scherzo *m.* **frolicsome** *adj* allegro, vivace.

from (frəm; *stressed* frɔm) *prep* 1 da. 2 da parte di. 3 per.

front (frʌnt) *adj* di fronte, anteriore. *n* 1 *arch* facciata *f.* 2 fronte *m.* 3 lungomare *m.* **in front of** davanti a.

frontier (frʌntiə) *n* frontiera *f.* confine *m.*

frost (frɔst) *n* gelo *m.* brina *f.* **frostbite** *n* congelamento *m.* **frosty** *adj* gelato, congelato.

froth (frɔθ) *n* schiuma, spuma *f.* *vi* schiumare.

frown (fraun) *n* cipiglio *m.* *vi* aggrottare le sopracciglia.

froze (frouz) *v see* **freeze**.

rozen ('frouznn) *v* see **freeze**.

rugal ('fru:gəl) *adj* frugale, sobrio.

ruit (fru:t) *n* 1 frutta *f invar*. 2 frutto *m*.

fruit salad *n* macedonia di frutta *f*.

fruitful *adj* fertile, vantaggioso. **fruition** *n* realizzazione *f*. **fruitless** *adj* infruttuoso, vano.

rustrate (frʌs'treit) *vt* frustrare, deludere.

ry (frai) *vt,vi* friggere. **frying pan** *n* padella *f*.

uchsia ('fju:ʃə) *n* fucsia *m*.

uck (fʌk) *tab vt* chiavare. **fuck off!** va' fan culo!

udge (fʌdʒ) *n* dolce caramellato con cioccolata *m*.

uel ('fju:əl) *n* carburante *m*.

ugitive ('fju:dʒitiv) *adj* fuggente. *n* fuggiasco *m*.

ulcrum ('fʌlkrəm) *n* fulcro *m*.

ulfil (ful'fil) *vt* soddisfare, esaudire, completare. **fulfilment** *n* adempimento *m*. realizzazione *f*.

ull (full) *adj* pieno, completo, colmo, abbondante. **fulllength** *adj* in tutta la lunghezza. **full moon** *n* luna piena *f*. **full stop** *n* punto *m*. **full-time** *adj,adv* orario completo *m*.

fumble ('fʌmbəl) *vi* 1 annaspare. 2 andare a tastoni.

fume (fju:m) *n* esalazione *f*. *vi* 1 esalare fumo. 2 irritarsi.

fun (fʌn) *n* allegria *f*. divertimento *m*. **make fun of** prendere in giro. **funfair** *n* parco dei divertimenti *m*.

function ('fʌŋkʃən) *n* 1 funzione *f*. 2 cerimonia *f*. *vi* funzionare.

fund (fʌnd) *n* fondo *m*. riserva *f*.

fundamental (fʌndə'mentl) *adj* fondamentale.

funeral ('fju:nərəl) *n* funerale *m*. *adj* funebre, funereo.

fungus ('fʌŋgəs) *n,pl* **fungi** *or* **funguses** *bot* fungo *m*.

funnel ('fʌnl) *n* 1 imbuto *m*. 2 *naut* ciminiera *f*.

funny ('fʌni) *adj* 1 divertente. 2 strano.

fur (fə:) *n* 1 pelo, pelame *m*. 2 pelliccia *f*.

furious ('fjuəriəs) *adj* furibondo, furioso.

furnace ('fə:nis) *n* fornace *f*.

furnish ('fə:niʃ) *vt* ammobiliare, fornire.

furniture ('fə:nitʃə) *n* mobilio *m*.

furrow ('fʌrou) *n* solco *m*. scia *f*.

further ('fə:ðə) *adj* più lontano, ulteriore. *adv* oltre, inoltre. *vt* favorire, promuovere. **furthest** *adj* il più lontano, estremo.

furtive ('fə:tiv) *adj* furtivo.

fury ('fjuəri) *n* furia, violenza *f*.

fuse[1] (fju:z) *n* 1 *tech* fusibile *m*. valvola *f*. 2 *mil* spoletta, miccia *f*. *vi* saltare.

fuse[2] (fju:z) *vt* fondere. *vi* fondersi.

fuselage ('fju:zəlɑːʒ) *n* fusoliera *f*.

fusion ('fju:ʒən) *n* fusione *f*.

fuss (fʌs) *n* trambusto *m*. agitazione *f*. *vi* affaccendarsi, preoccuparsi per nulla. **fussy** *adj* pignolo, meticoloso.

futile ('fju:tail) *adj* inutile, vano.

future ('fju:tʃə) *adj,n* futuro *m*.

fuzz (fʌz) *n* 1 lanuggine *f*. 2 *sl* polizia *f*. **fuzzy** *adj* 1 increspato. 2 confuso.

G

gabble ('gæbəl) n borbottio m. vt borbottare. vi parlare in modo confuso.

gable ('geibəl) n frontone m.

gadget ('gædʒit) n congegno, gingillo m.

gag¹ (gæg) n bavaglio m. vt imbavagliare.

gag² (gæg) n battuta comica f.

gaiety ('geiəti) n allegria f.

gaily ('geili) adv gaiamente.

gain (gein) n **1** guadagno, profitto m. **2** miglioramento m. vt guadagnare. vi profittare.

gait (geit) n andatura f.

gala ('gɑːlə) n gala f.

galaxy ('gæləksi) n galassia f.

gale (geil) n burrasca f.

gall (gɔːl) n bile f. fiele m.

gallant ('gælənt) adj valoroso, cortese.

galleon ('gæliən) n galeone m.

gallery ('gæləri) n galleria f. loggione m.

galley ('gæli) n **1** galera, galea f. **2** cambusa f.

gallon ('gælən) n gallone m.

gallop ('gæləp) n galoppo m. vi galoppare.

gallows ('gælouz) n pl forca f. patibolo m.

galore (gə'lɔː) adv in quantità.

galvanize ('gælvənaiz) vt galvanizzare.

gamble ('gæmbəl) n gioco d'azzardo m. vi giocare d'azzardo. vt **1** giocare. **2** rischiare. **gambler** n giocatore d'azzardo m.

game (geim) n **1** gioco m. **2** partita f. **3** (hunting) selvaggina f. adj **1** coraggioso. **2** pronto. **gamekeeper** n guardiacaccia m.

gammon ('gæmən) n prosciutto affumicato m.

gander ('gændə) n papero m.

gang (gæŋ) n squadra, banda f. v **gang up** allearsi. **gangster** n bandito m. **gangway** n corridoio, passaggio m. passerella f.

gangrene ('gæŋ'griːn) n cancrena f.

gap (gæp) n breccia, apertura, fessura, lacuna f.

gape (geip) vi **1** sbadigliare. **2** restare a bocca aperta. n sbadiglio m.

garage ('gærɑːʒ) n garage m. autorimessa f.

garbage ('gɑːbidʒ) n **1** rifiuti m pl. **2** cosa spregevole f.

garble ('gɑːbəl) vt alterare.

garden ('gɑːdn) n giardino m. vi fare del giardinaggio. **gardener** n giardiniere m. **gardening** n giardinaggio m.

gargle ('gɑːgəl) vi fare gargarismi. n liquido per gargarismi.

gargoyle ('gɑːgɔil) n mascherone da grondaia m.

garland ('gɑːlənd) n ghirlanda f.

garlic ('gɑːlik) n aglio m.

garment ('gɑːmənt) n indumento m.

garnish ('gɑːniʃ) vt guarnire, ornare. n guarnizione f. contorno m.

garrison ('gærisən) n presidio m.

guarnigione *f. vt* presidiare.

garter ('ɡɑːtə) *n* giarrettiera *f.*

gas (ɡæs) *n* gas *m invar. vt* affissiare con il gas. **gas cooker** *n* fornello a gas *m.* **gas fire** *n* stufa a gas *f.* **gasworks** *n pl* officina del gas *f.*

gash (ɡæʃ) *n* ferita *f.* squarcio *m. vt* sfregiare, tagliare.

gasket ('ɡæskit) *n* guarnizione *f.*

gasp (ɡɑːsp) *n* rantolo *m. vi* boccheggiare, ansimare.

gastric ('ɡæstrik) *adj* gastrico. **gastronomic** *adj* gastronomico.

gate (ɡeit) *n* cancello *m.* porta *f.* **gatecrash** *vt* entrare senza invito a.

gateau ('ɡætou) *n, pl* **-teaux** pasticcino *m.*

gather ('ɡæðə) *vt* **1** riunire. **2** raccogliere. **3** dedurre. *vi* radunarsi. **gathering** *n* riunione *f.*

gauche (ɡouʃ) *adj* maldestro.

gaudy ('ɡɔːdi) *adj* vistoso, di gusto pesante.

gauge (ɡeidʒ) *n* **1** misura *f.* **2** calibro *m. vt* misurare, stimare.

gaunt (ɡɔːnt) *adj* magro, scarno.

gauze (ɡɔːz) *n* garza *f.* velo *m.*

gave (ɡeiv) *v see* **give.**

gay (ɡei) *adj* allegro, vivace.

gaze (ɡeiz) *n* sguardo fisso *m. vi* guardare fissamente.

gazelle (ɡə'zel) *n* gazzella *f.*

gear (ɡiə) *n* **1** meccanismo *m.* **2** *mot* marcia *f.* **3** utensili *m pl. vt* adattare. **gearbox** *n* scatola del cambio *f.* **gear lever** *n* leva del cambio *f.*

gelatine ('dʒeləti:n) *n* gelatina *f.*

gelignite ('dʒelignait) *n* nitroglicerina *f.*

gem (dʒem) *n* gemma *f.* gioiello *m.*

Gemini ('dʒeminai) *n pl* Gemelli *m pl.*

gender ('dʒendə) *n* genere *m.*

gene (dʒiːn) *n* gene *m.*

genealogy (dʒiniˈælədʒi) *n* genealogia *f.*

general ('dʒenrəl) *adj* generale, comune. **general election** *n* elezioni generali *f pl.* **general practitioner** *n* medico generico *m.* **generally** *adv* in generale, generalmente. **generalize** *vt, vi* generalizzare.

generate ('dʒenəreit) *vt* generare, produrre. **generation** *n* generazione *f.*

generic (dʒi'nerik) *adj* generico.

generous ('dʒenərəs) *adj* generoso, abbondante.

genetic (dʒi'netik) *adj* genetico. **genetics** *n* genetica *f.*

genial ('dʒiːniəl) *adj* cordiale, amabile.

genital ('dʒenitl) *adj* genitale. **genitals** *n pl* organi genitali *m pl.*

genius ('dʒiːniəs) *n* **1** genio *m.* **2** talento *m.*

genteel (dʒen'tiːl) *adj* garbato, compito.

gentian ('dʒenʃən) *n* genziana *f.*

gentile ('dʒentail) *adj* pagano. *n* gentile, pagano *m.*

gentle ('dʒentl) *adj* mite, nobile, cortese. **gentleman** *n, pl* **gentlemen** signore *m.*

genuflect ('dʒenjuflekt) *vi* genuflettersi.

genuine ('dʒenjuin) *adj* **1** genuino. **2** sincero. **3** puro.

genus ('dʒiːnəs) *n, pl* **genera** classe, specie *f.*

geography (dʒi'ɔɡrəfi) *n* geografia *f.* **geographical** *adj* geografico.

geology (dʒi'ɔlədʒi) *n* geologia *f.* **geo-**

logical *adj* geologico.

geometry (dʒi'ɔmətri) *n* geometria *f*.
geometric *adj also* **geometrical** geometrico.

geranium (dʒə'reiniəm) *n* geranio *m*.

geriatric (dʒeri'ætrik) *adj* geriatrico.
geriatrics *n* geriatria, gerontologia *f*.

germ (dʒə:m) *n* germe *m*.

Germany ('dʒə:məni) *n* Germania *f*.
German *adj,n* tedesco. **German** (language) *n* tedesco *m*. **German measles** *n* rosolia *f*. **Germanic** *adj* germanico.

germinate ('dʒə:mineit) *vi* germinare.
germination *n* germinazione *f*.

gerund ('dʒerənd) *n* gerundio *m*.

gesticulate (dʒis'tikjuleit) *vi* gesticolare.

gesture ('dʒestʃə) *n* gesto *m*.

get* (get) *vt* **1** ottenere, guadagnare. **2** prendere, afferrare. *vi* **1** divenire. **2** arrivare. **3** fare, farsi. **4** persuadere. **get off** scendere. **get on** montare. **get over** superare. **get up** alzarsi.

geyser ('gi:zə) *n* **1** *geog* geyser *m*. **2** scaldabagno *m*.

ghastly ('gɑ:stli) *adj* orrendo, spettrale.

gherkin ('gə:kin) *n* cetriolo *m*.

ghetto ('getou) *n, pl* **-os** *or* **-oes** ghetto *m*.

ghost (goust) *n* spirito, fantasma *m*.

giant ('dʒaiənt) *n* gigante *m*. *adj* gigantesco.

giddy ('gidi) *adj* stordito, vertiginoso.
giddiness *n* vertigine *f*.

gift (gift) *n* regalo, dono *m*. **gifted** *adj* dotato, fornito di talento.

gigantic (dʒai'gæntik) *adj* gigantesco.

giggle *n* risatina sciocca *f*. *vi* far risatine.

gild (gild) *vt* dorare.

gill (gil) *n zool* branchia *f*.

gilt (gilt) *adj* dorato. *n* doratura *f*.

gimmick ('gimik) *n* trucco, stratagemma *m*.

gin (dʒin) *n* gin *m*.

ginger ('dʒindʒə) *n* zenzero *m*. *adj* fulvo. **ginger beer** *n* bibita allo zenzero *f*. **ginger-bread** *n* pan di zenzero *m*.

gingham ('giŋəm) *n* percallina *f*.

Gipsy ('dʒipsi) *n* gitano, zingaro *m*.

giraffe (dʒi'rɑ:f) *n* giraffa *f*.

girder ('gə:də) *n* putrella *f*.

girdle ('gə:dl) *n* cintura *f*. busto *m*. *vt* cingere, fasciare.

girl (gə:l) *n* ragazza, fanciulla *f*.

Giro ('dʒairou) *n* sistema bancario *m*.

girth (gə:θ) *n* **1** giro *m*. circonferenza *f*. **2** sottopancia *f*.

give* (giv) *vt* **1** dare. **2** consegnare. *vi* cedere. **give away 1** rivelare, tradire. **2** regalare. **give back** restituire. **give in** cedere. **give up 1** smettere. **2** arrendersi.

glacier ('glæsiə) *n* ghiacciaio *m*.

glad (glæd) *adj* contento, allegro.
gladly *adv* con piacere.

glamour ('glæmə) *n* fascino, incantesimo *m*. **glamorous** *adj* affascinante. **glamorize** *vt* rendere attraente, valorizzare.

glance (glɑ:ns) *n* occhiata *f*. sguardo *m*. *vi* dare un'occhiata, guardare di sfuggita.

gland (glænd) *n* ghiandola *f*.

glare (gleə) *n* **1** riverbero *m*. **2** sguardo penetrante *m*. *vi* guardare con astio.

glass (glɑ:s) *n* **1** vetro *m*. **2** bicchiere *m*. **3** *pl* occhiali *m pl*. *adj* di vetro.

glaze (gleiz) *n* smalto *m*. vernice *f*. *vt* **1**

fornire di vetro. **2** smaltare.

gleam (gli:m) n barlume m. vi scintillare, brillare.

glean (gli:n) vt **1** spigolare. **2** raccogliere.

glee (gli:) n allegria, gioia f.

glib (glib) adj scorrevole, loquace.

glide (glaid) n **1** scivolata f. **2** mus legamento m. **3** aviat volo libero m. vi **1** scorrere. **2** scivolare. **3** planare. **glider** n aliante m.

glimmer ('glimə) n barlume m, luccichio m. vi brillare, luccicare.

glimpse (glimps) n visione f. colpo d'occhio m. **catch a glimpse of** vedere di sfuggita.

glint (glint) n scintillio m. vi scintillare.

glisten ('glisən) vi brillare.

glitter ('glitə) n scintillio m. lucentezza f. vi brillare, rifulgere.

gloat (glout) vi gongolare (malignamente).

globe (gloub) n **1** globo m. sfera f. **2** mappamondo m.

gloom[1] (glu:m) n oscurità f. buio m. **gloomy** adj annuvolato.

gloom[2] (glu:m) n malinconia, tristezza f. **gloomy** adj cupo, triste.

glory ('glɔ:ri) n gloria f. splendore m. **glorify** vt glorificare. **glorious** adj maestoso, splendido.

gloss[1] (glɔs) n **1** lucentezza f. vt **1** lucidare. **2** rendere plausibile.

gloss[2] (glɔs) n chiosa f. commento m. vt interpretare, commentare.

glossary ('glɔsəri) n glossario, lessico m.

glove (glʌv) n guanto m.

glow (glou) n ardore m. incandescenza f. vi ardere, essere incandescente.

glow-worm n lucciola f.

glower ('glauə) vi guardare con occhi torvi.

glucose ('glu:kous) n glucosio m.

glue (glu:) n colla f. vt incollare.

glum (glʌm) adj tetro, accigliato.

glut (glʌt) n sovrabbondanza. vt satollare, rimpinzare.

glutton ('glʌtn) n ghiottone, goloso m. **gluttony** n ghiottoneria f.

gnarled (nɑ:ld) adj nodoso, rugoso.

gnash (næʃ) vt digrignare.

gnat (næt) n moscerino m. zanzara f.

gnaw (nɔ:) vt rodere, tormentare.

gnome (noum) n gnomo m.

go[*] (gou) vi **1** andare, partire. **2** funzionare. **3** divenire. **go about** occuparsi di. **go back** ritornare. **go down 1** discendere. **2** affondare. **go into** entrare. **go on** continuare. **go out 1** uscire. **2** spegnersi. **go up** salire. ~ n **1** vigore m. **2** tentativo m.

goad (goud) n pungolo m. vt stimolare, incitare.

goal (goul) n **1** traguardo, scopo m. **2** sport rete, porta f. **goalkeeper** n portiere m. **goalpost** n palo della porta m.

goat (gout) n capra f.

gobble ('gɔbəl) vt inghiottire, trangugiare.

goblin ('gɔblin) n folletto m.

god (gɔd) n **1** idolo m. divinità f. **2** cap Dio m. **goddaughter** n figlioccia f. **godfather** n padrino m. **godmother** n madrina f. **godson** n figlioccio m. **goddess** n dea f.

goggles ('gɔgəlz) n pl occhiali di protezione m pl.

going ('gouiŋ) n **1** andare m. andatura

f. **2** *sport* terreno. *adj* attivo.

gold (gould) *n* oro *m. adj* d'oro. **gold-fish** *n* pesce rosso *m.* **goldmine** *n* 1 miniera d'oro *f.* **2** fonte di ricchezza *f.* **gold rush** *n* febbre dell'oro *f.* **goldsmith** *n* orefice *m.* **golden** *adj* d'oro, aureo. **golden syrup** *n* melassa *f.*

golf (gɔlf) *n* golf *m.* **golfball** *n* palla da golf *f.* **golf club** *n* 1 mazza da golf *f.* **2** circolo del golf *m.* **golfcourse** *n* campo del golf *m.*

gondola ('gɔndələ) *n* gondola *f.* **gondolier** *n* gondoliere *m.*

gone (gɔn) *v* see **go**.

gong (gɔŋ) *n* gong *m.*

good (gud) *adj* 1 buono, onesto. 2 valido. *n* bene, vantaggio *m.* **for good** per sempre. **it is no good** è inutile.

good afternoon *interj* buona sera!

goodbye (gud'bai) *interj* addio! arrivederci!

good evening *interj* buona sera!

Good Friday *n* Venerdì Santo *m.*

good-humoured *adj* di buon umore.

good-looking *adj* di bell'aspetto.

good morning *interj* buon giorno!

good night *interj* buona notte!

goods train *n* treno merci *m.*

good will *n* buona volontà *f.*

goose (guːs) *n, pl* **geese** *n* oca *f.* **gooseberry** *n* uva spina *f.*

gore[1] (gɔː) *n* sangue *m.*

gore[2] (gɔː) *vt* trafiggere con le corna.

gorge (gɔːdʒ) *n* gola *f. vt* satollare.

gorgeous ('gɔːdʒəs) *adj* magnifico, splendido.

gorilla (gə'rilə) *n* gorilla *m.*

gorse (gɔːs) *n* ginestra spinosa *f.*

gory ('gɔːri) *adj* insanguinato.

gosh (gɔʃ) *interj* perbacco!

gosling ('gɔzliŋ) *n* papero *m.*

gospel ('gɔspəl) *n* vangelo *m.*

gossip ('gɔsip) *n* 1 chiacchiera *f.* pettegolezzo *m.* 2 pettegolo *m. vi* far pettegolezzi.

got (gɔt) *v* see **get**.

Gothic ('gɔθik) *adj* gotico.

goulash ('guːlæʃ) *n* gulash *m.*

gourd (guəd) *n* zucca *f.*

gourmet (guə'mei) *n* buongustaio *m.*

govern ('gʌvən) *vt* governare, influenzare, controllare. **government** *n* governo *m.* **governmental** *adj* governativo. **governor** *n* 1 governatore *m.* 2 *sl* capo, principale *m.*

gown (gaun) *n* 1 veste *f.* 2 toga *f.*

grab (græb) *vt* afferrare, arraffare. *n* presa, stretta *f.*

grace (greis) *n* grazia *f.* **His/Your Grace** Sua/Vostra Grazia. **graceful** *adj* grazioso, leggiadro. **gracious** *adj* clemente, benigno.

grade (greid) *n* 1 grado, rango *m. vt* graduare, classificare. **gradient** *n* pendenza *f.* gradiente *m.* **gradual** *adj* graduale. **graduate** *n* laureato *m. vi* laurearsi.

graffiti (grə'fiːti) *n pl* graffiti *m pl.*

graft (graːft) *vt* 1 innestare. 2 trapiantare. *n* 1 *bot* innesto *m.* 2 *med* trapianto *m.*

grain (grein) *n* 1 grano *m.* 2 chicco *m.* 3 granello *m.*

gram (græm) *n* grammo *m.*

grammar ('græmə) *n* grammatica *f.* **grammar school** *n* scuola secondaria *f.* **grammatical** *adj* grammaticale.

gramophone ('græməfoun) *n* grammofono *m*.

granary ('grænəri) *n* granaio *m*.

grand (grænd) *adj* grandioso, imponente. **grandeur** *n* grandiosità *f*. splendore *m*.

grandad ('grændæd) *n infalso* **grandpa** nonno *m*.

grandchild ('grænt∫aild) *n* nipote *m,f*.

granddaughter ('grændɔːtə) *n* nipote, nipotina *f*.

grandfather ('grænfɑːðə) *n* nonno *m*.

grandma ('grænmɑː) *n infalso* **granny** nonnina *f*.

grandmother ('grænmʌðə) *n* nonna *f*.

grandparent ('grænpeərənt) *n* nonno *m*.

grand piano *n* piano a coda *m*.

grandson ('grænsʌn) *n* nipote, nipotino *m*.

grandstand ('grændstænd) *n* tribuna d'onore *f*.

granite ('grænit) *n* granito *m*.

grant (grɑːnt) *vt* concedere, ammettere. **take for granted** dare per scontato. *n* 1 concessione *f*. 2 *educ* borsa di studio *f*.

grape (greip) *n* 1 acino *m*. 2 *pl* uva *f*.

grapefruit *n* pompelmo *m*. **grapevine** *n* vite *f*.

graph (græf) *n* grafico *m*. curva *f*. **graphic** *adj* grafico.

grapple ('græpəl) *vi* venire alle prese.

grasp (grɑːsp) *vt* afferrare, capire. *n* 1 stretta *f*. 2 comprensione *f*.

grass (grɑːs) *n* erba *f*. prato *m*.

grate[1] (greit) *n* griglia, graticola *f*.

grate[2] (greit) *vt* grattugiare. *vi* stridere.

grateful ('greitfəl) *adj* grato, riconoscente. **gratify** *vt* ricompensare, soddisfare.

gratitude ('grætitjuːd) *n* gratitudine *f*.

grave[1] (greiv) *n* fossa, tomba *f*. **gravestone** *n* lapide *f*. **graveyard** *n* cimitero *m*.

grave[2] (greiv) *adj* serio, solenne, grave.

gravel ('grævəl) *n* ghiaia *f*.

gravity ('græviti) *n* gravità, serietà *f*.

gravy ('greivi) *n* sugo di carne *m*.

graze[1] (greiz) *vi* pascolare.

graze[2] (greiz) *vt med* sfiorare, scalfire. *n* scalfittura *f*.

grease (griːs) *n* unto, grasso *m*. *vt* ungere, ingrassare. **greaseproof** *adj* oleato.

great (greit) *adj* 1 grande. 2 celebre. **a great deal** molto.

Great Britain *n* Gran Bretagna *f*.

Greece (griːs) *n* Grecia *f*. **Grecian** *adj* greco, *pl* greci. **Greek** *adj,n* greco, *pl* greci. **Greek (language)** *n* greco *m*.

greed (griːd) *n* avidità, ingordigia *f*. **greedy** *adj* avido, goloso.

green (griːn) *adj* 1 verde. 2 inesperto. *n* 1 prato *m*. 2 (colour) verde *m*. 3 *pl* verdura *f*. **greenery** *n* vegetazione *f*. **greenfly** *n* pidocchio delle piante *m*. **greengage** *n* prugna *f*. **greengrocer** *n* erbivendolo *m*. **greenhouse** *n* serra *f*. **Greenland** ('griːnlənd) *n* Groenlandia *f*. **Greenlander** *n* groenlandese *m,f*.

greet (griːt) *vt* salutare. **greeting** *n* saluto *m*.

gregarious (gri'geəriəs) *adj* socievole, gregario.

grenade (gri'neid) *n* granata *f*.

grew (gruː) *v see* **grow**.

grey (grei) *adj,n* grigio *m*. **greyhound** *n* levriero *m*.

grid (grid) *n* griglia *f*.

grief (griːf) *n* dolore *m*. angoscia *f*.

grieve (gri:v) vt affliggere. vi affliggersi. **grievance** n 1 lamentela f. 2 ingiustizia f.

grill (gril) n graticola f. vt cuocere ai ferri.

grille (gril) n griglia, inferriata f.

grim (grim) adj torvo, sinistro.

grimace ('grimis) n smorfia f. vi fare smorfie.

grime (graim) n sporcizia f. **grimy** adj sporco.

grin (grin) n sogghigno m. vi sogghignare.

grind* (graind) vt 1 macinare. 2 affilare. 3 (teeth) digrignare. vi sgobbare. n lavoro arduo m.

grip (grip) vt 1 afferrare. 2 attirare. vi afferrare. n stretta f.

gripe (graip) n colica f.

gristle ('grisəl) n cartilagine f.

grit (grit) n 1 sabbia f. pulviscolo m. 2 inf forza di carattere f. vt digrignare.

groan (groun) n gemito m. vi lamentarsi.

grocer ('grousə) n droghiere m. **grocer's shop** n drogheria f.

groin (grɔin) n inguine m.

groom (gru:m) n 1 palafreniere m. sposo m. vt strigliare, riordinare.

groove (gru:v) n scanalatura f. canale m. vt scanalare.

grope (group) vi brancolare, andare a tastoni.

gross (grous) adj 1 volgare, grossolano. 2 comm lordo. n massa f.

grotesque (grou'tesk) adj grottesco.

grotto ('grɔtou) n, pl **-toes** or **-tos** grotta f.

ground[1] (graund) n 1 terra f. terreno m.

2 motivo m. base f. 3 campo, fondo m. vt 1 basare. 2 trattenere a terra. vi incagliarsi. **ground floor** n pianterreno m. **groundsheet** n telone impermeabile m. **groundsman** n addetto in un campo sportivo m. **groundwork** n base f. fondamento m.

ground[2] (graund) v see **grind**. adj macinato, levigato.

group (gru:p) n gruppo m. vt raggruppare.

grouse[1] (graus) n gallo cedrone m.

grouse[2] (graus) vi brontolare.

grove (grouv) n boschetto m.

grovel ('grɔvəl) vi umiliarsi.

grow* (grou) vi 1 crescere, aumentare. 2 diventare. vt coltivare. **grow up** crescere. **growth** n 1 crescita f. aumento m. 2 med escrescenza f.

growl (graul) n brontolio, ringhio m. vi borbottare, ringhiare.

grub (grʌb) n 1 verme, lombrico m. 2 sl cibo m. **grubby** adj sporco.

grudge (grʌdʒ) n rancore, risentimento m. **bear a grudge** avere del risentimento. ~ vt lesinare, concedere a malincuore.

gruelling ('gru:əliŋ) adj estenuante.

gruesome ('gru:səm) adj macabro.

gruff (grʌf) adj burbero, arcigno.

grumble ('grʌmbəl) vi borbottare, lamentarsi. n lagnanza f.

grumpy ('grʌmpi) adj bisbetico, irritabile.

grunt (grʌnt) vi grugnire, brontolare. n grugnito, borbottio m.

guarantee (gærən'ti:) n 1 garanzia f. 2 garante m. vt garantire, assicurare, rendersi garante di. **guarantor** n garante m.

guard (gɑːd) *vt, vi* guardare. *n* **1** guardia *f*. **2** (railway) capotreno *m*. **3** protezione *f*. **guard's van** *n* carro di servizio *m*.

guardian *n* guardiano *m*. **guardian angel** *n* angelo custode *m*.

guerrilla (gəˈrilə) *n* guerrigliero *m*.

guess (ges) *n* congettura, supposizione *f*. *vt, vi* supporre, indovinare. **guesswork** *n* congettura *f*.

guest (gest) *n* ospite *m, f.* invitato *m*. **guesthouse** *n* pensione *f*.

guide (gaid) *n* guida *f*. cicerone *m*. *vt* dirigere, guidare. **guidance** *n* guida, direzione *f*. **guidebook** *n* guida *f.* manuale *m*. **guide-dog** *n* cane guida *m*.

guild (gild) *n* corporazione *f*.

guillotine (gilə'tiːn) *n* ghigliottina *f. vt* ghigliottinare.

guilt (gilt) *n* colpa *f*. **guilty** *adj* colpevole.

guinea ('gini) *n* ghinea *f*. **guinea pig** *n* porcellino d'India *m*. cavia *f*.

guitar (gi'tɑː) *n* chitarra *f*.

gulf (gʌlf) *n* **1** *geog* golfo *m*. **2** abisso *m*.

gull (gʌl) *n* gabbiano *m*.

gullet (gʌlit) *n* gola *f*. esofago *m*.

gulp (gʌlp) *n* boccone, sorso *m*. *vt* inghiottire, tranguggiare.

gum[1] (gʌm) *n* gengiva *f*.

gum[2] (gʌm) *n* gomma *f. vt* ingommare.

gun (gʌn) *n* **1** cannone *m*. **2** rivoltella *f*. fucile *m*. **gunman** *n* bandito, terrorista *m*. **gunpowder** *n* polvere da sparo *f*. **gunrunning** *n* contrabbando d'armi *m*. **gunshot** *n* colpo d'arma da fuoco *m*.

gurgle ('gəːgəl) *n* gorgoglio *m*. *vi* gorgogliare, mormorare.

gush (gʌʃ) *n* **1** sgorgo, zampillo *m*. **2** effusione *f*. *vi* **1** sgorgare. **2** abbandonarsi ad effusioni.

gust (gʌst) *n* raffica *f*.

gut (gʌt) *n* **1** budello *m*, *pl* budella *f*. **2** *pl sl* coraggio *m*. *vt* sventrare.

gutter ('gʌtə) *n* grondaia *f.* rigagnolo *m*.

guy[1] (gai) *n* **1** *inf* individuo, tipo *m*. **2** spauracchio *m*.

guy[2] (gai) *n* (rope) tirante di fissaggio *m*.

gymnasium (dʒim'neiziəm) *n* palestra *f*. **gymnast** *n* ginnasta *m*. **gymnastic** *adj* ginnastico. **gymnastics** *n pl* ginnastica *f*.

gynaecology (gaini'kɔlədʒi) *n* ginecologia *f*. **gynaecologist** *n* ginecologo *m*.

gypsum *n* ('dʒipsəm) *n* pietra da gesso *f*.

H

haberdasher ('hæbədæʃə) *n* merciaio *m*. **haberdashery** *n* merceria *f*.

habit ('hæbit) *n* abitudine *f*. **habitable** *adj* abitabile. **habitual** *adj* abituale.

hack¹ (hæk) *vt* tagliare, troncare. *n* tacca *f*. taglio *m*. **hacksaw** *n* seghetto *m*.

hack² (hæk) *n* **1** (horse) ronzino *m*. **2** scribacchino *m*.

hackneyed ('hæknid) *adj* trito, banale.

had (hæd) *v see* **have**.

haddock ('hædək) *n* merluzzo *m*.

haemorrhage ('hemeridʒ) *n* emorragia *f*.

hag (hæg) *n* strega, vecchiaccia *f*.

haggard ('hægəd) *adj* smunto, sparuto.

haggle ('hægl) *vi* mercanteggiare.

Hague, The (heig) *n* L'Aia *f*.

hail¹ (heil) *n* grandine *f*. *vi* grandinare. **hailstone** *n* chicco di grandine *m*. **hailstorm** *n* gradinata *f*.

hail² (heil) *vt* salutare, chiamare. *n* saluto *m*.

hair (heə) *n* **1** capelli *m. pl*. **2** pelo *m*. **3** pelame *m*. **split hairs** cercare il pelo nell'uovo. **hairbrush** ('heəbrʌʃ) *n* spazzola per capelli *f*. **haircut** ('heəkʌt) *n* taglio dei capelli *m*. **hairdo** ('heədu:) *n* acconciatura *f*. **hairdresser** ('heədresə) *n* parrucchiere *m*. parrucchiera *f*. **hairdressing** *n* mestiere del parrucchiere *m*. **hairdryer** ('hedraiə) *n* asciugacapelli *m invar*.

hairgrip ('heəgrip) *n* forcina per capelli *f*.

hairnet ('heənet) *n* retina per capelli *f*.

hairpiece ('heəpi:s) *n* toupet *m*.

hair-raising *adj* raccapricciante, che fa rizzare i capelli.

hairstyle ('heəstail) *n* pettinatura *f*.

hairy ('heəri) *adj* peloso.

half (hɑ:f) *n, pl* **halves** metà *f*. mezzo *m*. **go halves** fare a metà. ~*adj* mezzo. *adv* a mezzo.

half-a-dozen *adj,n* mezza dozzina *f*.

half-and-half *adj,adv* mezzo e mezzo.

half-back *n* mediano *m*.

half-baked *adj* **1** non completamente cotto. **2** incompleto.

half-breed *n* meticcio *m*.

half-brother *n* fratellastro *m*.

half-caste *n* mulatto *m*.

half-hearted *adj* esitante, abulico.

half-hour *n* mezz'ora *f*.

half-mast *adv* **at half-mast** a mezz'asta.

halfpenny ('heipni) *n* moneta da mezzo penny *f*.

half-pint *n* mezza pinta *f*.

half-sister *n* sorellastra *f*.

half-term *n* vacanza di metà trimestre *f*.

half-time *n* intervallo *m*.

halftone ('hɑ:ftoun) *n* mezzatinta *f*.

halfway (hɑ:f'wei) *adj,adv* a mezza strada.

halfwit ('hɑ:fwit) *n* tonto, stupido *m*.

halibut ('hælibət) *n, pl* **-buts** *or* **-but** sogliola atlantica f. halibut m invar.

hall (hɔːl) n sala f. salone m.

hallelujah (hæliˈluːje) interj n alleluia m.

hallmark ('hɔːlmɑːk) n marchio m.

hallo (he'lou) interj see **hello**.

hallowed ('hæloud) adj benedetto, santo.

Hallowe'en (hælou'iːn) n vigilia dell'Ognissanti f.

hallucination (həluːsi'neiʃən) n allucinazione f.

halo ('heilou) n,pl -**loes** or -**los** aureola f. alone m.

halt (hɔːlt) n fermata, sosta f. vt fermare. vi trattenersi.

halter ('hɔːltə) n cavezza f. capestro m.

halve (hɑːv) vt dimezzare.

ham (hæm) n prosciutto m.

hamburger ('hæmbəːgə) n 1 polpetta di carne f. 2 panino con polpetta m.

hammer ('hæmə) n martello m. vt martellare.

hammock ('hæmək) n amaca f.

hamper[1] ('hæmpə) vt ostacolare, impedire.

hamper[2] ('hæmpə) n paniere m.

hamster ('hæmstə) n criceto m.

hand (hænd) n 1 mano f, pl mani. 2 operaio m. 3 lato m. 4 calligrafia f. 5 (of a clock) lancetta f. **at hand** a portata di mano. **on the other hand** d'altra parte. ~vt porgere, consegnare, dare.

handbag ('hændbæg) n borsa, borsetta f.

handbook ('hændbuk) n manuale m.

handbrake ('hændbreik) n freno a mano m.

handcart ('hændkɑːt) n carretto a mano m.

handcuff ('hændkʌf) n manetta f. vt mettere le manette a.

handful ('hændful) n 1 manata, manciata f. 2 piccolo numero m.

hand grenade n granata or bomba a mano f.

handicap ('hændikæp) n 1 svantaggio, ostacolo m. 2 sport handicap m. vt 1 impedire, intralciare. 2 regolare un handicap. **handicapped** adj mutilato, menomato.

handicraft ('hændikrɑːft) n 1 artigianato m. 2 arte f.

handiwork ('hændiwəːk) n lavoro a mano m.

handkerchief ('hæŋkətʃif) n fazzoletto m.

handle ('hændl) n 1 manico m. 2 maniglia f. 3 manubrio m. vt maneggiare, trattare. **handlebar** n manubrio m.

handmade (hænd'meid) adj fatto a mano.

hand-pick vt scegliere singolarmente, cogliere a mano.

handrail ('hændreil) n corrimano m. ringhiera f.

handshake ('hændʃeik) n stretta di mano f.

handsome ('hænsəm) adj 1 bello, ben fatto. 2 considerevole, generoso.

handstand ('hændstænd) n (si usa in ginnastica) verticale sulle mani f.

handwriting ('hændraitiŋ) n calligrafia f.

handy ('hændi) adj 1 abile. 2 utile, a portata di mano.

hang* (hæŋ) vt 1 appendere. 2 impic-

care. **3** attacare. *vi* pendere. **hang back** esitare. **hang on 1** persistere. **2** rimanere attaccato. **hang out** stendere. **hang up 1** appendere. **2** riattaccare. **hanger** *n* gancio *m*. stampella *f*.
hangman *n* boia *invar*. **hangover** *n* malessere *m*. postumi di sbornia *m pl*.
hanker ('hæŋkə) *vi* agognare, bramare.
haphazard (hæp'hæzəd) *adj* casuale.
happen ('hæpən) *vi* avvenire, accadere. **happening** *n* avvenimento *m*.
happy ('hæpi) *adj* felice, contento. **happy-go-lucky** *adj* spensierato.
harass ('hærəs) *vt* molestare, tormentare. **harassment** *n* molestia *f*. tormento *m*.
harbour ('ha:bə) *n* **1** porto *m*. **2** rifugio *m*. *vt* **1** dar rifugio a. **2** albergare.
hard (ha:d) *adj* **1** duro. **2** difficile, faticoso. *adv* **1** energicamente. **2** molto. **hardback** *n* libro con la copertina dura *m*. **hardboard** *n* pannello di fibra di legno *m*. **hard-boiled** *adj* sodo. **hard-headed** *adj* ostinato. **hard-hearted** *adj* insensibile, senza cuore. **hardship** *n* disagio, stento *m*. privazione *f*. **hardware** *n* ferramenta *f pl*. **harden** *vt* indurire. *vi* indurirsi.
hardly ('ha:dli) *adv* **1** appena, a stento. **2** quasi.
hardy ('ha:di) *adj* coraggioso, resistente.
hare (heə) *n* lepre *f*.
haricot ('hærikou) *n* fagiolino *m*.
hark (ha:k) *vi* ascoltare.
harm (ha:m) *n* torto, danno *m*. *vt* nuocere a, danneggiare.
harmonic (ha:'mɔnik) *adj* armonioso,

armonico. **harmonica** *n* armonica *f*.
harmonize *vt* armonizzare. *vi* andare d'accordo. **harmony** *n* armonia *f*.
harness ('ha:nis) *n* finimenti *m pl*. *vt* bardare, imbrigliare.
harp (ha:p) *n* arpa *f*.
harpoon (ha:'pu:n) *n* fiocina *f*. *vt* fiocinare.
harpsichord ('ha:psikɔ:d) *n* clavicembalo *m*.
harrow ('hærou) *n* erpice *m*. *vt* **1** erpicare. **2** straziare.
harsh (ha:ʃ) *adj* ruvido, aspro, severo. **harshness** *n* durezza, severità *f*.
harvest ('ha:vist) *n* raccolto *m*. *vt* mietere, raccogliere.
has (hæz) *v see* **have**.
hashish ('hæʃiʃ) *n* hascisc *m*.
haste (heist) *n* fretta *f*. **hasten** *vt* affrettare. *vi* affrettarsi.
hat (hæt) *n* cappello *m*. **bowler hat** bombetta *f*.
hatch[1] (hætʃ) *vt* covare. *vi* nascere. *n* covata *f*.
hatch[2] (hætʃ) *naut* portello, boccaporto *m*.
hatchback ('hætʃbæk) *n* auto a portellone posteriore *f*.
hatchet ('hætʃit) *n* scure, accetta *f*.
hate (heit) *vt* odiare, detestare. *n* odio *m*. **hateful** *adj* odioso.
haughty ('hɔ:ti) *adj* superbo, altezzoso.
haul (hɔ:l) *vt* tirare, trainare. *n* bottino *m*. retata *f*.
haunch (hɔ:ntʃ) *n* anca *f*. fianco *m*.
haunt (hɔ:nt) *vt* **1** frequentare. **2** perseguitare. *n* ritrovo *m*. tana *f*. **haunted** *adj* **1** perseguitato. **2** infestato da apparizioni.

have* (hæv) *vt* **1** avere. **2** possedere. **3** dovere. *v aux* avere. **have done** *or* **made** far fare.

haven ('heivən) *n* **1** porto *m.* **2** rifugio *m.*

haversack ('hævəsæk) *n* zaino *m.*

havoc ('hævək) *n* rovina, devastazione *f.*

hawk (hɔːk) *n* falco, sparviero *m.*

hawthorn ('hɔːθɔːn) *n* biancospino *m.*

hay (hei) *n* fieno *m.* **hayfever** *n* febbre da fieno *f.* **haystack** *n* mucchio di fieno *m.* **haywire** *adj* pazzo. **go haywire** eccitarsi.

hazard ('hæzəd) *n* rischio, azzardo *m.* *vt* arrischiare. **hazardous** *adj* rischioso.

haze (heiz) *n* **1** nebbia *f.* **2** confusione *f.*

hazel ('heizəl) *n* nocciuolo *m.* **hazelnut** *n* nocciuola *f.*

he (hiː) *pron 3rd pers s* **1** egli *m.* **2** lui *m.* **3** colui *m.*

head (hed) *n* **1** *anat* testa *f.* **2** dirigente *m,f.* **3** capezzale *m.* **4** schiuma *f.* *vt* **1** colpire con la testa. **2** intestare. **3** dirigere. **head for** dirigersi verso.

headache ('hedeik) *n* mal di testa *m.*

heading ('hediŋ) *n* intestazione *f.*

headlight ('hedlait) *n* faro *m.*

headline ('hedlain) *n* titolo di prima pagina *m.*

headlong ('hedlɔŋ) *adv* a capofitto.

headmaster (hed'mɑːstə) *n* direttore, preside *m.*

headphone ('hedfoun) *n* cuffia *f.*

headquarters ('hedkwɔːtəz) *n pl* **1** *mil* quartiere generale *m.* **2** centro *m.*

headscarf ('hedskɑːf) *n* fazzoletto da testa *m.*

headstrong ('hedstrɔŋ) *adj* testardo.

headway ('hedwei) *n* progresso *m.*

heal (hiːl) *vt,vi* guarire.

health (helθ) *n* salute *f.* **health food** cibo macrobiotico *m.* **healthy** *adj* sano, salubre.

heap (hiːp) *n* mucchio, cumulo *m.* *vt* ammucchiare, accumulare.

hear* (hiə) *vt* **1** udire, ascoltare. **2** apprendere. *vi* udire, sentire. **hear about** avere notizie di. **hearing** *n* **1** udito *m.* **2** udienza *f.* **hearing aid** *n* apparecchio acustico *m.*

hearse (həːs) *n* carro funebre *m.*

heart (hɑːt) *n* **1** cuore *m.* **2** coraggio *m.* **3** centro *m.* **by heart** a memoria. **heart attack** *n* attacco cardiaco *m.* **heartbeat** *n* pulsazione *f.* **heartbroken** *adj* affranto, angosciato. **heartless** *adj* spietato, senza cuore. **hearty** *adj* cordiale, vigoroso.

hearth (hɑːθ) *n* focolare *m.*

heat (hiːt) *n* **1** caldo *m.* **2** ardore *m.* **3** *sport* prova singola *f.* **heater** *n* radiatore *m.* stufetta *f.* **heatwave** *n* ondata di caldo *f.*

heath (hiːθ) *n* brughiera *f.*

heathen ('hiːðən) *adj,n* pagano.

heather ('heðə) *n* erica *f.*

heave (hiːv) *n* sollevamento *m.* *vt* sollevare, issare. *vi* gonfiarsi.

heaven ('hevən) *n* cielo, paradiso *m.*

heavy ('hevi) *adj* pesante. **heavyweight** *n sport* peso massimo *m.*

Hebrew ('hiːbruː) *adj* ebreo, ebraico. *n* ebreo *m.* **Hebrew** (language) *n* ebraico *m.*

heckle ('hekəl) *vt* tempestare di domande.

hectare ('hektɛə) *n* ettaro *m.*

hectic ('hektik) *adj* movimentato.

hedge (hedʒ) *n* siepe *f. vt* circondare con siepe. *vi* evitare di dare una risposta diretta. **hedgehog** *n* porcospino *m.*

heed (hi:d) *n* attenzione *f. vt* fare attenzione a, badare a.

heel (hi:l) *n* 1 calcagno *m, pl* calcagna *f or* calcagni *m.* 2 tacco *m.*

hefty ('hefti) *adj* 1 forte. 2 vigoroso.

height (hait) *n* 1 altezza *f.* 2 colmo *m.* 3 altura *f.* **heighten** *vt* 1 intensificare. 2 innalzare. *vi* accentuarsi.

heir (ɛə) *n* erede *m,f.* **heirloom** *n* cimelio di famiglia *m.*

held (held) *v see* **hold.**

helicopter ('helikɔptə) *n* elicottero *m.*

helium ('hi:liəm) *n* elio *m.*

hell (hell) *n* inferno *m.* **hellish** *adj* infernale.

hello (hə'lou) *interj* 1 salve! ciao! 2 (on the telephone) pronto!

helm (helm) *n* timone *m.*

helmet ('helmit) *n* casco, elmetto *m.*

help (help) *n* 1 aiuto *m.* assistenza *f.* 2 rimedio *m.vt* aiutare, assistere. **helpful** *adj* utile, vantaggioso. **helpless** *adj* indifeso, debole.

hem (hem) *n* orlo *m. vt* orlare.

hemisphere ('hemisfiə) *n* emisfero *m.*

hemp (hemp) *n* canapa *f.*

hen (hen) *n* 1 gallina *f.* 2 femmina *f.*

hence (hens) *adv* 1 di qui. 2 perciò. **henceforth** *adv* d'ora in avanti.

henna ('henə) *n* alcanna *f.*

her (hə:) *pron 3rd pers s* la, lei, le *f. poss adj 3rd pers s* (il)suo, (la) sua, (i) suoi, (le) sue.

herald ('herəld) *n* araldo, messaggero *m. vt* annunziare.

herb (hə:b) *n* erba aromatica *f.*

herd (hə:d) *n* gregge *m.* mandria *f.*

here (hiə) *adv* qui, qua. **here-after** *adv* in futuro.

hereditary (hi'reditri) *adj* ereditario.

heredity (hi'rediti) *n* ereditarietà *f.*

heresy ('herəsi) *n* eresia *f.*

heritage ('heritidʒ) *n* eredità *f.*

hermit ('hə:mit) *n* eremita *m.*

hero ('hiərou) *n, pl* **-oes** *n* 1 eroe *m.* 2 protagonista *m.*

heroin ('herouin) *n* eroina *f.*

heroine ('herouin) *n* 1 eroina *f.* 2 protagonista *f.*

heron ('herən) *n* airone *m.*

herring ('heriŋ) *n, pl* **herrings** *or* **herring** aringa *f.*

hers (hə:z) *pron 3rd pers s* il suo, la sua, i suoi, le sue, di lei. **herself** *pron 3rd pers s* 1 ella *or* lei stessa. 2 si, sé.

hesitate ('heziteit) *vi* esitare. **hesitation** *n* esitazione *f.*

heterosexual (hetərə'sekʃuəl) *adj* eterosessuale.

hexagon ('heksəgən) *n* esagono *m.* **hexagonal** *adj* esagonale.

hibernate ('haibəneit) *vi* svernare, essere in letargo. **hibernation** *n* ibernazione *f.*

hiccup ('hikʌp) *n* singhiozzo *m. vi* avere il singhiozzo.

hide*1 (haid) *vt* nascondere. *vi* celarsi. **hide-and-seek** *n* nascondino *m.*

hide2 (haid) *n* cuoio *m.* pelle *f.*

hideous ('hidiəs) *adj* orrendo, mostruoso.

hiding1 ('haidiŋ) *n* nascondiglio *m.*

hiding2 ('haidiŋ) *n inf* bastonatura, sculacciata *f.*

hierarchy ('haiərɑːki) *n* gerarchia *f*.

high (hai) *adj* **1** alto, elevato. **2** importante. **3** *cul* alterato. *adv* **1** in alto. **2** fortemente. **highbrow** *adj* intellettuale. **high-fidelity** *n* alta fedeltà *f*. **high-frequency** *adj* ad alta frequenza *f*. **highland** *n* altopiano *m*. regione montuosa *f*. **highlight** *n* momento culminante *m*. *vt* **1** mettere in risalto. **2** proiettare un fascio di luce su. **high-pitched** *adj* stridulo, acuto. **high tide** *n* alta marea *f*. **highway** *n* strada maestra *f*.

Highness ('hainis) *n* Altezza *f*.

hijack ('haidʒæk) *vt* **1** sequestrare. **2** costringere a cambiar rotta. **hijacker** *n* pirata *m*.

hike (haik) *n* escursione a piedi *f*.

hilarious (hi'leəriəs) *adj* allegro, esilarante

hill (hil) *n* colle *m*. collina *f*. **hillside** *n* pendio *m*. **hilltop** *n* sommità della collina *f*.

him (him) *pers pron 3rd pers s* lo, lui, gli *m*. **himself** *pron 3rd pers s* **1** egli *or* lui stesso. **2** si, sé.

hind (haind) *adj* posteriore. **hindleg** *n* gamba posteriore *f*. **hindsight** *n* senno di poi *m*.

hinder ('hində) *vt* impedire, ostacolare. **hindrance** *n* impedimento, ostacolo *m*.

Hindu ('hinduː) *adj,n* indù.

hinge (hindʒ) *n* perno, cardine *m*. cerniera *f*.

hint (hint) *n* **1** accenno *m*. allusione *f*. **2** consiglio *m*. *vi* accennare, insinuare, alludere. **take the hint** capire al volo.

hip (hip) *n anat* anca *f*. fianco *m*.

hippopotamus (hipə'pɔtəməs) *n, pl* **-muses** *or* **-mi** ippopotamo *m*.

hire (haiə) *vt* affittare, noleggiare. *n* affitto *m*. **for hire** da nolo.

his (hiz) *pron 3rd pers s* il suo, la sua, i suoi, le sue, di lui. *poss adj 3rd pers s* (il) suo, (la) sua, (i) suoi, (le) sue.

hiss (his) *vi* sibilare, fischiare. *n* sibilo, fischio *m*.

history ('histri) *n* storia *f*. **historian** *n* storico *m*. **historic** *adj* storico.

hit* (hit) *vt* **1** colpire. **2** urtare. **3** toccare. *n* **1** colpo *m*. **2** successo *m*.

hitch (hitʃ) *vt* agganciare. *vi* fare l'autostop. *n* difficoltà *f*. **hitch-hike** *vi* fare l'autostop.

hive (haiv) *n* alveare *m*.

hoard (hɔːd) *n* cumulo, tesoro *m*. *vt* ammassare.

hoarding ('hɔːdiŋ) *n* **1** recinto provvisorio *m*. **2** tabellone *m*.

hoarse (hɔːs) *adj* rauco. **hoarseness** *n* raucedine *f*.

hoax (houks) *n* inganno, scherzo *m*.

hobble ('hɔbəl) *vi* zoppicare.

hobby ('hɔbi) *n* passatempo, svago *m*.

hock¹ (hɔk) *n* (of a horse) garretto *m*.

hock² (hɔk) *n* vino bianco del Reno *m*.

hockey ('hɔki) *n* hockey *m*.

hoe (hou) *n* zappa *f*. *vt* zappare.

hoist (hɔist) *n* montacarichi *m*. *vt* alzare, sollevare.

hold*¹ (hould) *vt* **1** tenere. **2** contenere. **3** trattenere. *vi* tenere. **hold back** trattenersi, esitare. **hold up 1** (traffic, etc.) fermare. **2** rapinare. ~ *n* **1** presa *f*. **2** sostegno *m*. **holdall** *n* borsa da viaggio *f*. **holder** *n* **1** possessore *m*. **2** astuccio *m*.

hold² (hould) *n naut* stiva *f*.

hole (houl) n **1** buco m. buca f. **2** tana f.

holiday ('holidi) n vacanza, festa f. **holiday-maker** n villeggiante m,f.

Holland ('holənd) n Olanda f.

hollow ('holou) n cavità f. fosso m: adj **1** cavo, vuoto. **2** falso. ~vt scavare.

holly ('holi) n agrifoglio m. **hollyhock** n altea rosata f.

holster ('houlstə) n fondina f.

holy ('houli) adj santo, sacro.

homage ('homidʒ) n omaggio m.

home (houm) n **1** casa f. focolare domestico m. **2** patria f. **3** rifugio m. adj **1** familiare, domestico. **2** nazionale. adv **1** a casa, di ritorno. **2** a segno. **homecoming** n ritorno alla propria casa m. **homeland** n patria f. **homesick** adj nostalgico. **homesickness** n nostalgia f. **homework** n compiti m pl.

homosexual (houmə'sekʃəl) adj,n omosessuale m.

honest ('onist) adj onesto, leale, genuino. **honestly** adv veramente. **honesty** n onestà f.

honey ('hʌni) n miele m. **honeycomb** n favo m. **honeymoon** n luna di miele f. **honeysuckle** n caprifoglio m.

honour ('onə) n **1** onore m. **2** reputazione f. **His/Your Honour** Sua/Vostra Eccellenza. ~vt onorare, rispettare. **honorary** adj onorario, onorifico. **honourable** adj stimato, onorevole.

hood (hud) n **1** cappuccio m. **2** mantice m. vt incappucciare. **hoodwink** vt ingannare.

hoof (hu:f) n, pl **hoofs** or **hooves** zoccolo m.

hook (huk) n **1** gancio, uncino m. **2** amo m. **by hook or by crook** a qua-

lunque costo. ~vt agganciare.

hooligan ('hu:ligən) n teppista m. **hooliganism** n teppismo m.

hoop (hu:p) n cerchio m. vt cerchiare.

hoot (hu:t) n grido m. vi **1** urlare. **2** mo suonare.

Hoover ('hu:və) n Tdmk aspirapolvere m.

hop[1] (hop) n balzo, salto m. vi saltellare.

hop[2] (hop) n bot luppolo m.

hope (houp) n speranza f. vt,vi sperare. **hopeful** adj fiducioso, promettente. **hopeless** adj disperato, irrimediabile.

horde (ho:d) n orda f.

horizon (hə'raizən) n orizzonte m. **horizontal** adj orizzontale.

hormone ('ho:moun) n ormone m.

horn (ho:n) n **1** corno m,pl corna f. or corni m. **2** mot clacson m.

hornet ('ho:nit) n calabrone m.

horoscope ('horəskoup) n oroscopo m.

horrible ('horəbl) adj orrendo, orribile.

horrid ('horid) adj **1** spaventoso. **2** inf spiacevole.

horrify ('horifai) vt atterrire, far inorridire.

horror ('horə) n orrore m.

hors d'oeuvres (ɔ: 'dəːvz) n pl antipasto m.

horse (hɔ:s) n **1** cavallo m. **on horseback** adv a cavallo. **horse chestnut** n ippocastano m. **horsefly** n mosca cavallina f. **horsehair** n crine di cavallo m. **horseman** n cavaliere m. **horsepower** n. cavallo vapore m. **horseradish** n rafano m. **horseshoe** n ferro di cavallo m.

horticulture ('hɔːtikʌltʃə) n orticoltura f.

hose (houz) n tubo flessibile m.

hosiery ('houziəri) n maglieria f.

hospitable ('hɔspitəbl) adj ospitale.

hospital ('hɔspitl) n ospedale m.

hospitality (hɔspi'tæliti) n ospitalità f.

host[1] (houst) n ospite m.

host[2] (houst) n (crowd) moltitudine, schiera f.

hostage ('hɔstidʒ) n ostaggio m.

hostel (hɔstl) n locanda f. ostello m.

hostess ('houstis) n ospite f.

hostile ('hɔstail) adj nemico, ostile.

hot (hɔt) adj 1 caldo, bollente, ardente. 2 piccante. 3 pericoloso. **hot-blooded** adj ardente, dal sangue caldo. **hot dog** n panino imbottito con salsiccia m. **hothouse** n serra f. **hotplate** n fornello m. piatra riscaldante f. **hot-tempered** adj dal temperamento focoso. **hot-water bottle** n borsa dell'acqua calda f.

hotel (hou'tel) n albergo m.

hound (haund) n cane da caccia m. vt inseguire.

hour (auə) n ora f.

house (n haus; v hauz) 1 casa f. 2 dinastia f. 3 ditta f. 4 Th sala f. vt alloggiare. **houseboat** ('hausbout) n casa galleggiante f.

housebound ('hausbaund) adj costretto a casa.

household ('haushould) n famiglia f.

housekeeper ('hauski:pə) n governante, massaia f.

housemaid ('hausmeid) n cameriera f.

House of Commons n Camera dei Comuni f.

House of Lords n Camera dei Pari f.

houseproud ('hauspraud) adj orgoglioso della propria casa.

housewife ('hauswaif) n casalinga, donna di casa f.

housework ('hauswəːk) n faccende domestiche f pl.

housing ('hauziŋ) n alloggio m. **housing estate** n zona residenziale f.

hover ('hɔvə) vi librarsi sulle ali, ondeggiare, sorvolare. **hovercraft** n veicolo a cuscino pneumatico m. hovercraft m invar.

how (hau) adv 1 come, in che modo. 2 quanto. **how are you?** come stai? **how long** quanto tempo. **however** conj tuttavia. adv 1 comunque. 2 per quanto.

howl (haul) n ululato m. vi lamentarsi, ululare.

hub (hʌb) n 1 mot mozzo m. 2 centro m.

huddle ('hʌd) n calca, folla f. vt metter insieme alla rinfusa. vi affollarsi.

huff (hʌf) n collera f.

hug (hʌg) n abbraccio m. vt abbracciare. vi abbracciarsi.

huge (hjuːdʒ) adj enorme, vasto.

hulk (hʌlk) n carcassa f.

hull[1] (hʌl) n bot baccello, guscio m. vt sgusciare.

hull[2] (hʌl) n naut scafo m.

hullo (hə'lou) interj see hello.

hum (hʌm) vi ronzare, mormorare. vt cantare a bocca chiusa. n ronzio m.

human ('hjuːmən) adj umano. n essere umano m. **human nature** n natura umana f. **humane** adj umano, compassionevole. **humanism** n umanesimo m. **humanitarian** adj filantropico. n filantropo m. **humanity** n umanità, benevolenza *f.*

humble ('hʌmbəl) *adj* umile, modesto. *vt* umiliare.

humdrum ('hʌmdrʌm) *adj* monotono.

humid ('hju:mid) *adj* umido.

humiliate (hju:'milieit) *vt* umiliare. **humiliation** *n* umiliazione *f.*

humility (hju:'militi) *n* umiltà *f.*

humour ('hju:mə) *n* 1 umore *m.* 2 capriccio *m. vt* assecondare, compiacere. **humorist** *n* umorista *m.* **humorous** *adj* umoristico, comico.

hump (hʌmp) *n* gobba *f.*

hunch (hʌntʃ) *n* 1 gobba *f.* 2 *inf* sospetto, presentimento *m. vt* curvare. **hunchback** *n* gobbo *m.*

hundred ('hʌndrəd) *adj,n* cento *m.* *n* centinaio *m, pl* centinaia *f.* **hundredth** *adj* centesimo. **hundredweight** *n* misura di peso di 112 libbre *f.*

hung (hʌŋ) *v see* **hang.**

Hungary ('hʌŋgəri) *n* Ungheria *f.* **Hungarian** *adj,n* ungherese. **Hungarian** (language) *n* ungherese *m.*

hunger ('hʌŋgə) *n* fame *f. vi* bramare. **hunger-strike** *n* sciopero della fame *m.* **hungry** *adj* affamato. **be hungry** avere fame.

hunt (hʌnt) *n* 1 caccia *f.* 2 inseguimento *m. vt* 1 cacciare. 2 inseguire. **hunting** *n* caccia *f.* **huntsman** *n* cacciatore *m.*

hurdle ('hə:dl) *n* 1 ostacolo *m.* 2 barriera *f.*

hurl (hə:l) *vt* scagliare.

hurrah (hu'ra:) *interj* urrà! evviva!.

hurricane ('hʌrikein) *n* uragano, ciclone *m.*

hurry ('hʌri) *n* fretta, urgenza *f. vt* af-

frettare. *vi* precipitarsi.

hurt* (hə:t) *vt* 1 far male a. 2 offendere. 3 danneggiare. *vi* dolere.

husband ('hʌzbənd) *n* marito *m.*

hush (hʌʃ) *n* silenzio *m.* *interj* zitto! *vt* tacere. *vt* far tacere.

husk (hʌsk) *n* guscio, baccello *m.*

husky ('hʌski) *adj* rugoso, rauco.

hustle ('hʌsəl) *vt* spingere. *vi* affrettarsi. *n* spinta, fretta *f.*

hut (hʌt) *n* capanna, baracca *f.*

hutch (hʌtʃ) *n* conigliera *f.*

hyacinth ('haiəsinθ) *n* giacinto *m.*

hybrid ('haibrid) *adj,n* ibrido *m.*

hydraulic (hai'drɔ:lik) *adj* idraulico.

hydro-electric (haidroui'lektrik) *adj* idroelettrico.

hydrofoil (haidroufɔil) *n* aliscafo *m.*

hydrogen ('haidrəgʒən) *n* idrogeno *m.* **hydrogen bomb** *n* bomba all'idrogeno *f.*

hyena (hai'i:nə) *n* iena *f.*

hygiene ('haidʒi:n) *n* igiene *f.* **hygienic** *adj* igienico.

hymn (him) *n* inno *m.* **hymnbook** *n* libro di inni *m.*

hypermarket ('haipəma:kit) *n* ipermercato *m.*

hyphen ('haifən) *n* trattino *m.* lineetta di congiunzione *f.* **hyphenate** *vt* mettere un trattino a.

hypnosis (hip'nousis) *n, pl* **-ses** ipnosi *f.* **hypnotism** *n* ipnotismo *m.*

hypochondria (haipə'kɔndriə) *n* ipocondria *f.* **hypochondriac** *n* ipocondriaco.

hypocrisy (hi'pɔkrəsi) *n* ipocrisia *f.* **hypocrite** *n* ipocrita *m.* **hypocritical** *adj* ipocrita.

hypodermic (haipə'dəːmik) *adj* ipodermico.

hypothesis (hai'pɔθəsis) *n*, *pl* **-ses** ipotesi *f invar*. **hypothetical** *adj* ipotetico.

hysterectomy (histə'rektəmi) *n* isterectomia *f*.

hysteria (his'tiəriə) *n* isterismo *m*. **hysterical** *adj* isterico. **hysterics** *n pl* attacco d'isteria *m*.

I

I (ai) *pron 1st pers s* io *m,f.*

ice (ais) *n* ghiaccio *m. vt* **1** ghiacciare. **2** *cul* glassare. **iceberg** *n* massa di ghiaccio galleggiante *f.* **ice-cream** *n* gelato *m.* **ice-cube** *n* cubetto di ghiaccio *m.* **ice hockey** *n* hockey su ghiaccio *m.* **ice rink** *n* pista di pattinaggio *f.* **icicle** *n* ghiacciolo *m.* **icing** *n* glassa *f.* **icy** *adj* gelido, ghiacciato.

Iceland ('aisland) *n* Islanda *f.* **Icelandic** *adj* islandese. **Icelandic** (language) *n* islandese *m.* **Icelander** *n* islandese *m,f.*

icon ('aikɔn) *n* icona *f.*

idea (ai'diə) *n* idea *f.* concetto *m.*

ideal (ai'diəl) *adj,n* ideale *m.* **idealistic** *adj* idealistico. **idealize** *vt* idealizzare.

identify (ai'dentifai) *vt* identificare. **identification** *n* identificazione *f.*

identity (ai'dentiti) *n* identità *f.* **identity card** *n* carta d'identità *f.* **identical** *adj* identico. **identical twins** *n pl* gemelli monozigotici *m pl.*

ideology (aidi'ɔlədʒi) *n* ideologia *f.*

idiom ('idiəm) *n* idioma, dialetto *m.* **idiomatic** *adj* idiomatico.

idiosyncrasy (idiə'siŋkrəsi) *n* idiosincrasia *f.*

idiot ('idiət) *n* idiota *m.* **idiotic** *adj* idiota, ebete.

idle ('aidl) *adj* pigro, inutile, vano. *vi* oziare. **idleness** *n* pigrizia, indolenza *f.*

idol ('aidl) *n* idolo *m.* **idolatry** *n* idolatria *f.* **idolize** *vt* idolatrare.

idyllic (i'dilik) *adj* idillico.

if (if) *conj* se. **if anything** se mai.

igloo ('iglu:) *n* igloo *m.*

ignite (ig'nait) *vt* accendere. *vi* accendersi. **ignition** *n* ignizione, accensione *f.*

ignorant ('ignərənt) *adj* ignorante.

ignore (ig'nɔ:) *vt* ignorare, far finta di non vedere *or* sentire.

ill (il) *adj* **1** ammalato. **2** cattivo. *n* male, danno *m. adv* male. **ill-bred** *adj* maleducato. **illness** *n* malattia *f.* **ill-treat** *vt* maltrattare. **ill will** *n* cattiva volontà *f.*

illegal (i'li:gəl) *adj* illegale.

illegible (i'ledʒəbəl) *adj* illeggibile.

illegitimate (ili'dʒitimət) *adj* illegittimo.

illicit (i'lisit) *adj* illecito.

illiterate (i'litərət) *adj* analfabeta.

illogical (i'lɔdʒikəl) *adj* illogico.

illuminate (i'lu:mineit) *vt* rischiarare, illuminare. **illumination** *n* illuminazione *f.*

illusion (i'lu:ʒən) *n* illusione *f.*

illustrate ('iləstreit) *vt* spiegare, illustrare. **illustration** *n* illustrazione *f.*

illustrious (i'lʌstriəs) *adj* illustre, celebre.

image ('imidʒ) *n* immagine *f.* **imagery** *n* linguaggio figurato *m.*

imagine (i'mædʒin) *vt* immaginare,

farsi un'idea di. **imaginary** adj immaginario. **imagination** n fantasia, immaginazione f. **imaginative** adj fantasioso.

imbecile ('imbisi:l) adj, n imbecille.

imitate ('imiteit) vt imitare. **imitation** n imitazione f. adj contraffatto, artificiale.

immaculate (i'mækjulət) adj immacolato.

immature (imə'tjuə) adj immaturo.

immediate (i'mi:diət) adj immediato, istantaneo. **immediately** adv subito, d'un tratto.

immense (i'mens) adj immenso. **immensely** adv moltissimo.

immerse (i'mə:s) vt immergere, tuffare.

immigrate ('imigreit) vi immigrare. **immigrant** n immigrante m,f. **immigration** n immigrazione f.

imminent ('iminənt) adj imminente.

immobile (i'moubail) adj immobile. **immobilize** vt immobilizzare.

immoral (i'mɔrəl) adj immorale.

immortal (i'mɔ:tl) adj immortale. **immortality** n immortalità f.

immovable (i'mu:vəbəl) adj inamovibile.

immune (i'mju:n) adj immune, esente. **immunize** vt immunizzare.

imp (imp) n diavoletto m.

impact ('impækt) n 1 urto m. 2 impressione f.

impair (im'peə) vt indebolire, menomare.

impart (im'pɑ:t) vt impartire, dare.

impartial (im'pɑ:ʃəl) adj imparziale, giusto. **impartiality** n imparzialità f.

impatient (im'peiʃənt) adj impaziente.

impatience n impazienza f.

impeach (im'pi:tʃ) vt imputare, incriminare. **impeachment** n accusa, incriminazione f.

impeccable (im'pekəbəl) adj impeccabile.

impediment (im'pedimənt) n ostacolo, impedimento m.

impel (im'pel) vt incitare, stimolare.

imperative (im'perativ) adj imperativo, urgente. n imperativo m.

imperfect (im'pə:fikt) adj imperfetto.

imperial (im'piəriəl) adj imperiale.

impersonal (im'pə:sənl) adj impersonale.

impersonate (im'pə:səneit) vt impersonare, imitare.

impertinent (im'pə:tinənt) adj impertinente.

impetuous (im'petʃuəs) adj impetuoso.

impetus ('impitəs) n impeto, slancio m.

impinge (im'pindʒ) vi **impinge on 1** urtare contro. **2** violare.

implement (n 'impləmənt; v 'impləment) n 1 utensile m. 2 pl attrezzi m pl. vt compiere, attuare.

implicit (im'plisit) adj implicito.

implore (im'plɔ:) vt implorare.

imply (im'plai) vt implicare, insinuare, significare.

import (v im'pɔ:t; n 'impɔ:t) vt 1 comm importare. 2 significare. n 1 importazione f. 2 portata f. significato m.

importance (im'pɔ:təns) n importanza f. **important** adj importante.

impose (im'pouz) vt imporre. vi imporsi. **impose on** abusare di. **imposing** adj imponente, grandioso.

impossible (im'posəbəl) adj impossibile.

impostor (im'pɔstə) *n* impostore, imbroglione *m*.

impotent ('impətənt) *adj* impotente, debole.

impound (im'paund) *vt* sequestrare, confiscare.

impoverish (im'pɔvəriʃ) *vt* impoverire.

impress (im'pres) *vt* **1** fare buona impressione su. **2** inculcare. **3** stampare. **impression** *n* **1** impressione *f*. **2** ristampa *f*. **impressive** *adj* impressionante.

imprint (*n* 'imprint; *v* im'print) *n* impronta *f*. *vt* stampare.

improbable (im'prɔbəbəl) *adj* improbabile.

impromptu (im'prɔmptju:) *adj* improvvisato. *adv* all'improvviso, a prima vista.

improper (im'prɔpə) *adj* erroneo, sconveniente.

improve (im'pru:v) *vt, vi* migliorare. **improvement** *n* miglioramento, progresso *m*.

improvise ('imprəvaiz) *vt* improvvisare. **improvisation** *n* improvvisazione *f*.

impudent ('impjudənt) *adj* sfrontato. **impudence** *n* impudenza *f*.

impulse ('impʌls) *n* impeto, stimolo *m*. **impulsive** *adj* impulsivo.

impure (im'pjuə) *adj* impuro, contaminato. **impurity** *n* impurità *f*.

in (in) *prep* **1** a, in. **2** entro, tra. **3** durante. **4** di. *adv* dentro, a casa.

inability (inə'biliti) *n* incapacità *f*.

inaccurate (in'ækjurət) *adj* impreciso, sbagliato. **inaccuracy** *n* inesattezza *f*.

inadequate (in'ædikwit) *adj* insufficiente.

inadvertent (inəd'və:tnt) *adj* sbadato, involontario.

inane (i'nein) *adj* vuoto, insensato.

inarticulate (inɑ:'tikjulət) *adj* inarticolato, indistinto.

inasmuch (inəz'mʌtʃ) *conj* **inasmuch as** in quanto che.

inaugurate (i'nɔ:gjureit) *vt* inaugurare.

incapable (in'keipəbəl) *adj* incapace, inetto.

incendiary (in'sendiəri) *adj,n* incendiario *m*.

incense[1] ('insens) *n* incenso *m*.

incense[2] (in'sens) *vt* provocare, irritare.

incessant (in'sesənt) *adj* continuo.

incest ('insest) *n* incesto *m*. **incestuous** *adj* incestuoso.

inch (intʃ) *n* pollice *m*. **inch by inch** gradatamente.

incident ('insidənt) *n* **1** caso *m*. **2** episodio *m*. **incidental** *adj* fortuito, accidentale.

incite (in'sait) *vt* spronare, incitare.

incline (in'klain) *vt* inclinare. *vi* propendere. *n* pendio *m*. **inclined** *adj* propenso.

include (in'klu:d) *vt* includere, comprendere. **inclusion** *n* inclusione *f*. **inclusive** *adj* compreso.

incognito (inkɔg'ni:tou) *adj* incognito. *adv* in incognito.

incoherent (inkou'hiərənt) *adj* incoerente.

income ('inkʌm) *n* reddito *m*. entrata *f*. **income tax** *n* tassa sul reddito *f*.

incompatible (inkəm'pætibəl) *adj* incompatibile.

incompetent (in kɔmpətənt) *adj* incompetente, incapace.

incongruous (in'kɔŋgruəs) *adj* incongruo, assurdo.

inconsiderate (inkən'sidərit) *adj* sconsiderato, senza riguardi.

inconsistent (inkən'sistənt) *adj* inconsistente, incompatibile.

inconvenient (inkən'vi:niənt) *adj* scomodo, inopportuno. **inconvenience** *n* inconveniente, incomodo *m*. *vt* incomodare, disturbare.

incorporate (in'kɔ:pəreit) *vt* incorporare. *vi* unirsi.

incorrect (inkə'rekt) *adj* inesatto, scorretto.

increase (*v* in'kri:s; *n* 'inkri:s) aumento *m*. aggiunta *f*. *vt* accrescere. *vi* ingrandirsi.

incredible (in'kredəbəl) *adj* incredibile.

incubate ('inkjubeit) *vt,vi* covare. **incubator** *n* incubatrice *f*.

incur (in'kə:) *vt* incorrere in, esporsi a.

incurable (in'kjuərəbəl) *adj* incurabile.

indecent (in'di:sənt) *adj* indecente.

indeed (in'di:d) *adv* veramente, infatti, proprio, anzi.

indefinite (in'definit) *adj* indefinito.

indent (in'dent) *vt* **1** dentellare. **2** iniziare a distanza dal margine.

independent (indi'pendənt) *adj* indipendente. **independence** *n* indipendenza *f*.

index ('indeks) *n*, *pl* **-exes** *or* **-ices** indice *m*. rubrica *f*. *vt* **1** corredare d'indice. **2** mettere in ordine alfabetico. **index finger** *n* dito indice *m*.

India ('indiə) *n* India *f*. **Indian** *adj,n* indiano.

indicate ('indikeit) *vt* indicare. **indicator** *n* indicatore *m*.

indifferent (in'difrənt) *adj* indifferente, mediocre.

indigestion (indi'dʒestʃən) *n* indigestione *f*.

indignant (in'dignənt) *adj* indignato.

indirect (indi'rekt) *adj* indiretto, secondario.

indispensable (indi'spensəbəl) *adj* indispensabile.

individual (indi'vidʒuəl) *adj* singolo, particolare. *n* individuo *m*.

indoctrinate (in'dɔktrineit) *vt* addottrinare.

indolent ('indələnt) *adj* indolente.

Indonesia (ində'ni:ziə) *n* Indonesia *f*. **Indonesian** *adj,n* indonesiano.

indoor ('indɔ:) *adj* interno, da casa. **indoors** *adv* al coperto, all'interno.

induce (in'dju:s) *vt* indurre, produrre.

indulge (in'dʌldʒ) *vt* essere indulgente con. **indulge in** permettersi di. **indulgent** *adj* indulgente, condiscendente, benevolo.

industry ('indəstri) *n* **1** industria *f*. **2** diligenza *f*. **industrial** *adj* industriale. **industrious** *adj* operoso, attivo.

inefficient (ini'fiʃənt) *adj* inefficiente.

inept (i'nept) *adj* incapace, sciocco.

inequality (ini'kwɔliti) *n* ineguaglianza *f*.

inert (i'nə:t) *adj* inerte, apatico. **inertia** *n* inerzia, apatia *f*.

inevitable (in'evitəbəl) *adj* inevitabile.

infallible (in'fæləbəl) *adj* infallibile.

infamous ('infəməs) *adj* infame.

infant ('infənt) *n* neonato, bambino *m*. **infancy** *n* infanzia *f*. **infantile** *adj* infantile, puerile.

infantry ('infəntri) *n* fanteria *f*.

infatuate (in'fætʃueit) *vt* infatuare. **infatuation** *n* infatuazione *f*.

infect (in'fekt) *vt* infettare. **infection** *n* infezione *f*. contagio *m*.

infer (in'fə:) *vt* dedurre, arguire.

inferior (in'fiəriə) *adj,n* inferiore. **inferiority** *n* inferiorità *f*.

infernal (in'fə:nl) *adj* infernale.

infest (in'fest) *vt* infestare.

infidelity (infi'deliti) *n* infedeltà *f*.

infiltrate ('infiltreit) *vt* infiltrare. *vi* infiltrarsi.

infinite ('infinit) *adj* infinito, immenso. *n* infinito *m*. **infinity** *n* infinità *f*.

infinitive (in'finitiv) *adj,n* infinito *m*.

infirm (in'fə:m) *adj* infermo, malaticcio.

inflame (in'fleim) *vt* infiammare. *vi* ardere, infiammarsi. **inflammable** *adj* infiammabile.

inflate (in'fleit) *vt* gonfiare. *vi* gonfiarsi. **inflation** *n* 1 gonfiatura *f*. 2 *comm* inflazione *f*.

inflection (in'flekʃən) *n* inflessione *f*.

inflict (in'flikt) *vt* infliggere.

influence ('influəns) *n* ascendenza, influenza *f*. *vt* influenzare.

influenza (influ'enzə) *n* influenza *f*.

influx ('inflʌks) *n* affluenza *f*.

inform (in'fɔ:m) *vt* informare. **informant** *n* informatore *m*. **information** *n* 1 informazioni *f pl*. 2 *law* accusa *f*.

informal (in'fɔ:məl) *adj* non ufficiale, semplice.

infrastructure ('infrəstrʌktʃə) *n* infrastruttura *f*.

infringe (in'frindʒ) *vt* violare. **infringe upon** trasgredire. **infringement** *n* vio-

lazione, infrazione *f*.

infuriate (in'fjuərieit) *vt* far infuriare.

ingenious (in'dʒi:niəs) *adj* ingegnoso.

ingredient (in'gri:diənt) *n* ingrediente *m*.

inhabit (in'hæbit) *vt* abitare. **inhabitant** *n* abitante *m,f*.

inhale (in'heil) *vt* inalare, aspirare.

inherent (in'hiərənt) *adj* inerente, intrinseco.

inherit (in'herit) *vt,vi* ereditare. **inheritance** *n* eredità *f*.

inhibit (in'hibit) *vt* inibire, reprimere. **inhibition** *n* inibizione *f*.

inhuman (in'hju:mən) *adj* inumano, brutale.

initial (i'niʃəl) *adj,n* iniziale *f*. *vt* siglare.

initiate (i'niʃieit) *vt* 1 cominciare. 2 iniziare a. **initiative** *n* iniziativa *f*.

inject (in'dʒekt) *vt* iniettare. **injection** *n* iniezione *f*.

injure ('indʒə) *vt* 1 danneggiare, ferire. 2 offendere. **injury** *n* 1 male *m*. ferita *f*. 2 offesa *f*.

injustice (in'dʒʌstis) *n* ingiustizia *f*.

ink (iŋk) *n* inchiostro *m*. *vt* imbrattare d'inchiostro.

inkling ('iŋkliŋ) *n* indizio, sentore *m*.

inland ('inlənd) *adv* interno. *n* retroterra *m*.

Inland Revenue *n* fisco *m*.

inmate ('inmeit) *n* 1 inquilino *m*. 2 ricoverato *m*.

inn (in) *n* osteria, locanda *f*.

innate (i'neit) *adj* istintivo, innato.

inner ('inə) *adj* interiore, intimo. **innermost** *adj* il più profondo.

innocent ('inəsənt) *adj* innocente, innocuo.

innocuous (i'nɔkjuəs) *adj* innocuo.

innovation (inə'veiʃən) *n* innovazione *f.*

innuendo (inju'endou) *n* insinuazione, allusione *f.*

innumerable (i'nju:mərəbəl) *adj* innumerevole.

inoculate (i'nɔkjuleit) *vt* inoculare.

input ('input) *n tech* potenza, entrata *f.* input *m invar.*

inquest ('inkwest) *n* inchiesta, indagine *f.*

inquire (in'kwaiə) *vt* domandare. *vi* 1 informarsi. 2 indagare. **inquiry** *n* 1 domanda *f.* 2 indagine *f.* 3 *law* inchiesta *f.*

inquisition (inkwi'ziʃən) *n* 1 inchiesta *f.* 2 *cap* Inquisizione *f.*

inquisitive (in'kwizitiv) *adj* curioso, indagatore.

insane (in'sein) *adj* pazzo, insensato.

insatiable (in'seiʃəbəl) *adj* insaziabile.

inscribe (in'skraib) *vt* incidere, iscrivere. **inscription** *n* iscrizione *f.*

insect ('insekt) *n* insetto *m.* **insecticide** *n* insetticida *m.*

insecure (insi'kjuə) *adj* malsicuro, instabile.

inseminate (in'semineit) *vt* fecondare.

insert (in'sə:t) *vt* inserire, introdurre. *n* inserzione *f.* allegato *m.* **insertion** *n* inserzione, aggiunta *f.*

inside (in'said) *prep* entro. *adv* 1 internamente. 2 dentro. *adj, n* interno *m.*

insidious (in'sidiəs) *adj* insidioso.

insight ('insait) *n* perspicacia *f.* intuito *m.*

insinuate (in'sinjueit) *vt* 1 insinuare. 2 introdurre.

insist (in'sist) *vi* insistere. **insistence** *n* insistenza *f.* **insistent** *adj* insistente.

insolent ('insələnt) *adj* insolente.

insomnia (in'sɔmniə) *n* insonnia *f.*

inspect (in'spekt) *vt* ispezionare, sorvegliare. **inspection** *n* ispezione *f.* **inspector** *n* ispettore *m.*

inspire (in'spaiə) *vt* ispirare, infondere. **inspiration** *n* ispirazione *f.*

instability (instə'biliti) *n* instabilità *f.*

install (in'stɔ:l) *vt* installare. **installation** *n* impianto *m.* installazione *f.*

instalment (in'stɔ:lmənt) *n* 1 *comm* rata *f.* 2 puntata *f.*

instance ('instəns) *n* esempio, caso *m.*

instant *adj* istantaneo. *n* istante, momento *m.* **instantaneous** *adj* instantaneo.

instead (in'sted) *adv* invece.

instep ('instep) *n* collo del piede *m.*

instigate ('instigeit) *vt* istigare, incitare.

instinct ('instiŋkt) *n* istinto *m.* **instinctive** *adj* istintivo, impulsivo.

institute ('institju:t) *n* istituto *m.* istituzione *f. vt* istituire, fondare. **institution** *n* istituzione *f.* ente *m.*

instruct (in'strʌkt) *vt* istruire, dare istruzioni a. **instruction** *n* 1 istruzione *f.* 2 *pl* disposizioni *f pl.*

instrument ('instrumənt) *n* strumento *m.* **instrumental** *adj* strumentale.

insubordinate (insə'bɔ:dinət) *adj* insubordinato.

insufferable (in'sʌfərəbəl) *adj* insopportabile.

insular ('insjulə) *adj* insulare.

insulate ('insjuleit) *vt* isolare. **insulation** *n* isolamento *m.*

insulin ('insjulin) *n* insulina *f.*

insult (*v* in'sʌlt; *n* 'insʌlt) *vt* insultare. *n*

insulto *m*.

insure (in'ʃuə) *vt* assicurare, garantire.

insurance *n* assicurazione *f*. **insurance company** *n* compagnia d'assicurazione *f*.

intact (in'tækt) *adj* intatto, integro.

intake ('inteik) *n* 1 *tech* presa *f*. 2 entrata *f*.

integral ('intigrəl) *adj* integrale, completo.

integrate ('intigreit) *vt* integrare, completare.

integrity (in'tegriti) *n* integrità *f*.

intellect ('intəlekt) *n* intelletto *m*. **intellectual** *adj,n* intellettuale.

intelligent (in telidʒənt) *adj* intelligente. **intelligence** *n* 1 intelligenza *f*. 2 informazioni *f pl*. **intelligence service** *n* servizio segreto *m*. **intelligible** *adj* intelligibile, chiaro.

intend (in'tend) *vt* 1 intendere, proporsi. 2 destinare.

intense (in'tens) *adj* intenso, profondo. **intensify** *vt* intensificare. *vi* rafforzarsi. **intensity** *n* intensità *f*. vigore *m*. **intensive** *adj* intensivo. **intensive course** *n* corso accelerato *m*.

intent[1] (in'tent) *n* scopo, proposito *m*.

intent[2] (in'tent) *adj* intento, assorto.

intention (in'tenʃən) *n* intenzione *f*. proposito *m*.

inter (in'təː) *vt* seppellire.

interact (intə'rækt) *vi* esercitare un'azione reciproca.

intercept (intə'sept) *vt* intercettare. **interception** *n* intercettamento *m*.

interchange (*v* intə'tʃeindʒ; *n* 'intətʃeindʒ) *vt* scambiare. *vi* scambiarsi. *n* scambio reciproco *m*.

intercourse ('intəkɔːs) *n* relazione *f*. rapporto *m*.

interest ('intrəst) *vt* interessare. *n* 1 interesse *m*. 2 interessamento *m*. **interesting** *adj* interessante.

interface ('intəfeis) *n* interfaccia *f*.

interfere (intə'fiə) *vi* interferire, intromettersi. **interfere with** ostacolare. **interference** *n* 1 ingerenza *f*. 2 *tech* interferenza *f*.

interim ('intərim) *adj* 1 provvisorio. 2 *pol* interino. *n* interim, intervallo *m*.

interior (in'tiəriə) *adj,n* interno *m*.

interjection (intə'dʒekʃn) *n* interiezione *f*.

interlude ('intəluːd) *n* 1 intervallo *m*. 2 *mus* intermezzo *m*.

intermediate (intə'miːdiət) *adj* intermedio. **intermediary** *adj,n* intermediario *m*.

interminable (in'təːminəbəl) *adj* interminabile.

intermission (intə'miʃən) *n* pausa *f*. intervallo *m*.

intermittent (intə'mitnt) *adj* intermittente.

intern (in'təːn) *vt* internare. **internee** *n* internato *m*.

internal (in'təːnl) *adj* interno.

international (intə'næʃənl) *adj* internazionale.

interpose (intə'pouz) *vt* interporre. *vi* interferire.

interpret (in'təːprit) *vt* interpretare. *vi* fare l'interprete. **interpretation** *n* interpretazione *f*. **interpreter** *n* interprete *m,f*.

interrogate (in'terəgeit) *vt* interrogare. **interrogation** *n* interrogazione *f*. **in-**

terrogative *adj* interrogativo.

interrupt (intə'rʌpt) *vt* interrompere. **interruption** *n* interruzione *f*.

intersect (intə'sekt) *vt* intersecare. *vi* incrociarsi. **intersection** *n* intersecazione *f*.

interval ('intəvəl) *n* intervallo *m*.

intervene (intə'vi:n) *vi* 1 intervenire. 2 accadere.

interview ('intəvju:) *n* intervista *f*. colloquio *m*. *vt* intervistare.

intestine (in'testin) *n* intestino *m*.

intimate[1] ('intimit) *adj* intimo.

intimate[2] ('intimeit) *vt* intimare, accennare a.

intimidate (in'timideit) *vt* intimidire.

into ('intə; *stressed* 'intu:) *prep* in, dentro, entro.

intolerable (in'tolərəbəl) *adj* insopportabile, intollerabile. **intolerance** *n* intolleranza *f*. **intolerant** *adj* intollerante.

intonation (intə'neiʃən) *n* intonazione *f*. accento *m*.

intoxicate (in'toksikeit) *vt* ubriacare, inebriare.

intransitive (in'trænsitiv) *adj* intransitivo.

intricate ('intrikət) *adj* intricato, complicato.

intrigue (in'tri:g) *vt* incuriosire. *vi* intrigare. *n* intrigo *m*.

intrinsic (in'trinsik) *adj* intrinseco.

introduce (intrə'dju:s) *vt* 1 introdurre. 2 presentare. **introduction** *n* 1 introduzione *f*. 2 presentazione *f*.

introspective (intrə'spektiv) *adj* introspettivo.

introvert ('intrəvə:t) *adj* introverso, introvertito. *n* introvertito *m*.

intrude (in'tru:d) *vi* intromettersi. **intrusion** *n* intrusione *f*.

intuition (intju'iʃən) *n* intuito *m*. intuizione *f*. **intuitive** *adj* intuitivo.

inundate ('inʌndeit) *vt* inondare.

invade (in'veid) *vt* invadere, assalire. **invasion** *n* invasione *f*.

invalid[1] ('invəli:d) *adj,n* invalido.

invalid[2] (in'vælid) *adj* non valevole, nullo.

invaluable (in'væljubəl) *adj* inestimabile.

invariable (in'veəriəbəl) *adj* invariabile, costante.

invent (in'vent) *vt* inventare. **invention** *n* invenzione *f*.

inventory ('invəntəri) *n* inventario *m*.

invert (in'və:t) *vt* invertire. **inverted** *adj* rovesciato, capovolto. **inverted commas** *n pl* virgolette *f pl*.

invertebrate (in'və:təbreit) *adj,n* invertebrato *m*.

invest (in'vest) *vt* investire. **investment** *n* investimento *m*.

investigate (in'vestigeit) *vt* investigare, indagare. **investigation** *n* investigazione *f*.

invincible (in'vinsəbəl) *adj* invincibile.

invisible (in'vizəbəl) *adj* invisibile.

invite (in'vait) *vt* 1 invitare. 2 provocare. **invitation** *n* invito *m*.

invoice ('invɔis) *n* fattura *f*. *vt* fatturare.

invoke (in'vouk) *vt* invocare.

involve (in'vɔlv) *vt* 1 implicare, avvolgere, coinvolgere. 2 richiedere, comportare. **get involved** impegnarsi. **involvement** *n* implicazione *f*.

inward ('inwəd) *adj* interno, intimo. **in-**

wards *adv* internamente, verso l'interno.

iodine ('aiədi:n) *n* iodio *m*.

ion ('aiən) *n* ione *m*.

Iran (i'rɑːn) *n* Iran *m*. **Iranian** *adj,n* persiano.

Iraq (i'rɔːk) *n* Iraq *m*. **Iraqi** *adj,n* iracheno.

Ireland ('aiələnd) *n* Irlanda *f*. **Irish** *adj* irlandese. **Irishman** *n* irlandese *m*.

iris ('airis) *n* 1 *anat* iride *f*. 2 *bot* giaggiolo *m*.

iron ('aiən) *n* 1 ferro *m*. 2 *dom* ferro da stiro *m*. *adj* di ferro. *vt* stirare. **ironing board** *n* tavola da stiro *f*. **ironmonger** *n* negoziante in ferramenta *m*. **Iron Curtain** *n* Cortina di ferro *f*.

irony ('airəni) *n* ironia *f*. **ironic** *adj* ironico.

irrational (i'ræʃənl) *adj* irrazionale, assurdo.

irregular (i'regjulə) *adj* irregolare.

irrelevant (i'reləvənt) *adj* non pertinente.

irresistible (iri'zistəbəl) *adj* irresistibile.

irrespective (iri'spektiv) *adj* noncurante.

irresponsible (iri'spɔnsəbəl) *adj* irresponsabile.

irrevocable (i'revəkəbəl) *adj* irrevocabile.

irrigate ('irigeit) *vt* irrigare. **irrigation** *n* irrigazione *f*.

irritate ('iriteit) *vt* irritare.

is (iz) *v* see **be**.

Islam ('izlɑːm) *n* islamismo *m*. **Islamic** *adj* islamico, maomettano.

island ('ailənd) *n* isola *f*.

isle (ail) *n* isola *f*.

isolate ('aisəleit) *vt* isolare, separare. **isolation** *n* isolamento *m*.

Israel ('izreiəl) *n* Israele *m*. **Israeli** *adj,n* israeliano.

issue ('iʃuː) *n* edizione *f*. numero *m*. 2 risultato *m*. 3 problema *m*. 4 prole *f*. *vt* 1 emettere. 2 pubblicare. 3 rilasciare. *vi* uscire.

it (it) *pron 3rd pers s* 1 esso *m*. essa *f*. 2 lo *m*. la *f*. 3 gli *m*. le *f*. 4 ci *m,f*. **its** *poss adj* (il) suo, (la) sua, (i) suoi, (le) sue. **itself** *pron 3rd pers s* 1 se stesso *or* esso stesso. 2 si, sé. sue.

italic (i'tælik) *adj* italico. **italics** *n pl* corsivi *m pl*.

Italy ('itəli) *n* Italia *f*. **Italian** *adj,n* italiano. **Italian** (language) *n* italiano *m*.

itch (itʃ) *n* prurito *m*. *vi* prudere.

item ('aitəm) *n* 1 *comm* voce *f*. capo *m*. 2 articolo *m*.

itinerary (ai'tinərəri) *n* itinerario *m*.

ivory ('aivəri) *n* avorio *m*. *adj* d'avorio.

ivy ('aivi) *n* edera *f*.

J

jab (dʒæb) vt colpire, dare un colpo secco a. n colpo m. stoccata f.

jack (dʒæk) n **1** mot cricco m. **2** game fante m. v **jack up** levare.

jackal ('dʒækəl) n sciacallo m.

jackdaw ('dʒækdɔː) n cornacchia f.

jacket ('dʒækit) n **1** giacca, giubba f. **2** cul buccia f. **3** (of a book) copertina f.

jackpot ('dʒækpɔt) n vincita f.

jade (dʒeid) n giada f.

jaded ('dʒeidid) adj stanco, sfinito.

jagged ('dʒægid) adj frastagliato, dentellato.

jaguar ('dʒægjuə) n giaguaro m.

jail (dʒeil) n carcere m. vt incarcerare.

jam¹ (dʒæm) n conserva di frutta, marmellata f. **jam-jar** n barattolo per marmellata m.

jam² (dʒæm) vt **1** pigiare. **2** bloccare. vi bloccarsi. n ingorgo m.

Jamaica (dʒə'meikə) n Giamaica f. **Jamaican** adj,n giamaicano.

jangle ('dʒæŋgəl) n suono stonato m. vi far rumori discordanti.

January ('dʒænjuəri) n gennaio m.

Japan (dʒə'pæn) n Giappone m. **Japanese** adj,n giapponese. **Japanese** (language) n giapponese m.

jar¹ (dʒɑː) n barattolo m. brocca f.

jar² (dʒɑː) vi discordare, stridere. n discordanza f. stridio m.

jargon ('dʒɑːgən) n gergo m.

jasmine ('dʒæzmin) n gelsomino m.

jaundice ('dʒɔːndis) n itterizia f.

jaunt (dʒɔːnt) n gita f.

javelin ('dʒævlin) n giavellotto m.

jaw (dʒɔː) n mascella, mandibola f. **jawbone** n osso mascellare m. mascella f.

jazz (dʒæz) n jazz m.

jealous ('dʒeləs) adj geloso, invidioso. **jealousy** n gelosia f.

jeans (dʒiːnz) n pl blue-jeans, calzoni all'americana m pl.

jeep (dʒiːp) n jeep, camionetta f.

jeer (dʒiə) vi schernire. n scherno m. derisione f.

jelly ('dʒeli) n gelatina f. **jellyfish** n medusa f.

jeopardize ('dʒepədaiz) vt mettere in pericolo.

jerk (dʒəːk) n **1** strattone m. **2** sussulto m. vt dare uno strattone a. vi sobbalzare.

jersey ('dʒəːzi) n maglia f.

Jersey ('dʒəːzi) n Jersey f.

jest (dʒest) n scherzo m. burla f. vi scherzare.

Jesus ('dʒiːzəs) n Gesù m.

jet¹ (dʒet) n **1** spruzzo, zampillo m. **2** aviat aviogetto m.

jet² (dʒet) n min giavazzo m. ambra nera f. adj **1** d'ambra nera. **2** nero lucido.

jetty ('dʒeti) n gettata f. molo m.

Jew (dʒuː) n ebreo, giudeo m. **Jewish** adj ebreo, giudeo.

jewel ('dʒuːəl) n gioiello m. **jeweller** n gioielliere, orefice m.

jig¹ ('dʒig) n tech maschera di montaggio f.

jig² ('dʒig) n giga f.

jiggle ('dʒigəl) vi muoversi a scatti.

jigsaw ('dʒigsɔ:) n (puzzle) gioco di pazienza m.

jilt (dʒilt) vt piantare in asso.

jingle ('dʒiŋgəl) n tintinnio m. vi tintinnare.

job (dʒɔb) n impiego, lavoro, affare m. impresa f.

jockey ('dʒɔki) n fantino m.

jodhpurs ('dʒɔdpəz) n pl calzoni da cavallerizzo m pl.

jog (dʒɔg) vt spingere, urtare. vi muoversi a rilento. n 1 spinta, gomitata f. 2 andatura lenta f.

join (dʒɔin) vt 1 unire, congiungere. 2 partecipare a. vi unirsi. **join up** arruolarsi. ~ n giuntura f. **joiner** n falegname m. **joint** n 1 giuntura f. 2 cul pezzo di carne m. 3 anat articolazione f. adj comune, collettivo.

joist (dʒɔist) n travetto m.

joke (dʒouk) n scherzo m. burla f. **crack a joke** dire una battuta. ~ vi burlare, celiare.

jolly ('dʒɔli) adj gaio, vivace. adv inf molto.

jolt (dʒoult) n scossa f. sobbalzo m. vt spingere, urtare. vi sobbalzare.

Jordan ('dʒɔːdn) n Giordania f. **(River) Jordan** n (fiume) Giordano m. **Jordanian** adj,n giordano.

jostle ('dʒɔsəl) n urto m. gomitata f. vt spingere, urtare col gomito. vi urtarsi.

journal ('dʒəːnl) n 1 giornale m. 2 diario m. **journalism** n giornalismo m. **journalist** n giornalista m.

journey ('dʒəːni) n viaggio m.

jovial ('dʒouviəl) adj allegro, gioviale.

joy (dʒɔi) n gioia, allegria f. **joyful** adj gioioso.

jubilee ('dʒuːbiliː) n giubileo m.

Judaism ('dʒuːdeiizəm) n giudaismo m.

judge (dʒʌdʒ) n giudice m. vt,vi giudicare. **judgment** n 1 giudizio m. 2 sentenza f.

judicial (dʒuːˈdiʃəl) adj giuridico, giudiziario. **judicious** adj giudizioso.

judo ('dʒuːdou) n giudò m.

jug (dʒʌg) n caraffa f. boccale m.

juggernaut ('dʒʌgənɔːt) n gran camion m.

juggle ('dʒʌgəl) vt 1 giocare. 2 ingannare. vi fare giochi di prestigio. **juggler** n giocoliere m.

juice (dʒuːs) n succo m. **juicy** adj succoso, sostanzioso.

jukebox ('dʒuːkbɔks) n grammofono automatico a gettoni, jukebox m.

July (dʒuːlai) n luglio m.

jumble ('dʒʌmbəl) n miscuglio m. confusione f. vt mescolare, gettare alla rinfusa. **jumble sale** n vendita di merci varie per beneficenza f.

jump (dʒʌmp) n salto, balzo, sussulto m. vi 1 saltare, trasalire. 2 (of prices, etc.) rincarare. vt saltare.

jumper ('dʒʌmpə) n 1 maglione m. 2 casacchina f.

junction ('dʒʌŋkʃən) n 1 congiunzione f. 2 (railway) nodo ferroviario m.

June (dʒuːn) n giugno m.

jungle ('dʒʌŋgəl) n giungla f.

junior ('dʒuːniə) adj minore, cadetto. n minore, cadetto m.

juniper ('dʒuːnipə) n ginepro m.

junk (dʒʌŋk) n cianfrusaglie f pl.

junta ('dʒʌntə) n giunta f.

Jupiter ('dʒuːpitə) n Giove m.

jurisdiction (dʒuəris'dikʃən) n giurisdizione f.

jury ('dʒuəri) n giuria f. **juror** n giurato m.

just (dʒʌst) adj giusto, retto, dovuto. adv 1 proprio, appunto. 2 soltanto. 3 appena.

justice ('dʒʌstis) n giustizia f. **justice of the peace** n giudice conciliatore m.

justify ('dʒʌstifai) vt giustificare, assolvere.

jut (dʒʌt) vi **jut out** sporgersi, protendersi.

jute (dʒuːt) n iuta f.

juvenile ('dʒuːvənail) adj giovane, immaturo. n giovane, ragazzo m. **juvenile delinquency** n delinquenza minorile f.

juxtapose (dʒʌkstə'pouz) vt affiancare.

K

kaftan ('kæftn) *n* caffettano *m*.

kaleidoscope (kə'laidəskoup) *n* caleidoscopio *m*.

kangaroo (kæŋgə'ru:) *n* canguro *m*.

karate (kə'rɑ:ti) *n* karatè *m*.

kebab (kə'bæb) *n* carne marinata cotta allo spiedo *f*.

keel (ki:l) *n* chiglia *f*. **keel over** capovolgere, rovesciarsi.

keen (ki:n) *adj* **1** aguzzo, acuto, perspicace. **2** appassionato.

keep* (ki:p) *vt* **1** tenere. **2** mantenere, conservare. **3** trattenere. *vi* **1** continuare. **2** mantenersi, restare. **3** durare. **keep on** continuare. **keep up** mantenere. **keeper** *n* guardiano *m*. custode *m,f*. **keepsake** *n* ricordo, pegno *m*.

keg (keg) *n* barilotto *m*.

kennel ('kenl) *n* canile *m*.

Kenya ('kenjə) *n* Kenia *m*. **Kenyan** *adj,n* keniano *m*.

kept (kept) *v* see **keep**.

kerb (kə:b) *n* bordo del marciapiede *m*.

kernel ('kə:nl) *n* **1** mandorla *f*. **2** seme *m*. **3** nucleo *m*.

kettle ('ketl) *n* bollitore *m*. **kettledrum** *n* timpano *m*.

key (ki:) *n* **1** chiave *f*. **2** (of a piano, typewriter, etc.) tasto *m*. **3** *mus* tono *m*. **keyboard** *n* tastiera *f*. **keyhole** *n* buco della serratura *m*. **keyring** *n* portachiavi *m invar*.

khaki ('kɑ:ki) *adj,n* cachi *m*.

kibbutz (ki'buts) *n* kibbutz *m*. comunità agricola israeliana *f*.

kick (kik) *n* calcio *m*. pedata *f*. *vt* dar calci a, tirar pedate a. *vi* calciare. **kick off** dare il calcio d'inizio. **kick-off** *n* calcio d'inizio *m*.

kid[1] (kid) *n* **1** capretto *m*. **2** *sl* bambino *m*.

kid[2] (kid) *vt inf* burlare, prendere in giro.

kidnap ('kidnæp) *vt* rapire. **kidnapper** *n* rapitore *m*. rapitrice *f*.

kidney ('kidni) *n* **1** *anat* rene *m*. **2** *cul* rognone *m*. **kidney bean** *n* fagiolo *m*.

kill (kil) *vt* **1** uccidere. **2** distruggere. **killer** *n* assassino, uccisore *m*.

kiln (kiln) *n* fornace *f*.

kilo ('ki:lou) *n* chilo *m*.

kilogram ('kiləgræm) *n* chilogrammo *m*.

kilometre (ki'ləmitə) *n* chilometro *m*.

kilowatt ('kiləwɔt) *n* chilowatt *m*.

kilt (kilt) *n* gonnellino scozzese *m*.

kimono (ki'mounou) *n* chimono *m*.

kin (kin) *n* pareti *m pl*.

kind[1] (kaind) *adj* buono, gentile. **kindness** *n* bontà, gentilezza *f*.

kind[2] (kaind) *n* specie, natura *f*. genere *m*.

kindergarten ('kindəgɑːtn) *n* asilo, giardino d'infanzia *m*.

kindle ('kindl) *vt* **1** accendere. **2** eccitare. *vi* infiammarsi.

kinetic (ki'netik) *adj* cinetico. **kinetics** *n* cinetica *f*.

king (kiŋ) *n* re *m invar*. monarca *m*.

kingdom n reame, regno m. **kingfisher** n martin pescatore m.

kink (kiŋk) n **1** nodo m. **2** ghiribizzo m. vt attorcigliare. vi attorcigliarsi.

kiosk ('kiɔsk) n edicola f. chiosco m.

kipper ('kipə) n aringa affumicata f.

kiss (kis) n bacio m. vt baciare.

kit (kit) n equipaggiamento m. attrezzi m pl.

kitchen ('kitʃin) n cucina f.

kite (kait) n **1** aquilone m. **2** zool nibbio m.

kitten ('kitn) n gattino m.

kitty ('kiti) n fondi comuni m pl.

kiwi ('ki:wi) n kivi m.

kleptomania (kleptə'meiniə) n cleptomania f. **kleptomaniac** n cleptomane m,f.

knack (næk) n abilità, facoltà f.

knave (neiv) n **1** furfante m. **2** game fante m.

knead (ni:d) vt impastare, massaggiare.

knee (ni:) n ginocchio m, pl ginocchi m. or ginocchia f. **kneecap** n rotula f.

kneel* (ni:l) vi inginocchiarsi.

knew (nu:) v see **know**.

knickers ('nikəz) n pl mutandine f pl.

knife (naif) n, pl **knives** coltello m. vt pugnalare, accoltellare.

knight (nait) n cavaliere m.

knit* (nit) vt **1** lavorare a maglia. **2** (one's brows) aggrottare. vi **1** lavorare a maglia. **2** (one's bones) saldarsi.

knitting n lavoro a maglia m. **knitting needle** n ferro da calza m. **knitwear** n maglieria f.

knob (nɔb) n **1** pomo m. manopola f. **2** protuberanza f. **knobbly** adj nodoso, bitorzoluto.

knock (nɔk) n colpo m. vt urtare, colpire, battere. vi bussare. **knock down** abbattere. **knock out** mettere fuori combattimento.

knot (nɔt) n nodo m. vt annodare.

know* (nou) vt **1** conoscere. **2** sapere. **3** riconoscere. **knowing** adj intelligente, accorto. **knowledge** n conoscenza f. sapere m. **known** adj noto.

knuckle ('nʌkəl) n nocca delle dita, giuntura f.

Korea (kə'riə) n Corea f. **Korean** adj,n coreano.

kosher ('kouʃə) adj puro, lecito. n cibo permesso dalla religione ebraica m.

Kuwait (ku'weit) n Kuwait m. **Kuwaiti** adj,n kuwaitiano.

L

label ('leibəl) *n* etichetta *f.* cartellino *m.* *vt* **1** mettere le etichette a. **2** classificare.

laboratory (lə'brɒrətri) *n* laboratorio *m.*

labour ('leibə) *n* **1** lavoro *m.* fatica *f.* **2** manodopera *f.* **3** *med* doglie *f pl.* *vi* lavorare, affaticarsi. **labour-saving** *adj* che fa risparmiare lavoro. **laborious** *adj* laborioso.

Labour Party *n* partito laburista *m.*

laburnum (lə'bə:nəm) *n* laburno *m.*

labyrinth ('læbərinθ) *n* labirinto *m.*

lace (leis) *n* **1** (of shoes) laccio *m.* **2** merletto *m.* *vt* allacciare.

lack (læk) *n* mancanza *f.* *vt* mancare di. *vi* mancare.

lacquer ('lækə) *n* lacca *f.* *vt* laccare.

ladder ('lædə) *n* **1** scala *f.* **2** (in a stocking) smagliatura *f.* *vi* smagliarsi.

laden (leidn) *adj* carico.

ladle ('leidl) *n* mestolo *m.* *vt* versare.

lady ('leidi) *n* signora *f.* **ladybird** *n* coccinella *f.*

lag[1] (læg) *vi* ritardare. *n* ritardo *m.*

lag[2] (læg) *vt* rivestire con materiale isolante.

lager ('lɑ:gə) *n* birra chiara *f.*

laid (leid) *v* see **lay**.

lain (lein) *v* see **lie**.

lair (lɛə) *n* tana *f.*

laity ('leiəti) *n* laici *m pl.*

lake (leik) *n* lago *m.*

lamb (læm) *n* agnello *m.*

lame (leim) *adj* zoppo. *vt* storpiare.

lament (lə'ment) *n* lamento *m.* *vi* lamentarsi, dolersi. *vt* lamentare.

laminated ('læmineitid) *adj* laminato. **laminated plastics** *n* laminato plastico *m.* **laminated glass** *n* vetro stratificato *m.*

lamp (læmp) *n* lampada *f.* lume *m.* **lamppost** *n* lampione *m.* **lampshade** *n* paralume *m.*

lance (lɑ:ns) *n* lancia *f.*

land (lænd) *n* **1** terra *f.* **2** paese *m.* **3** terreno *m.* proprietà *f.* *vi* **1** sbarcare. **2** approdare. **3** *avit* atterrare. *vt* **1** ottenere. **2** allungare. **land on one's feet** cadere in piedi. **landing** *n* **1** pianerottolo *m.* **2** atterraggio *m.* **3** sbarco *m.* **landlady** *n* padrona di casa, affittacamere *f.* **landlord** *n* padrone di casa, affittacamere, proprietario *m.* **landmark** *n* punto di riferimento *m.* **landscape** *n* paesaggio *m.*

lane (lein) *n* **1** viottolo *m.* **2** *mot* corsia *f.*

language ('læŋgwidʒ) *n* lingua *f.* linguaggio *m.* **language laboratory** *n* laboratorio linguistico *m.*

lanky ('læŋki) *adj* allampanato.

lantern ('læntən) *n* lanterna *f.*

lap[1] (læp) *n* grembo, seno *m.*

lap[2] (læp) *n* *sport* giro di pista *m.*

lap[3] (læp) *vt* bere avidamente. *vi* lambire.

lapel (lə'pel) *n* risvolto *m.*

Lapland ('læplænd) *n* Lapponia *f.*

Lapp n lappone m,f.

lapse ('læps) n **1** errore m. **2** intervallo m. vi **1** sbagliare. **2** trascorrere. **3** scadere.

larceny ('lɑːsəni) n furto m.

larch (lɑːtʃ) n larice m.

lard (lɑːd) n lardo, strutto m. vt ungere con lardo.

larder ('lɑːdə) n dispensa f.

large (lɑːdʒ) adj grande, spazioso.

lark¹ (lɑːk) n zool allodola f.

lark² (lɑːk) n burla f.

larva ('lɑːvə) n, pl **larvae** larva f.

larynx ('læriŋks) n laringe f **laryngitis** n laringite f.

laser ('leizə) n laser m.

lash (læʃ) n **1** frustata f. **2** (of an eye) ciglio m, pl cigli m. or ciglia f. vt frustare.

lass (læs) n ragazza, fanciulla f.

lasso (læ'suː) n lasso, laccio m.

last¹ (lɑːst) adj ultimo, scorso, finale. n **1** fine f. **2** ultimo m. adv per ultimo, l'ultima volta. **at last** finalmente. **to the last** fino all'ultimo.

last² (lɑːst) vi durare, resistere.

latch (lætʃ) n chiavistello m.

late (leit) adj **1** tardi, tardivo. **2** recente. **3** defunto. adv tardi, in ritardo. **be late** essere in ritardo. **latecomer** n ritardatario m. **lately** adv ultimamente, recentemente.

latent ('leitnt) adj latente, nascosto.

lateral ('lætərəl) adj laterale.

latest ('leitist) adj ultimo. **at the latest** al più tardi.

lathe (leið) n tornio m.

lather ('lɑːðə) n schiuma f. vt insaponare. vi schiumare.

Latin ('lætin) adj, n latino m.

latitude ('lætitjuːd) n latitudine f.

latter ('lætə) adj **1** ultimo. **2** posteriore.

lattice ('lætis) n grata, inferriata f.

laugh (lɑːf) vi ridere. **laugh at** farsi beffe di. **~n** risata f.

launch¹ (lɔːntʃ) n naut lancia, scialuppa f.

launch² (lɔːntʃ) vt **1** aviat lanciare. **2** naut varare. **launching pad** n piattaforma di lancio f.

lauder ('lɔːndə) vt lavare e stirare. **laundry** n **1** (place) lavanderia f. **2** bucato m.

laurel ('lɔrəl) n lauro, alloro m.

lava ('lɑːvə) n lava f.

lavatory ('lævətri) n gabinetto m.

lavender ('lævində) n lavanda f.

lavish ('læviʃ) adj prodigo, generoso. vt prodigare, elargire.

law (lɔː) n legge f. diritto m. **law-abiding** adj osservante della legge. **lawful** adj legale, consentito. **lawyer** n avvocato m.

lawn (lɔːn) n prato m. **lawnmower** n falciatrice per prati f.

lax (læks) adj **1** trascurato. **2** rilasciato. **laxative** ('læksətiv) adj,n lassativo m.

lay*¹ (lei) vt posare, collocare, adagiare. vi fare le uova. **lay aside** mettere da parte. **lay out** esporre, distendere. **layer** n strato m.

lay² (lei) v see **lie**.

lay³ (lei) adj laico. **layman** n secolare m.

laze (leiz) vi oziare, fare il pigro. **lazy** adj pigro, indolente. **laziness** n pigrizia f.

lead*¹ (liːd) vt condurre, dirigere. **2** indurre. vi cominciare. **lead astray** traviare, sviare. ~ n **1** comando m. **2** guida f. **3** guinzaglio m. **be in the lead** essere in testa. **leader** n **1** capo m. guida f. **2** articolo di fondo m. **leadership** n comando m. direzione f.

lead² (led) n piombo m.

leaf (li:f) n, pl **leaves 1** bot foglia f. **2** pagina f. **3** battente m. **leaflet** n volantino, manifestino m.

league (li:g) n lega, società f.

leak (li:k) n **1** naut falla f. **2** (of gas) fuga f. **3** fessura f. vi perdere, colare. **leak out** trapelare.

lean*¹ (li:n) vi **1** pendere, inclinare. **2** appoggiarsi. vt appoggiare. **lean out** sporgersi.

lean² (li:n) adj magro, esile.

leap* (li:p) vi balzare, lanciarsi. n salto, balzo m. **leapfrog** n cavalletta f. **leap year** n anno bisestile.

learn* (lə:n) vt, vi imparare, studiare. **learned** adj colto, istruito.

lease (li:s) n contratto d'affitto m. vt affittare. **leasehold** n proprietà in affitto f.

leash (li:ʃ) n guinzaglio m.

least (li:st) adj minimo. n meno m. **at least** almeno. **not in the least** per niente. ~adv (il) minimo, minimamente.

leather (leðə) n pelle f. cuoio m.

leave*¹ (li:v) vt abbandonare, lasciare. vi partire. **leave alone** lasciare in pace. **leave off** smettere.

leave² (li:v) n **1** permesso m. **2** congedo m.

Lebanon ('lebənən) n Libano m. **Lebanese** adj, n libanese.

lecherous ('letʃərəs) adj lascivo, vizioso.

lectern ('lektən) n leggio m.

lecture ('lektʃə) n.**1** conferenza, lezione f. **2** inf ramanzina f. vi tenere delle lezioni. vt ammonire. **lecturer** n insegnante universitario m.

led (led) v see **lead¹**.

ledge (ledʒ) n sporgenza f.

ledger ('ledʒə) n libro mastro m.

lee (li:) n **1** riparo m. **2** sottovento m. adj sottovento. **leeward** adj, adv sottovento.

leech (li:tʃ) n sanguisuga f.

leek (li:k) n porro m.

leer (liə) n occhiata tendenziosa f. vi guardare di traverso or biecamente.

left¹ (left) adj sinistro. n sinistra f. adv a sinistra. **left hand** n mano sinistra f. **left-handed** adj mancino. **left-wing** adj sinistro. **left-luggage office** n deposito bagagli m.

left² (left) v see **leave**.

leg (leg) n **1** anat gamba f. **2** (of furniture) piede m. **3** zool zampa f. **pull someone's leg** prendere in giro qualcuno.

legacy ('legəsi) n lascito m. eredità f.

legal ('li:gəl) adj legale. **legalize** vt legalizzare.

legend ('ledʒənd) n leggenda f.

legible ('ledʒibl) adj leggibile.

legion ('li:dʒən) n legione f.

legislate ('ledʒisleit) vi promulgare leggi. **legislation** n legislazione f.

legitimate (li'dʒitimət) adj legittimo.

leisure ('leʒə) n **1** agio m. **2** tempo a disposizione m.

lemon ('lemən) n limone m. **lemon tree** n limone m. **lemonade** n limonata f.

lend* (lend) *vt* prestare, imprestare.

length (lenθ) *n* **1** lunghezza *f.* **2** durata *f.* **3** (of material, etc.) taglio *m.*

lenient ('li:niənt) *adj* indulgente, benevolo.

lens (lenz) *n* lente *f.*

lent (lent) *v* see **lend.**

Lent (lent) *n* Quaresima *f.*

lentil ('lentil) *n* lenticchia *f.*

Leo ('li:ou) *n* Leone *m.*

leopard ('lepəd) *n* leopardo, gattopardo *m.*

leper ('lepə) *n* lebbroso *m.* **leprosy** *n* lebbra *f.*

lesbian ('lezbiən) *adj* lesbico. *n* lesbica *f.*

less (les) *adj* minore, meno. *n* meno *m. adv,prep* meno. **lessen** *vt,vi* diminuire.

lesson ('lesən) *n* lezione *f.*

lest (lest) *conj* per paura che.

let* (let) *vt* **1** permettere, lasciare. **2** affittare. **let down** *n* piantare in asso. **2** allungare. **let know** far sapere. **let loose** sciogliere, scatenare.

lethal ('li:θəl) *adj* letale.

lethargy ('leθədʒi) *n* letargo *m.* **lethargic** *adj* letargico.

letter ('letə) *n* lettera *f.* **letterbox** *n* buca delle lettere *f.* **lettering** *n* iscrizione *f.*

lettuce ('letis) *n* lattuga *f.*

leukaemia (lu:'ki:miə) *n* leucemia *f.*

level ('levəl) *adj* **1** uniforme. **2** a livello. *n* livello *m.* **on the level** onesto. **~** **1** livello, spianare. **2** (a gun) puntare. **level crossing** *n* passaggio a livello *m.* **levelheaded** *adj* equilibrato.

lever ('li:və) *n* leva *f.* manubrio *m.*

levy ('levi) *n* **1** imposta *f.* **2** *mil* leva *f.* *vt* **1** imporre. **2** *mil* arruolare.

lewd (lu:d) *adj* lascivo, osceno.

liable ('laiəbəl) *adj* **1** soggetto. **2** responsabile. **liability** *n* **1** obbligo *m.* **2** responsabilità *f.* **3** tendenza *f.* **4** *pl comm* passività *f.* debiti *m pl.*

liaison (li'eizon) *n* **1** legame *m.* **2** *mil* collegamento *m.*

liar ('laiə) *n* bugiardo *m.*

libel ('laibəl) *n* calunnia *f.*

liberal ('libərəl) *adj* liberale, generoso. *n* liberale *m,f.*

liberate ('libəreit) *vt* liberare.

liberty ('libəti) *n* libertà *f.*

Libra ('li:brə) *n* Bilancia *f.*

library ('laibrəri) *n* biblioteca *f.* **librarian** *n* bibliotecario *m.*

libretto (li'bretou) *n* libretto d'opera *m.*

Libya ('libiə) *n* Libia *f.* **Libyan** *adj,n* libico.

licence ('laisəns) *n* **1** *mot* patente *f.* **2** licenza *f.* **license** *vt* permettere, autorizzare. **licensee** *n* colui che possiede un'autorizzazione *m.*

lichen ('laikən) *n* lichene *m.*

lick (lik) *vi* leccare. *n* leccata *f.*

lid (lid) *n* coperchio *m.*

lie*[1] (lai) *n* bugia, menzogna *f.* *vi* mentire.

lie*[2] (lai) *vi* **1** giacere. **2** trovarsi. **3** consistere. **lie down** coricarsi.

lieutenant (lef'tenənt) *n* tenente *m.* **lieutenant colonel** *n* tenente colonnello *m.*

life (laif) *n,pl* **lives** vita *f.* **lifebelt** *n* cintura di salvataggio *f.* **lifeboat** *n* scialuppa di salvataggio *f.* **lifebuoy** *n* salvagente *m.* **lifeguard** *n* bagnino *m.* **li-**

feline n sagola di salvataggio f. **lifetime** n durata della vita f.

lift (lift) vt alzare, sollevare. vi 1 levarsi. 2 dissiparsi. n 1 ascensore m. 2 passaggio m.

light¹ (lait) adj chiaro, luminoso. n 1 luce f, lume m. 2 fuoco, fiammifero m. vt 1 accendere. 2 illuminare. **light up** illuminarsi. **lighter** n accendisigari m invar. **lighthouse** n faro m. **lighting** n illuminazione f.

light² (lait) adj 1 leggero. 2 semplice, frivolo. **light-headed** adj scervellato, frivolo. **light-hearted** adj allegro, gaio. **lightweight** n peso leggero m.

light³ (lait) vi scendere, smontare.

lighten¹ ('laitn) vt illuminare. vi 1 illuminarsi. 2 rischiararsi.

lighten² ('laitn) vt alleggerire. vi alleggerirsi.

lightning ('laitniŋ) n fulmine, lampo m.

like¹ (laik) prep come, alla maniera di. adj 1 simile, uguale. 2 tipico di. n simile, uguale m. **feel like** aver voglia di. **likelihood** n probabilità f. **likely** adj verosimile. adv probabilmente. **like-minded** adj dello stesso parere. **likeness** n 1 somiglianza f. 2 ritratto m. **likewise** adv similmente, lo stesso. **liking** n simpatia f.

like² (laik) vt 1 gradire, piacere a. 2 amare, preferire. vi desiderare, volere, piacere.

lilac ('lailək) n bot lilla f.

lily ('lili) n giglio m. **lily-of-the-valley** n mughetto m.

limb (lim) n 1 arto m. membro m,pl membra f. 2 bot ramo m.

limbo ('limbou) n limbo m.

lime¹ (laim) n calce, calcina f. **limelight** n luci della ribalta f pl. **limestone** n calcare m.

lime² (laim) n bot cedro m. **limejuice** n succo di cedro m. **lime tree** n tiglio m.

limerick ('limərik) n piccola poesia umoristica f.

limit ('limit) n 1 limite m. 2 inf colmo m. vt limitare. **limitation** n limitazione f.

limp¹ (limp) vi zoppicare. n andatura zoppicante f.

limp² (limp) adj molle, debole, floscio.

limpet ('limpit) n patella f.

linden ('lindən) n tiglio m.

line¹ (lain) n 1 linea, riga f. 2 corda f. 3 limite m. 4 campo d'attività m. 5 tipo m. vt rigare, segnare. **lineage** n lignaggio m. stirpe f. **linear** adj lineare.

line² (lain) vt (clothes, etc.) foderare. **lining** n fodera f.

linen ('linin) n 1 tela di lino f. 2 biancheria f invar. adj di lino. **linen basket** n cesto dei panni m.

liner ('lainə) n transatlantico m.

linger ('liŋgə) vi indugiare, soffermarsi.

lingerie ('lɔnʒəri:) n biancheria per signora f.

linguist ('liŋgwist) n linguista m. **linguistic** adj linguistico. **linguistics** n linguistica f.

link (liŋk) n 1 anello m. 2 legame m. 3 collegamento m. vt collegare. vi congiungersi.

linoleum (li'nouliəm) n linoleum m. **lino** n linoleum m.

linseed ('linsi:d) n semi di lino m pl.

lion ('laiən) n leone m. **lioness** n leonessa f.

lip (lip) n 1 labbro m, pl labbra f. 2 orlo

m. **lip-read** *vt* capire dal movimento delle labbra. **lipstick** *n* rossetto *m*.

liqueur (li'kjuə) *n* liquore *m*.

liquid ('likwid) *adj,n* liquido *m*. **liquidate** *vt* liquidare. **liquidation** *f*. **liquidize** *vt* rendere liquido.

liquor ('likə) *n* bevanda alcoolica *f*.

liquorice ('likəris) *n* liquirizia *f*.

lira ('liərə) *n* lira *f*.

lisp (lisp) *n* blesità *f*. *vi* parlare bleso.

list (list) *n* lista *f*. elenco, listino *m*. *vt* elencare.

listen ('lisən) *vi* ascoltare. **listener** *n* ascoltatore *m*.

listless ('listləs) *adj* svogliato, apatico, languido.

lit (lit) *v* see **light**.

litany ('litəni) *n* litania *f*.

literal ('litərəl) *adj* letterale, alla lettera.

literary ('litərəri) *adj* letterario.

literate ('litərət) *adj* che sa leggere e scrivere.

literature ('litərətʃə) *n* letteratura *f*.

litre ('li:tə) *n* litro *m*.

litter ('lotə) *n* **1** rifiuti *m pl*. cartacce *f pl*. **2** (of animals) figliata *f*. *vt* mettere in disordine. **litter-bin** *n* cestino dei rifiuti *m*.

little ('litl) *adj* **1** piccolo. **2** poco. **3** breve. *adj* poco, un po'. **little by little** a poco a poco. **~n** poco, po' *m*. **little finger** *n* mignolo *m*. **little toe** *n* mignolo (del piede) *m*.

liturgy ('litədʒi) *n* liturgia *f*.

live¹ (liv) *vt,vi* vivere, abitare. **live on** nutrirsi di. **live up to** mettere in pratica, non venir meno a.

live² (laiv) *adj* **1** vivo, vivente. **2** ardente. **3** (of electricity) sottotensione.

livestock *n* bestiame.

livelihood ('laivlihud) *n* vita *f*.

lively ('laivli) *adj* vivace. **liveliness** *n* vivacità *f*.

liver ('livə) *n* fegato *m*.

livery ('livəri) *n* livrea *f*.

livid ('livid) *adj* **1** livido, cereo. **2** furioso.

living ('livin) *adj* vivo, in esistenza. *n* **1** vita, sussistenza *f*. **2** *rel* benefizio *m*. **living room** *n* stanza di soggiorno *f*.

lizard ('lizəd) *n* lucertola *f*.

llama ('la:mə) *n* lama *m invar*.

load (loud) *n* carico, fardello *m*. *vt* caricare.

loaf¹ (louf) *n, pl* **loaves** pagnotta *f*. pane carré *m*.

loaf² (louf) *vi* oziare, vagabondare, bighellonare.

loan (loun) *n* prestito *m*. *vt* prestare.

loathe (louð) *vt* detestare, provare ripugnanza per. **loathing** *n* ripugnanza *f*. **loathsome** *adj* ripugnante.

lob (lɔb) *vt* tirare alto. *n* pallonetto *m*.

lobby ('lɔbi) *n* **1** atrio *m*. **2** *pol* corridoio *m*. *vi* sollecitar voti.

lobe (loub) *n* lobo *m*.

lobster ('lɔbstə) *n* aragosta *f*.

local ('loukəl) *adj* locale. *n* **1** *inf* pub *m invar*. **2** *pl* gente del luogo *f*. **locality** *n* località *f*. **localize** *vt* circoscrivere. **locate** *vt* **1** individuare, localizzare. **2** situare. **location** *n* luogo, sito *m*.

loch (lɔx) *n* lago *m*.

lock¹ (lɔk) *n* **1** (of a door, etc.) serratura *f*. **2** *naut* chiusa *f*. *vt* chiudere a chiave, sprangare. **lock in** chiudere dentro a chiave. **lock up** mettere sotto chiave, chiudere,

lock² (lɔk) n (of hair) riccio m. ciocca f.

locker ('lɔkə) n armadietto m.

locket ('lɔkit) n medaglione m.

locomotive (loukə'moutiv) n locomotiva f. adj locomotivo. **locomotion** n locomozione f.

locust ('loukəst) n locusta f.

lodge (lɔdʒ) n 1 villetta, dipendenza f. 2 portineria f. vt 1 alloggiare. 2 piazzare. 3 presentare. vi alloggiare. **lodger** n pensionante m,f. **lodgings** n pl camera d'affitto f.

loft (lɔft) n soffitta f. solaio m.

log (lɔg) n 1 tronco, ciocco m. 2 naut giornale di bordo m. **logbook** n mot libretto di circolazione m.

logarithm ('lɔgeriðəm) n logaritmo m.

logic ('lɔdʒik) n logica f. **logical** adj logico.

loins (lɔinz) n pl fianchi m pl.

loiter ('lɔitə) vi bighellonare.

lollipop ('lɔlipɔp) n lecca lecca m invar.

London ('lʌndən) n Londra f.

lonely ('lounli) adj solitario, solo. **loneliness** n solitudine f.

long¹ (lɔŋ) adj 1 lungo. 2 lento. **a long time ago** molto tempo fa. **in the long run** a lungo andare. ~ adv a lungo. **all day long** tutto il giorno. **as long as I want** finché voglio. **as long as** purché. **long-distance** adj interurbano. **long-playing** adj a lunga durata. **long-range** adj a lunga scadenza, a lunga portata. **long-sighted** adj 1 presbite. 2 previdente. **long-standing** adj di vecchia data, di lunga data. **long wave** n onda lunga f. **longwinded** adj 1 prolisso. 2 noioso.

long² (lɔŋ) vi struggersi per, desiderare ardentemente. **long to** non veder l'ora di.

longevity (lɔŋ'geviti) n longevità f.

longitude ('lɔŋgitjuːd) n longitudine f.

loo (luː) n inf gabinetto m.

look (luk) n 1 sguardo m. occhiata f. 2 apparenza f. vi 1 guardare. 2 sembrare, parere. **look after** prendersi cura di. **look at** guardare. **look for** cercare. **look on to** dare su. **look out** fare attenzione.

loom¹ (luːm) n telaio m.

loom² (luːm) vi intravedersi, apparire.

loop (luːp) n cappio m. vi descrivere una curva.

loophole (luːphoul) n scappatoia f.

loose (luːs) adj 1 sciolto, libero. 2 allentato. 3 sfrenato, dissoluto. 4 vago, libero. **at a loose end** senza nulla da fare. ~vt sciogliere. **loosen** vt 1 allentare. 2 sciogliere.

loot (luːt) n bottino m. vt saccheggiare. **looting** n saccheggio m.

lop (lɔp) vt 1 mozzare. 2 bot potare.

lopsided (lɔp'saidid) adj storto, pencolante.

lord (lɔːd) n 1 sovrano, signore m. 2 cap Pari m invar. **lordship** n potere m. signoria f. **Your Lordship** Vostra Signoria, Vostra Eccellenza.

lorry ('lɔri) n camion m invar. autocarro m.

lose* (luːz) vt perdere, smarrire. vi 1 rimetterci. 2 (of a watch) ritardare. **lose one's temper** arrabbiarsi. **lose one's way** smarrirsi. **loser** n perdente m.

loss (lɔs) n perdita f.

lost (lɔst) v see **lose**.

lot (lɔt) n **1** sorte, ventura f. destino m. **2** comm partita f. **3** quantità f.

lotion ('louʃən) n lozione f.

lottery ('lɔtəri) n lotteria f. lotto m.

lotus ('loutəs) n loto m.

loud (laud) adj **1** forte, alto, rumoroso. **2** (of colours) vistoso. adv alto, forte. **loudmouthed** adj sguaiato, vociferatore. **loudness** n sonorità f. **loudspeaker** n altoparlante n.

lounge (laundʒ) n **1** salotto m. **2** sala di ritrovo f. vi poltrire, oziare.

louse (laus) n,pl **lice** pidocchio m. **lousy** adj **1** pidocchioso. **2** inf sordido, pessimo.

love (lʌv) n **1** amore m. **2** sport zero m. **fall in love with** innamorarsi di. ~vt **1** amare. **2** voler bene a. **lovely** adj bello, carino, piacevole. **lover** n amante m,f. **lovesick** adj malato d'amore.

low¹ (lou) adj **1** basso. **2** volgare. adv **1** basso. **2** sottovoce. **lowbrow** adj incolto, di bassa levatura. **low frequency** n bassa frequenza f. **low-grade** adj inferiore, di qualità inferiore. **lowland** n pianura f. bassopiano m. adj di pianura. **low-necked** adj scollato. **low-pitched** adj basso. **low tide** n bassa marea f.

low² (lou) vi muggire.

lower ('louə) vt abbassare. vt,vi calare, diminuire. **lower-case** adj minuscolo. **lower classes** classi inferiori f pl.

loyal ('lɔiəl) adj fedele, leale. **loyalty** n fedeltà, lealtà f.

lozenge ('lɔzindʒ) n pastiglia f.

LSD n LSD f.

lubricate ('lu:brikeit) vt lubrificare. lu-brication n lubrificazione f.

lucid ('lu:sid) adj **1** chiaro, limpido. **2** lucido.

luck (lʌk) n fortuna f. **good luck!** auguri! **lucky** adj fortunato.

lucrative ('lu:krətiv) adj lucroso, lucrativo.

ludicrous ('lu:dikrəs) adj ridicolo, irrisorio.

lug (lʌg) vt trascinare.

luggage ('lʌgidʒ) n bagaglio m.

lukewarm (lu:k'wɔ:m) adj tiepido.

lull (lʌl) n pausa, calma f. **lullaby** n ninna-nanna f.

lumbago (lʌm'beigou) n lombaggine f.

lumber¹ ('lʌmbə) n legname m. **lumberjack** n boscaiolo, taglialegna m.

lumber² ('lʌmbə) vi muoversi goffamente.

luminous ('lu:minəs) adj luminoso.

lump (lʌmp) n **1** massa f. pezzo m. **2** gonfiore m. vt ammassare.

lunacy ('lu:nəsi) n pazzia f.

lunar ('lu:nə) adj lunare.

lunatic ('lu:nətik) adj,n pazzo, matto m.

lunch (lʌntʃ) n colazione f. pranzo m. vi far colazione, pranzare.

lung (lʌŋ) n polmone m.

lunge (lʌndʒ) n affondo m. vi scagliarsi.

lurch¹ (lə:tʃ) n sbandata f. vi barcollare.

lurch² (lə:tʃ) n **leave in the lurch** piantare in asso.

lure (luə) vt allettare. n allettamento m.

lurid ('luərid) adj **1** spettrale. **2** raccapricciante.

lurk (lə:k) vi stare in agguato, essere nascosto.

luscious ('lʌʃəs) *adj* succulento.
lush (lʌʃ) *adj* lussureggiante.
lust (lʌst) *n* cupidigia, libidine *f*. *v* **lust for** *or* **after** bramare. **lustful** *adj* bramoso, avido.
lustre ('lʌstə) *n* lustro *m*.
lute (lu:t) *n* liuto *m*.
Luxembourg ('lʌksəmbə:g) *n* Lussemburgo *m*.

luxury ('lʌkʃəri) *n* lusso *m*. *adj* di lusso.
lynch (lintʃ) *vt* linciare.
lynx (liŋks) *n* lince *f*.
lyre ('laiə) *n* lira *f*.
lyrics ('liriks) *n pl* parole di una canzone *f pl*. **lyrical** *adj* lirico.

M

mac (mæk) *n inf* impermeabile *m.*

macabre (mə'ka:brə) *adj* macabro.

macaroni (mækə'rouni) *n* maccheroni *m pl.*

mace[1] (meis) *n* mazza *f.*

mace[2] (meis) *n bot* macis *m* or *f.*

machine (mə'ʃi:n) *n* macchina *f.* **machine-gun** *n* mitragliatrice *f.* mitragliatore *m.*

machinery *n* 1 macchinario *m.* 2 meccanismo *m.* 3 procedimento *m.* **machinist** *n* 1 macchinista *m.* 2 meccanico *m.* 3 lavorante *m,f.*

mackerel ('mækrəl) *n* sgombro *m.*

mackintosh ('mækintoʃ) *n* impermeabile *m.*

mad (mæd) *adj* 1 matto, pazzo. 2 *inf* arrabbiato. **madness** *n* pazzia *f.*

madam ('mædəm) *n* signora *f.*

made (meid) *v see* **make.**

Madonna (mə'dɔnə) *n* Madonna *f.*

madrigal ('mædrigəl) *n* madrigale *m.*

magazine (mægə'zi:n) *n* 1 periodico, mensile *m.* 2 *mil* caricatore *m.*

Maggiore, Lake (mædʒi'ɔ:ri) *n* Lago Maggiore *m.*

maggot ('mægət) *n* larva *f.*

magic ('mædʒik) *n* magia *f. adj* magico. **magical** *adj* magico. **magician** *n* mago *m.*

magistrate ('mædʒistreit) *n* magistrato *m.*

magnanimous (mæg'næniməs) *adj* magnanimo.

magnate ('mægneit) *n* magnate *m.*

magnet ('mægnit) *n* calamita *f.* magnete *m.* **magnetic** *adj* magnetico. **magnetism** *n* magnetismo *m.* **magnetize** *vt* magnetizzare.

magnificent (mæg'nifisənt) *adj* magnifico.

magnify ('mægnifai) *vt* 1 ingrandire. 2 esagerare. **magnifying glass** *n* lente d'ingrandimento *f.*

magnitude ('mægnitju:d) *n* grandezza, magnitudine *f.*

magnolia (mæg'noulə) *n* magnolia *f.*

magpie ('mægpai) *n* gazza *f.*

mahogany (mə'hɔgəni) *n* mogano *m.* *adj* di mogano.

maid (meid) *n* domestica *f.* **maiden** *adj* inaugurale, primo. *n* fanciulla, signorina *f.* **maiden name** *n* cognome da ragazza *f.*

mail (meil) *n* posta *f. vt* imbucare, mandare per posta. **mailbag** *n* sacco postale *m.* **mailing list** *n* elenco di indirizzi per l'invio di materiale pubblicitario, etc. *m.* **mail order** *n* ordinazione per posta *f.*

maim (meim) *vt* ferire gravemente, mutilare.

main (mein) *adj* principale. **mainland** *n* terraferma *f.* **mainsail** *n* vela (di) maestra *f.* **mainspring** *n* 1 *tech* molla principale *f.* 2 agente principale *m.* **mainstream** *n* corrente principale *f.* **mains** *pl* 1 fognatura *f.* 2 rete elettrica *f.*

maintain (mein'tein) *vt* **1** mantenere. **2** sostenere. **maintenance** *n* **1** manutenzione *f.* **2** mantenimento *m.*

maize (meiz) *n* granturco *m.*

majesty ('mædʒisti) *n* maestà *f.* **majestic** *adj* maestoso.

major ('meidʒə) *adj* maggiore, più importante. *n* maggiore *n.* **major general** *n* generale di divisione *m.* **majority** *n* **1** maggioranza *f.* **2** maggior età *f.*

make* (meik) *vt* **1** fare, costruire. **2** costringere a. *vi* fare. **make for** avviarsi verso. **make off** squagliarsela. **make out** **1** scorgere. **2** riempire. **make up** **1** completare. **2** inventare. **3** *Th* truccare. **make-up** *n* trucco *m.* **make up for** compensare. ~ **1** forma, fabbricazione *f.* **2** marca *f.* **make-believe** *n* finzione *f.* **make-shift** *adj* improvvisato.

maladjusted (mælə'dʒʌstid) *adj* incapace di adattarsi.

malaria (mə'lɛəriə) *n* malaria *f.*

Malaya (mə'leiə) *n* Malesia *f.* **Malay** *adj, n* malese. **Malay** (language) *n* malese *m.*

Malaysia (mə'leiziə) *n* Malaysia *f.* **Malaysian** *adj, n* malese.

male (meil) *adj* maschile, *n* maschio *m.*

malfunction (mæl'fʌŋkʃən) *vi* funzionare male *n* funzionamento imperfetto *m.*

malice ('mælis) *n* malignità *f.*

malignant (mə'lignənt) *adj* maligno.

mallet ('mælət) *n* maglio *m.*

malnutrition (mælnju'triʃən) *n* malnutrizione *f.*

malt (mɔ:lt) *n* malto *m.*

Malta ('mɔ:ltə) *n* Malta *f.* **Maltese** *adj, n* maltese.

maltreat (mæl'tri:t) *vt* maltrattare.

mammal ('mæml) *n* mammifero *m.*

mammoth ('mæməθ) *adj* immenso.

man (mæn) *n, pl* **men** uomo *m, pl* uomini. *vt* equipaggiare. **man-handle** *vt* malmenare. **manhole** *n* chiusino *m.* **man-made** *adj* artificiale. **manpower** *n* manodopera *f.* **manslaughter** *n* omicidio preterintenzionale *m.*

Man, Isle of *n* Isola di Man *f.*

manage ('mænidʒ) *vt* dirigere. *vi* cavarsela. **manage to** riuscire a. **manageable** *adj* docile. **management** *n* direzione *f.* **manager** *n* direttore *m.*

mandarin ('mændərin) *n* mandarino *m.*

mandate ('mændeit) *n* mandato *m.* **mandatory** *adj* obbligatorio.

mandolin ('mændəlin) *n* mandolino *m.*

mane (mein) *n* criniera *f.*

mange (meindʒ) *n* rogna *f.* **mangy** *adj* **1** rognoso. **2** *inf* squallido.

mangle[1] ('mæŋgəl) *vt* rovinare, deformare.

mangle[2] (mæŋgəl) *n* mangano, strizzatoio *m.* *vt* manganare.

mango ('mæŋgou) *n, pl* **-goes** *or* **-gos** mango *m.*

mania ('meiniə) *n* mania *f.* **maniac** *n* maniaco *m.* **maniac** *adj* maniaco.

manicure ('mænikjuə) *n* manicure, cosmesi delle mani *f.* *vt* fare la manicure. **manicurist** *n* manicure *m, f.*

manifest ('mænifest) *adj* evidente, palese, manifesto. *vt* dimostrare.

manifesto (mæni'festou) *n* manifesto *m.*

manifold ('mænifould) *adj* molteplice.

manipulate (mə'nipjuleit) *vt* **1** manipolare. **2** manovrare, maneggiare. **ma-**

nipulation n 1 manipolare f. maneggio m.

mankind ('mænkaind) n umanità f.

manner ('mænə) n maniera f. modo m. **mannerism** n manierismo m.

manoeuvre (mə'nuːvə) n manovra f. vt, vi manovrare.

manor ('mænə) n maniero m.

mansion ('mænʃən) n casa signorile f.

mantelpiece ('mæntəlpiːs) n mensola f.

mantilla (mæn'tilə) n mantiglia f.

mantle ('mæntl) n mantello m.

manual ('mænjuəl) adj manuale.

manufacture (mænjuˈgæktʃə) n manifattura f. vt fabbricare. **manufacturer** n fabbricante m.

manure (məˈnjuə) n letame m. vt concimare.

manuscript ('mænjuskript) n manoscritto m.

Manx (mæŋks) adj dell'isola di Man.

many ('meni) adj molti. **a good many** parecchi. **as many** altrettanti. **how many?** quanti? **many a** molti. **so many** tanti.

Maori ('mauri) adj, n maori invar.

map (mæp) n 1 mappa, carta f. 2 (of a town) pianta f. vt fare la carta di. **map out** tracciare.

maple ('meipəl) n acero m.

mar (maː) vt guastare.

marathon ('mærəθən) n maratona f.

marble ('maːbəl) n 1 marmo m. 2 game biglia, pallina f. adj di marmo, marmoreo.

march (maːtʃ) n marcia f. vi marciare.

March (maːtʃ) n marzo m.

marchioness ('maːʃənis) n marchesa f.

mare (meə) n cavalla f.

margarine (maːdʒə'riːn) n margarina f.

margin ('maːdʒin) n margine m. **marginal** adj marginale.

margueirte (maːgə'riːt) n margherita f.

marigold ('mærigould) n calendola f.

marijuana (mæri'waːnə) n marijuana f.

marinade (n mæri'neid) n marinata f. **marinate** vt marinare.

marine (mə'riːn) adj marino. n soldato di marina m. **maritime** adj marittimo.

marital ('mæritl) adj maritale, coniugale.

marjoram ('maːdʒərəm) n maggiorana f.

mark[1] (maːk) n 1 segno, marchio m. impronta f. 2 educ voto m. vt 1 segnare, marcare. 2 educ correggere. **marks-man** n tiratore scelto m.

mark[2] (maːk) n comm marco m.

market ('maːkit) n 1 mercato m. 2 comm borsa f. vt mettere in vendita. **market garden** n orto m. **market research** n ricerca di mercato f.

marmalade ('maːməleid) n marmellata f.

maroon[1] (məˈruːn) adj, n marrone rossastro m.

maroon[2] (məˈruːn) vt abbandonare.

marquee (maːˈkiː) n grande tenda f.

marquess ('maːkwis) n marchese m.

marquise (maːˈkiːz) n marchesa f.

marrow ('mærou) n 1 midollo m. 2 bot zucca f. **marrow-bone** n ossobuco m.

marry ('mæri) vt sposare, vi sposarsi.

marriage n matrimonio m. **marriage certificate** n certificato di matrimonio m.

Mars (maːz) n Marte m.

marsh (mɑːʃ) *n* palude *f*. **marshy** *adj* paludoso. **marsh-mallow** *n* 1 *bot* altea *f*. 2 specie di caramella *f*.

marshal ('mɑːʃəl) *n* maresciallo *m*. *vt* ordinare.

marsupial (mɑːˈsjuːpiəl) *adj, n* marsupiale *m*.

martial ('mɑːʃəl) *adj* marziale.

martin ('mɑːtin) *n* balestruccio *m*.

martini (mɑːˈtiːni) *n* martini *m invar*.

martyr ('mɑːtə) *n* martire *m*. **martyrdom** *n* martirio *m*.

marvel ('mɑːvəl) *n* meraviglia *f*. *vi* meravigliarsi. **marvellous** *adj* meraviglioso.

Marxism ('mɑːksizəm) *n* marxismo *m*. **Marxist** *adj, n* marxista.

marzipan ('mɑːzipæn) *n* marzapane *m*.

mascara (mæˈskɑːrə) *n* mascara *m*.

mascot ('mæskɔt) *n* mascotte *f, pl* mascottes.

masculine ('mæskjulin) *adj* maschile, mascolino.

mash (mæʃ) *vt* schiacciare, pestare.

mask (mɑːsk) *n* maschera *f*. *vt* mascherare.

masochism ('mæsəkizəm) *n* masochismo *m*. **masochist** *n* masochista *m*. **masochistic** *adj* masochistico.

mason ('meisən) *n* 1 muratore *m*. 2 massone *m*. **masonic** *adj* massonico. **masonry** *n* 1 muratura *f*. 2 massoneria *f*.

masquerade (mæskəˈreid) *n* 1 ballo in maschera *m*. mascherata *f*. 2 finzione *f*. *vi* mascherarsi.

mass[1] (mæes) *n* massa *f*. **masses** *pl* un sacco di. ~ *vt* adunare, ammassare. **mass media** *n* mass media *m pl*.

mass-produce *vt* produrre in massa.

mass[2] (mæs) *n rel* messa *f*.

massacre ('mæsəkə) *n* massacro *m*. *vt* massacrare.

massage ('mæsɑːʒ) *vt* massaggiare. *n* massaggio *m*.

massive ('mæsiv) *adj* massiccio.

mast (mɑːst) *n* albero *m*.

master ('mɑːstə) *n* 1 padrone *m*. 2 *educ* maestro, professore *m*. *vt* dominare. **masterful** *adj* imperioso. **mastermind** *n* cervello *m*. **masterpiece** *n* capolavoro *m*.

masturbate ('mæstəbeit) *vi* masturbarsi. **masturbation** *n* masturbazione *f*.

mat (mæt) *n* 1 stuoia *f*. 2 (table) sottovaso, sottopiatto *m*.

matador ('mætədɔː) *n* matador *m, pl* matadores.

match[1] (mætʃ) *n* fiammifero *m*. **matchbox** *n* scatola da fiammiferi *f*. **matchstick** *n* fiammifero *m*.

match[2] (mætʃ) *n* 1 uguale *m, f*. pari *m,f invar*. 2 *sport* partita *f*. incontro *m*. 3 matrimonio *m*. *vt* 1 uguagliare. 2 andar bene con. 3 opporre. *vi* andar bene insieme.

mate (meit) *n* 1 *inf* compagno, amico *m*. 2 *naut* ufficiale in seconda *m*. *vt* accoppiare. *vi* accoppiarsi.

material (məˈtiəriəl) *n* 1 materiale *m*. 2 stoffa *f*. *adj* 1 materiale. 2 essenziale. **materialist** *n* materialista *m*. **materialistic** *adj* materialistico. **materialize** *vi* realizzarsi.

maternal (məˈtəːnl) *adj* materno. **maternity** *n* maternità *f*.

mathematics (mæθəˈmætiks) *n* matematica *f*.

matins ('mætinz) *n pl* mattutino *m*.

matinee ('mætinei) *n* (rappresentazione) diurna *f*.

matriarchal ('meitriɑːkəl) *adj* matriarcale.

matrimony ('mætriməni) *n* matrimonio *m*.

matrix ('mətriks) *n, pl* matrices or matrixes matrice *f*.

matron ('meitrən) *n* 1 *educ* governante *f*. 2 *med* capoinfermiera *f*.

matter ('mætə) *n* 1 materia *f*. 2 contenuto *m*. 3 faccenda, questione *f*. as a matter of fact a dire il vero. printed matter *n* stampati *m pl*. what's the matter? che c'è? ~ *vi* importare, aver importanza.

Matterhorn ('mætəhɔːn) *n* Cervino *m*.

mattress ('mætrəs) *n* materasso *m*.

mature (mə'tjuə) *adj* maturo. *vt, vi* maturare. maturity *n* maturità *f*.

maudlin ('mɔːdlin) *adj* piagnucoloso, sentimentale.

maul (mɔːl) *vt* dilaniare, straziare.

Maundy Thursday ('mɔːndi) *n* Giovedì Santo *m*.

mausoleum (mɔːsə'liəm) *n* mausoleo *m*.

mauve (mouv) *adj, n* malva *m invar*.

maxim ('mæksim) *n* massima *f*.

maximum ('mæksiməm) *adj, n* massimo *m*. maximize *vt* rendere massimo.

may (mei) *v mod aux* potere. it may be so può darsi. maybe *adv* forse, può darsi che.

May (mei) *n* maggio *m*. May Day *n* primo maggio *m*. festa del lavoro *f*. maypole *n* albero di maggio *m*.

mayonnaise (meiə'neiz) *n* maionese *f*.

mayor ('meə) *n* sindaco *m*. mayoress *n* sindaca *f*.

maze (meiz) *n* labirinto *m*.

me (miː) *pers pron* 1*dt pers s* mi, me.

meadow ('medou) *n* prato *m*.

meagre ('miːgə) *adj* magro.

meal[1] (miːl) *n cul* pasto *m*.

meal[2] (miːl) *n* farina grossa *f*.

mean*[1] (miːn) *vt* 1 significare, voler dire. 2 intendere. 3 destinare. mean well essere ben intenzionato.

mean[2] (miːn) *adj* 1 meschino, di basso conio. 2 gretto, tirchio, taccagno, 3 medio.

meander (miændə) *vi* serpeggiare. *n* meandro *m*.

meaning ('miːniŋ) *n* significato *m*. meaningful *adj* significativo. meaningless *adj* privo di significato.

means (miːnz) *n pl* mezzo *m*. by all means certo, senz'altro. by no means non...affatto, niente affatto.

meantime ('miːntaim) *adv* intanto. in the meantime nel frattempo.

measles ('miːzəlz) *n* morbillo *m*.

measure ('meʒə) *n* misura *f*. made to measure confezionato su misura. ~ *vt, vi* misurare. measurement *n* misura *f*.

meat (miːt) *n* carne *f*.

mechanic (mi'kænik) *n* meccanico *m*. mechanical *adj* meccanico. mechanical enginerring *n* ingegneria meccanica *f*. mechanism *n* meccanismo *m*. mechanize *vt* meccanizzare.

medal ('medl) *n* medaglia *f*. medallion *n* medaglione *m*.

meddle ('medl) *vi* immischiarsi, intromettersi.

media ('miːdiə) mass media *n* mezzi

di comunicazione di massa *m pl*.

medial ('mi:diəl) *adj* mediano, medio.

median ('mi:diən) *adj* mediano. *n* mediana *f*.

mediate ('mi:dieit) *vt, vi* mediare. **mediator** *n* mediatore *m*.

medical ('medikəl) *adj* medico. *n* esame medico *m*. **medication** *n* medicazione *f*. **medicine** *n* **1** medicina *f*. **2** farmaco *m*.

medieval (medi'i:vəl) *adj* medievale.

mediocre (mi:di'oukə) *adj* mediocre. **mediocrity** *n* mediocrità *f*.

meditate ('mediteit) *vt, vi* meditare. **meditator** *n* meditatore *m*.

Mediterranean (meditə'reiniən) *adj* mediterraneo. **Mediterranean (Sea)** *n* (Mare) Mediterraneo *m*.

medium ('mi:diəm) *n, pl* **media** *or* **mediums** mezzo *m*. **happy medium** giusto mezzo. ~ *adj* medio.

meek (mi:k) *adj* remissivo, mite.

meet* (mi:t) *vt* incontrare. *vi* **1** incontrarsi. **2** riunirsi. **meet with 1** imbattersi in. **2** subire. **meeting** *n* riunione, assemblea *f*.

megaphone ('megəfound) *n* megafono *m*.

melancholy ('melənkəli) *n* malinconia *f*. *adj* malinconico.

mellow ('melou) *adj* **1** maturo. **2** amabile. **3** addolcito. **4** morbido. *vt* far maturare, addolcire. *vi* maturarsi, addolcirsi.

melodrama ('melədrɑːmə) *n* melodramma *m*. **melodramatic** *adj* melodrammatico.

melody ('melədi) *n* melodia *f*.

melon ('melən) *n* melone *m*.

melt* (melt) *vt* squagliare, sciogliere, fondere. *vi* squagliarsi, sciogliersi, fondere. **melt down** fondere. **melting** *n* fusione *f*. **melting point** *n* punto di fusione *m*.

member ('membə) *n* membro, socio *m*. **member of Parliament** *n* deputato *m*. **membership** *n* **1** appartenenza *f*. **2** totale dei membri *m*.

membrane ('membrein) *n* membrana *f*.

memento (mə'mentou) *n, pl* **-os** *or* **-oes** ricordo *m*.

memo ('memou) *n inf* memorandum *m*.

memoir ('memwɑː) *n* **1** nota biografica *f*. **2** *pl* memorie *f pl*.

memorandum (memə'rændəm) *n, pl* **-dums** *or* **-da** memorandum *m*.

memory ('meməri) *n* **1** memoria *f*. **2** ricordo *m*. **memorable** *adj* memorabile. **memorial** *n* monumento *m*. *adj* commemorativo. **memorize** *vt* imparare a memoria.

menace ('menəs) *n* minaccia *f*. *vt* minacciare. **menacing** *adj* minaccioso.

menagerie (mə'nædʒeri) *n* serraglio *m*.

mend (mend) *vt* **1** riparare, rammendare. **2** migliorare. *vi* rimettersi, migliorare. **mend one's ways** ravvedersi. *n* aggiustatura *f*. rammendo *m*. **mending** *n* **1** riparazione *f*. **2** roba da riparare *f*.

menial ('mi:niəl) *adj* umile, servile. *n* servo *m*.

menopause ('menəpɔːz) *n* menopausa *f*.

menstrual ('menstruəl) *adj* mestruale. **menstruate** *vi* mestruare.

mental ('mentl) *adj* mentale. **mental hospital** *n* manicomio *m*. **mentality**

mentalità f.

mentol ('menθəl) n mentolo m.

mention ('menʃən) vt far menzione di citare, menzionare. **don't mention it!** di nulla! ~ n menzione, citazione f.

menu ('menju:) n menu m invar.

mercantile ('mə:kəntail) adj mercantile.

mercenary ('mə:sənəri) adj mercenario, venale. n mercenario m.

merchant ('mə:tʃənt) n commerciante, mercante m. **merchant bank** n banca f. **mercant navy** n marina mercantile f. **merchandise** n merce, mercanzia f.

mercury ('mə:kjuri) n mercurio m.

mercy ('mə:si) n misericordia, pietà, clemenza f.

mere (miə) adj puro, semplice, mero.

merge (mə:dʒ) vt fondere, amalgamare. vi fondersi. **merger** n fusione f.

meridian (mə'ridiən) n meridiano m.

meringue (mə'ræŋ) n meringa f.

merit ('merit) n merito m. vt meritare.

mermaid ('mə:meid) n sirena f.

merry ('meri) adj 1 allegro, giocondo. 2 inf brillo, alticcio. **merry-go-round** giostra f. carosello m.

mesh (meʃ) n maglia f.

mesmerize ('mezməraiz) vt ipnotizzare.

mess (mes) n 1 pasticcio m. confusione f. 2 mensa f. v **mess about** perdere tempo. **mess up** guastare.

message ('mesidʒ) n 1 messaggio m. 2 commissione f. **messenger** n messaggero, fattorino m.

met (met) v see **meet**.

metabolism (mi'tæbəlizəm) n metabolismo m.

metal ('metl) n metallo m. adj di metallo, metallico. **metallic** adj metallico. **metallurgy** n metallurgia f.

metamorphosis (metə'mɔ:fəsis) n, pl **metamorphoses** metamorfosi f invar.

metaphor ('metəfə) n metafora f. **metaphorical** adj metaforico.

metaphysics (metə'fiziks) n metafisica f. **metaphysical** adj metafisico.

meteor ('mi:tiə) n meteora f. **meteorology** n meterologia f.

meter ('mi:tə) n 1 contatore m. 2 mot parchimetro m.

methane ('mi:θein) n metano m.

method ('meθəd) n metodo m. **methodical** adj metodico. **methodology** n metodologia f.

Methodist ('meθədist) n metodista m.

meticulous (mi'tikjuləs) adj meticoloso.

metre ('mi:tə) n metro m. **metric** adj metrico.

metropolis (mə'trɔpəlis) n metropoli f invar. **metropolitan** adj metropolitano.

Mexico ('meksikou) n Messico m. **Mexican** adj messicano.

miaow (mi'au) n miagolio m. vi miagolare.

microbe ('maikroub) n microbo m.

microphone ('maikrəfoun) n microfono m.

microscope ('maikrəskoup) n microscopio m.

mid (mid) adj 1 mezzo, di mezzo, a metà. 2 pieno. **midday** n mezzogiorno m. **midland** adj interno. **midmorning** n metà mattina f. **midnight** n mezzanot-

te f. **midstream** n centro della corrente m. **midsummer** n mezza estate f. **midway** adj, adv a metà strada. **midweek** n metà (della) settimana f.

middle ('midl) n mezzo, centro m. metà f. adj di mezzo, medio, medio. **middle finger** n (dito) medio m. **middle-aged** adj di mezz'età. **middle-class** adj borghese.

Middle Ages n pl medioevo m.

Middle East n Medio Oriente m.

midget ('midʒit) n nano m.

midst (midst) n mezzo, cento m.

midwife ('midwaif) n ostetrica f. **midwifery** n ostetricia f.

might[1] (mait) v see **may**.

might[2] (mait) n forza, potenza f.

migraine ('miːgrein) n emicrania f.

migrate ('maiˈgreit) vi 1 zool migrare. 2 emigrare. **migration** n 1 migrazione f. 2 emigrazione f.

mike (maik) n inf microfono m.

Milan (miˈlæn) n Milano f. **Milanese** adj, n milanese.

mild (maild) adj 1 mite, gentile. 2 dolce, leggero. 3 clemente. **midly** adv gentilmente.

mildew ('mildjuː) n muffa f.

mile (mail) n miglio m, pl miglia f. **mileage** n distanza percorsa in miglia f. chilometraggio m. **mileometer** n contamiglia, contachilometri m. **milestone** n pietra miliare f.

militant ('militənt) adj, n militante. **military** adj militare.

milk (milk) n latte m. vt mungere. **milkman** n lattaio m.

Milk Way n Via Lattea f.

mill (mil) n 1 mulino n. 2 fabbrica f. sta-

bilimento m. 3 macinino m. **millstone** n macina f.

millennium (miˈleniəm) n, pl -niums or -nia millennio m.

milligram ('miligræm) n milligrammo m.

millilitre ('mililiːtə) n millilitro m.

millimetre ('milimiːtə) n millimetro m.

million ('miljən) n milione m. **millionaire** n milionario m. **millionth** adj milionesimo.

mime (maim) n mimo m. vt, vi mimare. **mimic** n mimo, imitatore m. vt imitare. **mimicry** n mimica f.

mimosa ('miˈmouzə) n mimosa f.

minaret (minəˈret) n minareto m.

mince (mins) vt tritare, tagliuzzare. n carne tritata f. **mincer** n tritatutto m.

mind (maind) n 1 mente f. memoria f. **make up one's mind** decidersi. ~ n 1 badare a, fare attenzione a. 2 occuparsi di. vi stare attento. **do you mind?** ti dispiace? **never mind!** non importa!

mine[1] (main) poss pron 1st pers s mio, il mio, mia, la mia, miei, i miei, mie, le mie.

mine[2] (main) n 1 miniera f. 2 mil mina f. vt 1 scavare, estrarre. 2 mil minare. **miner** n minatore m.

mineral ('minərəl) adj, n minerale m. **mineral water** n acqua minerale f.

minestrone (miniˈstrouni) n minestrone m.

mingle ('miŋgəl) vt mischiare. vi mescolarsi.

miniature ('miniətʃə) n miniatura f. adj in miniatura.

minim ('minim) n minima f. **minimize** vt minimizzare. **minimum** adj, n minimo *m*.

mining ('mainiŋ) *n* attività mineraria, estrazione *f*. *adj* minerario.

minister ('ministə) *n* **1** ministro *m*. **2** *rel* pastore *m*. **ministerial** *adj* ministeriale. **ministry** *n* **1** ministero *m*. **2** *rel* clero *m*.

mink (miŋk) *n* visone *m*.

minor ('mainə) *adj* minore, più piccolo, secondario. *n* minorenne *m, f*. **minority** *n* **1** minoranza *f*. **2** *law* qualità di minorenne *f*.

minstrel ('minstrəl) *n* menestrello *m*.

mint[1] (mint) *n bot* menta *f*.

mint[2] (mint) *n* zecca *f*. *vt* coniare.

minuet (minju'et) *n* minuetto *m*.

minus ('mainəs) *adj, prep* meno.

minute[1] ('minit) *n* **1** minuto *m*. **2** monumento *m*. **3** *pl*. verbale *m*.

minute[2] ('mai'nju:t) *adj* **1** minuto. **2** particolareggiato.

miracle ('mirəkəl) *n* miracolo *m*. **miraculous** *adj* miracoloso.

mirage ('mira:ʒ) *n* miraggio *m*.

mirror ('mirə) *n* specchio *m*. *vt* rispecchiare.

mirth (mə:θ) *n* ilarità, allegria *f*. riso *m*, *pl* risa *f*.

misbehave (misbi'heiv) *vi* comportarsi male. **misbehaviour** *n* cattiva condotta *f*.

miscarriage (mis'kæridʒ) *n* **1** *med* aborto *m*. **2** insuccesso *m*. **miscarry** *vi* **1** abortire. **2** fare cilecca.

miscellaneous (misə'leiniəs) *adj* miscellaneo. **miscellany** *n* miscellanea *f*.

mischance (mis'tʃɑːns) *n* disavventura *f*.

mischief ('mistʃif) *n* **1** birichinata *f*. **2** danno *m*. **mischievous** *adj* birichino, dispettoso.

misconceive (miskən'si:v) *vt* fraintendere, farsi un'idea erronea di. **misconception** *n* malinteso *m*. idea erronea *f*.

misconduct (miskən'dʌkt) *n* **1** cattiva condotta *f*. **2** cattiva amministrazione *f*.

misdeed (mis'di:d) *n* misfatto *m*.

miser ('maizə) *n* avaro *m*. **miserly** *adj* avaro.

miserable ('mizərəbəl) *adj* **1** triste, infelice. **2** misero, miserabile.

misery ('mizəri) *n* depressione, sofferenza *f*.

misfire (mis'faiə) *vi* **1** incepparsi. **2** fare fiasco, mancare il bersaglio.

misfit ('misfit) *n* **1** spostato *m*. **2** vestito che non va bene *m*.

misfortune ('mis'fɔ:tʃən) *n* sfortuna *f*.

misgiving (mis'giviŋ) *n* **1** dubbio, sospetto *m*. **2** diffidenza *f*.

misguided (mis'gaidid) *adj* sviato.

mishap ('mishæp) *n* infortunio *m*.

mislay (mis'lei) *vt* smarrire.

mislead (mis'li:d) *vt* **1** ingannare. **2** fuorviare. **misleading** *adj* fallace.

misprint (*n* 'misprint; *v* mis'print) *n* errore di stampa *m*. *vt* stampare male.

miss[1] (mis) *vt* **1** mancare, sbagliare. **2** sentire la mancanza di. **3** perdere. **4** evitare. *vi* mancare, sbagliare. **miss out** omettere. ~ *n* colpo mancato, sbaglio *m*. **missing** *adj* **1** mancante, smarrito. **2** *mil* disperso.

miss[2] (mis) *n* **1** signorina *f*. **2** *cap* (title of address) Signorina.

missile ('misail) *n* missile *m*.

mission ('miʃən) *n* missione *f*. missio-

nary *adj, n* missionario *m.*

mist (mist) *n* foschia *f.* *vi* appannarsi.

misty *adj* **1** fosco. **2** nebuloso.

mistake* (mis'teik) *n* sbaglio, errore *m.* *vt* **1** sbagliare. **2** fraintendere. **3** scambiare.

mister ('mistə) *n* signore *m.*

mistletoe ('misltou) *n* vischio *m.*

mistress ('mistrəs) *n* **1** signora *f.* **2** padrona *f.* **3** professoressa *f.* **4** amante *f.*

mistrust (mis'trʌst) *vt* non fidarsi di. *n* diffidenza *f.* **mistrustful** *adj* diffidente.

misunderstand * (misʌndə'stænd) *vt* fraintendere. **misunderstanding** *n* equivoco *m.*

misuse (*v* mis'juːz; *n* mis'juːs) *vt* **1** far cattivo uso di, usare a sproposito. **2** maltrattare. *n* cattivo uso *m.*

mitre ('maitə) *n* mitra *f.*

mitten ('mitn) *n* manopola *f.*

mix (miks) *vt* mischiare, combinare, mettere insieme. *vi* mischiarsi, andar bene insieme. **mixture** *n* **1** misto *m.* mistura *f.* **2** miscela *f.*

moan (moun) *n* gemito, lamento *m.* *vi* gemere, lamentarsi. *vt* lamentare.

moat (mout) *n* fossato *m.*

mob (mɔb) *n* marmaglia *f.* folla in tumulto *f.* *vt* assalire.

mobile ('moubail) *adj* **1** mobile. **2** mutevole. **mobility** *n* mobilità *f.* **mobilize** *vt* mobilitare. *vi* mobilitarsi. **mobilization** *n* mobilitazione *f.*

mock (mɔk) *vt* deridere, prendere in giro. *adj* finto. **mockery** *n* derisione *f.*

mode (moud) *n* modo *m.*

model ('mɔdl) *n* **1** modello *m.* **2** *Art* modello *m.* **3** indossatrice *f.* *adj* esempla-

re, modello. *vt* modellare. *vi* fare l'indossatore.

moderate (*adj, n* 'mɔdərət; *v* 'mɔdəreit) *adj, n* moderato. *vt* moderare. **moderation** *n* moderazione *f.*

modern ('mɔdən) *adj* moderno. **modernize** *vt* modernizzare.

modest ('mɔdist) *adj* modesto. **modesty** *n* modestia *f.*

modify ('mɔdifai) *vt* **1** modificare. **2** temperare. **modifier** *n* parola modificante *f.*

modulate ('mɔdjuleit) *vt* modulare.

module ('mɔdjuːl) *n* modulo *m.*

mohair ('mouheə) *n* mohair *m.*

moist (mɔist) *adj* umido. **moisten** *vt* inumidire. *vi* inumidirsi. **moisture** *n* vapore condensato *m.* **moisturize** *vt* umidificare.

mole[1] (moul) *n* neo *m.*

mole[2] (moul) *n* *zool* talpa *f.*

molecule ('mɔlikjuːl) *n* molecola *f.* **molecular** *adj* molecolare.

molest (mə'lest) *vt* molestare.

mollusc ('mɔləsk) *n* mollusco *m.*

molten ('moultən) *adj* fuso.

moment ('moumənt) *n* momento *m.* **2** importanza *f.* **momentary** *adj* momentaneo. **momentous** *adj* grave, di grande importanza. **momentum** *n* **1** *sci* momento *m.* **2** slancio *m.*

monarch ('mɔnək) *n* monarca *m.* **monarchy** *n* monarchia *f.*

monastery ('mɔnəstri) *n* monastero, convento *m.* **monastic** *adj* monastico.

Monday ('mʌndi) *n* lunedì *m.*

money ('mʌni) *n* quattrini, soldi *m pl.* denaro *m.* **money-box** *n* salvadanaio *m.* **money order** *n* vaglia *m invar.*

monetarism n monetarismo m. **monetary** adj monetario.

mongrel ('mʌŋgrəl) adj, n bastardo m.

monitor ('mɔnitə) n **1** monitor m invar. **2** addetto all'ascolto di trasmissioni estere m. vt **1** controllare. **2** ascoltare.

monk (mʌŋk) n monaco, frate m.

monkey ('mʌŋki) n scimmia f.

monochrome ('mɔnəkroum) adj monocromo. n monocromato f.

monogamy (mə'nɔgəmi) n monogamia f.

monologue ('mɔnələg) n monologo m.

monopoly (mə'nɔpəli) n monopolio m. **monopolize** vt monopolizzare.

monosyllable ('mɔnəsiləbl) n monosillabo m. **monosyllabic** ajd monosillabico, monosillabo.

monotone ('mɔnətoun) n tono uniforme m. **monotonous** adj monotono. **monotony** n monotonia f.

monsoon (mɔn'su:n) n monsone m.

monster ('mɔnstə) n mostro m. **monstrous** adj mostruoso.

month (mʌnθ) n mese m. **monthly** adj mensile. adv mensilmente.

monument ('mɔnjumənt) n monumento m. **monumental** adj monumentale.

moo (mu:) vi muggire. n muggito m.

mood[1] (mu:d) n umore m. **moody** adj capriccioso.

mood[2] (mu:d) n gram modo m.

moon (mu:n) n luna f. **moonlight** n chiaro di luna m.

moor[1] (muə) n brughiera f. **moorhen** n gallinella d'acqua f. **moorland** n brughiera f.

moor[2] (muə) vt ormeggiare. **moorings** n pl ormeggio m.

Moor (muə) n moro, saraceno m. **Moorish** adj moresco.

mop (mɔp) n **1** strofinaccio m. **2** (of hair) zazzera f. vt **1** asciugare. **2** raccogliere. **mop up** pulire.

mope (moup) vi darsi alla malinconia, immusonirsi.

moped ('mouped) n ciclomotore m.

moral ('mɔrəl) adj morale. n **1** morale f. **2** pl morale f. **morale** n morale m. **morality** n moralità f. **moralize** vi moraleggiare. vt moralizzare.

morbid ('mɔ:bid) adj morboso.

more (mɔ:) adj più, di più, maggiore. adv **1** di più, più. **2** ancora. **more and more** sempre più. **once more** ancora una volta. **moreover** adj inoltre.

morgue (mɔ:g) n obitorio m.

morning ('mɔ:niŋ) n mattina, mattinata f. mattino m. **this morning** stamattina, stamane.

Marocco (mə'rɔkou) n Marocco m. **Maroccan** adj, n marocchino.

moron ('mɔ:rɔn) n **1** med oligofrenico m. **2** inf idiota m.

morose (mə'rous) adj scontroso.

morphine ('mɔ:fi:n) n morfina f.

morse code (mɔ:s) n alfabeto Morse m.

mortal ('mɔ:tl) adj, n mortale m. **mortality** n mortalità f.

mortar[1] ('mɔ:tə) n mortaio m.

mortar[2] ('mɔ:tə) n (for building) malta f.

mortgage ('mɔ:gidʒ) n ipoteca f. vt ipotecare.

mortify ('mɔ:tifai) vt mortificare.

mortuary ('mɔ:tjuəri) n camera mortuaria f.

mosaic (mou'zeiik) n mosaico m.

mosque (mɔsk) *n* moschea *f.*

mosquito (məˈskiːtou) *n*, *pl* -**oes** *or* -**os** zanzara *f.*

moss (mɔs) *n* muschio *m.*

most (moust) *adj* 1 il maggior numero di, la maggior quantità di, la maggior parte di. 2 più. *n* massimo, più *m.* **at the most** al massimo. **make the most of** usar bene, sfruttare. ~ *adv* più, di più. **mostly** *adv* per lo più, per la maggior parte.

motel (mouˈtel) *n* motel *m.*

moth (mɔθ) *n* farfalla notturna *f.*

mother (ˈmʌðə) *n* madre, mamma *f.* **motherly** *adj* materno. **motherhood** *n* maternità *f.* **mother-in-law** *n* suocera *f.* **mother superior** *n* (madre) superiora *f.*

motion (ˈmouʃən) *n* 1 movimento, moto *m.* 2 *pol* mozione *f.* *vt, vi* far segno a. **motionless** *adj* immobile.

motive (ˈmoutiv) *n* motivo *m.* *adj* motore.

motor (ˈmoutə) *n* motore *m.* *vi* andare in macchina. **motor car** *n* automobile, macchina *f.* auto *f invar.* **motor cycle** *n* motocicletta *f.* **motorist** *n* automobilista *m.* **motorway** *n* autostrada *f.*

mottle (ˈmɔtl) *vt* chiazzare.

motto (ˈmɔtou) *n*, *pl* -**oes** *or* -**os** motto *m.*

mould[1] (mould) *n* stampo *m.* *vt* 1 formare, modellare. 2 plasmare.

mould[2] (mould) *n* muffa *f.* **mouldy** *adj* 1 ammuffito. 2 stantio.

moult (moult) *vi* fare la muda.

mound (maund) *n* 1 collinetta *f.* 2 mucchio *m.*

mount[1] (maunt) *vt* 1 montare, salire. 2 (jewels) incastonare. *vi* 1 salire, montare. 2 aumentare. *n* (of a picture, etc.) montatura *f.*

mount[2] (maunt) *n* monte *m.* montagna *f.*

mountain (ˈmauntin) *n* montagna *f.* **mountaineer** *n* alpinista *m.* **mountaineering** *n* alpinismo *m.* **mountainous** *adj* montuoso, montagnoso.

mourn (mɔːn) *vi* lamentarsi. *vt* lamentare, piangere, esser in lutto per. **mourning** *n* cordoglio, lutto *m.* lamentazione *f.*

mouse (maus) *n*, *pl* **mice** topo *m.* **mousetrap** *n* trappola per i topi *f.*

mousse (muːs) *n* dolce di panna montata e aromi *m.*

moustache (məˈstaːʃ) *n* baffi *m pl.*

mouth (mauθ) *n* 1 boccca *f.* 2 (of a river) foce *f.* **mouthful** *n* boccone *m.* **mouthpiece** *n* 1 bocchino *m.* 2 organo, portavoce *m.*

move (muːv) *vi* 1 muoversi, spostarsi. 2 cambiar casa, traslocare. 3 far progressi. *vt* 1 muovere, spostare. 2 trasportare. 3 commuovere. 4 proporre. **move in** occupare. **move out** sgomberare. ~ *n* 1 mossa *f.* 2 trasloco *m.* 3 manovra *f.* **movable** *adj* movibile, mobile. **movement** *n* movimento *m.* **moving** *adj* 1 commovente. 2 mobile. 3 in moto.

mow* (mou) *vt* falciare. **mow down** falciare, abbattere. **mower** *n* falciatrice *f.*

Mr (ˈmistə) (title of address) Signor.

Mrs (ˈmisiz) (title of address) Signora.

much (mʌtʃ) *adj, adv* molto, assai. **how much** quanto. **so much** tanto. **too much** troppo.

muck (mʌk) n 1 sterco m. 2 sudiciume m.

mud (mʌd) n fango m. **muddy** adj fangoso. **mudguard** n parafango m.

muddle (mʌdl) vt 1 impasticciare. 2 confondere. n 1 pasticcio m. 2 confusione f.

muf (mʌf) n manicotto m.

muffle ('mʌfəl) vt 1 (sound) smorzare, attenuare. 2 imbacuccare, avvolgere.

mug (mʌg) n 1 boccale m. 2 sl muso, grugno m. vt sl assalire.

mulberry ('mʌlbəri) n mora f. **mulberry bush** n gelso m.

mule¹ (mju:l) n zool mulo m.

mule² (mju:l) n pianella f.

mullet ('mʌlit) n triglia f.

multiple ('mʌltipəl) adj molteplice. n multiplo m.

multiply ('mʌltiplai) vt moltiplicare. vi moltiplicarsi.

multiracial ('mʌltireiʃəl) adj multirazziale.

multitude ('mʌltitju:d) n moltitudine f.

mum (mʌm) n mamma f.

mumble ('mʌmbəl) vi borbottare.

mummy¹ ('mʌmi) n mummia f.

mummy² ('mʌmi) n inf mamma f.

mumps (mʌmps) n pl orecchioni m pl.

munch (mʌntʃ) vt sgranocchiare. vi masticare rumorosamente.

mundane (mʌndein) adj mondano.

municipal (mju:'nisipəl) adj municipale, comunale. **municipality** n municipio, comune m.

mural ('mjuərəl) adj murale. n pittura murale f.

murder ('mə:də) vt assassinare. n assassinio m. **murderer** n assassino m. **murderous** adj 1 brutale. 2 micidiale.

murmur ('mə:mə) n mormorio m. vt, vi mormorare.

muscle ('mʌsəl) n muscolo m.

muse (mju:z) n musa f. vi rimuginare, meditare.

museum (mju:'ziəm) n museo m.

mushroom ('mʌʃrum) n fungo m.

music ('mu:zik) n musica f. **music centre** n impianto stereofonico m. **musical** adj musicale. **musician** n musicista m.

musk (mʌsk) n muschio m.

musket ('mʌskit) n moschetto m.

Muslim ('muzlim) adj,n islamico, mussulmano.

muslin ('mʌzlin) n mussolina f.

mussel ('mʌsəl) n cozza f.

must* (mʌst) v mod aux dovere.

mustard ('mʌstəd) n senape, mostarda f.

mute (mju:t) adj,n muto.

mutilate ('mju:tileit) vt mutilare. **mutilation** n mutilazione f.

mutiny ('mju:tini) n ammutinamento m. vi ammutinarsi.

mutter ('mʌtə) vt, vi borbottare.

mutton ('mʌtn) n carne di montone f.

mutual ('mju:tjuəl) adj mutuo, reciproco.

muzzle ('mʌzəl) n 1 muso m. 2 museruola f. 3 (of a gun) bocca f. vt mettere la museruola f.

my (mai) poss adj 1st pers s (il) mio, (la) mia, (i) miei, (le) mie. **myself** pron 1st pers s 1 io stesso. 2 me stesso, mi, me.

myrrh (mə:) n mirra f.

myrtle ('mə:tl) n mortella f.

mystery ('mistəri) n mistero m. **myste-**

rious adj misterioso.
mystic ('mistik) adj,n mistico m. **mysticism** n misticismo m. **mystify** vt sconcertare.

mystique (mi'sti:k) n mistica f.
myth (miθ) n mito m. **mythical** adj. mitico. **mythology** n mitologia f. **mythological** adj mitologico.

N

nag¹ (næg) *vt* rimbrottare. *vi* brontolare.

nag² (næg) *n inf* ronzio *m*.

nail (neil) *n* **1** *anat* unghia *f*. **2** chiodo *m*. **hit the nail on the head** colpire nel segno. ~ *vt* inchiodare. **nailbrush** *n* spazzolino per le unghie *m*. **nailfile** *n* lima per le unghie *f*. **nail varnish** *n* smalto *m*.

naive (nai'i:v) *adj* ingenuo.

naked ('neikid) *adj* nudo.

name (neim) *n* nome *m*. *vt* **1** chiamare. **2** nominare. **3** fissare. **nameless** *adj* senza nome, anonimo. **namely** *adv* vale a dire. **namesake** *n* omonimo *m*.

nanny ('næni) *n* governante, bambinaia *f*.

nap¹ (næp) *n* pisolino *m*.

nap² (næp) *n* (of material) pelo *m*.

napalm ('neipɑ:m) *n* napalm *m*.

napkin ('næpkin) *n* salvietta *f*. tovagliolo *m*.

Naples ('neipəlz) *n* Napoli *f*.

nappy ('næpi) *n* pannolino *m*.

narcotic (nɑ:'kɔtik) *adj,n* narcotico, stupefacente *m*.

narrate (nə'reit) *vt* narrare, raccontare. **narration** *n* narrazione *f*. racconto *m*. **narrative** *n* narrativa *f*. *adj* narrativo. **narrator** *n* narratore *m*.

narrow ('nærou) *adj* **1** stretto. **2** ristretto. *vt* **1** assottigliare. **2** restringere. *vi* **1** assottigliarsi. **2** restringersi. **narrowly** *adv* per un pelo. **narrow-minded** *adj* gretto.

nasal ('neizəl) *adj* nasale.

nasturtium (nə'stə:ʃəm) *n* nasturzio *m*.

nasty ('nɑ:sti) *adj* **1** sgradevole, disgustoso. **2** cattivo. **nastily** *adv* con cattiveria. **nastiness** *n* cattiveria *f*.

nation ('neiʃən) *n* nazione *f*. popolo *m*. **national** *adj* nazionale. **national anthem** *n* inno nazionale *m*. **national insurance** *n* assicurazione sociale *f*. **national service** *n* servizio di leva *m*. leva *f*. **nationality** *n* nazionalità *f*. **nationalize** *vt* nazionalizzare. **nationalization** *n* nazionalizzazione *f*. **nationwide** *adj* nazionale.

native ('neitiv) *n* oriundo, indigeno, nativo *m*. *adj* **1** nativo, natio. **2** innato.

nativity (nə'tiviti) *n* natività *f*.

natural ('nætʃərəl) *adj* naturale. **natural gas** metano *m*. **natural history** *n* storia naturale *f*. **natural science** *n* scienze naturali *f pl*. **naturalize** *vt* naturalizzare.

nature ('neitʃə) *n* natura *f*.

naughty ('nɔ:ti) *adj* **1** cattivo, birichino. **2** indecente.

nausea ('nɔ:siə, -ziə) *n* nausea *f*. **nauseate** *vt* nauseare.

nautical ('nɔ:tikəl) *adj* nautico.

naval ('neivəl) *adj* navale.

nave (neiv) *n* navata centrale *f*.

navel ('neivəl) *n* ombelico *m*.

navigate ('nævigeit) *vt* **1** pilotare, dirigere. **2** mantenere in rotta. *vi* navigare. **navigator** *n* **1** ufficiale di rotta *m*.

2 navigatore m.

navy ('neivi) n marina militare f. **navy blue** adj,n blu scuro m.

Neapolitan (niə'pɔlitn) adj,n napoletano.

near (niə) adj 1 vicino, prossimo. 2 intimo. 3 esatto. 4 stretto. adv 1 vicino. 2 quasi. **near at hand** a portata di mano. **near by** vicino. ~ prep vicino a, accanto a. vt avvicinarsi a. vi avvicinarsi. **nearby** adj,adv vicino. **nearly** adv quasi. **nearside** n lato a or di sinistra m.

Near East n Vicino Oriente m.

neat (ni:t) adj 1 nitido, accurato, ordinato. 2 elegante. 3 (of drinks) liscio.

nebulous ('nebjuləs) adj nebuloso, vago.

necessary ('nesəsəri) adj necessario. **necessity** n necessità f. bisogno m. **of necessity** necessariamente. **necessitate** vt necessitare.

neck (nek) n collo m. **neckband** n colletto m. **necklace** n collana f. **neckline** n scollatura f.

nectar ('nektə) n nettare m.

need (ni:d) n 1 bisogno m. necessità f. 2 povertà f. **if need be** all'occorrenza. ~ v 1 aver bisogno di. 2 dovere. 3 chiedere. vi occorrere. **needless** adj superfluo. **needy** adj bisognoso.

needle ('ni:dl) n 1 ago m. 2 (knitting) ferro m. 3 tech puntina f. **needlework** n cucito, ricamo m.

negate (ni'geit) vt negare. **negative** adj negativo. n 1 negazione f. 2 phot negativa f.

neglect (ni'glekt) vt trascurare. n trascuratezza f. **negligent** adj negligen-

te. **negligible** adj trascurabile.

negotiate (ni'gouʃieit) vi discutere, intavolare trattative. vt 1 negoziare. 2 superare. **negotiation** n trattativa f. **negotiator** n negoziatore m.

Negro ('ni:grou) adj, n pl -**oes** negro m.

neigh (nei) n nitrito m. vi nitrire.

neighbour ('neibə) n vicino m. **neighbourhood** n vicinato m.

neither ('naiðə) adj,pron nessuno dei due, né l'uno né l'altro. adv né. conj neppure, nemmeno. **neither...nor** né...né.

neon ('ni:ɔn) n neon m.

nephew ('nevju:) n nipote m.

nepotism ('nepətizəm) n nepotismo m.

Neptune ('neptju:n) n Nettuno m.

nerve (nə:v) n 1 nervo m. 2 nerbo m. 3 inf sfacciataggine f. **nerve-racking** adj esasperante. **nervous** adj 1 nervoso, timido. 2 vigoroso. **nervous breakdown** n esaurimento nervoso m. **nervous system** n sistema nervoso m.

nest (nest) n nido m. vi nidificare.

nestle ('nesəl) vi annidarsi.

net[1] (net) n rete f. vt prendere con la rete. **netball** n pallavolo f. **network** n rete f.

net[2] (net) adj netto. vt ricavare.

Netherlands ('neðələndz) n pl Paesi Bassi m pl.

nettle ('netl) n ortica f.

neurosis (njuə'rousis) n, pl -ses nevrosi f invar. **neurotic** adj nevrotico.

neuter ('nju:tə) adj 1 neutro. 2 castrato. n neutro m.

neutral ('nju:trəl) adj 1 neutrale. 2 tech neutro. 3 mot folle. **neutrality** n neutralità f. **neutralize** vt neutralizzare.

neutron ('nju:trɒn) n neutrone m.

never ('nevə) adv mai, non...mai. **never mind!** pazienza! **nevertheless** adv, conj nondimeno, tuttavia.

new (nju:) adj **1** nuovo. **2** fresco. **brand new** nuovo di zecca. **newcomer** n nuovo venuto m. **news** n **1** notizie f pl. novità f. **2** (on radio, etc.) notiziario m. informazioni f pl. **a piece of news** una notizia f. **newsagent** n giornalaio m. **newspaper** n giornale, quotidiano m. **newsreel** n cinegiornale m.

newt (nju:t) n tritone m.

New Testament n Nuovo Testamento m.

New Year n Anno Nuovo m. **Happy New Year!** Buon Anno!

New Zealand ('zi:lənd) n Nuova Zelanda f. adj della Nuova Zelanda. **New Zealander** n neozelandese m,f.

next (nekst) adj **1** prossimo. **2** vicino. **3** successivo, seguente. adv dopo, poi, in seguito. **next day** l'indomani. **next to nothing** quasi niente.

nib (nib) n pennino m.

nibble ('nibəl) vt,vi **1** mordicchiare. **2** sbocconcellare. **3** brucare.

nice (nais) adj **1** piacevole, buono, bello. **2** sottile, delicato. **3** fine, raffinato. **nicely** adv **1** molto bene, gradevolmente. **2** esattamente.

niche (nitʃ) n nicchia f.

nick (nik) n tacca f. vt **1** intaccare. **2** inf rubare.

nickel ('nikəl) n **1** nichel m. **2** comm nichelino m.

nickname ('nikneim) n soprannome, nomignolo m. vt soprannominare.

nicotine ('nikəti:n) n nicotina f.

niece (ni:s) n nipote f.

Nigeria (nai'dʒiəriə) n Nigeria f. **Nigerian** adj,n nigeriano.

nigger ('nigə) n derog negro m.

niggle ('nigəl) vi preoccuparsi d'inerzie. **niggling** adj insignificante.

night (nait) n notte, nottata, sera f. **nightclub** n locale notturno m. **nightdress** n camicia da notte f. **nightmare** n incubo m. **night-time** n notte f. **night-watchman** n guardiano notturno m.

nightingale ('naitiŋgeil) n usignolo m.

nil (nil) n zero m.

Nile (nail) n Nilo m.

nimble ('nimbəl) adj agile, svelto.

nine (nain) adj,n nove m. **ninth** adj nono.

nineteen (nain'ti:n) adj,n diciannove m or f. **nineteenth** adj diciannovesimo.

ninety ('nainti) adj,n novanta m. **ninetieth** adj novantesimo.

nip[1] (nip) n pizzico, pizzicotto m. vt pizzicare.

nip[2] (nip) n (small amount) bicchierino m.

nipple ('nipəl) n capezzolo m.

nit (nit) n lendine m.

nitrogen ('naitrədʒən) n azoto m.

no[1] (nou) adv **1** no. **2** non. n, pl **noes** no m.

no[2] (nou) adj **1** nessun, nessuno. **2** non, niente.

noble ('noubəl) adj,n nobile m. **nobleman** n nobiluomo, nobile m. **nobility** n nobiltà f.

nobody ('noubədi) pron nessuno. n illustre sconosciuto m.

nocturnal (nɔkˈtəːnl) *adj* notturno.

nod (nɔd) *vi* 1 inchinare la testa, fare un cenno col capo. 2 annuire. 3 addormentarsi, sonnecchiare. *vt* accennare col capo. *n* cenno *m*.

node (noud) *n* nodo *m*.

noise (nɔiz) *n* rumore, chiasso *m*.

noisy *adj* rumoroso, chiassoso.

nomad (ˈnoumæd) *n* nomade *m,f*. **nomadic** *adj* nomade.

nominal (ˈnɔminl) *adj* 1 nominale. 2 nominativo.

nominate (ˈnɔmineit) *vt* nominare, designare. **nomination** *n* nomina *f*.

nominative (ˈnɔminətiv) *adj,n* nominativo *m*.

non- *pref* non, non-.

nonchalant (ˈnɔnʃələnt) *adj* noncurante.

nondescript (ˈnɔndiskript) *adj* scadente.

none (nʌn) *pron* 1 nessuno. 2 niente. **none other than** nientedimeno che. ~ *adj* nessuno. *adv* non...affatto, mica. **none the less** nondimeno.

nonentity (nɔnˈentiti) *n* nullità *f*.

nonsense (ˈnɔnsəns) *n* 1 nonsenso *m*. insensatezza *f*. 2 sciocchezze *f pl*. **nonsensical** *adj* assurdo.

noodles (ˈnuːdlz) *n pl* pasta *f*.

noon (nuːn) *n* mezzogiorno *m*.

no-one *pron* nessuno.

noose (nuːs) *n* nodo scorsoio *m*.

nor (nɔː) *conj* né, e non, e neanche.

norm (nɔːm) *n* 1 norma *f*. 2 quota *f*. **normal** *adj* normale.

Norse (nɔːs) *adj,n* norvegese *m*. **Norse** (language) *n* norvegese *m*.

north (nɔːθ) *n* nord, settentrione *m*. *adj*

del nord, settentrionale. **northerly** *adj* di, da, *or* a nord. **northern** *adj* settentrionale, del nord. **northeast** *n* nordest *m*. **northeasterly** *adj* di, da, *or* a nord-est. **north-eastern** *adj* del *or* dal nord-est. **north-west** *n* nord-ovest *m*. **north-westerly** *adj* di, da, *or* a nordovest. **north-western** *adj* del *or* dal nord-ovest.

North America *n* America del Nord *m*. **North American** *adj,n* nordamericano.

Northern Ireland *n* Irlanda del Nord *f*.

Norway (ˈnɔːkwei) *n* Norvegia *f*. **Norwegian** *adj,n* norvegese. **Norwegian** (language) *n* norvegese *m*.

nose (nouz) *n* 1 naso *m*. 2 *aviat* muso *m*. **nosy** *adj* curioso.

nostalgia (nɔˈstældʒiə) *n* nostalgia *f*. **nostalgic** *adj* nostalgico.

nostril (ˈnɔstril) *n* narice *f*.

not (nɔt) *adv* non. **not at all!** di nulla!

notch (nɔtʃ) *n* tacca *f*. intaglio *m*. *vt* intaccare.

note (nout) *n* 1 nota *f*. appunto *m*. 2 biglietto *m*. 3 *mus* nota *f*. *vt* rilevare, fare attenzione a. **note down** prender nota di. **notable** *adj* notevole. **notation** *n* notazione *f*. **notebook** *n* taccuino *m*. **noted** *adj* celebre. **notepaper** *n* carta da lettere *f*. **noteworthy** *adj* degno di nota.

nothing (ˈnʌθiŋ) *n* nessuna cosa *f*. niente, nulla *m*. **for nothing** gratis. ~ *adv* niente affatto. **nothingness** *n* nulla *m*.

notice (ˈnoutis) *n* 1 annuncio, avviso *m*. 2 conoscenza, attenzione *f*. 3 recensione *f*. 4 preavviso *m*. **take no notice of** ignorare. **notice board** *n* quadro (degli) annunci *m*.

notify ('noutifai) *vt* informare, notificare a. **notification** *n* comunicazione, notifica *f*.

notion ('nouʃən) *n* idea, nozione *f*.

notorious (nou'tɔːriəs) *adj* famigerato, notorio. **notoriety** *n* notorietà *f*.

notwithstanding (notwiθ'stændiŋ) *prep* nonostante. *adv* lo stesso.

nougat ('nuːgɑː) *n* torrone *m*.

nought (nɔːt) *n* zero *m*.

noun (naun) *n* sostantivo *m*.

nourish ('nʌriʃ) *vt* nutrire, alimentare. **nourishing** *adj* nutriente. **nourishment** *n* nutrimento, cibo *m*.

novel[1] ('nɔvəl) *n* romanzo *m*. **novelist** *n* romanziere *m*.

novel[2] ('nɔvəl) *adj* nuovo, insolito. **novelty** *n* novità *f*.

November (nou'vembə) *n* novembre *m*.

novice ('nɔvis) *n* novizio *m*.

now (nau) *adv* **1** adesso, ora. **2** dunque. *conj* ora che. **just now** appena adesso, proprio adesso. **now and then** di quando in quando. **nowadays** *adv* oggi, al giorno d'oggi.

nowhere ('nouweə) *adv* in nessun luogo.

noxious ('nɔkʃəs) *adj* nocivo, pericoloso.

nozzle ('nɔzəl) *n* becco *m*. imboccatura *f*.

nuance ('njuːəns) *n* sfumatura *f*.

nucleus ('njuːkliəs) *n* nucleo *m*. **nuclear** *adj* nucleare.

nude (njuːd) *adj,n* nudo. **nudist** *n* nudista *m*. **nudity** *n* nudità *f*.

nudge (nʌdʒ) *n* gomitata *f*. *vt* dare una gomitata a.

nugget ('nʌgit) *n* pepita *f*.

nuisance ('njuːsəns) *n* **1** fastidio *m*. noia *f*. **2** (person) seccatore *m*.

null (nʌl) *adj* nullo. **null and void** annullato.

numb (nʌm) *adj* intorpidito. *vt* intorpidire. **numbness** *n* intorpidimento, torpore *m*.

number ('nʌmbə) *n* numero *m*. cifra *f*. *vt* numerare, contare. **a number of** parecchi. **numeral** *adj,n* numerale *m*. **numerate** *vt* enumerare, contare. **numerical** *adj* numerico. **numerous** *adj* numeroso.

nun (nʌn) *n* suora, religiosa, monaca *f*. **nunnery** *n* convento *m*.

nurse (nəːs) *n* **1** infermiera *f*. **2** bambinaia *f*. *vt* **1** curare. **2** allattare. **3** covare. **nursery** *n* **1** stanza dei bambini *f*. **2** *bot* vivaio *m*. serra *f*. **nursery rhyme** *n* poesia per bambini *f*. **nursery school** *n* asilo *m*. **nursing home** *n* clinica *f*.

nurture ('nəːtʃə) *vt* allevare, nutrire.

nut (nʌt) *n* noce *f*. **2** *tech* dado *m*. **nutcrackers** *n* schiaccianoci *m*. **nutmeg** *n* noce moscata *f*. **nutshell** *n* guscio di noce *m*. **in a nutshell** in poche parole.

nutrition (njuːtriʃən) *n* nutrizione *f*. **nutritious** *adj* nutriente, nutritivo.

nuzzle ('nʌzəl) *vt* annusare. *vi* annidarsi, accoccolarsi.

nylon ('nailɔn) *n* nailon *m*.

nymph (nimf) *n* ninfa *f*.

O

oak (ouk) *n* quercia *f*.

oar (ɔ:) *n* remo *m*. *vi* remare. **oarsman** *n* rematore *m*.

oasis (ou'esis) *n, pl* **oases** oasi *f invar*.

oath (ouθ) *n* 1 (promise) giuramento *m*. 2 bestemmia *f*.

oats (outs) *n pl* avena *f*. **oatmeal** *n* farina d'avena *f*.

obedient (ə'bi:diənt) *adj* ubbidiente, obbediente. **obedience** *n* ubbidienza, obbedienza *f*.

obese (ou'bi:s) *adj* obeso, corpulento. **obesity** *n* obesità *f*.

obey (ə'bei) *vt* ubbidire, obbedire.

obituary (ə'bitjuəri) *n* necrologia *f*.

object (*n* 'ɔbdʒikt; *v* əb'dʒekt) *n* 1 oggetto *m*. 2 scopo, fine *m*. *vi* obiettare, protestare. **objection** *n* obiezione *f*. **objective** *n* obiettivo, scopo *m*. *adj* obiettivo.

oblige (ə'blaiʒ) *vt* 1 costringere, obbligare. 2 fare un favore a. **be obliged to** 1 dovere. 2 essere riconoscente a. **obligation** *n* obbligazione *f*. dovere *m*. **obligatory** *adj* obbligatorio. **obliging** *adj* gentile, cortese.

oblique (ə'bli:k) *adj* obliquo.

obliterate (ə'blitəreit) *vt* cancellare, distruggere. **obliteration** *n* distruzione, obliterazione *f*.

oblivion (ə'bliviən) *n* oblio *m*. **oblivious** *adj* dimentico, immemore.

oblong ('ɔblɔŋ) *adj* oblungo. *n* rettangolo *m*.

obnoxious (əb'nɔkʃəs) *adj* odioso, offensivo.

oboe ('oubou) *n* oboe *m*.

obscene (əb'si:n) *adj* osceno, impudico. **obscenity** *n* oscenità *f*.

obscure (əb'skjuə) *adj* oscuro, sconosciuto. *vt* oscurare. **obscurity** *n* oscurità *f*.

observe (əb'zə:v) *vt* 1 osservare. notare. 2 celebrare. **observance** *n* osservanza *f*. rito *m*. **observant** *adj* osservante, attento. **observation** *n* osservazione *f*. **observatory** *n* osservatorio *m*. **observer** *n* osservatore *m*.

obsess (əb'ses) *vt* ossessionare. **obsessed** *adj* ossesso. **obsession** *n* ossessione *f*.

obsolescent (ɔbsə'lesənt) *adj* che cade in disuso. **obsolescence** *n* disuso *m*.

obsolete ('ɔbsəli:t) *adj* caduto in disuso, disusato.

obstacle ('ɔbstəkəl) *n* ostacolo, impedimento *m*.

obstinate ('ɔbstinət) *adj* ostinato, inflessibile. **obstinacy** *n* ostinazione *f*.

obstruct (əb'strʌkt) *vt* impedire, ostruire. **obstruction** *n* ostacolo, impedimento *m*.

obtain (əb'tein) *vt* ottenere, raggiungere.

obtrusive (əb'tru:siv) *adj* importuno, indiscreto.

obtuse (əb'tju:s) *adj* 1 ottuso. 2 stupido.

obverse ('ɔbvə:s) *n* 1 faccia *f*. 2 (of a

page) retto *m*.

obvious ('ɔbviəs) *adj* ovvio, evidente.

occasion (ə'keiʒən) *n* **1** occasione *f*. **2** causa *f*. motivo *m*. *vt* occasione a. **occasional** *adj* occasionale, raro. **occasionally** *adv* qualche volta.

Occident ('ɔksidənt) *n* occidente *m*.

occult (ɔ'kʌlt) *adj* occulto, misterioso, segreto.

occupy ('ɔkjupai) *vt* **1** occupare. **2** impiegare. **3** abitare in. **occupation** *n* **1** occupazione *f*. **2** lavoro *m*. professione *f*. **occupational** *adj* del lavoro. **occupier** *n* abitante *m,f*.

occur (ə'kə:) *vi* succedere, capitare, accadere. **occurrence** *n* avvenimento, caso *m*.

ocean ('ouʃən) *n* oceano *m*.

ochre ('oukə) *n* ocra *f*.

octagon ('ɔktəgən) *n* ottagono *m*. **octagonal** *adj* ottagonale.

octane ('ɔktein) *n* ottano *m*.

octave ('ɔktiv) *n* ottava *f*.

October (ɔk'toubə) *n* ottobre *m*.

octopus ('ɔktəpəs) *n, pl* **-puses** *or* **-pi** polipo *m*.

oculist ('ɔkjulist) *n* oculista *m*.

odd (ɔd) *adj* **1** dispari *invar*. **2** strano, bizzarro, eccentrico. **odds and ends** cianfrusaglie *f pl*. **oddity** *n* **1** bizzrria, stranezza *f*. **2** persona eccentrica *f*. **oddment** *n* articolo spaiato *m*. **odds** *n pl* **1** probabilità *f*. **2** differenza *f*. **odds and ends** avanzi *m pl*.

ode (oud) *n* ode *f*.

odious ('oudiəs) *adj* odioso.

odour ('oudə) *n* odore, profumo *m*. fragranza *f*.

oesophagus (i'sɔfəgəs) *n* esofago *m*.

oestrogen ('i:strədʒən) *n* estrogeno *m*.

oestrus ('i:strəs) *n* estro *m*.

of (əv; *stressed* ɔv) *prep* **1** di. **2** da. **3** a, in. **4** per. **of course** naturalmente.

off (ɔf) *adv* lontano, via. *prep* da. *adj* **1** più distante. **2** laterale. **3** esterno. **4** libero. **be well off** essere ricco.

offal ('ɔfəl) *n* frattaglie *f pl*.

offend (ə'fend) *vt* offendere. **offence** *n* **1** offesa, ingiuria *f*. **2** contravvenzione *f*. **3** delitto *m*. **offender** *n* offensore *m*. **offensive** *adj* offensivo, oltraggioso, spiacevole. *n* offensiva *f*.

offer ('ɔfə) *vt* offrire, porgere. *n* offerta, proposta *f*. **on offer** in vendita.

offhand (ɔf'hænd) *adj* indifferente, noncurante.

office ('ɔfis) *n* **1** ufficio *m*. **2** ministero *m*. **take office** entrare in carica. **officer** *n* ufficiale *m*. **official** *n* funzionario, impiegato *m*. *adj* ufficiale.

officious (ə'fiʃəs) *adj* ufficioso.

offing ('ɔfiŋ) **in the offing** *adv* in vista.

off-licence *n* negozio dove si vendono bevande alcoliche *m*.

off-peak *adj* non di punta.

off-putting *adj* dissuadente.

off-season *adj* fuori stagione.

offset ('ɔfset) *vt* controbilanciare.

offshore (ɔf'ʃɔː) *adv* al largo. *adj* di terra.

offside (ɔf'said) *adj,adv* fuori gioco.

offspring ('ɔfspriŋ) *n* discendenti, figli *m pl*.

offstage (ɔf'steidʒ) *adv,adj* fuori scena.

often ('ɔfən) *adv* spesso, molte volte. **how often?** quante volte?

ogre ('oigə) *n* orco *m*.

oil (ɔil) *n* **1** olio *m*. **2** petrolio *m*. **3** gasolio *m. vt* lubrificare, ungere. **oilfield** *n* giacimento di petrolio, campo petrolifero *m.* **oilskin** *n* impermeabile *m.* **oily** *adj* oleoso.

ointment ('ɔintmənt) *n* unguento *m.*

old (ould) *adj* 1 vecchio. 2 antico. **old age** *n* vecchiaia *f.* **old-fashioned** *adj* fuori moda.

Old Testament *n* Antico Testamento *m.*

olive ('ɔliv) *n* oliva *f.* **olive oil** *n* olio d'oliva *m.* **olive tree** *n* olivo *m.*

omelette ('ɔmlət) *n* frittata *f.*

omen ('oumen) *n* presagio, augurio *m.*

ominous ('ɔminəs) *adj* sinistro, di cattivo augurio. **ominously** *adv* minacciosamente.

omit (ə'mit) *vt* omettere, tralasciare. **omission** *n* omissione *f.*

omnibus ('ɔminibəs) *n* autobus *m* *invar.*

omnipotent (ɔm'nipətənt) *adj* onnipotente.

on (ɔn) *prep* 1 su, sopra. 2 a, di. *adv* 1 avanti. 2 su, sopra. **and so on** e così via.

once (wʌns) *adv* una volta. **all at once** ad un tratto. **at once** subito.

one (wʌn) *adj,n* uno. *adj* unico, solo. *pron* 1 (l')uno *m.* (l')una *f.* 2 si, uno. **one and all** tutti quanti. **one by one** uno dopo l'altro. *poss pron 3rd pers s* il suo, la sua, i suoi, le sue. **oneself** *pron 3rd pers s* se stesso. 2 sé. **one-sided** *adj* 1 unilaterale. 2 ingiusto. **one-way** *adj* a senso unico.

onion ('ʌniən) *n* cipolla *f.*

onlooker ('ɔnlukə) *n* spettatore *m.*

only ('ounli) *adj* solo, unico. *adv* soltanto, non...che. **if only** se almeno. **only just** appena.

onset ('ɔnset) *n* 1 inizo *m.* 2 attacco *m.*

onslaught ('ɔnslɔ:t) *n* assalto *m.*

onus ('ounəs) *n* onere *m.*

onward ('ɔnwəd) *adv* avanti. **onwards** *adv* avanti. **from now onwards** da ora in poi.

ooze (u:z) *vi* colare, trapelare.

opal ('oupəl) *n* opale *m.*

opaque (ou'peik) *adj* opaco.

open ('oupən) *vt* 1 aprire. 2 cominciare, iniziare. *adj.* 1 aperto. 2 chiaro, franco. **wide open** spalancato. **in the open** all'aperto. **open-air** all'aria aperta. **open-ended** *adj* senza limiti. **open-handed** *adj* generoso. **open-hearted** *adj* franco, sincero. **open-minded** *adj* liberale, spregiudicato. **open-mouthed** *adj,adv* a bocca aperta. **open-plan** *adj* ambiente aperto. **opening** *n* 1 apertura *f.* 2 occasione *f.*

opera ('ɔprə) *n* opera *f.* **opera house** *n* teatro dell'opera *m.* **operetta** *n* operetta *f.*

operate ('ɔpəreit) *vt* 1 operare. 2 dirigere. *vt,vi* operare, agire. **operation** *n* 1 operazione *f.* 2 *med* intervento chirurgico *m.* **operative** *adj* operativo, attivo.

opinion (ə'piniən) *n* opinione *f.* parere *m.* **opinion poll** *n* sondaggio dell'opinione pubblica *m.*

opium ('oupiəm) *n* oppio *m.*

opponent (ə'pounənt) *n* avversario, opponente, rivale *m.*

opportune (ɔpə'tju:n) *adj* opportuno.

opportunity (ɔpə'tju:niti) *n* occasione *f.*

oppose (ə'pouz) *vt* contrapporre, opporre, combattere. **opposed** *adj* contrario.

opposite ('ɔpəzit) *adj* contrario, opposto, diverso. *n* contrario *m*. *prep* in faccia a, di fronte a. **opposition** *n* opposizione *f*.

oppress (ə'pres) *vt* opprimere. **oppression** *n* oppressione *f*. **oppressive** *adj* oppressivo. **oppressor** *n* oppressore, tiranno *m*.

opt (ɔpt) *vi* scegliere.

optical ('ɔptikəl) *adj* ottico. **optician** *n* ottico *m*. **optics** *n pl* ottica *f*.

optimism ('ɔptimizəm) *n* ottimismo *m*. **optimist** *n* ottimista *m*. **optimistic** *adj* ottimistico.

option ('ɔpʃən) *n* scelta, opzione *f*. **optional** *adj* facoltativo.

opulent ('ɔpjulənt) *adj* opulento. **opulence** *n* opulenza *f*.

or (ɔ:) *conj* o, oppure. **or else** altrimenti.

oral ('ɔ:rəl) *adj* orale.

orange ('ɔrindʒ) *n* 1 *bot* arancia *f*. 2 (colour) arancio *m*. *adj* arancione. **orange tree** *n* arancio *m*.

oration (ɔ'reiʃən) *n* orazione *f*. discorso *m*. **orator** *n* oratore *m*.

orbit ('ɔ:bit) *n* orbita *f*.

orchard ('ɔːtʃəd) *n* frutteto *m*.

orchestra ('ɔːkistrə) *n* orchestra *f*. **orchestrate** *vt* orchestrare. **orchestration** *n* orchestrazione *f*.

orchid ('ɔːkid) *n* orchidea *f*.

ordain (ɔ:'dein) *vt* 1 ordinare, decretare. 2 *rel* ordinare, consacrare.

ordeal (ɔ:'di:l) *n* prova *f*. travaglio *m*.

order ('ɔːdə) *n* 1 ordine *m*. 2 *comm* ordinazione *f*. 3 grado *m*. *vt* ordinare, comandare. **in order that** affinché, perché. **in order to** per. **orderly** *adj* ordi-

nato, regolato. *n* attendente *m*.

ordinal ('ɔ:dinl) *adj* ordinale.

ordinary ('ɔ:dənri) *adj* ordinario, solito, normale, comune. **out of the ordinary** straordinario. **ordinarily** *adv* di solito.

ore (ɔ:) *n* minerale *m*.

oregano (ɔri'gɑ:nou) *n* origano *m*.

organ ('ɔ:gən) *n* organo *m*.

organism ('ɔ:gənizəm) *n* organismo *m*. **organic** *adj* organico.

organize ('ɔ:gənaiz) *vt* organizzare. **organization** *n* organizzazione *f*. **organizer** *n* organizzatore *m*.

orgasm ('ɔ:gæzəm) *n* orgasmo *m*.

orgy ('ɔ:dʒi) *n* orgia *f*.

Orient ('ɔ:riənt) *n* oriente, levante *m*. **oriental** *adj* orientale.

orientate ('ɔ:rienteit) *vt* orientare.

origin ('ɔridʒin) *n* origine *f*. **original** *adj* originale, nuovo. *n* originale *m*. **originality** *n* originalità *f*. **originate** *vt* originare, produrre. *vi* originarsi, derivre. **originate from** provenire da.

Orlon ('ɔ:lon) *n Tdmk* Orlon *m*.

ornament ('ɔ:nəmənt) *n* ornamento *m*. *vt* ornare, adornare, abbellire. **ornamental** *adj* decorativo.

ornate (ɔ:'neit) *adj* ornato.

ornithology (ɔ:ni'θɔlədʒi) *n* ornitologia *f*. **ornithologist** *n* ornitologo *m*.

orphan ('ɔ:fən) *adj,n* orfano *m*. **orphanage** *n* orfanotrofio *m*.

orthodox ('ɔ:θədɔks) *adj* ortodosso.

orthography (ɔ:'θɔgrəfi) *n* ortografia *f*.

orthopaedic (ɔ:θə'pi:dik) *adj* ortopedico.

oscillate ('ɔsəleit) *vi* oscillare.

ostensible (ɔ'stensəbəl) *adj* ostensibile, preteso. **ostensibly** *adv* ostensibilmente.

ostentatious (ɔsten'teiʃəs) *adj* vanitoso, ostentato.

osteopath ('ɔstiəpæθ) *n* specialista di osteopatia *m*.

ostracize ('ɔstrəsaiz) *vt* ostracizzare.

ostrich ('ɔstritʃ) *n* struzzo *m*.

other ('ʌðə) *adj* altro, diverso. **every other day** ogni due giorni. **on the other hand** d'altra parte. ~*pron* l'altro. **each other** l'un l'altro. **otherwise** *adv* altrimenti.

otter ('ɔtə) *n* lontra *f*.

ought* (ɔːt) *v mod aux* dovere.

ounce (auns) *n* oncia *f*.

our (auə) *poss adj 1st pers pl* (il) nostro, (la) nostra, (i) nostri, (le) nostre. **ours** *poss pron 1st pers pl* il nostro, la nostra, i nostri, le nostre. **ourselves** *pron 1st pers pl* **1** noi stessi. **2** ci.

oust (aust) *vt* espellere, cacciare.

out (aut) *adv* fuori, via. *prep* fuori di. *adj* **1** di fuori. **2** (of a fire, etc.) spento. **out of work** disoccupato. **out-of-date** *adj* fuori moda.

outboard ('autbɔːd) *adj* fuoribordo.

outbreak ('autbreik) *n* **1** scoppio *m*. **2** *med* epidemia.

outburst ('autbəːst) *n* **1** scoppio *m*. esplosione *f*. **2** tirata *f*.

outcast ('autkɑːst) *n* proscritto *m*.

outcome ('autkʌm) *n* risultato, esito *m*.

outcry ('autkrai) *n* clamore, grido *m*.

outdo (aut'duː) *vt* superare, sorpassare.

outdoor ('autdɔː) *adj* all'aperto, di fuori. **outdoors** *adv* fuori di casa, all'aria aperta.

outer ('autə) *adj* esterno, esteriore.

outfit ('autfit) *n* **1** abito, corredo *m*. **2** equipaggiamento *m*.

outgoing ('autgouiŋ) *adj* partente, uscente.

outgrow (aut'grou) *vt* diventare troppo grande per.

outhouse ('authaus) *n* tettoia *f*. edificio annesso *m*.

outing ('autiŋ) *n* gita, escursione *f*.

outlandish (aut'lændiʃ) *adj* strano, bizzarro.

outlaw ('autlɔː) *n* bandito, fuorilegge *m*. *vt* bandire, proscrivere.

outlay ('autlei) *n* spesa *f*.

outlet ('autlet) *n* uscita *f*. sbocco *m*.

outline ('autlain) *n* **1** contorno *m*. **2** abbozzo *m*. *vt* abozzare, delineare.

outlive (aut'liv) *vt* sopravvivere a.

outlook ('autluk) *n* prospetto *m*. veduta *f*.

outlying ('autlaiiŋ) *adj* remoto, lontano.

outnumber (aut'nʌmbə) *vt* superare in numero.

outpatient ('autpeiʃənt) *n* malato esterno *m*.

outpost ('autpoust) *n* avamposto *m*.

output ('autput) *n* produzione *f*.

outrage (aut'reidʒ) *n* oltraggio *m*. *vt* oltraggiare, violare. **outrageous** *adj* oltraggioso, esorbitante.

outright ('autrait) *adv* **1** subito, immediatamente. **2** apertamente. *adj* completo.

outside (aut'said) *adj* esterno, esteriore. *adv* fuori, all'aperto. *prep* fuori di. *n* esterno *m*. superficie *f*. **at the outside** al massimo. **outsider** *n* estraneo *m*.

outsize ('autsaiz) *adj* di taglia fuori misura.

outskirts ('autskə:ts) *n pl* periferia *f*. dintorni *m pl*.

outspoken (aut'spoukən) *adj* franco, esplicito.

outstanding (aut'stændiŋ) *adj* **1** prominente. **2** *comm* non pagato. **3** eminente.

outstrip (aut'strip) *vt* superare, sorpassare.

outward ('autwəd) *adj* esterno, esteriore. **outwards** *adv* fuori, esternamente.

outweight (aut'wei) *vt* **1** sorpassare in importanza. **2** sorpassare in peso.

outwit (aut'wit) *vt* superare in furberia.

oval ('ouvəl) *adj,n* ovale *m*.

ovary ('ouvəri) *n* ovaia *f*.

ovation (ou'veiʃən) *n* ovazione *f*.

oven ('ʌvən) *n* forno *m*.

over ('ouvə) *prep* **1** sopra, su. **2** attraverso. **3** più di, oltre. **over here** da questa parte. **over there** laggiù. *~adv* **1** al di sopra. **2** oltre. **all over** dappertutto. **over and over again** continuamente.

overall ('ouvərɔ:l) *n* **1** (woman's) grembiule *m*. **2** (workman's) tuta *f*.

overbalance (ouvə'bæləns) *vi* perdere l'equilibrio.

overbearing (ouvə'bɛəriŋ) *adj* arrogante.

overboard ('ouvəbɔ:d) *adv* fuori bordo, in mare.

overcast ('ouvəkɑ:st) *adj* coperto di nuvole.

overcharge (ouvə'tʃɑ:dʒ) *vt* far pagare troppo.

overcoat ('ouvəkout) *n* soprabito, cappotto *m*.

overcome (ouvə'kʌm) *vt* superare, vincere. *adj* commosso.

overdo (ouvə'du:) *vt* **1** esagerare. **2** *cul* cuocere troppo.

overdose ('ouvədous) *n* dose troppo forte *f*.

overdraft ('ouvədrɑ:ft) *n* credito allo scoperto *m*.

overdraw* (ouvə'drɔ:) *vt* trarre allo scoperto.

overdue (ouvə'dju:) *adj* in ritardo, non pagato in tempo.

overestimate (ouvər'estimeit) *vt* sopravalutare.

overfill (ouvə'fil) *vt* riempire troppo.

overflow (*v* ouvə'flou; *n* 'ouvəflou) *vt* inondare. *vi* **1** traboccare. **2** straripare. *n* inondazione *f*.

overhang (*v* ouvə'hæŋ; *n* 'ouvəhæŋ) *vt* sovrastare a. *n* strapiombo *m*.

overhaul (ouvə'hɔ:l) *vt* esaminare, restaurare.

overhead (*adv* ouvə'hed; *adj,n* 'ouvə hed) *adv* in alto. *adj* di sopra. **overheads** *n pl* spese generali *f pl*.

overhear (ouvə'hiə) *vt* sentire per caso.

overheat (ouvə'hi:t) *vt,vi* riscaldare troppo.

overjoyed (ouvə'dʒɔid) *adj* molto felice, colmo di gioia.

overland (*adv* ouvə'lænd; *adj* 'ouvə lænd) *adj,adv* per terra.

overlap (*v* ouvə'læp; *n* 'ouvəlæp) *vi* **1** sovrapporsi. **2** coincidere. *n* sovrapposizione *f*.

overlay (*v* ouvə'lei; *n* 'ouvəlei) *vt* coprire. *n* copertura *f*.

overleaf (ouvə'li:f) *adv* al rovescio. **see overleaf** vedi retro.

overload (*v* ouvə'loud; *n* 'ouvəloud) *vt* sovraccaricare. *n* sovraccarico *m*.

overlook (ouvə'luk) *vt* passare sopra, trascurare.

overnight (*adv* ouvə'nait; *adj* 'ouvənait) *adv* durante la notte. *adj* 1 per una notte. 2 compiuto durante la notte.

overpower (ouvə'pauə) *vt* soggiogare, vincere.

overrate (ouvə'reit) *vt* sopravalutare.

overreach (ouvə'ri:tʃ) *vt* oltrepassare.

overrule (ouvə'ru:l) *vt* annullare.

overrun (*v* ouvə'rʌn) *vt* invadere.

overseas (ouvə'si:z) *adj* d'oltremare. *adv* oltremare.

overshadow (ouvə'ʃædou) *vt* 1 ombreggiare. 2 oscurare.

overshoot (ouvə'ʃu:t) *vt* oltrepassare.

oversight ('ouvəsait) *n* svista *f*. sbaglio *m*.

oversleep (ouvə'sli:p) *vi* dormire oltre l'ora giusta.

overspend (ouvə'spend) *vi* spendere troppo.

overt ('ouvə:t) *adj* aperto, evidente.

overtake (ouvə'teik) *vt* sorpassare, raggiungere.

overthrow (*v* ouvə'θou; *n* 'ouvəθrou)

vt rovesciare, sconfiggere. *n* sconfitta *f*.

overtime ('ouvətaim) *n* ore straordinarie *f pl*.

overtone ('ouvətoun) *n* sfumatura *f*. sottinteso *m*.

overture ('ouvətʃə) *n* preludio *m*.

overturn (ouvə'tə:n) *vt* rovesciare, capovolgere.

overweight (*adj* ouvə'weit *n* 'ouvə weit) *adj* grasso, che pesa troppo. *n* eccesso di peso *m*.

overwhelm (ouvə'welm) *vt* opprimere, sconvolgere.

overwork (*v* ouvə'wə:k; *n* 'ouvəwə:k) *vi* lavorare troppo. *vt* far lavorare troppo. *n* eccesso di lavoro *m*.

overwrought (ouvə'rɔ:t) *adj* sovreccitato.

ovulate ('ɔvjuleit) *vi* ovulare.

owe (ou) *vt* dovere. **owing to** *prep* a causa di.

owl (aul) *n* gufo *m*.

own (oun) *adj* proprio. *vt* possedere. **own up** confessare. **owner** *n* proprietario, padrone *m*. **ownership** *n* possesso *m*. diritti di proprietà *m pl*.

ox (ɔks) *n*, *pl* **oxen** bue *m*, *pl* buoi. **oxtail** *n* coda di bue *f*.

oxygen ('ɔksidʒən) *n* ossigeno *m*.

oyster ('ɔistə) *n* ostrica *f*.

P

pace (peis) *n* **1** passo *m*. **2** velocità *f*. *vt* misurare con i passi. *vi* passeggiare, camminare lento. **pacemaker** *n* stimolatore cardiaco *m*.

pacific (pə'sifik) *adj* pacifico. **Pacific (Ocean)** *n* (Oceano) Pacifico *m*.

pacify ('pæsifai) *vt* pacificare. **pacifism** *n* pacifismo *m*. **pacifist** *n* pacifista *m*.

pack (pæk) *n* **1** pacco *m*. **2** *game* mazzo *m*. **3** (of hounds) muta *f*. **4** (of thieves) banda *f*. *vt* imballare, impaccare. *vi* fare le valigie. **package** *n* pacco *m*. balla *f*. **packet** *n* pacchetto *m*. **packhorse** *n* cavallo da soma *m*.

pact (pækt) *n* patto *m*.

pad[1] (pæd) *n* **1** cuscinetto, tampone *m*. **2** blocco *m*. **3** *zool* zampa *f*. *vt* imbottire.

pad[2] (pæd) *n* passo *m*. *vi* camminare silenziosamente.

paddle[1] ('pædl) *n* (of a boat) pagaia *f*. remo *m*. *vt* pagaiare, remare.

paddle[2] ('pædl) *vi* sguazzare.

paddock ('pædək) *n* recinto per cavalli *m*.

paddyfield ('pædifi:ld) *n* risaia *f*.

padlock ('pædlɔk) *n* lucchetto *m*. *vt* chiudere col lucchetto.

paediatric (pi:di'ætrik) *adj* pediatrico. **paediatrics** *n* pediatria *f*.

pagan ('peigən) *adj,n* pagano.

page[1] (peidʒ) *n* (of a book) pagina *f*.

page[2] (peidʒ) *n* paggio, fattorino *m*.

pageant ('pædʒənt) *n* spettacolo storico *m*. **pageantry** *n* spettacolo sfarzoso *m*.

pagoda (pə'goudə) *n* pagoda *f*.

paid (peid) *v* see **pay**.

pain (pein) *n* dolore, male *m*. sofferenza *f*. **painful** *adj* doloroso. **painstaking** *adj* laborioso, diligente.

paint (peint) *n* colore *m*. vernice *f*. *vt* colorire, dipingere. **paintbrush** *n* pennello *m*. **painter** *n* **1** *Art* pittore *m*. **2** imbianchino *m*. **painting** *n* **1** pittura *f*. **2** quadro *m*.

pair (peə) *n* paio *m*, *pl* paia *f*. coppia *f*. *vt* appaiare, accoppiare. **pair off** andare in due, appaiare.

Pakistan (pɑ:ki'stɑ:n) *n* Pakistan *m*. **Pakistani** *adj,n* pachistano.

pal (pæl) *n inf* amico, compagno *m*.

palace ('pælis) *n* palazzo *m*.

palate ('pælət) *n* palato *m*. **palatable** *adj* appetitoso, gustoso.

pale (peil) *adj* pallido. **paleness** *n* pallidezza *f*.

Palestine ('pælistain) *n* Palestina *f*. *adj,n* palestinese.

palette ('pælit) *n* tavolozza *f*. **palette knife** *n* spatola *f*.

palm[1] (pɑ:m) *n anat* palmo *m*. **palmistry** *n* chiromanzia *f*.

palm[2] (pɑ:m) *n bot* palma *f*.

Palm Sunday *n* Domenica delle Palme *f*.

pamper ('pæmpə) *vt* accarezzare, viziare.

pamphlet ('pæmpflət) n opuscolo, libretto m.

pan (pæn) n padella f. tegame m. **pancake** n frittella f.

Panama ('pænəma:) n Panama m.

pancreas ('pæŋkriəs) n pancreas m.

panda ('pændə) n panda f.

pander ('pændə) n mezzano m. vi fare il mezzano.

pane (pein) n vetro m.

panel ('pænl) n **1** pannello m. **2** lista f. vt pannellare, rivestire di legno. **panelling** n rivestimento m.

pang (pæŋ) n dolore acuto, spasimo m.

panic* ('pænik) n panico m. vi essere colto dal panico.

pannier ('pæniə) n paniere, cesto m.

panorama (pænə'rɑːmə) n panorama m. **panoramic** adj panoramico.

pansy ('pænzi) n viola del pensiero f.

pant (pænt) vi ansare, anelare. n anelito m.

panther ('pænθə) n pantera f.

pantomime ('pæntəmaim) n pantomima f.

pantry ('pæntri) n dispensa f.

pants (pænts) n mutande f pl.

papal ('peipəl) adj papale, pontificio.

paper ('peipə) n **1** carta f. **2** documento m. **3** giornale m. vt coprire di carta, tappezzare con carta. **paperback** n edizione economica f. **paperclip** n serracarte m. **paperwork** n amministrazione f.

papier-mâché (pæpiei'mæʃei) n cartapesta f.

papist ('peipist) n papista m.

paprika ('pæprikə) n paprica f.

par (pɑː) n pari, parità f. **above/below** par sopra/sotto la pari. **on a par with** pari a.

parable ('pærəbəl) n parabola f.

parachute ('pærəʃuːt) n paracadute m. **parachutist** n paracadutista m.

parade (pə'reid) n parata, mostra f. vt far mostra di. vi sfilare in parata.

paradise ('pærədais) n paradiso m.

paradox ('pærədɔks) n paradosso m. **paradoxical** adj paradossale.

paraffin ('pærəfin) n petrolio combustibile m.

paragraph ('pærəgrɑːf) n paragrafo m.

parallel ('pærəlel) adj **1** parallelo. **2** analogo. n **1** math parallela f. **2** geog parallelo m. vt paragonare.

paralyse ('pærəlaiz) vt paralizzare. **paralysis** n paralisi f.

paramount ('pærəmaunt) adj supremo, sommo.

paranoia (pærə'nɔiə) n paranoia f.

parapet ('pærəpit) n parapetto m.

paraphernalia (pærəfə'neiliə) n roba f. oggetti m pl.

paraphrase ('pærəfreiz) n parafrasi f. vt parafrasare.

parasite ('pærəsait) n parassita f.

paratrooper ('pærətruːpə) n soldato paracadutista m.

parcel ('pɑːsəl) n pacco, pacchetto m. vt impacchettare.

parch (pɑːtʃ) vt arsicciare. vi diventare riarso. **parched** adj riarso.

parchment ('pɑːtʃmənt) n pergamena f.

pardon ('pɑːdn) n perdono m. grazia, amnistia f. vt perdonare. **pardon me!** mi scusi! **pardonable** adj scusabile.

pare (peə) vt sbucciare, pelare.

parent ('peərənt) n genitore m. **paren-**

thood *n* paternità, maternità *f*.

parenthesis (pə'renθəsis) *n*, *pl* **-ses** parentesi *f*.

parish ('pæriʃ) *n* **1** *rel* parrocchia *f*. **2** comune *m*. **parishioner** *n* parrocchiano *m*.

parity ('pæriti) *n* parità *f*.

park (pɑːk) *n* parco *m*. *vt* posteggiare. **parking** *n* posteggio *m*. **parking meter** *n* parchimetro *m*.

parliament ('pɑːləmənt) *n* parlamento *m*. camera dei deputati *f*. **parliamentary** *adj* parlamentare.

parlour ('pɑːlə) *n* salotto *m*.

parochial (pə'roukiəl) *adj* **1** comunale. **2** *rel* parrocchiale.

parody ('pærədi) *n* parodia *f*. *vt* parodiare.

parole (pə'roul) *n* parola d'onore *f*. **on parole** lasciato libero sulla parola.

parquet ('pɑːkei) *n* pavimento di legno lucido *m*.

parrot ('pærət) *n* pappagallo *m*.

parry ('pæri) *vt* **1** parare. **2** evitare.

parsley ('pɑːsli) *n* prezzemolo *m*.

parsnip ('pɑːsnip) *n* pastinaca *f*.

parson ('pɑːsən) *n* parroco, prete *m*.

part (pɑːt) *n* **1** parte *f*. **2** pezzo *m*. **3** regione *f*. **spare part** pezzo di ricambio. ~ *vt* dividere, separare. *vi* dividersi, separarsi. **part with** disfare di. **parting** *n* **1** separazione, divisione *f*. **2** (in hair) scrimmatura *f*. **part-time** *adj* a mezza giornata.

partake (pɑː'teik) *vi* partecipare, prendere parte.

partial ('pɑːʃəl) *adj* parziale. **be partial to** avere un debole per.

participate (pɑː'tisipeit) *vi* partecipare.

participation *n* partecipazione *f*.

participle ('pɑːtisəpəl) *n* participio *m*.

particle ('pɑːtikəl) *n* particola, particella *f*.

particular (pə'tikjulə) *adj* particolare, preciso. *n* particolare, dettaglio *m*.

partisan (pɑːti'zæn) *adj,n* partigiano.

partition (pɑː'tiʃən) *n* **1** partizione *f*. **2** (in a room) tramezzo *m*. *vt* **1** dividere. **2** tramezzare.

partner ('pɑːtnə) *n* **1** compagno *m*. **2** *comm* socio *m*. *vt* fare da compagno di, ballare con. **partnership** *n* **1** società *f*. **2** associazione *f*.

partridge ('pɑːtridʒ) *n* pernice *f*.

party ('pɑːti) *n* **1** ricevimento *m*. festa *f*. **2** *pol* partito *m*. **3** gruppo *m*.

pass (pɑːs) *vt* **1** passare. **2** attraversare. **3** superare. *vi* **1** succedere. **2** accadere. *n* **1** lasciapassare *m*. **2** (through a mountain) passo *m*. **passerby** *n* passante *m*. **password** *n* parola d'ordine *f*.

passage ('pæsidʒ) *n* **1** passaggio *m*. **2** corridoio *m*. **3** viaggio *m*.

passenger ('pæsindʒə) *n* viaggiatore *m*.

passion ('pæʃən) *n* passione *f*. **passionate** *adj* appassionato.

passive ('pæsiv) *adj* passivo.

passivity (pæ'siviti) *n* passività *f*.

Passover ('pɑːsouvə) *n* Pasqua degli ebrei *f*.

passport ('pɑːspɔt) *n* passaporto *m*.

past (pɑːst) *adj* **1** passato, trascorso. **2** scorso. **3** ultimo. *prep* dopo, oltre. *n* passato *m*. **past participle** *n* participio passato.

pasta ('pæstə) *n* pasta *f*.

paste (peist) *n* colla *f*. *vt* incollare.

pastel ('pæstəl) *n* pastello *m*.

pasteurize ('pæstəraiz) *vt* pastorizzare.

pastime ('pɑːstaim) *n* passatempo, svago *m*.

pastoral ('pæstərəl) *adj* pastorale.

pastry ('peistri) *n* **1** pasticceria *f*. pasticcio *m*. **2** pasta *f*.

pasture ('pɑːstʃə) *n* pascolo *m*. pastura *f*.

pasty[1] ('peisti) *adj* pallido.

pasty[2] ('pæsti) *n* pasticcio *m*.

pat[1] (pæt) *n* **1** colpetto *m*. carezza *f*. **2** (of butter) panetto *m*. *vt* accarezzare.

pat[2] (pæt) *adj* pronto, opportuno. *adv* a proposito.

patch (pætʃ) *n* **1** toppa *f*. **2** (of land) pezzo *m*. *vt* raccomodare, rappezzare. **patchwork** *n* rappezzamento, mosaico *m*.

pâté ('pætei) *n* pasticcio *m*.

patent ('peitnt) *n* brevetto *m*. *adj* aperto, evidente. *vt* prendere un brevetto per. **patent leather** *n* cuoio verniciato *m*.

paternal (pə'təːnl) *adj* paterno. **paternity** *n* paternità *f*.

path (pɑːθ) *n* sentiero *m*. via, strada *f*.

pathetic (pə'θetik) *adj* patetico, commovente.

pathology (pə'θɔlədʒi) *n* patologia *f*.

pathway ('pɑːθwei) *n* **1** sentiero, viottolo *m*. stradina *f*. **2** corsia pedonale *f*.

patience ('peiʃəns) *n* pazienza *f*. **patient** *adj* paziente. *n* paziente *m,f*. malato sotto cura *m*.

patio ('pætiou) *n* patio *m*.

patriarchal (peitri'ɑːkəl) *adj* patriarcale.

patriot ('pætriət) *n* patriota *m*. **patriotic** *adj* patriottico. **patriotism** *n* patriottismo *m*.

patrol (pə'troul) *n* pattuglia *f*. *vi* andare di pattuglia.

patron ('peitrən) *n* **1** patrono, protettore *m*. **2** (customer) cliente *m*. **patronage** *n* patronato *m*. protezione *f*. **patronize** *vt* **1** proteggere. **2** frequentare. **patronizing** *adj* condiscendente.

patter[1] ('pætə) *n* (noise) picchiettio *m*. *vi* picchiettare.

patter[2] ('pætə) *n* (talk) cicalio *m*.

pattern ('pætən) *n* **1** modello, disegno *m*. **2** esempio *m*. *vt* modellare.

paunch (pɔːntʃ) *n* pancione *m*.

pauper ('pɔːpə) *n* indigente, mendicante *m*.

pause (pɔːz) *n* pausa, fermata *f*. *vi* far pausa, fermarsi.

pave (peiv) *vt* pavimentare. **pavement** *n* marciapiede *m*.

pavilion (pə'viliən) *n* padiglione *m*. tenda *f*.

paw (pɔː) *n* zampa *f*. *vt* zampare. **paw the ground** scalpitare.

pawn[1] (pɔːn) *vt* impegnare. *n* pegno *m*. **pawnbroker** *n* prestatore su pegni *m*.

pawn[2] (pɔːn) *n game* pedina *f*.

pay[*] (pei) *vt* **1** pagare. **2** fare. *vi* rendere. *n* paga *f*. stipendio, salario *m*. **payment** *n* pagamento *m*. **payroll** *n* distinta dei salari *f*.

pea (piː) *n* pisello *m*.

peace (piːs) *n* pace, tranquillità *f*. **peaceful** *adj* tranquillo.

peach (piːtʃ) *n* pesca *f*. **peach tree** *n* pesco *m*.

peacock ('piːkɔk) *n* pavone *m*.

peak (pi:k) *n* **1** cima, vetta *f.* picco *m.* **2** (of a cap) visiera *f.*

peal (pi:l) *n* **1** scoppio, scroscio *m.* **2** (of bells) scampanio *m.* *vi* **1** scampanare, risonare. **2** (of thunder) tuonare.

peanut ('pi:nʌt) *n* arachide, nocciolina americana *f.*

pear (peə) *n* pera *f.* **pear tree** *n* pero *m.*

pearl ('pə:l) *n* perla *f.* **mother of pearl** *n* madreperla *f.*

peasant ('pezənt) *n* contadino *m.* *adj* contadinesco. **peasantry** *n* contadini *m pl.*

peat (pi:t) *n* torba *f.*

pebble ('pebəl) *n* ciottolo, sasso *m.*

peck (pek) *vt,vi* beccare. *n* **1** beccata *f.* **2** bacetto *m.*

peckish ('pekiʃ) *adj* che ha fame.

peculiar (pi'kju:liə) *adj* **1** particolare, speciale. **2** strano. **peculiarity** *n* particolarità, stranezza *f.*

pedal ('ped:l) *n* pedale *m.* *vi* pedalare.

peddle ('ped:l) *vt* vendere in piccola quantità. *vi* fare il venditore ambulante. **pedlar** *n* merciaiuolo ambulante *m.*

pedestal ('pedistəl) *n* piedistallo *m.*

pedestrian (pi'destriən) *n* pedone *m.* *adj* pedestre. **pedestrian crossing** *n* passaggio pedonale *m.*

pedigree ('pedigri:) *n* genealogia *f.* albero genealogico *m.* *adj* di razza pura.

peel (pi:l) *n* buccia, pelle *f.* *vt* sbucciare, pelare. **peelings** *n pl* bucce *f pl.*

peep (pi:p) *n* occhiata *f.* sguardo furtivo *m.* *vi* spiare, guardare furtivamente.

peer[1] (piə) *n* pari *m invar.* **peerage** *n* nobiltà *f.*

peer[2] (piə) *vi* guardare da vicino.

peevish ('pi:viʃ) *adj* irritabile, brontolone.

peg (peg) *n* **1** gancio *m.* **2** molletta *f.* appiglio *m.* *vt* fissare con mollette.

pejorative (pi'dʒɔrətiv) *adj* peggiorativo.

pelican ('pelikən) *n* pellicano *m.*

pellet ('pelit) *n* **1** pallina, pallotta *f.* **2** pillola *f.*

pelmet ('pelmit) *n* pendaglio sopra le tende *m.*

pelt[1] (pelt) *vt,vi* colpire, tirare.

pelt[2] (pelt) *n* pelliccia, pelle greggia *f.*

pelvis ('pelvis) *n* pelvi *f.* bacino *m.*

pen[1] (pen) *n* penna *f.* **fountain pen** *n* penna stilografica *f.* **penfriend** *n* amico per corrispondenza *m.* **penknife** *n* temperino *m.* **pen nib** *n* pennino *m.*

pen[2] (pen) *n* **1** recinto *m.* **2** (for sheep) ovile *m.* *vt* rinchiudere.

penal ('pi:nl) *adj* penale. **penalize** *vt* punire. **penalty** *n* pena, penalità *f.* **penalty kick** *n* calcio di rigore *m.*

penance ('penəns) *n* penitenza *f.*

pencil ('pensəl) *n* matita *f.* lapis *m. invar.* **pencil-sharpener** *n* temperalapis *m invar.*

pendant ('pendənt) *n* pendente, pendaglio *m.*

pending ('pendiŋ) *adj* pendente. *prep* in attesa di.

pendulum ('pendjuləm) *n* pendolo *m.*

penetrate ('penitreit) *vt* penetrare. **penetration** *n* penetrazione *f.*

penguin ('peŋgwin) *n* pinguino *m.*

penicillin (peni'silin) *n* penicillina *f.*

peninsula (pə'ninsjulə) *n* penisola *f.* **peninsular** *adj* peninsulare.

penis ('pi:nis) *n* pene *m.*

penitent ('penitənt) *adj* penitente.

pennant ('penənt) *n* banderuola *f.* pennone *m.*

penny ('peni) *n* **1** *pl* **pennies** British unit of currency. **2** *pl* **pence** soldo *m.*

penniless *adj* senza un soldo, povero, indigente.

pension ('penʃən) *n* pensione *f. v* **pension off** mettere in pensione. **pensioner** *n* pensionato *m.*

pensive ('pensiv) *adj* pensieroso.

pent (pent) *adj* rinchiuso. **pent-up** *adj* represso.

pentagon ('pentəgən) *n* pentagono *m.*

Pentecost ('pentikɔst) *n* Pentecoste *f.*

penthouse ('penthaus) *n* tettoia *f.*

people ('pi:pəl) *n* **1** gente *f.* **2** (race) popolo *m.* nazione *f. vt* popolare.

pepper ('pepə) *n* pepe *m.* **peppercorn** *n* granello di pepe *m.* **peppermill** *n* macinino da pepe *m.* **peppermint** *n* **1** menta peperina *f.* **2** (sweet) caramella alla menta *f.*

per (pə:) *prep* per, per mezzo di.

perambulator (pə'ræmbjuleitə) *n* carrozzina *f.*

perceive (pə'si:v) *vt* **1** accorgersi di. **2** osservare. **3** capire. **perceptible** *adj* percettibile, visibile.

per cent (pə 'sent) *prep* per cento.

percentage (pə'sentidʒ) *n* percentuale *f.*

perception (pə'sepʃən) *n* percezione, nozione *f.* **perceptive** *adj* percettivo.

perch[1] (pə:tʃ) *n zool* pesce persico *m.*

perch[2] (pə:tʃ) *n* posatoio *m. vi* appollaiarsi, posarsi.

percolate ('pə:kəleit) *vt,vi* filtrare. **percolator** *n* filtro *m.*

percussion (pə'kʌʃən) *n* percussione *f.*

perennial (pə'reniəl) *adj* perenne, eterno.

perfect (*adj,n* 'pə:fikt; *v* pə'fekt) *adj* perfetto, completo. *n gram* tempo perfetto *m. vt* perfezionare. **perfection** *n* perfezione *f.*

perforate ('pə:fəreit) *vt* perforare. **perforation** *n* perforazione *f.* buco *m.*

perform (pə'fɔ:m) *vt,vi* **1** eseguire, compire. **2** *Th* rappresentare. **performance** *n* **1** esecuzione *f.* adempimento *m.* **2** *Th* rappresentazione *f.* spettacolo *m.*

perfume (*n* 'pə:fju:m; *v* pə'fju:m) *n* profumo *m.* fragranza *f. vt* profumare. **perfumery** *n* profumeria *f.*

perhaps (pə'hæps) *adv* forse.

peril ('perəl) *n* pericolo, rischio *m.* **perilous** *adj* pericoloso.

perimeter (pə'rimitə) *n* perimetro *m.*

period ('piəriəd) *n* **1** periodo *m.* **2** epoca *f.* **3** *med* mestruazioni *f pl.* **periodic** *adj* periodico. **periodical** *n* periodico, giornale *m.* rivista *f.*

peripheral (pə'rifərəl) *adj* periferica.

perish ('periʃ) *vi* **1** perire, morire. **2** guastarsi. **perishable** *adj* deperibile.

perjury ('pə:dʒəri) *n* spergiuro *m.*

perk (pə:k) *vi* **perk up** rianimarsi. **perky** *adj* impertinente, vivace.

permanent ('pə:mənənt) *adj* permanente, durevole.

permeate ('pə:mieit) *vt* permeare, penetrare.

permit (*v* pə'mit; *n* 'pə:mit) *vt* permettere, lasciare. *n* permesso, lasciapassare *m.* licenza *f.* **permission** *n* permesso *m.* licenza *f.* **permissive** *adj* permissivo.

permutation (pəːmjuˈteiʃən) *n* permutazione *f*.

peroxide (pəˈrɔksaid) *n* perossido *m*.

perpendicular (pəːpənˈdikjulə) *adj,n* perpendicolare *f*.

perpetual (pəˈpetʃuəl) *adj* perpetuo, continuo.

perpetuate (pəˈpetʃueit) *vt* perpetuare.

perplex (pəˈpleks) *vt* confondere, imbarazzare. **perplexed** *adj* perplesso. **perplexity** *n* perplessità *f*. imbarazzo *m*.

persecute (ˈpəːsikjuːt) *vt* perseguitare, importunare. **persecution** *n* persecuzione *f*.

persevere (pəːsiˈviə) *vi* perseverare. **perseverance** *n* perseveranza *f*.

Persia (ˈpəːʃə) *n* Persia *f*. **Persian** *adj,n* persiano. **Persian** (language) *n* persiano *m*.

persist (pəˈsist) *vi* persistere, ostinarsi. **persist in** persistere a. **persistence** *n* persistenza *f*. **persistent** *adj* persistente, tenace.

person (ˈpəːsən) *n* persona *f*. **personage** *n* personaggio *m*. **personal** *adj* personale. **personality** *n* personalità *f*. **personify** *vt* personificare. **personnel** *n* personale *m*.

perspective (pəˈspektiv) *n* prospettiva, vista *f*.

Perspex (ˈpəːspeks) *n Tdmk* Perspex *m*.

perspire (pəˈspaiə) *vi* sudare, traspirare. **perspiration** *n* sudore *m*.

persuade (pəˈsweid) *vt* persuadere. **persuasion** *n* persuasione *f*. **persuasive** *adj* persuasivo.

pert (pəːt) *adj* **1** impertinente, sfrontato. **2** vivace.

pertain (pəˈtein) *vi* appartenere. **pertinent** *adj* pertinente, relativo. **pertinence** *n* pertinenza *f*.

perturb (pəˈtəːb) *vt* perturbare, confondere, agitare.

Peru (pəˈruː) *n* Perù *m*. **Peruvian** *adj,n* peruviano.

pervade (pəˈveid) *vt* pervadere, permeare, diffondersi in. **pervasive** *adj* penetrante, diffuso.

perverse (pəˈvəːs) *adj* perverso, malvagio. **perversity** *n* perversità, malvagità *f*.

pervert (*v* pəːˈvəːt; *n* ˈpəːvəːt) *vt* pervertire, corrompere. *n* pervertito *m*. **perversion** *n* perversione *f*.

pessimism (ˈpesimizəm) *n* pessimismo *m*. **pessimist** *n* pessimista *m*. **pessimistic** *adj* pessimistico.

pest (pest) *n* peste, pestilenza *f*. **pesticide** *n* pesticida *f*.

pester (ˈpestə) *vt* annoiare, tormentare.

pet (pet) *n* **1** favorito *m*. **2** animale favorito *m*. *adj* favorito, preferito. *vt* accarezzare. **pet name** *n* nomignolo *m*.

petal (ˈpetl) *n* petalo *m*.

peter (ˈpiːtə) *vi* **peter out** diminuire, finire, morire.

petition (piˈtiʃən) *n* petizione, supplica *f*. *vt* **1** supplicare. **2** presentare una petizione a.

petrify (ˈpetrifai) *vt* **1** pietrificare. **2** stupire, spaventare.

petroleum (piˈtrouliəm) *n* petrolio *m*. **petrol** *n* benzina *f*.

petticoat (ˈpetikout) *n* sottoveste *f*.

petty (ˈpeti) *adj* insignificante, meschino, triviale. **petty cash** *n* spese minute *f pl*. **petty officer** *n* sottufficiale di marina *m.* **pettiness** *n* piccolezza, meschinità *f.*

petulant ('petjulənt) *adj* petulante, capriccioso, irritabile.

pew (pju:) *n* panca di chiesa *f.*

pewter ('pju:tə) *n* peltro *m.*

phantom ('fæntəm) *n* fantasma, spettro *m. adj* spettrale, irreale.

pharmacy ('fɑ:məsi) *n* farmacia *f.* **pharmacist** *n* farmacista *m.*

pharynx ('færiŋks) *n* faringe *f.*

phase (feiz) *n* fase *f.*

pheasant ('fezənt) *n* fagiano *m.*

phenomenon (fi'nɔminən) *n, pl* **-na** fenomeno *m.* **phenomenal** *adj* fenomenale.

philanthropy (fi'lænθrəpi) *n* filantropia *f.* **philanthropist** *n* filantropo *m.*

philately (fi'lætəli) *n* filatelia *f.* **philatelist** *n* filatelico *m.*

Philistine ('filistain) *n* filisteo *m.*

philosophy (fi'lɔsəfi) *n* filosofia *f.* **philosopher** *n* filosofo *m.* **philosophical** *adj* filosofico.

phlegm (flem) *n* flemma *f.*

phlegmatic (fleg'mætik) *adj* flemmatico, calmo.

phobia ('foubiə) *n* fobia *f.*

phoenix ('fi:niks) *n* fenice *f.*

phone (foun) *inf n* telefono *m. vt,vi* telefonare. **phone call** *n inf* telefonata *f.*

phonetic (fə'netik) *adj* fonetico. **phonetics** *n* fonetica *f.*

phoney ('founi) *adj inf* fasullo, falso, finto.

phosphate ('fɔsfeit) *n* fosfato *m.*

phosphorescence (fɔsfə'resəns) *n* fosforescenza *f.* **phosphorescent** *adj* fosforescente.

phosphorus ('fɔsfərəs) *n* fosforo *m.*

phosphorous *adj* fosforoso.

photo ('foutou) *n inf* foto *f invar.*

photocopy ('foutəkɔpi) *vt* fotocopiare. *n* fotocopia *f.*

photogenic (foutə'dʒenik) *adj* fotogenico.

photograph ('foutəgrɑ:f) *n* fotografia *f. vt* fotografare. **photographer** *n* fotografo *m.* **photographic** *adj* fotografico. **photography** *n* fotografia *f.*

phrase (freiz) *n* **1** frase *f.* **2** modo di dire *m. vt* esprimere, dire. **phrasebook** *n* libro di fraseologia *m.*

physical ('fizikəl) *adj* fisico. **physical education** *n* educazione fisica *f.*

physician (fi'ziʃən) *n* medico, dottore *m.*

physics ('fiziks) *n* fisica *f.* **physicist** *n* fisico *m.*

physiognomy (fizi'ɔnəmi) *n* fisionomia *f.*

physiology (fizi'ɔlədʒi) *n* fisiologia *f.* **physiological** *adj* fisiologico. **physiologist** *n* fisiologo *m.*

physiotherapy (fiziou'θerəpi) *n* fisioterapia *f.* **physiotherapist** *n* fisioterapista *m.*

physique (fi'zi:k) *n* fisico *m.* costituzione *f.*

piano (pi'ænou) *n* pianoforte *m.* **grand piano** pianoforte a coda. **pianist** *n* pianista *m.*

pick[1] (pik) *n* scelta *f. vt* **1** scegliere. **2** cogliere. **3** (a lock) aprire. **pick up** raccogliere. **picking** *n* raccolta *f.* **pickpocket** *n* borsaiolo *m.*

pick[2] (pik) *n* (tool) piccone *m.*

picket ('pikit) *n* picchetto, palo *m. vt* picchettare.

pickle ('pikəl) n **1** salamoia f. **2** pl sottaceti m pl. vt mettere sotto aceto, marinare. **pickled** adj in aceto.

picnic* ('piknik) n merenda all'aperto f. picnic m. vi mangiare all'aperto.

pictorial (pik'tɔːriəl) adj pittorico, illustrato.

picture ('piktʃə) n **1** quadro m. pittura f. **2** immagine f. **3** pl cinema m. vt figurare, descrivere.

picturesque (piktʃə'resk) adj pittoresco.

pidgin ('pidʒən) n pidgin, gergo m.

pie (pai) n **1** (meat) pasticcio m. **2** (fruit) torta, crostata f.

piece (piːs) n **1** pezzo m. parte f. **2** (of material) pezza f. **piecemeal** adv a spizzico, pezzo a pezzo. **piecework** n lavoro a cottimo m.

pied (paid) adj screziato, variegato.

pier (piə) n **1** molo m. banchina f. **2** arch pilone m.

pierce (piəs) vt penetrare, perforare. **piercing** adj penetrante, acuto.

piety ('paiəti) n pietà f.

pig (pig) n maiale, porco m. **pig-headed** adj ostinato, testardo. **pig-iron** n ghisa f. **piglet** n porcellino m. **pigskin** n pelle di cinghiale f. **pigsty** n porcile m. **pigtail** n treccia f.

pigeon ('pidʒən) n piccione m. colomba f. **pigeonhole** n casella f.

piggyback ('pigibæk) n cavalcata sul dorso f. adv sul dorso.

pigment ('pigmənt) n pigmento, colore m.

pike (paik) n picca f.

pilchard ('piltʃəd) n sardella f.

pile[1] (pail) n mucchio, ammasso m. vt ammucchiare, accumulare.

pile[2] (pail) n tech palo m. **piledriver** n battipalo m.

pile[3] (pail) n (of material, etc.) pelo m.

piles (pəlz) n pl emorroidi f pl.

pilfer ('pilfə) vt rubacchiare. **pilferer** n ladroncello m.

pilgrim ('pilgrim) n pellegrino m. **pilgrimage** n pellegrinaggio m.

pill (pil) n pillola, compressa f.

pillage ('pilidʒ) n saccheggio m. vt saccheggiare.

pillar ('pilə) n pilastro m. colonna f. **pillar-box** n buca delle lettere f.

pillion ('piliən) n sedile posteriore m.

pillow ('pilou) n guanciale, cuscino m. **pillowcase** n federa f.

pilot ('pailət) n pilota m. vt pilotare.

pimento (pi'mentou) n pimento m.

pimple ('pimpəl) n pustoletta f. foruncolo m.

pin (pin) n spillo m. vt appuntare, fissare. **pins and needles** n formicolio m. **pincushion** n portaspilli m invar. **pinpoint** vt segnalare con precisione. **pinstripe** adj a strisce sottili.

pinafore ('pinəfɔː) n grembiule m.

pincers ('pinsez) n pl tenaglie f pl.

pinch (pintʃ) vt **1** pizzicare, stringere. **2** sl rubare. n **1** pizzicotto m. **2** pizzico m. presa f.

pine[1] (pain) n pino m. **pine cone** n pigna f.

pine[2] (pain) vi languire, sospirare per, consumarsi.

pineapple ('painæpəl) n ananasso m. ananas m invar.

Ping-pong ('piŋpɔŋ) n Tdmk tennis da tavola m.

pinion ('piniən) *n tech* pignone *m.*

pink (piŋk) *adj*, *n* rosa *m invar.*

pinnacle ('pinəkəl) *n* sommo, colmo *m.* cima *f.*

pint (paint) *n* pinta *f.*

pioneer (paiə'niə) *n* pioniere *m. vt* preparare la via a.

pious ('paiəs) *adj* pio, religioso.

pip¹ (pip) *n game* fanello *m.*

pip² (pip) *n bot*, seme (di frutto carnoso) *m.*

pipe (paip) *n* 1 tubo, condotto *m.* 2 (tobacco) pipa *f.* 3 *mus* piffero *m.* **pipedream** *n* progetto inattuabile *m.* **pipeline** *n* 1 condotto di petrolio *m.* 2 linea di comunicazione *f.* **pipette** *n* pipetta *f.*

piquant ('pi:kənt) *adj* piccante. **piquancy** *n* gusto piccante *m.*

pique (pi:k) *n* irritazione *f. vt* offendere, irritare.

pirate ('pairət) *n* pirata *m.* **piracy** *n* pirateria *f.*

pirouette (piru'et) *n* piroetta *f. vi* piroettare.

Pisces ('pisi:z) *n pl* Pesci *m pl.*

piss (pis) *tab vi* pisciare. **piss off!** va' via! *n* orina *f.*

pistachio (pis'tæʃiou) *n* pistacchio *m.*

pistol ('pistəl) *n* pistola *f.*

piston ('pistən) *n* pistone, stantuffo *m.*

pit (pit) *n* 1 fossa, buca *f.* pozzo *m.* 2 miniera *f.* **pitfall** *n* trappola *f.*

pitch¹ (pitʃ) *n* 1 punto, lancio *m.* 2 *mus* tono *m. vt* 1 lanciare, gettare. 2 fissare. *vi* beccheggiare. **pitchfork** *n* forcone *m.*

pitch² (pitʃ) *n* pece *f.*

pith (piθ) *n* midollo *m.*

pittance ('pitns) *n* piccola quantità *f.*

pituitary gland (pi'tjuətri) *n* pituitario *m.*

pity ('piti) *n* pietà, compassione *f. vt* avere pietà di. **pitiful** *adj* pietoso.

pivot ('pivət) *n* pernio *m.* asse *f. vt* imperniare.

pizza ('pi:tsə) *n* pizza *f.*

placard ('plækɑ:d) *n* affisso, cartellone *m.*

placate (plə'keit) *vt* placare, pacificare.

place (pleis) *n* luogo, posto *m.* **out of place** inopportuno. **take place** accadere, succedere, avere luogo. ~ *vt* porre, mettere. **placename** *n* nome di località *m.*

placenta (plə'sentə) *n* placenta *f.*

placid ('plæsid) *adj* tranquillo, sereno.

plagiarize ('pleidʒəraiz) *vt* plagiare. **plagiarism** *n* plagio *m.* **plagiarist** *n* plagiario *m.*

plague (pleig) *n* 1 peste, pestilenza *f.* 2 flagello *m. vt* tormentare, importunare.

plaice (pleis) *n* passerino *m.*

plaid (plæd) *n* mantello scozzese *m.*

plain (plein) *adj* 1 semplice, ordinario. 2 evidente, chiaro. *n* pianura *f.* **plainclothes** *adj* in borghese.

plaintiff ('pleintif) *n* attore *m.*

plaintive ('pleintiv) *adj* lamentoso, triste, querulo.

plait (plæt) *n* treccia *f. vt* intrecciare.

plan (plæn) *n* piano, disegno, progetto *m. vt* progettare, fissare. *vi* fare progetti.

plane¹ (plein) *n* 1 piano *m.* 2 *aviat* aeroplano *m.*

plane² (plein) *n tech* pialla *f. vt* piallare.

plane³ (plein) *n bot* platano *m.*

planet ('plænit) *n* pianeta *m*.

plank (plæŋk) *n* asse, tavola *f*.

plankton ('plæŋktən) *n* plancton *m*.

plant (plɑ:nt) *n* 1 *bot* pianta *f*. 2 *tech* impianto *m*. attrezzi *m pl. vt* piantare.

plantation *n* piantagione *f*.

plaque (plɑ:k) *n* placca, lastra *f*.

plasma ('plæzmə) *n* plasma *m*.

plaster ('plɑ:stə) *n* 1 *med* cerotto *m*. 2 gesso *m*. 3 stucco *m*. *vt* ingessare, intonacare. **plaster of Paris** *n* 1 gesso *m*. 2 *med* ingessatura *f*. **plasterer** *n* intonacatore *m*.

plastic ('plæstik) *adj* plastico. *n* plastica *f*. **plastic surgery** *n* chirurgia estetica *f*.

Plasticine ('plæstisi:n) *n Tdmk* Plastilina *f*.

plate (pleit) *n* 1 *cul* piatto *m*. 2 placca, lamina *f*. 3 argenteria *f*. 4 illustrazione *f*. *vt* 1 placcare, laminare. 2 inargentare. **platelayer** *n* guardalinea *m*.

plateau ('plætou) *n* altipiano *m*.

platform ('plætfɔ:m) *n* 1 piattaforma *f*. 2 (railway) marciapiede, binario *m*. banchina *f*.

platinum ('plætnəm) *n* platino *m*.

platonic (plə'tɔnik) *adj* platonico.

plausible ('plɔ:zəbəl) *adj* plausibile.

play (plei) *n* 1 gioco, divertimento *m*. 2 *Th* dramma *m*. commedia *f*. *vt* 1 giocare a. 2 rappresentare. 3 suonare. *vi* scherzare. **playful** *adj* scherzoso. **playground** *n* cortile di ricreazione *m*. **playgroup** *n* asilo *m*. **playhouse** *n* teatro *m*. **playmate** *n* compagno di gioco *m*. **playschool** *n* asilo *m*. **playwright** *n* drammaturgo *m*. **playing card** *n* carta da gioco *f*. **playing field** *n* campo di gioco *m*.

plea (pli:) *n* 1 scusa *f*. pretesto *m*. 2 *law* causa, difesa *f*. 3 supplica *f*.

plead (pli:d) *vt* 1 perorare. 2 allegare. *vi* implorare, appellarsi.

pleasant ('plezənt) *adj* piacevole, gradevole, simpatico.

please (pli:z) *vt,vi* piacere, soddisfare.

pleased *adj* contento, soddisfatto.

pleasing *adj* piacevole, gradevole.

pleasure ('pleʒə) *n* piacere, favore *m*.

pleat (pli:t) *n* piega, ripiegatura *f*. *vt* piegare.

plectrum ('plektrəm) *n, pl* **-tra** *or* **-trums** plettro *m*.

pledge (pledʒ) *n* impegno *m*. promessa *f*. *vt* impegnare.

plenty ('plenti) *n* abbondanza *f*. **plenty of** tanto. **plentiful** *adj* abbondante.

pliable ('plaiəbəl) *adj* pieghevole, flessibile. 2 influenzato facilmente.

plight (plait) *n* condizione *f*. stato *m*.

plimsoll ('plimsəl) *n* scarpa da tennis *f*.

plod (plɔd) *vi* camminare a fatica. **plodder** *n* sgobbone *m*.

plonk (plɔŋk) *vt* buttare giù.

plot[1] (plɔt) *n* 1 complotto *m*. cospirazione *f*. 2 (of a book) intreccio *m*. *vt* 1 complottare. 2 fare un piano di. **plotter** *n* cospiratore *m*.

plot[2] (plɔt) *n* (of ground) pezzo di terreno *m*.

plough (plau) *n* aratro *m*. *vt* arare, solcare. **ploughing** *n* aratura *f*.

pluck (plʌk) *vt* 1 cogliere, tirare. 2 spennare. **pluck up courage** farsi coraggio. ~ *n* 1 strappo *m*. 2 *inf* coraggio, fegato *m*. **plucky** *adj* coraggioso.

plug (plʌg) *n* 1 tappo, tampone, zaffo

m. 2 *tech* spina f. 3 *mot* candela f. vt tamponare, tappare, zaffare.

plum (plʌm) n prugna, susina f. **plum tree** n prugno, susino m.

plumage ('plu:midʒ) n piumaggio m. penne f pl.

plumb (plʌm) n piombo m. adj,adv a piombo. vt 1 piombare. 2 *naut* scandagliare. **plumber** n idraulico, tubista m. **plumbing** n piombatura f.

plume (plu:m) n penna, piuma f. pennacchio m.

plump¹ (plʌmp) adj grassoccio, paffuto.

plump² (plʌmp) vi cadere a piombo. **plump for** scegliere.

plunder ('plʌndə) n bottino, saccheggio m. vt rubare, saccheggiare.

plunge (plʌndʒ) n tuffo m. vt tuffare, immergere. vi 1 tuffarsi. 2 precipitare.

pluperfect (plu:'pə:fikt) n passato anteriore m.

plural ('pluərəl) adj,n plurale m.

plus (plʌs) prep più. adj in più.

plush (plʌʃ) n felpa f. adj lussuoso.

Pluto ('plu:tou) n Plutone m.

ply¹ (plai) vt 1 adoperare, usare. 2 applicare, manipolare.

ply² (plai) n spessore m. **plywood** n legno compensato m.

pneumatic (nju:'mætik) adj pneumatico. **pneumatic drill** n trapano pneumatico m.

pneumonia (nju:'mouniə) n polmonite f.

poach¹ (poutʃ) vi andare a caccia di frodo. **poacher** n cacciatore di frodo m. **poaching** n caccia di frodo f.

poach² (poutʃ) vt cuocere. **poached**

egg n uovo in camicia m.

pocket ('pɔkit) n tasca f. vt intascare, appropriarsi. **pocket-knife** n temperino m. **pocket-money** n pl soldi per le piccole spese m pl.

pod (pɔd) n baccello, guscio m.

poem ('pouim) n 1 poesia f. 2 (epic) poema m.

poet ('pouit) n poeta m. **poetic** adj poetico. **poetry** n poesia f.

poignant ('pɔinjənt) adj intenso, commovente. **poignancy** n acutezza, violenza f.

point (pɔint) n 1 punto m. 2 (of a pencil, etc.) punta f. **be on the point of** stare per. **to the point** a proposito. ~vt appuntare, puntare. **point out** additare, mostrare. **point-blank** adj diretto. adv a bruciapelo. **pointed** adj appuntato, acuto. **pointless** adj inutile.

poise (pɔiz) n 1 equilibrio m. 2 portamento m. vt equilibrare, bilanciare. vi equilibrarsi.

poison ('pɔizən) n veleno m. vt avvelenare, intossicare. **poisonous** adj velenoso.

poke (pouk) vt 1 colpire, dare una botta a. 2 (fire) attizzare. **poke fun at** deridere. ~n spinta, puntata f. **poky** adj piccolo.

poker¹ ('poukə) n attizzatoio m.

poker² ('poukə) n game poker m.

Poland ('poulənd) n Polonia f. **Pole** n polacco m.

polar ('poulə) adj polare. **polar bear** n orso bianco m. **polarization** n polarizzazione f. **polarize** vt polarizzare.

pole¹ (poul) n palo, polo m. **pole-vault** vi saltare con l'asta.

pole² (poul) n geog polo m.

Pole Star n stella polare f.

polemic (pə'lemik) n polemica f. adj polemico.

police (pə'li:s) n polizia f. **policeman** n poliziotto, vigile urbano m. **police station** n questura f. posto di polizia m.

policy¹ ('pɔlisi) n pol politica, linea di condotta f. sistema m.

policy² ('pɔlisi) n (insurance) polizza f.

polish ('pɔliʃ) n 1 lucido m. crema, vernice f. 2 raffinatezza f. vt 1 lustrare, lucidare. 2 raffinare. **polishing** n verniciatura f.

Polish ('pouliʃ) adj polacco. **Polish** (language) n polacco m.

polite (pə'lait) adj cortese, gentile. **politeness** n cortesia, gentilezza f.

politics ('pɔlitiks) n politica f. **political** adj politico. **politician** n politico m.

polka ('pɔlkə) n polca f.

poll (poul) n elezione, votazione f. scrutinio m. vt ottenere. **polling booth** n cabina elettorale f.

pollen ('pɔlən) n polline m. **pollinate** vt pollinare.

pollute (pə'lu:t) vt contaminare, corrompere. **pollution** n contaminazione, corruzione f. inquinamento m.

polyester (pɔli'estə) n poliestere m.

polygamy (pə'ligəmi) n poligamia f. **polygamist** n poligamo m. **polygamous** adj poligamo.

polygon ('pɔligən) n poligono m. **polygonal** adj poligonale.

Polynesia (pɔli'ni:ziə) n Polinesia f. **Polynesian** adj,n polinesiano.

polystyrene (pɔli'stairi:n) n polistirene m.

polytechnic (pɔli'teknik) adj,n politecnico m.

polythene ('pɔliθi:n) n politene m.

polyunsaturated (pɔli:ʌn'sætjəreitid) adj poliinsaturo.

pomegranate ('pɔmigrænət) n melagrana f.

pommel ('pʌməl) n pomo, pomolo m. vt battere, percuotere.

pomp (pɔmp) n pompa, ostentazione f. **pompous** adj pomposo, affettato.

pond (pɔnd) n stagno, laghetto m.

ponder ('pɔndə) vt,vi considerare, meditare.

pony ('pouni) n cavallino m.

poodle ('pu:dl) n cane barbone m.

pool¹ (pu:l) n (of water, etc.) stagno m. pozzanghera f.

pool² (pu:l) n 1 comm fondo comune m. 2 pl totocalcio m. vt mettere in comune.

poor (puə, pɔ:) adj 1 povero, indigente. 2 scarso, misero. **poorly** adv male. adj indisposto.

pop¹ (pɔp) n schiocco, scatto m. vt,vi schioccare, esplodere. **pop in** fare una breve visita. **pop out** uscire per un attimo. **popcorn** n pop-corn m. chicchi di granoturco arrostiti m pl.

pop² (pɔp) adj popolare. **pop music** n musica pop f.

pope (poup) n Papa m.

poplar ('pɔplə) n pioppo m.

poppy ('pɔpi) n papavero m.

popular ('pɔpjulə) adj 1 popolare, alla moda. 2 ben voluto. **popularity** n popolarità, voga f.

populate ('pɔpjuleit) vt popolare. **population** n popolazione f.

porcelain ('pɔːslin) n porcellana f.

porch (pɔːtʃ) n portico, vestibolo, atrio m.

porcupine ('pɔːkjupain) n porcospino m.

pore[1] (pɔː) vt **pore over 1** studiare con diligenza. **2** meditare.

pore[2] (pɔː) n poro m.

pork (pɔːk) n carne di maiale f.

pornography (pɔː'nɔgrəfi) n pornografia f. **pornographic** adj pornografico.

porous ('pɔːrəs) adj poroso.

porpoise ('pɔːpəs) n marsovino m.

porridge ('pɔridʒ) n pappa fatta con farina di avena f.

port[1] (pɔːt) n (harbour) porto m.

port[2] (pɔːt) n naut babordo m. sinistra f.

port[3] (pɔːt) n (drink) vino di Oporto m.

portable ('pɔːtəbəl) adj portabile, portatile.

porter[1] ('pɔːtə) n (of baggage) facchino, portabagagli m.

porter[2] ('pɔːtə) n portinaio, portiere m.

portfolio (pɔːt'fouliou) n **1** cartella f. **2** pol portafoglio m.

porthole ('pɔːthoul) n bocca porto m.

portion ('pɔːʃən) n porzione, parte f.

portrait ('pɔːtrit) n ritratto m. **portrait painter** n ritrattista m.

portray (pɔː'trei) vt **1** fare il ritratto a, dipingere. **2** descrivere.

Portugal ('pɔːtjugəl) n Portogallo m. **Portuguese** adj,n portoghese. **Portuguese** (language) n portoghese m.

pose (pouz) vt proporre. vi atteggiarsi, posare. n posa f. atteggiamento m.

posh (pɔʃ) adj elegante.

position (pə'ziʃən) n **1** posizione, si-

tuazione f. **2** posto, impiego m. vt collocare.

positive ('pɔzitiv) adj positivo, sicuro, certo.

possess (pə'zes) vt possedere, avere. **possessed** adj posseduto. **possession** n possesso, possedimento m. **possessive** adj possessivo. **possessor** n possessore m.

possible ('pɔsəbəl) adj possibile. **possibly** adv forse, può darsi.

post[1] (poust) n palo, pilastro m. vt affiggere. **poster** n affisso, avviso m.

post[2] (poust) n (job) posto, impiego m.

post[3] (poust) n (mail) posta f. vt imbucare. **postal** adj postale. **postal order** n vaglia m invar. **postage** n affrancatura, tariffa postale f. **postbox** n cassetta postale f. **postacard** n cartolina f. **postcode** n codice postale m. **postman** n postino m. **postmark** n timbro postale m. **post office** n ufficio postale m.

posterior (pɔs'tiəriə) adj posteriore.

posterity (pɔs'teriti) n posterità f.

postgraduate (poust'grædjuət) adj di perfezionamento. n perfezionato m.

posthumous ('pɔstjuməs) adj postumo. **posthumously** adv dopo la morte.

post-mortem (poust'mɔːtəm) n autopsia f.

postpone (pə'spoun) vt posporre, rimandare, rinviare. **postponement** n rinvio m.

postscript ('pousskript) n poscritto m.

postulate ('pɔstjuleit) vt postulare, domandare.

posture ('pɔstʃə) n posizione f. atteggiamento m.

pot (pɒt) n **1** vaso m. **2** pentola f. vt piantare in vaso.

potassium (pə'tæsiəm) n potassio m.

potato (pə'teitou) n, pl **-toes** patata f.

potent ('pout:nt) adj potente, forte. **potency** n potenza, forza f.

potential (pə'tenʃəl) adj,n potenziale m.

pothole ('pɒthoul) n **1** marmitta f. **2** (in a road) buca f.

potion ('pouʃən) n pozione, bevanda f.

potter ('pɒtə) vi gingillarsi.

pottery ('pɒtəri) n ceramica f. stoviglie f pl.

pouch (pautʃ) n borsa f. sacchetto m.

poultice ('poultis) n cataplasma m.

poultry ('poultri) n pollame m.

pounce (pauns) vi piombare. **pounce upon** gettarsi addosso a. ~ n spolvero m.

pound[1] (paund) vt polverizzare, battere.

pound[2] (paund) n **1** (weight) libbra f. **2** (currency) sterlina f.

pour (pɔ:) vt versare, spargere. vi riversarsi.

pout (paut) vi fare il broncio. n broncio m.

poverty ('pɒvəti) n miseria, povertà f. **poverty-stricken** adj miserabile, indigente.

powder ('paudə) n **1** polvere f. **2** (face) cipria f. vt **1** spolverizzare. **2** incipriare. **powder room** n toilette f invar. **powdery** adj polveroso.

power ('pauə) n **1** potere m. potenza f. **2** energia f. **3** potestà f. **4** possibilità f. **powerful** adj potente. **powerless** adj senza potere, impotente.

practicable ('præktikəbəl) adj praticabile.

practical ('præktikəl) adj pratico. **practically** adv quasi.

practice ('præktis) n **1** pratica f. esercizio m. **2** clientela f. **3** abitudine f. **out of practice** fuori esercizio. **practice** vt esercitare, praticare. vi esercitarsi.

practised adj pratico, esperto. **practising** adj praticante.

practitioner (præk'tiʃənə) n **1** professionista m. **2** medico m.

pragmatic (præg'mætik) adj prammatico.

prairie ('preəri) n prateria f.

praise (preiz) n lode f. elogio m. vt lodare, elogiare, vantare. **praiseworthy** adj lodevole.

pram (præm) n carrozzina f.

prance (prɑ:ns) vi **1** saltellare. **2** (of a horse) impennarsi.

prank (præŋk) n scherzo, tiro m. burla f.

prattle ('præt) vi chiacchierare, cianciare. n chiacchierio m.

prawn (prɔ:n) n gamberetto m.

pray (prei) vt,vi pregare. **prayer** n preghiera, supplica f. **prayerbook** n libro di preghiere m.

preach (pri:tʃ) vt,vi predicare. **preacher** n predicatore m.

precarious (pri'keəriəs) adj precario, incerto.

precaution (pri'kɔ:ʃən) n precauzione f.

precede (pri'si:d) vt precedere. **precedence** n precedenza f. **precedent** n precedente m.

precinct ('pri:siŋkt) n **1** recinto m. **2** pl confini, limiti m pl.

precious ('preʃəs) adj **1** prezioso. **2** ricercato.

precipice ('presipis) *n* precipizio *m*.

precipitate (prə'sipiteit) *vt* precipitare. *adj* affrettato, precipitoso.

precis ('preisi) *n* sunto *m*.

precise (pri'sais) *adj* preciso, esatto, scrupoloso. **precision** *n* precisione, esattezza *f*.

precocious (pri'kouʃəs) *adj* precoce.

preconceive (pri:kən'si:v) *vt* formare un'opinione in anticipo. **preconceived** *adj* preconcetto. **preconception** *n* preconcetto, pregiudizio *m*.

predatory ('predətəri) *adj* predatorio, rapace.

predecessor ('pri:disesə) *n* predecessore *m*.

predestine (pri:'destin) *vt* predestinare. **predestination** *n* predestinazione *f*.

predicament (pri'dikəmənt) *n* imbroglio *m*. situazione difficile *f*.

predicate (*n* 'predikit; *v* 'predikeit) *n* predicato *m*. *vt* predicare.

predict (pri'dikt) *vt* predire. **prediction** *n* predizione *f*.

predominate (pri'dəmineit) *vi* predominare, prevalere. **predominance** *n* predominio *m*. **predominant** *adj* predominante.

pre-eminent *adj* preminente. **pre-eminence** *n* preminenza *f*.

preen (pri:n) *vt* pulire. **preen oneself** pavoneggiarsi.

prefabricate (pri'fæbrikeit) *vt* prefabbricare. **prefab** *n* casa prefabbricata *f*.

preface ('prefis) *n* prefazione *f*. *vt* premettere, scrivere la prefazione a.

prefect ('pri:fekt) *n* 1 prefetto *m*. 2 *educ* capoclasse, prefetto *m*.

prefer (pri'fə:) *vt* preferire. **preferable**

adj preferibile. **preference** *n* preferenza *f*. **preferential** *adj* preferenziale.

prefix ('pri:fiks) *n* prefisso *m*. *vt* premettere.

pregnant ('pregnənt) *adj* 1 (of a woman) incinta. 2 (of an animal) gravida. 3 pregnante, fecondo. **pregnancy** *n* gravidanza *f*.

prehistoric (pri:his'tɔrik) *adj* preistorico.

prejudice ('predʒədis) *n* pregiudizio *m*. *vt* pregiudicare, compromettere. **prejudiced** *adj* prevenuto.

preliminary (pri'liminəri) *adj,n* preliminare *m*.

prelude ('prelju:d) *n* preludio *m*. *vt,vi* preludere, preannunziare.

premarital (pri:'mæritl) *adj* prematrimoniale.

premature ('premətʃə) *adj* prematuro, precoce.

premeditate (pri:'mediteit) *vt* premeditare. **premeditation** *n* premeditazione *f*.

premier ('premiə) *adj* primo. *n* primo ministro *m*.

premiere ('premieə) *n* Th prima *f*.

premise ('premis) *n* 1 premessa *f*. 2 *pl* locali *m pl*.

premium ('pri:miəm) *n* premio, aggio *m*. **premium bond** *n* titoli dello stato *m pl*.

preoccupied (pri:'ɔkjupaid) *adj* preoccupato.

prepare (pri'peə) *vt* 1 preparare. 2 apparecchiare. *vi* prepararsi. **be prepared to** essere pronto a. **preparation** *n* preparazione *f*. preparativo *m*. **preparatory** *adj* preparatorio.

reposition (prepə'ziʃən) *n* preposizione *f*.

reposterous (pri'postərəs) *adj* assurdo.

rerogative (pri'rɔgətiv) *n* prerogativa *f*. privilegio *m*.

Presbyterian (prezbi'tiəriən) *adj,n* presbiteriano.

rescribe (pri'skraib) *vt,vi* 1 prescrivere. 2 *med* ordinare. **prescription** *n* ricetta medica *f*.

resence ('prezəns) *n* 1 presenza *f*. 2 aspetto *m*.

present[1] ('prezənt) *adj* attuale, presente. *n* presente *m*. **at present** adesso. **for the present** per il momento. **present participle** *n* participio presente *m*. **presently** *adv* fra poco.

present[2] (*v* pri'zent; *n* 'prezənt) *vt* 1 presentare. 2 regalare a. 3 *Th* rappresentare. *n* regalo *m*. **presentation** *n* presentazione *f*.

reserve (pri'zə:v) *n* 1 conserva, marmellata *f*. 2 (for animals) riserva *f*. *vt* conservare, preservare, salvare. **preservation** *n* 1 preservazione. 2 salvezza *f*.

reside (pri'zaid) *vi* presiedere.

resident ('prezidənt) *n* presidente *m*. **presidential** *adj* presidenziale.

ress (pres) *vt* 1 premere, comprimere, stringere. 2 stirare. *n* 1 stampa *f*. 2 *tech* torchio *m*. 3 calca *f*. **press conference** *n* conferenza stampa *f*. **press-stud** *n* automatico *m*. **press-up** *n* esercizio di ginnastica alzando il corpo con le braccia *m*. **pressing** *adj* urgente, incalzante.

pressure ('preʃə) *n* 1 pressione, costrizione *f*. 2 urgenza *f*. **pressure cooker** *n* pentola a pressione *f*. **pressurize** *vt* pressurizzare, costringere.

prestige (pres'ti:ʒ) *n* prestigio *m*.

presume (pri'zju:m) *vt* presumere, supporre. **presumption** *n* 1 presunzione, supposizione *f*. 2 arroganza *f*. **presumptuous** *adj* presuntuoso, arrogante.

pretend (pri'tend) *vt* fingere, far finta di. *vi* pretendere. **pretence** *n* pretesa, scusa *f*. pretesto *m*. **pretension** *n* pretesa *f*. **pretentious** *adj* pretenzioso, arrogante. **pretentiousness** *n* arroganza *f*.

pretext ('pri:tekst) *n* pretesto *m*. scusa *f*.

pretty ('priti) *adj* bellino, carino, grazioso. *adv* quasi, press'a poco, piuttosto.

prevail (pri'veil) *vi* prevalere, predominare. **prevalent** *adj* prevalente.

prevent (pri'vent) *vt* impedire. **prevention** *n* prevenzione *f*. **preventive** *adj* preventivo.

preview ('pri:vju:) *n* anteprima *f*.

previous ('pri:viəs) *adj* precedente, anteriore. **previously** *adv* prima.

prey (prei) *n* preda *f*. *v* **prey on** 1 predare. 2 consumare.

price (prais) *n* prezzo, costo *m*. *vt* valutare, fissare il prezzo di. **price-list** *n* listino dei prezzi *m*.

prick (prik) *n* pungolo *m*. puntura *f*. *vt* pungere, punzecchiare. **prick one's ears** drizzare gli orecchi. **prickle** *n* spina *f*. **prickly** *adj* spinoso, pungente.

pride (praid) *n* orgoglio *m*. superbia *f*. *v* **pride oneself on** vantarsi di.

priest (priːst) n prete, sacerdote m. **priesthood** n sacerdozio m.

prim (prim) adj affettato, preciso.

primary ('praiməri) adj primario, elementare, fondamentale. **primary school** n scuola elementare f.

primate n 1 ('praimit) rel primate m. 2 ('praimeit) pl primati m pl.

prime (praim) adj primo, principale, fondamentale. in fiore, colmo m. vt 1 istruire. 2 caricare. **prime minister** n primo ministro m.

primitive ('primitiv) adj primitivo.

primrose ('primrouz) n primula f.

prince (prins) n principe m.

princess (prin'ses) n principessa f.

principal ('prinsəpəl) adj principale, primo. n capo, direttore, principale, padrone m.

principality (prinsi'pæliti) n principato m.

principle ('prinsəpəl) n principio m.

print (print) n 1 stampa, impressione f. 2 phot prova f. vt stampare, imprimerem. **out of print** esaurito. **printer** n stampatore, tipografo m. stampante f. **printing** n stampa, tiratura f. **printout** n stampato m.

prior ('praiə) adj antecedente, precedente. adv prima. **priority** n priorità f.

prise (praiz) vt far leva su. **prise open** forzare.

prism ('prizəm) n prisma f.

prison ('prizən) n prigione f. carcere m. **prisoner** n prigioniero, detenuto m.

private ('praivit) adj 1 privato, personale. 2 confidenziale. n soldato semplice m. **privacy** n solitudine, intimità f. **privatize** vt privatizzare.

privet ('privit) n ligustro m.

privilege ('privilidʒ) n privilegio m.

prize[1] (praiz) n premio m. **prizewinner** n premiato, vincitore m.

prize[2] (praiz) vt valutare, apprezzare.

probable ('prɔbəbəl) adj probabile. **probability** n probabilità f. **probably** adv probabilmente.

probation (prə'beiʃən) n probazione prova f. **on probation** in prova. **probation officer** n ufficiale sorvegliante m. **probationary** adj probatorio.

probe (proub) vt 1 sondare. 2 esaminare a fondo. n sonda f.

problem ('prɔbləm) n problema m.

proceed (prə'siːd) vi 1 procedere, continuare. 2 derivare. **procedure** n procedura f. procedimento m. **proceeding** n 1 azione f. procedimento m. 2 pl atti m pl. **proceeds** n pl profitti m pl.

process ('prouses) n processo, corso m. vt processare, preparare.

procession (prə'seʃən) n processione f. corteo m.

proclaim (prə'kleim) vt proclamare. dichiarare. **proclamation** n proclamazione, dichiarazione f.

procreate ('proukrieit) vt procreare. **procreation** n procreazione f.

procure (prə'kjuə) vt procurare.

prod (prɔd) vt stimolare, pungere. n pungolo m.

prodigy ('prɔdidʒi) n prodigio, miracolo m.

produce (v prə'djuːs; n 'prɔdjuːs) vt 1 produrre, fabbricare. 2 Th mettere in scena. n prodotto m. **producer** n 1 produttore m. 2 Th direttore m. **product** n prodotto, frutto m. **production** n 1 produzione f. **2** Th messa in scena f.

productive adj produttivo, fertile.

productivity n produttività f.

profane (prə'fein) adj profano. vt profanare.

profess (prə'fes) vt,vi professare, dichiarare. **profession** n professione f. mestiere m. **professional** adj professionale. n professionista m. **professor** n professore universitario m. **professorship** n cattedra f.

proficient (prə'fiʃənt) adj esperto, bravo. **proficiency** n abilità f.

profile ('proufail) n profilo m.

profit ('profit) n **1** profitto, guadagno m. **2** utile, vantaggio m. vi approfittare, trarre vantaggio. **profitable** adj utile, vantaggioso.

profound (prə'faund) adj profondo, intenso.

profuse (prə'fju:s) adj profuso, prodigo. **profusion** n profusione, prodigalità f.

programme ('prougræm) n programma m. **program** (in computers) n programma m. vt programmare.

progress (n 'prougres; v prə'gres) n progresso, corso, avanzamento m. vi progredire, procedere, avanzare. **progression** n progresso m. **progressive** adj progressivo.

prohibit (prə'hibit) vt proibire, vietare, interdire. **prohibition** n proibizione f. **prohibitive** adj proibitivo.

project (n 'prɔdʒekt; v prə'dʒekt) n progetto, disegno, piano m. vt **1** progettare. **2** proiettare. vi sporgere. **projectile** n proiettile m. **projection** n prominenza, sporgenza f. **projector** n **1**

progettista m. **2** phot proiettore m.

proletariat (prouli'teəriət) n proletariato m. **proletarian** adj,n proletario.

proliferate (prə'lifəreit) vi proliferare.

prolific (prə'lifik) adj prolifico, fecondo.

prologue ('proulɔg) n prologo m.

prolong (prə'lɔŋ) vt prolungare, tirare in lungo.

promenade (prɔmə nɑːd) n **1** passeggiata f. **2** lungomare m.

prominent ('prɔminənt) adj **1** prominente. **2** eminente, importante. **3** notevole. **prominence** n prominenza, eminenza, importanza f.

promiscuous (prə'miskjuəs) adj promiscuo. **promiscuity** n promiscuità f.

promise ('prɔmis) n promessa f. vt,vi promettere.

promote (prə'mout) vt promuovere, favorire. **promotion** n **1** promozione f. **2** comm lancio m.

prompt (prɔmpt) adj pronto, rapido. vt **1** stimolare, ispirare. **2** Th suggerire. **prompter** n suggeritore m. **promting** n stimolo m. suggestione f. **promptness** n prontezza f.

prone (proun) adj incline, disposto, prono.

prong (prɔŋ) n rebbio m. punta f.

pronoun ('prounaun) n pronome m.

pronounce (prə'nauns) vt pronunciare, dire, dichiarare. **pronunciation** n pronuncia f.

proof (pru:f) n **1** prova f. **2** (of drink) grado m. vt rendere impermeabile. **proofreader** n correttore di bozze m.

prop¹ (prɔp) vt puntellare, sostenere. n appoggio, puntello, sostegno m.

prop² (prɔp) n Th oggetto teatrale m.

propaganda (prɔpə'gændə) n propaganda f.

propagate ('prɔpəgeit) vt propagare, spargere.

propel (prə'pel) vt spingere avanti, avviare. **propeller** n elica f.

proper ('prɔpə) adj **1** proprio. **2** particolare. **3** adatto. **4** esatto, giusto, corretto. **proper noun** n nome proprio m. **properly** adv bene, giustamente.

property ('prɔpəti) n proprietà f. possesso m. beni m pl.

prophecy ('prɔfisi) n profezia f. **prophesy** vt,vi profetizzare, predire.

prophet ('prɔfit) n profeta m. **prophetic** adj profetico.

proportion (prə'pɔːʃən) n proporzione, parte f. **out of proportion** fuori di misura.

propose (pre'pouz) vt **1** proporre, suggerire. **2** (a toast, etc.) fare. vi fare una proposta di matrimonio. **proposal** n proposta, offerta f. **proposition** n proposizione, proposta f. progetto m.

proprietor (pre'praiətə) n proprietario m.

propriety (prə'praiəti) n proprietà, convenienza f.

propulsion (prə'pʌlʃən) n propulsione f.

prose (prouz) n prosa f.

prosecute ('prɔsikjuːt) vt processare. **prosecution** n processo m. **prosecutor** n accusatore m.

prospect ('prɔspekt) n **1** prospetto m. vista f. **2** prospettiva f. **3** speranza f. vi esplorare, fare ricerche. **prospective** adj prospettivo, aspettato, futuro. **pro-**

spectus n prospetto, programma, manifesto m.

prosper ('prɔspə) vi prosperare, riuscire. **prosperity** n prosperità f. **prosperous** adj prospero, felice, fortunato.

prostitute ('prɔstitjuːt) n prostituta puttana f. vt prostituire. **prostitution** prostituzione f.

prostrate (v prɔs'treit; adj 'prɔstreit) v **1** prostrare. **2** abbattere. adj prostrato abbattuto.

protagonist (pre'tægənist) n protagonista m.

protect (prə'tekt) vt proteggere, difendere. **protection** n protezione f. **protective** adj protettivo. **protectorate** protettorato m.

protégé ('prɔtiʒei) n protetto m.

protein ('proutiːn) n proteina f.

protest (v 'proutest; v prə'test) n protesta f. **under protest** protestando. - vt,vi protestare.

Protestant ('prɔtistənt) adj,n protestante.

protocol ('proutəkɔl) n protocollo m.

proton ('proutɔn) n protone m.

prototype ('proutətaip) n prototipo m.

protrude (prə'truːd) vt,vi sporgere.

proud (praud) adj fiero, orgoglioso superbo, arrogante.

prove (pruːv) vt provare, dimostrare. v mostrarsi.

proverb ('prɔvəːb) n proverbio m. **proverbial** adj proverbiale.

provide (prə'vaid) vt provvedere, procurare, fornire. **provided** conj purché. **provision** n **1** provvedimento m. **2** provviste f pl. **provisional** adj provvisorio.

province ('prɔvins) n 1 provincia f. 2 competenza f. **provincial** adj,n provinciale.

proviso (prə'vaizou) n stipulazione f.

provoke (prə'vouk) vt provocare, irritare. **provocation** n provocazione f. **provocative** adj provocativo, provocatore.

prow (prau) n prua f.

prowess ('prauis) n bravura, prodezza f. valore m.

prowl (praul) vi vagare, gironzolare, vagolare. **prowler** n girellone, predone m.

proximity (prɔk'simiti) n prossimità, vicinanza f.

prude (pru:d) n persona di modestia affettata f.

prudent ('pru:dnt) adj prudente, cauto, giudizioso. **prudence** n prudenza f.

prune[1] (pru:n) n prugna secca f.

prune[2] (pru:n) vt potare, troncare. **pruning** n potatura f.

pry (prai) vi rovistare, ficcare il naso.

psalm (sɑːm) n salmo m.

pseudonym ('sju:dənim) n pseudonimo m.

psychedelic (saiki'delik) adj psichedelico.

psychiatry (sai'kaiətri) n psichiatria f. **psychiatric** adj psichiatrico. **psychiatrist** n psichiatra m.

psychic ('saikik) adj psichico.

psychoanalysis (saikouə'nælisis) n psicoanalisi f. **psychoanalyst** n psicoanalista m.

psychology (sai'kɔlədʒi) n psicologia f. **psychological** adj psicologico. **psychologist** n psicologo m.

psychopath ('saikəpæθ) n psicopatico m. **psychopathic** adj psicopatico.

psychosomatic (saikousə'mætik) adj psicosomatico.

pub (pʌb) n bar m invar. osteria, birreria f.

puberty ('pju:bəti) n pubertà f.

public ('pʌblik) adj,n pubblico m. **publican** n proprietario del bar m. **public holiday** n giorno di festa m. **public house** n bar m invar. osteria, birreria f. **public relations** n servizio di stampa e propaganda m. **public school** n scuola pubblica f.

publication (pʌbli'keiʃən) n pubblicazione f.

publicity (pʌb'lisiti) n pubblicità f.

publicize ('pʌblisaiz) vt pubblicare.

publish ('pʌbliʃ) vt pubblicare, promulgare. **publisher** n 1 editore m. 2 casa editrice f. **publishing** n pubblicazione f.

pucker ('pʌkə) vt raggrinzare, increspare, corrugare. vi raggrinzarsi, incresparsi. n grinza, crespa, riga f.

pudding ('pudiŋ) n budino, dolce m.

puddle ('pʌdl) n pozzanghera f.

puff (pʌf) n 1 sbuffo, soffio m. 2 piumino m. vt,vi soffiare, sbuffare. **puff pastry** n pasta sfoglia f.

pull (pul) n 1 tirata f. strappo, sforzo m. 2 sl influenza f. vt,vi 1 tirare, trascinare. 2 trarre, strappare. **pull down** demolire. **pull up** fermarsi. **pull over** n pullover m invar. maglione m.

pulley ('puli) n puleggia f.

pulp (pʌlp) n polpa f. vt ridurre in polpa.

pulpit ('pʌlpit) n pulpito m.

pulsate (pʌl'seit) *vi* pulsare, battere, palpitare.

pulse (pʌls) *n* polso *m*.

pulverize ('pʌlvəraiz) *vt* polverizzare.

pump (pʌmp) *n* pompa *f*. *vt* **1** pompare. **2** ottenere informazioni da. **pump up** gonfiare.

pumpkin ('pʌmpkin) *n* zucca *f*.

punch[1] (pʌntʃ) *n* pugno *m*. *vt* dare pugni a.

punch[2] (pʌntʃ) *n* (tool) strumento per perforare. *vt* perforare.

punch[3] (pʌntʃ) *n cul* ponce *m*.

punctual ('pʌŋktʃuəl) *adj* puntuale. **punctuality** *n* puntualità *f*.

punctuate ('pʌŋktʃueit) *vt* punteggiare. **punctuation** *n* punteggiatura, interpunzione *f*.

puncture ('pʌŋktʃə) *n* **1** *mot* bucatura *f*. **2** *med* puntura *f*. *vt* forare, bucare.

pungent ('pʌndʒənt) *adj* acre, pungente, aspro.

punish ('pʌniʃ) *vt* punire, castigare. **punishment** *n* punizione, pena *f*. castigo *m*.

punt[1] (pʌnt) *n naut* chiatta *f*. *vt* spingere.

punt[2] (pʌnt) *vi game* scommettere.

pupil[1] ('pju:pəl) *n* scolaro, alunno *m*.

pupil[2] ('pju:pəl) *n anat* pupilla *f*.

puppet ('pʌpit) *n* marionetta *f*. burattino *m*.

puppy ('pʌpi) *n* cagnolino *m*.

purchase ('pə:tʃis) *vt* comprare, acquistare. *n* compera *f*. acquisto *m*. **purchaser** *n* compratore *m*.

pure (pjuə) *adj* puro, chiaro. **purity** *n* purità, purezza *f*.

purgatory ('pə:gətri) *n* purgatorio *m*.

purge (pə:dʒ) *n* **1** purga *f*. purgante *m*. **2** *pol* epurazione *f*. *vt* **1** purgare, purificare. **2** *pol* epurare.

purify ('pjuərifai) *vt* purificare. **purification** *n* purificazione *f*.

Puritan ('pjuəritən) *n* puritano *m*. **puritanical** *adj* puritano.

purple ('pə:pəl) *n* porpora *f*. *adj* purpureo, violaceo.

purpose ('pə:pəs) *n* proposito, scopo, fine *m*. intenzione *f*. **on purpose** apposta.

purr (pə:) *vi* fare le fusa. *n* fusa *f*.

purse (pə:s) *n* borsellino *m*.

pursue (pə'sju:) *vt* **1** perseguire, incalzare. **2** cercare. **pursuer** *n* inseguitore *m*. **pursuit** *n* **1** inseguimento *m*. **2** ricerca *f*.

pus (pʌs) *n* pus *m*. marcia *f*.

push (puʃ) *vt* spingere, urtare, premere. **push on** avanzarsi. **push through** sbrigare. ~ *n* spinta *f*. urto, impulso *m*. **pushchair** *n* carrozzino *m*.

pussy ('pusi) *n* gattino *m*. micino *m*.

put[*] (put) *vt* **1** mettere, porre. **2** collocare, presentare. **put off 1** rinviare. **2** dissuadere. **put on** indossare. **put up** aumentare. **put up with** sopportare.

putrid ('pju:trid) *adj* putrido, marcio, putrefatto.

puzzle ('pʌzəl) *n* enigma, indovinello *m*. *vt* confondere, sbalordire. **puzzled** *adj* perplesso.

Pygmy ('pigmi) *adj*, *n* pigmeo.

pyjamas (pə'dʒɑ:məz) *n pl* pigiama *m*.

pylon ('pailən) *n* pilone *m*.

pyramid ('pirəmid) *n* piramide *f*.

Pyrex ('paireks) *n Tdmk* pirofila *f*.

python ('paiθən) *n* pitone *m*.

Q

quack[1] (kwæk) *n* gracidio *m. vi* gracidare.

quack[2] (kwæk) *n* ciarlatano *m*.

quadrangle ('kwɔdæŋgəl) *n* quadrangolo *m*.

quadrant ('kwɔdrənt) *n* quadrante *m*.

quadrilateral (kwɔdri'lætərəl) *adj,n* quadrilatero *m*.

quadruped ('kwɔdruped) *adj,n* quadrupede *m*.

quadruple ('kwɔdrupəl) *adj,n* quadruplo *m. vt* quadruplicare. **quadruplet** *n* uno di quattro nati in un solo parto *m*.

quail[1] (kweil) *n* quaglia *f*.

quail[2] (kweil) *vi* tremare, avere paura.

quaint (kweint) *adj* **1** strano. **2** pittoresco.

quake (kweik) *vi* tremolare.

Quaker ('kweikə) *n* quacchero *m*.

qualify ('kwɔlifai) *vt* **1** qualificare, abilitare. **2** moderare, mitigare. *vi* abilitarsi. **qualification** *n* **1** titolo *m*. qualifica *f*. **2** condizione, riserva *f*. **qualified** *adj* qualificato, competente.

quality ('kwɔliti) *n* qualità *f*.

qualm (kwɑːm) *n* **1** scrupolo *m*. **2** nausea *f*. malessere *m*.

quandary ('kwɔndəri) *n* impaccio *m*. situazione difficile *f*.

quantify ('kwɔntifai) *vt* quantificare.

quantity ('kwɔntiti) *n* quantità *f*.

quarantine ('kwɔrəntiːn) *n* quarantena *f*.

quarrel ('kwɔrəl) *n* disputa, lite, contesa *f. vi* litigare, disputare. **quarrelsome** *adj* litigioso.

quarry[1] ('kwɔri) *n* cava, pietraia *f. vt* scavare.

quarry[2] ('kwɔri) *n (prey)* preda *f*.

quart (kwɔːt) *n* quarto di un gallone *m*.

quarter ('kwɔːtə) *n* **1** quarto *m*. **2** trimestre *m*. **3** quartiere *m*. località *f*. **4** *pl mil* quartieri *m pl.* **at close quarters** da vicino. ~*vt* dividere in quarti. **quarterly** *adj* trimestrale. **quarterdeck** *n* cassero *m*. **quartermaster** *n* commissario *m*.

quartet (kwɔː'tet) *n* quartetto *m*.

quartz (kwɔːts) *n* quarzo *m*.

quash[1] (kwɔʃ) *vt* schiacciare.

quash[2] (kwɔʃ) *vt law* annullare, invalidare.

quaver ('kweivə) *n must* croma *f. vi* tremolare, vibrare.

quay (kiː) *n* banchina *f*. molto *m*.

queasy ('kwiːzi) *adj* **1** nauseante. **2** delicato. **feel queasy** sentire la nausea.

queen (kwiːn) *n* **1** regina *f*. **2** *game* donna *f*. **beauty queen** reginetta *f*.

queer (kwiə) *adj* strano, bizzarro, curioso. *n sl* finocchio *m*.

quell (kwel) *vt* reprimere, domare, soffocare.

quench (kwentʃ) *vt* spegnere, estinguere. **quench one's thirst** dissetarsi.

query ('kwiəri) *n* domanda, questione *f. vt* **1** domandare. **2** mettere in dubbio.

quest (kwest) *n* ricerca *f*. **in quest of** in cerca di.

question ('kwestʃən) *n* **1** domanda, questione *f*. **2** dubbio *m*. **3** soggetto *m*. **ask a question** fare una domanda. **out of the question** impossibile. ~*vt* **1** interrogare. **2** mettere in dubbio. **question mark** *n* punto interrogativo *m*. **questionable** *adj* discutibile. **questionaire** *n* questionario *m*.

queue (kju:) *n* coda, fila *f*. *vi* far coda.

quibble ('kwibəl) *vi* cavillare, equivocare. *n* cavillo *m*. scappatoia *f*.

quick (kwik) *adj* **1** presto, rapido. **2** svelto, vivace. **3** intelligente. *adv* presto, subito. *n* vivo *m*. **quicken** *vt* affrettare. **quickness** *n* prontezza, rapidità *f*. **quicksand** *n* sabbia mobile *f*. **quicksilver** *n* mercurio, argento vivo *m*. **quickstep** *n* quickstep *m*. **quick-tempered** *adj* irascibile. **quick-witted** *adj* acuto.

quid (kwid) *n sl* sterlina *f*.

quiet[1] ('kwaiət) *n* quiete, tranquillità *f*. silenzio *m*.

quiet[2] ('kwaiət) *adj* **1** quieto, tranquillo, placido. **2** modesto. **be quiet!** sta' zitto! **on the quiet** quatto quatto. ~ *vt*

acquietare. *vi* acquietarsi. **quieten** *vt* calmare, quietare, pacificare. *vi* calmarsi.

quill (kwil) *n* **1** penna *f*. **2** (of a porcupine) spina *f*.

quilt (kwilt) *n* piumino *m*. *vt* trapuntare.

quinine (kwi'ni:n) *n* chinino *m*.

quintessence (kwin'tesəns) *n* quintessenza *f*.

quintet (kwin'tet) *n* quintetto *m*.

quirk (kwə:k) *n* vezzo, frizzo *m*.

quit* (kwit) *vt* lasciare, abbandonare. *vi* partire. **be quits** essere pari. **notice to quit** *n* disdetta *f*.

quite (kwait) *adv* tutto, affatto, proprio, completamente.

quiver[1] ('kwivə) *vi* tremare, vacillare. *n* brivido, tremito *m*.

quiver[2] ('kwivə) *n sport* faretra *f*.

quiz (kwiz) *n, pl* **quizzes** questionario *m*. quiz *m invar*. *vt* fare delle domande a.

quizzical (kwizikəl) *adj* curioso.

quoit (kɔit) *n* anello (di ferro, etc.) *m*.

quota ('kwoutə) *n* quota, rata *f*.

quote (kwout) *vt* **1** citare. **2** *comm* quotare. **quotation** *n* **1** citazione *f*. brano *m*. **2** *comm* quotazione *f*. **quotation marks** *n pl* virgolette *f pl*.

R

rabbi ('ræbai) *n* rabbino *m*.

rabbit ('ræbit) *n* coniglio *m*.

rabble ('ræbəl) *n* plebaglia *f*.

rabies ('reibi:z) *n* idrofobia, rabbia *f*.
  rabid *adj* **1** fanatico. **2** furioso. **3** *med* rabbioso, idrofobo.

race[1] (reis) *n* (competition) corsa, gara *f*. *vt* far correre in una corsa. *vi* correre. **racecourse** *n* ippodromo *m*. pista *f*. **racehorse** *n* cavallo da corsa *m*.

race[2] (reis) *n* (people) razza, stirpe *f*.
  race relations *n pl* relazioni fra popoli *f pl*. **racial** *adj* razziale, di razza.
  racist *adj* razzista.

rack (ræk) *n* **1** rastrelliera *f*. **2** (for plates) scolapiatti *m*. **3** (for luggage, etc.) rete *f*. *vt* tormentare. **rack one's brains** stillarsi il cervello.

racket[1] ('rækit) *n* chiasso, rumore, fracasso *m*.

racket[2] ('rækit) *n sport* racchetta *f*.

radar ('reidɑ:) *n* radar *m invar*.

radial ('reidiəl) *adj* radiale.

radiant ('reidiənt) *adj* raggiante, irradiato, brillante. **radiance** *n* splendore *m*.

radiate ('reidieit) *vt* raggiare, diffondere, irradiare. **radiation** *n* irradiazione *f*. **radiator** *n* **1** termosifone *m*. **2** *mot* radiatore *m*.

radical ('rærikəl) *adj,n* radicale *m*.

radio ('reidiou) *n* radio *f invar*.

radioactive (reidiou'æktiv) *adj* radioattivo. **radioactivity** *n* radioattività *f*.

radish ('rædiʃ) *n* ravanello *m*.

radium ('reidiəm) *n* radio *m*.

radius ('reidiəs) *n*, *pl* **-dii** *or* **-diuses** raggio *m*.

raffia ('ræfiə) *n* rafia *f*.

raffle ('ræfəl) *n* lotteria privata *f*. *vt* vendere per mezzo di una lotteria.

raft (rɑ:ft) *n* zattera, chiatta *f*.

rafter ('rɑ:ftə) *n* trave *f*.

rag[1] (ræg) *n* straccio, cencio *m*. **ragged** *adj* **1** cencioso, stracciato. **2** aspro, ruvido.

rag[2] (ræg) *v* prendere in giro.

rage (reidʒ) *n* **1** collera, furia *f*. **2** mania, passione *f*. **all the rage** di moda.
  ~*vi* infuriare.

raid (reid) *n* scorreria, incursione *f*. *vt* invadere, fare un'incursione in.

rail (reil) *n* **1** sbarra *f*. **2** (of banisters, etc.) ringhiera *f*. **3** (railway) rotaia *f*. **railing** *n* cancellata *f*. **railway** *n* ferrovia *f*. **railway line** *n* binario *m*.

rain (rein) *n* pioggia *f*. *v imp* piovere.
  rainbow *n* arcobaleno *m*. **raindrop** *n* goccia di pioggia *f*. **rainfall** *n* caduta di pioggia *f*.

raise (reiz) *vt* **1** alzare. **2** sollevare. **3** allevare. **4** innalzare, aumentare.

raisin ('reizən) *n* uva secca *f*.

rajah ('rɑ:dʒə) *n* rajah *m*.

rake (reik) *n* rastrello *m*. *vt* rastrellare, raccogliere.

rally ('ræli) *n* **1** ripresa *f*. **2** riunione *f*. **3** *mot* rally *m*. *vt* raccogliere, riunire. *vi* rimettersi.

ram (ræm) *n* montone *m*. *vt* **1** ficcare. **2** *naut* speronare.

ramble ('ræmbəl) *n* passeggiata *f*. giro *m*. *vi* **1** vagare. **2** divagare.

ramp (ræmp) *n* rampa, salita *f*.

rampage ('ræmpeidʒ) *n* furia, condotta violenta *f*. *vi* smaniare, scalmanarsi.

rampant ('ræmpənt) *adj* **1** predominante. **2** violento.

rampart ('ræmpɑːt) *n* bastione *m*. difesa *f*.

ramshackle ('ræmʃækəl) *adj* sgangherato, rovinato.

ran (ræn) *v see* **run**.

ranch (rɑːntʃ) *n* podere *m*. fattoria *f*.

rancid ('rænsid) *adj* rancido.

rancour ('ræŋkə) *n* rancore, risentimento *m*. acrimonia *f*.

random ('rændəm) *adj* casuale, a caso. **at random** a casaccio.

rang (ræŋ) *v see* **ring**.

range (reindʒ) *n* **1** serie, portata *f*. **2** *sport* campo di tiro *m*. **3** *geog* catena *f*. *vt* ordinare, collocare. *vi* stendersi.

rank[1] (ræŋk) *n* **1** fila *f*. **2** classe, condizione *f*. **3** rango, grado *m*. **rank and file** *n* gregari *m pl*. ~*vt* **1** classificare. **2** ordinare. *vi* prendere posto.

rank[2] (ræŋk) *adj* rancido, schifoso, turpe.

rankle ('ræŋkəl) *vi* bruciare.

ransack ('rænsæk) *vt* frugare, saccheggiare.

ransom ('rænsəm) *n* riscatto *m*. *vt* riscattare.

rap (ræp) *n* colpo, colpetto *m*. picchiata *f*. *vt* battere, colpire, picchiare.

rape (reip) *n* violenza carnale *f*. *vt* violare.

rapid ('ræpid) *adj* rapido, veloce. *n* rapida *f*. **rapidity** *n* veloce. *n* rapida *f*. **rapidity** *n* velocità, rapidità *f*.

rapier ('reipiə) *n* spada *f*.

rapture ('ræptʃə) *n* entusiasmo *m*. estasi *f*.

rare[1] (reə) *adj* **1** raro, scarso. **2** insolito. **3** prezioso. **rarity** *n* rarità *f*.

rare[2] (reə) *adj cul* poco cotto.

rascal ('rɑːskəl) *n* furfante, briccone *m*.

rash[1] (ræʃ) *adj* precipitoso, inconsiderato, avventato. **rashness** *n* imprudenza *f*.

rash[2] (ræʃ) *n med* eruzione *f*.

rasher ('ræʃə) *n* fetta di prosciutto *f*.

raspberry ('rɑːzbri) *n* lampone *m*. **raspberry cane** *n* lampone *m*.

rat (ræt) *n* ratto *m*.

rate (reit) *n* **1** prezzo *m*. tariffa *f*. **2** imposta *f*. **3** velocità *f*. **4** *comm* tasso *m*. **at any rate** comunque. ~*vt* **1** valutare. **2** stimare, considerare. **rate payer** *n* contribuente *m*.

rather ('rɑːðə) *adv* piuttosto, alquanto, abbastanza. *interj* certo!

ratio ('reiʃiou) *n* ragione, proporzione *f*.

ration ('ræʃən) *n* **1** razione *f*. **2** *pl* viveri *m pl*. *vt* razionare. **rationing** *n* razionamento *m*.

rational ('ræʃənəl) *adj* ragionevole, razionale. **rationalism** *n* razionalismo *m*. **rationalization** *n* razionalizzazione *f*. **rationalize** *vt* razionalizzare.

rattle ('rætl) *n* **1** (toy) sonaglio *m*. **2** rumore, fracasso, tintinnio *m*. *vt* risuonare. *vi* far rumore.

raucous ('rɔːkəs) *adj* rauco, aspro.

ravage ('rævidʒ) *vt* devastare, rovinare. **ravages** *n pl* danni *m pl.* devastazione *f.*

rave (reiv) *vi* delirare. **rave about** andare pazzo per.

raven ('reivən) *n* corvo *m. adj* corvino.

ravenous *adj* affamato, vorace.

ravine (rə'vi:n) *n* burrone *m.* gola *f.*

ravioli (rævi'ouli) *n pl* ravioli *m pl.*

ravish ('rævi∫) *vt* **1** violare, stuprare. **2** estasiare. **ravishing** *adj* incantevole.

raw (rɔ:) *adj* **1** crudo. **2** greggio. **3** inesperto. **raw materials** *n pl* materie prime *f pl.*

ray (rei) *n* raggio *m.*

rayon ('reiən) *n* raion *m.*

razor ('reizə) *n* rasoio *m.* **razor blade** *n* lametta *f.*

reach (ri:t∫) *vt* arrivare a, giungere, raggiungere. *vi* stendersi. *n* portata, capacità *f.* **out of/within reach** fuori/alla mano.

react (ri'ækt) *vi* reagire. **reaction** *n* reazione *f.* **reactionary** *adj,n* reazionario. **reactor** *n* reattore *m.*

read* (ri:d) *vt* **1** leggere. **2** studiare. **reading** *n* lettura *f.*

readjust (ri:ə'dʒʌst) *vt* raggiustare. **readjustment** *n* raggiustamento *m.*

ready ('redi) *adj* **1** pronto, preparato. **2** disposto. **get ready** prepararsi. **ready-made** *adj* confezionato. **ready money** *n* contanti *m pl.* **readiness** *n* prontezza *f.*

real (riəl) *adj* **1** reale. **2** vero, genuino. **real estate** *n* beni immobili *m pl.* **realism** *n* realismo *m.* **realist** *n* realista *m.* **realistic** *adj* realistico. **reality** *n* realtà *f.* **really** *adv* proprio. *interj* davvero!

realize ('riəlaiz) *vt* **1** accorgersi di, rendersi conto di. **2** realizzare. **realization** *n* realizzazione *f.*

realm (relm) *n* regno, dominio *m.*

reap (ri:p) *vt* mietere, raccogliere.

reappear (ri:ə'piə) *vi* riapparire. **reappearance** *n* ricomparsa *f.*

rear[1] (riə) *n* parte posteriore *f.* dietro *m.* **in the rear** al di dietro. ~ *adj* posteriore. **rear admiral** *n* contrammiraglio *m.* **rearguard** *n* retroguardia *f.*

rear[2] (riə) *vt* allevare, coltivare. *vi* impennarsi. **rearing** *n* allevamento *m.*

rearrange (riə'reindʒ) *vt* riordinare, riarrangiare. **rearrangement** *n* riordinamento *m.*

reason ('ri:zən) *n* ragione, causa *f.* motivo *m. vi* ragionare, discorrere. **reasonable** *adj* ragionevole, giusto. **reasoning** *n* ragionamento *m.*

reassure (riə'∫uə) *vt* rassicurare.

rebate ('ri:beit) *n* sconto *m.* riduzione, restituzione *f.*

rebel (*adj,n* 'rebəl; *v* ri'bel) *adj,n* ribelle. *vi* ribellarsi. **rebellion** *n* ribellione, rivolta *f.* **rebellious** *adj* ribelle, disubbidiente.

rebound (*v* ri'baund; *n* 'ri:baund) *n* **1** rimbalzo *m.* **2** reazione *f.*

rebuff (ri'bʌf) *n* rifiuto *m. vt* respingere, rifiutare.

rebuild (ri:'bild) *vt* ricostruire. **rebuilding** *n* ricostruzione *f.*

rebuke (ri'bju:k) *n* rimprovero, biasimo *m. vt* sgridare, rimproverare, sgridare.

recall (ri'kɔ:l) *vt* richiamare, ricordare, rievocare.

recede (ri'si:d) *vi* recedere, ritirarsi.

receipt (ri'si:t) *n* ricevuta, quietanza *f*.

receive (ri'si:v) *vt* ricevere, accogliere.

receiver *n* 1 (telephone) ricevitore *m*. 2 destinatario *m*.

recent ('ri:sənt) *adj* recente, nuovo. **recently** *adv* di recente, in questi giorni.

receptacle (ri'septəkəl) *n* recipiente, ricettacolo *m*.

reception (ri'sepʃən) *n* 1 ricevimento *m*. accoglienza *f*. 2 *tech* ricezione *f*. **receptionist** *n* segretaria *f*. **receptive** *adj* ricettivo.

recess (ri'ses) *n* 1 nicchia, alcova *f*. recesso *m*. 2 vacanze *f pl*.

recession (ri'seʃən) *n* recessione *f*.

recipe ('resipi) *n* ricetta *f*.

recipient (ri'sipiənt) *n* destinatario *m*. *adj* ricevente, ricettivo.

reciprocate (ri'siprəkeit) *vt* contraccambiare, reciprocare. **reciprocity** *n* reciprocità *f*. **reciprocal** *adj* reciproco.

recite (ri'sait) *vt* recitare, narrare, raccontare. **recital** *n* 1 racconto *m*. narrazione *f*. 2 *mus* concerto *m*.

reckless ('rekləs) *adj* temerario, imprudente. **recklessness** *n* temerarietà, imprudenza *f*.

reckon ('rekən) *vt* 1 contare, computare. 2 giudicare. **reckoning** *n* conto, calcolo *m*.

reclaim (ri'kleim) *vt* 1 redimere. 2 (land) bonificare. **reclamation** *n* 1 redenzione *f*. 2 bonifica *f*.

recline (ri'klain) *vt* appoggiare, reclinare. *vi* appoggiarsi, sdraiarsi.

recluse (ri'klu:s) *n* recluso, eremita *m*.

recognize ('rekəgnaiz) *vt* riconoscere. **recognition** *n* riconoscimento *m*.

recoil (ri'kɔil) *vi* rinculare, indietreg-

giare. *n* rinculo, indietreggiamento *m*.

recollect (rekə'lekt) *vt* ricordarsi di. **recollection** *n* ricordo *m*. memoria *f*.

recommence (ri:kə'mens) *vt, vi* ricominciare.

recommend (rekə'mend) *vt* raccomandare. **recommendation** *n* raccomandazione *f*.

recompense ('rekəmpens) *n* ricompensa, rimunerazione *f*. *vt* ricompensare, rimunerare.

reconcile ('rekənsail) *vt* riconciliare, comporre. **reconciliation** *n* riconciliazione *f*. **reconciliatory** *adj* riconciliatorio.

reconstruct (ri:kən'strʌkt) *vt* ricostruire. **reconstruction** *n* ricostruzione *f*.

record (*v* ri'kɔ:d; *n* 'rekɔ:d) *vt* registrare, notare. *n* 1 ricordo, registro *m*. 2 *sport* record, primato *m*. 3 *mus* disco *m*. **record player** *n* giradischi *m*.

recount (ri'kaunt) *vt* raccontare, narrare.

recover (ri'kʌvə) *vt* ricuperare, riprendere. *vi* rimettersi, guarire. **recovery** *n* 1 ricupero *m*. 2 *med* guarigione *f*.

recreation (rekri'eiʃən) *n* divertimento, passatempo *m*. ricreazione *f*.

recruit (ri'kru:t) *n* recluta *f*. *vt* reclutare. **recruitment** *n* reclutamento *m*.

rectangle ('rektæŋgəl) *n* rettangolo *m*. **rectangular** *adj* rettangolare.

rectify ('rektifai) *vt* correggere, rettificare.

recuperate (ri'kju:pəreit) *vt* ricuperare. *vi* rimettersi. **recuperation** *n* ricupero *m*.

recur (ri'kə:) *vi* ricorrere, ritornare. **recurrence** *n* 1 ricorrenza *f*. 2 *med* ripresa f. **recurrent** adj ricorrente, periodico.

recycle (ri'saikəl) vt riciclare.

red (red) adj,n rosso m. **turn red** arrossire. **red currant** n ribes m. **red-handed** adj in flagrante. **reddish** adj rossastro.

redeem (ri'di:m) vt redimere, riscattare, salvare. **redeeming** adj compensatore. **redemption** n redenzione f.

redevelop (ri:di'veləp) vt ricostruire. **redevelopment** n ricostruzione f.

Red Indian n pellerossa m,f.

redress (ri'dres) n riparazione f. rimedio m. vt riparare, correggere.

reduce (ri'dju:s) vt ridurre, diminuire. **reduction** n riduzione, diminuzione f.

redundant (ri'dʌndənt) adj ridondante. **redundancy** n ridondanza f.

reed (ri:d) n canna f.

reef (ri:f) n scoglio m. scogliera f.

reek (ri:k) n fumo, vapore, puzzo m. vi puzzare.

reel[1] (ri:l) n 1 aspo, rocchetto m. 2 phot rotolo m. vt aggomitolare.

reel[2] (ri:l) vi vacillare, girare.

re-establish (ri:i'stæbliʃ) vt ristabilire. **re-establishment** n ristabilimento m.

refectory (ri'fektəri) n refettorio m. mensa f.

refer (ri'fə:) vt 1 riferire, rimandare. 2 attribuire, ascrivere. vi 1 rivolgersi. 2 alludere. **referee** n arbitro m. vt arbitrare. **reference** n 1 riferimento m. allusione f. 2 referenza, raccomandazione f. **referendum** n, pl **-da** referendum m.

refill (v ri:'fil; n 'ri:fil) vt riempire, rifornire. n rifornimento m. refill m invar.

refine (ri'fain) vt raffinare, purificare. **refined** adj colto, elegante. **refinement** n raffinatezza, eleganza, sottigliezza f. **refinery** n raffineria f.

reflation (ri'fleiʃən) n inflazione controllata f.

reflect (ri'flekt) vt riflettere. vi riflettere, pensare, meditare. **reflection** n 1 riflessione f. 2 biasimo m. **reflective** adj riflessivo, pensieroso. **reflector** n riflettore m.

reflex ('ri:fleks) adj,n riflesso m. **reflexive** adj riflessivo.

reform (ri'fɔ:m) n riforma f. vt riformare, correggere. vi riformarsi, correggersi. **reformation** n riforma f. **reformer** n riformatore m.

refract (ri'frækt) vt rifrangere.

refrain[1] (ri'frein) vi frenarsi, trattenersi.

refrain[2] (ri'frein) n ripresa f.

refresh (ri'freʃ) vt rinfrescare, ristorare. **refreshments** n pl rinfreschi m pl.

refrigerate (ri'fridʒəreit) vt refrigerare. **refrigeration** n refrigerazione f. **refrigerator** n frigorifero m.

refuel (ri:'fjuːəl) vt rifornire di carburante. vi rifornirsi di carburante.

refuge ('refjuːdʒ) n rifugio, asilo m. **take refuge** rifugiarsi. **refugee** n rifugiato, esule, profugo m.

refund (v ri'fʌnd; n 'ri:fʌnd) vt rimborsare, restituire. n rimborso m.

refuse[1] (ri'fjuːz) vt rifiutare, vietare. vi rifiutarsi di. **refusal** n rifiuto m.

refuse[2] ('refjuːs) n immondizie f pl. rifiuti m pl.

refute (ri'fjuːt) vt confutare, ribattere.

regain (ri'gein) vt riprendere, riacquistare, ricuperare.

regal ('ri:gəl) *adj* regale, reale.

regard (ri'gɑ:d) *n* 1 rispetto *m*. 2 sguardo *m*. 3 considerazione, stima *f*. 4 *pl* saluti *m pl*. **with regard to** quanto a. **~vt** considerare, stimare. **regardless** *adj* senza riguardo. **regardless of** indifferente a.

regatta (ri'gætə) *n* regata *f*.

regent ('ri:dʒənt) *n* reggente *m*. **regency** *n* reggenza *f*.

regime (rei'ʒi:m) *n* regime *m*.

regiment ('redʒimənt) *n* reggimento *m*. *vt* irreggimentare. **regimental** *adj* reggimentale. **regimentation** *n* reggimentazione *f*.

region ('ri:dʒən) *n* regione *f*. **regional** *adj* regionale.

register ('redʒistə) *n* 1 registro *m*. 2 *pol* lista elettorale *f*. *vt* 1 registrare, indicare. 2 (post) raccomandare. *vi* iscriversi. **registrar** *n* segretario *m*. **registration** *n* registrazione *f*. **registration** *n* registrazione *f*. **registry office** *n* ufficio dello stato civile *m*. anagrafe *f*.

regress (ri'gres) *vi* regredire. **regression** *n* regressione *f*. **regressive** *adj* regressivo.

regret (ri'gret) *vt* deplorare, rammaricarsi di. *n* dispiacere, rammarico, rincrescimento *m*. **regrettable** *adj* spiacevole.

regular ('regjulə) *adj* regolare, normale, ordinato. **regular soldier** *n* soldato di professione *m*. **regularity** *n* regolarità *f*.

regulate ('regjuleit) *vt* regolare, moderare. **regulation** *n* 1 regola, ordinanza *f*. 2 regolamento *m*. *adj* regolamentare. **regulator** *n* regolatore *m*.

rehabilitate (ri:ə'biliteit) *vt* riabilitare. **rehabilitation** *n* riabilitazione *f*.

rehearse (ri'hə:s) *vt* 1 ripetere, narrare. 2 *Th* provare. **rehearsal** *n* 1 ripetizione *f*. 2 *Th* prova *f*.

reheat (ri:'hi:t) *vt* riscaldare di nuovo.

reign (rein) *n* regno *m*. *vi* regnare.

reimburse (ri:im'bə:s) *vt* rimborsare, rifondere. **reimbursement** *n* rimborso *m*.

rein (rein) *n* 1 redine *f*. 2 freno *m*.

reincarnation (ri:inkɑ:'neiʃən) *n* rincarnazione *f*.

reindeer ('reindiə) *n invar* renna *f*.

reinforce (ri:in'fɔ:s) *vt* rinforzare, rafforzare. **reinforcement** *n* rinforzo *m*.

reinstate (ri:in'steit) *vt* ristabilire, reintegrare. **reinstatement** *n* ristabilimento *m*. reintegrazione *f*.

reinvest (ri:in'vest) *vt* rivestire. **reinvestment** *n* rivestimento *m*.

reissue (ri:'iʃu:) *n* 1 ristampa *f*. 2 *comm* nuova emissine *f*. *vt*. 1 ristampare, ripubblicare. 2 *comm* emettere di nuovo.

reject (*v* ri'dʒekt; *n* 'ri:dʒekt) *vt* rifiutare, respingere. *n* rifiuto *m*. **rejection** *n* rifiuto *m*. ripulsa *f*.

rejoice (ri'dʒɔis) *vi* rallegrarsi, gioire, godere. **rejoicing** *n* allegrezza, gioia *f*.

rejuvenate (ri'dʒu:vəneit) *vt* ringiovanire. **rejuvenation** *n* ringiovanimento *m*.

relapse (ri'læps) *n* ricaduta *f*. *vi* ricadere.

relate (ri'leit) *vt* 1 raccontare, narrare. 2 riferire. *vi* riferirsi, aver rapporto. **related** *adj* connesso, congiunto. **be related to** essere parente di. **relation** *n* 1 parente *m,f.* **2** narrazione *f.* **3** rapporto *m.* **relationship** *n* **1** parentela *f.* **2** rapporto *m.* **relative** *n* parente *m,f. adj* relativo, rispettivo. **relativity** *n* relatività *f.*

relax (ri'læks) *vt* rilassare, allentare, riposare. *vi* riposarsi, distrarsi. **relaxation** *n* **1** ricreazione *f.* riposo *m.* **2** rilassamento *m.* **3** svago *m.*

relay (n 'ri:lei; v ri'lei) *n* **1** muta *f.* **2** trasmissione *f. vt* **1** cambiare. **2** ritrasmettere. **relay race** *n* corsa a staffetta *f.*

release (ri'li:s) *vt* liberare, lasciar andare. *n* liberazione *f.*

relent (ri'lent) *vi* pentirsi, cedere. **relentless** *adj* inflessibile, severo.

relevant ('reləvənt) *adj* relativo, pertinente. **relevancy** *n* rapporto *m.*

reliable (ri'laiəbəl) *adj* fidato, sicuro. **reliability** *n* fidatezza, sicurezza *f.*

relic ('relik) *n* **1** reliquia *f.* **2** *pl* resti, avanzi *m pl.*

relief (ri'li:f) *n* **1** sollievo, soccorso *m.* **2** aiuto *m.* **3** rilievo *m.* **4** *mil* cambio *m.*

relieve (ri'li:v) *vt* **1** sollevare, mitigare. **2** soccorrere, aiutare.

religion (ri'lidʒən) *n* religione *f.* **religious** *adj* religioso, pio, devoto.

relinquish (ri'liŋkwiʃ) *vt* abbandonare, rinunziare a. **relinquishment** *n* abbandono *m.*

relish ('reliʃ) *n* **1** gusto *m.* **2** condimento *m. vt* gustare, godere.

relive (ri:'liv) *vi,vt* rivivere.

reluctant (ri'lʌktənt) *adj* riluttante, poco disposto a. **reluctance** *n* riluttanza, avversione *f.* **reluctantly** *adv* con riluttanza.

rely (ri'lai) *vi* contare, fidarsi. **reliance** *n* confidenza, fiducia *f.*

remain (ri'mein) *vi* rimanere, restare. **remainder** *n* **1** resto, rimanente *m.* **2** *math* avanzo *m.* **remains** *n pl* resti, avanzi *m pl.*

remand (ri'mɑ:nd) *vt* rimandare in carcere sotto processo.

remark (ri'mɑ:k) *n* osservazione *f.* commento *m. vt* osservare, notare. *vi* fare commenti. **remarkable** *adj* notevole, straordinario.

remarry (ri:'mæri) *vt* risposare. *vi* risposarsi.

remedy ('remədi) *n* rimedio *m. vt* rimediare a.

remember (ri'membə) *vt* ricordarsi di, rimembrare. *vi* ricordarsi. **remembrance** *n* ricordo *m.* memoria, rimembranza *f.*

remind (ri'maind) *vt* ricordare, richiamare alla mente. **reminder** *n* ricordo *m.*

reminiscence (remi'nisəns) *n* reminiscenza *f.* **reminiscent** *adj* che fa ricordare.

remiss (ri'mis) *adj* negligente, trascurato. **remission** *n* remissione *f.* perdono *m.*

remit (ri'mit) *vt* **1** rimandare. **2** rimettere. **3** ridurre. *vi* mitigarsi. **remittance** *n* rimessa *f.*

remnant ('remnənt) *n* **1** resto, avanzo *m.* **2** (of material) scampolo *m.*

remorse (ri'mɔ:s) *n* rimorso *m.*

remote (ri'mout) *adj* lontano, remoto.

remove (ri'mu:v) *vt* **1** spostare, trasferire, rimuovere. **2** eliminare. *vi* sgombrare, trasferirsi. **removal** *n* spostamento, trasferimento *m.*

remunerate (ri'mju:nəreit) *vt* rimunerare. **remuneration** *n* rimunerazione *f*. **remunerative** *adj* rimunerativo.

renaissance (ri'neisəns) *n* rinascimento *m*.

rename (ri:'neim) *vt* rinominare.

render ('rendə) *vt* rendere, fare.

rendez-vous ('rɔndivu:) *n* appuntamento *m*.

renew (ri'nju:) *vt* 1 rinnovare. 2 sostituire. **renewal** *n* 1 rinnovamento *m*. 2 ripresa *f*.

renounce (ri'nauns) *vt* rinunciare a, ripudiare. **renouncement** *n* rinuncia *f*. **renunciation** *n* rinunzia *f*.

renovate ('renəveit) *vt* rinnovare. **renovation** *n* rinnovamento *m*.

renown (ri'naun) *n* fama, rinomanza *f*. **renowned** *adj* famoso, celebre.

rent (rent) *vt* affittare, prendere in affitto, noleggiare. *n* affitto *m*. **rental** *n* affitto *m*.

reopen (ri:'oupən) *vt* riaprire. *vi* riaprirsi. **reopening** *n* riapertura *f*.

reorganize (ri:'ɔ:gənaiz) *vt* riorganizzare. **reorganization** *n* riorganizzazione *f*.

repair (ri'pɛə) *vt* riparare, rifare, aggiustare. *vi* rifugiarsi, recarsi. *n* 1 riparazione *f*. 2 stato *m*.

repartee (repɑ'ti:) *n* risposta pronta *f*. rimbecco *m*.

repatriate (ri'pætrieit) *vt* rimpatriare. **repatriation** *n* rimpatrio *m*.

repay (ri'pei) *vt* 1 rimborsare, restituire. 2 ricompensare. **repayment** *n* 1 rimborso *m*. restituzione *f*. 2 ricompensa *f*.

repeal (ri'pi:l) *vt* abrogare, revocare,

annullare. *n* abrogazione *f*. annullamento *m*.

repeat (ri'pi:t) *vt* ripetere, rifare. *vi* ripetersi. *n* ripetizione *f*. **repeatedly** *adv* ripetutamente.

repel (ri'pel) *vt* respingere. **repellent** *adj* repellente.

repent (ri'pent) *vi* pentirsi; **repentance** *n* penitenza *f*. **repentant** *adj* penitente, contrito.

repercussion (ri:pə'kʌʃən) *n* ripercussione *f*.

repertoire ('repətwɑ:) *n* repertorio *m*.

repertory ('repətri) *n* repertorio *m*.

repetition (repə'tiʃən) *n* ripetizione, copia *f*.

replace (ri'pleis) *vt* 1 rimettere a posto, restituire. 2 sostituire. **replacement** *n* restituzione, sostituzione *f*.

replay (*v* ri:'plei; *n* 'ri:plei) *vt* giocare di nuovo. *n* 1 partita ripetuta *f*. 2 ripetizione *f*.

replenish (ri'pleniʃ) *vt* riempire, rifornire.

replica ('replikə) *n* replica *f*. facsimile *m*.

reply (ri'plai) *n* risposta *f*. *vi* rispondere.

report (re'pɔ:t) *n* 1 rapporto, resoconto *m*. 2 diceria *f*. 3 *educ* pagella *f*. *vt* 1 rapportare, raccontare. 2 fare la cronaca di. *vi* fare il cronista. **reporter** *n* giornalista, corrispondente *m,f*.

repose (ri'pouz) *n* riposo *m*. *vi* 1 riposarsi. 2 fondarsi.

represent (ripri'zent) *vt* rappresentare. **representation** *n* rappresentazione *f*. **representative** *n* 1 rappresentante *m,f*. 2 deputato *m*. *adj* rappresentativo.

repress (ri'pres) *vt* reprimere, frenare. **repression** *n* repressione *f*. **repressi-**

ve *adj* repressivo.

reprieve (ri'pri:v) *n* proroga, sospensione, grazia *f*. *vt* sospendere la sentenza di, graziare.

reprimand ('reprimɑːnd) *n* rimprovero *m*. sgridata *f*. *vt* rimproverare, sgridare.

reprint (*v* ri:'print; *n* 'ri:print) *vt* ristampare. *n* ristampa *f*.

reprisal (ri'praizəl) *n* rappresaglia *f*.

reproach (ri'proutʃ) *vt* rimproverare, biasimare. *n* rimprovero, biasimo *m*.

reproduce (ri:prə'dju:s) *vt* riprodurre. *vi* riprodursi. **reproduction** *n* riproduzione *f*.

reptile ('reptail) *n* rettile *m*.

republic (ri'pʌblik) *n* repubblica *f*. **republican** *adj,n* repubblicano.

repudiate (ri'pju:dieit) *vt* ripudiare, sconfessare. **repudiation** *n* ripudio *m*. sconfessione *f*.

repugnant (ri'pʌgnənt) *adj* ripugnante, spiacevole, contrario. **repugnance** *n* ripugnanza, avversione *f*.

repulsion (ri'pʌlʃən) *n* ripulsione, ripulsa *f*. rifiuto *m*. **repulsive** *adj* ripulsivo, schifoso, ripugnante.

repute (ri'pju:t) *n* fama *f*. nome *m*. *vt* reputare, stimare, credere. **reputable** *adj* stimabile, reputato, onorevole. **reputation** *n* riputazione, fama *f*. onore *m*. **reputedly** *adv* secondo l'opinione generale.

request (ri'kwest) *n* richiesta, domanda *f*. *vt* chiedere, domandare, pregare.

requiem ('rekwiəm) *n* requiem *m*.

require (ri'kwaiə) *vt* **1** richiedere, esigere. **2** domandare. **3** aver bisogno di. **requirement** *n* **1** bisogno *m*. **2** esigenza *f*.

requisition (rekwi'ziʃən) *n* **1** richiesta, domanda *f*. **2** requisizione *f*. *vt* requisire.

re-read (ri:'ri:d) *vt* rileggere.

re-route (ri:'ru:t) *vt* deviare.

re-run (ri:'rʌn) *vt* ripetere. *n* ripetizione *f*.

resale ('ri:seil) *n* rivendita *f*.

rescue ('reskju:) *n* **1** soccorso, aiuto *m*. **2** liberazione *f*. *vt* **1** soccorrere, aiutare. **2** liberare.

research (ri'sə:tʃ) *n* **1** ricerca *f*. **2** studio *m*. *vi* far ricerche, ricercare. **researcher** *n* ricercatore, investigatore *m*.

resell (ri:'sel) *vt* rivendere.

resemble (ri'zembəl) *vt* somigliare a, assomigliare a. **resemblance** *n* somiglianza, rassomiglianza *f*.

resent (ri'zent) *vt* offendersi di, arrabbiarsi per. **resentful** *adj* acrimonioso, risentito. **resentment** *n* risentimento *m*.

reserve (ri'zə:v) *vt* riservare. *n* **1** riserva *f*. **2** riserbo *m*. riservatezza *f*. **reservation** *n* **1** riserva *f*. **2** prenotazione *f*. **reserved** *adj* riservato.

reservoir ('rezəvwɑː) *n* serbatoio *m*. cisterna *f*.

reside (ri'zaid) *vi* abitare, dimorare, stare. **residence** *n* abitazione, residenza, dimora *f*. **resident** *n* residente, abitante *m,f*. *adj* residente. **residential** *adj* residenziale.

residue ('rezidju:) *n* residuo, resto, avanzo *m*.

resign (ri'zain) *vt* rinunciare a. *vi* dimettersi. **resignation** *n* **1** dimissione *f*. **2** rassegnazione *f*. **resigned** *adj* rassegnato.

resilient (ri'ziliənt) *adj* **1** rimbalzante,

elastico. **2** capace di ricupero. **resilience** n **1** elasticità f. **2** capacità di ricupero f.

resin ('rezin) n resina f. **resinous** adj resinoso.

resist (ri'zist) vt resistere a, opporsi a. vi resistere. **resistance** n resistenza f. **resistant** adj resistente.

resit (ri:'sit) vt rifare.

resolute ('rezəlu:t) adj risoluto, deciso, determinato. **resolution** n **1** risoluzione f. **2** decisione f. **3** determinazione f.

resolve (ri'zɔlv) vt risolvere, decidere. vi risolversi, decidersi. n risoluzione, decisione f.

resonant ('rezənənt) adj risonante. **resonance** n risonanza f.

resort (ri'zɔ:t) vi ricorrere, recarsi. n **1** ricorso, ritrovo m. **2** stazione di villeggiatura f.

resound (ri'zaund) vi risuonare, echeggiare.

resource (ri'zɔ:s) n **1** risorsa f. **2** espediente, mezzo m. **resourceful** adj intraprendente.

respect (ri'spekt) n riguardo, rispetto m. stima f. vt stimare, rispettare. **respectable** adj rispettabile. **respectful** adj rispettoso. **respective** adj rispettivo.

respite ('respait) n **1** tregua f. **2** respiro, riposo m.

respond (ri'spond) vi rispondere, reagire. **response** n risposta f. **responsibility** n responsabilità f. **responsible** adj responsabile. **responsive** adj che reagisce con prontezza.

rest[1] (rest) n riposo m. sosta f. vi **1** riposarsi. **2** appoggiarsi. **3** fermarsi, sta-

re. vt far riposare. **restless** adj agitato, turbato, inquieto. **restlessness** n agitazione f.

rest[2] (rest) n **1** resto, rimanente m. **2** altri m pl.

restaurant ('rɔstərɔnt) n ristornate m. trattoria f.

restore (ri'stɔ:) vt **1** restaurare. **2** ristabilire. **3** restituire.

restoration n **1** restaurazione, restituzione f. **2** arch restauro m.

restrain (ri'strein) vt trattenere, frenare, reprimere. **restraint** n freno, ritegno m. restrizione f.

restrict (ri'strikt) vt restringere, limitare. **restriction** n restrizione f. **restrictive** adj restrittivo.

result (ri'zalt) n risultato, esito m. conseguenza f. vi risultare.

resume (ri'zju:m) vt **1** riprendere. **2** riassumere. **resumption** n ripresa f.

résumé ('rezumei) n sunto m.

resurrect (rezə'rekt) vt risuscitare. **resurrection** n risurrezione f.

retail ('ri:teil) n vendita al minuto or al dettaglio f. adj al minuto, al dettaglio. vt vendere al minuto or al dettaglio. **retailer** n venditore al minuto m.

retain (ri'tein) vt ritenere, mantenere, conservare.

retaliate (ri'tælieit) vt ricambiare insulto. vi rendere la pariglia, reagire. **retaliation** n rappresaglia, vendetta f.

retard (ri'ta:d) vt, vi ritardare.

reticent ('retisənt) adj reticente. **reticence** n reticenza f.

retina ('retinə) n retina f.

retire (ri'taiə) vi ritirarsi, andare in pensione. **retirement** n ritiro, riposo m.

retort¹ (ri'to:t) *n* ritorsione, risposta aspra *f*. *vt* ribattere, rispondere aspramente. *vi* rimbeccare.

retort² (ri'to:t) *n sci* storta *f*.

retrace (ri'treis) *vt* rintracciare. **retrace one's steps** rifare la strada.

retract (ri'trækt) *vt* ritirare, ritrarre, disdire. *vi* ritrattarsi.

retreat (ri'tri:t) *n* **1** ritiro, asilo *m*. **2** *mil* ritirata *f*. *vi* ritirarsi, andarsene.

retrieve (ri'tri:v) *vt* ricuperare, riprendere, riacquistare.

retrograde ('rətəgreid) *adj* retrogrado.

retrogressive (retrə'gresiv) *adj* regressivo.

retrospect ('retrəspekt) *n* sguardo retrospettivo *m*. **in retrospect** in retrospettivo.

return (ri'tə:n) *vi* tornare, ritornare. *vt* **1** rendere, restituire. **2** contraccambiare. *n* **1** ritorno *m*. **2** rinvio *m*. restituzione *f*. **3** *comm* rendiconto *m*. **return ticket** *n* biglietto di andata e ritorno *m*.

reunite (ri:ju'nait) *vt* riunire. *vi* riunirsi. **reunion** *n* riunione *f*.

reveal (ri'vi:l) *vt* rivelare, manifestare. **revelation** *n* rivelazione *f*.

revel ('revəl) *vi* **revel in** divertirsi di.

revenge (ri'vendʒ) *n* vendetta *f*.

revenue ('revənju:) *n* **1** entrata *f*. reddito *m*. **2** fisco *m*.

reverberate (ri'və:bəreit) *vi* riverberare, risuonare. **reverberation** *n* riverberazione *f*. riverbero *m*.

reverence ('revərəns) *n* riverenza, venerazione *f*.

reverse (ri'və:s) *n* **1** contrario, opposto *m*. **2** rovescio *m*. **3** *mot* retromarcia *f*. *adj* **1** contrario. **2** rovescio. *vt* **1** rivol-

tare, capovolgere. **2** revocare. *vi mot* far retromarcia.

revert (ri'və:t) *vi* ritornare.

review (ri'vju:) *n* **1** rivista *f*. **2** recensione *f*. **3** revisione *f*. *vt* **1** rivedere, ripassare. **2** criticare, recensire.

revise (ri'vaiz) *vt* rivedere, correggere. **revision** *n* revisione, correzione *f*.

revive (ri'vaiv) *vt* ravvivare, rinnovare. *vi* rianimarsi, rinascere. **revival** *n* rinascimento, risorgimento *m*.

revoke (ri'vouk) *vt* revocare, ritirare.

revolt (ri'voult) *n* rivolta, ribellione *f*. *vi* ribellarsi, rivoltarsi. *vt* disgustare. **revolting** *adj* ripugnante, disgustoso, nauseante. **revolution** *n* rivoluzione *f*. **revolutionary** *adj,n* rivoluzionario.

revolve (ri'volv) *vi* girare. **revolving** *adj* girevole, rotante. **revolver** *n* revolver *m invar*.

revue (ri'vju:) *n* rivista *f*.

revulsion (ri'vʌlʃən) *n* ripugnanza, repulsione *f*.

reward (ri'wo:d) *n* ricompensa *f*. compenso *m*. *vt* ricompensare, retribuire, premiare.

rhetoric ('retərik) *n* retorica *f*. **rhetorical** *adj* retorico. **rhetorical question** *n* domanda retorica *f*.

rheumatism ('ru:mətizəm) *n* reumatismo *m*. **rheumatic** *adj* reumatico.

rhinoceros (rai'nosərəs) *n* rinoceronte *m*.

Rhodesia (rou'di:ʒə) *n* Rhodesia *f*. **Rhodesian** *adj,n* rhodesiano.

rhododendron (roudə'dendrən) *n* rododendro *m*.

rhubarb ('ru:ba:b) *n* rabarbaro *m*.

rhyme (raim) *n* rima, poesia *f*. *vt* mettere in rima. *vi* rimare.

rhythm ('riðəm) *n* ritmo *m*. **rhythmic** *adj* ritmico.

rib (rib) *n* **1** *anat* costola *f*. **2** stecca *f*.

ribbon ('ribən) *n* nastro *m*.

rice (rais) *n* riso *m*.

rich (ritʃ) *adj* ricco. **riches** *n pl* ricchezze *f pl*. **richness** *n* ricchezza, opulenza *f*.

rickety ('rikiti) *adj* zoppicante, sgangherato.

rid* (rid) *vt* liberare, sbarazzare. **get rid of** liberarsi di, sbarazzarsi di. **riddance** *n* liberazione *f*.

riddle[1] ('ridl) *n* indovinello, enigma *m*.

riddle[2] ('ridl) *vt* crivellare, vagliare.

ride* (raid) *vt* cavalcare. *vi* andare a cavallo. *n* **1** cavalcata *f*. **2** corsa *f*. giro *m*. **rider** *n* cavaliere *m*. **riding** *n* equitazione *f*.

ridge (ridʒ) *n* **1** *geog* cresta, cima *f*. **2** *arch* colmo, comignolo *m*. **3** solco *m*.

ridicule ('ridikju:l) *n* ridicolo *m*. *vt* mettere in ridicolo, canzonare. **ridiculous** *adj* ridicolo.

rife (raif) *adj* dominante, diffuso. **be rife** imperversare.

rifle[1] ('raifl) *n* fucile *m*. carabina *f*.

rifle[2] ('raifəl) *vt* svaligiare, saccheggiare, rubare.

rift (rift) *n* (of a friendship) spaccatura, rottura *f*.

rig (rig) *n* **1** arnese *m*. **2** *naut* impianto *m*. *vt* truccare. **riging** *n* attrezzatura *f*.

right (rait) *adj* **1** destro. **2** giusto. **3** opportuno. *adv* **1** bene. **2** diritto. **3** a destra. *n* **1** diritto *m*. **2** destra *f*. **on the right** a destra. ~*vt* **1** correggere. **2** rad-

drizzare. **right angle** *n* angolo retto *m*.

right hand *n* mano destra *f*. **righthanded** *adj* destro. **right of way** *n* diritto di passaggio *m*. **right-wing** *adj* della destra.

righteous ('raitʃəs) *adj* giusto, retto, virtuoso. **rightousness** *n* giustizia *f*.

rigid ('ridʒid) *adj* rigido, inflessibile.

rigour ('rigə) *n* rigore *m*. severità *f*. **rigorous** *adj* rigoroso, rigido.

rim (rim) *n* orlo, bordo, margine *m*.

rind (raind) *n* **1** *bot* buccia *f*. **2** (of cheese) crosta *f*. **3** (of bacon) cotenna *f*.

ring[1] (riŋ) *n* **1** anello *m*. **2** cerchio *m*. **3** *sport* recinto *m*. **4** *comm* sindacato *m*. *vt* circondare. **ringleader** *n* caporione *m*. **ring-road** *n* raccordo anulare *m*. **ringside** *adj* settore di prima fila.

ring*[2] (riŋ) *n* **1** suono, squillo, tintinnio *m*. **2** risonanza *f*. *vi* suonare, squillare. *vt* **1** suonare. **2** chiamare. **ring up** telefonare.

rink (riŋk) *n* recinto di pattinaggio *m*. pista di pattinaggio *f*.

rinse (rins) *vt* risciacquare. *n* risciacquatura *f*.

riot ('raiət) *n* tumulto *m*. rivolta *f*. *vi* tumultuare, sollevarsi. **riotous** *adj* tumultuante, sedizioso.

rip (rip) *n* lacerazione *f*. squarcio, strappo *m*. *vt* squarciare, strappare.

ripe (raip) *adj* maturo. **ripen** *vt,vi* maturare. **ripeness** *n* maturità *f*.

ripple ('ripəl) *n* increspamento *m*. *vi* incresparsi.

rise* (raiz) *vi* **1** alzarsi, levarsi. **2** (of sun) sorgere. **3** salire, aumentare. *n* **1** *geog* salita, elevazione *f*. **2** *comm* aumento *m*.

risk (risk) n rischio, pericolo m. vt rischiare, azzardare.

rissole ('risoul) n crocchetta f.

rite (rait) n rito m.

ritual ('ritjuəl) adj,n rituale m.

rival ('raivəl) adj,n rivale. vt,vi rivaleggiare. **rivalry** n rivalità f.

river ('rivə) n fiume m. **down river** a valle. **up river** a monte. **river bank** n argine m. **riverbed** n letto del fiume m. **riverside** n riva del fiume f.

rivet ('rivit) n chiodo ribadito m. vt ribadire, fissare.

road (roud) n strada, via f. **roadblock** n blocco stradale m. **roadside** n ciglio della strada m. **roadworthy** adj atto a prendere la strada.

roam (roum) vi girovagare, vagare, errare. vt percorrere.

roar (rɔ:) n 1 urlo, ruggito m. 2 muggito m. 3 (of laughter) scroscio m. vi 1 urlare, ruggire. 2 muggire. 3 scrosciare. 4 scoppiare.

roast (roust) n arrosto m. vt 1 arrostire. 2 (coffee) tostare. **roast beef** n arrosto di manzo m.

rob (rɔb) vt rubare, spogliare, svaligiare. **robber** n ladro m. **robbery** n furto m.

robe (roub) n vestito lungo. m toga f.

robin ('rɔbin) n pettirosso m.

robot ('roubɔt) n autostima f.

robust (rou'bʌst) adj robusto, forte, vigoroso.

rock[1] (rɔk) n 1 roccia, rupe f. 2 sasso, scoglio m. **rockbottom** adj bassissimo. **rock garden** n giardino alpino m. **rocky** adj roccioso, sassoso.

rock[2] (rɔk) vt cullare, dondolare. vi va-cillare, oscillare, dondolarsi. **rocker** n asse ricurvo m. **rocking-chair** n sedia a dondolo f. **rocking-horse** n cavallo a dondolo m.

rocket ('rɔkit) n razzo m. vi rimbalzare.

rod (rɔd) n 1 bacchetta, verga f. 2 (fishing) canna per pescare f.

rode (roud) v see **ride**.

rodent ('roud:nt) n roditore m.

roe (rou) n uova di pesce f pl.

rogue (roug) n 1 briccone, furfante m. 2 (child) birichino m. **roguish** adj 1 furfante, furbo. 2 birichino.

role (roul) n ruolo m.

roll (roul) n 1 rotolo m. 2 (bread) panino m. 3 elenco m. 4 rullo m. vt 1 arrotolare. 2 rullare. vi 1 rotolarsi. 2 rullare. **rollcall** n appello m. **roller** n cilindro, rullo m. **roller-skate** n pattino a rotelle m. **rolling pin** n matterello m.

Roman Catholic adj,n cattolico.

romance (rə'mæns) 1 romanzo m. favola f. 2 avventura amorosa f. vi favoleggiare. **romantic** adj 1 romantico. 2 romanzesco. **romanticism** n romanticismo m. **romanticize** vt rendere romantico.

Rome (roum) n Roma f. **Roman** adj,n romano.

romp (rɔmp) vi giocare con chiasso. n gioco chiassoso m.

rompers n pl pagliaccetto da bambino m.

roof (ru:f) n tetto m. vt coprire con tetto.

rook[1] (ruk) n cornacchia f. **rookery** n cornacchiaia f.

rook[2] (ruk) n game torre f.

room (ru:m) n 1 stanza, sala, camera f. 2 posto, spazio m. **roomy** adj spazioso, ampio.

roost (ru:st) *n* posatoio *m.* pertica *f. vi* appollaiarsi.

root[1] (ru:t) *n* radice *f. vi* attecchire, radicarsi. *vt* **1** piantare. **2** fissare.

root[2] (ru:t) *vi* frugacchiare, sradicare.

rope (roup) *n* corda, fune *f.* filo *m. vt* legare, cingere.

rosary ('rouzəri) *n* rosario *m.*

rose (rouz) *n* rosa *f.* **rose bush** *n* rosaio *m.* **rosette** *n* rosetta *f.* nastrino *m.* **rosy** *adj* roseo, colore di rosa.

rosemary ('rouzməri) *n* rosmarino *m.*

rot (rɔt) *vt* putrefare, corrompere. *vi* marcire, guastarsi, imputridire. *n* **1** putrefazione, decadenza *f.* **2** *sl* sciocchezze *f pl.*

rota ('routə) *n* lista *f.* **rotary** *adj* rotatorio, rotante. **rotate** *vt,vi* rotare. **rotation** *n* rotazione, successione *f.*

rotor ('routə) *n* rotore *m.*

rotten ('rɔt:n) *adj* marcio, putrido, guasto.

rouble ('ru:bl) *n* rublo *m.*

rouge (ru:ʒ) *n* rossetto *m.*

rough (rʌf) *adj* **1** ruvido, rozzo. **2** grossolano, crudo. **3** agitato. **4** tempestoso. **5** approssimativo. **rough and ready** improvvisato. **roughness** *n* ruvidezza *f.*

roulette (ru:'let) *n* roulette *f.*

round (raund) *n* **1** tondo *m.* **2** cerchio *m.* **3** giro *m.* **4** sfera *f.* **5** *sport* ripresa *f. adj* **1** rotondo, circolare, sferico. **2** intero. **3** franco. *adv* in giro, all'intorno. *prep* intorno a. **roundabout** *n* rotatoria *f. adj* indiretto.

rouse (rauz) *vt* **1** svegliare. **2** provocare, incitare. **rousing** *adj* eccitante, travolgente.

route (ru:t) *n* via, strada *f.* itinerario *m. vt* avviare.

routine (ru:'ti:n) *n* **1** abitudine, usanza *f.* **2** uso *m. adj* abitudinario.

rove (rouv) *vi* errare, vagare.

row[1] (rou) *n* (line) fila, riga *f.* rango *m.*

row[2] (rou) *vi,vt sport* remare. **rower** *n* rematore, canottiere *m.* **rowing** *n* canottaggio *m.* **rowing boat** barca a remi *f.*

row[3] (rau) *n* **1** chiasso, rumore *m.* **2** lite *f. vi* litigare.

rowdy ('raudi) *adj* rumoroso, tumultuoso, litigioso.

royal ('rɔiəl) *adj* reale, regale. **royalist** *n* realista *m.* **royalty** *n* **1** regalità *f.* reali *m pl.* **2** *comm* diritti d'autore *m pl.*

rub (rʌb) *n* **1** fregamento, strofinamento *m.* **2** *med* frizione *f. vt* **1** fregare, strofinare. **2** lucidare. *vi* fregarsi. **rub out** cancellare.

rubber ('rʌbə) *n* gomma *f.* **rubber band** *n* elastico *m.*

rubbish ('rʌbiʃ) *n* **1** immondizia *f.* rifiuti *m pl.* **2** sciocchezze *f pl.*

rubble ('rʌbəl) *n* macerie *f pl.*

ruby ('ru:bi) *n* rubino *m. adj* di rubino, vermiglio.

rucksack ('rʌksæk) *n* sacco da montagna *m.*

rudder ('rʌdə) *n* timone *m.*

rude (ru:d) *adj* grossolano, offensivo, sgarbato, villano. **rudeness** *n* grossolanità, inciviltà *f.*

rudiment ('ru:dimənt) *n* **1** rudimento *m.* **2** *pl* elementi *m pl.* **rudimentary** *adj* rudimentale.

rueful ('ru:fəl) *adj* triste, malinconico.

ruff (rʌf) *n* gorgiera *f*.

ruffian ('rʌfiən) *n* furfante, scellerato *m*.

ruffle ('rʌfəl) *vt* **1** increspare. **2** arruffare. **3** agitare. **4** irritare.

rug (rʌg) *n* **1** tappeto, tappetino *m*. **2** coperta da viaggio *f*.

rugby ('rʌgbi) *n* rugby *m*.

rugged ('rʌgid) *adj* ruvido, rozzo, aspro. **ruggedness** *n* ruvidezza *f*.

ruin ('ru:in) *n* **1** rovina *f*. **2** disgrazia *f*. disastro *m*. *vt* rovinare. **ruinous** *adj* rovinoso, dannoso.

rule (ru:l) *n* **1** regola, legge *f*. **2** governo, dominio *m*. **as a rule** di solito. ~ *vt* regolare, governare, dirigere. **ruler** *n* **1** sovrano, governante *m*. **2** *math* regolo *m*. **ruling** *adj* dirigente. *n* decisione *f*.

rum (rʌm) *n* rum *m*.

rumble ('rʌmbəl) *vi* rimbombare, rumoreggiare. *n* rumorio *m*.

rummage ('rʌmidʒ) *vt,vi* rovistare. *n* ricerca *f*. rovistio *m*.

rumour ('ru:mə) *n* diceria, voce *f*. *vt* far correre voce.

rump (rʌmp) *n* **1** *cul* culatta *f*. **2** natiche *f pl*. **rump steak** *n* bistecca *f*.

run* (rʌn) *vi,vt* correre. *vi* **1** fluire. **2** (of colour) spandeere. **run away** fuggire. **run out of** esaurire. **run over** (of a car, etc.) investire. ~*n* **1** corsa *f*. **2** serie *f invar*. **3** corso, recinto *m*. **4** gita *f*. **5** smagliatura *f*. **in the long**

run a lungo andare. **runway** *n* pista di decollo *f*. **runner** *n* **1** fattorino, messaggero *m*. **2** *sport* corridore *m*. **runner bean** *n* fagiolo rampicante *m*. **runner-up** *n* secondo in una gara *m*. **running** *n* **1** corsa *f*. **2** marcia *f*. funzionamento *m*. **3** direzione *f*. *adj* **1** corrente. **2** consecutivo.

rung[1] (rʌn) *v see* **ring**[2].

rung[2] (rʌn) *n* piolo *m*.

rupee (ru:'pi:) *n* rupia *f*.

rupture ('rʌptʃə) *n* **1** rottura *f*. **2** *med* ernia *f*. *vt* rompere.

rural ('ruərəl) *adj* rurale, campestre.

rush[1] (rʌʃ) *vi* precipitarsi, affrettarsi. *vt* prendere d'assalto. *n* **1** impeto *m*. **2** attacco *m*. **3** fretta, furia *f*. **rush hour** *n* ora di punta *f*.

rush[2] (rʌʃ) *n bot* giunco *m*.

Russia ('rʌʃə) *n* Russia *f*. **Russian** *adj,n* russo. **Russian** (language) *n* russo *m*.

rust (rʌst) *n* ruggine *f*. *vt* corrodere. *vi* arrugginirsi. **rusty** *adj* rugginoso.

rustic ('rʌstik) *adj* rustico, campagnolo, rurale.

rustle ('rʌsəl) *n* fruscio, mormorio *m*. *vi* frusciare, stormire.

rut (rʌt) *n* **1** rotaia *f*. solco *m*. **2** abitudine fissa *f*.

ruthless ('ru:θləs) *adj* spietato, crudele, inesorabile.

rye (rai) *n* segale *f*.

Sabbath ('sæbəθ) *n* domenica *f*.

sable ('seibəl) *n* zibellino *m*. *adj* di zibellino.

sabotage ('sæbətɑːʒ) *n* sabotaggio *m*. *vt* sabotare.

sabre ('seibə) *n* sciabola *f*.

saccharin ('sækərin) *n* saccarina *f*.

sachet ('sæʃei) *n* sacchetto *m*.

sack (sæk) *n* sacco *m*. **get the sack** essere licenziato. ~*vt inf* congedare.

sacrament ('sækrəmənt) *n* sacramento *m*.

sacred ('seikrid) *adj* **1** sacro, consacrato. **2** santo.

sacrifice ('sækrifais) *n* sacrificio *m*. *vt, vi* sacrificare.

sacrilege ('sækrilidʒ) *n* sacrilegio *m*. **sacrilegious** *adj* sacrilego.

sad (sæd) *adj* triste, addolorato, doloroso. **sadden** *vt* attristare, rattristare. **sadness** *n* tristezza *f*.

saddle ('sæd:l) *n* sella *f*. *vt* sellare. **saddle with** gravare di. **saddler** *n* sellaio *m*.

sadism ('seidizəm) *n* sadismo *m*. **sadist** *n* sadista *m*.

safari (sə'fɑːri) *n* safari *m invar*.

safe (seif) *adj* salvo, sicuro, sano, intatto. **safe and sound** sano e salvo. ~*n* **1** cassaforte *f*. **2** *cul* armadietto *m invar*. **safeguard** *n* salvaguardia *f*. *vt* salvaguardare. **safely** *adv* in salvo. **safety** *n* sicurezza, salvezza *f*. **safety belt** *n* cintura di sicurezza *f*. **safety pin** *n* spillo di sicurezza *m*. **safety valve** *n*

valvola di sicurezza *f*.

saffron ('sæfrən) *n* zafferano *m*.

sag (sæg) *vi* ripiegarsi, curvarsi. *n* depressione *f*.

saga ('sɑːgə) *n* saga *f*.

sage[1] (seidʒ) *n* savio *m*. *adj* saggio, prudente.

sage[2] (seidʒ) *n bot* salvia *f*.

Sagittarius (sædʒi'teəriəs) *n* Sagittario *m*.

sago ('seigou) *n* sago *m*.

said (sed) *v* see **say**.

sail (seil) *n* **1** vela *f*. **2** viaggio sul mare *m*. **3** (of a windmill, etc.) ala *f*. *vi* navigare, veleggiare. *vt* navigare, percorrere. **sailing** *n* navigazione *f*. **sailor** *n* marinaio *m*.

saint (seint) *n* santo *m*. **saintly** *adj* santo, pio.

sake (seik) *n* ragione, causa *f*.

salad ('sæləd) *n* insalata *f*. **salad dressing** *n* condimento d'insalata *m*.

salamander ('sæləmændə) *n* salamandra *f*.

salami (sə'lɑːmi) *n* salame *m*.

salary ('sæləri) *n* stipendio, salario *m*. paga *f*.

sale (seil) *n* **1** vendita *f*. **2** liquidazione *f*. **3** spaccio *m*. **for sale** da vendere. **on sale** in vendita. **salesman** *n* commesso, venditore *m*. **salesmanship** *n* arte commerciale *f*.

saliva (sə'laivə) *n* saliva *f*. **salivate** *vi* salivare.

sallow ('sælou) *adj* olivastro, pallido.

salmon ('sæmən) *n* salmone *m*.

salon ('sælɔn) *n* salone, negozio *m*.

saloon (sə'lu:n) *n* **1** sala *f*. salone *m*. **2** *mot* vettura salone *f*.

salt (sɔ:lt) *n* sale *m*. *adj* salato, salso. *vt* salare. **salt cellar** *n* saliera *f*.

salute (sə'lu:t) *vt* salutare. *n* **1** saluto *m*. **2** *mil* salva *f*.

salvage ('sælvidʒ) *n* salvataggio, ricupero *m*. *vt* salvare, ricuperare.

salvation (sæl'veiʃən) *n* salvazione, salvezza *f*.

same (seim) *adj* **1** stesso, medesimo. **2** monotono. *pron* stesso *m*. **all the same** nondimeno. **the same to you!** altrettanto!.

sample ('sɑ:məl) *n* campione, modello, esemplare *m*. *vt* assaggiare.

sanatorium (sænə'tɔ:riəm) *n* sanatorio *m*. casa di salute *f*.

sanction ('sæŋkʃən) *n* **1** sanzione *f*. **2** autorizzazione *f*. permesso *m*. *vt* **1** sanzionare. **2** permettere, autorizzare.

sanctuary ('sæŋktʃuəri) *n* santuario, asilo *m*.

sand (sænd) *n* sabbia, rena *f*. *vt* coprire di sabbia. **sandpaper** *n* carta vetrata *f*. **sandpit** *n* cava di rena *f*. **sandy** *adj* sabbioso.

sandal ('sændl) *n* sandalo *m*.

sandwich ('sænwidʒ) *n* sandwich, panino imbottito *m*. tartina *f*. *vt* serrare in mezzo.

sane (sein) *adj* sano di mente, equilibrato. **sanity** *n* sanità di mente *f*.

sang (sæŋ) *n* see **sing**.

sanitary ('sænitri) *adj* sanitario, igienico. **sanitary towel** *n* assorbente igienico *m*. **sanitation** *n* igiene *f*.

sank (sæŋk) *n* vee **sink**.

sap (sæp) *n* bot succhio *m*. *vt* indebolire.

sapphire ('sæfaiə) *n* zaffiro *m*.

sarcasm ('sɑ:kæzəm) *n* sarcasmo *m*. **sarcastic** *adj* sarcastico.

sardine (sɑ:'di:n) *n* sardina *f*.

Sardinia (sɑ:'diniə) *n* Sardegna *f*. **Sardinian** *adj,n* sardo.

sardonic (sɑ'dɔnik) *adj* sardonico.

sari ('sɑ:ri) *n* sari *m invar*.

sash[1] (sæʃ) *n* cintura, sciarpa *f*.

sash[2] (sæʃ) *n arch* telaio *m*. **sash-window** *n* finestra all'inglese *f*.

sat (sæt) *v* see **sit**.

Satan ('seitn) *n* Satana *m*.

satchel ('sætʃəl) *n* cartella, borsa *f*.

satellite ('sætəlait) *n* satellite *m*.

satin ('sætin) *n* raso *m*.

satire ('sætaiə) *n* satira *f*. **satirical** *adj* satirico.

satisfy ('sætisfai) *vt* soddisfare, contentare. *vi* soddisfare, dare soddisfazione. **satisfaction** *n* soddisfazione, contentezza *f*. **satisfactory** *adj* soddisfacente.

saturate ('sætʃəreit) *vt* saturare. **saturation** *n* saturazione *f*.

Saturday ('sætədi) *n* sabato *m*.

Saturn ('sætən) *n* Saturno *m*.

sauce (sɔ:s) *n* salsa *f*. condimento *m*. **saucepan** *n* pentola, casseruola *f*. tegame *m*. **saucer** *n* sottocoppa, piattino *m*. **saucy** *adj* insolente, impertinente.

Saudi Arabia ('saudi) *n* Arabia Saudita *f*.

sauna ('sɔ:nə) *n* sauna *f*.

saunter ('sɔ:ntə) *vi* gironzolare, girovagare.

sausage ('sɔsidʒ) *n* 1 (fresh) salsiccia *f*. 2 (smoked) salame *m*.

savage ('sævidʒ) *adj* selvaggio, selvatico, feroce. *n* selvaggio, barbaro *m*. *vt* mordere.

save[1] (seiv) *vt* 1 salvare, preservare. 2 conservare. 3 risparmiare. *vi* economizzare. **savings** *n pl* risparmi *m pl*.

save[2] (seiv) *prep* eccetto, tranne, salvo.

saviour ('seiviə) *n* 1 salvatore *m*. 2 *cap* Redentore *m*.

savoury ('seivəri) *adj* saporoso, saporito, gustoso. *n* piatto saporito *m*.

saw[*1] (sɔ:) *n* sega *f*. *vt* segare. **sawdust** *n* segatura *f*.

saw[2] (sɔ:) *v* see **see**[1].

saxophone ('sæksəfoun) *n* sassofono *m*.

say[*] (sei) *vt,vi* dire, affermare. **have one's say** dire la propria. **saying** *n* adagio, proverbio *m*.

scab (skæb) *n* tigna, rogna *f*.

scaffold ('skæfəld) *n* palco, patibolo *m*. **scaffolding** *n* impalcatura *f*.

scald (skɔ:ld) *vt* scottare. *n* scottatura, scotta *f*.

scale[1] (skeil) *n zool* scaglia, squama *f*.

scale[2] (skeil) *n* 1 piatto della bilancia *m*. 2 *pl* bilancia *f*.

scale[3] (skeil) *n* 1 gradazione, scala *f*. 2 *mus* gamma *f*. *vt* 1 scalare, graduare. 2 scavalcare.

scallop ('skɔləp) *n* 1 *zool* pettine *m*. 2 smerlo *m*. dentellatura *f*. *vt* smerlare.

scalp (skælp) *n* cuoio capelluto *m*. *vt* scotennare.

scalpel ('skælpəl) *n* scalpello *m*.

scampi ('skæmpi) *n pl* scampi *m pl*.

scan (skæn) *vt* 1 scrutare, esaminare. 2 *lit* scandire.

scandal ('skændl) *n* 1 scandalo *m*. maldicenza *f*. 2 vergogna *f*. **scandalous** *adj* scandaloso.

Scandinavia (skændi'neiviə) *n* Scandinavia *f*. **Scandinavian** *adj,n* scandinavo.

scant (skænt) *adj* scarso, insufficiente. **scanty** *adj* 1 poco, scarso. 2 sommario.

scapegoat ('skeipgout) *n* capro espiatorio *m*.

scar (skɑ:) *n* cicatrice *f*. sfregio, segno *m*. *vt* cicatrizzare, sfregiare. *vi* cicatrizzarsi.

scarce (skeəs) *adj* raro, scarso. **scarcely** *adv* appena, quasi. **scarcity** *n* scarsezza *f*.

scare (skeə) *vt* spaventare, impaurire. **be scared** aver paura. ~*n* spavento, panico *m*. paura *f*. **scarecrow** *n* spauracchio *m*.

scarf (skɑ:f) *n* sciarpa, cravatta *f*.

scarlet ('skɑ:lit) *adj,n* scarlatto *m*. **scarlet fever** *n* scarlattina *f*.

scathing ('skeiðiŋ) *adj* mordace, feroce.

scatter ('skætə) *vt* spargere, diffondere, disperdere. *vi* spargersi, disperdersi.

scavenge ('skævindʒ) *vt* spazzare. **scavenger** *n* spazzino *m*.

scene (si:n) *n* 1 scena, scenata *f*. 2 spettacolo *m*. **scenery** *n* 1 paesaggio, panorama *m*. 2 *Th* scenario *m*.

scent (sent) *n* 1 odore, profumo *m*. 2 (of an animal) fiuto *m*. *vt* profumare.

sceptic ('skeptik) *n* scettico *m*. **sceptical** *adj* scettico. **scepticism** *n* scetticismo *m*.

sceptre ('septə) n scettro m.

schedule ('ʃedjuːl) n orario, prospetto m. scheda f. vt schedare.

scheme (skiːm) n schema, progetto, piano m. vt progettare. vi far progetti, macchinare.

schizophrenia (skitsou'friːniə) n schizofrenia f. **schizophrenic** adj schizofrenico.

scholar ('skɔlə) n 1 erudito, letterato m. 2 (pupil) scolaro, alunno m. 3 borsista m. **scholarship** n 1 borsa di studio f. 2 erudizione f.

scholastic (skə'læstik) adj scolastico.

school[1] (skuːl) n educ scuola f. liceo, ginnasio, collegio m. vt istruire. **schoolboy** n scolaro m. **schoolgirl** n scolara f. **schoolmaster** n maestro, professore m. **schoolmistress** n maestra, professoressa f. **schoolteacher** n insegnante m,f.

school[2] (skuːl) n frotta f.

schooner ('skuːnə) n goletta f.

science ('saiəns) n scienza f. **science fiction** n fantascienza f. **scientific** adj scientifico. **scientist** n scienziato m.

scissors ('sizəz) n pl forbici f pl.

scoff[1] (skɔf) n derisione f. scherno m. vi, schernire. **scoff at** beffarsi di, deridere.

scoff[2] (skɔf) vt,vi sl mangiare in fretta.

scold (skould) vt sgridare, rimproverare. vi brontolare.

scone (skoun) n focaccina f.

scoop (skuːp) n 1 paletta f. 2 ramaiolo m. 3 inf colpo m. vt scavare, vuotare. **scoop up** raccogliere.

scooter ('skuːtə) n motoretta f.

scope (skoup) n 1 portata f. 2 prospettiva f. campo m.

scorch (skɔːtʃ) vt bruciare, scottare. n scottatura f.

score (skɔː) n 1 sport punti m pl. 2 sconto m. 3 tacca f. 4 ventina f. 5 mus partitura f. vt 1 sport segnare. 2 intagliare. vi far punti. **scoreboard** n tabellone m.

scorn (skɔːn) n sdegno, disprezzo, spregio m. vt sdegnare, sprezzare. **scornful** adj sdegnoso, sprezzante.

Scorpio ('skɔːpiou) n Scorpione m.

scorpion ('skɔːpiən) n scorpione m.

Scot (skɔt) n scozzese m,f.

Scoth (skɔtʃ) adj scozzese. n whisky m invar.

Scotland ('skɔtlənd) n Scozia f.

Scots (skɔts) adj scozzese.

Scottish ('skɔtiʃ) adj scozzese.

scoundrel ('skaundrəl) n mascalzone, scellerato m.

scour[1] (skauə) vt (clean) pulire, nettare, fregare.

scour[2] (skauə) vt percorrere.

scout (skaut) n esploratore m. vi esplorare, perlustrare. vt respingere.

scowl (skaul) n sguardo torvo m. vi aggrottare le sopracciglia.

scramble ('skræmbəl) n parapiglia, confusione f. vi affrettarsi, sgambare, arrampicarsi. **scrambled eggs** n pl uova strapazzate f pl.

scrap (skræp) n pezzetto, frammento m. briciola f. vt rigettare, scartare. **scrapbook** n album m invar. **scrap iron** n ferraccio m.

scrape (skreip) vt raschiare, grattare, scrostare. n 1 raschiatura f. 2 imbroglio, impaccio m.

scratch (skætʃ) *n* graffio *m*. graffiatura *f*. *vt* **1** graffiare, grattare. **2** *sport* ritirare.

scrawl (skrɔːl) *n* scarabocchio *m*. *vt, vi* scarabocchiare.

scream (skriːm) *vi* gridare, strillare, urlare. *n* grido, strillo *m*.

screech (skriːtʃ) *n* strillo *m*. *vt, vi* strillare.

screen (skriːn) *n* **1** riparo *m*. **2** parafuoco, paravento *m*. **3** (cinema, etc.) schermo *m*. *vt* nascondere, proteggere.

screw (skruː) *n* vite *f*. *vt* avvitare, torcere. **screwdriver** *n* cacciavite *m*.

scribble ('skribəl) *n* scarabocchio *m*. *vt, vi* scarabocchiare.

script (skript) *n* scritto *m*. scrittura *f*.

Scripture ('skriptʃə) *n* Sacra Scrittura *f*.

scroll (skroul) *n* rotolo *m*.

scrounge (skraundʒ) *vt, vi* mendicare, scroccare.

scrub¹ (skrʌb) *vt* strofinare, fregare. *n* strofinata *f*. **scrubbing brush** *n* spazzola dura *f*.

scrub² (skrʌb) *n* (bush) macchia, boscaglia *f*.

scruffy ('skrʌfi) *adj* scadente, trascurato, disordinato.

scruple ('skruːpəl) *n* scrupolo *m*. **scrupulous** *adj* scrupoloso.

scrutiny ('skruːtini) *n* esame, scrutinio *m*. **scrutinize** *vt* scrutinare, investigare.

scruffle ('skʌfəl) *n* baruffa, rissa, zuffa *f*.

scullery ('skʌləri) *n* retrocucina *m*.

sculpt (skʌlpt) *vt* scolpire. **sculptor** *n* scultore *m*. **sculpture** *n* scultura *f*.

scum (skʌm) *n* **1** spuma, schiuma *f*. **2** feccia *f*. *vt* schiumare.

scurf (skəːf) *n* forfora *f*.

scythe (saið) *n* falce *f*.

sea (siː) *n* mare *m*.

seabed ('siːbed) *n* letto del mare *m*.

seafaring ('siːfɛəriŋ) *adj* marinario.

seafront ('siːfrʌnt) *n* marina *f*.

seagull ('siːgʌl) *n* gabbiano *m*.

seahorse ('siːhɔːs) *n* cavalluccio marino, ippocampo *m*.

seal¹ (siːl) *n* **1** sigillo, timbro, suggello *m*. **2** segno *m*. *vt* sigillare, bollare.

seal² (siːl) *n zool* foca *f*. **sealskin** *n* pelle di foca *f*.

sea-level *n* livello del mare *m*.

sea-lion *n* otaria *f*.

seam (siːm) *n* **1** cucitura, costura *f*. **2** *geog* vena *f*. giacimento *m*.

seaman ('siːmən) *n* marinaio *m*. **seamanship** *n* arte marinaresca *f*.

search (səːtʃ) *n* ricerca, perquisizione, visita *f*. *vt* perquisire. *vi* cercare, ricercare. **searching** *adj* penetrante, scrutatore. **searchlight** *n* proiettore *m*.

seashore ('siːʃɔː) *n* spiaggia *f*.

seasick ('siːsik) *adj* che soffre del mal di mare. **seasickness** *n* mal di mare *m*.

seaside ('siːsaid) *n* marina, spiaggia *f*.

season ('siːzən) *n* **1** stagione *f*. **2** tempo *m*. *vt* condire. **season ticket** *n* tessera *f*. **seasoning** *n* cul condimento *m*.

seat (siːt) *n* **1** sedia *f*. posto *m*. **2** fondo *m*. **3** *anat* sedere *m*. **4** *pol* seggio *m*. **5** castello *m*. *vt* **1** far sedere. **2** installare. **seat belt** *n* cintura di sicurezza *f*.

seaweed ('siːwiːd) *n* alga *f*.

secluded (si'kluːdid) *adj* ritirato, solitario. **seclusion** *n* solitudine *f*.

second¹ ('sekənd) *adj* secondo. *vt* secondare. **second-best** *adj* di seconda qualità, di riserva. **second-class** *adj* di seconda classe, inferiore. **second-hand** *adj* d'occasione. **second nature** *n* seconda natura *f*. **second-rate** *adj* inferiore, di secondo grado. **secondary** *adj* secondario. **secondary school** *n* scuola media *f*.

second² ('sekənd) *n* (of time) secondo *m*.

secret ('si:krət) *adj* segreto, nascosto, ritirato. *n* segreto *m*. **secretive** *adj* segreto, riservato.

secretary ('sekrətri) *n* 1 segretaria *f*. 2 *pol* ministro *m*.

secrete (si'kri:t) *vt* secernere.

sect (sekt) *n* setta *f*.

sectarian (sek'teəriən) *adj,n* settario. **sectarianism** *n* spirito settario *m*.

section ('sekʃən) *n* sezione, parte, divisione *f*.

sector ('sektə) *n* settore *m*.

secular ('sekjulə) *adj* 1 laico. 2 mondano. 3 secolare.

secure (si'kjuə) *adj* sicuro, certo, salvo. *vt* 1 ottenere. 2 assicurare. 3 chiudere. **security** *n* 1 sicurezza *f*. 2 *law* garanzia *f*. 3 *pl* titoli *m pl*.

sedate (si'deit) *adj* calmo, composto. *vt* rendere tranquillo. **sedation** *n* sedazione *f*. **sedative** *adj,n* sedativo, calmante *m*.

sediment ('sedimənt) *n* sedimento, deposito *m*.

seduce (si'dju:s) *vt* sedurre. **seduction** *n* seduzione *f*. **seductive** *adj* seducente.

see*¹ (si:) *vt,vi* 1 vedere. 2 capire. **see to** occuparsi di.

see² (si:) *n* rel sede *f*. diocesi *f invar*.

seed (si:d) *n* seme *m*. semenza *f*. **seedling** *n* pianticella *f*. **seedy** *adj* 1 trascurato, malconcio. 2 *inf* indisposto.

seek* (si:k) *vt* cercare.

seem (si:m) *vi* sembrare, parere. **seeming** *adj* apparente.

seep (si:p) *vi* gocciolare.

seesaw ('si:sɔ:) *n* altalena *f*.

seethe (si:ð) *vi* bollire, agitarsi.

segment ('segmənt) *n* 1 segmento *m*. 2 pezzo *m*. 3 spicchio *m*. porzione *f*.

segregate ('segrigeit) *vt* segregare. **segregation** *n* segregazione *f*.

seize (si:z) *vt* 1 afferrare, prendere. 2 confiscare, sequestrare. **seizure** *n* 1 presa *f*. confisca *f*. 2 *med* attacco *m*.

seldom ('seldəm) *adv* di rado, raramente.

select (si'lekt) *vt* 1 scegliere. 2 *sport* selezionare. *adj* scelto, eletto. **selection** *n* scelta, selezione *f*. **selective** *adj* selettivo.

self (self) *n, pl* **selves** persona *f*. io *m*. *adj,pron* stesso.

self-assured *adj* confidente.

self-aware *adj* conscio di sé.

self-catering *adj* con cucina.

self-centred *adj* egocentrico.

self-confident *adj* sicuro di sé. **self-confidence** *n* sicurezza di sé *f*.

self-conscious *adj* imbarazzato.

self-contained *adj* 1 indipendente. 2 riservato.

self-defence *n* difesa personale *f*.

self-discipline *n* autodisciplina *f*.

self-employed *adj* che lavora in proprio.

self-expression *n* espressione personale *f*.

self-government n autonomia f.

self-indulgent adj indulgente con se stesso.

self-interest n interesse personale m.

selfish ('selfiʃ) adj egoista, egoistico.

self-made adj fatto da sé.

self-pity n autocmmiserazione f.

self-portrait n autoritratto m.

self-respect n dignità f. amor proprio m.

self-righteous adj compiaciuto.

self-sacrifice n abnegazione f. sacrificio di sé m.

selfsame ('selfseim) adj proprio lo stesso.

self-satisfied adj soddisfatto di sé.

self-service adj,n self-service invar.

self-sufficient adj autosufficiente.

self-will n ostinazione f.

sell* (sel) vt vendere, smerciare, spacciare. vi vendersi.

Sellotape ('seləteip) n Tdmk Scotch Tdmk m.

semantic (si'mæntik) adj semantico. **semantics** n semantica f.

semaphore ('seməfɔ:) n semaforo m.

semibreve ('semibri:v) n semibreve f.

semicircle ('semisə:kəl) n semicircolo m. **semicircular** adj semicircolare.

semicolon (semi'koulən) n punto e virgola m.

semidetached (semidi'tætʃt) adj gemello, accoppiato.

semifinal (semi'fain:l) n semifinale f.

seminar ('semina:) n seminario m.

semiprecious (semi'preʃəs) adj semiprezioso.

semiquaver (semi'kweivə) n semicroma f.

semivowel ('semivauəl) n semivocale f.

semolina (seməli:nə) n semolino m.

senate ('senət) n senato m. **senator** n senatore m.

send* (send) vt mandare, inviare, spedire. **send for** far venire.

Senegal (seni'gɔ:l) n Senegal f. **senegalese** adj,n senegalese.

senile ('si:nail) adj senile.

senior ('si:niə) adj 1 maggiore, più anziano. 2 principale. n seniore, maggiore m.

sensation (sen'seiʃən) n sensazione, impressione f. **sensational** adj sensazionale.

sense (sens) n 1 senso m. 2 facoltà f. **sense of humour** senso dell'umorismo. ~ vt indovinare. **senseless** adj 1 assurdo, stupido. 2 senza conoscenza.

sensible ('sensəbəl) adj 1 ragionevole, saggio. 2 sensibile. **sensibility** n sensibilità f.

sensitive ('sensitiv) adj 1 sensibile, sensitivo. 2 impressionabile. **sensitivity** n sensitività f.

sensual ('senʃuəl) adj sensuale, carnale. **sensuality** n sensualità, voluttà f.

sensuous ('senʃuəs) adj sensoriale, sensuale.

sentence ('sentəns) n 1 gram frase f. 2 law sentenza, condanna f. vt condannare.

sentiment ('sentimənt) n 1 sentimento m. 2 idea, opinione f. **sentimental** adj sentimentale.

sentry ('sentri) n sentinella, guardia f.

separate (v 'sepəreit; adj 'seprit) vt separare, dividere. vi separarsi, dividersi. adj separato, diviso, distinto. **separation** n separazione, divisione f.

September (sep'tembə) n settembre m.

septet (sep'tet) n settimino m.

septic ('septik) adj settico.

sequel ('si:kwəl) n seguito m. conseguenza f.

sequence ('si:kwəns) n successione f. serie f invar.

sequin ('si:kwin) n lustrino m.

serenade (serə'neid) n serenata f.

serene (si'ri:n) adj calmo, sereno, tranquillo. **serenity** n serenità, tranquillità f.

serf (sə:f) n servo della gleba, schiavo m.

sergeant ('sa:dʒənt) n sergente m. **sergeant major** n sergente maggiore m.

serial ('siəriəl) n romanzo or film a puntate. **serialize** vt pubblicare a puntate.

series ('siəri:z) n 1 successione f. seguito m. 2 serie f invar.

serious ('siəriəs) adj grave, serio. **seriousness** n gravità f.

sermon ('sə:mən) n predica f. sermone m.

serpent ('sə:pənt) n serpente m.

serrated (sə'raitid) adj dentellato.

serve (sə:v) vt,vi 1 servire. 2 sport mandare. 3 portare. **servant** n domestico, servo m.

service ('sə:vis) n 1 servizio m. 2 impiego m. 3 utilità f. 4 servigio m. 5 rel ufficio divino. vt mettere in ordine, aggiustare. **service station** n stazione di servizio f.

serviette (sə:vi'et) n tovagliolo m.

servile ('sə:vail) adj servile.

session ('seʃən) n sessione, seduta f.

set (set) vt 1 mettere, porre. 2 dare. 3 regolare. 4 ridurre. 5 stabilire. 6 montare. 7 assegnare. vi 1 rapprendersi. 2 (of the sun) tramontare. **set about** mettersi a. **set out** partire. ~n 1 collezione f. serie f invar. 2 (television, etc.) apparecchio m. 3 (of hair) messa in piega f. adj 1 fisso. 2 posto. 3 regolare. **setback** n 1 regresso m. 2 med ricaduta f. **setting** n 1 ambiente m. 2 (of the sun) tramonto m.

settee (se'ti:) n divano m.

settle ('setl) vt 1 accomodare, fissare. 2 stabilire. 3 decidere. 4 pagare. vi stabilirsi, fissarsi. **settlement** n 1 decisione f. 2 colonia f.

seven ('sevən) adj,n sette m or f. **seventh** adj settimo.

seventeen (sevən'ti:n) adj,n diciassette m or f. **seventeenth** adj diciassettesimo.

seventy ('sevənti) adj,n settanta m. **seventieth** adj settantesimo.

several ('sevrəl) adj 1 parecchi. 2 diversi. pron parecchi.

severe (si'viə) adj 1 severo, austero. 2 duro, rigido. **severity** n severità f.

sew* (sou) vt,vi cucire. **sewing** n cucito m. **sewing machine** n macchina da cucire f.

sewage ('su:idʒ) n fognatura, scolatura f.

sewer ('su:ə) n fogna, cloaca f.

sex (seks) n sesso m. **sexual** adj sessuale. **sexuality** n sessualità f. **sexy** adj sexy invar.

sextet (seks'tet) n sestetto m.

shabby ('ʃæbi) *adj* **1** trasandato, mal vestito. **2** malconcio. **3** meschino, gretto.

shack (ʃæk) *n* capanna *f*.

shade (ʃeid) *n* **1** ombra, oscurità *f*. **2** gradazione *f*. *vt* **1** ombreggiare, oscurare. **2** proteggere, parare. **shading** *n* sfumatura *f*.

shadow ('ʃædou) *n* ombra, riflessione *f*. *vt* **1** ombreggiare, oscurare. **2** sorvegliare, spiare. **shadow cabinet** *n* gruppo di ministri dell'opposizione *m*.

shaft (ʃɑːft) *n* **1** asta *f*. **2** raggio *m*. **3** *tech* asse *m*.

shaggy ('ʃægi) *adj* peloso, irsuto, ispido.

shake* (ʃeik) *vt* **1** scuotere, agitare. **2** scrollare. **3** stringere. *vi* tremolare, vacillare, agitarsi. *n* scossa *f*. urto, tremito *m*.

shall* (ʃəl; *stressed* ʃæl) *v mod aux* **1** dovere. **2** expressed by the future tense.

shallot (ʃə'lɔt) *n* scalogno *m*.

shallow ('ʃælou) *adj* **1** basso. **2** superficiale, leggero. *n* bassofondo *m*.

sham (ʃæm) *n* finzione, simulazione *f*. inganno *m*. *adj* finto, falso. *vt* fingere, simulare.

shame (ʃeim) *n* vergogna, ignominia, onta *f*. **what a shame!** che peccato! ~*vt* svergognare. **shamefaced** *adj* vergognoso, timido.

shampoo (ʃæm'puː) *n* shampoo *m invar*.

shamrock ('ʃæmrɔk) *n* trifoglio d'Irlanda *m*.

shandy ('ʃændi) *n* bibita fatta di birra e di limonata *f*.

shanty¹ ('ʃænti) *n* capanna *f*.

shanty² ('ʃænti) *n* (song) canzone marinaresca *f*.

shape (ʃeip) *n* forma, figura *f*. *vt* **1** formare. **2** modellare. **3** dirigere, concepire. **shapeless** *adj* informe.

share (ʃɛə) *n* parte, porzione, quota *f*. **2** *comm* azione *f*. *vt* **1** dividere. **2** condividere. *vi* partecipare. **shareholder** *n* azionista *m*.

shark (ʃɑːk) *n zool* pescecane *m*.

sharp (ʃɑːp) *adj* **1** acuto, affilato. **2** penetrante, furbo. **3** piccante. **4** aspro, severo. *adv* pronto. *n mus* diesis *m*. **sharp-sighted** *adj* di vista acuta. **sharpen** *vt* **1** appuntare, affilare. **2** eccitare.

shatter ('ʃætə) *vt* **1** fracassare, spezzare. **2** distruggere.

shave (ʃeiv) *vt* fare, porzione *a*. *vi* farsi la barba. *n* rasatura *f*.

shawl (ʃɔːl) *n* scialle *m*.

she (ʃiː) *pron 3rd per s* lei, ella *f*.

sheaf (ʃiːf) *n, pl* **sheaves** covone, fascio *m*.

shear* (ʃiə) *vt* tosare. **shears** *n pl* cesoie *f pl*.

sheath (ʃiːθ) *n* guaina *f*. fodero, astuccio *m*. **sheathe** *vt* ringuainare, foderare.

shed¹ (ʃed) *n* rimessa, tettoia *f*. capannone *m*.

shed² (ʃed) *vt* versare, spargere, perdere.

sheen (ʃiːn) *n* lustro, splendore *m*.

sheep (ʃiːp) *n invar* pecora *f*. **sheepdog** *n* cane pastore *m*. **sheepish** *adj* timido, goffo. **sheepskin** *n* pelle di pecora *f*.

sheer¹ (ʃiə) *adj* **1** puro, semplice. **2** a

piombo *invar.* perpendicolare. **3** diafano. *adv* perpendicolarmente.

sheer² (ʃiə) *vi* cambiare rotta.

sheet (ʃiːt) *n* **1** lenzuolo *m*. **2** (of paper) foglio *m*. **3** (of metal, etc.) lastra *f*.

sheikh (ʃeik) *n* sceicco *m*.

shelf (ʃelf) *n*, *pl* **shelves** scaffale *m*. mensola *f*. **shelf-life** *n* durata di conservazione *f*.

shell (ʃel) *n* **1** conchiglia *f*. guscio *m*. **2** involucro *m*. **3** *mil* proiettile, bossolo *m*. *vt* **1** sgusciare. **2** *mil* bombardare. **shellfish** *n* mollusco, crostaceo, frutto di mare *m*.

shelter (ˈʃeltə) *n* riparo, ricovero *m*. *vt* riparare.

shelve (ʃelv) *vt* **1** mettere su scaffali, archiviare. **2** mettere da parte, differire.

shepherd (ˈʃepəd) *n* pastore *m*. **shepherdess** *n* pastorella *f*.

sherbet (ˈʃəːbət) *n* sorbetto *m*.

sheriff (ˈʃerif) *n* sceriffo *m*.

sherry (ˈʃeri) *n* sherry, vino di Xeres *m*.

shield (ʃiːld) *n* **1** scudo *m*. **2** riparo *m*. *vt* riparare.

shift (ʃift) *n* **1** spostamento *m*. sostituzione *f*. **2** turno *m*. *vt* spostare. *vi* sostituirsi. **shifty** *adj* furtivo, equivoco.

shilling (ˈʃiliŋ) *n* scellino *m*.

shimmer (ˈʃimə) *n* luccichio *m*. *vi* luccicare.

shin (ʃin) *n* stinco *m*. tibia *f*.

shine* (ʃain) *vt* lucidare. *vi* brillare, risplendere. *n* brillantezza, luce *f*.

ship (ʃip) *n* nave, imbarcazione *f*. *vt* **1** inviare, spedire. **2** imbarcare. **shipment** *n* **1** carico *m*. **2** consegna *f*. **shipshape** *adj,adv* a posto, in ordine.

shipwreck *n* naufragio *m*. **shipyard** *n* cantiere navale *m*.

shirk (ʃəːk) *vt* evitare.

shirt (ʃəːt) *n* camicia *f*.

shit (ʃit) *n tab* merda *f*.

shiver (ˈʃivə) *n* tremolio, brivido *m*. *vi* tremare, rabbrividire.

shock¹ (ʃɔk) *n* **1** urto, impatto *m*. **2** spavento *m*. impressione *f*. *vt* spaventare, impressionare. **shock absorber** *n* ammortizzatore *m*. **shocking** *adj* terribile.

shock² (ʃɔk) *n* (of hair) zazzera *f*.

shoddy (ˈʃɔdi) *adj* scadente.

shoe* (ʃuː) *n* scarpa, calzatura *f*. *vt* ferrare. **shoelace** *n* stringa *f*. **shoemaker** *n* calzolaio *m*. **shoeshop** *n* calzoleria *f*.

shone (ʃɔn) *v see* **shine**.

shook (ʃuk) *v see* **shake**.

shoot* (ʃuːt) *vt* **1** lanciare, tirare. **2** fucilare. **3** (film) girare. *vi* **1** tirare. **2** cacciare. **3** crescere, germinare. *n* **1** *bot* rampollo *m*. **2** caccia *f*. **shooting** *n* **1** tiro *m*. **2** caccia *f*.

shop (ʃɔp) *n* negozio *m*. bottega *f*. *vi* fare gli acquisti. **shopassistant** *n* commesso *m*. **shop floor** *n* **1** fabbrica, officina *f*. **2** gli operai che lavorano nella fabbrica *m pl*. **shopkeeper** *n* negoziante *m*. **shoplifter** *n* taccheggiatore *m*. **shopping** *n* spesa *f*. **shop steward** *n* membro della commissione interna *m*. **shopwindow** *n* vetrina *f*.

shore¹ (ʃɔː) *n* riva, spiaggia, costa *f*.

shore² (ʃɔː) *vt* puntellare.

shorn (ʃɔːn) *v see* **shear**.

short (ʃɔːt) *adj* **1** breve, corto. **2** (in stature) basso. **3** privo. **4** brusco. *adv* corto. *vt,vi* mettere in corto circuito. **shortage** *n* mancanza, carenza *f*. **shorten** *vt* accorciare, ridurre. *vi* raccorciarsi.

shortly *adv* fra poco. **shorts** *n pl* calzoncini *m pl*.

shortcoming ('ʃɔːtkʌmiŋ) *n* difetto, ostacolo *m*.

short cut *n* scorciatoia *f*.

shorthand ('ʃɔːthænd) *n* stenografia *f*. **shorthand typist** *n* stenodattilografo *m*.

short-handed *adj* a corto di manodopera.

shortlived ('ʃɔːtlivd) *adj* di breve durata.

short-sighted *adj* miope.

short-tempered *adj* irritabile, brusco.

short-term *adj* a breve scadenza.

short-wave *n* onda corta *f*.

shot[1] (ʃɔt) *n* 1 colpo, sparo *m*. 2 *phot* fotografia *f*. **shotgun** *n* fucile *m*.

shot[2] (ʃɔt) *v see* **shoot**.

should (ʃəd; *stressed* ʃud) *v see* **shall**.

shoulder ('ʃouldə) *n* spalla *f*. **shoulder-blade** *n* scapola *f*.

shout (ʃaut) *vt,vi* gridare. **shout at** rimproverare. ~*n* grido *m*.

shove (ʃʌv) *vt,vi* spingere. *n* spinta *f*.

shovel ('ʃʌvəl) *n* pala *f*. badile *m*. *vt* spalare.

show[*] (ʃou) *vt* 1 mostrare. 2 manifestare. 3 dimostrare. *vi* mostrarsi.

show off pavoneggiarsi, esibire. ~*n* 1 mostra *f*. 2 spettacolo *m*. 3 sembianza *f*. 4 pompa *f*. **show business** *n* mondo dello spettacolo *m*. **showcase** *n* campionario *m*. vetrina *f*. **showdown** *n* resa dei conti *f*. **show-jumping** *n* concorso ippico *m*. **showmanship** *n* capacità propagandistica *f*. **show-**

wroom *n* sala d'esposizione *f*.

shower ('ʃauə) *n* 1 doccia *f*. 2 (of rain) acquazzone, rovescio *m*. *vt* inondare. **showerproof** *adj* impermeabile.

shrank (ʃræŋk) *v see* **shrink**.

shred (ʃred) *n* strappo, brandello, frammento *m*. briciola *f*. *vt* fare a brandelli, stracciare.

shrewd (ʃruːd) *adj* accorto, scaltro.

shrewdness *n* accortezza, sagacia *f*.

shriek (ʃriːk) *n* grido, strillo *m*. *vi* gridare, strillare.

shrill (ʃril) *adj* acuto, stridulo.

shrimp (ʃrimp) *n* gamberetto *m*.

shrine (ʃrain) *n* 1 tempio, altare *m*. 2 sacrario *m*.

shrink[*] (ʃriŋk) *vi* restringersi. *vt* diminuire, raccorciare. **shrink from** rifuggire da, tirarsi indietro.

shrivel ('ʃrivəl) *vi* avvizzire, aggrinzarsi.

shroud (ʃraud) *n* sudario *m*. *vt* 1 avvolgere. 2 celare, nascondere.

Shrove Tuesday (ʃrouv) *n* Martedì Grasso *m*.

shrub (ʃrʌb) *n* arbusto *m*. **shrubbery** *n* boschetto *m*. macchia *f*.

shrug (ʃrʌg) *vt* scrollare. *vi* scrollare le spalle. *n* alzata di spalle *f*.

shrunk (ʃrʌŋk) *v see* **shrink**.

shudder ('ʃʌdə) *n* brivido, fremito *m*. *vi* rabbrividire, fremere.

shuffle ('ʃʌfəl) *vt* mischiare, mescolare. *vi* trascinarsi.

shun (ʃʌn) *vt* evitare, schivare.

shunt (ʃʌnt) *vt* deviare, smistare. *n* scambio *m*.

shut[*] (ʃʌt) *vt* chiudere, serrare. **shut down** chiudere. **shut in** rinchiudere.

shut out escludere. ~*adj* chiuso.

shutter ('ʃʌtə) *n* imposta *f*.

shuttle ('ʃʌtəl) *n* navetta *f*.

shuttlecock ('ʃʌtəlkɔk) *n* volano *m*.

shy (ʃai) *adj* timido. *vi* esitare. **shyness** *n* timidezza *f*.

Sicily ('sisəli) *n* Sicilia *f*. **Sicilian** *adj,n* siciliano.

sick (sik) *adj* **1** ammalato, indisposto. **2** *inf* disgustato, stufo. **be sick** vomitare. **sicken** *vt* nauseare. *vi* ammalarsi. **sickening** *adj* disgustoso, nauseante. **sickness** *n* malattia *f*. malessere *m*.

side (said) *n* **1** lato, fianco *m*. **2** parte *f*. **3** bordo *m*. *adj* **1** di lato, laterale. **2** indiretto. **sideboard** *n* credenza *f*. **side effect** *n* effetto secondario *m*. **sidelight** *n* fanalino *m*. **sideline** *n* **1** attività secondaria *f*. **2** *game* fuoricampo *m*. **sideshow** *n* spettacolo secondario *m*. **sidestep** *vt* evitare. **sidetrack** *vt* distrarre. **sideways** *adv* latemente. **siding** *n* raccordo *m*.

sidle ('saidl) *vi* procedere con timore *or* furtivamente.

siege (si:dʒ) *n* assedio *m*.

siesta (si'estə) *n* siesta *f*.

sieve (siv) *n* setaccio *m*. *vt* setacciare.

sift (sift) *vt* stacciare, separare, distinguere.

sigh (said) *n* sospiro *m*. *vi* sospirare.

sight (sait) *n* **1** vista *f*. **2** spettacolo *m*. *vt* avvistare, intravvedere. **sightread** *vt* suonare a prima vista. **sightseeing** *n* giro turistico *m*.

sign (sain) *n* **1** segno, cenno *m*. **2** indizio *m*. traccia *f*. **3** segnale *m*. *vt* **1** firmare, sottoscrivere. **signpost** *n* indicatore stradale *m*.

signal ('signl) *n* segnale *m*. *vi* segnalare, fare segnalazioni.

signature ('signətʃə) *n* firma *f*.

signify ('signifai) *vt* significare. **significance** *n* significato *m*. **significant** *adj* significativo, importante.

silence ('sailəns) *n* silenzio *m*. quiete *f*. *vt* ridurre al silenzio. **silencer** *n* silenziatore *m*. **silent** *adj* silenzioso, taciturno.

silhouette (silu:'et) *n* profilo *m*. sagoma *f*. *vt* profilare.

silicon ('silikən) *n* silicio *m*. **silicon chip** *n* chip di silicio *m*.

silk (silk) *n* seta *f*. *adj* di seta. **silkworm** *n* baco da seta *m*.

sill (sil) *n* **1** soglia *f*. **2** (of a window) davanzale *m*.

silly ('sili) *adj* sciocco, stupido.

silt (silt) *n* limo *m*. sedimenti *m pl*.

silver ('silvə) *n* argento *m*. *adj* argenteo, d'argento.

similar ('similə) *adj* **1** simile. **2** pari. **similarity** *n* somiglianza *f*.

simile ('simili) *n* similitudine *f*.

simmer ('simə) *vt* bollire lentamente. *vi* ribollire. **simmer down** calmarsi.

simple ('simpl) *adj* semplice. **simpleminded** *adj* ingenuo. **simplicity** *n* semplicità *f*. **simplify** *vt* semplificare. **simply** *adv* semplicemente, assolutamente.

simultaneous (siməl'teiniəs) *adj* simultaneo.

sin (sin) *n* peccato *m*. colpa *f*. *vi* peccare.

since (sins) *adv* da allora, dopo. *prep* da quando. *conj* **1** dacché, poiché. **2** da quando.

sincere (sin'siə) *adj* sincero, genuino.

sinew ('sinju:) *n* 1 *anat* tendine *m*. 2 struttura, fibra *f*. tendine *m*.

sing* (siŋ) *vt,vi* cantare. **singer** *n* cantante *m,f*.

singe (sindʒ) *vt* scottare, strinare.

single ('siŋgəl) *adj* 1 singolo, solo. 2 celibe, nubile. *v* **single out** scegliere, isolare. **single-handed** *adj* da solo, senza aiuto. **single-minded** *adj* schietto, semplice. **singly** *adv* individualmente, ad uno ad uno.

singular ('siŋgulə) *adj,n* singolare *m*. **singularly** *adv* insolitamente, particolarmente.

sinister ('sinistə) *adj* sinistro.

sink* (siŋk) *vi* 1 affondare. 2 abbassarsi. *vt* affondare. *n* lavandino, acquaio *m*.

sinner ('sinə) *n* peccatore *m*.

sinus ('sainəs) *n* cavità *f*. seno *m*.

sip (sip) *vt* sorseggiare. *n* sorso *m*.

siphon ('saifən) *n* sifone *m*. *v* sifonare.

sir (sə:) *n* 1 signore *m*. 2 *cap* Sir *m*.

siren ('sairən) *n* sirena *f*.

sirloin ('sə:lɔin) *n* lombo *m*.

sister ('sistə) *n* 1 sorella *f*. 2 *rel* suora *f*. 3 *med* infermiera *f*. **sisterhood** *n* sorellanza *f*. **sister-in-law** *n* cognata *f*.

sit* (sit) *vi* 1 sedere, sedersi. 2 posare. *vt* far sedere. **sit down** accomodarsi. **sit-in** *n* sit-in *m*. **sitting** *n* 1 seduta, adunanza *f*. 2 *phot* seduta di posa *f*. **sitting room** *n* salotto *m*.

site (sait) *n* sito, luogo *m*. *vt* situare.

situation (sitju'eiʃən) *n* 1 situazione *f*. 2 posto, lavoro *m*.

six (siks) *adj,n* sei *m or f*. **sixth** *adj* sesto.

sixteen (siks'ti:n) *adj,n* sedici *m or f*. **sixteenth** *adj* sedicesimo.

sixty ('siksti) *adj,n* sessanta *m*. **sixtieth** *adj* sessantesimo.

size (saiz) *n* 1 misura *f*. 2 grandezza *f*. *v* **size up** misurare la capacità da.

sizzle ('sizəl) *vi* sfrigolare. *n* sfrigolio *m*.

skate[1] (skeit) *n* pattino *m*. *vi* pattinare. **skating** *n* pattinaggio *m*.

skate[2] (skeit) *n* *zool* razza *f*.

skeleton ('skelitn) *n* 1 scheletro *m*. 2 telaio *m*. 3 schema *m*.

sketch (sketʃ) *n* 1 bozzetto *m*. 2 *Th* scenetta *f*. *vt* abbozzare.

skewer ('skjuə) *n* spiedo *m*.

ski (ski) *n* sci *m invar*. *vi* sciare. **skiing** *n* sci *m*. **ski-lift** *n* sciovia *f*.

skid (skid) *n* slittamento *m*. *vi* slittare.

skill (skil) *n* abilità *f*. **skilful** *adj* pratico, abile.

skim (skim) *vt* 1 schiumare, scremare. 2 sfiorare. **skim through** scorrere rapidamente.

skimp (skimp) *vi* fare economie. **skimpy** *adj* scarso.

skin (skin) *n* 1 pelle *f*. 2 (rind) buccia *f*. *vt* scorticare. **skindiving** *n* immersione senza scafandro *f*. **skin-tight** *adj* aderente. **skinny** *adj* magro, ossuto.

skip (skip) *n* 1 balzo, saltello *m*. *vi* saltellare. *vt* omettere.

skipper ('skipə) *n* capitano *m*.

skirmish ('skə:miʃ) *n* schermaglia *f*.

skirt (skə:t) *n* sottana, gonna *f*. *vt* rasentare.

skull (skʌl) *n* cranio, teschio *m*.

skunk (skʌŋk) *n* moffetta *f*.

sky (skai) *n* cielo *m*. **sky-high** *adv* alle stelle. **skylark** *n* allodola *f*. **skyline** *n* orizzonte *m.* **skyscraper** *n* grattacielo *m.*

slab (slæb) *n* lastra, piastra *f.*

slack (slæk) *adj* 1 fiacco, inerte. 2 lento. 3 negligente. *n.* **slacken** *vt* rallentare, ridurre. *vi* rallentarsi.

slacks (slæks) *n pl* pantaloni *m pl.*

slalom ('slɑ:ləm) *n* slalom *m.*

slam (slæm) *vt,vi* sbattere. *n* sbattuta *f.*

slander ('slændə) *n* calunnia, diffamazione *f. vt* diffamare.

slang (slæŋ) *n* gergo *m.*

slant (slɑ:nt) *vi* inclinarsi. *vt* inclinare. *n* inclinazione *f.*

slap (slæp) *n* schiaffo *m. vt* schiaffeggiare, dare pacche a. **slapdash** *adj* noncurante. *adv* senza riguardi. **slapstick** *n* commedia grossolana *f.*

slash (slæʃ) *vt* 1 tagliare, sfregiare. 2 ridurre. *n* taglio, spacco *m.*

slat (slæt) *n* assicella, stecca *f.*

slate (sleit) *n* 1 ardesia *f.* 2 lavagna *f.* 3 tegola *f.*

slaughter ('slɔːtə) *n* macello, massacro *m. vt* macellare. **slaughterhouse** *n* mattatoio *m.*

slave (sleiv) *n* schiavo *m.*

sledge (sledʒ) *n* slitta *f.*

sledgehammer ('sledʒhæmə) *n* mazza *f.* maglio *m.*

sleek (sli:k) *adj* liscio, lustro.

sleep* (sli:p) *vi* dormire. *n* sonno, riposo *m.* **sleeper** *n* (railway) traversina *f.* **sleeping-bag** *n* sacco a pelo *m.* **sleeping-car** *n* vagone letto *m.* **sleeping-pill** *n* sonnifero *m.* **sleepwalking** *n* sonnambulismo *m.* **sleepy** *adj* assonnato. **feel sleepy** avere sonno.

sleet (sli:t) *n* nevischio *m. v imp* nevischiare.

sleeve (sli:v) *n* 1 manica *f.* 2 (of a record) copertina *f.*

sleigh (slei) *n* slitta *f.*

slender ('slendə) *adj* esile, snello.

slept (slept) *v see* **sleep.**

slice (slais) *n* fetta, porzione *f. vt* affettare.

slick (slik) *adj* liscio, disinvolto.

slide* (slaid) *vi* scivolare, scorrere. *vt* far scorrere. *n* 1 scivolata *f.* 2 scivolo *m.* 3 *phot* diapositiva *f.* **slide rule** *n* regolo calcolatore *m.*

slights (slait) *adj* esile. *vt* disdegnare. *n* affronto *m.* **slightly** *adv* leggermente, un po'.

slim (slim) *adj* smilzo, snello. *vi* dimagrire.

slime (slaim) *n* fanghiglia *f.*

sling* (sliŋ) *vt* scagliare. *n* 1 fionda *f.* 2 *med* fascia *f.*

slink* (sliŋk) *vi* strisciare, camminare furtivamente.

slip[1] (slip) *vt,vi* scivolare. *n* 1 scivolata *f.* 2 passo falso *m.* 3 federa *f.* 4 sottoveste *m.* **slippery** *adj* scivoloso, viscido.

slip[2] (slip) *n* (cutting) ritaglio *m.*

slipper ('slipə) *n* pantofola *f.*

slit* (slit) *n* taglio *m.* fessura *f. vt* tagliare, fendere.

slobber ('slɔbə) *n* bava *f. vi* sbavare.

slog (slɔg) *vi* sgobbare.

slogan ('slougən) *n* motto *m.*

slop (slɔp) *vt* schizzare. **slops** *n* cibi liquidi *m pl.*

slope (sloup) *n* pendio *m.* china *f. vi* pendere, inclinarsi.

sloppy ('slɔpi) *adj* 1 tascurato. 2 *sl* sdolcinato.

slot (slɔt) *n* fessura, scanalatura *f*.

slouch (slautʃ) *vi* ciondolare.

slovenly ('slɔvənli) *adj* sciatto.

slow (slou) *adj* **1** lento. **2** tardo. **3** (of a clock) indietro. *adv* piano, adagio. *v* **slow down** rallentare.

slug (slʌg) *n zool* lumaca *f*. **sluggish** *adj* indolente, tardo.

sluice (slu:s) *n* chiusa *f*.

slum (slʌm) *n* **1** catapecchia *f*. **2** *pl* quartieri poveri *m pl*.

slumber ('slʌmbə) *vi* dormire pacificamente. *n* dormita *f*.

slump (slʌmp) *n comm* caduta dei prezzi *f*. ribasso *m*. *vi* **1** subire un tracollo. **2** lasciarsi andare.

slung (slʌŋ) *v see* **sling**.

slur (slə:) *vt* **1** biascicare. *n* **1** macchia *f*. **2** *mus* legatura *f*.

slush (slʌʃ) *n* fanghiglia *f*.

sly (slai) *adj* astuto, malizioso, sornione.

smack[1] (smæk) *n* gusto, sapore *m*. *v* **smack of** sapere di.

smack[2] (smæk) *vt* schiaffeggiare, schioccare. *n* schiaffo, schiocco *m*. *adv inf* in pieno.

small (smɔ:l) *adj* piccolo, basso. **smallholding** *n* piccola fattoria *f*. **small-minded** *adj* meschino. **smallpox** *n* vaiolo *m*.

smart (sma:t) *adj* **1** furbo. **2** elegante. **3** svelto. *vi* dolere. **smarten** *vt* abbellire, ravvivare. **smarten up** ravvivarsi.

smash (smæʃ) *vt* fracassare, rovinare. *n* **1** fracasso *m*. **2** disastro *m*. **3** scontro *m*.

smear (smiə) *vt* **1** macchiare. **2** spalmare. *n* macchia *f*.

smell* (smel) *n* **1** odore *m*. **2** (sense of) odorato *m*. *vt* sentire l'odore di, fiutare. *vi* sentire.

smile (smail) *vi* sorridere. *n* sorriso *m*.

smirk (smə:k) *vi* sorridere con affettazione. *n* sorriso affettato *m*.

smock (smɔk) *n* grembiule *m*.

smog (smɔg) *n* smog *m*.

smoke (smouk) *n* fumo *m*. *vt,vi* fumare.

smooth (smu:ð) *adj* **1** liscio. **2** facile. *vt* lisciare, appianare.

smother ('smʌðə) *vt,vi* soffocare.

smoulder ('smouldə) *vi* bruciare lentamente.

smudge (smʌdʒ) *n* macchia *f*. scarabocchio *m*. *vt* macchiare.

smug (smʌg) *adj* soddisfatto.

smuggle ('smʌgəl) *vt* contrabbandare. **smuggler** *n* contrabbandiere *m*. **smuggling** *n* contrabbando *m*.

snack (snæk) *n* spuntino *m*. **snack-bar** *n* tavola calda *f*.

snag (snæg) *n* ostacolo, intoppo *m*.

snail (sneil) *n* chiocciola *f*.

snake (sneik) *n* serpe *f*. serpente *m*.

snap (snæp) *vt,vi* schioccare. *n* schiocco *m*. *adj* improvviso. **snapshot** *n* istantanea *f*.

snarl (sna:l) *vt* aggrovigliare. *n* intrico, imbroglio *m*.

snatch (snætʃ) *n* **1** rapimento *m*. **2** tentativo di prendere *m*. **3** brandello, pezzo *m*. *vt* afferrare, carpire.

sneak (sni:k) *n* spione *m*.

sneer (sniə) *vi* ghignare. *n* ghigno *m*.

sneeze (sni:z) *vi* starnutire. *n* starnuto *m*.

sniff (snif) *vt,vi* fiutare, annusare. *n* annusata *f*.

snip (snip) *n* forbiciata *f*. ritaglio *m*. *vi* fare tagli.

snipe (snaip) *n* beccaccino *m*.

snivel ('snivəl) *vi* frignare.

snob (snɔb) *n* snob *m invar*.

snooker ('snuːkə) *n* gioco di biliardo *m*.

snoop (snuːp) *vi* curiosare.

snooty ('snuːti) *adj* altezzoso.

snooze (snuːz) *vi* sonnecchiare. *n* pisolino *m*.

snore (snɔː) *vi* russare. *n* russare *m*.

snort (snɔːt) *n* sbuffata *f*. *vi* sbuffare.

snout (snaut) *n* muso, grugno *m*.

snow (snou) *n* neve *f*. *v imp* nevicare. **snowball** *n* palla di neve *f*. **snowdrift** *n* cumulo di neve *m*. **snowdrop** *n* bucaneve *m invar*. **snowflake** *n* fiocco di neve *m*. **snowman** *n* fantoccio di neve *m*. **snowstorm** *n* tormenta di neve *f*.

snub (snʌb) *vt* fare un affronto a. *n* affronto *m*. *adj* camuso.

snuff (snʌf) *n* tabacco da fiuto *m*.

snug (snʌg) *adj* comodo, intimo.

snuggle ('snʌgəl) *vi* rannicchiarsi, accoccolarsi.

so (sou) *adv* 1 così, talmente. 2 anche. **and so on** e così via. **so many** tanti. **so what?** e allora? *~conj* quindi, perciò. **so-and-so** *pron* un tale. **so-called** *adj* cosidetto. **so-so** *adv* così così.

soak (souk) *vt* bagnare, inzuppare. *n* bagno *m*.

soap (soup) *n* sapone *m*. **soap powder** *n* detersivo *m*.

soar (sɔː) *vi* librarsi, veleggiare.

sob (sɔb) *n* singhiozzo, singulto *m*. *vi* singhiozzare.

sober ('soubə) *adj* sobrio, lucido. *v* **sober up** smaltire una sbornia.

social ('souʃəl) *adj* sociale, socievole. **sociable** *adj* socievole, affabile. **socialism** *n* socialismo *m*. **socialist** *n* socialista *m*. **society** *n* 1 società *f*. 2 comunità, compagnia *f*. **sociology** *n* sociologia *f*.

sock[1] (sɔk) *n* calza *f*, calzino *m*.

sock[2] (sɔk) *sl vt* percuotere, colpire. *n* pugno *m*, percossa *f*.

socket ('sɔkit) *n* 1 incavo *m*. 2 (electric) presa *f*. 3 *anat* orbita *f*.

soda ('soudə) *n* soda *f*. **soda water** *n* acqua di selz *f*, selz *m invar*.

sofa ('soufə) *n* sofà, divano *m*.

soft (sɔft) *adj* soffice, tenero, tenue. **soften** *vt* ammorbidire. *vi* placarsi, intenerirsi. **soft-hearted** *adj* compassionevole. **softly** *adv* dolcemente.

soggy ('sɔgi) *adj* fradicio, inzuppato.

soil[1] (sɔil) *n* terreno *m*, terra *f*.

soil[2] (sɔil) *vt* insudiciare, sporcare.

solar ('soulə) *adj* solare. **solar plexus** *n* plesso solare *m*.

sold (sould) *n* see **sell**.

solder ('sɔldə) *n* lega per saldatura *f*. *vt* saldare.

soldier ('souldʒə) *n* soldato, militare *m*.

sole[1] (soul) *adj* solo, unico.

sole[2] (soul) *n* 1 *anat* pianta del piede *f*. 2 suola *f*. *vt* risuolare.

sole[3] (soul) *n zool* sogliola *f*.

solemn ('sɔləm) *adj* solenne, grave.

solicitor (sə'lisitə) *n* avvocato, procuratore legale *m*.

solid ('sɔlid) *adj* 1 solido, massiccio. 2 posato. **solidarity** *n* solidarietà *f*. **solidify** *vt* solidificare. *vi* solidificarsi.

solitary ('sɔlitri) *adj* 1 solitario, isolato. 2 unico, solo.

solitude ('sɔlitjuːd) *n* solitudine *f*, isolamento *m*.

solo ('soulou) *n* assolo *m*. **soloist** *n* solista *m*.

solstice ('solstis) *n* solstizio *m*.

soluble ('soljubəl) *adj* **1** solubile. **2** risolvibile.

solution (sə'lu:ʃən) *n* **1** risoluzione *f*. **2** *sci* soluzione *f*.

solve (solv) *vt* risolvere, chiarire, sciogliere, spiegare. **solvent** *adj,n* solvente *m*.

sombre ('sombə) *adj* tetro, triste, fosco.

some (sʌm) *adj* **1** qualche, alcuni, dei. **2** un po' di, del. *pron* **1** alcuni. **2** ne, un po'. *adv* circa. **somebody** *pron* qualcuno. **somehow** *adv* in qualche modo, in un modo o nell'altro. **someone** *pron* qualcuno. **something** *pron* qualche cosa. **sometime** *adv* un tempo, un giorno o l'altro, presto o tardi. **sometimes** *adv* qualche volta, talvolta, a volte, di quando in quando. **somewhat** *adv* piuttosto, un po'. **somewhere** *adv* qualche posto *or* luogo.

somersault ('sʌməso:lt) *n* capriola *f*. salto mortale *m*. *vi* fare salti mortali.

son (sʌn) *n* figlio, figliolo *m*. **son-in-law** *n* genero *m*.

sonata (sə'na:tə) *n* sonata *f*.

song (soŋ) *n* canzone *f*. canto *m*.

sonic ('sonik) *adj* sonico.

sonnet ('sonit) *n* sonetto *m*.

soon (su:n) *adv* presto, tosto, tra poco. **as soon as** non appena. **the sooner the better** prima è meglio è.

soot (sut) *n* fuliggine *f*.

soothe (su:ð) *vt* calmare, placare, lenire. **soothing** *adj* calmante, riposante.

sophisticated (sə'fistikeitid) *adj* sofi-sticato, raffinato.

soprano (sə'pra:nou) *n* soprano *m,f*.

sorbet ('so:bit) *n* sorbetto *m*.

sordid ('so:did) *adj* sordido, gretto.

sore (so:) *adj* **1** addolorato. **2** irritato, offeso. *n* piaga, ulcera *f*. **soreness** *n* dolore *m*.

sorrow ('sorou) *n* **1** dispiacere, dolore *m*. **2** rincrescimento *m*. **sorrowful** *adj* addolorato.

sorry ('sori) *adj* **1** spiacente, dolente. **2** meschino. **be sorry** dispiacersi. ~ *interj* scusate!

sort (so:t) *n* **1** sorta *f*. genere *m*. **2** modo *m*. maniera *f*. **out of sorts** giù di giri. ~*vt* classificare, scegliere.

soufflé ('su:flei) *n* soufflé, sformato *m*.

sought (so:t) *v* see **seek**.

soul (soul) *n* **1** anima *f*. **2** creatura *f*. **not a soul** nessuno. **soul-destroying** *adj* struggente. **soulful** *adj* sentimentale, pieno di sentimento.

sound[1] (saund) *n* rumore, suono *m*. *vt,vi* suonare. **soundproof** *adj* **1** isolato acusticamente. **2** fonoassorbente.

sound[2] (saund) *adj* **1** giusto, logico. **2** solido, in buona condizione.

sound[3] (saund) *vt* sondare, scandagliare.

soup (su:p) *n* zuppa, minestra *f*. brodo *m*.

sour (sauə) *adj* **1** acido, acerbo, stizzoso. **2** aspro.

source (so:s) *n* fonte, sorgente, origine *f*.

south (sauθ) *n* sud, mezzogiorno *m*. *adj* del sud, meridionale. **southerly** *adj* del sud, meridionale. **southern** *adj* del sud, meridione. **south-east** *n* sud-est *m*. **south-west** *n* sud-ovest *m*.

South Africa n Africa del Sud f. **South African** adj,n sud-africano.

South America n America del Sud f. **South American** adj,n sud-americano.

South Pole n polo sud m.

souvenir (su:vǝ'niǝ) n ricordo m.

sovereign ('sovrin) n **1** sovrano m. re m invar. **2** comm sterlina, moneta d'oro f. adj sovrano. **sovereignty** n sovranità f.

Soviet Union ('souviǝt) n Unione Sovietica f.

sow[1] (sou) vt seminare, spargere, piantare.

sow[2] (sau) n scrofa f.

soya bean ('soiǝ) n soia f.

spa (spa) n sorgente minerale, stazione termale f.

space (speis) n spazio m. vt spaziare, disporre ad intervalli. **spaceman** n astronauta m. **spaceship** n astronave f. **spacious** adj spazioso, ampio. **spaciousness** n spazio m.

spade[1] (speid) n vanga f. badile m.

spade[2] (speid) n game picche f pl.

Spain (spein) n Spagna f. **Spaniard** n spagnolo m. **Spanish** adj spagnolo. **Spanish** (language) n spagnolo m.

span[1] (spæn) n **1** spanna f. palmo m. **2** periodo di tempo m. vt stendersi attraverso.

span[2] (spæn) v see **spin**.

spaniel ('spæniǝl) n spaniel m.

spank (spæŋk) vt sculacciare.

spanner ('spænǝ) n chiave inglese f.

spare (speǝ) adj **1** d'avanzo, in più, extra. **2** parco, frugale. **3** disponibile. vt **1** risparmiare. **2** fare a meno di.

spark (spa:k) n scintilla, favilla f. lampo m. vi scintillare, emettere scintille. **spark off** lanciare. **spark plug** n candela f.

sparkle ('spa:kǝl) n bagliore m. scintilla f. vi emettere scintille, risplendere.

sparrow ('spærou) n passero m.

sparse (spa:s) adj rado, sparso.

spasm ('spæzǝm) n spasmo, spasimo m. contrazione f. **spastic** adj spastico.

spat (spæt) v see **spit**.

spatial ('speiʃǝl) adj spaziale.

spatula ('spætjulǝ) n spatula f.

spawn (spo:n) n uova f pl. vt,vi deporre.

speak[*] (spi:k) vi parlare. vt esprimere, pronunciare. **speak out** parlare francamente. **speak up** alzare la voce.

spear (spiǝ) n lancia, asta, fiocina f. vt fiocinare, trafiggere.

special ('speʃǝl) adj **1** speciale, particolare. **2** straordinario. **specialist** n specialista m. **speciality** n specialità f. **specialize** vi specializzarsi.

species ('spi:ʃi:z) n specie f invar. genere, tipo m.

specify ('spesifai) vt specificare, precisare. **specific** adj specifico, particolare.

specimen ('spesimǝn) n campione, modello, esemplare m.

speck (spek) n granello, punto m. macchiolina f. vt macchiare, chiazzare.

spectacle ('spektǝkǝl) n **1** spettacolo m. vista f. **2** pl occhiali m pl. **spectacular** adj spettacolare, spettacoloso.

spectator (spek'teitǝ) n spettatore m.

spectrum ('spektrǝm) n spettro m.

speculate ('spekjuleit) vi **1** meditare, considerare. **2** comm speculare. **speculation** n speculazione f. **speculator**

n speculatore *m*.

speech (spiːtʃ) *n* **1** discorso *m*. orazione *f*. **2** favella *f*.

speed* (spiːd) *n* velocità, rapidità, sveltezza *f*. *vi* affrettarsi. **speedboat** *n* motoscafo veloce *m*.

spell*[1] (spel) *vt,vi* sillabare, compitare.

spell[2] (spel) *n* fascino, incantesimo *m*. magia *f*. **spellbound** *adj* incantato, affascinato.

spell[3] (spel) *n* periodo, intervallo *m*.

spend* (spend) *vt* **1** spendere, sborsare. **2** passare, trascorrere. **3** impiegare. *vi* spendere. **spendthrift** *adj,n* prodigo *m*.

sperm (spəːm) *n* sperma *m*.

sphere (sfiə) *n* **1** sfera *f*. globo *m*. **2** ambiente *m*. **spherical** *adj* sferico.

spice (spaiz) *n* **1** aroma *f*. **2** *pl* spezie *f pl*. *vt* **1** aromatizzare. **2** rendere piccante. **spicy** *adj* **1** piccante. **2** arguto, mordace.

spider ('spaidə) *n* ragno *m*.

spike (spaik) *n* **1** punta *f*. aculeo *m*. **2** chiodo *m*. *vt* inchiodare.

spill* (spil) *vt* versare, spargere. *n* caduta *f*.

spin* (spin) *vt* **1** filare. **2** far girare. *vi* girare. *n* **1** giro *m*. rotazione *f*. **2** gita *f*. **spin drier** *n* macchina asciugatrice *f*. **spin-dry** *vt* asciugare colla centrifuga. **spinnin wheel** *n* filatoio *m*.

spinach ('spinidʒ) *n* spinaci *m pl*.

spine (spain) *n* **1** spina dorsale *f*. **2** spina, lisca *f*. **3** (of a book) dorso *m*. **spineless** *adj* debole.

spinster ('spinstə) *n* zitella, nubile *f*.

spire[1] (spaiə) *n arch* guglia, cuspide *f*.

spire[2] (spaiə) *n* spira, spirale *f*. **spiral**

adj,n spirale *f*. **spiral staircase** *n* scala a chiocciola *f*.

spirit ('spirit) *n* **1** spirito *m*. anima *f*. **2** fantasma *m*. **3** coraggio *m*. **4** *pl* liquori *m pl*. **spiritual** *adj* spirituale.

spit*[1] (spit) *vt* sputare. *vi* (of rain) piovigginare. *n* sputo *m*. saliva *f*.

spit[2] (spit) *n cul* spiedo *m*.

spite (spait) *n* dispetto, rancore, ripicco *m*. **in spite of** malgrado. **out of spite** per dispetto. ~*vt* contrariare, far dispetto a. **spiteful** *adj* malevolo, dispettoso.

splash (splæʃ) *vt* schizzare, spruzzare. *vi* cadere con un tonfo. *n* spruzzo, schizzo *m*.

splendid ('splendid) *adj* splendido, magnifico. **splendour** *n* splendore, lustro *m*.

splint (splint) *n* **1** scheggia *f*. **2** *med* stecca *f*. **splinter** *n* scheggia *f*. frantume *m*. *vt,vi* frantumare.

split* (split) *vt* fendere, spaccare. *vi* fendersi. *n* spaccatura, fessura *f*.

splutter ('splʌtə) *vt,vi* barbugliare.

spoil* (spɔil) *vt* **1** guastare, rovinare, sciupare. **2** viziare. **spoil-sport** *n* guastafeste *m invar*.

spoke[1] (spouk) *n* (of a wheel) raggio *m*.

spoke[2] (spouk) *v* see **speak**.

spoken ('spoukən) *v* see **speak**.

spokesman ('spouksmən) *n* portavoce *m*.

sponge (spʌndʒ) *n* spugna *f*. *vt* **1** lavare con la spugna. **2** scroccare.

sponsor ('sponsə) *n* **1** garante *m*. **2** padrino *m*. madrina *f*. *vt* essere garante di. **sponsorship** *n* garanzia *f*.

spontaneous (spon'teiniəs) *adj* spontaneo, naturale.

spool (spu:l) n rocchetto m. bobina f.

spoon (spu:n) n cucchiaio m. **spoonful** n cucchiaiata f.

sport (spɔ:t) n 1 gioco, divertimento m. 2 sport m invar. **sportsman** n sportivo m.

spot (spɔt) n 1 luogo, posto m. località f. 2 macchia f. vt 1 macchiare. 2 scoprire, individuare. **spotlight** n riflettore m. luce della ribalta f.

spouse (spaus) n coniuge m,f.

spout (spaut) n 1 tubo di scarico, becco, getto m. vi 1 scaturire, zampillare. 2 declamare.

sprain (sprein) n strappo muscolare m. storta f. vt slogare, storcere.

sprang (spræŋ) v see **spring**.

sprawl (sprɔ:l) vi sdraiarsi in modo scomposto.

spray[1] (sprei) n spruzzo, getto m. vt spruzzare, polverizzare.

spray[2] (sprei) n (of flowers, etc.) ramoscello, rametto m.

spread* (spred) vt 1 distendere. 2 diffondere, propagare. 3 spiegare. 4 spalmare. vi 1 stendersi. 2 diffondersi. n 1 distesa, estensione f. 2 diffusione f.

spree (spri:) n 1 baldoria f. 2 divertimento m.

sprig (sprig) n ramoscello, rametto m.

sprightly ('spraitli) adj vivace, spiritoso.

spring* (spriŋ) vi 1 nascere, sorgere, provenire. 2 balzare, scaturire. n 1 fonte, sorgente f. 2 primavera f. 3 molla f. 4 salto m. **springboard** n trampolino m. **springclean** vt pulire accuratamente. **spring onion** n cipollina f.

springtime n primavera f.

sprinkle ('spriŋkəl) vt spruzzare, spargere. n spruzzatina f. **sprinkling** n infarinatura f.

sprint (sprint) vi correre velocemente. n corsa breve f. scatto m.

sprout (spraut) vi germogliare. n germoglio m.

sprung (sprʌŋ) v see **spring**.

spun (spʌn) v see **spin**.

spur (spə:) n sperone, sprone m. vt incitare, stimolare, spronare.

spurt (spə:t) n 1 getto m. 2 breve sforzo m. vt,vi spruzzare.

spy (spai) n spia f. vi spiare, fare la spia.

squabble ('skwɔbəl) n bisticcio m. lite f. vi bisticciarsi, accapigliarsi.

squad (skwɔd) n squadra f. plotone m.

squadron ('skwɔdrən) n 1 mil squadrone m. 2 naut,aviat squadriglia f.

squalid ('skwɔlid) adj misero, squallido.

squander ('skwɔndə) vt sprecare, scialacquare, sperperare.

square (skwɛə) adj 1 quadrato. 2 giusto, preciso. 3 inf all'antica. n 1 quadrato m. 2 piazza f. vt quadrare. adv chiaro e tondo. **square root** n radice quadrata f.

squash (skwɔʃ) n 1 spremuta f. 2 sport squash m. vt 1 schiacciare, spremere. 2 umiliare.

squat (skwɔt) adj tarchiato, tozzo. vi 1 rannicchiarsi, accovacciarsi. 2 occupare abusivamente.

squawk (skwɔ:k) vi emettere un grido rauco. n grido rauco m.

squeak (skwi:k) n grido acuto m. vi strillare acutamente, guaire.

squeal (skwi:l) *n* strillo *m. vi* strillare.

squeamish ('skwi:mif) *adj* schizzinoso.

squeeze (skwi:z) *vt* spremere, stringere, comprimere, strizzare. *n* stretta, spremitura, compressione *f.*

squid (skwid) *n* seppia *f.* calamaro *m.*

squiggle ('skwigəl) *n* scarabocchio *m.*

squint (skwint) *vi* **1** essere strabico. **2** guardare obliquamente. *n* strabismo *m. adj* strabico.

squire ('skwaiə) *n* gentiluomo, proprietario di terre *m.*

squirm (skwə:m) *vi* **1** imbarazzarsi. **2** contorcersi.

squirrel ('skwirəl) *n* scoiattolo *m.*

squirt (skwə:t) *vt* spruzzare, schizzare. *n* schizzetto *m.*

stab (stæb) *n* pugnalata, coltellata *f. vt* pugnalare, accoltellare.

stabilize ('steibəlaiz) *vt* stabilizzare. *vi* stabilizzarsi.

stable[1] ('steibəl) *n* stalla, scuderia *f.*

stable[2] ('steibəl) *adj* stabile, permanente.

stack (stæk) *n* catasta *f.* mucchio, cumulo *m. vt* ammucchiare, accatastare.

stadium ('steidiəm) *n* stadio *m.*

staff (stɑ:f) *n* **1** bastone *m.* **2** personale *m.* **3** *mil* stato maggiore *m.*

stag (stæg) *n* cervo *m.*

stage (steidʒ) *n* **1** palcoscenico, teatro *m.* **2** stadio *m.* **3** momento *m. vt* mettere in scena. **stage manager** *n* direttore di scena.

stagger ('stægə) *vi* vacillare, esitare, barcollare.

stagnate ('stægneit) *vi* ristagnare. **stagnant** *adj* stagnante, fermo, inattivo.

stain (stein) *n* macchia *f. vt* macchiare,

colorire. **stained glass** *n* vetro colorato *m.* vetrata a colori *f.*

stair (steə) *n* **1** scalino, gradino *m.* **2** *pl* scale *f pl.* **staircase** *n* scala, tromba delle scale *f.*

stake[1] (steik) *n* palo *m.* incudine *f. vt* cintare, chiudere.

stake[2] (steik) *n game* **1** scommessa *f.* **2** *pl* premio *m. vt* scommettere, mettere in gioco.

stale (steil) *adj* stantio, vecchio, raffermo.

stalemate ('steilmeit) *n* stallo, punto morto *m.*

stalk[1] (stɔ:k) *n* stelo, gambo *m.*

stalk[2] (stɔ:k) *vi* camminare maestosamente. *vt* inseguire.

stall[1] (stɔ:l) *n* **1** chiosco *m.* edicola, bancherella *f.* **2** *pl Th* poltrona *f.*

stall[2] (stɔ:l) *vi* **1** agire evasivamente. **2** *mot* fermarsi.

stallion ('stæliən) *n* stallone *m.*

stamina ('stæminə) *n* capacità di resistenza *f.* vigore *m.*

stammer ('stæmə) *n* balbuzie *f.* balbettamento *m. vt, vi* balbettare.

stamp (stæmp) *n* **1** impronta *f.* **2** (on a letter, etc.) francobollo, bollo *m. vt* **1** incidere, imprimere. **2** timbrare.

stampede (stæm'pi:d) *n* fuga precipitosa *f.*

stand* (stænd) *vi* **1** stare in piedi. **2** stare. **3** essere valido. *vt* sopportare. **stand out** *vi* spiccare. **~1** posizione *f.* **2** pausa *f.* **3** bancarella *f.* chiosco *m.* **4** *sport* tribuna *f.* **stand-by** *n* scorta, riserva *f.* **standing** *n* posizione, reputazione *f. adj* **1** eretto. **2** fermo. **standstill** *n* **1** arresto *m.* **2** fermata *f.* **at a**

standstill fermo.

standard ('stændəd) n 1 modello, campione m. 2 bandiera f. stendardo m. 3 livello m. qualità f. 4 base f. supporto m. adj standard invar. normale. **standard lamp** n lampada a stelo f.

stank (stæŋk) v see **stink**.

staple[1] ('steipəl) n chiodo ad U m. graffetta f.

staple[2] ('steipəl) adj principale. n prodotto principale m.

star (sta:) n 1 stella f. astro m. 2 Th diva f. vi Th avere il ruolo di protagonista. **starfish** n stella di mare f.

starboard ('sta:bəd) adj di diritto. n dritta f. tribordo m.

starch (sta:tʃ) n amido m. vt inamidare.

stare (stɛə) n sguardo fisso m. vi spalancare gli occhi. **stare at** fissare, guardare fisso.

stark (sta:k) adj 1 rigido. 2 completo. 3 desolato. adv interamente, completamente.

starling ('sta:liŋ) n storno m.

start (sta:t) vi 1 cominciare. 2 partire. 3 trasalire. vt 1 dare inizio a. 2 mot mettere in moto. n 1 inizio m. 2 partenza f. 3 soprassalto m. **make an early start** partire di buon'ora.

startle ('sta:tl) vt spaventare, allarmare.

starve (sta:v) vt far soffrire la fame. vi morire di fame.

state (steit) n 1 stato m. condizione, situazione f. 2 pol stato m. 3 rango m. adj di stato. vt 1 dichiarare. 2 stabilire. 3 esporre. **stately** adj signorile, maestoso. **statement** n 1 dichiarazione f. 2 rapporto, esposto m. 3 comm bilancio m. **statesman** n uomo di sta-

to, statista m. **statesmanship** n abilità politica f.

static ('stætik) adj statico.

station ('steiʃən) n 1 stazione f. 2 posto, luogo m. 3 base f. vt assegnare un posto a, collocare. **stationmaster** n capostazione m.

stationary ('steiʃənri) adj stazionario, fermo, fisso.

stationer ('steiʃənə) n cartolaio m. **stationer's shop** n cartoleria f. **stationery** n articoli di cancelleria m pl.

statistics (stə'tistiks) n 1 statistica f. 2 pl statistiche f pl. **vital statistics** misure vitali f pl.

statue ('stætju:) n statua f.

stature ('stætʃə) n statura f.

status ('steitəs) n stato m. condizione sociale f. **status symbol** n oggetto il cui possesso denota un alto stato sociale m.

statute ('stætju:t) n statuto, regolamento m. **statutory** adj statutario.

stay[1] (stei) vi fermarsi, restare, soggiornare.

stay[2] (stei) n sostegno, supporto m.

steadfast ('stedfa:st) adj costante, fermo, risoluto.

steady ('stedi) adj 1 fermo, saldo. 2 regolare. 3 serio, equilibrato. vt rafforzare, stabilizzare. vi stabilizzarsi.

steak (steik) n bistecca, fetta di carne f.

steal* (sti:l) vt,vi rubare, sottrarre.

steam (sti:m) n vapore m. vt cucinare a vapore. vi emettere vapore, fumare. **steam-engine** n macchina a vapore f. **steam-roller** n compressore rullo m. **steamship** n piroscafo, vapore m.

steel (sti:l) n acciaio m. vt indurire.

steel oneself corazzarsi. **stainless steel** n acciaio inossidabile m.

steep¹ (sti:p) adj 1 ripido, erto. 2 inf esorbitante, irragionevole.

steep² (sti:p) vt immergere, inzuppare.

steeple ('sti:pǝl) n guglia f. campanile m. **steeplechase** n corsa ad ostacoli f.

steer (stiǝ) vt 1 mot sterzare, manovrare. 2 dirigere. vi sterzare. **steering wheel** n volante m.

stem¹ (stem) n stelo, gambo m.

stem² (stem) vt arrestare, arginare.

stencil ('stensǝl) n stampino m. vt stampinare.

step (step) n 1 passo m. 2 orma, impronta f. 3 gradino m. 4 grado, avanzamento m. vi camminare, andare, recarsi. **stepladder** n scala a libretto f. **stepping stone** n 1 pietra per guardare f. 2 trampolino m.

stepbrother ('stepbrʌðǝ) n fratellastro m.

stepdaughter ('stepdɔ:tǝ) n figliastra f.

stepfather ('stepfɑ:ðǝ) n patrigno m.

stepmother ('stepmʌðǝ) n matrigna f.

stepsister ('stepsistǝ) n sorellastra f.

stepson ('stepsʌn) n figliastro m.

stereo ('steriou) n stereo m. adj stereoscopico.

stereophonic (steriǝ'fɔnik) adj stereofonico.

stereotype ('steriǝtaip) n stereotipo m.

sterile ('sterail) adj sterile. **sterilize** vt sterilizzare.

sterling ('stǝ:liŋ) adj genuino, puro. n sterlina f.

stern¹ (stǝ:n) adj severo, rigido, rigoroso.

stern² (stǝ:n) n 1 naut poppa f. 2 parte posteriore, coda f.

stethoscope ('steθǝskoup) n stetoscopio m.

stew (stju:) n stufato, umido m.

steward ('stju:ǝd) n 1 naut cameriere di bordo m. 2 dispensiere m. 3 intendente, amministratore m.

stick¹ (stik) n bastone m. bacchetta, stecca f.

stick*² (stik) vt 1 ficcare. 2 incollare. vi 1 ficcarsi. 2 attaccarsi. **stick out** tirare fuori. **stick up for** prendere le difese di. **sticky** adj appiccicoso, viscoso.

stiff (stif) adj rigido, duro. **stiffen** vt irrigidire, indurire, rassodare. vi irrigidirsi.

stifle ('staifǝl) vt reprimere, trattenere.

stigma ('stigmǝ) n,pl **stigmata** marchio, segno, stigma m.

stile (stail) n barriera f.

still¹ (stil) adj 1 immobile, fermo. 2 silenzioso. adv ancora. **stillborn** adj nato morto. **still life** n natura morta f.

still² (stil) n alambicco m.

stilt (stilt) n trampolo m.

stilted ('stiltid) adj artificioso.

stimulate ('stimjuleit) vt stimolare, incitare. **stimulus** n,pl **stimuli** stimolo, incentivo m.

sting* (stiŋ) vt,vi pungere, colpire. n pungiglione m. puntura d'insetto f.

stink* (stiŋk) vi puzzare. n puzzo, fetore m. **stinking** adj puzzolente.

stint (stint) vt limitare, lesinare. n limite m. restrizione f.

stipulate ('stipjuleit) vt stipulare. **stipulation** n stipulazione f.

stir (stǝ:) vt mescolare, agitare. **stir up** agitare. ~n 1 rimescolio m. 2 animazione f.

stirrup ('stirəp) n staffa f.

stitch (stitʃ) n 1 punto m. 2 maglia f. 3 med fitta, trafitta f. vt 1 cucire. 2 med suturare.

stoat (stout) n ermellino m.

stock (stɔk) n 1 provvista f. rifornimento m. 2 razza, stirpe f. 3 pl comm titoli m pl. azion f pl. vt approvvigionare, fornire. **stockbreeding** n allevamento di bestiame m. **stockbroker** n agente di cambio m. **stock exchange** n borsa valori f. **stockpile** n riserva, scorta f. vt accumulare. **stocktaking** n inventario m.

stocking ('stɔkiŋ) n calza f.

stocky ('stɔki) adj tozzo, tarchiato.

stodge (stɔdʒ) n cibo pesante m. **stodgy** adj pesante, indigesto.

stoical ('stouik:l) adj stoico.

stoke (stouk) vt 1 accudire alle caldaie. 2 alimentare, caricare. **stoker** n fochista m.

stole[1] (stoul) v see **steal**.

stole[2] (stoul) n stola f.

stolen ('stoulən) v see **steal**.

stomach ('stʌmək) n stomaco, ventre m. vt sopportare, digerire, tollerare. **stomach-ache** n mal di stomaco m.

stone (stoun) n 1 pietra, roccia f. sasso m. 2 bot nocciolo di frutta m. vt 1 lapidare, colpire a sassate. 2 togliere il nocciolo a.

stood (stud) v see **stand**.

stool (stu:l) n sgabello, seggiolino m.

stoop (stu:p) vi 1 abbassarsi, chinarsi, curvarsi. n curvatura f.

stop (stɔp) vt 1 fermare, arrestare, cessare, sospendere, smettere. 2 otturare, tamponare. vi fermarsi. n 1 sosta f. ar-

resto m. 2 (bus) fermata f. **stopgap** n palliativo m. **stoppage** n 1 blocco m. ostruzione f. 2 pausa, interruzione f. **stopper** n turacciolo, tappo m. **stopwatch** n cronometro m.

store (stɔ:) n 1 negozio, magazzino m. 2 provvista, scorta f. vt 1 fornire. 2 immagazzinare, conservare. **storage** n 1 deposito, immagazzinamento m. 2 magazzino m.

storey ('stɔ:ri) n piano di edificio m.

stork (stɔ:k) n cicogna f.

storm (stɔ:m) n 1 temporale m. tempesta f. 2 tumulto m. vt assalire, attaccare.

story ('stɔ:ri) n storia, favola f. racconto, aneddoto m.

stout (staut) adj grosso, robusto, corpulento. n birra scura f.

stove (stouv) n cucina, stufa f. fornello m.

stow (stou) vt riporre, stipare. **stow away** conservare. **stowaway** n passeggero clandestino m.

straddle (strædl) vt stare a cavalcioni.

straggle ('strægəl) vi sparpagliarsi, disperdersi.

straight (streit) adj 1 diritto. 2 onesto. 3 (of drinks, etc.) liscio. adv 1 in linea retta. 2 direttamente. **straight away** subito. **straighten** vt 1 raddrizzare. 2 rassettare. 3 regolare. **straightforward** adj franco, leale, schietto.

strain[1] (strein) vt 1 tendere. 2 sforzare, mettere a dura prova. 3 filtrare. vi sforzarsi. n 1 tensione f. 2 sforzo m. 3 med strappo m.

strain[2] (strein) n razza, tendenza f.

strand[1] (strænd) vt arenare.

strand² (strænd) n filo m.

strange (streindʒ) adj 1 strano, curioso. 2 estraneo, sconosciuto. **stranger** n sconosciuto, forestiero m.

strangle ('stræŋgəl) vt strangolare, strozzare, soffocare.

strap (stæp) n cinghia, correggia f. vt legare con cinghia.

strategy ('strætidʒi) n strategia f. **strategic** adj strategico.

straw (strɔ:) n 1 paglia f. 2 (for drinking) cannuccia f. **the last straw** il colmo. ~adj di paglia.

strawberry ('strɔ:bri) n fragola f. **strawberry plant** n fragola f.

stray (strei) adj 1 randagio, smarrito. 2 isolato, occasionale. n trovatello m. vi 1 vagare. 2 deviare.

streak (stri:k) n striscia, stria f. vt strisciare.

stream (stri:m) n corrente f. corso d'acqua m. vi scorrere, sgorgare. **streamline** vt snellire, organizzare.

street (stri:t) n strada, via f.

strength (streŋθ) n 1 forza f. vigore m. 2 solidità, tenacia f. **strengthen** vt rafforzare, irrobustire, sviluppare.

strenuous ('strenjuəs) adj strenuo, stancante.

stress (stres) n 1 tensione f. sforzo m. 2 accento m. enfasi f invar. vt accentuare, sottolineare.

stretch (stretʃ) vt stendere, tirare, allungare. **stretch one's legs** sgranchirsi le gambe. ~n 1 stiramento m. tensione f. 2 estensione, distesa f. **stretcher** n barella, lettiga f.

strict (strikt) adj 1 severo, rigoroso, rigido. 2 preciso.

stride* (straid) vi 1 camminare a passi lunghi. 2 stare a cavalcioni. n passo lungo m. andatura f. **take in one's stride** superare facilmente.

strike* (straik) vt 1 battere, colpire. 2 impressionare. 3 accendere. vi 1 scioperare. 2 suonare le ore. n sciopero m.

string* (striŋ) n spago m. corda f. vt 1 legare. 2 (pearls) infilare.

stringent ('strindʒənt) adj severo, rigoroso.

strip¹ (strip) vt spogliare, denudare. vi svestirsi. **striptease** n spogliarello m.

strip² (strip) n striscia f. nastro m.

stripe (straip) n 1 riga, striscia f. 2 mil gallone m. vt striare, rigare.

strive* (straiv) vi sforzarsi.

strode (stroud) v see **stride**.

stroke¹ (strouk) n 1 colpo m. percossa f. 2 sport bracciata, remata f. 3 med colpo apoplettico m.

stroke² (strouk) vt accarezzare, lisciare. n carezza f.

stroll (stroul) n passeggiata f. **go for a stroll** andar a fare quattro passi. ~vi passeggiare, andare a spasso.

strong (strɔŋ) adj forte, robusto, efficace. **stronghold** n fortezza f. **strongminded** adj volitivo.

strove (strouv) v see **strive**.

struck (strʌk) v see **strike**.

structure ('strʌktʃə) n 1 struttura f. 2 costruzione f.

struggle ('strʌgəl) n lotta f. sforzo m. vi lottare, dibattersi, sforzarsi.

strum (strʌm) vt, vi strimpellare.

strung (strʌŋ) v see **string**.

strut¹ (strʌt) vi camminare impettito.

strut² (strʌt) n puntone, contrapalo m.

stub (stʌb) n **1** mozzicone m. rimanenza f. **2** comm matrice f. **3** ceppo m. vt inciampare. **stub out** spegnere.

stubborn ('stʌbən) adj ostinato, testardo, cocciuto.

stud[1] (stʌd) n **1** chiodo a capocchia larga m. **2** bottoncino m. vt guarnire, ornare.

stud[2] (stʌd) n (of horses) scuderia f. allevamento m.

student ('stju:dnt) n studente m. studentessa f.

studio ('stju:diou) n **1** studio m. **2** teatro di posa m.

study ('stʌdi) n **1** studio m. **2** esame attento m. investigazione f. vt studiare, esaminare attentamente. **studious** adj **1** studioso. **2** attento.

stuff (stʌf) n **1** inf sostanza, cosa, roba f. **2** stoffa f. tessuto m. vt **1** imbottire. **2** cul farcire. **3** rimpinzare. **stuffing** n **1** imbottitura f. **2** cul ripieno m. **stuffy** adj afoso, mal ventilato.

stumble ('stʌmbəl) vi inciampare. n inciampata f.

stump (stʌmp) n **1** tronco, ceppo m. **2** moncone di membra m. **3** mozzicone m.

stun (stʌn) vt stordire, tramortire.

stung (stʌŋ) v see **sting**.

stunk (stʌŋk) v see **stink**.

stunt[1] (stʌnt) vt impedire la crescita a.

stunt[2] (stʌnt) n **1** trovata pubblicitaria f. bravata f.

stupid ('stju:pid) adj stupido, sciocco.

sturdy ('stə:di) adj forte, robusto, vigoroso.

sturgeon ('stə:dʒən) n storione m.

stutter ('stʌtə) n balbuzie f invar. vi balbettare, tartagliare.

sty (stai) n porcile m.

style (stail) n **1** stile, modello m. **2** moda f. vt chiamare, designare.

stylus ('stailəs) n **1** stilo m. **2** puntina per grammofono f.

subconscious (sʌb'kɔnʃəs) adj,n subcosciente m.

subcontract (n sʌb'kɔntrækt; v sʌbkən'trækt) n subappalto m. vt subappaltare.

subdue (səb'dju:) vt **1** domare, soggiogare. **2** attenuare.

subject (n,adj 'sʌbdʒikt; v səb'dʒekt) n **1** soggetto, argomento m. **2** suddito m. **3** edu materia f. adj soggetto, assoggettato. vt assoggettare, sottomettere, soggiogare. **subjective** adj soggettivo, individuale.

subjunctive (səb'dʒʌŋktiv) adj, n congiuntivo m.

sublime (sə'blaim) adj sublime.

submachine-gun (səbmə'ʃi:ngʌn) n mitra f. fucile, mitragliatore m.

submarine (sʌbmə'ri:n) n sommergibile m.

submerge (səb'mə:dʒ) vt sommergere, immergere.

submit (səb'mit) vt sottomettersi, rassegnarsi. vt presentare. **submission** n sottomissione f.

subnormal (sʌb'nɔ:məl) adj subnormale, al di sotto della normalità.

subordinate (adj,n sə'bɔ:dinət; v sə'bɔ:dineit) adj subordinato, secondario n subalterno, inferiore m. vt subordinare.

subscribe (səb'skraib) vt **1** sottoscrivere. **2** abbonarsi a. vi **1** approvare. **2** sottoscrivere. **3** abbonarsi. **subscri-**

ber *n* abbonato *m*. **subscription** *n* 1 abbonamento *m*. 2 sottoscrizione *f*.

subsequent ('sʌbsikwint) *adj* successivo, ulteriore.

subservient (səb'sə:viənt) *adj* servile, subordinato.

subside (səb'said) *vi* 1 decrescere, sprofondare, calare. 2 quietarsi.

subsidiary (səb'sidiəri) *adj* supplementare, secondario, sussidiario.

subsidize ('sʌbsidaiz) *vt* sussidiare, sovvenzionare. **subsidy** *n* sussidio *m*.

subsist (səb'sist) *vi* sussistere.

substance ('sʌbstəns) *n* 1 sostanza, essenza *f*. 2 solidità *f*. **substantial** *adj* 1 sostanzioso, resistente. 2 notevole.

substantive *adj,n* sostantivo *m*.

substitute ('sʌbstitju:t) *n* sostituto, delegato, supplente *m*. *vt* sostituire.

subtitle ('sʌbtaitl) *n* sottotitolo *m*.

subtle ('sʌtl) *adj* 1 sottile, indefinibile. 2 astuto, scaltro.

subtract (səb'trækt) *vt* sottrarre, detrarre. **subtraction** *n* sottrazione *f*.

suburb ('sʌbə:b) *n* sobborgo *m*. periferia *f*. **suburban** *adj* suburbano, periferico. **suburbian** *n* quartieri fuori città *m pl*.

subvert (sʌb'və:t) *vt* sovvertire.

subway ('sʌbwei) *n* 1 sottopassaggio *m* 2 metropolitana *f*.

succeed (sək'si:d) *vi* 1 riuscire. 2 raggiungere la fama. **success** *n* successo *m*. **succession** *n* successione *f*. serie *f invar*. **successive** *adj* successivo, consecutivo.

succulent ('sʌkjulənt) *adj* succulento.

succumb (sə'kʌm) *vi* soccombere.

such (sʌtʃ) *adj* tale, simile. **in such ca-**

ses in casi del genere. **such as it is** così com'è. **~pron** tale, questo. **suchlike** *adj* simile.

suck (sʌk) *vt* succhiare, poppare. *n* succhiata, poppata *f*.

sucker ('sʌkə) *n* 1 *sl* credulone *m*. 2 *tech* pistone *m*. 3 ventosa *f*.

suction ('sʌkʃən) *n* risucchio, assorbimento *m*.

sudden ('sʌd:n) *adj* subitaneo, improvviso, repentino.

suds (sʌdz) *n pl* schiuma, saponata *f*.

sue (su:) *vt* far causa a. *vi* citare, far causa.

suede (sweid) *n* camoscio *m*. pelle scamosciata *f*. *adj* di camoscio.

suet ('su:it) *n* lardo *m*.

suffer ('sʌfə) *vt, vi* soffrire, patire. *vt* tollerare, subire.

sufficient (sə'tiʃənt) *adj* sufficiente, bastevole.

suffix ('sʌfiks) *n* suffisso *m*.

suffocate ('sʌfəkeit) *vt, vi* soffocare.

sugar ('ʃugə) *n* zucchero *m*. *vt* inzucchiare, addolcire. **sugar beet** *n* barbabietola da zucchero *f*. **sugar cane** *n* canna da zucchero *f*.

suggest (sə'dʒest) *vt* 1 suggerire, proporre. 2 alludere a. **suggestion** *n* 1 suggerimento *m*. proposta *f*. 2 allusione *f*. 3 lieve traccia *f*.

suicide ('su:isaid) *n* 1 suicidio *m*. 2 (person) suicida *m*. **commit suicide** suicidarsi. **suicidal** *adj* che tende al suicidio.

suit (sju:t) *n* 1 abito da uomo *m*. 2 *law* causa *f*. 3 *game* seme *m*. *vt* 1 soddisfare. 2 star bene a. 3 adattare. **suit yourself** fa' come vuoi. **suitable** *adj* adatto, adeguato. **suitability** *n* convenienza *f*.

suitcase ('sjuːtkeis) *n* valigia *f*.

suite (swiːt) *n* **1** seguito, corteo *m*. **2** (of rooms) appartamento *m*. **3** (of furniture) completo *m*.

sulk (sʌlk) *vi* tenere il broncio. *n* broncio *m*. **sulky** *adj* imbronciato.

sullen ('sʌlən) *adj* accigliato.

sulphur ('sʌlfə) *n* zolfo *m*.

sultan ('sʌltən) *n* sultano *m*.

sultana (sʌl'tɑːnə) *n* uva sultanina *f*.

sultry ('sʌltri) *adj* **1** afoso, soffocante. **2** provocante.

sum (sʌm) *n* **1** somma *f*. **2** addizione *f*. *v* **sum up** ricapitolare.

summarize ('sʌməraiz) *vt* riassumere. **summary** *n* sommario, sunto *m*.

summer ('sʌmə) *n* estate *f*. *adj* d'estate, estivo. **summerhouse** *n* chiosco *m*. **summertime** *n* **1** stagione estiva *f*. **2** ora legale estiva *f*.

summit ('sʌmit) *n* **1** cima *f*. **2** culmine, apice *m*.

summon ('sʌmən) *vt* convocare, fare appello a. **summon up courage** prendere coraggio. **summons** *n* **1** chiamata *f*. **2** *law* citazione *f*. *vt* citare in giudizio.

sun (sʌn) *n* sole *m*.

sunbathe ('sʌnbeið) *vi* fare bagni di sole.

sunburn ('sʌnbəːn) *n* scottatura *f*.

Sunday ('sʌndi) *n* domenica *f*.

sundial ('sʌndaiəl) *n* meridiana *f*.

sundry ('sʌndri) *adj* parecchi, vari.

sunflower ('sʌnflauə) *n* girasole *m*.

sung (sʌŋ) *v* see **sing**.

sunglasses ('sʌŋglɑːsiz) *n pl* occhiali da sole *m pl*.

sunk (sʌŋk) *v* see **sink**.

sunken ('sʌŋkən) *adj* sprofondato, incavato.

sunlight ('sʌnlait) *n* luce del sole *f*.

sunny ('sʌni) *adj* luminoso, soleggiato.

sunrise ('sʌnraiz) *n* alba *f*. sorgere del sole *m*.

sunset ('sʌnset) *n* tramonto *m*.

sunshine ('sʌnʃain) *n* **1** luce del sole *f*. **2** bel tempo *m*.

sunstroke ('sʌnstrouk) *n* colpo di sole *m*.

suntan ('sʌntæn) *n* abbronzatura *f*.

super ('suːpə) *adj* eccellente, sopraffino.

superannuation (suːpərænjuˈeiʃən) *n* pensione di vecchiaia *f*.

superb (suːˈpəːb) *adj* eccellente, superbo.

superficial (suːpəˈfiʃəl) *adj* superficiale, poco profondo.

superfluous (suːˈpəːfluəs) *adj* superfluo.

superhuman (suːpəˈhjuːmən) *adj* sovrumano.

superimpose (suːpərimˈpouz) *vt* sovrapporre.

superintendent (suːpərinˈtendənt) *n* sovrintendente *m*.

superior (suˈpiəriə) *adj,n* superiore *m*.

superlative (suˈpəːlətiv) *adj,n* superlativo *m*.

supermarket ('suːpəmɑːkit) *n* supermercato *m*.

supernatural (suːpəˈnætʃrəl) *adj* soprannaturale.

supersede (suːpəˈsiːd) *vt* rimpiazzare, sostituire.

supersonic (suːpəˈsɔnik) *adj* ultrasonico, supersonico.

superstition (su:pə'stiʃən) n superstizione f. **superstitious** adj superstizioso.

supervise ('su:pəvaiz) vt sorvegliare, sovrintendere. **supervision** n sorveglianza f. **supervisor** n sorvegliante, sovrintendente m.

supper ('sʌpə) n cena f. **have supper** cenare.

supple ('sʌpəl) adj pieghevole, flessibile.

supplement (n 'sʌplimənt; v 'sʌpliment) n supplemento m. vt completare, integrare. **supplementary** adj supplementare.

supply (sə'plai) vt fornire, provvedere. n provvista f. rifornimento m.

support (sə'pɔ:t) n sostegno, appoggio m. vt 1 sostenere, reggere. 2 mantenere.

suppose (sə'pouz) vt supporre, presumere, credere. **supposing** conj nel caso che.

suppress (sə'pres) vt 1 sopprimere, reprimere. 2 tener nascosto.

supreme (sə'pri:m) adj supremo, massimo.

surcharge ('sə:tʃɑ:dʒ) n soprattassa f.

sure (ʃuə) adj sicuro, certo. adv.interj certamente, davvero. **surely** adv certamente. **surety** n 1 certezza f. 2 garanzia f. pegno m.

surf (sə:f) n risacca f.

surface ('sə:fis) n superficiale f. vi affiorare.

surfeit ('sə:fit) n eccesso m.

surge (sə:dʒ) n impeto m. vi gonfiarsi.

surgeon ('sə:dʒən) n chirurgo m. **surgery** n 1 chirurgia f. 2 (place) ambulatorio, studio medico m.

surly ('sə:li) adj scontroso, sgarbato.

surmount (sə'maunt) vt sormontare, superare.

surname ('sə:neim) n cognome m.

surpass (sə'pɑ:s) vt superare.

surplus (sə'pli:s) n sovrappiù m invar. avanzo m.

surprise (sə'praiz) n sorpresa f. stupore m. adj inaspettato. vt sorprendere, stupire.

surrealism (sə'riəlizəm) n surrealismo m.

surrender (sə'rendə) vt cedere. vi arrendersi. n 1 resa f. 2 abbandono m.

surreptitious (sʌrəp'tiʃəs) adj furtivo, clandestino.

surround (sə'raund) vt circondare, cingere. n bordura f. **surrounding** adj circostante. **surroundings** n pl ambiente m. dintorni m pl.

survey (n 'sə:vei; v sə'vei) n 1 perizia f. 2 esame m. indagine f. vt esaminare, ispezionare.

surveyor (sə'veiə) n topografo, ispettore m.

survive (sə'vaiv) vi sopravvivere. vt sopravvivere a. **survival** n sopravvivenza f.

susceptible (sə'septəbəl) adj 1 suscettibile, impressionabile, permaloso. 2 disposto.

suspect (v sə'spekt; n,adj 'sʌspekt) vt 1 sospettare. 2 credere. n persona sospetta f. adj sospetto.

suspend (sə'spend) vt 1 sospendere. 2 appendere, tenere sospeso. **suspense**

n ansia, incertezza *f.* **suspension** *n* sospensione *f.*

suspicion (sə'spiʃən) *n* sospetto, dubbio *m.* **suspicious** *adj* **1** sospettoso, diffidente. **2** losco.

sustain (sə'stein) *vt* **1** sostenere, sopportare. **2** subire. **3** reggere.

swab (swɔb) *n* tampone *m.*

swagger ('swægə) *vi* pavoneggiarsi, muoversi con boria. *n* andatura spavalda *f.*

swallow[1] ('swɔlou) *vt* inghiottire, ingoiare. *n* sorso *m.*

swallow[2] ('swɔlou) *n zool* rondine *f.*

swam (swæm) *v see* **swim**.

swamp (swɔmp) *n* palude *f. vt* inondare, sommergere.

swan (swɔn) *n* cigno *m.*

swank (swæŋk) *vi* darsi arie. *n inf* vanagloria *f.*

swap (swɔp) *n* scambio *m. vt* barattare, scambiare.

swarm (swɔːm) *n* sciame *m.* folla *f. vi* **1** sciamare. **2** pullulare, brulicare.

swastika ('swɔstikə) *n* svastica, croce uncinata *f.*

swat (swɔt) *vt inf* colpire. *n* acchiappamosche *m.*

sway (swei) *vi* oscillare, ondeggiare. *vt* influenzare, dominare. *n* **1** preponderanza *f.* **2** oscillazione *f.*

swear* (swɛə) *vt* giurare. *vi* bestemmiare. **swearword** *n* bestemmia, imprecazione *f.*

sweat (swet) *vi* sudare, traspirare. *n* sudore *m.* traspirazione *f.* **sweater** *n* maglione *m.*

swede ('swiːd) *n* rapa svedese *f.*

Sweden ('swiːdn) *n* Svezia *f.* **Swede** *n*

svedese *m,f.* **Swedish** *adj* svedese. **Swedish** (language) *n* svedese *m.*

sweep* (swiːp) *vt* **1** spazzare, scopare. **2** sfiorare. *vi* **1** muoversi velocemente. **2** scopare. *n* **1** scopata, spazzata *f.* **2** curva *f.* **3** movimento rapido *m.* **sweeping** *adj* **1** generale. **2** vasto. **3** rapido.

sweet (swiːt) *adj* **1** dolce. **2** amabile. *n* dolce *m.* caramella *f.* **sweetbread** *n* animella *f.* **sweet corn** *n* granoturco *m.* **sweetheart** *n* innamorato *m.* **sweet pea** *n* pisello odoroso *m.* **sweeten** *vt* **1** zuccherare. **2** addolcire. **sweetener** *n* dolcificante *m.*

swell* (swel) *vt* **1** aumentare. **2** gonfiare. *vi* gonfiarsi. *n naut* mare lungo *m.* risacca *f.* **swelling** *n* infiammazione *f.*

swept (swept) *v see* **sweep**.

swerve (swəːlv) *vi* deviare. *n* deviazione *f.*

swift (swift) *adj* **1** svelto. **2** rapido, agile. *n zool* rondone *m.*

swig (swig) *n inf* bevuta, sorsata *f. vt,vi* tracannare.

swill (swil) *n* risciacquatura *f. vt* **1** risciacquare. **2** tracannare.

swim* (swim) *vi* nuotare. *n* nuotata *f.* **swimmer** *n* nuotatore *m.* **swimming** *n* nuoto *m.* **swimming costume** *n* costume da bagno *m.* **swimming pool** *n* piscina *f.*

swindle ('swindl) *vt* frodare, truffare. *n* frode *f.*

swine (swain) *n* maiale, porco *m.*

swing* (swiŋ) *vi* **1** dondolare, oscillare. **2** girare. *vt* agitare. *n* **1** oscillazione *f.* dondolio *m.* **2** altalena *f.* **3** ritmo *m.*

swipe (swaip) *inf n* colpo violento *m.*

vt colpire con forza.

swirl (swə:l) *n* vortice, turbine *m*. *vi* turbinare.

swish (swiʃ) *n* sibilo *m*. sferzata *f*. *vi* sibillare, fischiare.

switch (switʃ) *n* **1** (electric) interruttore *m*. **2** frustino *m*. *vt* mutare, spostare. **switch on/off** accendere/spegnere. **switchboard** *n* centralino *m*.

Switzerland ('switsələnd) *n* Svizzera *f*. **Swiss** *adj,n* svizzero.

swivel ('swivəl) *n* perno, snodo *m*. *vi* girare. **swivel chair** sedia girevole.

swollen ('swoulən) *v* see **swell**.

swoop (swu:p) *n* attacco, assalto *m*. *vi* assalire, abbattersi.

swop (swɔp) *n* scambio *m*. *vt* barattare, scambiare.

sword (sɔːd) *n* spada *f*. **sword fish** pesce spada *m*. **swordsman** *n* spadaccino *m*. **swordsmanship** *n* maestria nel maneggiare la spada *f*.

swore (swɔː) *v* see **swear**.

sworn (swɔːn) *v* see **swear**.

swot (swɔt) *sl vi* sgobbare. *n* sgobbone *m*.

swum (swʌm) *v* see **swim**.

swung (swʌŋ) *v* see **swing**.

sycamore ('sikəmɔː) *n* sicomoro *m*.

syllable ('siləbəl) *n* sillaba *f*.

syllabus ('siləbəs) *n* programma, prospetto *m*.

symbol ('simbəl) *n* simbolo *m*. **symbolic** *adj* simbolico. **symbolism** *n* simbolismo *m*. **symbolize** *vt* simboleggiare.

symmetry ('simitri) *n* simmetria *f*. **symmetrical** *adj* simmetrico.

sympathy ('simpəθi) *n* **1** simpatia, comprensione *f*. **2** compassione, solidarietà *f*. **sympathetic** *adj* **1** simpatizzante, cordiale. **2** simpatico. **sympathize** *vi* capire, condividere i sentimenti.

symphony ('simfəni) *n* sinfonia *f*.

symposium (sim'pouziəm) *n* simposio *m*.

symptom ('simptəm) *n* sintomo, indizio *m*.

synagogue ('sinəgɔg) *n* sinagoga *f*.

synchronize ('siŋkrənaiz) *vt* sincronizzare.

syndicate ('sindikət) *n* sindacato *m*.

syndrome ('sindroum) *n* sindrome *f*.

synonym ('sinənim) *n* sinonimo *m*.

synopsis (si'nɔpsis) *n, pl* **synopses** sinossi *f invar*.

syntax ('sintæks) *n* sintassi *f*.

synthesis ('sinθəsis) *n, pl* **syntheses** sintesi *f*. **synthetic** *adj* sintetico.

syphilis ('sifəlis) *n* sifilide *f*.

Syria ('siriə) *n* Siria *f*. **Syrian** *adj,n* siriano.

syringe (si'rindʒ) *n* siringa *f*.

syrup ('sirəp) *n* sciroppo *m*.

system ('sistəm) *n* sistema, metodo *m*. **systematic** *adj* sistematico.

T

tab (tæb) n 1 linguetta f. 2 etichetta f.

tabby ('tæbi) adj tigrato. n gatto soriano m.

table ('teibəl) n 1 tavola f. 2 tabella, classifica f. **lay/clear the table** apparecchiare/sparecchiare la tavola. **tablecloth** n tovaglia f. **tablemat** n tovaglietta f. sottopiatto m. **tablespoon** n cucchiaio m. **table tennis** n pingpong Tdmk f.

tablet ('tæblət) n 1 med pastiglia, compressa f. 2 lapide, tavoletta f.

taboo (tə'bu:) adj,n tabù m invar.

tachograph ('tækou'gra:f) n tachigrafo m.

tack (tæk) n 1 puntina f. 2 (sewing) imbastitura f. vt 1 attaccare. 2 imbastire. vi naut virare.

tackle ('tækəl) vt 1 affrontare. 2 sport caricare, placcare. n attrezzi m pl.

tact (tækt) n tatto m. **tactful** adj pieno di tatto.

tactics ('tæktiks) n pl tattica f.

tadpole ('tædpoul) n girino m.

taffeta ('tæfitə) n taffettà m.

tag (tæg) n 1 cartellino m. etichetta f. 2 linguetta f.

Tahiti (tə'hi:ti) n Tahiti m. **Tahitian** adj,n tahitiano.

tail (teil) n 1 coda f. 2 pl (of a coin) rovescio m. 3 pl marsina f. frac m.

tailor ('teilə) n sarto m.

taint (teint) vt contaminare, corrompere, inquinare. n 1 infezione f. 2 marchio m.

take* (teik) vt 1 prendere. 2 portare. 3 accompagnare. 4 occorrere. **take after** assomigliare a. **take down** 1 abbassare. 2 smontare. 3 inf umiliare. **take in** 1 comprendere. 2 (clothes) stringere. 3 ingannare. **take off** 1 togliere. 2 aviat decollare. **take-off** n decollo m. **take over** rilevare. **take-over** n rilevamento or assorbimento di una ditta m. **takings** n pl incassi m pl.

talcun powder ('tælkəm) n borotalco, talco m.

tale (teil) n 1 storia f. racconto m. 2 chiacchiera, diceria f.

talent ('tælənt) n talento, ingegno m.

talk (tɔ:k) vi parlare, conversare, chiacchierare. **talk over** discutere su. ~ n discorso m. conversazione, chiacchierata f. **talkative** adj loquace, chiacchierone.

tall (tɔ:l) adj 1 alto. 2 incredibile.

tally ('tæli) n talloncino m. etichetta f. vt calcolare, registrare. vi corrispondere.

talon ('tælən) n artiglio m.

tambourine (tæmbə'ri:n) n tamburello m.

tame (teim) adj 1 domestico, docile, mansueto. 2 banale. vt addomesticare, domare.

tamper ('tæmpə) vi alterare, corrompere.

tampon ('tæmpɔn) n tampone m.

tan (tæn) vt 1 abbronzare. 2 (leather)

conciare. *vi* abbronzarsi. *n* abbronzatura *f. adj* marrone rossiccio.

tangent ('tændʒənt) *n* tangente *m.*

tangerine (tændʒə'ri:n) *n* mandari-no *m.*

tangibile ('tændʒəbəl) *adj* 1 tangibile. 2 chiaro, manifesto.

tangle ('tæŋgəl) *n* groviglio, imbroglio *m. vt* aggrovigliare, ingarbugliare. *vi* aggrovigliarsi.

tango ('tæŋgou) *n* tango *m.*

tank (tæŋk) *n* 1 vasca, cisterna *f.* 2 *mil* carro armato *m.* **tanker** *n* nave cisterna *f.* **oil tanker** *n* petroliera *f.*

tankard ('tæŋkəd) *n* boccale *m.*

tantalize ('tæntəlaiz) *vt* tentare, tormentare.

tantrum ('tæntrəm) *n* 1 accesso d'ira *m.* 2 *pl* capricci *m pl.*

tap[1] (tæp) *vt* (hit) colpire lievemente. *n* colpetto.

tap[2] (tæp) *n* rubinetto *m. vt* attingere, utilizzare.

tape (teip) *n* 1 nastro *m.* 2 (ribbon) fettuccia *f. vt* 1 legare con un nastro. 2 incidere su un nastro magnetico. **tape-measure** *n* metro *m.* **taperecorder** *n* registratore *m.*

taper ('teipə) *n* candela sottile *f. vt* assottigliare.

tapestry ('tæpistri) *n* arazzo *m.* tappezzeria *f.*

tapioca (tæpi'oukə) *n* tapioca *f.*

tar (ta:) *n* catrame *m. vt* incatramare, impeciare.

tarantula (tə'ræntjulə) *n* tarantola *f.*

target ('ta:git) *n* bersaglio, obiettivo, traguardo *m.*

tariff ('tærif) *n* tariffa *f.*

Tarmac ('ta:mæk) *n Tdmk* macadam al catrame *m.*

tarnish ('ta:niʃ) *vt* 1 annerire, ossidare. 2 macchiare. *n* annerimento *m.* ossidazione *f.*

tarragon ('tærəgən) *n* dragoncello *m.*

tart[1] (ta:t) *adj* 1 agro, aspro. 2 sarcastico.

tart[2] (ta:t) *n* 1 *cul* crostata *f.* 2 *sl* meretrice *f.*

tartan ('ta:tn) *n* tessuto scozzese *m.*

tartar sauce ('ta:tə) *n* salsa tartara *f.*

task (ta:sk) *n* compito, dovere *m.*

tassel ('tæsəl) *n* nappa *f.* fiocco *m.*

taste (teist) *vt* gustare, assaggiare. **taste of** sapere di. ~ *n* 1 gusto, sapore *m.* 2 assaggio *m.* 3 inclinazione *f.* 4 buon gusto *m.*

tattoo[1] (tə'tu:) *n* ritirata militare *f.*

tatoo[2] (tə'tu:) *n* tatuaggio *m. vt* tatuare.

taught (to:t) *v see* **teach.**

taunt (to:nt) *n* sarcasmo, insulto *m. vt* schernire.

Taurus ('to:rəs) *n* Toro *m.*

taut (to:t) *adj* teso, tirato.

tautology (to:'tolədʒi) *n* tautologia *f.*

tavern ('tævən) *n* taverna *f.*

tax (tæks) *n* tassa, imposta *f. vt* 1 tassare. 2 mettere alla prova.

taxi ('tæksi) *n* tassì *m.*

tea (ti:) *n* tè *m.* **high tea** *n* pasto serale con tè *m.* **tea bag** *n* bustina di tè *f.* **teabreak** *n* intervallo per merenda *m.* **tea cloth** *n* strofinaccio da cucina. **teacup** *n* tazza di tè *f.* **tea-leaf** *n* foglia del tè *f.* **teapot** *n* teiera *f.* **teaspoon** *n* cucchiaino *m.* **teatray** *n* vassoio da tè *m.*

teach* (ti:tʃ) *vt* insegnare. **teacher** *n* insegnante, professore *m.* professoressa *f*.

teak (ti:k) *n* tek *m*.

team (ti:m) *n* **1** squadra *f*. **2** (of horses) tiro *m*.

tear[1] (tiə) *n* lacrima *f*. **teardrop** *n* lacrima *f*. **tear gas** *n* gas-lacrimogeno *m*.

tear[*2] (teə) *vt* **1** strappare. **2** dividere, lacerare. *vi* strapparsi. **tear along** correre. **tear up** fare a pezzi. ~ *n* strappo *m*. lacerazione *f*.

tease (ti:z) *vt* stuzzicare, prendere in giro.

teat (ti:t) *n* **1** tettarella *f*. **2** *zool* capezzolo *m*.

technical ('teknikəl) *adj* tecnico. **technician** *n* tecnico *m*. **technique** *n* tecnica *f*. **technology** *n* tecnologia *f*.

teddy bear ('tedi) *n* orsacchiotto *m*.

tedious ('ti:diəs) *adj* tedioso.

tee (ti:) *n sport* tee *m*. **to a tee** a puntino. ~ *vt* mettere sul tee.

teenage ('ti:neidʒ) *adj* adolescente. **teenager** *n* adolescente *m,f*.

teetotal (ti:'toutl) *adj* astemio. **teetotaller** *n* astemio *m*.

telecommunications (telikəmju:mi'keiʃənz) *n pl* telecomunicazioni *fpl*. telematica *f*.

telegram ('teligræm) *n* telegramma *m*.

telegraph ('teligrɑ:f) *n* telegrafo *m*. *vt,vi* telegrafare. **telegraph pole** *n* palo telegrafico *m*.

telepathy (ti'lepəθi) *n* telepatia *f*.

telephone ('telifoun) *n* telefono *m*. *vt* telefonare a. *vi* telefonare.

telescope ('teliskoup) *n* telescopio, cannocchiale *m*. *vi* incastrarsi l'uno nell'altro.

televise ('telivaiz) *vt* teletrasmettere.

television *n* televisione *f*. **television set** *n* televisore *m*.

telex ('teleks) *n* telex *m*. *vt* trasmettere per telex.

tell* (tel) *vt* **1** dire, raccontare. **2** distinguere. **telltale** *n* chiacchierone, pettegolo *m*. *adj* rivelatore.

temper ('tempə) *n* **1** collera *f*. **2** umore *m*. **3** indole *f*. *vt* moderare, temperare.

temperament *n* temperamento *m*. indole *f*. **temperamental** *adj* capriccioso. **temperate** *adj* temperato, moderato. **temperature** *n* temperatura *f*. **have a temperature** avere la febbre.

tempestuous (tem'pestjuəs) *adj* **1** tempestoso, burrascoso. **2** agitato.

temple[1] ('tempəl) *n rel* tempio *m*.

temple[2] ('tempəl) *n anat* tempia *f*.

tempo ('tempou) *n* tempo, ritmo *m*.

temporal ('tempərəl) *adj* temporale. **temporary** *adj* temporaneo.

tempt (tempt) *vt* tentare, indurre al male.

ten (ten) *adj,n* dieci *m* or *f*. **tenth** *adj* decimo.

tenacious (tə'neiʃəs) *adj* tenace, ostinato.

tenant ('tenənt) *n* inquilino *m*. **tenancy** *n* affitto *m*. locazione *f*.

tend[1] (tend) *vi* tendere. **tendency** *n* tendenza, inclinazione *f*.

tend[2] (tend) *vt* curare.

tender[1] ('tendə) *adj* **1** affettuoso, tenero. **2** delicato, sensibile.

tender[2] ('tendə) *vt* offrire, presentare. *vi* fare offerte per un appalto. *n* offerta *f*.

tendon ('tendən) *n* tendine *m*.

tendril ('tendril) *n* viticcio *m*.

tenement ('tenəmənt) *n* abitazione *f*.

tennis ('tenis) *n* tennis *m*. **tennis court** *n* campo da tennis *m*.

tenor ('tenə) *n* **1** tenore *m*. **2** *mus* tenore *m*.

tense[1] (tens) *adj* teso. *vt* tendere. *vi* innervosirsi. **tension** *n* tensione *f*.

tense[2] (tens) *n gram* tempo *m*.

tent (tent) *n* tenda *f*.

tentacle ('tentəkəl) *n* tentacolo *m*.

tentative ('tentətiv) *adj* sperimentale, di prova.

tenuous ('tenjuəs) *adj* **1** tenue, sottile. **2** rarefatto.

tepid ('tepid) *adj* tiepido.

term (tə:m) *n* **1** termine *m*. **2** *educ* trimestre *m*. **3** termine. *m* parola *f*. **4** *pl* rapporti *m pl*. *vt* chiamare, definire.

terminal ('tə:minl) *n* **1** stazione terminale, capolinea *f*. **2** *tech* morsetto *m*. **3** *comp* terminale *m*. *adj* estremo, finale.

terminate ('tə:mineit) *vt,vi* terminare. **termination** *n* terminazione.

terminology (tə:mi'nɔlədʒi) *n* terminologia *f*.

terminus ('tə:minəs) *n, pl* **termini 1** capolinea *f*. **2** termine *m*.

terrace ('terəs) *n* **1** terrazza *f*. **2** fila di case *f*.

terrestrial (tə'restriəl) *adj* terrestre.

terrible ('teribəl) *adj* terribile.

terrier ('teriə) *n* terrier *m*.

terrify ('terifai) *vt* atterrire. **terrific** *adj* **1** terrificante. **2** straordinario, magnifico.

territory ('teritri) *n* **1** territorio *m*. **2** zona *f*.

terror ('terə) *n* terrore *m*. **terrorist** *n* terrorista *m*. **terrorize** *vt* terrorizzare.

Terylene ('terili:n) *n Tdmk* terital *m*.

test (test) *n* **1** prova *f*. esame *m*. **2** collaudo *m*. **3** *med* analisi *f invar*. *vt* **1** esaminare, mettere alla prova. **2** collaudare. **3** *med* analizzare. **test-tube** *n* provetta *f*.

testament ('testəmənt) *n* testamento *m*.

testicle ('testikəl) *n* testicolo *m*.

testify ('testifai) *vt* **1** attestare, dimostrare. **2** testimoniare.

testimony ('testiməni) *n* attestato *m*. deposizione, testimonianza *f*. **testimonial** *n* testimonianza *f*. benservito *m*.

tether ('teðə) *vt* impastoiare. *n* pastoia *f*.

text (tekst) *n* testo *m*. **textbook** *n* libro di testo *m*. **textual** *adj* testuale.

textile ('tekstail) *adj,n* tessile *m*.

texture ('tekstʃə) *n* **1** *tech* grana *f*. **2** tessuto *m*.

Thames (temz) *n* Tamigi *m*.

than (ðən; *stressed* ðæn) *conj* che, di, di quanto, di quello che, che non.

thank (θæŋk) *vt* ringraziare. **thanks** *n pl* grazie *f pl*. **thank you!** grazie! **thankful** *adj* riconoscente.

that (ðæt) *adj* quel, quello *m s*. quella *f s*. quei, quegli *m pl*. quelle *f pl*. *pron* **1** quello *m s*. quella *f s*. quei, quegli *m pl*. quelle *f pl*. **2** ciò. **3** che, il quale *m s*, la quale *f s*, i quali *m pl*, le quali *f pl*. **4** in cui. *conj* che.

thatch (θætʃ) *n* paglia *f*. *vt* coprire di paglia.

thaw (θɔ:) *vt* sgelare. *vi* sgelarsi. *n* disgelo *m*.

the (ðə; *stressed* ði:) *def art* il, lo l' *m s*. la, l' *fs*. i, gli *m pl*. le *fpl*.

theatre ('θiətə) *n* **1** teatro *m*. scena *f*. **2**

med sala operatoria *f*. **theatrical** *adj* teatrale, drammatico.

theft (θeft) *n* furto *m*.

their (ðeə) *poss adj 3rd pers pl* (il) loro, (la) loro, (i) loro, (le) loro. **theirs** *pron 3rd pers pl* il loro, la loro, i loro, le loro, di loro.

them (ðəm; *stressed* ðem) *pron 3rd pers pl* **1** li *m pl*. le *f pl*. loro *m, f pl*. **2** essi *m pl*. esse *f pl*. loro *m, f pl*. **themselves** *pron 3rd pers pl* **1** se *or* se stessi. **2** si, sé.

theme (θi:m) *n* tema, soggetto *m*. **thematic** *adj* tematico.

then (ðən; *stressed* ðen) *adv* **1** allora, a quel tempo. **2** poi, dopo. *conj* in questo caso, quindi, dunque. **by then** ormai. **up to then** fino allora, fino a quel momento.

theology (θi'ɔlədʒi) *n* teologia *f*. **theologian** *n* teologo *m*. **theological** *adj* teologico.

theorem ('θiərəm) *n* teorema *m*.

theory ('θiəri) *n* **1** teoria *f*. **2** opinione *f*. **theoretical** *adj* teorico, astratto. **theoretically** *adv* in teoria. **theorize** *vi* formulare teorie, teorizzare.

therapy ('θerəpi) *n* terapia, cura *f*. **therapeutic** *adj* terapeutico, curativo.

there (ðeə) *adv* **1** lì, là. **2** ci, vi. **3** in ciò. *interj* ecco! **thereabouts** *adv* **1** là vicino, nei pressi. **2** circa, pressappoco. **thereafter** *adv* da allora in poi, in seguito. **thereby** *adv* così, in tal modo. **therefore** *adv* quindi, dunque, perciò. **thereupon** *adv* al che, quindi. **therewith** *adv* con ciò.

thermal ('θə:məl) *adj also* **thermic** **1** termale. **2** termico.

thermodynamics (θə:moudai'næmiks) *n* termodinamica *f*. **thermodynamic** *adj* termodinamico.

thermometer (θə'mɔmitə) *n* termometro *m*.

thermonuclear (θə:mou'nju:kliə) *adj* termonucleare.

Thermos ('θə:məs) *n Tdmk* termos *m invar*.

thermostat ('θə:məstæt) *n* termostato *m*.

these (ði:z) *adj, pron* questi.

thesis ('θi:sis) *n, pl* **theses** tesi *f invar*. teoria *f*.

they (ðei) *pron 3rd pers pl* essi *m pl*. esse *f pl*. loro *m, f pl*.

thick (θik) *adj* **1** grosso, spesso. **2** denso. **3** fitto. **4** stupido. **thick as thieves** amici per la pelle. **thick-skinned** *adj* insensibile. **thicken** *vt* addensare, rendere più denso. *vi* **1** infittirsi. **2** complicarsi. **3** offuscarsi. **thickness** *n* spessore *m*.

thief (θi:f) *n, pl* **thieves** ladro *m*.

thigh (θai) *n* coscia *f*.

thimble ('θimbəl) *n* ditale *m*.

thin (θin) *adj* **1** sottile, fine. **2** magro, snello. **3** rado, scarso. **thin-skinned** *adj* sensibile. **thinness** *n* magrezza *f*.

thing (θiŋ) *n* **1** cosa, roba *f*. oggetto *m*. **2** *pl* effetti *m pl*. **for one thing...for another** in primo luogo...d'altra parte.

think* (θiŋk) *vt, vi* **1** pensare, riflettere. **2** credere, immaginare. **think about/of** pensare di/a. **think over** ripensare, ripensarci.

third (θə:d) *adj* terzo. *n* terzo *m*. terza parte *f*. **third party** *n comm* terzi *m pl*. **third person** *n* terza persona *f*. **third-rate** *adj* scadente.

thirst (θəːst) n sete f. v **thirst for** bramare, desiderare. **thirsty** adj assetato. **be thirsty** avere sete.

thirteen (θəːˈtiːn) adj,n tredici m of f. **thirteenth** adj tredicesimo.

thirty (ˈθəːti) adj,n trenta m. **thirtieth** adj trentesimo.

this (ðis) adj,pron questo.

thistle (ˈθisəl) n cardo m.

thorn (θɔːn) n spino m. spina f.

thorough (ˈθʌrə) adj esauriente, accurato. **thoroughbred** adj di razza. **thoroughfare** n strada, via di transito f. **thoroughly** adv a fondo, in dettaglio.

those (ðouz) adj,pron quei, quegli, quelli m pl. quelle f pl. **those who** chi.

though (ðou) conj 1 sebbene, benché. 2 anche se. **as though** come se. ~ adv tuttavia.

thought[1] (θɔːt) n pensiero m. idea, opinione f. **on second thoughts** ripensandoci. **thoughtful** adj 1 pensieroso. 2 premuroso. **thoughtless** adj 1 avventato, sbadato. 2 irriguardoso.

thought[2] (θɔːt) v see **think**.

thousand (ˈθauzənd) adj mille. n mille m. migliaio m, pl migliaia f. **thousandth** adj millesimo.

thrash (θræʃ) vt battere, colpire, frustare. **thrashing** n 1 percosse f pl. 2 sconfitta f.

thread (θred) n filo m. vt infilare. **threadbare** adj logoro.

threat (θret) n minaccia f. **threaten** vt minacciare. **threatening** adj minaccioso.

three (θriː) adj,n tre m of f. **three-cornered** adj triangolare. **three-dimensional** adj tridimensionale. **three-**quarters adv a tre quarti. **threesome** n trio m.

thresh (θreʃ) vt trebbiare.

threshold (ˈθreʃhould) n soglia f.

threw (θruː) v see **throw**.

thrift (θrift) n economia, parsimonia f. **thrifty** adj frugale, parco.

thrill (θril) n brivido m. vt eccitare. fremere. **thriller** n romanzo poliziesco, giallo m. **thrilling** adj eccitante.

thrive* (θraiv) vi prosperare. **thriving** adj prosperoso, florido.

throat (θrout) n gola f. **have a sore throat** avere mal di gola.

throb (θrɔb) n battito, palpito m. vi battere, palpitare, pulsare.

throne (θroun) n trono m.

throng (θrɔŋ) n folla, ressa f. vt affollare. vi affollarsi.

throttle (ˈθrɔtl) n valvola f. vt strozzare.

through (θruː) prep 1 per, attraverso. 2 durante. 3 mediante. adj diretto. adv completamente. **throughout** adv completamente. prep in tutto.

throw* (θrou) n lanio, tiro m. vt gettare, lanciare, tirare. **throw away** gettar via. **throw out** cacciar fuori, espellere.

thrush (θrʌʃ) n tordo m.

thrust* (θrʌst) n spinta f. colpo m. vt conficcare.

thud (θʌd) n tonfo m. vi cadere con un tonfo.

thumb (θʌm) n pollice m. vt voltare le pagine di.

thump (θʌmp) n 1 botta f. colpo m. 2 tonfo m. vt battere, colpire.

thunder (ˈθʌndə) n tuono m. vi tuonare. **thunderstorm** n temporale m.

Thursday (ˈθəːzdi) n giovedì m.

thus (ðʌs) *adv* così, quindi.

thwart (θwɔːt) *vt* frustrare, contrastare.

thyme (taim) *n* timo *m*.

thyroid ('θairɔid) *n* tiroide *f*.

tiara (ti'ɑːrə) *n* tiara *f*.

tick[1] (tik) *n* 1 tic tac, ticchettio, scatto *m*. 2 segno *m*. 3 *inf* attimo *m*. *vi* ticchettare. *vt* segnare. **tick off** spuntare.

tick[2] (tik) *n zool* zecca *f*. acaro *m*.

ticket ('tikit) *n* biglietto, scontrino *m*. **ticket collector** *n* bigliettaio *m*. **ticket office** *n* biglietteria *f*.

tickle ('tikəl) *vt* fare il solletico a, stuzzicare. *vi* prudere. **ticklish** *adj* 1 sensibile al solletico. 2 difficile.

tide (taid) *n* marea *f*. flusso *m*.

tidy ('taidi) *adj* ordinato. *vt* mettere in ordine. **tidiness** *n* ordine *m*. accuratezza *f*.

tie (tai) *n* 1 legame, vincolo *m*. 2 (clothing) cravatta *f*. *vt* legare, annodare.

tier (tiə) *n* fila *f*. ordine *m*.

tiger ('taigə) *n* tigre *f*.

tight (tait) *adj* 1 stretto, aderente, fermo. 2 *inf* brillo. *adv* saldamente. **tightfisted** *adj* tirchio. **tightrope** *n* corda dell'acrobata *f*. **tightrope walker** *n* funambolo *m*. **tighten** *vt* serrare. *vi* tendersi. **tights** *n pl* calzamaglia *f*. collant *m*.

tile (tail) *n* tegola, mattonella, piastrella *f*. *vt* lastricare.

till[1] (til) *prep* fino a. *conj* finché.

till[2] (til) *vt* coltivare.

till[3] (til) *n* cassa *f*. cassetto *m*.

tiller ('tilə) *n naut* barra *f*.

tilt (tilt) *n* inclinazione, pendenza *f*. *vt* inclinare. *vi* pendere.

timber ('timbə) *n* legname *m*.

time (taim) *n* 1 tempo *m*. 2 ora *f*. 3 volta *f*. *vt,vi* cronometrare, scegliere il momento. **from time to time** a volte, di quando in quando. **time bomb** *n* bomba a orologeria *f*. **timekeeper** *n* cronometrista, segnatempo *m*. **timetable** *n* orario *m*. **timely** *adj* opportuno.

timid ('timid) *adj* timido.

timpani ('timpəni) *n pl* timpani *m pl*.

tin (tin) *n* 1 *min* stagno *m*. 2 barattolo *m*. lattina *f*. *vt* 1 stagnare. 2 inscatolare. **tinopener** *n* apriscatole *m invar*.

tinge (tindʒ) *n* 1 tinta *f*. 2 sfumatura *f*. *vt* 1 tingere. 2 sfumare.

tingle ('tiŋgəl) *n* formicolio *m*. *vi* formicolare.

tinker ('tiŋkə) *n* calderaio *m*. *v* **tinker with** armeggiare con.

tinkle ('tiŋkəl) *n* tintinnio, trillo *m*. *vt* far tintinnare. *vi* trillare.

tinsel ('tinsəl) *n* lustrino *m*.

tint (tint) *n* 1 tinta *f*. 2 sfumatura *f*. *vt* 1 tingere. 2 sfumare.

tiny ('taini) *adj* piccolo, minuscolo.

tip[1] (tip) *n* (point) punta *f*. **tiptoe** *n* punta di piedi *f*. *vi* camminare in punta di piedi.

tip[2] (tip) *n* 1 inclinazione, pendenza *f*. 2 deposito *m*. *vt* 1 inclinare. 2 buttare. **tip over** rovesciare.

tip[3] (tip) *n* 1 (gratuity) mancia *f*. 2 informazione riservata *f*. *vt* dare la mancia a. **tip off** avvertire. **tip-off** *n* avvertimento *m*.

tipsy ('tipsi) *adj* brillo, alticcio.

tire (taiə) *vt* stancare. *vi* stancarsi. **tired** *adj* 1 stanco. 2 stufo.

tissue ('tiʃuː) *n* 1 tessuto *m*. 2 fazzoletto di carta *m*.

tit (tit) n 1 capezzolo m. 2 zool cincia f. **tit for tat** botta e risposta.

title ('taitl) n titolo m.

to (tə; stressed tu:) prep 1 a, da. 2 con, verso, per. 3 fino a. 4 in confronto a. **to and fro** su e giù.

toad (toud) n rospo m. **toadstool** n fungo velenoso m.

toast[1] (toust) n cul pane tostato, toast m. vt tostare, abbrustolire. **toaster** n tostapane m.

toast[2] (toust) n brindisi m invar. vi brindare.

tobacco (tə'bækou) n tabacco m. **tobacconist** n tabaccaio m.

toboggan (tə'bɔgən) n toboga m invar. slitta f. scivolo m.

today (tə'dei) adv,n oggi m.

toddler ('tɔdlə) n infante m.

toe (tou) n 1 anat dito del piede m. 2 punta f. **toenail** n unghia del piede f.

toffee ('tɔfi) n caramella f.

toga ('tougə) n toga f.

together (tə'geðə) adv 1 insieme. 2 contemporaneamente.

toil (tɔil) n lavoro m. fatica f. vi faticare.

toilet ('tɔilet) n gabinetto m. toletta f. **toilet paper** n carta igienica f. **toilet roll** n rotolo di carta igienica m. **toilet water** n acqua da toletta f.

token ('toukən) n segno, pegno m.

told (tould) v see **tell**.

tolerate ('tɔləreit) vt tollerare, sopportare. **tolerance** n tolleranza, indulgenza f. **tolerant** adj tollerante.

toll[1] (toul) vt suonare, n rintocco m.

toll[2] (toul) n pedaggio m. imposta f. **tollgate** n barriera di pedaggio m.

tomato (tə'ma:tou) n, pl **-toes** pomodoro m.

tomb (tu:m) n tomba f. **tombstone** n lapide f.

tomorrow (tə'mɔrou) adv,n domani n.

ton (tʌn) n tonnellata f.

tone (toun) n 1 tono m. 2 tonalità f. v **tone down** attenuare, smorzare. **tone with** armonizzarsi con. **tonality** n tonalità f.

tongs (tɔŋz) n pl pinze, molle f pl.

tongue (tʌŋ) n lingua f. **tongue-tied** adj ammutolito, reticente. **tonguetwister** n scioglilingua m.

tonic ('tɔnik) adj,n tonico m. **tonic water** n acqua tonica f.

tonight (tə'nait) adv questa sera, stasera, questa notte, stanotte.

tonsil ('tɔnsəl) n tonsilla f. **tonsillitis** n tonsillite f.

too (tu:) adv 1 anche, inoltre, pure. 2 troppo. **too many** troppi. **too much** troppo.

took (tuk) v see **take**.

tool (tu:l) n attrezzo, strumento m.

tooth (tu:θ) n, pl **teeth** denti m. **toothache** n mal di denti m. **toothbrush** n spazzolino da denti m. **toothpaste** n dentifricio m. **toothpick** n stuzzicadenti m invar.

top[1] (tɔp) n 1 cima f. vertice m. 2 coperchio, tappo m. adj superiore, principale. vt superare. 2 coprire. **top hat** n tuba f. **top-heavy** adj sbilanciato.

top[2] (tɔp) n (toy) trottola f.

topaz ('toupæz) n topazio m.

topic ('tɔpik) n argomento, soggetto m. **topical** adj d'attualità.

topography (tə'pɔgrəfi) n topografia f.

topple ('tɔpəl) vt rovesciare. vi vacillare, cadere. **topple over** rovesciarsi.

topsoil ('topsoil) *n* terriccio *m*.

topsy-turvy (topsi'te:vi) *adj, adv* sottosopra.

torch (to:tʃ) *n* torcia, fiaccola *f*.

tore (to:) *v* see **tear**.

torment ('to:mənt) *n* tormento *m*. pena *f*. *vt* tormentare, molestare.

torn (to:n) *v* see **tear**.

tornado (to:'neidou) *n, pl* -**does** *or* -**dos** tornado, uragano, ciclone *m*.

torpedo (to:'pi:dou) *n, pl* -**does** torpedine *f*. siluro *m*. *vt* silurare.

torrent ('torənt) *n* torrente *m*. **torrential** *adj* torrenziale.

torso ('to:sou) *n* tronco, torso *m*.

tortoise ('to:təs) *n* testuggine *f*. tartaruga *f*.

tortuous ('to:tʃuəs) *adj* tortuoso.

torture ('to:tʃə) *n* tortura *f*. supplizio *m*. *vt* torturare, tormentare.

Tory ('to:ri) *adj,n* conservatore *m*.

toss (tos) *n* 1 lancio *m*. 2 scrollata *f*. *vt* 1 lanciare. 2 scrollare. *vi* agitarsi.

tot[1] (tot) *n* 1 (child) bambino *m*. 2 sorso *m*.

tot[2] (tot) *vt* **top up** sommare.

total ('toutl) *n* totale *m*. *adj* totale, completo. *vt* sommare. *vi* ammontare. **totalitarian** *adj* totalitario.

totem ('toutəm) *n* totem *m invar*. **totem pole** *n* palo del totem *m*.

totter ('totə) *vi* barcollare, vacillare.

touch (tʌtʃ) *n* 1 tocco, colpetto *m*. 2 tatto *m*. 3 contatto *m*. 4 po', poco di *adj*. **get in touch with** mettersi in contatto con. ~ *vt* 1 toccare. 2 sfiorare. *vi* toccarsi. **touching** *adj* commovente.

touchy *adj* permaloso, suscettibile.

tough (tʌf) *adj* 1 duro, tenace, violento. 2 forte. 3 difficile. **toughen** *vt* indurire, rafforzare.

toupee ('tu:pei) *n* toupet, parrucchino *m*.

tour (tuə) *n* viaggio, giro *m*. *vt* visitare. *vi* viaggiare. **tourism** *n* turismo *m*. **tourist** *n* turista *m*. *adj* turistico.

tournament ('tuənəmənt) *n* torneo *m*.

tow (tou) *vt* rimorchiare, trainare. *n* rimorchio *m*. **towrope** *n* cavo da rimorchio *m*.

towards (twɔːdz) *prep also* **toward** verso.

towel ('tauəl) *n* asciugamano *m*. salvietta *f*.

tower ('tauə) *n* torre *f*. *vi* torreggiare. **towering** *adj* dominante, imponente.

town (taun) *n* città *f*. **town clerck** *n* segretario comunale *m*. **town hall** *n* municipio *m*. **town-planning** *n* urbanistica *f*.

toxic ('toksik) *adj* tossico, velenoso.

toy (toi) *n* giocattolo *m*.

trace (treis) *n* traccia *f*. segno *m*. *vt* 1 tracciare, rintracciare. 2 ricalcare.

track (træk) *n* 1 traccia, impronta *f*. 2 percorso *m*. 3 (railway) binario *m*. *vt* seguire le tracce di, inseguire. **track down** scovare. **tracksuit** *n* tuta ginnica *f*.

tract (trækt) *n* 1 periodo *m*. 2 zona *f*.

tractor ('træktə) *n* trattore *m*.

trade (treid) *n* 1 mestiere *m*. 2 commercio *m*. *vt* scambiare. *vi* commerciare. **trademark** *n* marchio di fabbrica *m*. **tradesman** *n* negoziante, commerciante *m*. **trade union** *n* sindacato *m*.

tradition (trə'diʃən) n tradizione f. **traditional** adj tradizionale.

traffic* ('træfik) n traffico m. vi trafficare, commerciare. **traffic jam** n ingorgo m. **traffic lights** n pl semaforo m. **traffic warden** n addetto al traffico m.

tragedy ('trædʒədi) n tragedia f. **tragic** adj tragico.

trail (treil) n 1 traccia f. 2 scia f. vt 1 trascinare. 2 seguire le tracce di. vi strisciare. **trailer** n rimorchio m.

train (trein) n 1 treno m. 2 seguito m. 3 serie f invar. 4 strascico m. vt addestrare. vi allenarsi. **trainee** n apprendista m. **trainer** n allenatore m. **training** n allenamento m.

traitor ('treitə) n traditore m.

tram (træm) n tram m invar.

tramp (træmp) n vagabondo m. vi camminare con passo pesante.

trample ('træmpəl) n scalpitio m. vt calpestare. vi camminare pesantemente.

trampoline ('træmpəli:n) n trampolino m.

trance (trɑ:ns) n trance f. sonno ipnotico m.

tranquil ('træŋkwil) adj calmo, tranquillo. **tranquillity** n calma, tranquillità f. **tranquillizer** n tranquillante m.

transact (træn'zækt) vt trattare. **transaction** n trattativa f.

transatlantic (trænzət'læntik) adj transatlantico.

transcend (træn'send) vt trascendere.

transcribe (træn'skraib) vt trascrivere. **transcription** n trascrizione f.

transfer (v træns'fə:; n 'trænsfə:) vt tra-

sferire. n trasferimento, trasporto m.

transform (træns'fɔ:m) vt trasformare. **transformation** n trasformazione f.

transfuse (træns'fju:z) vt travasare. **transfusion** n trasfusione f.

transistor (træn'zistə) n transistor m invar.

transit ('trænsit) n transito, passaggio m.

transition (træn'ziʃən) n transizione f. cambiamento m.

transitive ('trænsitiv) adj transitivo.

translate (trænz'leit) vt tradurre. **translation** n traduzione f. **translator** n traduttore m.

translucent (trænz'lu:sənt) adj traslucido.

transmit (trænz'mit) vt trasmettere. **trasmitter** n trasmettitore m.

transparent (træns'pærənt) adj trasparente.

transplant (v træns'plɑ:nt; n 'trænsplɑ:nt) vt 1 trapiantare. 2 med innestare. n trapianto m.

transport (v træns'pɔ:t; n 'trænspɔ:t) vt 1 trasportare. 2 deportare. n 1 trasporto m. 2 slancio m.

transpose (træns'pouz) vt trasporre, trasportare.

trap (træp) n 1 trappola f. 2 calesse m. vt intrappolare, prendere in trappola.

trapdoor (træp'dɔ:) n botola f.

trapeze (trə'pi:z) n trapezio m.

trash (træʃ) n 1 rifiuti m pl. 2 sciocchezze f pl.

trauma ('trɔ:mə) n trauma m. **traumatic** adj traumatico.

travel ('trævəl) vi viaggiare. n viaggi m pl. **travel agency** n agenzia di viaggio f. **traveller** n viaggiatore m. viaggiatrice f. **traveller's cheque** n assegno turistico m.

rawl (trɔ:l) n strascico m. vt pescare con rete. **trawler** n barca da pesca a motore f.

tray (trei) n vassoio m.

treachery ('tretʃəri) n tradimento m. slealtà f.

treacle ('tri:kəl) n melassa f.

tread* (tred) vt calpestare, schiacciare. vi camminare. n 1 passo m. 2 battistrada m.

treason ('tri:zən) n tradimento m.

treasure ('treʒə) n tesoro m. vt custodire gelosamente, aver caro. **treasurer** n tesoriere m. **treasury** n tesoreria f. fisco m.

treat (tri:t) vt 1 trattare. 2 med curare. 3 offrire a, pagare a. n 1 festa f. 2 premio m. **treatment** n 1 trattamento m. 2 med cura f.

treatise ('tri:tiz) n trattato m.

treaty ('tri:ti) n trattato m. convenzione f.

treble ('trebəl) adj 1 triplo. 2 mus di soprano. n 1 triplo m. 2 mus soprano m. vt triplicare. 2 triplicarsi.

tree (tri:) n albero m.

trek (trek) n 1 migrazione f. 2 viaggio scomodo m. vi viaggiare senza comodità.

trellis ('trelis) n grata f.

tremble ('trembəl) vi tremare. n tremito, fremito m.

tremendous (tri'mendəs) adj 1 tremendo, terribile. 2 inf straordinario.

tremor ('tremə) n tremore m.

trench (trentʃ) n 1 mil trincea f. 2 fosso m.

trend (trend) n direzione, tendenza f.

trespass ('trespəs) n 1 (of property) trasgressione, violazione f. 2 rel peccato m. offesa f. vi violare, oltrepassare i confini. **trespasser** n trasgressore m.

trestle ('tresəl) n 1 cavalletto m. 2 intelaiatura f.

trial ('traiəl) n 1 law processo m. 2 prova f. esperimento m.

triangle ('traiæŋgəl) n triangolo m. **triangular** adj triangolare.

tribe (traib) n tribù f. **tribesman** n membro di tribù m.

tribunal (trai'bju:nl) n tribunale m.

tributary ('tribjutəri) adj tributario. n tributario, affluente m.

tribute ('tribju:t) n 1 tributo m. 2 omaggio m.

trick (trik) n 1 trucco, espediente m. 2 inganno m. 3 gioco di prestigio m. vt ingannare. **tricky** adj 1 complicato. 2 scaltro.

trickle ('trikəl) n gocciolio m. vi gocciolare.

tricycle ('traisikəl) n triciclo m.

trifle ('traifəl) n 1 sciocchezza f. 2 cul zuppa inglese f. vi baloccarsi, scherzare.

trigger ('trigə) n grilletto m.

trill (tril) n trillo m. vi trillare.

trim (trim) adj ordinato, accurato. n ordine m. vt 1 assettare. 2 guarnire, ornare. 3 tagliare.

trio ('triou) n trio m.

trip (trip) n 1 gita f. viaggio m. 2 passo falso, sgambetto m. vi 1 inciampare. 2 camminare con passo svelto.

tripe (traip) n 1 cul trippa f. 2 sl robaccia f.

triple ('tripəl) *adj* triplo. *vt* triplicare. *vi* triplicarsi. **triplet** *n* bimbo nato da parto trigemino *m*.

tripod ('traipɔd) *n* treppiede, tripode *m*.

trite (trait) *adj* comune, banale.

triumph ('traiʌmf) *n* trionfo *m*. *vi* trionfare. **triumphant** *adj* trionfante.

trivial ('triviəl) *adj* insignificante, banale, frivolo.

trod (trɔd) *v* see **tread**.

trodden ('trɔd:n) *v* see **tread**.

trolley ('trɔli) *n* carrello *m*.

trombone (trɔm'boun) *n* trombone *m*.

troop (tru:p) *n* 1 gruppo *m*. 2 *pl mil* truppe *f pl*.

trophy ('troufi) *n* trofeo *m*.

tropic ('trɔpik) *n* tropico *m*. **tropical** *adj* tropicale.

trot (trɔt) *n* trotto *m*. trottata *f*. *vi* trottare. **trotter** *n* 1 trottatore *m*. 2 *cul* piedino *m*.

trouble ('trʌbəl) *n* 1 guaio *m*. preoccupazione *f*. 2 fastidio, disturbo *m*. *vt* 1 turbare, preoccupare. 2 disturbare. **troublemaker** *n* sobillatore, attaccabrighe *m*.

trough (trɔf) *n* tinozza *f*.

troupe (tru:p) *n* troupe, compagnia *f*.

trousers ('trauzəz) *n pl* pantaloni, calzoni *m pl*.

trout (traut) *n invar* trota *f*.

trowel ('trauəl) *n* paletta, cazzuola *f*.

truant ('truənt) *n* pigrone *m*. **play truant** marinare la scuola.

truce (tru:s) *n* tregua *f*.

truck (trʌk) *n* carro, autocarro *m*.

trudge (trʌdʒ) *vi* camminare faticosamente.

true (tru:) *adj* 1 vero, reale. 2 fedele, leale. **truly** *adv* sinceramente, veramente.

truffle ('trʌfəl) *n* tartufo *m*.

trump (trʌmp) *n* briscola *f*. *vt,vi* giocare.

trumpet ('trʌmpit) *n* tromba *f*. *vi* suonare la tromba.

truncheon ('trʌntʃən) *n* 1 manganello *m*. 2 mazza *f*.

trunk (trʌŋk) *n* 1 (luggage) baule *m*. cassa *f*. 2 tronco *m*. 3 proboscide *f*. 4 *pl* calzoni corti *m pl*. **trunk call** *n* telefonata interurbana *f*.

trust (trʌst) *n* 1 fiducia, fede *f*. 2 *law* patrimonio amministrato *m*. 3 sindacato *m*. società finanziaria *f*. *vt* 1 aver fiducia in, fidarsi di. 2 sperare. *vi* fidarsi. **trustee** *n* fiduciario, amministratore *m*. **trustworthy** *adj* fidato, degno di fiducia.

truth (tru:θ) *n* verità *f*. vero *m*. **truthful** *adj* veritiero, sincero.

try (trai) *n* prova *f*. tentativo *m*. *vt* 1 provare, tentare. 2 mettere alla prova. 3 assaggiare. 4 *law* processare. **try on** provare. **trying** *adj* 1 difficile. 2 fastidioso.

tsar (tsɑ:) *n* zar *m invar*.

T-shirt *n* maglietta *f*.

tub (tʌb) *n* vasca, tinozza *f*.

tuba ('tju:bə) *n* tuba *f*.

tube (tju:b) *n* 1 tubo *m*. 2 ferrovia sotterranea *f*.

tuber ('tju:bə) *n* tubero *m*.

tuberculosis (tju:bə:kju'lousis) *n* tubercolosi *f*.

tuck (tʌk) *n* piega *f*. *vt* riporre, stipare. **tuck up** rimboccare.

Tuesday ('tju:zdi) *n* martedì *m*.

tuft (tʌft) n ciuffo m.

tug (tʌg) n **1** naut rimorchiatore m. **2** strappo m. vi dare strattoni.

tuition (tjuːˈiʃən) n insegnamento m. istruzione f.

tulip (ˈtuːlip) n tulipano m.

tumble (ˈtʌmbəl) n caduta f. capitombolo m. vi cadere, ruzzolare. **tumble drier** n essiccatoio a tamburo m. **tumbler** n bicchiere senza stelo m.

tummy (ˈtʌmi) n inf stomaco m. pancia f.

tumour (ˈtjuːmə) n tumore m.

tumult (ˈtjuːmʌlt) n tumulto m.

tuna (ˈtjuːnə) n tonno m.

tune (tjuːn) n **1** motivo m. aria f. **2** tono m. **in/out of tune** intonato/stonato. ~ vt accordare. **tuneful** adj armonioso, melodioso.

tunic (ˈtjuːnik) n tunica f.

tunnel (ˈtʌnl) n galleria f. traforo, tunnel m.

tunny (ˈtʌni) n tonno m.

turban (ˈtəːbən) n turbante m.

turbine (ˈtəːbain) n turbina f.

turbot (ˈtəːbət) n rombo m.

turbulent (ˈtəːbjulənt) adj turbolento.

turf (təːf) n **1** tappeto erboso m. **2** torba f. **3** campo da corse m pl. **turf accountant** n allibratore m.

turkey (ˈtəːki) n tacchino m.

Turkey (ˈtəːki) n Turchia f. **Turk** n turco m. **Turkish** adj turco. **Turkish** (language) n turco m.

turmeric (ˈtəːmərik) n curcuma f.

turmoil (ˈtəːmɔil) n tumulto, scompiglio m.

turn (təːn) vt **1** girare, voltare. **2** cambiare. **3** rendere, alterare. **turn on/off**

accendere/spegnere. **turn out 1** mandar via. **2** spegnere. **3** risultare. **turn over** rovesciare. **turnover** n **1** comm giro d'affari m. **2** cul pasticcio m. **turning** n **1** giro m. svolta f. **2** volta f. turno m. **a good turn** un favore m. **turning** n svolta, curva f. **turntable** n **1** piattaforma girevole f. **2** piatto del grammofono m.

turnip (ˈtəːnip) n rapa f.

turpentine (ˈtəːpəntain) n trementina f.

turquoise (ˈtəːkwɔiz) adj,n turchese m.

turret (ˈtʌret) n torretta f.

turtle (ˈtəːtl) n tartaruga f.

Tuscany (ˈtʌskəni) n Toscana f. **Tuscan** adj,n toscano. **Tuscan** (dialect) n toscano m.

tusk (tʌsk) n zanna f.

tussle (ˈtʌsəl) n zuffa, rissa f. vi azzuffarsi.

tutor (ˈtjuːtə) n **1** tutore m. **2** insegnante privato m. **3** professore universitario m. vi fare il tutore. vt istruire.

tweed (twiːd) n tessuto tweed m.

tweezers (ˈtwiːzəz) n pl pinzetta f.

twelve (twelv) adj,n dodici m or f. **twelfth** adj dodicesimo.

twenty (ˈtwenti) adj,n venti m or f. **twentieth** adj ventesimo.

twice (twais) adv due volte.

twiddle (ˈtwidl) vt,vi girare, giocherellare.

twig (twig) n ramoscello m.

twilight (ˈtwailait) n crepuscolo m.

twin (twin) n gemello m.

twine (twain) n spago m. corda f. vt attorcigliare, intrecciare.

twinge (twindʒ) n fitta f.

twinkle (ˈtwiŋkəl) vi scintillare, luccicare. *n* scintillio, luccichio *m*.

twirl (twə:l) *n* giro *m*. piroetta *f*. *vt* girare, roteare. *vi* girare.

twist (twist) *vt* **1** torcere. **2** intrecciare, attorcigliare. **3** alterare. *n* **1** curva *f*. **2** filo ritorto *m*.

twitch (twitʃ) *n* **1** tic nervoso *m*. **2** strattone *m*. *vt* dare uno strattone a. *vi* contrarsi, contorcersi.

twitter ('twitə) *vi* cinguettare, pigolare.

two (tu:) *adj,n* due *m*. **two-faced** *adj* falso. **twosome** *n* coppia *f*. **two-way** *adj* reciproco. **two-way traffic** *n* traffico a senso doppio *m*.

tycoon (tai'ku:n) *n* capitalista, magnate *m*.

type (taip) *n* **1** tipo, genere *m*. **2** carattere *m*. *vt,vi* dattilografare. **typewriter** *n* macchina da scrivere *f*. **typist** *n* dattilografo *m*.

typhoid ('taifɔid) *n* tifoide *m*.

typhoon (tai'fu:n) *n* tifone *m*.

typical ('tipikəl) *adj* tipico, caratteristico.

tyrant ('tairənt) *n* tiranno *m*. **tyranny** *n* tirannia *f*. **tyrannical** *adj* tirannico.

tyre (taiə) *n* gomma *f*. pneumatico *m*.

Tyrol (ti'roul) *n* Tirolo *m*. **Tirolese** *adj,n* tirolese.

U

ubiquitous (juːˈbikwitəs) *adj* onnipresente.

udder (ˈʌdə) *n* mammella *f*.

ugly (ˈʌgli) *adj* brutto, sgradevole. **ugliness** *n* bruttezza *f*.

ukulele (juːkəˈleili) *n* chitarra hawaiana *f*.

ulcer (ˈʌlsə) *n* ulcera, piaga *f*.

ulterior (ʌlˈtiəriə) *adj* **1** ulteriore. **2** segreto.

ultimate (ˈʌltimət) *adj* ultimo, finale. **ultimatum** *n* ultimatum *m*.

ultraviolet (ʌltrəˈvaiələt) *adj* ultravioletto.

umbrella (ʌmˈbrelə) *n* ombrello *m*.

umpire (ˈʌmpaiə) *n* arbitro *m*. *vt,vi* arbitrare.

umpteen (ʌmpˈtiːn) *adj* innumerevole.

unable (ʌnˈeibəl) *adj* incapace, inabile.

unacceptable (ʌnəkˈseptəbəl) *adj* inaccettabile.

unaccompanied (ʌnəˈkʌmpnid) *adj* **1** solo. **2** *mus* senza accompagnamento.

unanimous (juːˈnæniməs) *adj* unanime.

unarmed (ʌnˈɑːmd) *adj* disarmato.

unattractive (ʌnəˈtræktiv) *adj* poco attraente.

unavoidable (ʌnəˈvɔidəbəl) *adj* inevitabile.

unaware (ʌnəˈwɛə) *adj* ignaro, inconsapevole. **unawares** *adv* inconsapevolmente, inavvertitamente.

unbalanced (ʌnˈbælənst) *adj* instabile, squilibrato.

unbearable (ʌnˈbɛərəbəl) *adj* insopportabile, intollerabile.

unbelievable (ʌnbiˈliːvəbəl) *adj* incredibile.

unbend* (ʌnˈbend) *vt* **1** raddrizzare. **2** slegare, allentare. *vi* rilassarsi, distendersi.

unbreakable (ʌnˈbreikəbəl) *adj* infrangibile.

unbutton (ʌnˈbʌtn) *vt* sbottonare.

uncalled-for (ʌnˈkɔːldfɔː) *adj* superfluo, non meritato.

uncanny (ʌnˈkæni) *adj* misterioso, prodigioso.

uncertain (ʌnˈsəːtn) *adj* incerto, dubbio.

uncle (ˈʌŋkəl) *n* zio *m*.

unclear (ʌˈkliə) *adj* poco chiaro.

uncomfortable (ʌnˈkʌmftəbəl) *adj* scomodo, a disagio.

unconscious (ʌnˈkɔnʃəs) *adj* **1** inconscio, involontario, inconsapevole. **2** privo di sensi.

unconventional (ʌnkənˈvenʃənəl) *adj* anticonformista, non convenzionale.

uncooked (ʌnˈkukt) *adj* crudo.

uncouth (ʌnˈkuːθ) *adj* rozzo.

uncover (ʌnˈkʌvə) *vt* **1** scoprire. **2** rivelare, esporre.

uncut (ʌnˈkʌt) *adj* non tagliato.

undecided (ʌndiˈsaidid) *adj* incerto, indeciso.

undeniable (ʌndiˈnaiəbəl) *adj* innegabile.

under ('ʌndə) *prep* sotto. *adv* di sotto.

undercharge (ʌndə'tʃɑːdʒ) *vt* far pagare troppo poco.

underclothes ('ʌndəklouðz) *n pl* biancheria personale *f*.

undercoat ('ʌndəkout) *n* prima mano *f*.

undercover ('ʌndəkʌvə) *adj* segreto.

undercut* (ʌndə'kʌt) *vt* **1** colpire da sotto. **2** vendere a minor prezzo di.

underdeveloped (ʌndədi'veləpt) *adj* sottosviluppato.

underdone (ʌndə'dʌn) *adj* poco cotto, al dente.

underestimate (ʌndər'estimeit) *vt* sottovalutare.

underfoot (ʌndə'fut) *adv* sotto i piedi.

undergo* (ʌndə'gou) *vt* subire, sopportare, essere sottoposto a.

undergraduate (ʌndə'grædjuət) *n* studente universitario *m*.

underground (*adv* ʌndə'graund; *adj,n* 'ʌndəgraund) *adv* **1** sotto terra. **2** clandestinamente. *adj* **1** sotterraneo. **2** segreto, clandestino. *n* metropolitana *f*.

undergrowth ('ʌndəgrouθ) *n* sottobosco *m*.

underhand (ʌnbə'hænd) *adj* clandestino, segreto.

underline (ʌndə'lain) *vt* sottolineare.

undermine (ʌndə'main) *vt* **1** minare. **2** indebolire, insidiare.

underneath (ʌndə'niːθ) *adv* al di sotto. *prep* sotto, al di sotto di.

underpants ('ʌndəpænts) *n pl* mutande *f pl*.

underpass ('ʌndəpɑːs) *n* sottopassaggio *m*.

underrate (ʌndə'reit) *vt* sottovalutare.

understand* (ʌndə'stænd) *vt* **1** prendere, capire. **2** sentir dire. **3** dedurre. **understanding** *n* **1** comprensione, conoscenza *f*. **2** accordo *m*.

understate (ʌndə'steit) *vt* minimizzare.

understudy ('ʌndəstʌdi) *n* sostituto *m*. *vt* sostituire.

undertake* (ʌndə'teik) *vt* **1** intraprendere, impegnarsi a. **2** assumere. **undertaker** *n* imprenditore di pompe funebri *m*.

undertone ('ʌndətoun) *n* tono sommesso *m*.

underwater (ʌndə'wɔːtə) *adj* subacqueo.

underwear ('ʌndəweə) *n* biancheria personale *f*.

underworld ('ʌndəwɔːld) *n* **1** malavita *f*. **2** bassifondi *m pl*.

underwrite* ('ʌndərait) *vt* **1** sottoscrivere. **2** *comm* assicurare.

undesirable (ʌndi'zaiərəbəl) *adj* indesiderabile.

undo* (ʌn'duː) *vt* **1** disfare, slacciare. **2** annullare.

undoubted (ʌn'dautid) *adj* indubitato, incontestato.

undress (ʌn'dres) *vt* svestire, spogliare. *vi* svestirsi.

undue ('ʌndjuː) *adj* **1** non dovuto, ingiusto. **2** indebito.

undulate ('ʌndʒəleit) *vi* ondeggiare.

unearth (ʌn'əːθ) *vt* scoprire, dissotterrare. **unearthly** *adv* **1** soprannaturale. **2** lugubre, sinistro. **3** assurdo.

uneasy (ʌn'iːzi) *adj* **1** a disagio, impacciato. **2** ansioso.

unemployed (ʌnim'plɔid) *adj* disoccupato. **unemployment** *n* disoccupazione *f*.

unequal (ʌn'iːkwəl) *adj* 1 disuguale. 2 inadeguato, incapace.

uneven (ʌn'iːvən) *adj* 1 ineguale, irregolare. 2 *math* dispari *invar*.

unfair (ʌn'feə) *adj* ingiusto.

unfaithful (ʌn'feiθfəl) *adj* infedele, sleale.

unfamiliar (ʌnfə'miliə) *adj* poco conosciuto.

unfit (ʌn'fit) *adj* 1 inadatto, incapace. 2 inabile.

unfold (ʌn'fould) *vt* 1 spiegare, schiudere. 2 rivelare.

unfortunate (ʌn'fɔːtʃunət) *adj* sfortunato.

unfurnished (ʌn'fəːniʃt) *adj* non ammobiliato.

ungrateful (ʌn'greitfəl) *adj* ingrato.

unhappy (ʌn'hæpi) *adj* 1 infelice. 2 poco opportuno.

unhealthy (ʌn'helθi) *adj* 1 malsano, insalubre. 2 malaticcio.

unicorn ('juːnikɔːn) *n* unicorno *m*.

uniform ('juːnifɔːm) *n* uniforme, divisa *f*. *adj* uniforme, costante.

unify ('juːnifai) *vt* unificare.

uninterested (ʌn'intrəstid) *adj* non interessato.

union ('juːniən) *n* 1 unione *f*. 2 (trade) sindacato *m*.

Union Jack *n* bandiera britannica *f*.

unique (juː'niːk) *adj* unico.

unison ('juːnizən) *n* unisono *m*.

unit ('juːnit) *n* 1 unità *f*. 2 gruppo, insieme *m*. 3 *mil* reparto *m*.

unite (juː'nait) *vt* unire, congiungere. *vi* unirsi. **unity** *n* 1 unità *f*. 2 armo-

nia *f*. accordo *m*.

United Kingdom *n* Regno Unito *m*.

United States of America *n pl* Stati Uniti *m pl*.

universe ('juːnivəːs) *n* universo *m*. **universal** *adj* universale.

university (juːni'vəːsiti) *n* università *f*.

unjust (ʌn'dʒʌst) *adj* ingiusto.

unkempt (ʌn'kempt) *adj* trascurato, sciatto.

unkind (ʌn'kaind) *adj* scortese, sgarbato.

unknown (ʌn'noun) *adj* sconosciuto, ignoto.

unlawful (ʌn'lɔːfəl) *adj* illegale, illecito.

unless (ən'les) *conj* a meno che (non), se non.

unlike (ʌn'laik) *adj* dissimile, diverso. *prep* all'inverso di. **unlikely** *adj* improbabile, inverosimile.

unload (ʌn'loud) *vt* scaricare.

unlucky (ʌn'lʌki) *adj* 1 sfortunato. 2 di cattivo augurio.

unmanned (ʌn'mænd) *adj* senza equipaggio.

unnatural (ʌn'nætʃərəl) *adj* innaturale.

unnecessary (ʌn'nesəsri) *adj* superfluo.

unofficial (ʌnə'fiʃəl) *adj* ufficioso.

unorthodox (ʌn'ɔːθədɔks) *adj* non ortodosso.

unpack (ʌn'pæk) *vt* disfare. *vi* disfare le valigie.

unpleasant (ʌn'plezənt) *adj* spiacevole, sgradevole.

unpopular (ʌn'pɔpjulə) *adj* impopolare.

unravel (ʌn'rævəl) *adj* impopolare.

unreasonable (ʌn'ri:zənəbəl) *adj* irragionevole.

unreliable (ʌnri'laiəbəl) *adj* infido.

unrest (ʌn'rest) *n* agitazione *f.* fermento *m.*

unruly (ʌn'ru:li) *adj* indisciplinato.

unscrew (ʌn'skru:) *vt* svitare.

unsettle (ʌn'setl) *vt* sconvolgere.

unsightly (ʌn'saitli) *adj* brutto, spiacevole a vedersi.

unsound (ʌn'saund) *adj* **1** in cattivo stato. **2** non solido. **3** difettoso.

unsteady (ʌn'stedi) *adj* **1** instabile, vacillante. **2** variabile.

unsuccessful (ʌnsək'sesfəl) *adj* sfortunato, fallito.

untangle (ʌn'tæŋgəl) *vt* districare.

untidy (ʌn'taidi) *adj* disordinato, trasandato.

untie (ʌn'tai) *vt* sciogliere, slegare.

until (ʌn'til) *prep* fino a. *conj* finché (non), fintanto che.

untrue (ʌn'tru:) *adj* **1** falso, erroneo. **2** infedele.

unusual (ʌn'ju:ʒuəl) *adj* insolito, fuori del comune.

unwanted (ʌn'wɔntid) *adj* indesiderato.

unwell (ʌn'wel) *adj* indisposto, ammalato.

unwind (ʌn'waind) *vt* svolgere, srotolare, dipanare.

unwrap (ʌn'ræp) *vt* disfare, svolgere.

up (ʌp) *adv* **1** su, in su. **2** in piedi. *prep* su, su per. *adj* ascendente. **it's up to you** sta a te.

upbringing ('ʌpbriŋiŋ) *n* educazione *f.*

update (ʌp'deit) *vt* aggiornare.

upheaval (ʌp'hi:vəl) *n* sconvolgimento *m.* sommossa *f.*

uphill (ʌp'hil) *adv* in salita. *adj* **1** in salita. **2** difficile.

uphold* (ʌp'hould) *vt* **1** sostenere. **2** approvare.

upholstery (ʌp'houlstəri) *n* tappezzeria *f.*

upkeep ('ʌpki:p) *n* manutenzione *f.*

uplift (ʌp'lift) *vt* sollevare, alzare. *n* sollevamento *m.*

upon (ə'pɔn) *prep* su, sopra.

upper ('ʌpə) *adj* superiore. **upperclass** *adj* signorile. **upper hand** *n* sopravvento *m.* **uppermost** *adj* il più alto, dominante. *adv* più in alto di tutto.

upright ('ʌprait) *adj* **1** eretto, verticale, diritto. **2** onesto. *adv* in piedi.

uprising ('ʌpraiziŋ) *n* rivolta, insurrezione *f.*

uproar ('ʌprɔ:) *n* tumulto, clamore *m.*

uproot (ʌp'ru:t) *vt* sradicare.

upset* (*v,adj* ʌp'set; *n* 'ʌpset) *vt* **1** rovesciare, capovolgere. **2** scombussolare. *adj* sconvolto, turbato. *n* **1** scompiglio *m.* **2** rovesciamento *m.*

upshot ('ʌpʃɔt) *n* risultato *m.* conclusione *f.*

upside down (ʌpsaid 'daun) *adv* sottosopra. **turn upside down** capovolgere.

upstairs (ʌp'steəz) *adv* al piano di sopra. *n* piano superiore *m.*

upstream (ʌp'stri:m) *adv* controcorrente.

uptight (ʌp'tait) *adj* teso.

upward ('ʌpwəd) *adv also* **upwards** in su, in alto. *adj* in rialzo, in aumento.

uranium (ju:'reiniəm) *n* uranio *m.*

Uranus (ju'reinəs) *n* Urano *m.*

urban ('ə:bən) *adj* urbano.

urge (ə:dʒ) *vt* **1** spronare, esortare. **2** insistere su. *n* impulso, sprone *m*.

urgent ('ə:dʒənt) *adj* **1** urgente. **2** insistente. **urgency** *n* urgenza *f*.

urine ('juərin) *n* orina, urina *f*. **urinate** *vi* orinare, urinare.

urn (ə:n) *n* **1** urna *f*. **2** samovar *m*.

us (ʌs) *pron 1st pers pl* **1** noi *m,f*. **2** ci *m,f*. **3** ce *m,f*.

use (*v* ju:z; *n* ju:s) *vt* usare, adoperare. **use up** esaurire. ~ *n* **1** uso *m*. **2** utilità *f*. **usage** *n* uso *m*. usanza *f*. **used** *adj* usato. **used to** abituato a. **useful** *adj* utile, vantaggioso. **useless** *adj* inutile, vano.

usher ('ʌʃə) *n* usciere, cerimoniere *m*. *vt* **1** introdurre. **2** annunciare.

usual ('ju:ʒuəl) *adj* usuale, consueto. **as usual** come al solito. **usually** *adv* usualmente, di solito.

usurp (ju'zə:p) *vt* usurpare.

utensil (ju:'tensəl) *n* utensile, arnese *m*.

uterus ('ju:tərəs) *n, pl* **uteri** utero *m*.

utility (ju:'tiliti) *n* utilità *f*. profitto *m*. *adj* utilitario, funzionale.

utmost ('ʌtmoust) *adj also* **uttermost** estremo, ultimo, massimo. **do one's utmost** fare del proprio meglio.

utter¹ ('ʌtə) *vt* **1** emettere. **2** esprimere.

utter² ('ʌtə) *adj* totale, assoluto, completo.

V

vacant ('veikənt) *adj* **1** vuoto, non occupato. **2** distratto. **vacancy** *n* posto vacante *m*.

vacate (və'keit) *vt* lasciare libero.

vacation (və'keiʃən) *n* **1** rinuncia *f*. **2** vacanza *f*.

vaccine ('væksi:n) *n* vaccino *m*. **vaccinate** *vt* vaccinare. **vaccination** *n* vaccinazione *f*.

vacillate ('væsəleit) *vi* **1** vacillare. **2** esitare.

vacuum ('vækjuəm) *n* **1** vuoto, vuoto pneumatico *m*. **2** lacuna *f*. **vacuum cleaner** *n* aspirapolvere *m*. **vacuum flask** *n* termos *m*.

vagina (və'dʒainə) *n* vagina *f*.

vagrant ('veigrənt) *adj,n* vagabondo, nomade *m*.

vague (veig) *adj* **1** vago, indeterminato. **2** distratto.

vain (vein) *adj* **1** vano, inutile. **2** vanitoso.

valiant ('væliənt) *adj* valoroso, prode.

valid ('vælid) *adj* valido.

valley ('væli) *n* valle, vallata *f*.

value ('vælju:) *n* **1** valore *m*. **2** utilità *f*. *vt* **1** valutare, stimare, apprezzare. **2** *comm* valutare. **valuable** *adj* prezioso, di gran valore. **2** utile. **valuables** *n pl* oggetti di valore *m pl*.

valve (vælv) *n* valvola *f*.

vampire ('væmpaiə) *n* vampiro *m*.

van (væn) *n* camioncino, furgone *m*.

vandal ('vændl) *n* vandalo *m*. **vanda-**

lism *n* vandalismo *m*.

vanilla (və'nilə) *n* vaniglia *f*.

vanish ('væniʃ) *vi* svanire, sparire.

vanity ('væniti) *n* vanità *f*.

vapour ('veipə) *n* vapore *m*. esalazione *f*.

variety (və'raiəti) *n* varietà *f*. assortimento *m*. **variety show** *n* spettacolo di varietà *m*.

various ('veəriəs) *adj* **1** vario, diverso. **2** parecchi.

varnish ('vɑ:niʃ) *n* vernice, lacca *f*. *vt* verniciare, laccare.

vary ('veəri) *vi* differire. *vt* variare, cambiare. **variable** *adj* variabile, mutevole. **variant** *adj,n* variante *m*. **variation** *n* variazione *f*.

vase (vɑ:z) *n* vaso *m*.

vasectomy (væ'sektəmi) *n* vasectomia *f*.

vast (vɑ:st) *adj* vasto, ampio.

vat (væt) *n* tino *m*. tinozza *f*.

Vatican ('vætikən) *n* Vaticano *m*.

vault[1] (vɔ:lt) *n* **1** volta *f*. **2** cantina *f*. **3** sepolcro *m*.

vault[2] (vɔ:lt) *vi* volteggiare, saltare. *vt* saltare. *n* salto *m*.

veal (vi:l) *n* vitello *m*.

veer (viə) *vi* cambiare direzione, virare.

vegetable ('vedʒtəbəl) *n* **1** vegetale, ortaggio *m*. **2** *pl* verdura *f*. *adj* vegetale.

vegetarian *adj,n* vegetariano. **vegetation** *n* vegetazione *f*.

vehement ('viːəmənt) *adj* veemente, impetuoso.

vehicle ('viːikəl) *n* veicolo *m*.

veil (veil) *n* velo *m*. *vt* velare, nascondere.

vein (vein) *n* **1** vena *f*. **2** umore *m*. venа *f*.

velocity (və'lɔsiti) *n* velocità *f*.

velvet ('velvit) *n* velluto *m*. *adj* di velluto, vellutato.

vendetta (ven'detə) *n* vendetta *f*.

veneer (vi'niə) *n* **1** impiallacciatura *f*. **2** vernice, maschera *f*.

venerate ('venəreit) *vt* venerare, riverire.

venereal disease (vi'niəriəl) *n* malattia venerea *f*.

vengeance ('vendʒəns) *n* vendetta *f*.

Venice ('venis) *n* Venezia *f*. **Venetian** *adj,n* veneziano.

venison ('venisən) *n* carne di daino *f*.

venom ('venəm) *n* **1** veleno *m*. **2** cattiveria, malignità *f*.

vent[1] (vent) *n* **1** apertura *f*. foro *m*. **2** (in a jacket) spacco *m*.

vent[2] (vent) *n* sfogo *m*. **give vent to** sfogare. ~ *vt* sfogare.

ventilate ('ventileit) *vt* ventilare. **ventilation** *n* ventilazione *f*. **ventilator** *n* ventilatore *m*.

venture ('ventʃə) *n* **1** avventura *f*. **2** *comm* speculazione *f*. *vt* avventurare. *vi* avventurarsi.

Venus ('viːnəs) *n* Venere *f*.

veranda (və'rændə) *n* veranda *f*.

verb (vəːb) *n* verbo *m*.

verdict ('vəːdikt) *n* **1** *law* verdetto *m*. **2** parere, giudizio *m*.

verge (vəːdʒ) *n* orlo, limite *m*. **on the**

verge of sul punto di. ~ *v* **verge on** rasentare, essere vicino a.

verify ('verifai) *vt* verificare, confermare.

vermicelli (vəːmi'tʃeli) *n* vermicelli *m pl*.

vermin ('vəːmin) *n* insetti parassiti *m pl*.

vermouth ('vəːməθ) *n* vermut *m*.

vernacular (və'nækjulə) *adj,n* vernacolo *m*.

versatile ('vəːsətail) *adj* versatile.

verse (vəːs) *n* **1** verso *m*. **2** versi *m pl*. **3** poesia *f*.

version ('vəːʃən) *n* versione *f*.

vertebrate ('vəːtibreit) *adj,n* vertebrato *m*.

vertical ('vəːtikəl) *adj,n* verticale *m*.

verve (vəːv) *n* verve, brio *m*.

very ('veri) *adv* molto, assai. *adj* **1** vero e proprio. **2** esatto. **3** stesso. **4** proprio.

vessel ('vesəl) *n* **1** *naut* vascello *m*. nave *f*. **2** recipiente, vaso *m*.

vest (vest) *n* maglia *f*.

vestment ('vestmənt) *n* veste sacerdotale *f*.

vestry ('vestri) *n* sagrestia *f*.

vet (vet) *n* *inf* veterinario *m*. *vt* esaminare.

veteran ('vetərən) *adj,n* veterano *m*.

veterinary surgeon ('vetərənəri) *n* veterinario *m*.

veto ('viːtou) *n, pl* **-toes** veto *m*. *vt* vietare.

vex (veks) *vt* **1** affliggere. **2** irritare.

via ('vaiə) *prep* via, attraverso.

viable ('vaiəbəl) *adj* **1** vitale. **2** praticabile.

viaduct ('vaɪədʌkt) *n* viadotto *m*.

vibrate (vaɪ'breɪt) *vi* vibrare, oscillare. *vt* far vibrare. **vibration** *n* vibrazione *f*.

vicar ('vɪkə) *n* parroco, curato *m*.

vicarious (vɪ'kɛərɪəs) *adj* **1** delegato. **2** sostituto.

vice[1] (vaɪs) *n* **1** vizio *m*. depravazione *f*. **2** difetto *m*. imperfezione *f*.

vice[2] (vaɪs) *n tech* morsa *f*.

vice-chancellor *n* vice-cancelliere *m*.

vice-president *n* vice-presidente *m*.

vice versa ('və:sə) *adv* viceversa.

vicinity (vɪ'sɪnətɪ) *n* vicinanza, prossimità *f*.

vicious ('vɪʃəs) *adj* **1** crudele, dispettoso. **2** vizioso.

victim ('vɪktɪm) *n* vittima *f*. **victimize** *vt* tormentare.

Victorian (vɪk'tɔːrɪən) *adj* vittoriano.

victory ('vɪktrɪ) *n* vittoria *f*. **victorious** *adj* vittorioso.

video-tape ('vɪdɪouteɪp) *n* nastro televisivo *m*.

Vietnam (viet'næm) *n* Vietnam *m*. **Vietnamese** *adj,n* vietnamita.

view (vju:) *n* **1** vista. **2** veduta *f*. panorama *m*. **3** opinione *f*. **4** intento, scopo *m*. **in view of** di visto che. ~ *vt* **1** vedere, osservare. **2** inspezionare. **viewfinder** *n* mirino *m*.

vigil ('vɪdʒɪl) *n* veglia *f*. **vigilant** *adj* vigile, vigilante.

vigour ('vɪgə) *n* vigore *m*. energia *f*. **vigorous** *adj* vigoroso.

vile (vaɪl) *adj* **1** abietto, sordido, vile. **2** pessimo.

villa ('vɪlə) *n* villa *f*.

village ('vɪlɪdʒ) *n* villaggio, paese *m*.

villain ('vɪlən) *n* furfante, farabutto *m*.

vindictive (vɪn'dɪktɪv) *adj* vendicativo.

vine (vaɪn) *n* vite *f*. **vineyard** *n* vigneto *m*. vigna *f*.

vinegar ('vɪnɪgə) *n* aceto *m*.

vintage ('vɪntɪdʒ) *n* vendemmia, annata *f*.

vinyl ('vaɪnɪl) *n* vinile *m*.

viola (vɪ'oulə) *n* viola *f*.

violate ('vaɪəleɪt) *vt* violare, violentare. **violation** *n* violazione *f*.

violence ('vaɪələns) *n* violenza *f*. **violent** *adj* violento.

violet ('vaɪələt) *n* **1** *bot* viola *m*. **2** (colour) viola *m invar*. *adj* violetto.

violin (vaɪə'lɪn) *n* violino *m*.

viper ('vaɪpə) *n* vipera *f*.

virgin ('vəːdʒɪn) *adj,n* vergine *f*.

Virgo ('vəːgou) *n* Vergine *f*.

virile ('vɪraɪl) *adj* virile, maschio.

virtue ('vəːtjuː) *n* virtù *f*. **virtual** *adj* virtuale, effettivo.

virus ('vaɪrəs) *n* virus *m*. *adj* virale.

visa ('viːzə) *n* visto consolare *m*.

viscount ('vaɪkaunt) *n* visconte *m*.

vision ('vɪʒən) *n* **1** visione *f*. **2** capacità visiva *f*. **3** intuito *m*. **visible** *adj* visibile, evidente.

visit ('vɪzɪt) *vt* **1** visitare, fare una visita a. **2** inspezionare. *n* visita *f*.

visual ('vɪzjuəl) *adj* **1** visuale, visivo. **2** visibile. **visualize** *vt,vi* immaginarsi, raffigurarsi.

vital ('vaɪtl) *adj* vitale, essenziale. **vitality** *n* vitalità, forza *f*.

vitamin ('vɪtəmɪn) *n* vitamina *f*.

vivacious (vɪ'veɪʃəs) *adj* vivace, vispo.

vivid ('vɪvɪd) *adj* vivido, vivo.

vixen ('vɪksən) *n* volpe femmina *f*.

vocabulary (vəˈkæbjuləri) *n* vocabolario *m*.

vocal (ˈvoukəl) *adj* vocale. **vocal chords** *n pl* corde vocali *f pl*.

vocation (vouˈkeiʃən) *n* **1** *rel* vocazione *f*. **2** inclinazione, attitudine *f*.

vodka (ˈvɔdkə) *n* vodka *f*.

voice (vɔis) *n* **1** voce *f*. **2** opinione *f*. *vt* esprimere, dire.

void (vɔid) *adj* **1** vuoto. **2** non valido, nullo. *n* vuoto *m*.

volatile (ˈvɔlətail) *adj* **1** volatile. **2** volubile.

volcano (vɔlˈkinou) *n, pl* **-noes** *or* **-nos** vulcano *m*.

vole (voul) *n* topo d'acqua *m*.

volley (ˈvɔli) *n* scarica, raffica *f*. **volleyball** *n* palla a volo *f*.

volt (voult) *n* volt *m*.

volume (ˈvɔljuːm) *n* **1** volume *m*. **2** massa *f*.

volunteer (vɔlənˈtiə) *n* volontario *m*. *vi* **1** offrirsi volontariamente. **2** arruolarsi volontario. **voluntary** *adj* **1** volontario, spontaneo. **2** voluto.

voluptuous (vəˈlʌptʃuəs) *adj* voluttuoso, sensuale.

vomit (ˈvɔmit) *vt, vi* vomitare. *n* vomito *m*.

voodoo (ˈvuːduː) *n* vuduismo *m*.

vote (vout) *n* voto *m*. votazione *f*. *vt, vi* votare.

vouch (vautʃ) *vi* **vouch for** rispondere di.

voucher (ˈvautʃə) *n* **1** documento giustificativo *m*. **2** tagliando *m*. **3** garante *m*.

vow (vau) *n* voto *m*. *vt* **1** fare voto di. **2** promettere.

vowel (ˈvauəl) *n* vocale *f*.

voyage (ˈvɔiidʒ) *n* viaggio *m*.

vulgar (ˈvʌlgə) *adj* volgare.

vulverable (ˈvʌlnrəbl) *adj* vulnerabile.

vulture (ˈvʌltʃə) *n* avvoltoio *m*.

W

wad (wɒd) n 1 pacchetto, rotolo m. 2 tampone m. **wadding** n 1 imbottitura f. 2 ovatta f.

waddle ('wɒdl) vi camminare ondeggiando. n andatura ondeggiante f.

wade (weid) vi avanzare faticosamente. vt guadare.

wafer ('weifə) n cialda f.

waft (wɒft) vt sospingere. vi 1 fluttuare. 2 (of a breeze) soffiare blandamente. n soffio m.

wag (wæg) vt scuotere, agitare. n scodinzolio m.

wage (weidʒ) n salario m. paga f. vt (war) intraprendere.

waggle ('wægəl) vt scuotere, dondolare.

wagon ('wægən) n 1 carro m. 2 vagone merci m.

waif (weif) n trovatello m.

wail (weil) vi gemere, lamentarsi. n gemito, lamento m.

waist (weist) n vita, cintola f. **waistband** n cintura, fascia f. **waistcoat** n panciotto, gilè m. **waistline** n vita f. giro di vita m.

wait (weit) vi,vt aspettare, attendere. **wait on** servire. ~ n attesa f. **waiter** n cameriere m. **waiting list** n lista d'attesa f. **waiting room** n sala d'aspetto f. **waitress** n cameriera f.

waive (weiv) vt rinunciare a, desistere da.

wake[1] (weik) vt svegliare. vi svegliar-si. **waken** vt svegliare, risvegliare. vi svegliarsi.

wake[2] (weik) n naut scia f.

Wales (weilz) n Galles m.

walk (wɔːk) vi camminare, andare a piedi. n 1 passeggiata, camminata f. percorso m. 2 andatura f. **walking stick** n bastone m. **walkout** n sciopero non autorizzato m. **walkover** n inf vittoria facile f.

wall (wɔːl) n muro m. parete f. **wallflower** n 1 violacciocca f. 2 inf ragazza che fa da tappezzeria f. **wallpaper** n carta da parati f.

wallet ('wɒlit) n portafoglio m.

wallop ('wɒləp) inf vt percuotere. n percossa f. colpo m.

wallow ('wɒlou) vi rotolarsi, sguazzare.

walnut ('wɔːlnʌt) n noce f. **walnut tree** n noce m.

walrus ('wɔːlrəs) n tricheco m.

waltz (wɔːls) n valzer m. vi ballare il valzer.

wand (wɒnd) n bacchetta f.

wander ('wɒndə) vi 1 vagare, vagabondare. 2 deviare, smarrirsi. 3 vaneggiare, delirare.

wane (wein) vi 1 (of the moon) calare. 2 diminuire. n declino m. **on the wane** in declino.

wangle ('wæŋgəl) vt brigare, ottenere con intrighi.

want (wɒnt) vt 1 volere, desiderare. 2 aver bisogno di. vi mancare. n 1 mancanza. **2** necessità f. bisogno m.

wanton ('wɔntn) adj **1** licenzioso, impudico. **2** arbitrario. **3** capriccioso.

war (wɔ:) n guerra f. vi guerreggiare. **warfare** n guerra f. stato di guerra m.

warble ('wɔːbəl) vt,vi trillare, gorgheggiare. n trillo, gorgheggio m.

ward (wɔːd) n **1** (of a hospital) reparto m. corsia f. **2** circoscrizione comunale f. **3** law pupillo m. v **ward off** parare. **warden** n guardiano, custode m. **warder** n carceriere m. **wardrobe** n guardaroba f. armadio m.

warehouse ('weəhaus) n magazzino, deposito m.

warm (wɔːm) adj **1** caldo. **2** ardente. vt riscaldare. **warmblooded** adj **1** appassionato. **2** a sangue caldo. **warmhearted** adj gentile, compassionevole. **warmth** n **1** calore m. **2** zelo m. **warm-up** n esercizio fisico m.

warn (wɔːn) vt mettere in guardia, avvertire. **warning** n allarme, avvertimento m.

warp (wɔːp) vt **1** storcere. **2** pervertire. vi deformarsi. n ordito m.

warrant ('wɔrənt) n autorizzazione f. ordine m. vt assicurare, garantire.

warren ('wɔrən) n garenna f.

warrior ('wɔriə) n guerriero, soldato m.

wart (wɔːt) n verruca f. porro m.

wary ('weəri) adj diffidente, prudente.

was (wɔz; stressed wɒz) v see **be**.

wash (wɔʃ) vt lavare. vi lavarsi. **wash up** lavare i piatti. ~ n lavata f. **washbasin** n lavandino m. **washer** n tech anello m. **washing** n bucato m. **washing machine** n lavatrice f. **washing powder** n detersivo m. **wash-out** n inf

disastro m. **washroom** n bagno m.

wasp (wɔsp) n vespa f.

waste (weist) vt rovinare, sprecare. n spreco, sciupio m. **wasteful** adj prodigo. **wastepaper basket** n cestino per carta straccia m.

watch (wɔtʃ) n **1** (wrist) orologio m. **2** sorveglianza f. vt guardare. vi fare la guardia. **watchdog** n cane da guardia m. **watchful** adj attento.

water ('wɔːtə) n acqua f. vt **1** innaffiare. **2** diluire. **3** abbeverare. vi (of eyes) piangere.

water-closet n gabinetto m.

watercolour ('wɔːtəkʌlə) n acquerello m.

watercress ('wɔːtəkres) n crescione m.

waterfall ('wɔːtəfɔːl) n cascata f.

watering-can n annaffiatoio m.

waterlily ('wɔːtəlili) n ninfea f.

waterlogged ('wɔːtəlɔgd) adj inzuppato.

watermark ('wɔːtəmɑːk) n **1** livello di marea m. **2** filigrana f.

watermelon ('wɔːtəmelən) n cocomero m.

watermill ('wɔːtəmil) n mulino m.

waterproof ('wɔːtəpruːf) adj impermeabile.

water-ski vi fare lo sci nautico. **water-skiing** n sci nautico m.

watertight ('wɔːtətait) adj a tenuta d'acqua, stagno.

waterway ('wɔːtəwei) n canale m.

waterworks ('wɔːtəwəːks) n pl impianto idrico m.

watery ('wɔːtəri) adj acquoso.

watt (wɔt) n watt m invar.

wave (weiv) n **1** onda f. **2** (of the hand)

cenno m. vi **1** ondeggiare. **2** far segno di saluto. vt agitare. **waveband** n gamma di lunghezza d'onda f. **wavelength** n lunghezza d'onda f. **wavy** adj ondulato.

waver (weivə) vi vacillare, fluttuare.

wax[1] (wæks) n cera f.

wax[2] (wæks) vi (of the moon) crescere, aumentare.

way (wei) n **1** via, direzione f. **2** modo m. **3** mezzo m. **by the way** a proposito. **in the way** ingombrante. **wayside** n bordo della strada m. adj sul bordo della strada.

waylay (wei'lei) vt tendere un agguato a.

wayward ('weiwəd) adj capriccioso, ostinato.

we (wi:) pron 1st pers pl **1** noi m,f. **2** si m,f.

weak (wi:k) adj debole. **weaken** vt indebolire. vi indebolirsi. **weak-kneed** adj smidollato. **weakling** n creatura gracile f. **weakness** n debolezza f. **weak-willed** adj indeciso.

wealth (welθ) n ricchezza f. **wealthy** adj ricco.

weapon ('wepən) n arma f, pl armi.

wear* (weə) vt portare, indossare. vi logorarsi. **wear out 1** esaurire. **2** consumare. ~ n uso m. **wear and tear** logoramento m.

weary ('wiəri) adj affaticato. vt **1** annoiare. **2** stancare.

weasel ('wi:zəl) n donnola f.

weather ('weðə) n tempo m. vt resistere a.

weave* (wi:v) vt,vi tessere. n tessuto m.

web (web) n **1** (of a spider) ragnatela f.

2 tela f. tessuto m.

wedding ('wediŋ) n matrimonio m. **wedding ring** n fede f.

wedge (wedʒ) n cuneo m. vt incuneare.

Wednesday ('wenzdi) n mercoledì m.

weed (wi:d) n erbaccia f. vt sarchiare.

week (wi:k) n settimana f. **weekday** n giorno feriale m. **weekend** n fine settimana m. **weekly** adj settimanale. **weekly magazine** n settimanale m.

weep* (wi:p) vi piangere.

weigh (wei) vt pesare. **weighbridge** n ponte a basculla m. **weight** n **1** peso m. **2** importanza f. **weight-lifting** n sollevamento di pesi m.

weird ('wiəd) adj strano.

welcome ('welkəm) adj benvenuto, gradito. n benvenuto m. vt dare il benvenuto a.

weld (weld) vt saldare.

welfare ('welfeə) n benessere m.

well[1] (wel) adv bene. adj in buona salute. **be well** star bene.

well[2] (wel) n pozzo m.

well-bred adj beneducato.

well-built adj robusto.

well-known adj ben noto.

well-off adj benestante, danaroso.

well-paid adj ben retribuito.

well-spoken adj forbito nel parlare.

well-worn adj usato.

Welsh (welʃ) adj gallese. **Welsh** (language) n gallese m. **Welshman** n gallese m.

went (went) v see **go**.

wept (wept) v see **weep**.

were (wə:) v see **be**.

west (west) n ovest, ponente m. adj occidentale, dell'ovest. **westerly** adj del-

l'ovest. **western** adj occidentale.
West Indies ('indiz) n Indie Occidentali f pl. **West Indian** adj delle Indie Occidentali.

wet (wet) adj **1** bagnato, umido. **2** fradicio. **3** fresco. n umidità f. vt bagnare, inzuppare. **wet blanket** n guastafeste m. **wet suit** n muta f.

whack (wæk) inf vi bastonare. n percossa f.

whale (weil) n balena f.

wharf (wɔ:f) n banchina f.

what (wɔt) pron **1** che? che cosa? **2** ciò, che. **what for?** perché? **what's the matter?** che cosa hai? ~ adj **1** quale? che? **2** che. **what a** che. **whatever** pron qualsiasi cosa. adj qualunque.

wheat (wi:t) n frumento, grano m.

wheedle ('wi:dl) vt adulare, persuadere con lusinghe.

wheel (wi:l) n **1** ruota f. **2** volante m. vt far ruotare. **wheelbarrow** n carriola f. **wheelchair** n sedia a rotelle f.

wheeze (wi:z) vi ansimare. n respiro affannoso m.

whelk (welk) n buccina f.

when (wen) adv, conj quando. **whenever** adv ogni volta che.

where (weə) pron, adv, conj dove. **where to.** dove. **where-abouts** adv da che parte. n luogo m. posizione f. **whereas** conj mentre. **whereby** adv con cui, come. **where-upon** adv dopo di che. **wherever** adv dovunque, in qualunque luogo.

whether ('weðə) conj se.

which (witʃ) pron **1** chi? quale? **2** che, la qual cosa, il quale. adj **1** quale? **2** il quale. **whichever** pron qualsiasi. adj qualunque.

whiff (wif) n soffio, sbuffo m.

while (wail) conj also **whilst** mentre. n momento m.

whim (wim) n capriccio m.

whimper ('wimpə) vi piagnucolare. n piagnucolio m.

whimsical ('wimzikəl) adj capriccioso, bizzarro.

whine (wain) vi uggiolare. n **1** (of a dog) uggiolio m. **2** piagnucolio m.

whip (wip) n frusta f. vt frustare.

whir (wə:) vi ronzare, rombare. n ronzio, rombo m.

whirl (wə:l) n vortice, giro rapido m. vi roteare. vt far girare. **whirlwind** n turbine, vortice m. tromba d'aria f.

whisk[1] (wisk) vi muoversi rapidamente. vt spazzare. n movimento rapido m.

whisk[2] (wisk) vt cul frullare. n frullino m.

whisker ('wiskə) n baffo m.

whisky ('wiski) n whisky m invar.

whisper ('wispə) vt, vi sussurrare. n bisbiglio, mormorio m.

whist (wist) n (gioco di carte) whist m.

whistle ('wisəl) vt, vi fischiare. n fischio, sibilo m.

white (wait) adj **1** bianco, candido. **2** pallido. n **1** bianco m. **2** (of an egg) chiaro m. **3** cap Bianco m. **whiten** vt imbiancare. **whitewash** n calce f. intonaco m. vt imbiancare. **whiting** n merlano m.

Whitsun ('witsən) n Pentecoste f.

whiz (wiz) vi fischiare. n fischio m.

who (hu:) pron **1** chi? **2** che, il quale. **whoever** pron chiunque.

whole (houl) adj intero, tutto. n tutto m.

wholemeal *adj* integrale. **wholehearted** *adj* generoso, sincero. **wholesale** *n* vendita all'ingrosso *f.* *adv* all'ingrosso. **wholesome** *adj* sano, salubre.

wholly *adv* completamente, totalmente.

whom (hu:m) *pron* **1** chi? **2** che, il quale.

whooping cough ('hu:piŋ) *n* pertosse *f.*

whore (hɔ:) *n* puttana *f.*

whose (hu:z) *pron* **1** di chi? **2** di cui, del quale, il cui.

why (wai) *adv* **1** perché? **2** per cui. *conj* perché.

wick (wik) *n* lucignolo *m.*

wicked ('wikid) *adj* cattivo, malvagio.

wicket ('wikit) *n* **1** sportello, canceletto *m.* **2** *sport* porta *f.*

wide (waid) *adj* largo, ampio, esteso. *adv* **1** lontano, lungi. **2** bene. **widely** *adv* largamente, molto, diffusamente. **widen** *vt* estendere, allargare. *vi* allargarsi. **widespread** *adj* esteso, generale. **width** *n* larghezza, ampiezza *f.*

widow ('widou) *n* vedova *f.*

wield (wi:ld) *vt* **1** tenere, maneggiare. **2** (power) esercitare.

wife (waif) *n, pl* **wives** moglie, sposa *f.*

wig (wig) *n* parrucca *f.*

wiggle ('wigəl) *vt* dimenare. *vi* contorcersi.

wigwam ('wigwæm) *n* tenda dei pellirosse *f.*

wild (waild) *adj* **1** selvaggio, feroce. **2** incolto.

wilderness ('wildənəs) *n* **1** deserto *m.* **2** solitudine *m.*

wilful ('wilfəl) *adj* intenzionale, fatto apposta.

will*¹ (wil) *v mod aux* **1** volere. **2** expressed by the future tense.

will² (wil) *n* **1** volontà *f.* volere *m.* **2** *law* testamento *m.* **willing** *adj* pronto, disposto. **willpower** *n* volontà *f.*

willow ('wilou) *n* salice *m.*

wilt (wilt) *vi* appassire.

win* (win) *vt, vi* vincere, guadagnare *n* vincita, vittoria *f.*

wince (wins) *vi* trasalire. *n* smorfia *f.*

winch (wintʃ) *n* argano *m.* manovella *f.*

wind¹ (wind) *n* **1** vento *m.* **2** *med* flatulenza *f.* **windfall** *n* fortuna inaspettata *f.* **windmill** *n* mulino a vento *m.* **windpipe** *n* trachea *f.* **windscreen** *n* parabrezza *m.* **windscreen wiper** *n* tergicristallo *m.* **windswept** *adj* battuto dai venti. **windy** *adj* ventoso.

wind*² (waind) *vt* avvolgere, girare. *vi* serpeggiare. **wind up** caricare.

windlass ('windləs) *n* verricello *m.*

window ('windou) *n* finestra, vetrata *f.* **window box** *n* cassetta per fiori *f.* **window-dressing** *n* allestimento di vetrine *m.* **window-shop** *vi* guardare le vetrine.

wine (wain) *n* vino *m.* **wine-glass** *n* bicchiere da vino *m.*

wing (wiŋ) *n* **1** ala *f.* **2** volo *m.* **3** *ph Th* quinta *f.* **wingspan** *n* apertura d'ali *f.*

wink (wiŋk) *vi* ammiccare, strizzare l'occhio. *n* batter d'occhio, cenno *m.*

winkle ('wiŋkəl) *n* chiocciola marina *f.*

winter ('wintə) *n* inverno *m.*

wipe (waip) *vt* pulire, strofinare. *n* strofinata *f.*

wire (waiə) *n* **1** filo *m.* **2** *inf* telegramma *m.* *vt* telegrafare. **wireless** *n* radio *f invar.*

wisdom ('wizdəm) *n* saggezza *f.*

wise (waiz) *adj* saggio.

wish (wiʃ) *vt,vi* **1** desiderare. **2** augurare. *n* desiderio *m.* voglia *f.*

wisp (wisp) *n* ciuffo *m.* ciocca *f.*

wisteria (wis'tiəriə) *n* glicine *m.*

wistful ('wistfəl) *adj* pensoso.

wit (wit) *n* arguzia *f.* spiritoso *m.*

witch (witʃ) *n* strega *f.* **witchcraft** *n* stregoneria *f.*

with (wið) *prep* con, in compagnia di, presso.

withdraw* (wið'drɔː) *vt* ritirare. *vi* ritirarsi. **withdrawal** *n* ritiro *m.*

wither ('wiðə) *vi* appassire, deperire, avvizzire.

withhold* (wið'hould) *vt* **1** trattenere. **2** nascondere.

within (wið'in) *prep* entro, in meno di. *adv* dentro.

without (wið'aut) *prep* senza (di).

withstand* (wið'stænd) *vt* resistere a.

witness ('witnəs) *n* testimone *m.* **2** testimonianza *f. vt* testimoniare, essere testimone di.

witty ('witi) *adj* arguto, spiritoso.

wizard ('wizəd) *n* mago, stregone *m.*

wobble ('wɔbəl) *vi* vacillare.

woke (wouk) *v see* **wake**[1].

woken ('woukən) *v see* **wake**[1].

wolf (wulf) *n, pl* **wolves** lupo *m.*

woman ('wumən) *n, pl* **women** donna *f.* **womanhood** *n* femminilità *f.* le donne *f pl.*

womb (wuːm) *n* utero *m.*

won (wʌn) *v see* **win**.

wonder ('wʌndə) *n* meraviglia *f. vi* **1** meravigliarsi. **2** domandarsi. **won-**

-derful *adj* meraviglioso.

wonky ('wɔŋki) *adj sl* **1** traballante. **2** incostante.

wood (wud) *n* **1** (*material*) legno *m.* **2** bosco *m.* **woodcock** *n* beccaccia *f.* **wooden** *adj* di legno. **woodland** *n* terreno boscoso *m.* **woodpecker** *n* picchio *m.* **woodpigeon** *n* colombo selvatico *m.* **woodwind** *n* strumenti a fiato *m pl.* **woodwork** *n* lavoro in legno *m.* **woodworm** *n* tarlo *m.*

wool (wul) *n* lana *f.* **woollen** *adj* di lana *f.* **woolly** *adj* **1** lanoso. **2** confuso.

word (wəːd) *n* **1** parola *f.* vocabolo *m.* **2** promessa *f.*

wore (wɔː) *v see* **wear**.

work (wəːk) *n* **1** lavoro *m.* **2** *vi* lavorare. *vt* far funzionare. **working** *adj* **1** che lavora. **2** che funziona. **working class** *n* classe operaia *f.* **workman** *n* operaio *m.* **workmanship** *n* abilità, esecuzione *f.* **workshop** *n* officina *f.*

world (wəːld) *n* mondo *m.* **worldly** *adj* mondano. **worldwide** *adj* in tutto il mondo.

worm (wəːm) *n* verme *m.*

wormwood ('wəːmwud) *n* assenzio *m.*

worn (wɔːn) *v see* **wear**.

worry ('wʌri) *n* preoccupazione *f.* tormento *m. vt* **1** preoccupare. **2** tormentare. *vi* preoccuparsi.

worse ('wəːs) *adj* peggiore, peggio. *adv,n* peggio *m.* **worse and worse** sempre peggio. **worsen** *vt* peggiorare, aggravare. *vi* peggiorare, aggravarsi.

worship ('wəːʃip) *n* adorazione *f.* **His or Your Worship** Sua *or* Vostra Eccellenza. ~ *vt* adorare.

worst (wə:st) *adj* peggiore. *adv* peggio.

worth (wə:θ) *n* valore, merito *m*. *adj* **1** degno di. **2** del valore di. **3** che merita. **be worth** valere. **worthwhile** *adj* che vale la pena. **worthy** *adj* degno.

would (wəd; *stressed* wud) *v see* **will**[1].

wound[1] (wu:nd) *n* ferita *f*. *vt* ferire, offendere.

wound[2] (waund) *v see* **wind**[2].

wove (wouv) *v see* **weave**.

woven ('wouv:n) *v see* **weave**.

wrangle ('ræŋgəl) *vi* discutere. *n* rissa *f*, alterco *m*.

wrap (ræp) *vt* **1** avvolgere. **2** incartare.

wreath (ri:θ) *n* ghirlanda, corona di fiori *f*.

wreathe (ri:ð) *vt* inghirlandare.

wreck (rek) *n* **1** naufragio *m*. **2** rovina *f*. **3** nave che ha fatto naufragio *f*. *vt* distruggere. **wreckage** *n* relitti rottami *m pl*.

wren (ren) *n* scricciolo *m*.

wrench (rentʃ) *vt* storcere. *n* storta *f*, strappo *m*. *vt* storcere.

wrestle ('resəl) *vi* lottare. **wrestling** *n* lotta *f*.

wretch (retʃ) *n* disgraziato *m*. **wretched** *adj* sfortunato, miserabile.

wriggle ('rigəl) *vi* contorcersi, dimenarsi.

wring* (riŋ) *vt* torcere, stringere, strizzare.

wrinkle ('riŋkəl) *n* ruga, crespa *f*. *vt* raggrinzire, corrugare. *vi* corrugarsi.

wrist (rist) *n* polso *m*.

writ (rit) *n* decreto, ordine *m*.

write* (rait) *vt,vi* scrivere. **writer** *n* scrivente *m,f*. **writing paper** *n* carta da lettere *f*.

writhe (raið) *vi* contorcersi.

wrong (rɒŋ) *adj* **1** sbagliato. **2** ingiusto. **be wrong** avere torto. ~ *n* **1** torto *m*. **2** ingiustizia *f*. *adv* **1** erroneamente. **2** male.

wrote (rout) *v see* **write**.

wrought iron (rɔːt) *n* ferro battuto *m*.

wrung (rʌŋ) *v see* **wring**.

wry (rai) *adj* ironico.

X

xenophobia (zenə'foubiə) *n* xenofobia *f*.

X-ray *n* radiografia *f*. *vt* radiografare.

xylophone ('zailəfoun) *n* silofono *m*.

Y

yacht (jɔt) *n* panfilo, yacht *m*. **yachtsman** *n* **1** proprietario di panfilo *m*. **2** chi pratica la navigazione su yacht, velista *m*.

yank (jæŋk) *vt* tirare con violenza. *n* strattone, strappo *m*.

yap (jæp) *vi* guaire, abbaiare.

yard[1] (jɑːd) *n* (measurement) iarda *f*. **yardstick** *n* pietra di paragone *f*.

yard[2] (jɑːd) *n* cortile, recinto *m*.

yarn (jɑːn) *n* **1** filato *m*. **2** *inf* filastrocca, storia *f*.

yawn (jɔːn) *vi* sbadigliare. *n* sbadiglio *m*.

year (jiə) *n* anno *m*. annata *f*. **yearly** *adj* annuale. *adv* annualmente.

yearn (jəːn) *vi* desiderare intensamente.

yeast (jiːst) *n* lievito *m*.

yell (jel) *n* urlo, strillo *m*. *vi* urlare.

yellow ('jelou) *adj,n* giallo *m*.

yelp (jelp) *vi* guaire. *n* guaito *m*.

yes (jes) *adv* sì.

yesterday ('jestədi) *adv* ieri.

yet (jet) *adv* **1** ancora. **2** ma. *conj* ma, tuttavia.

yew (juː) *n* tasso *m*.

Yiddish ('jidiʃ) *adj,n* yiddish *m*.

yield (jiːld) *vt* produrre. *vi* cedere. *n* raccolto *m*.

yodel ('joudl) *vi* cantare alla tirolese.

yoga ('jougə) *n* yoga *m*.

yoghurt ('jɔgət) *n* yogurt *m*.

yoke (jouk) *n* giogo *m*.

yolk (jouk) *n* torlo d'uovo *m*.

yonder ('jɔndə) *adj* quello. *adv* laggiù.

you (juː) *pron 2nd pers s* **1** *fam* tu, ti, te *m,f*. **2** *fml* lei *m*. ella *f*. **3** *pl fam* voi, vi, ve *m,f*. **4** *fml* loro *m,f*.

young (jʌŋ) *adj* giovane. **youngster** *n* ragazzo *m*.

your (jɔː; juə) *poss adj 2nd pers s* **1** *fam* (il) tuo, (la) tua, (i) tuoi, (le) tue. **2** *fml* (il) suo, (la) sua, (i) suoi, (le) sue. **3** *pl fam* (il) vostro, (la) vostra, (i) vostri, (le) vostre. **4** *pl fml* (il, la, i, *or* le) loro *invar*. **yourself** *pron 2nd pers s* **1** *fam* tu stesso. **2** *fam* ti, te. **3** *fml* lei stesso. **4** *pl fam* voi stessi. **5** *pl fml* vi. **6** *pl fml* loro stessi.

yours (jɔːz; juəz) *poss pron 2nd pers s* **1** *fam* il tuo, la tua, i tuoi, le tue. **2** *fml* il suo, la sua, i suoi, le sue. **3** *pl fam* il vostro, la vostra, i vostri, le vostre. **4** *pl fml* il, la, i, *or* le loro.

youth (juːθ) *n* **1** giovinezza, gioventù *f*. **2** giovane *m*. **youth hostel** *n* albergo della gioventù *m*.

Yugoslavia (juːgou'slɑːviə) *n* Iugoslavia *f*. **Yugoslav** *adj,n* Iugoslavo.

Z

zeal (ziːl) *n* zelo *m*. **zealous** *adj* premuroso.

zebra ('zebrə) *n* zebra *f*. **zebra crossing** *n* passaggio pedonale *m*.

zero ('ziərou) *n,pl* **-ros** *or* **-roes** zero *m*.

zest (zest) *n* **1** gusto *m*. **2** sapore *m*.

zigzag ('zigzæg) *n* zigzag *m invar. vi* andare a zig-zag, zig-zagare.

zinc (ziŋk) *n* zinco *m*.

Zionism ('zaiənizəm) *n* sionismo *m*. **Zionist** *adj,n* sionista.

zip (zip) *n* chiusura lampo, cerniera *f*.

zither ('ziðə) *n* cetra *f*.

zodiac ('zoudiæk) *n* zodiaco, segno zodiacale *m*.

zone (zoun) *n* zona *f*.

zoo (zuː) *n* zoo *m*.

zoology (zou ɔlədʒi) *n* zoologia *f*. **zoological** *adj* zoologico. **zoologist** *n* zoologo *m*.

zoom (zuːm) *vi* **1** ronzare, rombare. **2** zumare.

DIZIONARIO
ITALIANO-INGLESE

A

a, ad (a, ad) *prep* **1** to. **2** at. **3** in. **4** with. **5** by. **a dieci chilometri** ten kilometres away.

abate (a'bate) *nm* abbot.

abbagliare (abbaʎ'ʎare) *vt* dazzle. **abbagliante** *adj* dazzling.

abbaiare (abba'jare) *vi* bark. **can che abbaia non morde** his bark is worse than his bite.

abbaino (abba'ino) *nm* skylight.

abbaio (ab'bajo) *nm* bark.

abbandonare (abbando'nare) *vt* abandon, leave, desert. **abbandonarsi a** *vr* **1** indulge in. **2** give free rein to. **abbandonato** *adj* abandoned, deserted. **abbandono** *nm* neglect.

abbassare (abbas'sare) *vt* lower. **abbassarsi** *vr* **1** subside. **2** (of temperature) fall. **abbassamento** *nm* **1** lowering. **2** fall.

abbastanza (abbas'tantsa) *adv* **1** enough. **2** rather, quite.

abbattere (ab'battere) *vt* **1** knock down. **2** defeat, overthrow. **3** dishearten. **abbattimento** *nm* dejection.

abbazia (abbat'tsia) *nf* abbey.

abbellire (abbel'lire) *vt* adorn, embellish. **abbellimento** *nm* embellishment.

abbeveratoio (abbevera'tojo) *nm* drinking trough.

abbi (ˈabbi) *v* see **avere**.

abbia (ˈabbja) *v* see **avere**.

abbiamo (ab'bjamo) *v* see **avere**.

abbiente (ab'bjente) *adj* well-to-do, wealthy.

abbigliare (abbiʎ'ʎare) *vt* dress up, adorn. **abbigliamento** *nm* clothing.

abboccare (abbok'kare) *vt* **1** bite. **2** grip. **abboccarsi** *vr* confer. **abboccamento** *nm* interview, talk.

abbonare (abbo'nare) *vt* **1** deduct. **2** subscribe. **abbonarsi** *vr* **1** subscribe. **2** take out a season ticket. **abbonamento** *nm* **1** subscription. **2** season ticket. **abbonato** *nm* subscriber.

abbondare (abbon'dare) *vi* abound, be plentiful. **abbondante** *adj* abundant. **abbondanza** (abbon'dantsa) *nf* abundance.

abbordare (abbor'dare) *vt* **1** approach. **2** broach.

abborracciare (abborrat'tʃare) *vt* bungle, do carelessly.

abbottonare (abbotto'nare) *vt* button (up).

abbozzare (abbot'tsare) *vt* sketch, outline. **abbozzo** (ab'bottso) *nm* sketch, rough draft.

abbracciare (abbrat'tʃare) *vt* **1** embrace, hug. **2** comprise. **abbraccio** *nm* embrace, hug.

abbreviare (abbre'vjare) *vt* abbreviate, shorten. **abbreviazione** *nf* abbreviation.

abbronzare (abbron'dzare) *vt* tan. **ab-**

bronzarsi *vr* become sun-tanned. **abbronzato** *adj* sunburnt, tanned. **abbronzatura** *nf* suntan.

abbrustolire (abbrusto'lire) *vt* **1** toast. **2** burn.

abbuono (ab'bwɔno) *nm* **1** discount. **2** handicap.

abdicare (abdi'kare) *vi* **abdicare a** abdicate, renounce.

abdicazione *nf* abdication.

aberrazione (aberrat'tsjone) *nf* aberration.

abete (a'bete) *nm* fir tree.

abietto (a'bjetto) *adj* **1** abject, vile.

abiezione (abjet'tsjone) *nf* abjection, degradation.

abile ('abile) *adj* **1** capable, skilful. **2** suitable. **abilità** *nf* ability, skill.

abilitare (abili'tare) *vt* **1** train, equip. **2** qualify. **abilitazione** *nf* qualification, diploma.

Abissinia (abis'sinia) *nf* Abyssinia. **abissino** *adj,n* Abyssinian.

abisso (a'bisso) *nm* abyss, chasm.

abitare (abi'tare) *vt* inhabit, occupy. *vi* dwell, live. **abitante** *nm* inhabitant. **abitato** *adj* inhabited. *nm* built-up area. **abitazione** *nf* dwelling.

abito[1] ('abito) *nm* **1** clothes. **2** suit. **abito da sera** evening dress.

abito[2] ('abito) *nm* habit.

abituare (abitu'are) *vt* accustom. **abituarsi a** *vr* get used to. **abituale** *adj* habitual.

abitudine (abi'tudine) *nf* habit, custom.

abolire (abo'lire) *vt* **1** abolish. **2** annul. **abolizione** *nf* abolition.

abominevole (abomi'nevole) *adj* abominable.

aborigeno (abo'ridʒeno) *adj* native, aboriginal. *nm* Aborigine.

aborrire (abor'rire) *vt* abhor, loathe.

abortire (abor'tire) *vi* **1** abort, miscarry. **2** fail. **aborto** ('abɔrto) *nm* abortion.

abrasione (abra'zjone) *nf* abrasion.

abrasivo (abra'zivo) *adj,nm* abrasive.

abside ('abside) *nf* apse.

abusare (abu'zare) *vt* abuse, misuse, take advantage of. **abusivo** *adj* unauthorized. **abuso** *nm* abuse, misuse.

accademia (akka'demja) *nf* academy, institute. **accademico** *adj* academic.

accadere* (akka'dere) *vi* happen, occur, take place. **accaduto** *nm* event, occurrence.

accampare (akkam'pare) *vt* **1** camp. **2** allege. **3** set forth. **accamparsi** *vr* camp. **accampamento** *nm* encampment, camp.

accanirsi (akka'nirsi) *vr* **1** rage. **2** persist. **accanimento** *nm* **1** fury. **2** tenacity. **accanito** *adj* **1** fierce. **2** obstinate.

accanto (ak'kanto) *adv,prep* near, nearby. **accanto a** beside.

accantonare (akkanto'nare) *vt* set aside.

accappatoio (akkappa'tojo) *nm* beach or bath robe.

accarezzare (akkaret'tsare) *vt* caress, stroke.

accavallare (akkaval'lare) *vt* overlap. **accavallare le gambe** cross one's legs.

accecare (attʃe'kare) *vt* blind.

accelerare (attʃeleˈrare) *vi* accelerate. *vt* quicken. **accelerato** *nm* slow train. **acceleratore** *nm* accelerator.

accendere* (atˈtʃɛndere) *vt* 1 light. 2 switch on. **accendersi** *vr* catch fire.

accendino (attʃenˈdino) *nm also* **accendisigaro** (attʃendiˈsigaro) cigarette lighter.

accennare (attʃenˈnare) *vi* 1 nod, beckon. 2 mention, refer. *vt* point out, indicate. **accenno** *nm* 1 sign, nod. 2 mention.

accensione (attʃenˈsjone) *nf* ignition.

accento (atˈtʃɛnto) *nm* 1 accent. 2 tone. 3 stress.

accentrare (attʃenˈtrare) *vt* centralize, concentrate.

accentuare (attʃentuˈare) *vt* accentuate, stress.

accertare (attʃerˈtare) *vt* assure, verify.

accesi (atˈtʃesi) *v see* **accendere**.

acceso (atˈtʃeso) *v see* **accendere**. *adj* 1 alight, bright. 2 flushed.

accesso (atˈtʃɛsso) *nm* 1 access. 2 fit.

accessibile (attʃesˈsibile) *adj* accessible.

accessorio (attʃesˈsɔrjo) *adj, nm* accessory.

accetta (atˈtʃetta) *nf* hatchet.

accettare (attʃetˈtare) *vt* accept, agree. **accettazione** *nf* acceptance.

acchiappare (akkjapˈpare) *vt* catch, grab hold of, seize.

acciaio (atˈtʃajo) *nm* steel. **acciaio inossidabile** stainless stell. **acciaieria** *nf* steel-works.

accidente (attʃiˈdɛnte) *nm* 1 accident, misfortune. 2 *med* fit. **non capire un**

accidente not to understand a thing. **accidentale** *adj* accidental. **accidenti!** *interj* damn!

acciottarsi (attʃiʎˈʎarsi) *vr* frown, knit one's brow. **accigliato** *adj* 1 frowning. 2 preoccupied.

acciocché (attʃokˈke) *conj* so that, in order that.

acciuga (atˈtʃuga) *nf* anchovy. **pigiati come acciughe** packed like sardines.

acclamare (akklaˈmare) *vt* acclaim, cheer. **acclamazione** *nf* acclamation.

acclimatare (akklimaˈtare) *vt* acclimatize.

accludere* (akˈkludere) *vt* enclose.

accoccolarsi (akkokkoˈlarsi) *vr* crouch, squat.

accogliere* (akˈkɔʎʎere) *vt* 1 greet, welcome, receive. 2 accept. **accogliente** (akkoʎˈʎɛnte) *adj* hospitable, cosy.

accomodare (akkomoˈdare) *vt* 1 repair. 2 adjust. 3 tidy. *vi* suit. **accomodarsi** *vr* take a seat. **accomodamento** *nm* compromise. **accomodante** *adj* easy-going.

accompagnare (akkompaɲˈnare) *vt* accompany, escort. **accompagnamento** *nm* 1 accompaniment. 2 procession.

acconciare (akkonˈtʃare) *vt* 1 prepare. 2 adorn.

acconciatura (akkontʃaˈtura) *nf* hairstyle.

accondiscendere (akkondiʃˈʃendere) *vi* concede, condescend.

acconsentire (akkonsenˈtire) *vi* consent, approve.

accorciare (akkor'tʃare) *vt* shorten. *vi* become shorter.

accordare (akkor'dare) *vt* **1** grant. **2** tune. **3** match. **accordarsi** *vr* agree.

accordo (ak'kɔrdo) *nm* agreement. **andare d'accordo** get on well. **d'accordo** okay, very well. **essere d'accordo** agree.

accorgersi* (ak'kɔrdʒersi) *vr* notice, realize.

accorrere* (ak'korrere) *vi* run up, come running.

accorsi (ak'korsi) *v see* **accorgersi**.

accorto (ak'kɔrto) *v see* **accorgersi**. *adj* shrewd. **accortezza** (akkor'tettsa) *nf* shrewdness.

accostare (akkos'tare) *vt* bring near. **accosto** *adv* near by.

accovacciarsi (akkovat'tʃarsi) *vr* crounch, huddle.

accreditare (akkredi'tare) *vt* credit.

accrescere* (ak'kreʃʃere) *vt* increase.

accumulare (akkumu'lare) *vt* amass, store, accumulate.

accurato (akku'rato) *adj* thorough, careful. **accuratezza** (akkura'tettsa) *nf* care.

accusare (akku'zare) *vt* accuse, charge. **accusa** *nf* accusation, charge.

acerbo (a'tʃerbo) *adj* bitter, unripe, sour.

acero ('atʃero) *nm* maple tree.

aceto (a'tʃeto) *nm* vinegar. **sott'aceto** in vinegar.

acido ('atʃido) *adj,nm* acid. **acidità** *nf* acidity.

acne ('akne) *nm* acne.

acqua ('akkwa) *nf* water. **acqua pota-**
bile drinking water.

acquaforte (akkwa'fɔrte) *nf* **1** nitric acid. **2** etching.

acquaio (ak'kwajo) *nm* kitchen sink.

acquaragia (akkawa'radʒa) *nf* turpentine.

acquario (ak'kwarjo) *nm* **1** aquarium. **2** *cap* Aquarius.

acquatico (ak'kwatiko) *adj* aquatic.

acquavite (akkwa'vite) *nf* eau-de-vie.

acquazzone (akkwat'tsone) *nm* heavy shower, downpour.

acquedotto (akwe'dɔtto) *nm* aqueduct.

acquerello (akkwe'rɛllo) *nm* watercolour.

acquistare (akkwis'tare) *vt* **1** buy, acquire. **2** obtain. **3** gain. **acquisto** *nm* purchase.

acre ('akre) *adj* **1** bitter. **2** pungent. **3** acrid. **acredine** (a'kredine) *nf* bitterness.

acrilico (a'kriliko) *adj* acrylic.

acro ('akro) *nm* acre.

acrobata (a'krɔbata) *nm* acrobat. **acrobatico** (akro'batiko) *adj* acrobatic. **acrobazia** *nf* acrobatics.

acustica (a'kustika) *nf* acoustics.

acustico (a'kustiko) *adj* acoustic.

acuto (a'kuto) *adj* **1** sharp, acute. **2** intense.

ad (ad) *prep see* **a**.

adagiarsi (ada'dʒarsi) *vr* settle oneself.

adagio (a'dadʒo) *adv* slowly, carefully.

adattabile (adat'tabile) *adj* adaptable.

adattare (adat'tare) *vt* adapt, convert. **adatto** *adj* suitable.

addensare (adden'sare) *vt* thicken.

addensarsi *vr* thicken.

addetto (ad'detto) *adj* **1** assigned. **2** attached. *nm* attaché.

addietro (ad'djɛtro) *adv* **1** behind. **2** ago, before.

addio (ad'dio) *interj* goodbye! farewell!

addirittura (addirit'tura) *adv* even, quite.

additare (addi'tare) *vt* indicate, point out.

addizionare (additsjo'nare) *vt* add (up). **addizionatrice** *nf* adding machine. **addizione** *nf* addition.

addolcire (addol't∫ire) *vt* **1** sweeten. **2** soothe.

addome (ad'dome) *nm* abdomen.

addomesticare (addomesti'kare) *vt* trame, train.

addormentare (addormen'tare) *vt* put to sleep. **addormentarsi** *vr* fall asleep.

addossare (addos'sare) *vt* **1** lean. **2** saddle, burden. **addossarsi** *vr* undertake.

addosso (ad'dɔsso) *prep,adv* **1** on, upon. **2** close, against. **levarsi d'addosso** get rid of. **mettere le mani addosso** hit, manhandle. **mettersi addosso** put on.

addotto (ad'dotto) *v* see **addurre**.

adduco (ad'duko) *v* see **addurre**.

addurre* (ad'durre) *vt* **1** allege. **2** quote.

addussi (ad'dussi) *v* see **addurre**.

adeguare (ade'gware) *vt* make equal. **adeguarsi** *vr* adapt. **adeguato** *adj* **1** fitting. **2** fair.

adempiere (a'dempjere) *vt* carry out, fulfil. **adempimento** *nm* fulfilment.

adenoidi (ade'nɔidi) *nf pl* adenoids.

aderire (ade'rire) *vt* **1** adhere, stick. **2** support. **aderente** (ade'rɛnte) *nm* adherent. *adj* close fitting.

adescare (ades'kare) *vt* bait, lure.

adesione (ade'zjone) *nf* **1** adhesion. **2** assent. **adesivo** *adj* adhesive.

adesso (a'dɛsso) *adv* now. **per adesso** for the moment.

adiacente (adja't∫ɛnte) *adj* adjacent.

adibire (adi'bire) *vt* **1** use as. **2** convert, adapt.

adirarsi (adi'rarsi) *vr* get angry. **adirato** *adj* angry.

adito ('adito) *nm* access, entrance.

adocchiare (adok'kjare) *vt* eye up, ogle.

adolescente (adole∫'∫ɛnte) *adj, n* adolescent. **adolescenza** (adole∫'∫ɛntsa) *nf* adolescence, teens.

adombrare (adom'brare) *vt* **1** shade, conceal. **2** outline. **adombrarsi** *vr* take offence.

adoperare (adope'rare) *vt* use.

adorare (ado'rare) *vt* adore, worship. **adorabile** (ado'rabile) *adj* adorable, charming. **adorazione** (adorat'tsjone) *nf* adoration.

adornare (ador'nare) *vt* adorn.

adottare (adot'tare) *vt* adopt. **adozione** *nf* adoption.

adrenalina (adrena'lina) *nf* adrenaline.

adriatico (adri'atiko) *adj* Adriatic. **(Mare) Adriatico** *nm* Adriatic (Sea).

adulazione (adulat'tsjone) *nf* adulation.

adulterare (adulte'rare) *vt* **1** adulterate. **2** tamper with.

adulterio (adul'tɛrjo) *nm* adultery.

adulto (a'dulto) *adj,n* adult.

adunare (adu'nare) *vt* assemble, gather together. **adunanza** (adu'nantsa) *nf* meeting.

adunque (a'dunkwe) *conj,adv* then.

aerare (ae'rare) *vt* air, ventilate.

aereo (a'ɛreo) *adj* aerial. *nm* aeroplane.

aerodinamica (aerodi'namika) *nf* aerodynamics.

aerodromo (ae'rɔdromo) *nm* aerodrome, airfield.

aeronautica (aero'nautika) *nf* **1** aeronautics. **2** airforce.

aeroplano (aero'plano) *nm* aeroplane.

aeroporto (aero'porto) *nm* airport.

aerosol (aero'sɔl) *nm invar* aerosol.

afa ('afa) *nf* sultry heat.

affabile (af'fabile) *adj* affable, friendly.

affaccendarsi (affattʃen'darsi) *vr* busy oneself.

affacciarsi (affat'tʃarsi) *vr* appear.

affamato (affa'mato) *adj* **1** starving, hungry. **2** eager.

affannare (affan'nare) *vt* trouble, worry. **affanno** *nm* worry, anxiety.

affare (af'fare) *nm* **1** affair, thing. **2** *pl* business. **uomo d'affari** *nm* business man. **affarista** *nm* speculator.

affascinare (affaʃʃi'nare) *vt* fascinate, bewitch. **affascinante** *adj* fascinating.

affastellare (affastel'lare) *vt* bundle, pile up.

affaticare (affati'kare) *vt* **1** tire. **2** strain.

affatto (af'fatto) *adv* completely. **non...affatto** not at all.

affermare (affer'mare) *vt* assert, affirm. **affermazione** *nf* affirmation.

afferrare (affer'rare) *vt* grasp, hold on to.

affettare[1] (affet'tare) *vt* affect. **affettato** *adj* affected, studied. **affettazione** *nf* affectation.

affettare[2] (affet'tare) *vt* slice, cut. **affettato** *nm* sliced cold ham *or* salami.

affetto[1] (af'fɛtto) *adj* afflicted, suffering.

affetto[2] (af'fɛtto) *nm* affection, love. **affettuoso** (affettu'oso) *adj* affectionate, loving.

affezionarsi (affettsjo'narsi) *vr* **affezzionarsi a** become fond of *or* attached to. **affezionato** *adj* affectionate. **affezione** *nf* **1** affection. **2** illness, ailment.

affidare (affi'dare) *vt* entrust.

affiggere* (af'fiddʒere) *vt* **1** affix. **2** display.

affilare (affi'lare) *vt* sharpen. **affilato** *adj* sharp.

affiliare (affi'ljare) *vt* affiliate, associate. **affiliarsi** *vr* become a member. **affiliazione** *nf* affiliation.

affinché (affin'ke) *conj* so that, in order that.

affinità (affini'ta) *nf* affinity, resemblance.

affissi (af'fissi) *v* see **affiggere**.

affissione (affis'sjone) *nf* billposting. **è vietata l'affissione** no bills.

affisso (af'fisso) *v* see **affiggere**. *nm* bill, poster.

affittare (affit'tare) *vt* **1** let. **2** rent. **3** hire. **affittasi** to let. **affitto** *nm*. **1** rent. **2** lease. **dare in affitto** let.

affliggere* (af'fliddʒere) *vt* **1** afflict. **2**

torment.

afflissi (af'flissi) *v* see **affliggere**.

afflitto (af'flitto) *v* see **affliggere**. *adj* afflicted.

afflizione (afflit'tsjone) *nf* affliction.

affluire (afflu'ire) *vi* 1 flow. 2 pour in.

affluenza (afflu'ɛntsa) *nf* affluence, abundance.

affogare (affo'gare) *vt,vi* 1 drown. 2 suffocate.

affollare (affol'lare) *vt* crowd, throng. **affollarsi** *vr* gather round. **affollato** *adj* crowded.

affondare (affon'dare) *vt,vi* sink.

affresco (af'fresko) *nm* fresco.

affrettare (affret'tare) *vt* hurry, quicken. **affrettarsi** (affret'tarsi) *vr* hurry.

affrontare (affron'tare) *vt* confront, face. **affronto** *nm* insult.

affumicare (affumi'kare) *vt* 1 smoke. 2 *cul* cure.

Afganistan (afganis'tan) *nm* Afghanistan. **afgano** *adj,n* Afghan.

afoso (a'foso) *adj* sultry, close.

Africa ('afrika) *nf* Africa. **Africa del Sud** South Africa. **africano** *adj,n* African.

agenda (a'dʒɛnda) *nf* 1 diary. 2 notebook.

agente (a'dʒɛnte) *nm* agent, representative. **agente di cambio** stockbroker.

agenzia (adʒen'tsia) *nf* agency, office. **agenzia di viaggi** travel agency.

agevole (a'dʒevole) *adj* 1 comfortable. 2 reasonable.

aggettivo (addʒet'tivo) *nm* adjective.

agghiacciare (aggjat'tʃare) *vt* freeze.

aggiornare (addʒor'nare) *vt* 1 bring up to date. 2 adjourn. **aggiornamento** *nm* 1 revision, bringing up to date. 2 adjournment.

aggiudicare (addʒudi'kare) *vt* award.

aggiungere* (ad'dʒundʒere) *vt* add. **aggiunta** *nf* addition.

aggiustare (addʒust'tare) *vt* 1 repair. 2 adjust. 3 settle.

aggrappare (aggrap'pare) *vt* seize. **aggrapparsi** *vr* cling.

aggravare (aggra'vare) *vt* aggravate. **aggravarsi** *vr* become worse, deteriorate.

aggregare (aggre'gare) *vt* enrol. **aggregarsi** *vr* join.

aggressione (aggres'sjone) *nf* assault, attack. **aggressivo** *adj* aggressive.

aggrottare (aggrot'tare) *vt* **aggrottare le ciglia** frown.

aggruppare (aggrup'pare) *vt* group together.

agguato (ag'gwato) *nm* ambush. **tendere un agguato** lay an ambush.

agile ('adʒile) *adj* 1 agile. 2 alert. **agilità** *nf* agility.

agio ('adʒo) *nm* ease, comfort.

agire (a'dʒire) *vi* 1 act, behave. 2 work.

agitare (adʒi'tare) *vt* 1 shake. 2 trouble. **agitarsi** *vr* 1 toss. 2 worry. **agitato** *adj* restless. **agitatore** *nm* agitator. **agitazione** *nf* agitation.

agli (a'ʎʎi) contraction of **a gli**.

aglio ('aʎʎo) *nm* garlic.

agnello (aɲ'ɲello) *nm* lamb.

agnostico (aɲ'ɲɔstiko) *adj,nm* agnostic.

ago ('ago) *nm* needle.

agonia (ago'nia) *nf* agony. **agonizzare** (agonid'dzare) *vi* be on the point of death.

agopuntura (agopun'tura) *nf* acupuncture.

agosto (a'gosto) *nm* August.

agraria (a'grarja) *nf* agriculture. **agrario** *adj* agrarian.

agricoltore (agrikol'tore) *nm* farmer. **agricolo** (a'grikolo) *adj* agricultural. **agricoltura** *nf* agriculture.

agrifoglio (agri'fɔʎʎo) *nm* holly.

agro ('agro) *adj* 1 bitter. 2 harsh.

agrumi (a'grumi) *nm pl* citrus fruits.

aguzzare (agut'tsare) *vt* 1 sharpen. 2 stimulate. **aguzzo** *adj* sharp, pointed.

ahimè (ai'me) *interj* alas!

ai ('ai) contraction of **a i**.

aia ('aja) *nf* threshing floor. **menare il can per l'aia** beat about the bush.

Aia, L' ('aja) *nf* The Hague.

airone (ai'rone) *nm* heron.

aiuola (a'jwɔla) *nf* flowerbed.

aiutare (aju'tare) *vt* help, aid. **aiutante** *nm* 1 helper. 2 adjutant. **aiuto** *nm* help.

aizzare (ait'tsare) *vt* provoke, incite.

al (al) contraction of **a il**.

ala ('ala) *nf pl* **ali** wing.

alabastro (ala'bastro) *nm* alabaster.

alano (a'lano) *nm* Great Dane.

alba ('alba) *nf* dawn, daybreak.

Albania (alba'nia) *nf* Albania. **albanese** *adj,n* Albanian.

albatro ('albatro) *nm* albatross.

albergare (alber'gare) *vt* 1 house. 2 cherish. *vi* lodge.

albergo (al'bergo) *nm* hotel. **albergo diurno** toilet facilities. **albergo per la**

gioventù youth hostel.

albero ('albero) *nm* 1 tree. 2 mast. 3 shaft.

albicocca (albi'kɔkka) *nf* apricot. **albicocco** *nm* apricot tree.

album ('album) *nm* album.

alcali ('alkali) *nm invar* alkali.

alchimia (alki'mia) *nf* alchemy. **alchimista** *nm* alchemist.

alcool ('alkool) *nm invar* alcohol. **alcoolico** (alko'ɔliko) *adj* alcoholic.

alcoolismo (alkoo'lizmo) *nm* alcoholism. **alcoolizzato** (alkoolid'dzato) *adj,n* alcoholic.

alcunché (alku'ke) *pron* 1 anything. 2 something.

alcuno (al'kuno) *adj* 1 any. 2 some. *pron* 1 somebody. 2 anybody.

alfabeto (alfa'beto) *nm* alphabet. **alfabetico** (alfa'betiko) *adj* alphabetical.

alfiere (al'fjere) *nm* game bishop.

alfine (al'fine) *adv* at last.

alga ('alga) *nf* seaweed.

algebra ('alʒebra) *nf* algebra.

Algeria (alʒe'ria) *nf* Algeria. **algerino** *adj,n* Algerian.

aliante (ali'ante) *nm* glider.

alibi ('alibi) *nm invar* alibi.

alice (a'litʃe) *nf* anchovy.

alienare (alje'nare) *vt* alienate. **alienato** *nm* lunatic. **alienazione** *nf* 1 alienation. 2 insanity.

alieno (a'ljɛno) *adj* **alieno da** averse to.

alimentare (alimen'tare) *vt* nourish, feed. **alimentari** *nm pl* foodstuffs. **negozio di alimentari** *nm* grocer's shop. **alimento** *nm* 1 food. 2 *pl* alimony.

aliscafo (alis'kafo) *nm* hydrofoil.

alito ('alito) nm breath.

all' (al) contraction of **a l'**.

alla ('alla) contraction of **a la**.

allacciare (allat'tʃare) vt lace up, fasten.

allagare (alla'gare) vt flood. **allagamento** nm flood.

allargare (allar'gare) vt widen, broaden.

allarmare (allar'mare) vt alarm. **allarmarsi** vr take fright. **allarmante** adj alarming. **allarme** nm alarm.

alle ('alle) contraction of **a le**.

alleanza (alle'antsa) nf alliance.

alleato (alle'ato) adj allied. nm ally.

allegare (alle'gare) vt 1 allege. 2 enclose. **allegazione** nf allegation.

allegoria (allego'ria) nf allegory. **allegorico** (alle'gɔriko) adj allegorical.

allegro (al'legro) adj happy, gay. **allegria** nf gaiety, joy.

allenare (alle'nare) vt train. **allenamento** nm training. **allenatore** nm coach, trainer.

allentare (allen'tare) vt loosen, relax.

allergia (aller'dʒia) nf allergy. **allergico** adj allergic.

allestire (alles'tire) vt 1 prepare. 2 stage. **allestimento** nm preparation.

allettare (allet'tare) vt lure, entice.

allevare (alle'vare) vt 1 bring up. 2 breed.

alleviare (alle'vjare) vt alleviate.

allibratore (allibra'tore) nm bookmaker, turf accountant.

allievo (al'ljevo) nm pupil, student.

alligatore (alliga'tore) nm alligator.

allineare (alline'are) vt put in line, line up.

allitterazione (allitterat'tsjone) nf alliteration.

allo ('allo) contraction of **a lo**.

allodola (al'lɔdola) nf lark.

alloggiare (allod'dʒare) vt,vi lodge. **alloggio** (al'lɔddʒo) nm lodgings.

allontanare (allonta'nare) vt remove, take away, avert. **allontanarsi** vr go away. **allontanamento** nm removal.

allora (al'lora) adv 1 then. 2 at that time. 3 in that case. **d'allora in poi** from then on

allorché (allor'ke) conj when.

alloro (al'lɔro) nm laurel.

allucinazione (allutʃinat'tsjone) nf hallucination.

alludere* (al'ludere) vi allude, hint.

alluminio (allu'minjo) nm aluminium.

allungare (allun'gare) vt 1 lenghthen, let down (a hem). 2 dilute. 3 hand, pass. 4 quicken. **allungarsi** vr lenghthen, stretch.

allusi (al'luzi) v see **alludere**.

allusione (allu'zjone) nf allusion.

alluso (al'luzo) v see **alludere**.

almeno (al'meno) adv at least.

Alpi ('alpi) nf pl Alps. **alpino** adj alpine.

alpinismo (alpi'nizmo) nm mountaineering, (mountain) climbing. **alpinista** nm mountaineer, (mountain) climber.

alquanto (al'kwanto) adj quite a lot (of). adv somewhat, rather.

alt (alt) interj halt! stop!

altalena (alta'lena) nf 1 swing. 2 seesaw.

altare (al'tare) nm altar.

alterare (alte'rare) vt alter, forge, falsify, adulterate. **alterarsi** *vr* **1** go bad, perish. **2** become angry. **alterazione** *nf* alteration, forgery.

alternare (alter'nare) *vt* alternate. **alternarsi** *vr* alternate. **alternativa** *nf* alternative. **alternativo** *adj* alternative. **alterno** (al'terno) *adj* alternate.

altero (al'tero) *adj* haughty, arrogant. **altezza** (al'tettsa) *nf* **1** height. **2** depth. **3** width. **4** *cap* Highness. **essere all'altezza** be capable.

altipiano (alti'pjano) *nm* plateau. **altitudine** (alti'tudine) *nf* altitude. **alto** ('alto) *adj* **1** high, tall. **2** loud. **ad alta voce** aloud. *~adv* high. **in alto** upwards. **mani in alto** hands up. **altoparlante** *nm* loudspeaker.

altresì (altre'si) *adv* also, as well.

altrettanto (altret'tanto) *adj, pron* as much, as many. *interj* the same to you! *adv* equally.

altro ('altro) *adj* **1** other. **2** different. **3** previous. **4** next. **altro ieri** day before yesterday. *~pron* another. **altro che!** yes indeed! **non volere altro** want nothing more. **tutt'altro** on the contrary.

altronde (al'tronde) **d'altronde** *adv* **1** besides. **2** on the other hand.

altrove (al'trove) *adv* elsewhere.

altrui (al'trui) *adj invar* of others.

alunno (a'lunno) *nm educ* pupil.

alveare (alve'are) *nm* beehive.

alzare (al'tsare) *vt* **1** raise, lift up. **2** erect. **alzarsi** *vr* get up, rise. **alzarsi in piedi** stand up.

amaca (a'maka) *nf* hammock.

amare (a'mare) *vt* love. **amabile**

amabile (a'mabile) *adj* **1** lovable. **2** amiable. **3** (of wine) sweet. **amante** *nm* lover.

amato *adj* loved. *nm* loved-one. **amatore** (ama'tore) *nm* **1** lover. **2** connoisseur.

amarena (ama'rena) *nf* black cherry.

amaro (a'maro) *adj* bitter. *nm* aperitive. **amarezza** *nf* bitterness.

amatriciano (amatri'tʃano) **spaghetti all'amatriciana** *nm pl* spaghetti with a sauce made of pork, onion, tomato, and cheese.

ambasciata (ambaʃ'ʃata) *nf* embassy. **ambasciatore** (ambaʃʃa'tore) *nm* ambassador.

ambedue (ambe'due) *adj invar, pron invar* both.

ambidestro (ambi'destro) *adj* ambidextrous.

ambientarsi (ambjen'tarsi) *vr* get used to one's surroundings, find one's feet.

ambiente (am'bjente) *nm* surroundings, environment, habitat. *adj* surrounding. **temperatura ambiente** *nf* room temperature.

ambiguo (am'biguo) *adj* **1** ambiguous. **2** dubious. **ambiguità** *nf* ambiguity.

ambito (am'bito) *nm* range, scope.

ambivalente (ambiva'lente) *adj* ambivalent.

ambizione (ambit'tsjone) *nf* ambition. **ambizioso** (ambit'tsjoso) *adj* ambitious.

ambo ('ambo) *adj,pron invar* both.

ambra ('ambra) *nf* amber.

ambulante (ambu'lante) *adj* wandering, itinerant.

ambulanza (ambu'lantsa) *nf* ambulance.

ambulatorio (ambula'tɔrjo) *nm* **1** surgery. **2** outpatients' department.

ameba (a'meba) *nf* amoeba.

ameno (a'mɛno) *adj* pleasant, enjoyable.

America (a'merika) *nf* America. **America del Nord/Sud** North/South America. **americano** *adj,n* American.

ametista (ame'tista) *nf* amethyst.

amianto (a'mjanto) *nm* asbestos.

amichevole (ami'kevole) *adj* friendly.

amico (a'miko) *nm, pl* **amici** friend. **amicizia** (ami'tʃittsja) *nf* friendship.

amido ('amido) *nm* starch.

ammaccare (ammak'kare) *vt* bruise. **ammaccatura** *nf* bruise.

ammaestrare (ammaes'trare) *vt* train, teach. **ammaestrato** *adj* tame. **ammaestratore** *nm* trainer.

ammalarsi (amma'larsi) *vr* fall ill. **ammalato** *adj* sick. *nm* sick person, patient.

ammansire (amman'sire) *vt* **1** tame. **2** calm down.

ammassare (ammas'sare) *vt* amass, accumulate. **ammasso** *nm* heap, pile.

ammazzare (ammat'tsare) *vt* kill, murder. **ammazzarsi** *vr* **1** kill oneself. **2** wear oneself out. **ammazzatoio** *nm* slaughterhouse.

ammenda (am'mɛnda) *nf* **1** amends. **2** fine.

ammettere* (am'mettere) *vt* **1** admit. **2** allow, grant. **3** suppose.

ammiccare (ammik'kare) *vi* wink. **ammicco** *nm* wink.

amministrare (amminis'trare) *vt* **1** administer. **2** manage. **amministrativo**

adj administrative. **amministratore** *nm* director, manager. **amministrazione** *nf* administration.

ammiraglio (ammi'raʎʎo) *nm* admiral. **ammiragliato** *nm* admiralty.

ammirare (ammi'rare) *vt* admire, praise. **ammiratore** *nm* admirer. **ammirazione** *nf* admiration.

ammissibile (ammis'sibile) *adj* permissible, acceptable.

ammissione (ammis'sjone) *nf* admission. **esame di ammissione** *nm* entrance exam.

ammobiliare (ammobi'ljare) *vt* furnish. **ammobiliato** *adj* furnished.

ammollare (ammol'lare) *vt* soak.

ammollire (ammol'lire) *vt* soften.

ammoniaca (ammo'niaka) *nf* ammonia.

ammonire (ammo'nire) *vt* warn, reprimand. **ammonimento** *nm* reprimand, reproof.

ammontare (ammon'tare) *vi* amount.

ammorbidire (ammorbi'dire) *vt* soften.

ammortire (ammor'tire) *vt* **1** deaden. **2** dul, tone down.

ammortizzatore (ammortiddza'tore) *nm* shock absorber.

ammucchiare (ammuk'kjare) *vt* pile up, amass.

ammuffire (ammuf'fire) *vi* grow mouldy.

ammutinamento (ammutina'mento) *nm* mutiny.

amnistia (amnis'tia) *nf* amnesty.

amo ('amo) *nm* fishhook.

amorale (amo'rale) *adj* amoral.

amore (a'more) *nm* love. **amore proprio**

self-esteem. **fare all'amore** *or* **l'amore** make love. **amoroso** (amo'roso) *adj* loving. *nm* lover.

ampère (ã'per) *nm* ampere.

ampio ('ampjo) *adj* ample, vast, spacious. **ampiezza** ('am'pjettsa) *nf* breadth, abundance.

amplificare (amplifi'kare) *vt* amplify. **amplificatore** *nm* amplifier.

amputare (ampu'tare) *vt* amputate. **amputazione** *nf* amputation.

anacronismo (anakro'nizmo) *nm* anachronism.

anagramma (ana'gramma) *nm* anagram.

analcolico (anal'kɔliko) *adj* non-alcoholic.

anale (a'nale) *adj* anal.

analfabeta (analfa'beta) *adj* illiterate. *nm* illiterate person. **analfabetismo** *nm* illiteracy.

analizzare (analid'dzare) *vt* analyse. **analisi** (a'nalizi) *nf invar* analysis. **analitico** (ana'litiko) *adj* analytical. **analogo** (a'nalogo) *adj* analogous. **analogia** *nf* analogy.

ananas ('ananas) *nm* pineapple.

anarchia (anar'kia) *nf* anarchy. **anarchico** (a'narkiko) *nm* anarchist.

anatomia (anato'mia) *nf* anatomy. **anatomico** (ana'tɔmiko) *adj* anatomical.

anatra ('anatra) *nf* duck. **anatroccolo** (ana'trokkolo) *nm* duckling.

anca ('anka) *nf* hip, thigh, haunch.

anche ('anke) *conj* 1 also, too. 2 moreover. 3 even. **quand'anche** even if.

ancora[1] ('ankora) *nf* anchor.

ancora[2] (an'kora) *adv* 1 still. 2 yet. 3 more. 4 again.

andare* (an'dare) *vi* 1 go. 2 work, function. 3 suit. 4 be popular. 5 please, be to one's taste. **a lungo andare** in the long run. **andare a finire** end up. **va'fan culo!** *tab* fuck off! **va'via!** *tab* piss off! **andarsene** *vr* go away, leave. **andata** *nf* outward journey. **biglietto d'andata e ritorno** *nm* return tiket. **andatura** *nf* gait.

andirivieni (andir'vjeni) *nm invar* coming and going.

andito ('andito) *nm* passaggeway.

andrò (an'drɔ) *v see* **andare**.

aneddoto (a'neddoto) *nm* anecdote.

anelare (ane'lare) *vi* pant, gasp.

anello (a'nɛllo) *nm* ring. **anello di fidanzamento/matrimonio** engagement/wedding ring.

anemia (ane'mia) *nf* anaemia. **anemico** (a'nemiko) *adj* anaemic.

anemone (a'nemone) *nm* anemone.

anestesista (aneste'zista) *nm* anaesthetist. **anestetico** (anes'tɛtiko) *adj,nm* anaesthetic. **anestetizzare** (anestetid'dzare) *vt* anaesthetize.

anfetamina (anfeta'mina) *nf* amphetamine.

anfibio (an'fibjo) *adj* amphibious. *nm* amphibian.

angariare (anga'rjare) *vt* harass.

angelica (an'dʒelika) *nf* angelica.

angelo ('andʒelo) *nm* angel. **angelico** *adj* angelic.

anglicano (angli'kano) *adj,n* Anglican.

angolo ('angolo) *nm* 1 corner. 2 angle.

angolare (an'go) adj angular.

angoscia (an'gɔʃʃa) nf anguish, desolation. **angoscioso** (angoʃ'ʃoso) adj painful, harrowing.

anguilla (an'gwilla) nf eel.

anguria (an'gurja) nf watermelon.

anice (ˈanitʃe) nm aniseed.

anima (ˈanima) nf 1 spirit. 2 mind. 3 soul.

animale (ani'male) nm 1 animal. 2 brute. adj animal. **animalesco** adj bestial.

animare (ani'mare) vt 1 enliven. 2 encourage. **animato** adj animated, vivacious.

animo (ˈanimo) nm 1 mind. 2 courage. **animosità** (animosi'ta) nf animosity.

annacquare (annak'kware) vt dilute, water down.

annaffiare (annaf'fjare) vt water (plants, etc.). **annaffiatoio** nm watering-can.

annali (an'naliu) nm pl annals.

annata (an'nata) nf 1 year. 2 crop.

annebbiare (anneb'bjare) vt cloud, obscure. **annebbiarsi** vr 1 become foggy. 2 grow dim.

annegare (anne'gare) vt, vi drown.

annettere* (an'nettere) vt annex. **annettere importanza** attach importance. **annesso** nm annexe.

annichilare (anniki'lare) vt annihilate, destroy.

annientare (annjen'tare) vt reduce to nothing, destroy.

anniversario (anniver'sarjo) nm anniversary.

anno (ˈanno) nm year. **anno scorso** last year. **capo d'anno** nm New Year's Day. **quanti anni hai** how old are you?

annodare (anno'dare) vt 1 knot, tie. 2 conclude.

annoiare (anno'jare) vt 1 bore. 2 annoy. **annoiarsi** vr be bored.

annotare (anno'tare) vt annotate, note, jot down. **annotazione** nf entry, note.

annuario (annu'arjo) nm yearbook, directory.

annuire (annu'ire) vi nod in assent.

annullare (annul'lare) vt annul, cancel. **annullamento** nm annulment.

annunciare (annun'tʃare) vt 1 announce. 2 foretell. **annunciatore** nm announcer. **annuncio** nm announcement, notice.

Annunciazione (annuntʃat'tsjone) nf Annunciation.

annusare (annu'sare) vt sniff, smell. **annusare tabacco** take snuff.

annuvolare (annuvo'lare) vt darken. **annuvolarsi** vr cloud over, darken.

ano (ˈano) nm anus.

anodo (ˈanodo) nm anode.

anomalia (anoma'lia) nf anomaly.

anonimo (a'nɔnimo) adj anonymous. **società anonima** nf limited company.

anormale (anor'male) adj abnormal. **anormalità** nf abnormality.

ansare (an'sare) vi puff, pant.

ansia (ˈansja) nf anxiety. **ansioso** (an'sjoso) adj anxious.

antagonismo (antago'nizmo) nm antagonism. **antagonista** nm antagonist.

antartico (an'tartiko) adj, nm Antarctic.

antenato (ante'nato) *nm* ancestor.

antenna (an'tenna) *nf* **1** antenna, feeler. **2** aerial.

anteprima (ante'prima) *nf* preview.

anteriore (ante'rjore) *adj* **1** front. **2** previous.

antiabbagliante (antiabbaʎ'ʎante) *adj* antiglare. **faro antiabbagliante** *nm* dipped headlight.

antiaereo (antia'ereo) *adj* antiaircraft.

antibiotico (antibi'ɔtiko) *adj, nm* antibiotic.

anticamera (anti'kamera) *nf* antechamber, waiting room.

antichità (antiki'ta) *nf* antiquity.

anticiclone (antiʃi'klone) *nm* anticyclone.

anticipare (antiʃi'pare) *vt* **1** anticipate. **2** *comm* advance. *vi* be early.

anticipo (an'titʃipo) *nm* **1** anticipation. **2** deposit. **in anticipo** ahead of time.

antico (an'tiko) *adj* **1** ancient. **2** old-fashioned. **3** former.

anticonformista (antikonfor'miesta) *nm* non-conformist.

anticorpo (anti'kɔrpo) *nm* antibody.

antidoto (an'tidoto) *nm* antidote.

antifecondativo (antifekonda'tivo) *adj,nm* contraceptive.

antifurto (anti'furto) *adj* antitheft.

antigelo (anti'dʒelo) *nm* antifreeze.

antilope (an'tilope) *nm* antelope.

antincendio (antin'tʃendjo) *adj invar* fireproof.

antipasto (anti'pasto) *nm* hors d'oeuvre.

antipatia (antipa'tia) *nf* dislike, antipathy. **antipatico** (anti'patiko) *adj* disagreeable, unpleasant.

antiquario (anti'kwarjo) *nm* antique dealer.

antiquato (anti'kwato) *adj* antiquated.

antisemita (antise'mita) *adj* anti-Semitic. **antisemitismo** *nm* anti-Semitism.

antisettico (anti'settiko) *adj,nm* antiseptic.

antisociale (antiso'tʃale) *adj* antisocial.

antitesi (an'titezi) *nf invar* antithesis.

antologia (antolo'dʒia) *nf* anthology.

antro (an'tro) *nm* **1** cave. **2** den.

antropologia (antropolo'dʒia) *nf* anthropology. **antropologo** (antro'pɔlogo) *nm* anthropologist.

anulare (anu'lare) *nm* ring finger.

anzi ('antsi) *conj* **1** rather. **2** on the contrary.

anziano (an'tsjano) *adj* **1** old, aged. **2** senior. **anzianità** *nf* seniority.

anziché (antsi'ke) *conj* rather than.

anzitutto (antsi'tutto) *adv* first of all.

apatia (apa'tia) *nf* apathy. **apatico** (a'patiko) *adj* apathetic.

ape ('ape) *nf* bee.

aperitivo (aperi'tivo) *nm* aperitive.

aperto (a'pɛrto) *v* see **aprire**. *adj* **1** open. **2** frank. **all'aperto** in the open air. **apertura** *nf* opening, gap.

apice ('apitʃe) *nm* summit, height.

apostolo (a'pɔstolo) *nm* apostle, disciple.

apostrofo (a'pɔstrofo) *nm* apostrophe.

appagare (appa'gare) *vt* **1** satisfy. **2** quench.

appaio (ap'pajo) *v* see **apparire**.

appalto (ap'palto) *nm* contract.

appannare (appan'nare) *vt* veil, blur.

apparato (appa'rato) *nm* 1 decoration, pomp. 2 apparatus. 3 equipment. **apparato scenico** props.

apparecchiare (apparek'kjare) *vt* set (the table). **apparecchio** *nm* 1 machine, device, set. 2 aeroplane.

apparenza (appa'rentsa) *nf* aspect, appearance. **salvare le apparenze** keep up appearances.

apparire* (appa'rire) *vi* appear, seem. **apparizione** *nf* apparition.

apparsi (ap'parsi) *v* see **apparire**.

apparso (ap'parso) *v* see **apparire**.

appartamento (apparta'mento) *nm* flat.

appartare (appart'tare) *vt* set aside, separate. **appartato** *adj* secluded.

appartenere* (apparte'nere) *vi* belong.

apparvi (ap'parvi) *v* see **apparire**.

appassionare (appassjo'nare) *vt* enthrall, captivate. **appassionarsi** *vr* grow very fond of.

appena (ap'pena) *adv* 1 hardly, scarcely. 2 as soon as. **appena un po'** just a little.

appendere* (ap'pendere) *vt* hang. **appendice** *nf* appendix.

appendicite (appendi'tʃite) *nf* appendicitis.

appesi (ap'pesi) *v* see **appendere**.

appeso (ap'peso) *v* see **appendere**.

appestare (appes'tare) *vt* infect.

appetito (appe'tito) *nm* appetite. **appetitoso** (appeti'toso) *adj* appetizing.

appianare (appja'nare) *vt* 1 flatten,

level. 2 settle.

appiccare (appik'kare) *vt* 1 hang. 2 attach.

appiccicare (appittʃi'kare) *vt* stick, glue. **appiccicoso** (appittʃi'koso) *adj* sticky.

appiè (ap'pjɛ) *prep* at the foot.

appigionare (appidʒo'nare) *vt* let.

appisolarsi (appizo'larsi) *vr* doze.

applaudire (applau'dire) *vt* applaud, clap. **applauso** (ap'plauzo) *nm* applause.

applicare (appli'kare) *vt* 1 put on, affix. 2 apply. **applicazione** *nf* application.

appoggiare (appod'dʒare) *vt* lean, rest. **appoggio** (ap'pɔddʒo) *nm* support.

apporre* (ap'porre) *vt* add, affix.

apportare (apport'tare) *vt* bring.

apposito (ap'pɔzito) *adj* suitable, proper.

apposta (ap'pɔsta) *adv* on purpose, deliberately.

apprendere* (ap'prɛndere) *vt* learn. **apprendista** *nm* apprentice.

apprensione (appren'sjone) *nf* apprehension.

apprestare (appres'tare) *vt* prepare.

apprezzare (appret'tsare) *vt* appreciate.

approfittare (approfit'tare) *vi* gain, profit. **approfittarsi di** *vr* take advantage of.

approfondire (approfon'dire) *vt* go into throughly.

approssimativo (approssima'tivo) *adj* approximate, rough.

approvare (appro'vare) *vt* approve.

approvazione nf approval.

appuntamento (appunta'mento) nm appointment.

appuntare (appun'tare) vt **1** sharpen. **2** point. **3** fix. **appuntare gli orecchi** prick up one's ears. **appuntalapis** (appunta'lapis) nm invar pencil-sharpener.

appunto[1] (ap'punto) nm **1** note. **2** mark.

appunto[2] (ap'punto) adv exactly, precisely.

appurare (appu'rare) vt verify.

aprile (a'prile) nm April.

aprire* (a'prire) vt **1** open. **2** inaugurate. **3** unlock. **4** switch on. **apribottiglie** nm invar bottle opener. **apriscatole** (apris'katole) nm invar tin-opener.

aquila ('akwila) nf eagle. **aquilone** (akwi'lone) nm kite.

Arabia (a'rabia) nf Arabia. **Arabia Saudita** (sau'dita) Saudi Arabia. **arabico** (a'rabiko) adj Arabic, Arabian. **arabo** adj Arab. nm **1** Arab. **2** Arabic.

arachide (a'rakide) nf peanut.

aragosta (ara'gosta) nf lobster.

araldo (a'raldo) nm herald. **araldico** adj heraldic.

arancia (a'rantʃa) nf **1** bot orange. **2** orange (colour). **aranciata** nf orangeade. **arancio** nm orange tree. **arancione** adj orange-coloured.

arare (a'rare) vt plough. **arabile** adj arable. **aratro** nm plough.

arazzo (a'rattso) nm tapestry.

arbitrare (arbi'trare) vt **1** judge. **2** umpire, referee. **arbitrario** adj arbitrary. **arbitrio** (ar'bitrjo) nm will. **libero ar-**

bitrio free will. **arbitro** nm **1** judge, arbitrator. **2** umpire, referee.

arbusto (ar'busto) nm shrub.

arca ('arka) nf ark.

arcaico (ar'kaiko) adj archaic.

arcata (ar'kata) nf **1** arch. **2** arcade.

archeologia (arkeolo'dʒia) nf archaeology. **archeologico** (arkeo'lɔdʒiko) adj archaeological. **archeologo** (arke'ɔlogo) nm archaeologist.

archetipo (ar'kɛtipo) nm archetype.

architetto (arki'tetto) nm architect. **architettura** nf architecture.

archivio (ar'kivjo) nm archive.

arciduca (arʃi'duka) nm archduke.

arciere (ar'tʃere) nm archer.

arcigno (ar'tʃiɲɲo) adj sullen.

arcipelago (arʃi'pɛlago) nm archipelago.

arcivescovo (arʃi'veskovo) nm archbishop.

arco ('arko) nm **1** bow. **2** arch. **3** pl string instruments.

arcobaleno (arkoba'leno) nm rainbow.

ardere* ('ardere) vt, vi burn. **ardente** adj burning.

ardesia (ar'dezja) nf slate.

ardire (ar'dire) vi dare. **ardito** adj daring, bold.

arduo ('arduo) adj **1** arduous. **2** steep.

area ('area) nf area, zone.

arena[1] nf **1** (a'rena) sand. **2** (a'rɛna) arena. **2** arena.

arenare (are'nare) vi run aground.

argento (ar'dʒɛnto) nm silver. **argenteo** (ar'dʒɛnteo) adj silvery. **argenteria** nf silverware. **argentiere**

(ardʒen'tijere) *nm* silversmith.

argilla (ar'dʒilla) *nf* clay.

argine ('ardʒine) *nm* dyke.

argomento (argo'mento) *nm* **1** topic, subject, theme. **2** summary.

arguto (ar'guto) *adj* shrewd, quickwitted.

aria ('arja) *nf* **1** air. **2** appearance. **3** melody.

arido ('arido) *adj* arid, dry.

arieggiare (arjed'dʒare) *vt* air.

ariete (a'rjete) *nm* **1** ram. **2** *cap* Aries.

aringa (a'ringa) *nf* herring.

aristocrazia (aristokrat'tsia) *nf* aristocracy. **aristocratico** (aristo'kratiko) *adj* aristocratic.

aritmetica (arit'metika) *nf* arithmetic.

armadio (ar'madjo) *nm* **1** wardrobe. **2** cupboard.

armare (ar'mare) *vt* arm. **arma** *nf pl* **armi** arm, weapon.

armata (ar'mata) *nf* **1** army. **2** fleet.

armonia (armo'nia) *nf* harmony. **armonioso** (armo'njoso) *adj* harmonious. **armonizzare** *vt* harmonize, match.

armonica (ar'mɔnika) *nf* harmonica.

arnese (ar'nese) *nm* tool.

arnia ('arnja) *nf* beehive.

aroma (a'rɔma) *nm* smell, aroma.

arpa ('arpa) *nf* harp.

arrabbiarsi (arrab'bjarsi) *vr* lose one's temper, get angry. **arrabbiato** *adj* angry.

arrampicarsi (arrampi'karsi) *vr* climb.

arrangiare (arran'dʒare) *vt* adjust, arrange. **arrangiarsi** *vr* do the best one can.

arrecare (arre'kare) *vt* **1** cause. **2** bring.

arredare (arre'dare) *vt* furnish, equip. **arredamento** *nm* furnishings. **arredi** (ar'redi) *nm pl* furnishings, fittings.

arrendersi* (arren'dersi) *vr* surrender.

arrestare (arres'tare) *vt* **1** stop. **2** arrest. **arresto** (ar'resto) *nm* arrest.

arretrare (arre'trare) *vi* recoil, withdraw. **arretrato** *adj* **1** underdeveloped. **2** in arrears, behind. *nm* arrears.

arricchire (arrik'kire) *vi* become rich. *vt* enrich, adorn. **arricchirsi** *vr* become rich.

arricciare (arrit'tʃare) *vt* **1** curl. **2** wrinkle.

arrischiare (arris'kjare) *vt* risk, endanger.

arrivare (arri'vare) *vi* **1** arrive, reach. **2** manage. **3** happen. **arrivo** *nm* arrival. **ben arrivato!** welcome!

arrivederci (arrive'dertʃi) *interj also* **arrivederla** goodbye!

arrogante (arro'gante) *adj* haughty, arrogant. **arroganza** (arro'gantsa) *nf* arrogance.

arrossire (arros'sire) *vi* blush.

arrostire (arros'tire) *vi* roast. **arrosto** (ar'rɔsto) *nm* roast meat. *adj invar* roast.

arrotolare (arroto'lare) *vt* roll up.

arrotondare (arroton'dare) *vt* make round.

arrovesciare (arroveʃ'ʃare) *vt* **1** overturn. **2** turn inside out.

arruffare (arruf'fare) *vt* ruffle. **arruffarsi** *vr* bristle.

arrugginire (arruddʒi'nire) *vt,vi* rust. **arruginito** *adj* rusty.

arruolare (arrwo'lare) *vt* enlist. **arruo-**

larsi *vr* join up, enlist.

arsenale (arse'nale) *nm* **1** shipyard. **2** arsenal.

arsenico (ar'seniko) *nm* arsenic.

arsi ('arsi) *v* see **ardere**.

arso ('arso) *v* see **ardere**.

arte ('arte) *nf* **1** art. **2** skill. **artefice** (ar'tefitʃe) *nm* craftsman.

arteria (ar'terja) *nf* **1** artery. **2** main road *or* line.

artico ('artiko) *adj,nm* Arctic.

articolare (artiko'lare) *vt* pronounce clearly, articulate.

articolo (ar'tikolo) *nm* article. **articolo di fondo** newspaper leader.

artificiale (artifi'tʃale) *adj* artificial, false.

artificio (arti'fitʃo) *nm* **1** skill, cunning. **2** affectation.

artigiano (arti'dʒano) *nm* artisan, craftsman. **artigianato** *nm* **1** small industry. **2** handicraft.

artiglieria (artiʎʎe'ria) *nf* artillery.

artiglio (ar'tiʎʎo) *nm* claw, talon.

artista (ar'tista) *nm* **1** artist. **2** entertainer. **artistico** (ar'tistiko) *adj* artistic.

artrite (ar'trite) *nf* arthritis.

asbesto (az'besto) *nm* asbestos.

ascella (aʃ'ʃella) *nf* armpit.

ascensore (aʃʃen'sore) *nm* lift.

ascesa (aʃ'ʃesa) *nf* rise, ascent.

ascesso (aʃ'ʃesso) *nm* abscess.

asceta (aʃ'ʃeta) *nm* ascetic.

ascia ('aʃʃa) *nf* axe, hatchet.

asciugare (aʃʃu'gare) *vt,vi* dry, wipe. **asciugacapelli** (aʃʃu'gaka'pelli) *nm invar* hair drier.

asciugamano (aʃʃuga'mano) *nm* tow-

el. **asciugatrice** (aʃʃuga'tritʃe) *nf* tumble drier.

asciutto (aʃ'ʃutto) *adj* dry.

ascoltare (askol'tare) *vt* **1** listen to. **2** understand. *vi* listen. **ascoltatore** *nm* listener.

asfalto (as'falto) *nm* asphalt.

Asia ('azja) *nf* Asia. **asiatico** *adj,n* Asian.

asilo (a'zilo) *nm* **1** refuge, shelter. **2** nursery school. **asilo politico** political asylum.

asino ('asino) *nm* **1** donkey, ass. **2** fool.

asma ('azma) *nf* asthma.

asparago (as'parago) *nm pl* **asparagi** asparagus.

aspettare (aspet'tare) *vt* **1** await, wait for. **2** expect. **aspettarsi** *vr* suspect, expect. **sala d'aspetto** *nf* waiting room.

aspetto (as'petto) *nm* look, aspect.

aspirare (aspi'rare) *vt* inhale. *vi* aspire. **aspirapolvere** (aspira'polvere) *nm invar* vacuum cleaner.

aspirina (aspi'rina) *nf* aspirin.

aspro ('adspro) *adj* **1** bitter. **2** harsh, rough. **asprezza** (as'prettsa) *nf* harshness, severity.

assaggiare (assad'dʒare) *vt* taste, try.

assai (as'sai) *adv* **1** enough. **2** very, much.

assalire* (assa'lire) *vt* attack. **assalitore** *nm* assailant. **assalto** *nm* attack, assault.

assassinare (assassi'nare) *vt* **1** murder, kill. **2** ruin. **assassinio** *nm* assassination, murder. **assassino** *nm* assassin, murderer. *adj* murderous.

asse¹ ('asse) nm axle, axes.

asse² ('asse) nf plank. **asse da stiro** ironing-board.

assediare (asse'djare) vt **1** beseige. **2** beset. **assedio** (as'sɛdjo) nm seige.

assegnare (assɲ'ɲare) vt assign, attach, allot.

assegno (as'seɲɲo) nm **1** allowance. **2** cheque. **assegno per viaggiatore** traveller's cheque.

assemblea (assem'blɛa) nf meeting, assembly.

assembramento (assembra'mento) nm meeting, demonstration.

assenso (as'sɛnso) nm agreement, assent.

assente (as'sɛnte) adj absent. **assenza** nf absence.

assentire (assen'tire) vi assent, approve.

asserire (asse'rire) vt affirm, assert.

assestare (asses'tare) vt **1** put in order, arrange, settle. **2** deliver (blow).

assetato (asse'tato) adj thirsty, parched.

assettare (asset'tare) vt **1** tidy. **2** adjust. **assetto** (as'setto) nm order.

assicurare (assiku'rare) vt **1** attach, secure. **2** assure. **3** insure. **assicurazione** nf **1** assurance. **2** insurance.

assiduo (as'siduo) adj **1** diligent. **2** constant.

assieme (as'sjɛme) adv together.

assieparsi (assje'parsi) vr crowd round.

assimilare (assimi'lare) vt assimilate.

assise (as'size) nf pl assizes.

assistere* (as'sistere) vt aid, assist. vi be present, attend. **assistente** (assis'-

tɛnte) adj,nm assistant. **assistenza** (assis'tɛntsa) nf aid, assistance. **assistenza sociale** welfare services.

asso ('asso) nm ace. **piantare in asso** leave in the lurch.

associare (asso'tʃare) vt **1** associate. **2** admit. **3** unite. **associarsi** vr join. **associato** nm associate. **associazione** nf association.

assoggettare (assoddʒet'tare) vt subject, control.

assolsi (as'sɔlsi) v see **assolvere**.

assolto (as'sɔlto) v see **assolvere**.

assoluto (asso'luto) adj absolute, complete.

assolvere* (as'sɔlvere) vt acquit. **assoluzione** nf acquittal.

assomigliare (assomiʎ'ʎare) vt compare. vi resemble. **assomigliarsi** vr resemble one another, look alike.

assonnato (asson'nato) adj sleepy.

assopirsi (asso'pirsi) vr doze.

assorbire (assor'bire) vt absorb. **assorbente** (assor'bɛnte) adj absorbent. **assorbente igienico** nm sanitary towel. **carta assorbente** nf blotting paper.

assordare (assor'dare) vt deafen.

assortire (assor'tire) vt **1** arrange. **2** stock. **assortimento** nm assortment. **assortito** adj assorted.

assuefare (assue'fare) vt accustom. **assuefarsi** vr get used to.

assumere* (as'sumere) vt **1** undertake, assume. **2** employ. **3** raise.

assunsi (as'sunsi) v see **assumere**.

assunto (as'sunto) v see **assumere**.

Assunzione (assun'tsjone) nf Assumption.

assurdo (as'surdo) *adj* absurd.

asta ('asta) *nf* 1 lance. 2 mast, pole. 3 auction. **vendere all'asta** auction.

astante (as'tante) *nm* bystander. **astanteria** *nf* casualty ward.

astenersi* (aste'nersi) *vr* abstain. **astensione** *nf* abstention.

asterisco (aste'risko) *nm* asterisk.

asteroide (aste'rɔjde) *nm* asteroid.

astinenza (asti'nɛntsa) *nf* abstinence.

astio ('astjo) *nm* rancour, resentment. **astioso** (as'tjoso) *adj* spiteful.

astratto (as'tratto) *adj,nm* abstract.

astro ('astro) *nm* star.

astrologia (astrolo'dʒia) *nf* astrology. **astrologo** (as'trɔlogo) *nm pl* **astrologi** astrologer.

astronauta (astro'nauta) *nm* astronaut.

astronomia (astrono'mia) *nf* astronomy. **astronomico** (astro'nɔmiko) *adj* astronomical. **astronomo** (as'trɔnomo) *nm* astronomer.

astuccio (as'tuttʃo) *nm* box, case.

astuto (as'tuto) *adj* cunning, astute. **astuzia** (as'tuttsja) *nf* cunning, guile.

Atene (a'tene) *nf* Athens.

ateo ('ateo) *nm* atheist. **ateismo** *nm* atheism.

atlante (a'tlante) *nm* atlas.

atlantico (a'tlantiko) *adj* Atlantic. **(Oceno) Atlantico** *nm* Atlantic (Ocean).

atleta (a'tleta) *nm* athlete. **atletica** (at'lɛtika) *nf* athletics. **atletico** (a'tlɛtiko) *adj* athletic.

atmosfera (atmos'fɛra) *nf* atmosphere. **atmosferico** (atmo'sfɛriko) *adj* atmospheric.

atomo ('atomo) *nm* atom. **atomico** (a'tɔmiko) *adj* atomic.

atrio ('atrjo) *nm* hall, entrance.

atroce (a'trotʃe) *adj* terrible, atrociouis. **atrocità** *nf* atrocity.

attaccare (attak'kare) *vt* 1 attach, hang. 2 attack. 3 begin. *vi* stick. **attaccabrighe** *nm invar* quarrelsome person. **attaccapanni** *nm invar* hanger, peg. **attacco** *nm* attack.

attecchire (attek'kire) *vi* take root.

atteggiare* (atted'dʒare) *vt* pose, arrange. **atteggiamento** *nm* 1 pose. 2 attitude.

attempato (attem'pato) *adj* elderly.

attendere* (at'tendere) *vt* await, wait for. *vi* apply oneself, attend to. **attendibile** (atten'dibile) *adj* reliable.

attentato (atten'tato) *nm* 1 assassination attempt. 2 outrage.

attento (at'tento) *adj* careful, attentive, close.

attenzione (atten'tsjone) *nf* attention.

attergare (atter'gare) *vt* endorse.

atterrare (atter'rare) *vi* land. **atterraggio** *nm* landing, touch-down.

attesa (at'tesa) *nf* wait, delay.

attestare (attes'tare) *vt* testify, declare. **attestato** *nm* certificate.

attiguo (at'tiguo) *adj* adjacent, next.

attimo ('attimo) *nm* moment.

attirare (atti'rare) *vt* attract.

attitudine[1] (atti'tudine) *nf* aptitude. **attitudine**[2] (atti'tudine) *nf* attitude.

attivare (atti'vare) *vt* activate, start.

attivo (at'tivo) *adj* active. *nm* assets. **attività** *nf* activity.

attizzare (attit'tsare) *vt* 1 poke (fire). 2 incite.

atto¹ ('atto) *nm* act, action. **mettere in atto** put into effect.

atto² ('atto) *adj* suitable, apt.

attonito (at'tɔnito) *adj* surprised, amazed.

attorcigliare (attortʃiʎ'ʎare) *vt* twist, coil.

attore (at'tore) *nm* actor.

attorniare (attor'njare) *vt* surround, encircle.

attorno (at'torno) *adv* around. **attorno a** *prep* around.

attrarre (at'trarre) *vt* attract. **attraente** (attra'ɛnte) *adj* attractive. **attrazione** *nf* attraction.

attraversare (attraver'sare) *vt* cross. **attraverso** (attra'vɛrso) *prep* **1** across. **2** through.

attrezzo (at'trettso) *nm* tool, piece of equipment.

attribuire (attribu'ire) *vt* assign, attribute. **attributo** *nm* attribute.

attrice (at'tritʃe) *nf* actress.

attrito (at'trito) *nm* friction.

attuale (attu'ale) *adj* present, current. **attualmente** *adv* at this moment.

attualità (attuali'ta) *nf* **1** tropical subject. **2** *pl* news.

attuare (attu'are) *vt* **1** bring into being. **2** carry out.

attuario (attu'arjo) *nm* actuary.

audace (au'datʃe) *adj* bold, fearless. **audacia** *nf* boldness, daring.

audiovisuale (audjovizu'ale) *adj* audiovisual.

auditorio (audi'tɔrjo) *nm* hall, auditorium.

audizione (audit'tsjone) *nf* **1** hearing. **2** audition.

augurare (augu'rare) *vt* wish. **augurio** (au'gurjo) *nm* **1** wish. **2** *pl* best wishes.

aula ('aula) *nf* hall. **aula scolastica** classroom.

aumentare (aumen'tare) *vt,vi* increase, augment. **aumento** *nm* increase.

aureola (au'rɛola) *nf* halo.

aurora (au'rora) *nf* daybreak.

ausiliare (auzi'ljare) *adj,n* auxiliary. **ausiliario** (auzi'ljarjo) *adj* auxiliary.

austero (aus'tero) *adj* austere, severe.

Australia (aus'tralja) *nf* Australia. **australiano** *adj,n* Australian.

Austria ('austria) *nf* Austria. **austriaco** *adj,n* Austrian.

autentico (au'tentiko) *adj* real, genuine, authentic.

autista (au'tista) *nm* chauffeur.

autistico (au'tistiko) *adj* autistic.

auto ('auto) *nf invar* car. **auto a portellone posteriore** *nf* hatchback.

autobiografia (autobiogra'fia) *nf* autobiography.

autoblinda (auto'blinda) *nf* armoured car.

autobus ('autobus) *nm* bus.

autocarro (auto'karro) *nm* lorry.

automa (au'tɔma) *nm* automaton.

automatico (auto'matiko) *adh* automatic.

automezzo (auto'mɛddzo) *nm* vehicle.

automobile (auto'mɔbile) *nf* car.

autonomo (au'tɔnomo) *adj* autonomous. **autonomia** (autono'mia) *nf* autonomy.

autopsia (autop'sia) *nf* postmortem.

autore (au'tore) *nm* author, composer.

autorevole (auto'revole) *adj* authoritative.

autorimessa (autori'messa) *nf* garage.

autorità (autori'ta) *nf* authority.

autoritratto (autori'tratto) *nf* self-portrait.

autorizzare (autorid'dzare) *vt* authorize.

autostop (autos'tɔp) *nm invar* hitchhiking. **fare l'autostop** hitch.

autostrada (autos'trada) *nf* motorway.

autotrasporto (autotras'pɔrto) *nm* road transport.

autoveicolo (autove'ikolo) *nm* vehicle.

autunno (au'tunno) *nm* autumn.

avambraccio (avam'brattʃo) *nm* forearm.

avanguardia (avan'gwardja) *nf* 1 vanguard. 2 farefront.

avanti (a'vanti) *adv* before, ahead. *prep* before. **avantieri** (avan'tjɛri) *adv* the day before yesterday.

avanzare (avan'tsare) *vt* 1 advance. 2 promote. 3 precede. 4 lend. 5 put aside. *vi* 1 proceed. 2 be left over. **avanzarsi** *vr* approach, near.

avanzo (a'vantso) *nm* 1 remainder. 2 *pl* leftovers.

avaro (a'varo) *adj* mean. **avarizia** (ava'rittsja) *nf* meanness.

avemmo (a'vemmo) *v* see **avere**.

avena (a'vena) *nf* oats.

avere* (a'vere) *vt* 1 have. 2 possess. 3 get. 4 wear. 5 be. *v aux* have. **avercela con uno** have something against some-

one. **avere da** have to. ~*nm* 1 property. 2 *pl* possessions.

aveste (a'veste) *v* see **avere**.

avesti (a'vesti) *v* see **avere**.

avete (a'vete) *v* see **avere**.

avevo (a'vevo) *v* see **avere**.

aviazione (avjat'tsjone) *nf* 1 aviation. 2 Air Force. **aviatore** *nm* airman, pilot.

avido ('avido) *adj* 1 greedy. 2 eager. **avidità** *nf* greed.

avo ('avo) *nm* ancestor.

avocado (avo'kado) *nm invar* avocado.

avorio (a'vɔrjo) *nm* ivory.

avrei (a'vrɛi) *v* see **avere**.

avrò (a'vro) *v* see **avere**.

avuto (a'vuto) *v* see **avere**.

avvampare (avvam'pare) *vi* flare up, burn.

avvantaggiare (avvantad'dʒare) *vt* favour. **avvantaggiarsi** *vr* profit, make use.

avvedersi* (avve'dersi) *vr* become aware, realize.

avvelenare (avvele'nare) *vt* poison.

avvenire* (avve'nire) *vi* happen, occur. *nm* future. **avvenimento** *nm* event, happening.

avventato (avven'tato) *adj* rash, imprudent.

avventurare (avventu'rare) *vt* risk. **avventurarsi** *vr* venture. **avventura** *nf* adventure.

avverbio (av'verbjo) *nm* adverb.

avversario (avver'sarjo) *nm* opponent, adversary.

avversione (avver'sjone) *nf* dislike, repugnance, aversion. **avverso** (av'verso) *adj* adverse, hostile.

avvertire (avver'tire) *vt* **1** inform. **2** warn. **avvertenza** (avver'tentsa) *nf* **1** attention. **2** foreword. **3** *pl* instructions. **avvertimento** (avverti'mento) *nm* warning.

avvezzare (avvet'tsare) *vt* accustom. **avvezzarsi** *vr* become accustomed. **avvezzo** (av'vettso) *adj* accustomed.

avviare (avvi'are) *vt* **1** start, begin. **2** direct. **avviarsi** *vr* set out. **avviamento** *nm* start.

avvicinare (avvitʃi'nare) *vt* approach, bring near. **avvicinarsi** *vr* **1** approach. **2** resemble.

avvilire (avvi'lire) *vt* humiliate. **avvilirsi** *vr* **1** humble oneself. **2** lose heart. **avvilimento** *nm* **1** despondency. **2** degradation.

avviluppare (avvilup'pare) *vt* wrap up.

avvincere (av'vintʃere) *vt* **1** bind. **2** attract.

avvisare (avvi'zare) *vt* **1** announce, inform. **2** warn, advise. **avviso** *nm* **1** announcement. **2** opinion. **3** warning.

avvizzire (avvit'tsire) *vi* wither, fade.

avvocato (avvo'kato) *nm* lawyer.

avvolgere (av'vɔldʒere) *vt* **1** roll up. **2** cover.

avvoltoio (avvol'tojo) *nm* vulture.

azalea (addza'lɛa) *nf* azalea.

azienda (ad'dzjenda) *nf* business, firm.

azione (at'tsjone) *nf* **1** action. **2** *comm* share. **azionista** *nm* shareholder.

azoto (ad'dzɔto) *nm* nitrogen.

azzardare (addzar'dare) *vt,vi* risk, attempt. **azzardarsi** *vr* dare. **azzardo** *nm* **1** risk. **2** chance.

azzuffarsi (attsuf'farsi) *vr* fight, come to blows.

azzurro (ad'dzurro) *adj* blue.

B

babbo ('babbo) *nm inf* dad, daddy.

babbuino (babbu'ino) *nm* baboon.

babordo (ba'bordo) *nm naut* port.

bacca ('bakka) *nf* berry.

baccalà (bakka'la) *nm invar* dried cod.

baccano (bak'kano) *nm* din, uproar.

baccarà (bakka'ra) *nm* baccarat.

baccelliere (battʃel'ljere) *nm educ* bachelor.

baccello (bat'tʃello) *nm* pod.

bacchetta (bak'ketta) *nf* 1 stick, baton. 2 wand.

baciare (ba'tʃare) *vt* kiss. **bacio** *nm* kiss.

bacino (ba'tʃino) *nm* 1 basin. 2 dock.

baco ('bako) *nm* 1 worm. 2 maggot.

badare (ba'dare) *vi* take care, pay attention. **badare ai fatti suoi** mind one's own business.

badessa (ba'dessa) *nf* abbess.

badia (ba'dia) *nf* abbey.

baffi ('baffi) *nm pl* 1 moustache. 2 whiskers. **leccarsi i baffi** lick one's lips.

bagaglio (ba'gaʎʎo) *nm* baggage, luggage. **fare i bagagli** pack.

bagattella (bagat'tella) *nf* trinket, trifle.

bagliore (baʎ'ʎore) *nm* 1 dazzling light. 2 flash, ray.

bagnare (baɲ'ɲare) *vt* 1 wet. 2 bathe. **bagnarsi** *vr* 1 bathe. 2 get soaked. **bagnato** *adj* soaked.

bagnino (baɲ'ɲino) *nm* bathing attendant.

bagno ('baɲɲo) *nm* 1 bath. 2 bathroom. **fare il bagno 1** take a bath. **2** go for a bathe. **mettere a bagno** soak.

baia ('baja) *nf geog* bay.

baio ('bajo) *adj* bay. *nm* bay horse.

baionetta (bajo'netta) *nf* bayonet.

balbettare (balbet'tare) *vi* 1 stutter, stammer. *vt* mutter, mumble. **balbuzie** (bal'buttsje) *nf invar* stammer.

balcone (bal'kone) *nm* balcony.

baldacchino (baldak'kino) *nm* canopy.

baldanza (bal'dantsa) *nf* 1 audacity. 2 self-confidence. **baldanzoso** (baldan'tsoso) *adj* daring, bold.

baldoria (bal'dɔrja) *nf* merrymaking. **fare baldoria** make merry.

balena (ba'lena) *nf* whale.

balenare (bale'nare) *vi* 1 flash lightning. 2 flash. **baleno** *nm* flash of lightning. **in un baleno** in a moment.

balia[1] ('balja) *nf* nurse.

balia[2] (ba'lia) *nf* power, authority.

balistica (ba'listika) *nf* ballistics. **balistico** (ba'listiko) *adj* ballistic.

balla ('balla) *nf* bale.

ballare (bal'lare) *vt* 1 dance. *vi* 1 dance. 2 sway. **via la gatta i topi ballano** when the cat's away the mice will play.

ballata (bal'lata) *nf* ballad.

ballerina (balle'rina) *nf* ballerina. **ballerino** *nm* dancer.

balletto (bal'letto) *nm* ballet.

ballo ('ballo) *nm* dance, ball.

balneare (balne'are) *adj* seaside.

balocco (ba'lɔkko) *nm* toy, plaything.

balordo (ba'lordo) *adj* foolish, stupid.

baltico ('baltiko) *adj* Baltic. **(Mare) Baltico** *nm* Baltic (Sea).

balzare (bal'tsare) *vi* **1** jump. **2** bounce. **balzo** *nm* **1** bounce. **2** crag.

bambagia (bam'badʒa) *nf also* **bambagio** *nm* cottonwool.

bambinaia (bambi'naja) *nf* children's nurse.

bambino (bam'bino) *nm* **1** baby. **2** child, little boy.

bambola ('bambola) *nf* doll.

bambù (bam'bu) *nm invar* bamboo plant.

banale (ba'nale) *adj* trivial, banal.

banana (ba'nana) *nf* banana. **banano** *nm* banana tree.

banca ('banka) *nf comm* bank. **banca d'affari** *nf* merchant bank. **biglietto di banca** *nm* banknote. **banchiere** (ban'kjere) *nm* banker.

bancarella (banka'rɛlla) *nf* stall, barrow.

bancarotta (banka'rotta) *nf* bankruptcy.

banchetto (ban'ketto) *nm* banquet.

banchina (ban'kina) *nf* **1** quay. **2** platform.

banco ('banko) *nm* **1** bench. **2** counter. **3** (in gambling) bank. **4** *geog* bank, reef. **banconota** (banko'nota) *nf* banknote.

banda[1] ('banda) *nf* side. **lasciare da banda** leave aside.

banda[2] ('banda) *nf* band, stripe.

banda[3] ('banda) *nf* band, group.

bandiera (ban'djera) *nf* flag.

bandire (ban'dire) *vt* **1** announce, proclaim. **2** banish, exile. **bando** *nm* **1** announcement. **2** ban. **3** banishment.

bandito *nm* bandit, outlaw.

banjo ('bandʒo) *nm* banjo.

bar (bar) *nm invar* **1** bar, cafe. **2** cocktail cabinet. **barista** *nm* barman. *nf* barmaid.

bara ('bara) *nf* coffin.

baracca (ba'rakka) *nf* hut. **stentare a mandare avanti la baracca** have difficulty in making ends meet.

barattare (barat'tare) *vt* **1** exchange. **2** barter.

barattolo (ba'rattolo) *nm* **1** jar, pot. **2** tin, can.

barba ('barba) *nf* beard. **farsi la barba** shave. **barbuto** *adj* bearded.

barbabietola (barba'bjetola) *nf* beetroot.

barbaro ('barbaro) *adj,nm* barbarian.

barbiere (bar'bjere) *nm* barber.

barbiturato (barbitu'rato) *nm* barbiturate.

barca ('barka) *nf* boat. **barca a remi/vela** rowing/sailing boat.

barcollare (barkol'lare) *vi* stagger, totter.

bardare (bar'dare) *vt* harness. **bardatura** *nf* harness.

barella (ba'rɛlla) *nf* stretcher.

barile (ba'rile) *nm* barrel, cask.

baritono (ba'ritono) *adj,nm* baritone.

barlume (bar'lume) *nm* glimmer, gleam.

barometro (ba'rɔmetro) *nm* barometer.

barone (ba'rone) *nm* baron. **baronessa** *nf* baroness.

barricare (barri'kare) *vt* barricade.

barricata *nf* barricade.
barriera (bar'rjera) *nf* 1 barrier. 2 gate. 3 fence.
baruffa (ba'ruffa) *nf* scuffle, brawl.
barzelletta (bardzel'letta) *nf* joke.
basare (ba'zare) *vt* base, found.
bascula ('baskula) *nf* weighing machine.
base ('baze) *nf* 1 base. 2 bases, foundation. **in base a** on the basis of.
basetta (ba'zetta) *nf* sideburn, whisker.
basilica (ba'zilika) *nf* basilica.
basilico (ba'ziliko) *nm* basil.
basso ('basso) *adj* 1 low. 2 short in stature. 3 shallow. 4 vulgar, shameful. *nm* 1 bottom. 2 *mus* bass.
bassofondo (basso'fondo) *nm* shallow, sandbank. **bassifondi** *nm pl* underworld, slums.
bastardo (bas'tardo) *adj,nm* 1 bastard. 2 *zool* mongrel.
bastare (bas'tare) *vi* 1 be enough or sufficient. 2 last. **basta!** *interj* enough!
bastonare (basto'nare) *vt* beat, cane.
bastone (bas'tone) *nm* 1 stick, cane. 2 *pl game* clubs. **bastone da passeggio** walking stick. **mettere un bastone tra le ruote** put a spoke in the wheel. **bastoncino** (baston'tʃino) *nm* little stick.
battaglia (bat'taʎʎa) *nf* battle.
battaglione (battaʎ'ʎone) *nm* battalion.
battello (bat'tello) *nm* boat, steamer.
battere ('battere) *vt* 1 beat, strike. 2 defeat, beat. *vi* beat, knock. **battere a macchina** type. **battere le mani** clap one's hands. **in un batter d'occhio** in a flash.
batteri (bat'teri) *nm pl* bacteria.
batteria (batte'ria) *nf* 1 *mil* battery. 2 set.
battesimo (bat'tezimo) *nm* baptism, christening. **battezzare** (batted'dzare) *vt* baptize, christen.
battibaleno (battiba'leno) **in un battibaleno** *adv* in an instant.
battistero (battis'tero) *nm* baptistry.
battitore (batti'tore) *nm* 1 *sport* server. 2 batsman.
battuta (bat'tuta) *nf* 1 blow. 2 witty remark. 3 *sport* service.
batuffolo (ba'tuffolo) *nm* wad.
baule (ba'ule) *nm* (luggage) trunk.
bava ('bava) *nf* 1 dribble. 2 foam.
bavaglino (bavaʎ'ʎino) *nm* bib.
bavaglio (ba'vaʎʎo) *nm* gag.
bavero ('bavero) *nm* coat collar.
bazzicare (battsi'kare) *vt* frequent.
beatitudine (beati'tudine) *nf* beatitude. **Sua Beatitudine** His Holiness.
beato (be'ato) *adj* 1 happy. 2 blessed. **beato te!** lucky you!
beccaccia (bek'kattʃa) *nf* woodcock.
beccaccino (bekkat'tʃino) *nm* snipe.
beccare (bek'kare) *vt* 1 peck (food). 2 peck, nip. 3 get, catch. **beccarsi** *vr* obtain. **beccamorti** (bekka'mɔrti) *nm invar* gravedigger. **becco** *nm* 1 beak. 2 point. 3 nib.
becchime (bek'kime) *nm* bird food.
becchino (bek'kino) *nm* gravedigger.
befana (be'fana) *nf* 1 old woman supposed to bring gifts to children on the feast of the Epiphany. 2 ugly old woman. 3 Epiphany.
beffare (bef'fare) *vt* mock, ridicule. **beffarsi di** *vr* make fun of. **beffa** ('beffa) *nf* 1 mockery. 2 practical joke.
begli ('beʎʎi) *adj* see **bello**.

bei ('bɛi) *adj* see **bello**.

bel (bɛl) *adj* see **bello**.

belare (be'lare) *vi* bleat.

Belgio ('bɛldʒo) *nm* Belgium. **belga** ('bɛlga) *adj,n* Belgian.

belletto (bel'letto) *nm* make-up.

bello ('bɛllo) *adj* **bello, bel** *ms.* **bella** *fs.* **belli, bei, begli** *m pl.* **belle** *f pl.* beautiful, handsome, lovely, fine. **bell'e fatto** well and truly done. **bellezza** (bel'lettsa) *nf* beauty. **bellino** *adj* pretty.

benché (ben'ke) *conj* although.

bendare (ben'dare) *vt* 1 bind, bandage. 2 blindfold. **benda** ('benda) *nf* 1 bandage. 2 blindfold.

bene ('bɛne) *nm* 1 good. 2 *pl* goods, possessions. *adv* well. **voler bene** love, be fond of.

benedire* (bene'dire) *vt* bless. **benedetto** (bene'detto) *adj* holy, blessed.

beneducato (benedu'kato) *adj* well-mannered.

beneficenza (benefi'tʃɛntsa) *nf* charity. **beneficio** (bene'fitʃo) *nm* 1 benefit. 2 profit.

benessere (be'nɛssere) *nm* well-being, welfare.

benestante (benes'tante) *adj* well-to-do.

benevolo (be'nevolo) *adj* well-disposed, kindly. **benevolenza** (benevo'lentsa) *nf* goodwill, benevolence.

beninteso (benin'teso) *adv* of course.

benvenuto (benve'nuto) *nm* welcome. **dare il benvenuto** welcome.

benzina (ben'dzina) *nf* petrol.

bere* ('bere) *vt* drink.

bernoccolo (ber'nɔkkolo) *nm* bump, lump.

berretto (ber'retto) *nm* cap, beret.

berrò (ber'rɔ) *v* see **bere**.

bersaglio (ber'saʎʎo) *nm* target.

bestemmia (bes'temmja) *nf* curse, oath. **bestemmiare** *vi* curse, swear.

bestia ('bɛstja) *nf* 1 beast, animal. 2 ignoramus. **bestiale** *adj* bestial, brutal. **bestiame** (bes'tjame) *nm* live-stock.

betoniera (beto'njera) *nf* cement-mixer.

bettola ('bettola) *nf* pub.

betulla (be'tulla) *nf* birch tree.

bevanda (be'vanda) *nf* drink, beverage.

bevo ('bevo) *v* see **bere**.

bevuto (be'vuto) *v* see **bere**.

bevvi ('bevvi) *v* see **bere**.

biada ('bjada) *nf* 1 fodder. 2 *pl* crops.

biancheria (bjanke'ria) *nf* household linen.

bianco ('bjanko) *adj,nm* white. **lasciare in bianco** leave blank. **pesce in bianco** *nm* boiled fish. **riso in bianco** *nm* boiled rice, usually with butter. **biancospino** (bjanko'spino) *nm* hawthorn.

biascicare (bjaʃʃi'kare) *vt* 1 chew. 2 mumble.

biasimare (bjazi'mare) *vt* blame. **biasimo** ('bjazimo) *nm* blame.

Bibbia ('bibbja) *nf* Bible.

bibita ('bibita) *nf* drink, beverage.

biblico ('bibliko) *adj* biblical.

bibliografia (bibljogra'fia) *nf* bibliography.

biblioteca (bibljo'tɛka) *nf* library. **bibliotecario** *nm* librarian.

bicchiere (bik'kjɛre) *nm* glass.

bicicletta (bitʃi'kletta) *nf* bicycle.

bicipite (bi'tʃipite) *nm* biceps.

bidè (bi'de) *nm* bidet.

bidone (bi'done) *nm* drum, bin.

bieco ('bjeko) *adj* (of a glance or expression) threatening.

biennale (bien'nale) *adj* two yearly. *nf* two yearly event.

bietta ('bjetta) *nf* wedge.

bifocale (bifo'kale) *adj* bifocal. **lenti bifocali** *nf pl* bifocals.

biforcarsi (bifor'karsi) *vr* branch off, fork.

bigamia (biga'mia) *nf* bigamy. **bigamo** *nm* bigamist. *adj* bigamous.

bighellonare (bigello'nare) *vi* saunter, idle.

bigio ('bidʒo) *adj,nm* grey. **pane bigio** *nm* brown bread.

biliardo (bil'ʎardo) *nm* 1 billiard table. 2 game of billiards. **bigliardino** *nm* pinball machine.

biglietto (biʎ'ʎetto) *nm* 1 note, card. 2 ticket. 3 banknote. **biglietto d'ingresso** platform ticket. **bigliettaio** *nm* ticket collector. **biglietteria** *nf* ticket office.

bigodino (bigo'dino) *nm* (hair) roller.

bigotto (bi'gotto) *adj* bigoted. *nm* bigot.

bilancia (bi'lantʃa) *nf* 1 scales. 2 *cap* Libra. **bilanciare** *vt* 1 balance. 2 weigh.

bilancio (bi'lantʃo) *nm* 1 budget. 2 balance sheet.

bilingue (bi'lingwe) *adj* bilingual.

bimbo ('bimbo) *nm* child.

binario (bi'narjo) *nm* 1 railway track or line. 2 platform.

binocolo (bi'nɔkolo) *nm* binoculars.

biodegradabile (biodegra'dabile) *adj* biodegradable.

biografia (biogra'fia) *nf* biography. **biografico** (bio'grafiko) *adj* biographical.

biologia (biolo'dʒia) *nf* biology. **biologico** (bio'lɔdʒiko) *adj* biological. **biologo** (bi'ɔlogo) *nm* biologist.

biondo ('bjondo) *adj,nm* blond.

birbante (bir'bante) *nm* rascal.

birbone (bir'bone) *nm* rogue.

birichino (biri'kino) *adj* naughty. *nm* mischievous child.

birillo (bi'rillo) *nm* skittle.

Biro ('biro) *nf invar Tdmk* Biro.

birra ('birra) *nf* beer.

bis (bis) *adv, interj* encore.

bisaccia (bi'zattʃa) *nf* knapsack.

bisbigliare (bisbiʎ'ʎare) *vt,vi* whisper. **bisbiglio** *nm* whisper.

biscia ('biʃʃa) *nf* snake.

biscotto (bi'skɔtto) *nm* biscuit.

bisestile (bizes'tile) **anno bisestile** *nm* leap year.

bisognare (bizoɲ'ɲare) *v imp* 1 be necessary, must. 2 need. **bisogno** *nm* need, want. **avere bisogno di** need.

bistecca (bis'tekka) *nf* steak.

bisticciare (bistit'tʃare) *vi* quarrel, argue. **bisticcio** *nm* 1 quarrel. 2 pun.

bistrattare (bistrat'tare) *vt* illtreat.

bivio ('bivjo) *nm* junction, fork.

bizzarro (bid'dzarro) *adj* odd, strange.

blandire (blan'dire) *vt* entice.

blando ('blando) *adj* 1 mild. 2 gentle.

blatta ('blatta) *nf* cockroach.

blindare (blin'dare) *vt* armour.

bloccare *nm* (blok'kare) *vt* block. **blocco** *nm* 1 block, lump. 2 blockade. 3 notepad.

blu (blu) *adj,nm* blue.

blusa ('blusa) *nf* blouse.

boa ('bɔa) *nf* buoy.

bobina (bo'bina) *nf* bobbin, spool.

bocca ('bokka) *nf* 1 mouth. 2 opening. **a bocca aperta** open-mouthed. **in bocca al lupo** good luck! **boccata** *nf* mouthful, bite. **boccone** *nm* mouthful, bite.

boccale (bok'kale) *nm* jug.

boccia ('bɔttʃa) *nf* 1 bud. 2 decanter. 3 *sport* bowl.

bocciare (bot'tʃare) *vt* fail. **essere bocciato** fail.

boccio ('bɔttʃo) *nm* bud.

bocconi (bok'koni) *adv* face downwards, flat on one's face.

boia ('bɔja) *nm invar* executioner.

boicottare (boikot'tare) *vt* boycott.

bolla ('bolla) *nf* 1 bubble. 2 blister.

bollare (bol'lare) *vt* stamp, seal.

bolletta (bol'letta) *nf* receipt, note.

bollettino (bollet'tino) *nm* 1 bulletin. 2 receipt.

bollire (bol'lire) *vt, vi* boil. **bollito** *nm* boiled beef. **bollitore** *nm* kettle.

bollo ('bollo) *nm* seal, stamp.

bolognese (boloɲ'nese) *adj* Bolognese. **alla bolognese** with meat sauce.

bomba ('bomba) *nf* bomb.

bombardare (bombar'dare) *vt* bombard, bomb.

bombetta (bom'betta) *nf* bowler hat.

bombola ('bombola) *nf* cylinder.

bonario (bo'narjo) *adj* goodnatured. **bonarietà** *nf* kindliness.

bontà (bon'ta) *nf* goodness, kindness.

borbottare (borbot'tare) *vt* mutter. *vi* rumble.

bordello (bor'dɛllo) *nm* 1 brothel. 2 uproar.

bordo ('bordo) *nm* 1 side (of a ship). 2 edge, border. **a bordo** on board. **giornale di bordo** *nm* ship's log.

borghese (bor'gese) *adj* bourgeois. **borghesia** *nf* middle class.

borgo ('borgo) *nm* 1 village. 2 suburb.

boria ('bɔrja) *nf* arrogance, pride. **borioso** (bo'rjoso) *adj* haughty.

borotalco (boro'talko) *nm* talcum powder.

borsa¹ ('borsa) *nf* bag, purse. **borsa di studio** *educ* grant.

borsa² ('borsa) *nf* stock exchange. **borsanera** (borsa'nera) *nf* black market.

bosco ('bosko) *nm* wood, forest.

botanica (bo'tanika) *nf* botany. **botanico** *adj* botanical. *nm* botanist

botta ('bɔtta) *nf* blow, knock. **dare le botte** a spank.

botte ('botte) *nf* cask, barrel.

bottega (bot'tega) *nf* 1 shop. 2 workshop. **bottegaio** (botte'gajo) *nm* shopkeeper.

bottiglia (bot'tiʎʎa) *nf* bottle.

bottone (bot'tone) *nm* 1 button. 2 knob, button. 3 bud.

boxe (bɔks) *nf* boxing.

bozza ('bɔttsa) *nf* draft, rough, sketch. **bozzetto** (bot'tsetto) *nm* outline, sketch.

bozzolo ('bɔttsolo) *nm* cocoon.

braccetto (brat'tʃetto) **a braccetto** *adv* arm in arm.

braccialetto (brattʃa'letto) *nm* bracelet.

bracciante (brat'tʃante) *nm* workman, labourer.

braccio ('brattʃo) *nm* 1 *pl* **braccia** *f*

anat arm. **2** *pl* **bracci** *m* arm, wing.
bracciuolo (brat't∫ɔlo) *nm* arm rest.
braciola (bra't∫ɔla) *nf cul* chop.
bramare (bra'mare) *vt* desire.
branchia ('brankja) *nf zool* gill.
branco ('branko) *nm* flock, herd.
brancolare (branko'lare) *vi* grope.
branda ('branda) *nf* camp bed.
brandello (bran'dɛllo) *nm* tatter, rag. **a brandelli** in shreds.
brano ('brano) *nm* **1** scrap, shred. **2** extract, passage.
branzino (bran'dzino) *nm zool* bass.
Brasile (bra'zile) *nm* Brazil. **brasiliano** *adj,n* Brazilian.
bravo ('bravo) *adj* **1** good, competent. **2** skilful. **3** honest. *interj* well done! **su** or **da bravo!** there's a good boy!
breccia ('brett∫a) *nf* breach.
Bretagna (bre'taɲɲa) *nf* Brittany. **bretone** *adj,n* Breton.
bretelle (bre'tɛlle) *nf pl* braces.
breve ('brɛve) *adj* short, brief. **brevità** *nf* brevity.
brevetto (bre'vetto) *nm* **1** patent. **2** licence.
brezza ('breddza) *nf* breeze.
bricco ('brikko) *nm* jug.
briccone (brik'kone) *nm* rascal, scamp.
briciola ('brit∫ola) *nf* crumb.
bridge (bridʒ) *nm* game bridge.
briga ('briga) *nf* quarrel, trouble.
brigadiere (briga'djere) *nm* **1** brigadier. **2** sergeant.
brigante (bri'gante) *nm* bandit, robber.
brigata (bri'gata) *nf* **1** company, group. **2** brigade.
briglia ('briʎʎa) *nf* bridle.
brillare (bril'lare) *vi* shine, glitter,

sparkle. **brillante** *adj* brilliant. *nm* diamond.
brindare (brin'dare) *vi* toast, drink someone's health.
brindello (brin'dello) *nm* rag, tatter.
brindisi ('brindizi) *nm invar* toast. **fare un brindisi** drink a toast.
brio ('brio) *nm* gaiety, vivacity.
brivido ('brivido) *nm* shiver. **fare venire i brividi a qualcuno** give someone the creeps.
brocca ('brɔkka) *nf* jug.
broccolo ('brɔkkolo) *nm* broccoli.
brodo ('brɔdo) *nm* soup, broth.
broglio ('brɔʎʎo) *nm* malpractice.
bronchite (bron'kite) *nf* bronchitis.
broncio ('brontʃo) *nm* pout, sulk.
brontolare (bronto'lare) *vi* grumble, mutter.
bronzo ('brondzo) *nm* bronze.
bruciapelo (brutʃa'pelo) **a bruciapelo** *adv* pointblank.
bruciare (bru'tʃare) *vt* burn, set fire to. *vi* burn, blaze. **bruciato** *adj* burnt.
bruco ('bruko) *nm* caterpillar.
brughiera (bru'gjɛra) *nf* moor.
brulicare (bruli'kare) *vi* swarm, teem.
bruno ('bruno) *adj* brown, dark-haired. *nm* brown. **bruna** *nf* brunette.
brusco ('brusko) *adj* **1** sharp. **2** rough. **3** brusque.
brusio (bru'zio) *nm* buzz, bustle.
bruto ('bruto) *adj,n* brute. **brutale** *adj* brutal. **brutalità** *nf* brutality.
brutto ('brutto) *adj* **1** ugly. **2** bad, unpleasant. **fare brutta figura** disgrace oneself.
buca ('buka) *nf* hole, cavity, pit. **buca delle lettere** letter-box.

bucaneve (buk'aneve) *nf* snowdrop.

bucare (bu'kare) *vt* **1** pierce. **2** punch (ticket). *vi* get a puncture. **avere le mani bucate** be a spendthrift.

bucato (bu'kato) *nm* washing, laundry.

buccia ('buttʃa) *nf* peel, skin, rind.

buco ('buko) *nm* hole.

buddismo (bud'dizmo) *nm* Buddhism. **buddista** *nm* Buddhist.

budello (bu'dɛllo) *nm pl* **budella** *f* intestine, bowel.

budino (bu'dino) *nm* pudding.

bue ('bue) *nm pl* **buoi** oxen.

bufalo ('bufalo) *nm* buffalo.

bufera (bu'fera) *nf* blizzard, hurricane.

buffè (buf'fɛ) *nm invar* **1** sideboard. **2** buffet.

buffo ('buffo) *adj* funny, amusing.

bugia[1] (bu'dʒia) *nf* candlestick.

bugia[2] (bu'dʒia) *nf* lie. **bugiardo** *nm* liar.

buio ('bujo) *nm* darkness, dark. *adj* dark, gloomy.

bulbo ('bulbo) *nm* **1** bulb. **2** eyeball.

Bulgaria (bulga'ria) *nf* Bulgaria. **bulgaro** *adj,n* Bulgarian.

buono ('bwɔno) *adj* **1** good. **2** kind. **buon mercato** cheap. **buono a nulla** good for nothing. **di buon'ora** early. ~*nm* **1** good. **2** bill, bond. **con le buone** gently. **buongustaio** (bwongus'tajo) *nm* gourmet.

burattino (burat'tino) *nm* puppet.

burbanza (bur'bantsa) *nf* arrogance. **burbanzoso** (burban'tsoso) *adj* haughty.

burlare (bur'lare) *vt* play a trick on. *vi* joke. **burlarsi di** *vr* make fun of. **burla** *nf* joke.

burocrate (bu'rɔkrate) *nm* bureaucrat. **burocratico** (buro'kratiko) *adj* bureaucratic. **burocrazia** (burokrat'tsia) *nf* bureaucracy.

burrasca (bur'raska) *nf* tempest, storm.

burro ('burro) *nm* butter.

burrone (bur'rone) *nm* ravine, gorge.

bussare (bus'sare) *vi* knock.

bussola ('bussola) *nf* compass.

busta ('busta) *nf* **1** envelope. **2** case. **bustarella** (busta'rɛlla) *nf* bribe.

busto ('busto) *nm* **1** bust. **2** corset.

buttare (but'tare) *vt* throw. **buttare via** throw away. **buttarsi** *vr* throw onself, jump.

C

cabina (ka'bina) *nf* **1** cabin. **2** cockpit. **cabina telefonica** telephone box.

cablogramma (kablo'gramma) *nm* cablegram.

cacao (ka'kao) *nm* cocoa.

caccia ('kattʃa) *nf* hunting. **dare la caccia a** hunt. **cacciatore** *nm* hunter.

cacciagione (kattʃa'dʒone) *nf* (hunting) game.

cacciare (kat'tʃare) *vt* **1** hunt, shoot. **2** chase. **3** thrust, put. **cacciare un urlo** let out a yell. **cacciavite** *nm invar* screwdriver.

cachi ('kaki) *adj,nm* khaki.

cacio ('katʃo) *nm* cheese.

cacto ('kakto) *nm* cactus.

cadavere (ka'davere) *nm* corpse.

caddi ('kaddi) *v* see **cadere**.

cadere* (ka'dere) *vi* fall. **caduta** *nf* **1** fall. **2** ruin.

cadetto (ka'detto) *nm* cadet.

cadrò (ka'drɔ) *v* see **cadere**.

caffè (kaf'fɛ) *nm invar* **1** coffee. **2** bar, cafe. **caffè corretto** coffee with liqueur. **caffè macchiato** coffee with a little milk. **caffellatte** *nm* white coffee. **caffettiera** (kaffet'tjere) *nf* coffee pot.

caffeina (kaffe'ina) *nf* caffeine.

cagionare (kadʒo'nare) *vt* cause. **cagione** *nf* cause, reason.

cagna ('kaɲɲa) *nf* bitch. **guardare in cagnesco** scowl. **cagnolino** *nm* puppy.

calabrone (kala'brone) *nm* hornet.

calamaio (kala'majo) *nm* inkstand.

calamaro (kala'maro) *nm* squid.

calamita (kala'mita) *nf* magnet.

calare (ka'lare) *vt* lower, drop. *vi* **1** descend. **2** grow shorter. **3** (of the sun) set. **4** lose weight.

calcagno (kal'kaɲɲo) *nm* heel.

calcare (kal'kare) *vt* **1** tread, press down. **2** stress.

calce ('kaltʃe) *nf* lime.

calcestruzzo (kaltʃes'truttso) *nm* concrete.

calcio[1] ('kaltʃo) *nm* **1** kick. **2** football. **calciatore** *nm* footballer.

calcio[2] ('kaltʃo) *nm* calcium.

calcolare (kalko'lare) *vt,vi* calculate. **calcolatore** *nf* computer. **calcolatrice** *nf* calculator, calculating machine. **calcolo** ('kalkolo) *nm* **1** calculation. **2** plan. **3** *med* stone.

caldaia (kal'daja) *nf* boiler.

caldo ('kaldo) *adj* hot, warm. **avere caldo** (of a person) be hot. **fare caldo** (of weather) be hot. ~ *nm* heat.

caleidoscopio (kaleidos'kɔpjo) *nm* kaleidoscope.

calendario (kalen'darjo) *nm* calendar.

calice ('kalitʃe) *nm* chalice.

calligrafia (kalligra'fia) *nf* handwriting.

callo ('kallo) *nm med* corn.

calmare (kal'mare) *vt* soothe, calm (down). **calmante** *nm* sedative, tranquillizer. **calmo** *adj* calm.

calore (ka'lore) *nf* heat, warmth. **caloroso** *adj* warm, cordial.

caloria (kalo'ria) *nf* calorie.

calorifero (kalo'rifero) *nm* radiator.

caloscia (ka'lɔʃʃa) *nf* wellington, galosh.

calpestare (kalpes'tare) *vt* trample. **calpestio** *nm* tramping (of feet).

calunnia (ka'lunnja) *nf* slander.

calvo ('kalvo) *adj* bald. **calvizie** (kal vittsje) *nf pl* baldness.

calza ('kaltsa) *nf* sock, stocking. **calzatura** (kaltsa'tura) *nf* footwear. **calzino** *nm* sock.

calzolaio (kaltso'lajo) *nm* cobbler, shoemaker. **calzoleria** (kaltsole'ria) *nf* shoemaker's shop.

calzoni (kal'tsoni) *nm pl* trousers. **calzoncini** *nm pl* shorts.

camaleone (kamale'onte) *nm* chameleon.

cambiale (kam'bjale) *nf* bill of exchange.

cambiare (kam'bjare) *vt,vi* change, alter. **cambiamento** *nm* change, alteration. **cambio** *nm* 1 change. 2 *comm* exchange. 3 *mot* gears.

camera[1] ('kamera) *nf* 1 bedroom, room. 2 chamber. **Camera dei Comuni/Lords** House of Commons/ Lords.

camera[2] ('kamera) *nf* camera.

camerata[1] (kame'rata) *nf* dormitory.

camerata[2] (kame'rata) *nm* comrade.

cameriera (kame'rjera) *nf* 1 waitress. 2 maid. **cameriere** (kame'rjere) *nm* waiter.

camicia (ka'mitʃa) *nf* shirt. **camicetta** (kami'tʃetta) *nf* blouse.

camino (ka'mino) *nm* 1 fireplace. 2 chimney. **caminetto** (kami'netto) *nm* 1 fireplace. 2 mantel-piece.

camion ('kamjon) *nm* lorry.

cammello (kam'mɛllo) *nm* camel.

camminare (kammi'nare) *vi* 1 walk. 2 go.

cammino (kam'mino) *nm* way, path.

camoscio (ka'mɔʃʃo) *nm* chamois (leather).

campagna (kam'paɲɲa) *nf* 1 countryside. 2 campaign.

campana (kam'pana) *nf* bell. **sordo come una campana** deaf as a post. **campanello** (kampa'nɛllo) *nm* doorbell. **campanile** *nm* belltower.

campeggiare (kamped'dʒare) *vi* camp. **campeggio** *nm* 1 camping. 2 camp, camp site. **campeggiatore** *nm* camper.

campione (kam'pjone) *nm* 1 champion. 2 sample, specimen. **campionato** *nm* championship.

campo ('kampo) *nm* 1 field. 2 field, sphere. 3 *sport* ground. **campo di tennis** tennis court.

camposanto (kampo'santo) *nm pl* **campisanti** cemetery.

camuffamento (kamuffa'mento) *nm* camouflage.

Canada (kana'da) *nm* Canada. **canadese** (kana'dese) *adj,n* Canadian.

canaglia (ka'naʎʎa) *nf* rabble, mob.

canale (ka'nale) *nm* 1 canal. 2 (television) channel.

canapa ('kanapa) *nf* hemp.

canapè (kana'pe) *nm invar* sofa.

Canarie (ka'narje) **Isole Canarie** *nf pl* Canary Islands.

canarino (kana'rino) *nm* canary.

cancellare (kantʃel'lare) *vt* **1** score out, cancel. **2** annul.

cancelliere (kantʃel'ljere) *nm* chancellor. **Cancelliere dello Scacchiere** Chancellor of the Exchequer.

cancello (kan'tʃello) *nm* gate.

cancro ('kankro) *nm* **1** cancer. **2** *cap* Cancer.

candeggiare (kanded'dʒare) *vt* bleach.

candela (kan'dela) *nf* **1** candle. **2** spark plug. **3** watt.

candidato (kandi'dato) *nm* candidate.

candito (kan'dito) *adj* candied. *nm* candy, sweet.

cane ('kane) *nm* dog. **fatica da cani** *nf* great effort. **tempo da cani** *nm* bad weather.

canguro (kan'guro) *nm* kangaroo.

canile (ka'nile) *nm* kennel.

canna ('kanna) *nf* **1** reed, cane. **2** rod. **3** pipe, tube.

cannella (kan'nella) *nf* cinnamon.

cannelloni (kannel'loni) *nm pl* tubes of pasta stuffed with a meat sauce and baked.

cannibale (kan'nibale) *nm* cannibal. **cannibalismo** *nm* cannibalism.

cannocchiale (kannok'kjale) *nm* **1** binoculars. **2** telescope.

cannone (kan'none) *nm* cannon.

cannuccia (kan'nuttʃa) *nf* (drinking) straw.

canoa (ka'nɔa) *nf* canoe.

canone ('kanone) *nm* canon, law.

canonico (ka'nɔniko) *nm rel* canon.

canonizzare (kanonid'dzare) *vt* canonize.

canottaggio (kanot'taddʒo) *nm* boating, rowing.

canottiera (kanot'tjera) *nf* vest, T-shirt.

canotto (ka'nɔtto) **1** canoe. **2** small boat.

cantare (kan'tare) *vt,vi* sing. *vi* (of a cock) crow. **cantante** *nm* singer.

cantiere (kan'tijere) *nm* **1** shipyard. **2** site, yard.

cantina (kan'tina) *nf* cellar.

canto[1] ('kanto) *nm* **1** song. **2** singing. **3** crow (of a cock).

canto[2] ('kanto) *nm* side, corner. **dall'altro canto** on the other hand.

cantone (kan'tone) *nm* **1** corner. **2** canton.

cantoniere (kanto'njere) *nm* signalman.

canuto (ka'nuto) *adj* whitehaired.

canzonare (kantso'nare) *vt* make fun of. *vi* joke.

canzone (kan'tsone) *nf* song.

caos ('kaos) *nm invar* chaos.

capace (ka'patʃe) *adj* capable, able.

capacità *nf* **1** capacity. **2** ability.

capanna (ka'panna) *nf* hut. **capannone** (kapan'none) *nm* hangar, shed.

caparbio (ka'parbjo) *adj* obstinate, stubborn.

capello (ka'pello) *nm* **1** hair. **2** *pl* hair (of head). **da fare rizzare i capelli** make one's hair stand on end. **spaccare un capello in quattro** split hairs.

capezzale (kapet'tsale) *nm* bolster.

capezzolo (ka'pettsolo) *nm* nipple, teat.

capire (ka'pire) *vt,vi* understand.

capitale (kapi'tale) *adj,nf* capital. *nm comm* capital. **capitalismo** *nm* capitalism. **capitalista** *nm* capitalist.

capitano (kapi'tano) *nm* captain.

capitare (kapi'tare) *vi* 1 happen. 2 turn up.

capitolo (ka'pitolo) *nm* chapter.

capo ('kapo) *nm* 1 head, mind. 2 top, end. 3 cape. 4 item. 5 chief, leader. **da capo** over again.

capodanno (kapo'danno) *nm* New Year's Day.

capofitto (kapo'fitto) **a capofitto** *adv* headfirst.

capogiro (kapo'dʒiro) *nm pl* **capogiri** fit of dizziness.

capolavoro (kapola'voro) *nm pl* **capolavori** masterpiece.

capolinea (kapo'linea) *nm pl* **capilinea** terminus.

caporale (kapo'rale) *nm* corporal.

capostazione (kapostat'tsjone) *nm pl* **capistazione** station master.

capotreno (kapo'trɛno) *nm pl* **capitreno** guard.

capovolgere (kapo'vɔldʒere) *vt* overturn.

cappa ('kappa) *nf* cloak, cape.

cappella (kap'pella) *nf* chapel.

cappello (kap'pello) *nm* hat.

cappero (kap'pero) *nm bot* capper. **capperi!** *interj* gosh!

cappotta (kap'pɔtta) *nf mot* hood.

cappotto (kap'pɔtto) *nm* overcoat.

cappuccino (kapput'tʃino) *nm* coffee with milk.

cappuccio (kap'puttʃo) *nm* hood.

capriccio (ca'prittʃo) *nm* whim, caprice.

capriccioso (kaprit'tʃoso) *adj* capricious, wilful.

Capricorno (kapri'kɔrno) *nm* Capricorn.

caprifoglio (kapri'fɔʎʎo) *nm* honeysuckle.

capriola (kapri'ɔla) *nf* somersault.

capro (kapro) *nm* billy-goat. **capro espiatorio** scapegoat. **capretto** (ka'pretto) *nm* kid.

capsico ('kapsiko) *nm* capsicum.

capsula ('kapsula) *nf* capsule.

carabiniere (karabi'njere) *nm* military policeman.

caraffa (ka'raffa) *nf* carafe.

caraibo (kara'ibo) *adj* Caribbean. **(Mar dei) Caraibi** *nm* Caribbean (Sea).

caramella (kara'mella) *nf* sweet.

carato (ka'rato) *nm* carat.

carattere (ka'rattere) *nm* 1 character, nature. 2 letter, character. **caratteristico** (karatte'ristiko) *adj* typical, characteristic.

carboidrato (karboi'drato) *nm* carbohydrate.

carbone (kar'bone) *nm* coal.

carbonio (kar'bɔnjo) *nm* carbon. **carbonico** (kar'bɔniko) *adj* carbonic.

carburante (karbu'rante) *nm mot* fuel.

carburatore (karbura'tore) *nm* carburettor.

carcassa (kar'kassa) *nf* skeleton, carcass.

carcere ('kartʃere) *nm pl* **carceri** *f* prison.

carciofo (kar'tʃɔfo) *nm* artichoke.

cardiaco (kar'diako) *adj* cardiac. **attacco cardiaco** *nm* heart attack.

cardinale (kardi'nale) *nm rel* cardinal. *adj* cardinal, principal.

cardine (kardine) *nm* hinge.

cardo ('kardo) *nm* thistle.

carena (ka'rena) *nf* keel.

carestia (kares'tia) *nf* scarcity, shortage.

carezzare (karet'tsare) *vt* caress, stroke. **carezza** *nf* caress.

cariarsi (ka'rjarsi) *vr* decay.

carica ('karika) *nf* appointment, office. **in carica 1** in office. **2** in charge.

caricare (kari'kare) *vt* **1** load, fill. **2** overload. **3** wind up.

caricatura (karika'tura) *nf* caricature.

carico (ka'riko) *nm* **1** load. **2** weight, responsibility. **3** *naut* cargo. *adj* laden, loaded.

carie ('karje) *nf invar* decay.

carità (kari'ta) *nf* charity, love. **per carità!** for heaven's sake! please!

carlinga (kar'linga) *nf* cockpit.

carnagione (karna'dʒone) *nf* complexion.

carne ('karne) *nf* **1** flesh. **2** meat. **carnale** *adj* carnal.

carneficina (karnefi'tʃina) *nf* slaughter, massacre.

carnevale (karne'vale) *nm* carnival.

caro ('karo) *adj* **1** dear, beloved. **2** expensive, dear. *adv* at a high price.

carosello (karo'zɛllo) *nm* merry-go-round.

carota (ka'rɔta) *nf* carrot.

carponi (kar'poni) *adv* on all fours.

carrello (kar'rɛllo) *nm* trolley, truck.

carriera (kar'rjɛra) *nf* career, profession.

carro ('karro) *nm* **1** cart. **2** lorry, truck.

carrozza (kar'rɔttsa) *nf* coach, carriage. **carrozzeria** *nf mot* bodywork. **carrozzina** *nf* pram.

carrucola (kar'rukola) *nf* pulley.

carta ('karta) *nf* **1** paper. **2** document. **3** map, chart. **4** card. **carta da lettere** notepaper. **carta d'identità** identity card, **cartacarbone** *nf* carbon paper. **cartapecora** (karta'pekora) *nf* parchment. **cartapesta** (karta'pesta) *nf* papiermâché. **cartella** (kar'tella) *nf* **1** folder, file. **2** satchel. **cartellino** *nm* **1** tag. **2** nameplate. **cartello** (kar'tello) *nm* poster, notice. **cartolina** *nf* postcard. **cartone** *nm* cardboard.

cartilagine (karti'ladʒine) *nf* cartilage.

cartolaio (karto'lajo) *nm* stationer. **cartoleria** *nf* stationery shop.

cartuccia (kar'tuttʃa) *nf* cartridge.

casa ('kasa) *nf* **1** house, home. **2** company, firm. **3** family, house.

casalinga (kasa'linga) *nf* housewife. **casalingo** *adj* **1** domestic. **2** homemade. **3** plain.

cascare (kas'kare) *vi* fall, tumble. **cascata** *nf* waterfall.

casco ('kasko) *nm* helmet, crash helmet.

casella (ka'sella) *nf* pigeonhole. **casella postale** post office box.

caserma (ka'zɛrma) *nf* barracks.

casino (ka'sino) *nm* **1** casino. **2** *nf* brothel.

caso ('kazo) *nm* **1** chance. **2** event, occurrence. **3** case. **4** way, possibility. **caso mai** if by chance. **far caso di** take into account. **in ogni caso** in any case. **per caso** by chance.

cassa ('kassa) *nf* **1** box, case, chest. **2** cash desk. **3** bank, fund. **4** cash. **cassa da morto** coffin. **cassaforte** (kassa'fɔrte) *nf pl* **casseforti** strongbox.

cassetta (kas'setta) *nf* box. **cassetta delle lettere** letterbox. **cassetto**

(kas'setto) *nm* drawer. **cassettone** (kasset'tone) *nm* chest of drawers.
cassata (kas'sata) *nf* sicilian ice-cream.
casseruola (kasse'rwɔla) *nf* saucepan.
cassiere (kas'sjere) **1** cashier. **2** treasurer.
casta ('kasta) *nf* caste.
castagna (kas'taɲɲa) *nf* chestnut. **castagno** *nm* chestnut tree. *adj* chestnut, brown.
castello (kas'tɛllo) *nm* castle.
castigare (kasti'gare) *vt* punish. **castigo** *nm* punishment.
casto ('kasto) *adj* chaste. **castità** *nf* invar chastity.
castoro (kas'tɔro) *nm* beaver.
castrare (kas'trare) *vt* castrate.
casuale (kazu'ale) *adj* chance.
catacomba (kata'komba) *nf* catacomb.
catalogo (ka'talogo) *nm* catalogue.
catapulta (kata'pulta) *nf* catapult.
catarro (ka'tarro) *nm* catarrh.
catastrofe (ka'tastrofe) *nf* disaster, catastrophe.
catechismo (kate'kizmo) *nm* catechism.
categoria (katego'ria) *nf* category, class. **categorico** (kate'gɔriko) *adj* categorical, explicit.
catena (ka'tena) *nf* chain. **catena di negozi** chain store.
catino (ka'tino) *nm* basin. **catinella** *nf* small basin. **piovere a catinelle** rain cats and dogs.
catodo ('katodo) *nm* cathode.
catrame (ka'trame) *nm* tar.
cattedrale (katte'drale) *nf* cathedral.
cattivo (kat'tivo) *adj* **1** bad, naughty. **2** evil.

cattolico (kat'tɔliko) *adj,n* Catholic. **cattolicesimo** (kattoli'tʃezimo) *nm* Catholicism.
catturare (kattu'rare) *vt* **1** capture. **2** arrest. **cattura** *nf* **1** capture. **2** arrest.
caucciù (kaut'tʃu) *nm invar* rubber.
causa ('kauza) *nf* **1** cause, reason. **2** *law* case, action. **a causa di** owing to, because of.
causare (kau'zare) *vt* cause, produce.
caustico ('kaustiko) *adj* caustic.
cauto ('kauto) *adj* cautious, careful. **cautela** (kau'tela) *nf* **1** caution. **2** precaution.
cauzione (kaut'tsjone) *nf* **1** caution money, deposit. **2** bail.
cava ('kava) *nf* quarry, pit.
cavalcare (kaval'kare) *vt,vi* ride. **cavalcioni** *adv* astride.
cavaliere (kava'ljere) *nm* knight.
cavalleria (kavalle'ria) *nf* **1** cavalry. **2** chivalry. **cavalleresco** *adj* chivalrous.
cavallo (ka'vallo) *nm* **1** horse. **2** *game* knight. **a cavallo** on horseback. **cavallo a dondolo** rocking horse. **cavallo da corsa** racehorse. **cavalletto** (kaval'letto) *nm* easel.
cavare (ka'vare) *vt* **1** extract, remove. **2** obtain. **cavarsela** *vr* get out of a difficult situation. **cavatappi** *nm invar* corkscrew.
caverna (ka'verna) *nf* cavern, cave.
caviale (ka'vjale) *nm* caviar.
caviglia (ka'viʎʎa) *nf* ankle.
cavo¹ ('kavo) *adj,nm* hollow. **cavità** *nf* hollow, cavity.
cavo² ('kavo) *nm* cable, rope.
cavolo ('kavolo) *nm* cabbage. **cavolfiore** *nm* cauliflower.

ce (tʃe) *pron 1st pers m,f pl* us, to us. *adv* there.

cecità (tʃetʃi'ta) *nf* blindness.

Cecoslovacchia (tʃekoslo'vakkja) *nf* Czechoslovakia. **ceco** *adj,n* Czech. *nm* Czech (language). **cecoslovacco** *adj,n* Czechoslovakian.

cedere ('tʃedere) *vi* 1 collapse. 2 yield, give up. *vt* 1 hand over. 2 renounce.

cedola ('tʃedola) *nf* 1 coupon. 2 counterfoil.

cedro[1] ('tʃedro) *nm* 1 lime tree. 2 lime (fruit).

cedro[2] ('tʃedro) *nm* cedar.

celare (tʃe'lare) *vt* hide, conceal.

celebrare (tʃele'brare) *vt* celebrate.

celebre ('tʃelebre) *adj* famous, well-known. **celebrità** *nf* celebrity.

celeste (tʃe'leste) *adj* 1 heavenly, celestial. 2 azure.

cebile ('tʃelibe) *nm* bachelor.

cella ('tʃella) *nf* cell.

cellula ('tʃellula) *nf sci* cell.

celluloide (tʃellu'lɔide) *nf* celluloid.

cemento (tʃe'mento) *nm* 1 cement. 2 concrete. **cemento armato** reinforced concrete.

cenacolo (tʃe'nakolo) *nm* painting of the Last Supper.

cenare (tʃe'nare) *vi* dine, have dinner. **cena** *nf* dinner, supper.

cencio ('tʃentʃo) *nm* 1 rag. 2 duster, cloth.

cenere ('tʃenere) *nf* ash. **Ceneri** (tʃe'neri) *nf pl* Ash Wednesday.

cenno ('tʃenno) *nm* 1 nod. 2 sign. 3 hint. **fare cenno di** mention.

censimento (tʃensi'mento) *nm* census.

censurare (tʃensu'rare) *vt* censure, re-

prove. **censura** *nf* censorship. **censore** (tʃen'sore) *nm* censor.

centenario (tʃente'narjo) *nm* 1 centenary. 2 centenarian.

centigrado (tʃen'tigrado) *adj* centigrade.

centimetro (tʃen'timetro) *nm* centimetre.

cento ('tʃento) *adj,nm* one hundred. **per cento** per cent. **centesimo** (tʃen'tezimo) *adj* hundredth. **centinaio** (tʃenti'najo) *nm pl* **centinaia** *f* about a hundred.

centrale (tʃen'trale) *adj* 1 central. 2 principal. **sede centrale** *nf* head office. ~ *nf* centre of production, plant, station. **centrale elettrica** power station. **centralinista** *nm* operator. **centralino** *nm* telephone exchange. **centralizzare** (tʃentralid'dzare) *vt* centralize.

centro ('tʃentro) *nm* 1 centre, middle. 2 *sport* centre. **centro avanti** *or* **attacco** centreforward. **centro mediano** *or* **sostegno** half-back.

ceppo ('tʃeppo) *nm* 1 stump. 2 log. 3 block.

cera[1] ('tʃera) *nf* wax.

cera[2] ('tʃera) *nf* appearance.

ceramica (tʃe'ramika) *nf* ceramics.

cercare (tʃer'kare) *vt* 1 search. 2 look for, seek. *vi* try, attempt. **cercasi** (in newspaper advertisements) wanted. **cerca** *nf* search.

cerchio (tʃerkjo) *nm* circle.

cereale (tʃere'ale) *adj,nm* cereal.

cerimonia (tʃeri'mɔnja) *nf* ceremony.

cerino (tʃe'rino) *nm* 1 wax match. 2 taper.

cerniera (tʃer'njera) *nf* hinge. **cerniera lampo** zip (fastener).

cerotto (tʃe'rɔtto) *nm* med plaster.

certificare (tʃertifi'kare) *vt* **1** certify. **2** confirm. **certificato** *nm* certificate.

certo ('tʃerto) *adj* **1** sure. certain. **2** certain, particular. *adv* certainly, of course.

cervello (tʃer'vello) *nm pl* **cervella** *f* or **cervelli** *m* brain.

cervo ('tʃervo) *nm* deer.

cesello (tʃe'zello) *nm* chisel.

cesoie (tʃe'zoje) *nf pl* shears.

cespo ('tʃespo) *nm* tuft.

cespuglio (tʃes'puʎʎo) *nm* bush.

cessare (tʃes'sare) *vi* stop, cease.

cesta ('tʃesta) *nf* basket, hamper. **cestino** *nm* wastepaper basket. **cestino da viaggio** lunch pack.

ceto ('tʃeto) *nm* class, rank.

cetriolo (tʃetri'ɔlo) *nm* cucumber.

che (ke) *pron invar* **1** who, whom. **2** which. **3** that. **un gran che** something important. **un non so che di** a hint of. ~ *adj* **1** what? which? **2** what, what a. **3** how. *conj* **1** that. **2** than. **3** as **non...che** only. **ma che!** *interj also* **macché!** rubbish!

cheto ('keto) *adj* quiet. **chetichella** (keti'kella) **alla chetichella** *adv* furtively, inconspicuously.

chi (ki) *pron* **1** who? whom? **2** those who, he who, whoever. **chi...chi** some... some. **di chi è?** whose is it?

chiacchierare (kjakkje'rare) *vi* chat, chatter, gossip. **chiacchiera** ('kjakkjera) *nf* chat, piece of gossip. **fare due chiacchiere** have a chat. **chiacchierata** *nf* chat.

chiamare (kja'mare) *vt* **1** call. **2** send for, summon. **chiamarsi** *vr* be called. **chiamata** *nf* call.

chiarire (kja'rire) *vt* clarify, clear up. **chiaro** *adj* clear, bright. **chiarore** *nm* glimmer. **chiaroscuro** *nm* Art light and shade. **chiaroveggente** (kjaroved'dʒente) *adj* clear-sighted.

chiasso ('kjasso) *nm* hubbub, din. **chiassoso** (kjas'soso) *adj* noisy.

chiavare (kja'vare) *vt* have sexual intercourse with.

chiave ('kjave) *nf* key. **chiudere a chiave** lock. **tenere sotto chiave** keep under lock and key.

chiavistello (kjavis'tello) *nm* bolt.

chiazzare (kjat'tsare) *vt* stain. **chiazza** *nf* stain.

chicchirichì (kikkiri'ki) *nm* cock-a-doodle-do.

chicco ('kikko) *nm* **1** grain. **2** (coffee) bean. **3** grape.

chiedere* ('kjedere) *vt* **1** ask. **2** ask for, request, beg.

chiesa ('kjeza) *nf* church.

chiesi ('kjesi) *v see* **chiedere.**

chiesto ('kjesto) *v see* **chiedere.**

chiglia ('kiʎʎa) *nf* keel.

chilo ('kilo) *nm* kilo. **chilogrammo** (kilo'grammo) *nm* kilogram. **chilometro** (ki'lɔmetro) *nm* kilometre. **chilowatt** ('kilovat) *nm invar* kilowatt.

chimera (ki'mera) *nf* illusion.

chimica ('kimika) *nf* chemistry. **chimico** ('kimiko) *adj* chemical. *nm* chemist.

china ('kina) *nf* slope, descent.

chinare (ki'nare) *vt* lower, bend. **chinarsi** *vr* stoop, bend.

chincaglieria (kinkaʎʎe'ria) *nf* bric-abrac, trinkets.

chiocciare (kjot'tʃare) *vi* cluck.

chiocciola ('kjɔttʃola) *nf* snail. **scala a chiocciola** *nf* spiral staircase.

chiodo ('kjɔdo) *nm* **1** nail. **2** debt.

chiosco ('kjɔsko) *nm* kiosk.

chiostro ('kjɔstro) *nm* cloister.

chirurgia (kirur'dʒia) *nf* surgery. **chirurgico** *adj* surgical. **chirurgo** *nm pl* **chirurghi** *or* **chirurgi** surgeon.

chitarra (ki'tarra) *nf* guitar.

chiudere* ('kjudere) *vt* **1** close, shut. **2** end. **3** switch *or* turn off.

chiunque (ki'unkwe) *pron invar* whoever, anyone who.

chiusi ('kjusi) *v* see **chiudere**.

chiuso ('kjuso) *v* see **chiudere**. *adj* shut, closed.

chiusura (kju'sura) *nf* **1** closure. **2** fastening. **chiusura lampo** zip fastener.

ci (tʃi) *pron 1st pers m,f pl* **1** us, to us. **2** ourselves. *adv* here, there.

cialda ('tʃalda) *nf* waffle.

ciambella (tʃam'bella) *nf* **1** ring-shaped bun. **2** rubber ring.

ciambellano (tʃambel'lano) *nm* chamberlain.

cianuro (tʃa'nuro) *nm* cyanide.

ciao ('tʃao) *interj* **1** hello! **2** bye-bye! cheerio!

ciarlare (tʃar'lare) *vi* chatter, gabble.

ciarlatano (tʃarla'tano) *nm* charlatan.

ciascuno (tʃas'kuno) *also* **ciascheduno** *adj* each, every. *pron* each one, every one.

cibare (tʃi'bare) *vt* feed, nourish. **cibo** *nm* food.

cicala (tʃi'kala) *nf* cicada.

cicatrice (tʃika'tritʃe) *nf* scar.

cicca ('tʃikka) *nf* butt, cigarette end.

cicerone (tʃitʃe'rone) *nm* guide.

ciclamino (tʃikla'mino) *nm* cyclamen.

ciclo ('tʃiklo) *nm* **1** cycle. **2** bicycle, cycle. **ciclismo** *nm* cycling. **ciclista** *nm* cyclist.

ciclone (tʃi'klone) *nm* cyclone.

cicogna (tʃi'koɲɲa) *nf* stork.

cicoria (tʃi'kɔrja) *nf* chicory.

cieco ('tʃɛko) *adj* blind. *nm* blind man.

cielo ('tʃɛlo) *nm* **1** sky. **2** heaven.

cifra ('tʃifra) *nf* **1** figure, number. **2** sum, amount.

ciglio ('tʃiʎʎo) *nm* **1** *pl* **ciglia** *f* eyelash. **2** *pl* **cigli** *m* edge, bring.

cigno ('tʃiɲɲo) *nm* swan.

cigolare (tʃigo'lare) *vi* squeak, creak.

ciliegia (tʃi'ljedʒa) *nf* cherry. **ciliegio** *nm* cherry tree.

cilindro (tʃi'lindro) *nm* cylinder.

cima ('tʃima) *nf* summit, top.

cimice ('tʃimitʃe) *nf* bug.

ciminiera (tʃimi'njera) *nf* **1** factory chimney. **2** *naut* funnel.

cimitero (tʃimi'tero) *nm* cemetery, graveyard.

Cina ('tʃina) *nf* China. **cinese** (tʃi'nese) *adj,n* Chinese. *nm* Chinese (language).

cinema ('tʃinema) *nm invar* cinema. **cineasta** *nm* person connected with the cinema.

cinetico (tʃi'netiko) *adj* kinetic.

cingere* ('tʃindʒere) *vt* surround, encircle.

cinghia ('tʃingja) *nf* strap, belt.

cinghiale (tʃin'gjale) *nm* **1** wild boar. **2** pigskin.

cinguettare (tʃingwe'tare) *vi* twitter,

chirp.

cinico (ˈtʃiniko) *adj* cynical, sceptical.

cinquanta (tʃinˈkwanta) *adj, nm* fifty.

cinquantesimo *adj* fiftieth.

cinque (ˈtʃinkwe) *adj,nm* five. **cinquecento** (tʃinkweˈtʃɛnto) *adj* five hundred. *nm* **1** five hundred. **2** sixteenth century.

cintura (tʃinˈtura) *nm* belt. **cintura di sicurezza** seat belt. **cinturino** *nm* strap.

ciò (tʃo) *pron invar* that, this. **ciò che** that which.

cioccolata (tʃokkoˈlata) *nf also* **cioccolato** *nm* chocolate. **cioccolatino** *nm* chocolate sweet.

cioè (tʃoˈɛ) *adv* that is to say, that is.

ciondolo (ˈtʃondolo) *nm* pendant.

ciottolo (ˈtʃɔttolo) *nm* **1** stone, pebble. **2** cobble.

cipiglio (tʃiˈpiʎʎo) *nm* scowl, frown.

cipolla (tfiˈpolla) *nf* onion. **cipollina** *nf* spring onion.

cipresso (tʃiˈpresso) *nm* cypress.

cipria (ˈtʃiprja) *nf* face powder.

Cipro (ˈtʃipro) *nm* Cyprus. **cipriota** *adj,n* Cypriot.

circa (ˈtʃirka) *prep* about, concerning. *adv* roughly, approximately, about.

circo (ˈtʃirko) *nm* circus.

circolare[1] (tʃirkoˈlare) *vi* **1** circulate, spread, flow. **2** move about, circulate. **circolante** *adj* mobile. *nm* currency. **circolazione** *nf* **1** circulation. **2** traffic.

circolare[2] (tʃirkoˈlare) *adj* circular. *nf* circular (letter).

circolo (ˈtʃirkolo) *nm* **1** circle. **2** group, club.

circoncidere (tʃirkonˈtʃidere) *vt* circumcize.

circondare (tʃirkonˈdare) *vt* surround.

circonferenza (tʃirkonfeˈrɛntsa) *nf* circumference.

circonvallazione (tʃirkonvallatˈtsjone) *nf* ring-road.

circoscrivere (tʃirkosˈkrivere) *vt* limit, restrict.

circostante (tʃirkosˈtante) *adj* surrounding. *nm* bystander.

circostanza (tʃirkosˈtanza) *nf* circumstance.

circuito (tʃirˈkuito) *nm* circuit.

cisterna (tʃisˈtɛrna) *nf* tank, cistern. **nave cisterna** *nf naut* tanker.

citare (tʃiˈtare) *vt* **1** quote, cite. **2** summon. **citazione** *nf* **1** quotation. **2** summons.

città (tʃitˈta) *nf invar* town, city. **cittadino** *nm* citizen.

ciuffo (ˈtʃuffo) *nm* tuft.

civetta (tʃiˈvetta) *nf* **1** owl. **2** flirt.

civico (ˈtʃiviko) *adj* civic.

civile (tʃiˈvile) *adj* civil, civilian. *nm* civilian.

civiltà (tʃivilˈta) *nf* civilization. **civilizzare** (tʃivilidˈdzare) *vt* civilize. **civilizzazione** *nf* civilization.

clacson (ˈklakson) *nm mot* horn.

clamore (klaˈmore) *nm* **1** din, uproar. **2** outcry. **clamoroso** (klamoˈroso) *adj* noisy, sensational.

clandestino (klandesˈtino) *adj* clandestine.

clarinetto (klariˈnetto) *nm* clarinet.

class (ˈklasse) *nf* **1** class. **2** classroom. **di classe** of high quality. **fuori classe** in a class of its own.

classico (ˈklassiko) *adj* classic, classical.

classificare (klassifi'kare) *vt* classify, class. **classificazione** *nf* classification.

clausola ('klauzola) *nf* clause.

claustrofobia (klaustro'bia) *nf* claustrophobia.

clavicembalo (klavi'tʃembalo) *nm* harpsichord.

clavicola (kla'vikola) *nf* collarbone.

clemenza (kle'mɛntsa) *nf* mercy, clemency.

cleptomane (klep'tɔmane) *nm* kleptomaniac. **cleptomania** *nf* kleptomania.

clero ('klero) *nm* clergy.

cliente (kli'ente) *nm* client, customer. **clientela** (klien'tela) *nf* clientele.

clima ('klima) *nm* climate.

clinica ('clinika) *nf* 1 clinical medicine. 2 clinic, nursing home.

cloro ('klɔro) *nm* chlorine.

clorofilla (kloro'filla) *nf* chlorophyll.

cloroformio (kloro'fɔrmjo) *nm* chloroform.

cloruro (klo'ruro) *nm* chloride.

coabitare (koabi'tare) *vi* cohabit, live together.

coagulare (koagu'lare) *vt* coagulate. **coagularsi** *vr* coagulate. **coagulo** (ko'agulo) *nm* 1 clot. 2 curd.

coalizione (koalit'tsjone) *nf* coalition.

cobra ('kɔbra) *nm invar* cobra.

cocaina (koka'ina) *nf* cocaine.

cocchio ('kɔkkjo) *nm* coach, carriage.

coccinella (kottʃi'nella) *nf* ladybird.

cocco ('kɔkko) *nm* 1 coconut. 2 coconut palm.

coccodrillo (kokko'drillo) *nm* crocodile. **lagrime di coccodrillo** *nf pl* crocodile tears.

cocente (ko'tʃente) *adj* 1 hot, burning. 2 acute.

cociamo (ko'tʃamo) *v see* **cuocere**.

cocomero (ko'komero) *nm* watermelon.

coda ('koda) *nf* 1 tail. 2 queue. **guardare con la coda dell'occhio** look out of the corner of one's eye.

codardo (ko'dardo) *adj* cowardly.

codeina (kode'ina) *nf* codeine.

codesto (ko'desto) *adj* this, that. *pron* that one.

codice ('kɔditʃe) *nm* code.

coerente (koe'rente) *adj* coherent. **coerenza** (koe'rentsa) *nf* 1 coherence. 2 consistency.

coesistere (koe'zistere) *vi* coexist.

coetaneo (koe'taneo) *adj,nm* contemporary.

cofano ('kɔfano) *nm* 1 chest, casket. 2 *mot* bonnet.

cogliere* ('kɔʎʎere) *vt* 1 pick. 2 gather, collect. 3 catch. 4 hit, strike. **cogliere l'occasione** seize the opportunity.

cognato (koɲ'ɲato) *nm* brother-in-law. **cognata** *nf* sister-in-law.

cognome (koɲ'ɲome) *nm* surname.

coincidere (koin'tʃidere) *vi* coincide. **coincidenza** (kointʃi'dɛntsa) *nf* 1 coincidence. 2 (railway) connection.

coinvolgere (koin'vɔldʒere) *vt* involve.

coito ('kɔito) *nm* coitus, sexual intercourse.

colare (ko'lare) *vt* 1 strain. 2 pour. *vi* 3 drip, trickle. **colare a picco** sink. **colapasta** *nm invar* pasta strainer. **coli-**

no nm strainer.

colatoio (kola'tojo) nm colander.

colazione (kolat'tsjone) nf lunch. **prima colazione** breakfast.

colei (ko'lɛi) pron fs she, that woman.

colera (ko'lera) nm cholera.

colgo ('kɔlgo) v see **cogliere**.

colla ('kɔlla) nf glue.

collaborare (kollabo'rare) vi 1 collaborate. 2 contribute. **collaborazione** nf collaboration.

collana (kol'lana) nf 1 necklace. 2 series. 3 collection.

collare (kol'lare) nm collar.

collasso (kol'lasso) nm collapse.

collaudare (kollau'dare) vt test, try. **collaudo** nm 1 test. 2 approval.

colle ('kɔlle) nm hill.

collega (kol'lega) nm colleague.

collegare (kolle'gare) vt join, connect, link. **collegamento** nm link, connection.

collegio (kol'lɛdʒo) nm 1 college. 2 boarding school.

collera ('kɔllera) nf anger. **montare in collera** get angry.

colletta (kol'letta) nf collection.

collettivo (kollet'tivo) adj collective, joint.

colletto (kol'letto) nm collar.

collezionare (kollettsjo'nare) vt collect. **collezione** nf collection. **fare collezione di** collect.

collina (kol'lina) nf hill.

collo[1] ('kɔllo) nm neck.

collo[2] (kol'lɔ) nm parcel, package.

collocare (kollo'kare) vt place, put.

colloquio (kol'lɔkwjo) nm 1 talk, discussion. 2 interview.

colmare (kol'mare) vt fill. **colmo** adj full, overflowing. nm 1 top. 2 height.

colomba (ko'lomba) nf dove. **colombo** nm pigeon.

colonia (ko'lɔnja) nf 1 colony. 2 summer camp. **coloniale** adj colonial. **colonizzare** (kolonid'dzare) vt colonize.

colonna (ko'lonna) nf column, pillar.

colonnello (kolon'nello) nm colonel.

colorire (kolo'rire) vt colour. **colore** nm 1 colour. 2 colouring. **di colore** coloured.

colossale (kolos'sale) adj gigantic.

colpa ('kolpa) nf 1 offence. 2 blame. 3 fault.

colpevole (kol'pevole) adj guilty. nm culprit.

colpire (kol'pire) vt strike, hit. **rimanere colpito** be amazed.

colpo ('kolpo) nm 1 blow, stroke, knock. 2 shot. **colpo d'aria** draught. **colpo di sole** sunstroke. **colpo di Stato** coup d'état. **colpo di telefono** telephone call. **colpo d'occhio** glance.

colsi (kɔlsi) v see **cogliere**.

coltello (kol'tello) nm knife. **coltello a serramanico** penknife.

coltivare (kolti'vare) vt cultivate.

colto[1] ('kɔlto) v see **cogliere**.

colto[2] ('kɔlto) adj cultured, learned.

coltura (kol'tura) nf 1 cultivation, breeding. 2 culture.

colui (ko'lui) pron ms he, that man. **coloro** pron m,f pl those, those people.

coma ('kɔma) nm coma.

comandare (koman'dare) vt 1 command, order. 2 control. **comandante** nm commander. **comando** nm command, order.

combattere (kom'battere) *vi,vt* fight, combat. **combattente** (kombat'tɛnte) *nm* soldier. **combattimento** *nm* combat, fight.

combinare (kombi'nare) *vt* **1** combine. **2** arrange. *vi* **1** agree. **2** match. **cosa sta combinando?** what is he up to? **combinazione** *nf* **1** combination. **2** chance.

combustione (kombus'tjone) *nf* combustion.

come ('kome) *adv* **1** like, as. **2** as well as. **3** how. *prep* as soon as. **come se** as if. ~ *interj* what! **come?** what did you say?

cometa (ko'meta) *nf* comet.

comico ('kɔmiko) *adj* **1** comic. **2** funny, comical. *nm* comedian, comic.

cominciare (komin'tʃare) *vt,vi* begin, start.

comitato (komi'tato) *nm* committee, board.

comitiva (komi'tiva) *nf* party, group.

comizio (ko'mittsjo) *nm* meeting.

commedia (kom'mɛdja) *nf* **1** comedy. **2** play. **commediante** *nm* **1** actor. **2** comedian. *nf* **1** actress. **2** comedienne.

commemorare (kommemo'rare) *vt* commemorate. **commemorativo** *adj* commemorative. **commemorazione** *nf* commemoration.

commentare (kommen'tare) *vt* **1** annotate. **2** comment upon. **commentatore** *nm* commentator. **commento** *nm* comment.

commercio (kom'mɛrtʃo) *nm* commerce, business, trade. **commerciale** *adj* commercial. **commerciante** *nm* **1** businessman. **2** merchant.

commesso (kom'messo) *nm* **1** shop assistant. **2** clerk. **commesso viaggiatore** travelling salesman.

commestibile (kommes'tibile) *adj* edible.

commettere* (kom'mettere) *vt* commit.

commissariato (kommissa'rjato) *nm* commissariat. **commissariato di polizia** police station. **commissario** (kommis'sarjo) *nm* commissioner.

commissione (kommis'sjone) *nf* **1** errand. **2** order. **3** commission, committee.

commosso (kom'mɔsso) *adj* touched, moved.

commozione (kommot'tsjone) *nf* agitation. **commozione cerebrale** concussion.

commuovere* (kom'mwɔvere) *vt* move, touch, affect.

commutare (kommu'tare) *vt* change. **commutatore** (kommuta'tore) *nm* switch.

comodino (komo'dino) *nm* bedside table.

comodo ('kɔmodo) *adj* **1** comfortable. **2** handy. **3** convenient. **4** useful. **stia comodo!** please don't get up! ~ *nm* **1** comfort. **2** convenience. **con comodo** at one's leisure. **comodità** *nf* **1** convenience. **2** comfort.

compagno (kompaɲ'ɲo) *nm* **1** companion, comrade. **2** partner. **compagnia** *nf* company.

comparativo (kompara'tivo) *adj* comparative.

comparire* (kompa'rire) *vi* **1** appear. **2** seem.

compartimento (komparti'mento) *nm* compartment.

compassione (kompas'sjone) *nf* pity, compassion.

compasso (kom'passo) *nm* **1** compass. **2** pair of compasses.

compatire (kompa'tire) *vt* **1** pity. **2** sympathize with. **compatimento** *nm* pity.

compatriota (kompatri'ɔta) *nm* fellow countryman.

compatto (kom'patto) *adj* compact.

compendio (kom'pɛndjo) *nm* **1** compendium. **2** summary.

compensare (kompen'sare) *vt* compensate, make up for. **compenso** (kom'pɛnso) *nm* compensation.

competente (kompe'tente) *adj* **1** apt, suitable. **2** competent.

competere (kom'pɛtere) *vi* compete. **competitore** (kompeti'tore) *nm* competitor. **competizione** *nf* competition.

compiacere* (kompja'tʃere) *vt* **1** please. **2** humour. **compiacersi** *vr* **1** delight in. **2** deign. **compiacente** *adj* obliging. **compiacimento** *nm* pleasure.

compiangere* (kom'pjandʒere) *vt* pity.

compiere ('kompjere) *vt* **1** complete, finish. **2** fulfil, accomplish. **compiere gli anni** have a birthday.

compilare (kompi'lare) *vt* compile.

compito (kom'pito) *nm* **1** task. **2** homework.

compleanno (komple'anno) *nm* birthday. **buon compleanno!** happy birthday!

complesso (kom'plesso) *adj* complex, complicated. *nm* **1** group, band. **nel complesso** on the whole. **complessivo** *adj* total, comprehensive.

completare (komple'tare) *vt* complete. **completo** (kom'pleto) *adj* **1** complete. **2** full. *nm* suit.

complicare (compli'kare) *vt* complicate. **complicato** *adj* complicated. **complicazione** *nf* complication.

complice ('komplitʃe) *nm* accomplice.

complimentare (komplimen'tare) *vt* compliment. **complimento** *nm* **1** compliment. **2** *pl* congratulations. **fare complimenti** stand on ceremony. **senza complimenti** without ceremony.

complotto (kom'plɔtto) *nm* plot.

componente (kompo'nɛnte) *adj* component. *nm,f* **1** component. **2** member.

comporre* (kom'porre) *vt* compose.

comportare (kompor'tare) *vt* **1** tolerate, permit. **2** involve. **comportarsi** *vr* behave. **comportamento** *nm* behaviour.

compositore (kompozi'tore) *nm* composer.

composizione (kompozit'tsjone) *nf* composition.

composto (kom'posto) *adj* **1** compound. **2** calm, sedate, composed. *nm* compound.

comprare (kom'prare) *vt* buy.

comprendere* (kom'prɛndere) *vt* **1** include, comprise. **2** understand, comprehend. **comprensibile** (komprens'ibile) *adj* comprehensible, understandable. **comprensione** *nf* comprehension, understanding. **comprensivo** *adj* comprehensive.

compressa (kom'pressa) *nf* **1** compress. **2** tablet. **compressore** *nm* compressor.

comprimere* (kom'primere) vt compress.

compromettere (kompro'mettere) vt 1 compromise. 2 endanger. **compromesso** nm compromise.

compunto (kom'punto) adj 1 contrite. 2 solemn.

computerizzare (komputerit'tzare) vt computerize.

comune (ko'mune) adj common, ordinary, everyday. nm 1 town council. 2 municipal buildings. **comunale** adj 1 communal. 2 municipal. **comunità** nf community.

comunicare (komuni'kare) vt communicate, pass on. vi communicate, keep in contact. **comunicazione** nf communication.

comunione (komu'njone) nf communion.

comunismo (komu'nizmo) nm communism. **comunista** nm communist.

comunque (ko'munkwe) adv however, anyhow.

con (kon) prep 1 with. 2 by. 3 to.

conca ('konka) nf 1 container. 2 basin. 3 shell.

concavo ('konkavo) adj concave.

concedere* (kon'tʃedere) vt 1 grant, allow. 2 admit.

concentrare (kontʃen'trare) vt concentrate. **concentramento** nm concentration. **campo di concentramento** nm concentration camp. **concentrazione** nf concentration.

concentrico (kon'tʃentriko) adj concentric.

concepire (kontʃe'pire) vt 1 conceive. 2 imagine, devise. 3 understand.

concernere (kon'tʃernere) vt concern.

concerto (kon'tʃerto) nm concert.

concessi (kon'tʃessi) v see **concedere**.

concessione (kontʃes'sjone) nf concession.

concesso (kon'tʃesso) v see **concedere**.

concetto (kon'tʃetto) nm 1 concept, idea. 2 opinion.

concezione (kontʃet'tsjone) nf conception.

conchiglia (kon'kiʎʎa) nf shell.

conciliare (kontʃi'ljare) vt 1 reconcile. 2 induce. **conciliarsi** vr 1 be reconciled. 2 gain.

concilio (kon'tʃiljo) nm council.

concime (kon'tʃime) nm dung, manure.

conciso (kon'tʃizo) adj concise.

concittadino (kontʃitta'dino) nm fellow citizen.

concludere* (kon'kludere) vt conclude, finish. **concludersi** vr end, finish. **conclusione** nf conclusion. **conclusivo** (konklu'zivo) adj conclusive.

concorrere* (kon'korrere) vi 1 assemble. 2 contribute. 3 compete. 4 concur. **concorrente** (konkor'rente) nm competitor. **concorrenza** (konkor'rentsa) nf rivalry, competition.

concorso (kon'korso) nm competition.

concreto (kon'krɛto) adj concrete, actual.

condannare (kondan'nare) vt 1 condemn. 2 sentence, convict. 3 blame. **condanna** nf law sentence. **condannato** nm convict.

condensazione (kondensat'tsjone) nf

condensation.

condire (kon'dire) vt cul season. **condimento** nm seasoning, dressing.

condiscendere (kondiʃ'ʃendere) vi 1 yield. 2 condescend. **condiscendente** (kondiʃʃen'dɛnte) adj 1 indulgent. 2 condescending.

condividere* (kondi'videre) vt share.

condizione (kondit'tsjone) nf condition. **condizionale** adj conditional. **condizionare** vt condition. **condizionato** adj 1 conditioned. 2 packed. **aria condizionata** nf air conditioning.

condoglianza (kondoʎ'ʎantsa) nf condolence, sympathy.

condolersi* (kondo'lersi) vr 1 grieve. 2 sympathize.

condotta (kon'dotta) nf 1 conduct, behaviour. 2 leadership. 3 medical practice controlled by local authority.

condotto (kon'dotto) v see **condurre**. nm tube, pipe.

conducente (kondu'tʃɛnte) nm driver.

conduco (kon'duko) v see **condurre**.

condurre* (kon'durre) vt 1 lead, accompany, take. 2 manage, run. 3 drive. **condursi** vr behave.

condussi (kon'dussi) v see **condurre**.

conduttore (kondut'tore) nm 1 driver. 2 sci conductor.

confarsi (kon'farsi) vr suit.

confederazione (konfederat'tsjone) nf federation.

conferire (konfe'rire) vt bestow, give. vi confer. **conferenza** (konfe'rɛntsa) nf 1 conference. 2 lecture. **conferenziere** (konferen'tsjere) nm 1 speaker. 2 lecturer.

confermare (konfer'mare) vt confirm.

conferma nf confirmation.

confessare (konfes'sare) vt confess. **confessionale** nm confessional box. **confessione** nf confession.

confetto (kon'fetto) nm 1 sweet. 2 sugared almond.

confettura (konfet'tura) nf jam.

confezionare (konfettsjo'nare) vt make, manufacture. **confezione** nf 1 manufacture. 2 pl clothes. 3 packaging. **confezioni su misura** made-to-measure clothes.

confidare (konfi'dare) vt confide. vi trust. **confidenza** (konfi'dentsa) nf 1 confidence, trust. 2 familiarity. **confidenziale** adj confidential.

confinare (konfi'nare) vt confine, banish. **confinare con** be adjacent to, border on. **confine** nm 1 border. 2 boundary.

confiscare (konfis'kare) vt confiscate.

conflitto (kon'flitto) nm conflict, struggle.

confondere* (kon'fondere) vt 1 confuse, mix up, mistake. 2 perplex, blur. **confondersi** vr become confused.

conformare (konfor'mare) vt conform. **conformarsi a** vr conform to, comply with. **conforme** adj similar. **conformista** nm conformist.

confortare (konfor'tare) vt comfort, console. **conforto** (kon'fɔrto) nm comfort.

confrontare (konfron'tare) vt compare. **confronto** nm comparison. **in** or **a confronto di** compared with.

confusione (konfu'zjone) nf 1 confusion, disorder, confusion. 2 embarrassment. **confuso** adj 1 confused. 2 embarrassed.

congedare (kondʒe'dare) vt dismiss. **congedo** (kon'dʒɛdo) nm leave, leave of absence.

congelare (kondʒe'lare) vt freeze. **congelarsi** vr freeze.

congestionare (kondʒestjo'nare) vt overcrowd, congest. **congestione** nf congestion.

congiungere* (kon'dʒundʒere) vt join, link.

congiurare (kondʒu'rare) vi conspire, plot. **congiura** nf conspiracy, plot. **congiurato** nm conspirator.

congratularsi (kongratu'larsi) vr congratulate. **congratulazione** nf congratulation.

congregare (kongre'gare) vt assemble. **congregarsi** vr congregate.

congresso (kon'gresso) nm **1** congress. **2** conference.

coniare (ko'njare) vt coin.

conico ('koniko) adj conical.

conifero (ko'nifero) adj coniferous.

coniglio (ko'niʎʎo) nm rabbit. **conigliera** (koniʎ'ʎera) nf rabbit-hunch.

coniugare (konju'gare) vt conjugate. **coniugazione** nf conjugation.

coniuge ('konjudʒe) nm,f spouse. **coniugale** adj conjugal.

connettere* (kon'nettere) vt connect.

cono ('kono) nm cone.

conobbi (ko'nobbi) v see **conoscere**.

conoscere* (ko'noʃʃere) vt know, be acquainted with. **conoscente** (konoʃ'ʃente) nm acquaintance. **conoscenza** (konoʃ'ʃentsa) nf **1** knowledge. **2** acquaintance. **3** consciousness. **fare conoscenza di** get to know. **conoscitore** nm connoisseur, expert.

conquistare (konkwis'tare) vt conquer. **conquista** nf conquest.

consacrare (konsa'krare) vt **1** consecrate, ordain. **2** devote.

consapevole (konsa'pevole) adj aware, informed.

consecutivo (konseku'tivo) adj consecutive.

consegnare (konsen'nare) vt **1** hand over, deliver, entrust. **2** confine. **consegna** nf delivery. **pagamento alla consegna** cash on delivery.

conseguire (konse'gwire) vt,vi follow, result. **conseguente** (konse'gwente) adj consequent. **conseguenza** (konse'gwentsa) nf consequence.

consenso (kon'sɛnso) nm **1** consent, approval. **2** consensus.

consentire (konsen'tire) vi consent, agree.

conservare (konser'vare) vt keep, preserve. **conserva** (kon'sɛrva) nf preserve. **frutta in conserva** nf preserved fruit. **conservazione** nf preservation.

considerare (konside'rare) vt **1** examine. **2** consider, regard. **considerabile** (konside'rabile) adj considerable. **considerazione** nf consideration.

consigliare (consiʎ'ʎare) vt advise. **consigliarsi** vr take advice. **consigliere** (konsiʎ'ʎere) nm councillor. **consiglio** (kon'siʎʎo) nm **1** piece of advice, advice. **2** council.

consistere (kon'sistere) vi consist.

consolare (konso'lare) vt console. **consolazione** nf consolation.

console ('konsole) nm consul. **consolato** nm consulate.

consolidare (konsoli'dare) *vt* consolidate.

consonante (konso'nante) *nf* consonant.

consorzio (kon'sɔrtsjo) *nm* consortium.

consueto (konsu'ɛto) *adj* usual. *nm* habit, custom. **consuetudine** (konsue'tudine) *nf* habit, custom.

consultare (konsul'tare) *vt* consult. **consultazione** *nf* consultation. **consulto** *nm* consultation.

consumare (konsu'mare) *vt* 1 consume, use up. 2 commit. **consumatore** *nm* consumer. **consumo** *nm* consumption.

contabile (kon'tabile) *nm* bookkeeper. **contabilità** *nf* bookkeeping.

contadino (konta'dino) *nm* peasant.

contado (kon'tado) *nm* countryside (around a town).

contagioso (konta'dʒoso) *adj* contagious, infectious.

contaminare (kontami'nare) *vt* contaminate, infect. **contaminazione** *nf* contamination.

contante (kon'tanti) *adj* (of money) ready. *nm* cash.

contare (kon'tare) *vt* 1 count. 2 consider. 3 intend. *vi* 1 count, have importance. 2 rely. **contatore** *nm* meter.

contatto (kon'tatto) *nm* contact.

conte ('konte) *nm* (title) count. **contea** *nf* county. **contessa** *nf* countess.

conteggio (kon'teddʒo) *nm* calculation. **conteggio alla rovescia** countdown.

contegno (kon'teɲɲo) *nm* appearance, bearing.

contemplare (kontem'plare) *vt* contemplate.

contemporaneo (kontempo'raneo) *adj,nm* contemporary.

contendere* (kon'tendere) *vt* dispute, contest.

contenere* (konte'nere) *vt* 1 contain, hold. 2 repress. **contenersi** *vr* restrain oneself. **contenuto** *nm* contents.

contentare (konten'tare) *vt* satisfy. **contentarsi** *vr* be satisfied. **contento** (kon'tɛnto) *adj* happy, glad, pleased.

contestare (kontes'tare) *vt* challenge.

contiguo (kon'tiguo) *adj* adjoining.

continente (konti'nente) *nm* continent. **continentale** *adj* continental.

continuare (kontinu'are) *vt,vi* continue. **continuazione** *nf* continuation.

continuo (kon'tinuo) *adj* continual, continuous, unbroken. **di continuo** incessantly.

conto ('konto) *nm* 1 calculation. 2 bill, account. 3 esteem, regard. 4 notice. 5 report. **conto alla rovescia** countdown. **conto corrente** current account. **fare conto** imagine, suppose. **per conto mio** 1 on my behalf. 2 for my part.

contorcere* (kon'tɔrtʃere) *vt* twist. **contorcersi** *vr* writhe.

contorno (kon'torno) *nm* 1 contour. 2 border. 3 vegetables served with meat course.

contrabbandare (kontrabban'dare) *vt* smuggle. **contrabbandiere** (kontrabban'djere) *nm* smuggler. **contrabbando** *nm* smuggling.

contrabbasso (kontrab'basso) *nm* double bass.

contraccolpo (kontrak'kolpo) *nm* repercussion.

contraddire* (kontrad'dire) *vt* contradict. **contraddittorio** *adj* contradictory. **contraddizione** *nf* contradiction.

contraereo (kontra'ɛreo) *adj* anti-aircraft.

contraffare* (kontraf'fare) *vt* 1 imitate. 2 forge, copy. **contraffatto** *adj* counterfeit.

contrapporre* (kontrap'porre) *vt* oppose.

contrariare (kontra'rjare) *vt* 1 contradict. 2 annoy.

contrario (kon'trarjo) *adj* 1 opposite, contrary. 2 unfavourable, adverse. *nm* contrary, opposite. **al contrario** on the contrary.

contrarre* (kon'trarre) *vt* contract.

contrastare (kontras'tare) *vi* 1 oppose, resist. 2 dispute. *vi* 1 struggle. 2 clash. **contrasto** *nm* 1 conflict, opposition, clash. 2 contrast.

contrattare (kontrat'tare) *vt, vi* negotiate.

contratto (kon'tratto) *nm* contract.

contravvenire* (kontravve'nire) *vi* infringe, violate. **contravvenzione** *nf* 1 infringement. 2 fine.

contribuire (kontribu'ire) *vi* 1 contribute. 2 help. **contributo** *nm* contribution.

contristare (kontris'tare) *vt* sadden, grieve.

contro ('kontro) *prep, adv* against. **controffensiva** *nf* counterattack.

controllare (kontrol'lare) *vt* inspect, examine. **controllo** (kon'trɔllo) *nm* control. **controllo delle nascite** birth control. **controllore** (kontrol'lore) *nm* ticket inspector.

controversia (kontro'vɛrsja) *nf* controversy. **controverso** (kontro'vɛrso) *adj* controversial.

conturbare (kontur'bare) *vt* disturb, upset.

contusione (kontu'zjone) *nf* bruise.

convalescenza (konvaleʃ'ʃentsa) *nf* convalescence.

convegno (kon'veɲɲo) *nm* meeting.

convenire* (konve'nire) *vi* 1 meet, converge. 2 agree. *v imp* 1 suit. 2 be in one's interest. **conveniente** (konve'njɛnte) *adj* 1 advantageous. 2 suitable. **convenienza** (konve'njɛntsa) *nf* 1 suitability. 2 propriety.

convento (kon'vɛnto) *nm* 1 convent. 2 monastery.

convenzione (konven'tsjone) *nf* convention.

convergere (kon'vɛrdʒere) *vi* converge.

conversare (konver'sare) *vi* talk, chat, converse. **conversazione** *nf* conversation.

conversione (konver'sjone) *nf* conversion.

convertire (konver'tire) *vt* convert. **convertito** *nm* convert.

convesso (kon'vɛsso) *adj* convex.

convincere* (kon'vintʃere) *vt* persuade, convince.

convitato (konvi'tato) *nm* guest.

convito (kon'vito) *nm* banquet.

convitto (kon'vitto) *nm* boarding school.

convocare (konvo'kare) *vt* summon, convene.

convoglio (kon'vɔʎʎo) *nm* convoy, escort.

convulsione (konvul'sjone) *nf* convulsion.

cooperare (koope'rare) *vi* cooperate. **cooperativa** *nf* cooperative. **cooperazione** *nf* cooperation.

coordinare (coordi'nare) *vt* coordinate.

coperchio (ko'perkjo) *nm* lid, cover.

coperta (ko'pɛrta) *nf* 1 blanket. 2 cover. 3 *pl* bed clothes. **copertina** *nf* cover, jacket (of a book). **copertura** *nf* covering.

coperto (ko'pɛrto) *v* see **coprire**.

copia ('kɔpja) *nf* copy. **copiare** (ko'pjare) *vt* copy.

copioso (ko'pjoso) *adj* abundant, copious.

coppa ('kɔppa) *nf* 1 goblet. 2 *sport* cup. 3 tub of ice cream.

coppia ('kɔppja) *nf* pair, couple.

coprire (ko'prire) *vt* 1 cover. 2 hide. **coprifuoco** (kopri'fwoko) *nm* curfew. **copriletto** (kopri'letto) *nm* bedspread.

coraggio (ko'raddʒo) *nm* courage, bravery. *interj* come on! **coraggioso** (korad'dʒoso) *adj* brave.

corallo (ko'rallo) *nm* coral.

corazzare (korat'tsare) *vt* armourplate.

corbello (kor'bɛllo) *nm* basket.

corda ('kɔrda) *nf* 1 cord, rope. 2 *mus* string, bow. 3 *mus* chord. **cordone** (kor'done) *nm* 1 cord. 2 cordon.

cordiale (kor'djale) *adj* cordial.

coreografo (kore'ɔgrafo) *nm* choreographer. **coreografia** *nf* choreography.

coricare (cori'kare) *vt* lay down. **coricarsi** *vr* go to bed.

cornacchia (kor'nakkja) *nf* crow.

cornamusa (korna'muza) *nf* bagpipes.

cornice (kor'nitʃe) *nf* 1 frame. 2 cornice. **mettere in cornice** frame.

corno ('kɔrno) *nm* 1 *pl* **corna** *f* horn (of an animal). 2 *pl* **corni** *m* horn. **fare le corna a** be unfaithful to.

coro ('kɔro) *nm* 1 choir. 2 chorus.

coronare (koro'nare) *vt* crown. **corona** *nf* crown. **corona funebre** wreath.

corpo ('kɔrpo) *nm* 1 body. 2 corpse. 3 corps.

corporazione (korporat'tsjone) *nf* company, corporation.

corpulento (korpu'lento) *adj* stout.

corredo (kor'redo) *nm* trousseau.

correggere* (kor'rɛddʒere) *vt* correct.

corrente (kor'rɛnte) *adj* 1 running. 2 current. *nf* current. **corrente d'aria** draught. **mettere al corrente** bring up-to-date. **tenere al corrente** keep informed.

correre* ('korrere) *vi* 1 run, flow. 2 pass. 3 circulate. *vt* run, race.

corretto (kor'retto) *adj* correct.

correzione (korret'tsjone) *nf* correction. **correzione di bozze** proofreading.

corrida (kor'rida) *nf* bullfight.

corridoio (korri'dojo) *nm* corridor.

corridore (korri'dore) *nm* 1 runner. 2 rider.

corriera (kor'rjɛra) *nf* bus, coach. **corriere** (kor'rjɛre) *nm* 1 courier. 2 mail, post.

corrispondere* (korris'pondere) *vi* 1 correspond. 2 return. **corrispon-**

dente (korrispon'dente) *nm* correspondent. *adj* corresponding. **corrispondenza** (korrispon'dentsa) *nf* correspondence, mail.

corroborare (korrobo'rare) *vt* corroborate, reinforce.

corrompere* (kor'rompere) *vt* corrupt, contaminate. **corrotto** *adj* corrupt, contaminated.

corrucciarsi (korrut'tʃarsi) *vr* get angry.

corrugare (korru'gare) *vt* wrinkle. **corrugare la fronte** frown.

corruzione (korrut'tsjone) *nf* corruption.

corsa ('korsa) *nf* 1 run. 2 race. 3 journey. **di corsa** 1 running. 2 in a hurry. **fare una corsa** run.

corsi ('korsi) *v see* **correre**.

corsia (kor'sia) *nf* 1 passage. 2 *med* ward. 3 dormitory. 4 lane.

corso[1] ('korso) *v see* **correre**.

corso[2] ('korso) *nm* 1 course, progress. 2 main street. 3 *educ* course. **corso del cambio** exchange rate. **in corso** current, valid. **lavori in corso** *nm pl* roadworks.

corte ('korte) *nf* court. **fare la corte a** court.

corteccia (kor'tettʃa) *nf* bark.

corteggiare (korted'dʒare) *vt* court.

corteo (kor'teo) *nm* procession, cortege.

cortese (kor'teze) *adj* 1 kind. 2 courteous. **cortesia** (korte'zia) *nf* courtesy. **fare una cortesia** do a favour. **per cortesia** please.

cortile (kor'tile) *nm* 1 courtyard. 2 farmyard.

cortina (kor'tina) *nf* curtain.

corto ('korto) *adj* short, brief. **per farla corta** cut a long story short.

corvo ('korvo) *nm* crow, raven.

cosa ('kɔsa) *nf* 1 thing, matter, affair. 2 act, deed. **che cosa?** what? **(che) cosa hai?** what is the matter? **per prima cosa** first of all.

coscia ('kɔʃʃa) *nf* thigh, leg (of an animal).

cosciente (koʃ'ʃente) *adj* conscious. **coscienza** (koʃ'ʃentsa) *nf* conscience.

coscritto (kos'kritto) *nm* conscript. **coscrizione** (koskrit'tsjone) *nf* conscription.

così (ko'si) *adv* 1 thus, in this way. 2 so, therefore. **così così** so-so. **e così via** and so on. ~ *adj* such, similar. **cosicché** (kosik'ke) *conj* so that. **cosiddetto** *adj* so-called.

cosmetico (koz'metiko) *adj,nm* cosmetic.

cosmo ('kɔzmo) *nm* cosmos. **cosmico** ('kɔzmiko) *adj* cosmic. **cosmonauta** (kozmo'nauta) *nm* cosmonaut.

cosmopolita (kozmopo'lita) *adj* cosmopolitan.

coso ('kɔso) *nm inf* what's-its-name, what's-his-name.

cospicuo (kos'pikuo) *adj* notable, eminent.

cospirare (kospi'rare) *vi* conspire, plot. **cospiratore** *nm* conspirator. **conspirazione** *nf* conspiracy.

cossi ('kɔssi) *v see* **cuocere**.

costa ('kɔsta) *nf* 1 rib (of a ship). 2 slope, hillside. 3 coast.

costà (kos'ta) *adv* there.

costante (kos'tante) *adj* firm, constant.

costare (kos'tare) *vi* 1 cost. 2 require.

costo ('kɔsto) nm cost, price. **a tutti i costi** at all costs. **costo della vita** cost of living. **costoso** (kos'toso) adj dear, expensive.

costeggiare (kosted'dʒare) vt skit, run alongside.

costei (kos'tei) see **costui**.

costellazione (kostellat'tsjone) nf constellation.

costituire (kostitu'ire) vt 1 form, constitute, make up. 2 found. 3 elect. **costituzione** nf constitution.

costola ('kɔstola) nf rib.

costoro (kos'toro) see **costui**.

costringere* (kos'trindʒere) vt force, oblige.

costruire* (kostru'ire) vt build, construct.

costrussi (kos'trussi) v see **costruire**.

costui (kos'tui) pron ms that man. **costei** pron fs that woman. **costoro** pron m,f pl those people.

costumato (kostu'mato) adj well-bred.

costume (kos'tume) nm 1 custom, habit. 2 costume. **costume da bagno** swimsuit.

costura (kos'tura) nf seam.

cotesto (ko'testo) adj that. pron that one.

cotoletta (koto'letta) nf cutlet.

cotone (ko'tone) nm 1 cotton. 2 cotton thread.

cottimo ('kɔttimo) nm piece-work.

cotto ('kɔtto) v see **cuocere**. adj 1 cooked. 2 sl in love.

cottura (kot'tura) nf cooking.

covare (ko'vare) vt,vi hatch. **covata** nf brood.

covile (ko'vile) nm also **covo** lair, den.

cozza ('kɔttsa) nf mussel.

cozzare (kot'tsare) vt,vi butt, collide.

crampo ('krampo) nm cramp.

cranio ('kranjo) nm skull.

cratere (kra'tere) nm crater.

cravatta (kra'vatta) nf tie.

creanza (kre'antsa) nf breeding, education.

creare (kre'are) vt 1 create. 2 establish. 3 appoint. **creativo** adj creative. **creatore** nm creator. **creatura** nf creature. **creazione** nf creation.

crebbi ('krɛbbi) v see **crescere**.

credenza[1] (kre'dɛntsa) nf belief, faith.

credenza[2] (kre'dɛntsa) nf sideboard.

credere ('kredere) vt,vi 1 believe. 2 think.

credito ('kredito) nm 1 credit. 2 esteem. 3 trust.

credulo ('kredulo) adj credulous.

crema ('krema) nf cream. **cremoso** adj creamy.

cremare (kre'mare) vt cremate.

cremisi ('kremizi) adj,nm crimson.

crepare (kre'pare) vi 1 crack, split. 2 sl die. **crepa** ('krepa) nf crack.

crepitare (krepi'tare) vi crackle.

crepuscolo (kre'puskolo) nm dusk.

crescere* (kreʃʃere) vi 1 grow. 2 increase. 3 rise. **crescita** ('kreʃʃita) nf growth.

crescione (kreʃ'ʃone) nm watercress.

cresima (kre'zima) nf confirmation.

crespo ('krespo) adj 1 curly. 2 pleated.

cresta ('kresta) nf 1 crest. 2 comb (of a cock).

cretino (kre'tino) nm idiot, fool.

cricco ('krikko) nm tech jack.

criminale (krimi'nale) *adj,nm* criminal.

criniera (kri'njɛra) *nf* mane.

cripta ('kripta) *nf* crypt.

crisalide (kri'zalide) *nf* chrysalis.

crisantemo (krizan'tɛmo) *nm* chrysanthemum.

crisi ('krizi) *nf invar* crisis.

cristallizzare (kristallid'dzare) *vt* crystallize.

cristallo (kris'tallo) *nm* crystal.

cristiano (kris'tjano) *adj,n* Christian. **cristianesimo** *nm* Christianity.

critica ('kritika) *nf* 1 criticism. 2 *lit* review. **criticare** *vt* criticize. **critico** ('kritiko) *adj* critical. *nm* critic.

crivellare (krivel'lare) *vt* riddle (with holes). **crivello** (kri'vɛllo) *nm* sieve.

croccante (krok'kante) *nm* nutty sweet.

crocchia ('krɔkkja) *nf* bun, chignon.

crocchio ('krɔkkjo) *nm* group.

croce (kro'tʃe) *nf* cross. **crocevia** (krotʃe'via) *nm* crossroads.

crociata (kro'tʃata) *nf* crusade.

crocicchio (kro'tʃikkjo) *nm* crossroads.

crociera (kro'tʃɛra) *nf* cruise.

crocifiggere (krotʃi'fiddʒere) *vt* crucify.

crocifisso (krotʃi'fisso) *nm* crucifix. **crocifissione** *nf* crucifixion.

croco ('krɔko) *nm* crocus.

crollare (krol'lare) *vt* shake. *vi* collapse, crumble. **crollo** ('krɔllo) *nm* collapse, crash.

cromo ('krɔmo) *nm* chrome. **cromato** *adj* chromium-plated.

cromosoma (kromo'sɔma) *nm* chromosome.

cronaca ('krɔnaka) *nf* 1 chronicle. 2 news item, report.

cronico ('krɔniko) *adj* chronic.

cronista (kro'nista) *nm* reporter, columnist.

cronologico (krono'lɔdʒiko) *adj* chronological.

cronometro (kro'nɔmetro) *nm* chronometer.

crosta ('krɔsta) *nf* crust. **crostata** *nf* pie, tart.

crostacei (kros'tatʃei) *nm pl* shellfish.

crucciare (krut'tʃare) *vt* annoy. **crucciarsi** *vr* 1 get angry. 2 worry.

cruciale (kru'tʃale) *adj* crucial.

crudele (kru'dele) *adj* cruel, heartless. **crudeltà** *nf* cruelty.

crudo ('krudo) *adj* 1 raw. 2 harsh, severe.

crumiro (kru'miro) *nm* black-leg.

cruscotto (krus'kɔtto) *nm* dashboard.

cubo ('kubo) *nm* cube. *adj* cubic.

cuccetta (kut'tʃetta) *nf* couchette, berth.

cucchiaio (kuk'kjajo) *nm* 1 spoon. 2 spoonful. **cucchiaio da frutta/tavola** dessertspoon/tablespoon. **cucchiaino** *nm* teaspoon.

cucciolo (kutt'ʃolo) *nm* puppy.

cucinare (kutʃi'nare) *vt* cook. **cucina** *nf* 1 kitchen. 2 cooking. **con cucina** *adj* selfcatering.

cucire (ku'tʃire) *vt* sew. **cucitura** *nf* seam.

cuculo (ku'kulo) *nm* cuckoo.

cuffia ('kuffja) *nf* 1 bonnet. 2 bath cap. 3 headphones.

cugino (ku'dʒino) *nm* cousin.

cui ('kui) *pron invar* 1 whom, which. 2 whose, of whom.

culla ('kulla) *nf* cradle.

culto ('kulto) *nm* cult.

cultura (kul'tura) *nf* culture, learning. **culturale** *adj* cultural.

cumulo ('kumulo) *nm* pile, heap.

cuneo ('kuneo) *nm* wedge.

cunetta (ku'netta) *nf* gutter.

cuocere* ('kwɔtʃere) *vt* cook. **cuoco** *nm* cook, chef.

cuoio ('kwɔjo) *nm* leather. **cuoio capelluto** *nm* scalp.

cuore ('kwɔre) *nm* **1** heart. **2** courage. **3** *game* hearts. **amico del cuore** *nm* best friend.

cupido ('kupido) *adj* greedy. **cupidigia** *nf* greed.

cupo ('kupo) *adj* gloomy, sombre, dark.

cupola ('kupola) *nf* dome.

cura ('kura) *nf* **1** care, charge. **2** attention. **3** treatment. **a cura di** edited by. **aver cura di** look after. **curare** *vt* **1** look after, attend to. **2** edit. **3** treat, cure.

curabile (ku'rabile) *adj* curable.

curioso (ku'rjoso) *adj* **1** curious, inquisitive. **2** strange, odd, curious. **curiosità** *nf* curiosity.

curvare (kur'vare) *vt* bend, curve. **curvarsi** *vr* bend. **curva** *nf* curve, bend. **curvo** *adj* bent, curved.

cuscino (kuʃ'ʃino) *nm* **1** pillow. **2** cushion.

custode (kus'tɔde) *nm* **1** guardian. **2** caretaker. **3** warder. **custodia** (kus'tɔdja) *nf* **1** custody, care. **2** case. **custodire** *vt* **1** take care of. **2** guard.

cuticola (ku'tikola) *nf* cuticle.

D

da (da) *prep* **1** from. **2** by. **3** to, at. **4** since, for. **5** as, like. **6** with. **7** for the purpose of.

dà (da) *v* see **dare**.

dabbasso (dab'basso) *adv* **1** below. **2** downstairs.

dabbene (dab'bɛne) *adj invar* decent, respectable.

daccapo (dak'kapo) *adv* over again.

dacché (dak'ke) *conj* since.

dado ('dado) *nm* **1** dice. **2** stock cube. **3** *tech* nut.

daffare (daf'fare) *nm invar* work. **avere molto daffare** be very busy.

daga ('daga) *nf* dagger.

dagli ('daʎʎi) contraction of **da gli**.

dai[1] ('dai) contraction of **da i**.

dai[2] ('dai) *v* see **dare**.

daino ('daino) *nm* deer.

dal (dal) contraction of **da il**.

dalia ('dalja) *nf* dahlia.

dall' (dal) contraction of **da l'**.

dalla ('dalla) contraction of **da la**.

dalle ('dalle) contraction of **da le**.

dallo ('dallo) contraction of **da lo**.

daltonismo (dalto'nizmo) *nm* colour-blindness. **daltonico** (dal'tɔniko) *adj* colour-blind.

dama ('dama) *nf* **1** lady. **2** draughts.

damasco (da'masko) *nm* damask.

dancing ('dansiŋ) *nm* dance hall.

Danimarca (dani'marka) *nf* Denmark.

danese (da'nese) *adj* Danish. *nm* **1** Dane. **2** Danish (language).

dannare (dan'nare) *vt* damn. **dannazione** *nf* damnation.

danneggiare (danned'dʒare) *vt* damage, harm. **danno** *nm* **1** damage, harm. **2** loss.

danzare (dan'tsare) *vi,vt* dance. **danza** *nf* dance.

dappertutto (dapper'tutto) *adv* everywhere.

dappoco (dap'pɔko) *adj invar* worthless.

dappresso (dap'presso) *adv* close by.

dapprima (dap'prima) *adv* at first.

dardeggiare (darded'dʒare) *vt* shoot forth.

dardo ('dardo) *nm* dart.

dare* ('dare) *vt* **1** give. **2** yield, produce. **3** assign, attach. **4** show. **dare alla testa** go to one's head. **dare in prestito** lend. **dare nell'occhio** catch the eye. **dare su** overlook. **darsi** *vr* dedicate oneself. **darsi da fare** keep oneself busy. **può darsi** it is possible.

darsena ('darsena) *nf* dock, basin.

data ('data) *nf* date. **datare** *vt,vi* date.

dattero ('dattero) *nm bot* date.

dattilografia (dattilo'lografa) *nf* typist. **dattilografia** *nf* typing.

dattorno (dat'torno) *prep,adv* around, about. **levarsi dattorno** get rid of.

davanti (da'vanti) *prep* before, in front

of. *adv* before, in front. *nm* front.

davanzale (davan'tsale) *n* windowsill.

davvero (dav'vero) *adv* really, indeed.

dazio ('dattsjo) *nm* duty, toll. **daziare** *vt* tax, put duty on.

dea ('dea) *nf* goddess.

debito ('debito) *nm* debt. *adj* due, proper. **debitore** *nm* debtor.

debole ('debole) *adj* weak, feeble. *nm* weak point, weakness. **debolezza** (debo'lettsa) *nf* weakness.

debuttare (debut'tare) *vi* make one's debut.

decadere (deka'dere) *vi* decay, decline. **decadente** (deka'dente) *adj* in decline, decadent. **decadenza** (deka'dentsa) *nf* decline.

decaffeinato (dekaffei'nato) *adj* decaffeinated.

decano (de'kano) *nm rel* dean.

decapitare (dekapi'tare) *vt* behead.

decennio (de'tʃɛnnjo) *nm* decade.

decente (de'tʃɛnte) *adj* decent, respectable. **decenza** (de'tʃɛnsa) *nf* decency.

decentrare (detʃen'trare) *vt* decentralize.

decesso (de'tʃɛsso) *nm* death, decease.

decibel (detʃi'bɛl) *nm* decibel.

decidere* (de'tʃidere) *vt,vi* decide, settle. **decidersi** *vr* make up one's mind.

deciduo (de'tʃiduo) *adj* deciduous.

decifrare (detʃi'frare) *vt* decipher.

decimale (detʃi'male) *adj,nm* decimal.

decimo ('detʃimo) *adj* tenth.

decisi (de'tʃizi) *v* see **decidere**.

decisione (detʃi'zjone) *nf* decision.

decisivo *adj* decisive.

deciso (de'tʃizo) *v* see **decidere**.

declamare (dekla'mare) *vt* declaim.

declinare (dekli'nare) *vt* decline. *vi* decline, decay, sink. **declino** *nm* decline.

declivio (de'klivjo) *nm* slope.

decollare (dekol'lare) *vi aviat* take off. **decollo** (de'kɔllo) *nm* take-off.

decomporsi (dekom'porsi) *vr* decompose. **decomposizione** *nf* decomposition.

decorare (deko'rare) *vt* decorate. **decorativo** *adj* decorative. **decorazione** *nf* decoration.

decoro (de'kɔro) *nm* dignity, decorum. **decorrere** (de'korrere) *vi* run, have effect. **a decorrere da** starting from.

decrepito (de'krɛpito) *adj* decrepit.

decrescere* (de'kreʃʃere) *vi* decrease, diminish.

decreto (de'kreto) *nm* decree.

dedalo ('dɛdalo) *nm* labyrinth.

dedicare (dedi'kare) *vt* dedicate. **dedica** (dɛdika) *nf* dedication.

dedito ('dɛdito) *adj* devoted.

dedurre* (de'durre) *vt* 1 deduce. 2 deduct, subtract.

deferente (defe'rɛnte) *adj* respectful, deferential. **deferenza** (defe'rɛntsa) *nf* deference.

deficiente (defi'tɛnte) *adj,n* idiot.

deficit ('dɛfitʃit) *nm* deficit.

definire (defi'nire) *vt* 1 define. 2 settle. **definitivo** *adj* definitive. **definizione** *nf* definition.

deflazione (deflat'tsjone) *nf* deflation.

deflettere (de'flɛttere) *vi* 1 deflect, swerve. 2 deviate.

deformare (defor'mare) *vt* deform.

deforme *adj* deformed, disfigured. **deformità** *nf* deformity.

defunto (de'funto) *adj* dead, deceased. *nm* dead person.

degenerare (dedʒene'rare) *vi* degenerate, deteriorate. **degenerazione** *nf* degeneration, deterioration.

degente (de'dʒente) *adj* bedridden.

degenza (de'dʒentsa) *nf* stay in hospital or bed.

degli ('deʎʎi) contraction of **di gli**.

degnare (deɲ'ɲare) *vi* deign. **degnarsi** *vr* condescend. **degno** *adj* worthy, deserving.

degradare (degra'dare) *vt* degrade. **degradazione** *nf* degradation.

degustare (degus'tare) *vt* try, taste.

dei[1] ('dei) contraction of **di i**.

dei[2] ('dei) *nm pl* gods.

deificare (deifi'kare) *vt* deify.

del (del) contraction of **di il**.

delegare (dele'gare) *vt* delegate. **delegato** *nm* delegate. **delegazione** *nf* delegation.

delfino (del'fino) *nm* dolphin.

deliberare (delibe'rare) *vt* decide. *vi* deliberate. **deliberazione** *nf* **1** deliberation. **2** decision.

delicato (deli'kato) *adj* **1** delicate. **2** gentle. **3** refined. **delicatezza** (delika'tettsa) *nf* delicacy.

delimitare (delimi'tare) *vt* definire, delimit.

delineare (deline'are) *vt* outline, trace.

delinquente (delin'kwɛnte) *adj,n* delinquent, criminal. **delinquenza** (delin'kwɛntsa) *nf* delinquency. **delinquenza minorile** juvenile delinquency.

deliquio (de'likwjo) *nm* fainting fit.

delirare (deli'rare) *vi* delirious. **delirante** *adj* delirious. **delirio** *nm* delirium, frenzy.

delitto (de'litto) *nm* crime.

delizia (de'littsja) *nf* delight. **delizioso** (delit'tsjoso) *adj* delicious, delightful.

dell' (del) contraction of **di l'**.

della ('della) contraction of **di la**.

delle ('delle) contraction of **di le**.

dello ('dello) contraction of **di lo**.

delta ('delta) *nm* delta.

deludere* (de'ludere) *vt* **1** disappoint. **2** deceive.

delusione (delu'zjone) *nf* **1** disappointment. **2** deception.

demanio (de'manjo) *nm* state property.

demente (de'mɛnte) *adj* insane, mad. **demenza** (de'mɛntsa) *nf* madness.

democrazia (demokrat'tsia) *nf* democracy. **democratico** (demo'kratiko) *adj* democratic.

democristiano (demokris'tjano) *nm* Christian Democrat.

demolire (demo'lire) *vt* demolish. **demolizione** *nf* demolition.

demone ('dɛmone) *nm* demon.

demonio (de'mɔnjo) *nm* **1** devil. **2** demon.

demoralizzare (demoralid'dzare) *vt* demoralize.

denaro (de'naro) *nm* money.

denigrare (deni'grare) *vt* denigrate, run down.

denominatore (denomina'tore) *nm* denominator.

denotare (deno'tare) *vt* denote, indicate.

denso ('dɛnso) *adj* dense, thick. **densità** *nf* density.

dente ('dɛnte) *nm* tooth. **dente del giudizio** wisdom tooth. **dentiera** (den'tjɛra) *nf* set of false teeth. **dentifricio** *nm* toothpaste.

dentista (den'tista) *nm* dentist.

dentro ('dentro) *adv,prep* inside, within, in.

denunciare (denun'tʃare) *vt* declare, denounce. **denuncia** *nf* declaration, denunciation.

deodorante (deodo'rante) *nm* deodorant.

deperire (depe'rire) *vi* fade *or* waste away. **deperimento** *nm* decline.

depilare (depi'lare) *vt* remove hair. **depilatorio** (depila'tɔrjo) *adj,nm* depilatory.

deplorare (deplo'rare) *vt* deplore. **deplorevole** (deplo'revole) *adj* deplorable.

deporre* (de'porre) *vt* 1 place, put down. 2 deposit. 3 remove. 4 depose. 5 testify.

deportare (depor'tare) *vt* deport. **deportazione** *nf* deportation.

deposito (de'pɔzito) *nm* 1 deposit. 2 store, warehouse. 3 left-luggage office. 4 sediment. **depositare** *vt* deposit.

depredare (depre'dare) *vt* plunder, loot.

depresso (de'presso) *adj* depressed. **depressione** *nf* depression.

deprezzare (depret'tsare) *vt* depreciate.

deprimere* (de'primere) *vt* depress.

depurare (depu'rare) *vt* purify.

deputare (depu'tare) *vt* appoint. **deputato** *nm* deputy.

deragliare (deraʎ'ʎare) *vi* be derailed.

derelitto (dere'litto) *adj* abandoned, derelict.

deretano (dere'tano) *nm sl* bottom, backside.

deridere* (de'ridere) *vt* deride, mock. **derisione** *nf* scorn, derision.

derisorio (deri'zɔrjo) *adj* derisory.

deriva (de'riva) *nf* drift. **andare alla deriva** drift.

derivare (deri'vare) *vt,vi* derive. *vt* divert.

derogare (dero'gare) *vi* 1 revoke. 2 contravene.

derubare (deru'bare) *vt* rob.

descrivere* (des'krivere) *vt* describe. **descrittivo** *adj* descriptive. **descrizione** *nf* description.

deserto (de'zɛrto) *nm* desert. *adj* deserted.

desiderare (deside'rare) *vt* 1 want, desire. 2 require. **desiderio** (desi'dɛrjo) *nm* wish, desire.

designare (dezin'nare) *vt* designate.

desinare (dezi'nare) *vi* dine. *nm* dinner.

desistere (de'sistere) *vi* cease, abandon.

desolare (dezo'lare) *vt* devastate. **desolato** *adj* 1 desolate. 2 upset. **desolazione** *nf* desolation.

destare (des'tare) *vt* 1 waken. 2 arouse.

desti ('desti) *v* see **dare**.

destinare (desti'nare) *vt* 1 destine. 2 appoint. 3 address (a letter). **destinazione** *nf* destination. **destino** *nm* destiny.

destituire (destitu'ire) *vt* dismiss.

destro ('dɛstro) *adj* 1 right. 2 agile. **de-**

stra *nf* **1** right side. **2** right hand.

detenere (dete'nere) *vt* hold, detain. **detenuto** *adj* imprisoned. ∎ *nm* prisoner.

detergente (deter'dʒente) *adj, nm* detergent.

deteriorare (deterjo'rare) *vi* deteriorate. **deterioramento** *nm* deterioration.

determinare (determi'nare) *vt* determine, fix.

deterrente (deter'rɛnte) *nm* deterrent.

detersivo (deter'sivo) *nm* detergent.

detestare (detes'tare) *vt* hate, abhor. **detestabile** (detes'tabile) *adj* detestable.

detonatore (detona'tore) *nm* detonator.

detrarre* (de'trarre) *vt* subtract.

detrito (de'trito) *nm* debris.

dettagliare (dettaʎ'ʎare) *vt* **1** give in detail. **2** sell retail. **dettaglio** *nm* **1** detail. **2** retail.

dettare (det'tare) *vt* dictate. **dettato** *nm* dictation.

detti ('detti) *v* see **dare**.

detto ('detto) *v* see **dare**. ∎ *adj* **1** so-called. **2** aforesaid. ∎ *nm* **1** saying. **2** word. **detto fatto** no sooner said than done.

deturpare (detur'pare) *vt* deform, disfigure.

devastare (devas'tare) *vt* devastate. **devastazione** *nf* devastation.

deviare (devi'are) *vi* **1** swerve. **2** deviate. ∎ *vt* divert. **deviazione** *nf* deviation.

devo ('dɛvo) *v* see **dovere**.

devoto (de'vɔto) *adj* **1** devout. **2** devoted. **devozione** *nf* devotion.

di (di) *prep* **1** of. **2** from, out of. **3** with.

4 about. **5** by. **6** than. **7** at. **8** in.

diabete (dia'bete) *nm* diabetes. **diabetico** (dia'bɛtiko) *adj,nm* diabetic.

diacono (di'akono) *nm* deacon.

diaframma (dia'framma) *nm* diaphragm.

diagnosi (di'aɲɲozi) *nf* diagnosis. **diagnosticare** *vt* diagnose

diagonale (diago'nale) *adj,nm* diagonal.

diagramma (dia'gramma) *nm* diagram.

dialetto (dia'lɛtto) *nm* dialect. **dialettale** *adj* dialectal.

dialogo (di'alogo) *nm* dialogue.

diamante (dia'mante) *nm* diamond.

diametro (di'ametro) *nm* diameter.

diapositiva (diapozi'tiva) *nf phot* slide.

diario (di'arjo) *nm* diary.

diarrea (diar'rɛa) *nf* diarrhoea.

diavolo ('djavolo) *nm* devil.

dibattere (di'battere) *vt* debate, discuss. **dibattersi** *vr* struggle.

dibattito (di'battito) *nm* debate.

dicastero (dikas'tɛro) *nm* ministry.

dicembre (di'tʃembre) *nm* December.

dichiarare (dikja'rare) *vt* declare. **dichiarazione** *nf* declaration.

diciannove (ditʃan'nɔve) *adj* nineteen. ∎ *nm* or *f* nineteen. **diciannovesimo** (ditʃanno'vezimo) *adj* nineteenth.

diciassette (ditʃas'sette) *adj* seventeen. ∎ *nm* or *f* seventeen. **diciassettesimo** (ditʃasset'tɛzimo) *adj* seventeenth.

diciotto (di'tʃɔtto) *adj* eighteen. ∎ *nm* or *f* eighteen. **diciottesimo** (ditʃot'tɛzimo) *adj* eighteenth.

dico ('diko) *v* see **dire**.

didattico (di'dattiko) *adj* didactic.

dieci ('djɛtʃi) adj ten. nm or f ten.

diedi ('djɛdi) v see **dare**.

dieta ('djɛta) nf diet.

dietro ('djɛtro) adv **1** behind. **2** back. prep **1** behind, after. **2** following, upon.

difatti (di'fatti) adv in fact.

difendere* (di'fɛndere) vt defend, protect.

difensiva (difen'siva) nf defensive. **difensivo** adj defensive.

difesa (di'fesa) nf defence.

difesi (di'fesi) v see **difendere**.

difeso (di'feso) v see **difendere**.

difetto (di'fɛtto) nm defect, fault. **difettoso** (difet'toso) adj defective.

diffamare (diffa'mare) vt slander.

differente (diffe'rɛnte) adj different.

differenza (diffe'rɛntsa) nf difference. **differenziare** vt differentiate.

differire (diffe'rire) vi differ, be different. vt put off, postpone.

difficile (dif'fitʃile) adj **1** difficult, hard. **2** hard to please. **3** improbable. **difficilmente** adv with difficulty. **difficoltà** (diffikol'ta) nf difficulty.

diffidare (diffi'dare) vi distrust.

diffondere* (dif'fondere) vt **1** spread. **2** divulge.

diffusione (diffu'zjone) nf **1** circulation (of a newspaper). **2** diffusion.

diga ('diga) nf dyke.

digerire (didʒe'rire) vt digest. **digestione** (didʒes'tjone) nf digestion.

digitale (didʒi'tale) adj digital. nf foxglove. **impronta digitale** nf fingerprint.

digiunare (didʒu'nare) vi fast. **digiuno** nm fast.

dignità (diɲɲi'ta) nf dignity. **dignitoso**

(diɲɲi'toso) adj dignified.

digressione (digres'sjone) nf digression.

digrignare (digriɲ'ɲare) vt gnash (one's teeth).

dilapidare (dilapi'dare) vt squander, waste.

dilatare (dila'tare) vt expand, spread.

dileguare (dile'gware) vt **1** melt. **2** remove. **dileguarsi** vr fade away.

dilemma (di'lemma) nm dilemma.

dilettare (dilet'tare) vt,vi please. **dilettarsi a** vr take pleasure in. **dilettante** nm amateur. **diletto** (di'lɛtto) nm delight, pleasure.

diligente (dili'dʒɛnte) adj **1** diligent. **2** careful.

diligenza[1] (dili'dʒɛntsa) nf diligence. **diligenza**[2] (dili'dʒɛntsa) nf stagecoach.

diluire (dilu'ire) vt dilute.

dilungare (dilun'gare) vt prolong. **dilungarsi** vr digress.

diluvio (di'luvjo) nm flood.

dimagrire (dima'grire) vi grow thin, lose weight.

dimenare (dime'nare) vt shake. **dimenare la coda** wag the tail. **dimenarsi** vr wriggle, writhe.

dimensione (dimen'sjone) nf dimension.

dimenticare (dimenti'kare) vt forget. **dimenticarsi** vr forget. **dimentico** (di'mentiko) adj forgetful.

dimettere (di'mettere) vt dismiss, discharge. **dimettersi** vr resign.

dimezzare (dimed'dzare) vt halve.

diminuire (diminu'ire) vt reduce, diminish. vi decrease.

dimissione (dimis'sjone) nf resignation. **dare le dimissioni** resign.

dimorare (dimo'rare) *vi* live, stay. **dimora** (di'mɔra) *nf* residence, home.

dimostrare (dimos'trare) *vt* show, prove. **dimostrazione** *nf* demonstration.

dinamica (di'namika) *nf* dynamics. **dinamico** (di'namiko) *adj* dynamic.

dinamite (dina'mite) *nf* dynamite.

dinamo ('dinamo) *nf invar* dynamo.

dinanzi (di'nantsi) *adv* in front. **dinanzi a** *prep* in front of, before.

dinastia (dinas'tia) *nf* dynasty.

dinoccolato (dinokko'lato) *adj* lanky.

dinosauro (dino'sauro) *nm* dinosaur.

dintorno (din'torno) *prep,adv* 1 around. 2 about. *nm pl* outskirts.

Dio ('dio) *nm* God.

diocesi (di'ɔtʃezi) *nf* diocese.

dipartimento (diparti'mento) *nm* department.

dipendere* (di'pendere) *vi* 1 depend. 2 be subject. **dipendere da** depend on. **dipendente** (dipen'dɛnte) *adj* dependent. *nm* dependant. **dipendenza** (dipen'dɛntsa) *nf* dependence.

dipingere* (di'pindʒere) *vt* 1 paint. 2 portray.

diploma (diplo'ma) *nm* diploma. **diplomatico** (diplo'matiko) *adj* diplomatic. **diplomazia** (diploma'tsia) *nf* diplomacy.

diradare (dira'dare) *vt* reduce. *vi* become sparse. **diradarsi** *vr* become sparse, clear.

diramare (dira'mare) *vt* 1 circulate. 2 broadcast. **diramarsi** *vr* branch off.

dire* ('dire) *vt* 1 say. 2 tell. **per così dire** so to speak.

diressi (di'rɛssi) *v see* **dirigere**.

diretto (di'rɛtto) *v see* **dirigere**. *adj* direct, straight. *nm* fast train. **direttissimo** *nm* express train.

direttore (diret'tore) *nm* 1 director, manager. 2 editor. 3 headmaster. 4 *mus* conductor. **direttrice** *nf* 1 manageress. 2 headmistress.

direzione (diret'tsjone) *nf* 1 management. 2 direction.

dirigere* (di'ridʒere) *vt* 1 run, manage. 2 address, direct. **dirigente** (diri'dʒɛnte) *nm* director. *adj* ruling.

dirimpetto (dirim'petto) *prep, adv* opposite.

diritto[1] (di'ritto) *adj* 1 direct, straight. 2 right-hand. *adv* straight on. *nm* right side (of material).

diritto[2] (di'ritto) *nm* 1 right, claim. 2 law. **diritti d'autore** *nm pl* royalties.

diroccare (dirok'kare) *vt* demolish.

dirottare (dirot'tare) *vt* 1 divert. 2 hijack.

dirotto (di'rotto) *adj* unrestrained. **pioggia dirotta** *nf* pouring rain.

dirupato (diru'pato) *adj* rugged, precipitous.

dirupo (di'rupo) *nm* ravine.

disabitato (dizabi'tato) *adj* uninhabited.

disaccordo (dizak'kɔrdo) *nm* disagreement.

disadatto (diza'datto) *adj* unsuited.

disagevole (diza'dʒevole) *adj* 1 difficult. 2 uncomfortable.

disagio (di'zadʒo) *nm* discomfort. **a disagio** ill at ease.

disapprovare (dizappro'vare) *vt* disapprove. **disapprovazione** *nf* disapproval.

disappunto (dizap'punto) *nm* disappointment, displeasure.

disarmare (dizar'mare) *vt* disarm. **disarmo** *nm* disarmament.

disastro (di'zastro) *nm* disaster. **disastroso** (dizas'troso) *adj* disastrous.

disattento (dizat'tento) *adj* inattentive. **disattenzione** (dizatten'tsjone) *nf* carelessness.

discendere* (diʃ'ʃendere) *vi* 1 come down, descend. 2 descend, be descended. *vt* go or come down. **discendente** (diʃʃen'deente) *nm* descendant. **discendenza** (diʃʃen'dentsa) *nf* origin, descent.

discepolo (diʃ'ʃepolo) *nm* disciple.

discernere (diʃ'ʃernere) *vt* distinguish, discern. **discernimento** *nm* judgment, discernment.

discesa (diʃ'ʃesa) *nf* descent.

disciplinare (diʃʃipli'nare) *vt* control, discipline. **disciplina** *nf* discipline.

disco ('disko) *nm* 1 disc. 2 record, gramophone. **disco flessibile** floppy disc. **disco orario** parking disc.

discolpare (diskol'pare) *vt* prove innocent, clear of blame.

discorrere* (dis'korrere) *vi* discuss, talk.

discorso (dis'korso) *nm* talk, speech. **cambiare il discorso** change the subject.

discoteca (disko'tɛka) *nf* discotheque.

discreto (dis'kreto) *adj* 1 reasonable, moderate, passable. 2 cautious, discreet. **discrezione** *nf* discretion.

discriminazione (diskriminat'tsjone) *nf* discrimination.

discussi (dis'kussi) *v* see **discutere**.

discussione (diskus'sjone) *nf* 1 discussion. 2 argument.

discusso (dis'kusso) *v* see **discutere**.

discutere* (dis'kutere) *vt* discuss, debate.

disdire (diz'dire) *vt* 1 retract, take back. 2 cancel.

disegnare (disen'pare) *vt* 1 draw. 2 design. **disegno** *nm* 1 drawing. 2 design.

diseredare (dizere'dare) *vt* disinherit.

disertare (dizer'tare) *vi* desert. **disertore** *nm* deserter.

disfare* (dis'fare) *vt* 1 undo. 2 unpack. 3 destroy. **disfarsi** *vr* melt. **disfarsi di** get rid of.

disgelare (duzdʒe'lare) *vi* thaw. **disgelo** (diz'dʒelo) *nm* thaw.

disgrazia (diz'grattsja) *nf* 1 misfortune. 2 mishap, accident. **disgraziato** *adj* unfortunate. *nm* wretch.

disgregare (dizgre'gare) *vt* break up, disintegrate.

disgustare (dizgus'tare) *vt* disgust. **disgusto** *nm* disgust. **disgustoso** (dizgus'toso) *adj* disgusting.

disidratare (dizidra'tare) *vt* dehydrate.

disimpegnare (dizimpen'pare) *vt* 1 discharge. 2 relieve. 3 redeem. **disimpegnarsi** *vr* manage.

disinfettare (dizinfet'tare) *vt* disinfect. **disinfettante** *adj,nm* disinfectant.

disintegrare (dizinte'grare) *vt* split. **disintegrarsi** *vr* disintegrate.

disinteressarsi (dizinteres'sarsi) *vr* ignore, not to be aware of.

disinvolto (dizin'vɔlto) *adj* nonchalant, free and easy. **disinvoltura** *nf* ease.

disistima (dizis'tima) *nf* discredit.

dismisura (dizmi'sura) *nf* excess.

disoccupato (dizokku'pato) *adj* unemployed. *nm* unemployed person. **disoccupazione** *nf* unemployment.

disonesto (dizo'nesto) *adj* dishonest.

disonorare (dizono'rare) *vt* dishonour. **disonore** *nm* dishonour, shame.

disopra (di'sopra) *adv* **1** above. **2** upstairs.

disordinare (dizordi'nare) *vt* upset, disarrange. **disordinato** *adj* untidy. **disordine** (di'zordine) *nm* disorder, confusion.

disorientare (dizorjen'tare) *vt* disorientate, confuse.

disossare (dizos'sare) *vt* bone, fillet.

disotto (di'sotto) *adv* **1** below, beneath. **2** downstairs. **al disotto di** *prep* below, beneath.

dispaccio (dis'pattʃo) *nm* dispatch.

disparato (dispa'rato) *adj* dissimilar, heterogeneous.

dispari ('dispari) *adj invar* uneven, odd. **disparità** *nf invar* disparity.

disparte (dis'parte) *adv* aside. **in disparte da** apart from, on one side.

dispensa (dis'pɛnsa) **1** larder. **2** number, volume. **3** *pl* duplicated university lectures. **4** exemption. **5** dispensation. **dispensare** *vi* **1** dispense. **2** exempt.

disperare (dispe'rare) *vi* despair. **disperato** *adj* **1** desperate, in despair. **2** hopeless. **disperazione** *nf* desperation.

disperdere* (dis'pɛrdere) *vt* **1** scatter. **2** waste.

dispetto (dis'pɛtto) *nm* **1** spite. **2** annoyance. **dispettoso** (dispet'toso) *adj* spiteful.

dispiacere* (dispja'tʃere) *v imp* **1** mind. **2** be sorry. *nm* **1** displeasure. **2** regret.

disponibile (dispo'nibile) *adj* available.

disporre* (dis'porre) *vt* **1** arrange. **2** prepare. **disporre di 1** dispose of. **2** have at one's disposal.

dispositivo (dispozi'tivo) *nm* gadget, device.

disposizione (dispozit'tsjone) *nf* **1** disposition, inclination. **2** order, command.

disprezzare (dispret'tsare) *vt* scorn, despise. **disprezzo** (dis'prettso) *nm* scorn, contempt.

disputare (dispu'tare) *vi* discuss, debate. *vt* contest. **disputa** ('disputa) *nf* **1** discussion. **2** quarrel.

dissecare (disse'kare) *vt* dissect.

disseccare (dissek'kare) *vt* dry up.

dissenteria (dissente'ria) *nf* dysentery.

dissentire (dissen'tire) *vi* dissent, disagree.

dissertazione (dissertat'tsjone) *nf* dissertation, thesis.

dissestare (disses'tare) *vt* ruin. **dissesto** (dis'sesto) *nm* financial disaster.

dissetare (disse'tare) *vt* quench the thirst of.

dissi ('dissi) *v* see **dire**.

dissidente (dissi'dɛnte) *nm* dissident. **dissidio** (dis'sidjo) *nm* quarrel.

dissimile (dis'simile) *adj* unlike.

dissimulare (dissimu'lare) *vt* conceal, hide.

dissipare (dissi'pare) *vt* **1** disperse. **2** waste.

dissociare (disso'tʃare) vt separate, dissociate.

dissoluto (disso'luto) adj dissolute.

dissoluzione (dissolut'tsjone) nf dissolution.

dissolvere (dis'sɔlvere) vt dissolve, break up.

dissuadere* (dissua'dere) vt dissuade.

distaccare (distak'kare) vt separate, detach. **distaccarsi** vr stand out. **distacco** nm 1 aloofness. 2 separation.

distante (dis'tante) adj distant, far away. **distanza** nf distance.

distendere* (dis'tendere) vt spread, open out. **distendersi** vr stretch oneself.

disteso (dis'teso) adj 1 open, spread up. 2 spacious. **distesa** nf expanse.

distillare (distil'lare) vt distil. **distilleria** nf distillery.

distinguere* (dis'tingwere) vt distinguish.

distinsi (dis'tinsi) v see **distinguere**.

distintivo (distin'tivo) nm badge.

distinto (dis'tinto) v see **distinguere**. adj 1 distinct, clear. 2 refined.

distinzione (distint'tsjone) nf distinction.

distogliere* (dis'tɔʎʎere) vt dissuade.

distrarre* (dis'trarre) vt divert, distract. **distrasi** vr 1 relax. 2 let one's mind wander. **distratto** adj absent-minded, inattentive. **distrazione** nf distraction.

distretto (dis'tretto) nm district.

distribuire (distribu'ire) vt distribute. **distributore** nm distributor. **distributore automatico** slog-machine. **distributore di benzina** petrol pump.

distribuzione nf distribution.

districare (distri'kare) vt unravel.

distruggere* (dis'truddʒere) vt destroy. **distruttivo** adj destructive. **distruzione** nf destruction.

disturbare (distur'bare) vt disturb, interrupt. **disturbarsi** vr put oneself out. **disturbo** nm trouble.

disubbidire (dizubbi'dire) vi,vt disobey. **disubbidiente** (dizubbi'djɛnte) adj disobedient. **disubbidienza** (dizubbi'djɛntsa) nf disobedience.

disuguale (dizu'gwale) adj 1 unequal. 2 uneven.

disunire (dizu'nire) vt divide, disunite.

disuso (di'zuzo) nm disuse. **disusato** adj 1 disused. 2 out-of-date.

dito ('dito) nm 1 pl dita f finger. 2 pl diti finger, finger's breadth. **dito del piede** nm toe. **sulla punta delle dita** at one's fingertips. **ditale** nm thimble.

ditta ('ditta) nf company, firm.

dittatore (ditta'tore) nm dictator. **dittatura** nf dictatorship.

dittico ('dittiko) nm diptych.

dittongo (dit'tɔŋgo) nm diphthong.

diurno (di'urno) adj diurnal, daily.

diva ('diva) nf film star.

divagare (diva'gare) vi wander, ramble.

divampare (divam'pare) vi burst into flames, burn.

divano (di'vano) nm 1 divan. 2 settee.

divenire* (dive'nire) vi become.

diventare (diven'tare) vi become.

divergere (di'vɛrdʒere) vi diverge.

diverso (di'vɛrso) adj 1 different. 2 pl several. **diversione** (diver'sjone) nf diversion. **diversità** nf variety.

divertirsi (diver'tirsi) vr 1 amuse oneself. **2** enjoy oneself. **divertente** (di-ver'tɛnte) adj funny, amusing. **divertimento** nm **1** pastime. **2** amusement.

dividendo (divi'dɛndo) nm dividend.

dividere* (di'videre) vt divide, share. **dividersi** vr separate, split.

divieto (di'vjɛto) nm restriction, ban. **divieto di sosta/transito** no parking/thoroughfare.

divincolare (divinko'lare) vt wriggle. **divincolarsi** vr writhe.

divino (di'vino) adj **1** divine. **2** wonderful.

divisa (di'viza) nf **1** uniform. **2** currency.

divisi (di'vizi) v see **dividere**.

divisione (divi'zjone) nf **1** division. **2** separation.

diviso (di'vizo) v see **dividere**.

divorare (divo'rare) vt devour.

divorzio (di'vɔrtsjo) nm divorce. **divorziare** vt,vi divorce.

divulgare (divul'gare) vt reveal, divulge. **divulgarsi** vr spread.

dizionario (dittsjo'narjo) nm dictionary.

dizione (dit'tsjone) nf **1** diction. **2** wording.

do (dɔ) v see **dare**.

dobbiamo (dob'bjamo) v see **dovere**.

doccia (dott[a) nf shower. **fare la doccia** take a shower.

docente (do't[ɛnte) nm teacher.

docile (dɔt[ile) adj docile. **docilità** nf docility.

documento (doku'mento) nm document, brief. **documentare** vt document. **documentario** nm documentary.

dodici ('dodit[i) adj twelve. nm or f twelve. **dodicesimo** (dodi't[ezimo) adj twelfth.

dogana (do'gana) nf **1** customs. **2** duty. **doganiere** (doga'njere) nm costums officer.

doge ('dɔdʒe) nm doge, chief Venetian magistrate.

doglia ('dɔʎʎa) nf pain.

dogma ('dogma) nm dogma. **dogmatico** (dog'matiko) adj dogmatic.

dolce ('dolt[e) adj **1** sweet. **2** gentle. **3** mild. **4** (of water) fresh. nm sweet. **dolcezza** (dol't[ettsa) nf sweetness. **dolcificante** (dolt[ifi'kante) nm sweetener. **dolciumi** nm pl sweet things, sweets.

dolere* (do'lere) v imp **1** hurt, ache. **2** be sorry. **dolersi** vr lament, regret. **dolore** nm **1** pain, ache. **2** sorrow. **doloroso** (dolo'roso) adj painful.

dollaro ('dɔllaro) nm dollar.

dolse ('dɔlse) v see **dolere**.

domandare (doman'dare) vt ask, request. **domandarsi** vr wonder. **domanda** nf **1** question. **2** request, application. **fare una domanda** ask a question.

domani (do'mani) adv,nm tomorrow. **domani a otto** tomorrow week. **domani l'altro** day after tomorrow.

domare (do'mare) vt tame. **domatore** nm trainer.

domattina (domat'tina) adv tomorrow morning.

domenica (do'menika) nf Sunday.

domestico (do'mestiko) adj **1** domestic, household. **2** tame. nm servant. **domestica** (do'mestika) nf maid, servant.

domiciliarsi (domitʃi'ljarsi) *vr* settle, take up residence.

domicilio (domi'tʃiljo) *nm* residence, dwelling.

dominare (domi'nare) *vt* 1 dominate, control. 2 overlook. *vi* dominate, rule. **dominarsi** *vr* restrain oneself. **dominante** *adj* dominant. **dominazione** *nf* domination, rule.

dominio (do'minjo) *nm* 1 control. 2 possession, property. 3 field, domain.

domino ('domino) *nm game* dominoes.

donare (do'nare) *vt* give, present. **donatore** *nm* donor. **dono** *nm* gift.

dondolare (dondo'lare) *vi* swing, rock, sway. *vt* shake. **dondolo** ('dondolo) *nm* swing.

donna ('donna) *nm* 1 woman, lady. 2 *cap* Lady. **donna di servizio** *nf* charwoman.

donnola ('donnola) *nf* weasel.

dopo ('dopo) *prep* after. *adv* 1 behind. 2 afterwards. 3 then. **dopo tutto** after all. **subito dopo** immediately afterwards. **dopodomani** (dopodo'mani) *adv,nm* day after tomorrow. **dopopranzo** (dopo'prandzo) *nm* afternoon.

doppiare (dop'pjare) *vt* dub. **doppiaggio** *nm* dubbing.

doppio ('doppjo) *adj,adv* double. **doppiogiochista** (doppjodʒo'kista) *nm* double-dealer. **doppiogoco** (doppjo'dʒoko) *nm* double-dealing.

dorare (do'rare) *vt* gild. **dorato** *adj* gilt.

dormire (dor'mire) *vi* sleep. **dormire come un ghiro** sleep like a log. **dormirci sopra** sleep on it.

dormitorio (dormi'torjo) *nm* dormitory.

dorso ('dorso) *nm* 1 back. 2 spine (of a book). **dorsale** *adj* dorsal. **spina dorsale** *nf* spine.

dose ('doze) *nf* dose.

dosso ('dosso) *nm* back. **togliere di dosso** remove, get rid of.

dote ('dote) *nf* dowry.

dotto ('dotto) *adj* learned, scholarly.

dottore (dot'tore) *nm med* doctor. **dottorato** *nm* doctorate. **dottoressa** *nf med* female doctor.

dottrina (dot'trina) *nf* 1 doctrine. 2 catechism classes.

dove ('dove) *adv* 1 where. 2 wherever. 3 in which.

dovere* (do'vere) *vi* 1 have to, be obliged to, need. 2 owe. *nm* duty.

dovrò (do'vrɔ) *v see* **dovere.**

dovunque (do'vunkwe) *adv* wherever.

dozzina (dod'dzina) *nf* dozen.

dragare (dra'gare) *vt* dredge. **draga** *nf* dredger.

dragone (dra'gone) *nm also* **drago** *nm* dragon.

dramma[1] ('dramma) *nm* drama, theatre. **drammatico** (dram'matiko) *adj* dramatic.

dramma[2] ('dramma) *nf* drachma.

drammatizzare (drammatid'dzare) *vt* dramatize.

drammaturgo (dramma'turgo) *nm* dramatist, playwright.

drenare (dre'nare) *vt* drain. **drenaggio** *nm* drainage.

dritto ('dritto) *adj* 1 right. 2 upright. 3 straight. **nm** right side, upper side.

drizzare (drit'tsare) *vt* 1 erect. 2 straighten. **drizzare le orecchie** prick up one's ears.

drogare (dro'gare) *vt* **1** drug. **2** spice.
  droga ('drɔga) *nf* **1** drug. **2** drug-taking. **drogato** *nm* drug addict.

droghiere (dro'gjɛre) *nm* grocer.
  drogheria *nf* grocer's shop.

dromedario (drome'darjo) *nm* dromedary.

duale (du'ale) *adj* dual.

dubbio ('dubbjo) *nm* doubt, suspicion. *adj* doubtful, uncertain. **dubbioso** (dub'bjoso) *adj* doubtful.

dubitare (dubi'tare) *vi* **1** doubt, hesitate. **2** suspect.

duca ('duka) *nm* duke. **ducale** *adj* ducal. **ducato** *nm* **1** duchy. **2** ducat.

duce ('dutʃe) *nm* guide, leader.

duchessa (du'kessa) *nf* duchess.

due ('due) *adj,nm* two. **duecento** (due'tʃento) *adj* two hundred. *nm* **1** two hundred. **2** thirteenth century.

due pezzi *nm invar* **1** bikini. **2** suit.

duello (du'ello) *nm* duel.

duetto (du'etto) *nm* duet.

duna ('duna) *nf* dune.

dunque ('dunkwe) *conj* **1** therefore, so. **2** then.

duole ('dwɔle) *v* see **dolere**.

duomo ('dwɔmo) *nm* cathedral.

duplicare (dupli'kare) *vt* duplicate. **duplicato** *nm* duplicate. **duplicatore** *nm* duplicator, duplicating machine. **durata** *nf* duration. **durata di conservazione** *nf* shelf-life. **durabile** (du'rabile) *adj* durable. **durante** (du'rante) *prep* during. **durevole** (du'revole) *adj* lasting.

durare (du'rare) *vi* **1** last. **2** resist.

duro ('duro) *adj* **1** hard. **2** tough, stale. **3** severe. **4** difficult. **5** stupid, dull. **tener duro** hold firm. **durezza** (du'rettsa) *nf* **1** hardness. **2** severity.

E

e, ed (e, ed) *conj* and, also. **e...e** both...and.

è (ε) *v see* **essere**.

ebano ('ebano) *nm* ebony.

ebbe ('ebbe) *v see* **avere**.

ebbene (eb'bene) *conj* well then, well.

ebbero ('ebbero) *v see* **avere**.

ebbi ('ebbi) *v see* **avere**.

ebbro ('ebbro) *adj* 1 drunk. 2 elated. **ebbrezza** (eb'brettsa) *nf* intoxication.

ebdomadario (ebdoma'darjo) *adj* weekly. *nm* weekly publication.

ebete ('εbete) *adj* stupid.

ebollizione (ebollit'tsjone) *nf* boiling. **punto di ebollizione** *nm* boiling point.

ebraico (e'braiko) *adj* Jewish, Hebrew. *nm* Hebrew (language).

ebreo (e'breo) *adj* Jewish. *nm* Jew.

eccedere (et'tʃɛdere) *vt* surpass, exceed. **eccedenza** (ettʃe'dɛntsa) *nf* surplus.

eccellere* (et'tʃɛllere) *vi* excel, stand out. **eccellente** (ettʃel'lɛnte) *adj* excellent. **eccellenza** (ettʃel'lɛntsa) *nf* 1 excellence. 2 *cap* Excellency.

eccentrico (et'tʃɛntriko) *adj* eccentric. **eccentricità** *nf* eccentricity.

eccesso (et'tʃɛsso) *nm* excess. **all'eccesso** in the extreme. **eccessivo** *adj* excessive.

eccetera (et'tʃɛtera) *nm invar* et cetera, and so on.

eccetto (et'tʃɛtto) *prep* except. **eccetto che** 1 apart from. 2 unless.

eccettuare (ettʃettu'are) *vt* exclude, leave out.

eccezione (ettʃet'tsjone) *nf* exception. **eccezionale** *adj* exceptional.

eccitare (ettʃi'tare) *vt* excite, arouse, stimulate. **eccitabile** (ettʃi'tabile) *adj* excitable. **eccitato** *adj* excited.

ecclesiastico (ekkle'zjastiko) *adj* ecclesiastical. *nm* clergyman.

ecco ('ekko) *adv* here is *or* are, there is *or* are. **ecco fatto** that's it, done.

echeggiare (eked'dʒare) *vi* echo, resound.

eclissare (eklis'sare) *vt* eclipse. **eclissi** *nm,f* eclipse.

eco ('εko) *nm or f pl* **echi** *m* echo.

ecologia (ekolo'dʒia) *nf* ecology.

economia (ekono'mia) *nf* 1 saving, economy. 2 economics. **economico** (eko'nɔmiko) *adj* 1 economics. 2 economical.

economizzare (ekonomid'dzare) *vi* economize.

economo (e'kɔnomo) *nm* bursar, treasurer.

edera ('edera) *nf* ivy.

edicola (e'dikola) *nf* newspaper kiosk.

edificare (edifi'kare) *vt* build, construct. **edificio** *nm* building.

edilizio (edi'littsjo) *adj* building. **speculazione edilizia** *nf* property speculation. **edile** *adj* building. **edilizia** (edi'littsja) *nf* building trade.

Edimburgo (edim'burgo) *nf* Edinmburgh.

editore (edi'tore) *nm* publisher. *adj* publishing. **edito** ('edito) *adj* published.

editoriale *adj* editorial. *nm* newspaper editorial. **casa editrice** *nf* publishing house.

edizione (edit'tsjone) *nf* edition.

educare (edu'kare) *vt* 1 bring up. 2 educate, instruct. **educato** *adj* well-bred. **educazione** *nf* 1 education. 2 manners.

effeminato (effemi'nato) *adj* effeminate.

effetto (ef'fɛtto) *nm* 1 effect. 2 result. **in effetti** in fact.

effettuare (effettu'are) *vt* accomplish. **effettuarsi** *vr* take place.

efficace (effi'katʃe) *adj* sure, effectual. **efficiente** (effi'tʃɛnte) *adj* efficient. **efficienza** (effi'tʃɛntsa) *nf* 1 efficiency. 2 working order.

effige (ef'fidʒe) *nf also* **effigie** *nf invar* effigy.

effimero (ef'fimero) *adj* fleeting, ephemeral.

egeo (e'dʒɛo) *adj* Aegean. **(Mare) Egeo** *nm* Aegean (Sea).

Egitto (e'dʒitto) *nm* Egypt. **egiziano** *adj,n* Egyptian.

egli ('eʎʎi) *pron 3rd pers ms* he.

egoista (ego'ista) *nm* egoist, selfish person. **egoismo** (ego'izmo) *nm* egoism, selfishness.

egregio (e'gredʒo) *adj* distinguished.

elaborare (elabo'rare) *vt* elaborate. **elaborato** *adj* elaborate.

elastico (e'lastiko) *pl* **elastici** *adj* elastic. *nm* 1 elastic. 2 elastic band.

elefante (ele'fante) *nm* elephant. **fare d'una mosca un elefante** make a mountain out of a molehill.

elegante (ele'gante) *adj* elegant. **eleganza** *nf* elegance.

eleggere* (e'leddʒere) *vt* 1 elect. 2 choose.

elegia (ele'dʒia) *nf* elegy.

elemento (ele'mento) *nm* 1 element. 2 unit. 3 *pl* rudiments, principles. **elementare** *adj* elementary. **scuola elementare** *nf* primary school.

elemosina (ele'mɔzina) *nf* charity.

elenco (e'lɛnko) *nm* list. **elenco telefonico** telephone directory. **elencare** *vt* list.

elettore (elet'tore) *nm* constituent, voter. **elettorato** *nm* electorate.

elettrico (e'lettriko) *adj* electric. **elettricista** *nm* electrician. **elettricità** *nf* electricity. **elettrodomestico** (elettrodo'mestiko) *nm* electrical household appliance.

elettrificare (elettrifi'kare) *vt* electrify.

elettrizzare (elettrid'dzare) *vt* excite, electrify.

elettrodo (e'lettrodo) *nm* electrode.

elettromagnete (elettromaɲ'ɲete) *nm* electromagnet. **elettromagnetico** *adj* electromagnetic.

elettrone (elet'trone) *nm* electron. **elettronico** (elet'trɔniko) *adj* electronic.

elevare (ele'vare) *vt* raise.

elezione (elet'tsjone) *nf* election.

elica ('elika) *nf* propeller. **elicottero** (eli'kɔttero) *nm* helicopter.

eliminare (elimi'nare) *vt* eliminate. **eliminazione** *nf* elimination.

ella ('ella) *pron* 1 *3rd pers fs* she. 2 *cap*

2nd pers fs fml you.

elmo ('elmo) *nm* helmet.

eloquente (elo'kwɛnte) *adj* eloquent. **eloquenza** (elo'kwɛntsa) *nf* eloquence.

eludere* (e'ludere) *vt* evade, elude.

emaciato (ema't∫ato) *adj* emaciated.

emancipare (emant∫i'pare) *vt* free, emancipate. **emancipazione** *nf* emancipation.

embargo (em'bargo) *nm* embargo.

emblema (em'blɛma) *nm* emblem.

embrione (embri'one) *nm* embryo.

emendare (emen'dare) *vt* amend. **emendamento** *nm* amendment.

emergenza (emer'dʒɛntsa) *nf* emergency.

emergere* (e'mɛrdʒere) *vi* emerge.

emettere* (e'mettere) *vt* emit, issue.

emicrania (emi'kranja) *nf* migraine.

emigrare (emi'grare) *vi* emigrate. **emigrante** *nm* emigrant. **emigrato** *nm* 1 emigrant. 2 political exile. **emigrazione** *nf* emigration.

eminente (emi'nɛnte) *adj* eminent.

emisfero (emis'fɛro) *nm* hemisphere.

emissione (emis'sjone) *nf* 1 issue. 2 programme, broadcast.

emorragia (emorra'dʒia) *nf* haemorrhage.

emozionare (emottsjo'nare) *vt* move, affect. **emozionante** *adj* moving, thrilling. **emozione** *nf* emotion.

empio ('ɛmpjo) *adj* 1 impious. 2 evil. 3 pitiless.

empire (em'pire) *vt* fill.

empirico (em'piriko) *adj* empirical.

emporio (em'pɔrjo) *nm* market, emporium.

emù (e'mu) *nm invar* emu.

enciclopedia (ent∫iklope'dia) *nf* encyclopedia.

endemico (en'dɛmiko) *adj* endemic.

energia (ener'dʒia) *nf* energy. **energico** (e'nɛrdʒiko) *adj* energetic.

enfasi ('ɛnfazi) *nf invar* emphasis. **enfatico** (en'fatiko) *adj* emphatic.

enfiare (en'fjare) *vi* swell. **enfiarsi** *vr* swell up.

enigma (e'nigma) *nm* 1 enigma. 2 puzzle. **enigmatico** (enig'matiko) *adj* enigmatic.

ennesimo (en'nɛzimo) *adj* umpteenth.

enorme (e'nɔrme) *adj* huge, enormous.

ente ('ɛnte) *nm* corporation, society.

entità (enti'ta) *nf invar* entity.

entrambi (en'trambi) *pron pl* both.

entrare (en'trare) *vi* 1 enter, go or come in. 2 have relevance. **io non c'entro** it has nothing to do with me. **entrata** *nf* entrance.

entro ('ɛntro) *prep* within.

entusiasmo (entu'zjazmo) *nm* enthusiasm. **entusiasta** *nm* enthusiast. *adj* enthusiastic. **entusiastico** (entu'zjastiko) *adj* enthusiastic.

enumerare (enume'rare) *vt* enumerate.

enzima (en'dzima) *nm* enzyme.

epico ('ɛpiko) *adj,nm* epic.

epidemia (epide'mia) *nf* epidemic.

Epifania (epifa'nia) *nf* Epiphany.

epigramma (epi'gramma) *nm* epigram.

epilessia (epiles'sia) *nf* epilepsy.

epilogo (e'pilogo) *nm* epilogue.

episodio (epi'zɔdjo) *nm* episode.

epistola (e'pistola) *nf* epistle.

epitaffio (epi'taffjo) *nm* epitaph.

epiteto (e'piteto) *nm* epithet.

epoca ('epoka) *nf* epoch, period.

eppure (ep'pure) *conj* nevertheless, and yet.

epurare (epu'rare) *vt* purge.

equatore (ekwa'tore) *nm* equator.

equazione (ekwat'tsjone) *nf* equation.

equestre (e'kwestre) *adj* equestrian.

equilibrare (ekwili'brare) *vt* balance.

equilibrio (ekwi'librjo) *nm* balance. **equilibrista** *nm* tightrope walker.

equinozio (ekwi'nɔttsjo) *nm* equinox.

equipaggiare (ekwipad'dʒare) *vt* equip. **equipaggio** *nm* crew. **senza equipaggio** *adj* unmanned.

equitazione (ekwitat'tsjone) *nf* **1** riding. **2** horsemanship.

equivalere (ekwiva'lere) *vi* be equivalent. **equivalente** (ekwiva'lɛnte) *adj,nm* equivalent.

equivoco (e'kwivoko) *adj* ambiguous, doubtful.

era[1] ('era) *v* see **essere**.

era[1] ('ɛra) *nf* era.

erba ('ɛrba) *nf* **1** grass. **2** herb.

erbaccia (er'battʃa) *nf* weed.

erbivendolo (erbi'vendolo) *nm* greengrocer.

ereditare (eredi'tare) *vt* inherit. **erede** (e'rede) *nm,f* heir. **eredità** *nf* inheritance. **ereditario** *adj* hereditary.

eremita (ere'mita) *nm* hermit.

eresia (ere'zia) *nf* heresy. **eretico** (e'-retiko) *adj* heretical.

eretto (e'retto) *adj* erect, upright.

erezione (eret'tsjone) *nf* erection.

eri ('ɛri) *v* see **essere**.

erica ('ɛrika) *nf* heather.

erigere* (e'ridʒere) *vt* erect.

ermellino (ermel'lino) *nm* ermine.

ermetico (er'metiko) *adj* hermetic.

ernia ('ɛrnja) *nf* hernia.

ero ('ɛro) *v* see **essere**.

eroe (e'rɔe) *nm* hero. **eroico** (e'rɔiko) *adj* heroic.

eroina[1] (ero'ina) *nf* heroine.

eroina[2] (ero'ina) *nf* heroin.

erosione (ero'zjone) *nf* erosion.

erotico (e'rɔtiko) *adj* erotic.

errare (er'rare) *vi* **1** wander, roam. **2** err.

erroneo (er'rɔneo) *adj* false, mistaken.

errore (er'rore) *nm* mistake, error.

erudito (eru'dito) *adj* erudite. **erudizione** *nf* erudition.

eruttare (erut'tare) *vt* erupt. **eruzione** (erut'tsjone) *nf* eruption.

esagerare (ezadʒe'rare) *vt* exaggerate, overdo, go too far. **esagerazione** *nf* exaggeration.

esagonale (ezago'nale) *adj* hexagonal.

esalare (eza'lare) *vt* exhale.

esaltare (ezal'tare) *vt* exalt.

esame (e'zame) *nm* **1** examination, inspection. **2** exam. **dare un esame** sit an exam.

esaminare (ezami'nare) *vt* examine, inspect.

esasperare (ezaspe'rare) *vt* irritate, exasperate. **esasperazione** *nf* exasperation.

esatto (e'zatto) *adj* exact, precise. **esattezza** (ezat'tettsa) *nf* precision. **esattore** (ezat'tore) *nm* tax man, tax collector.

esaurire (ezau'rire) *vt* exhaust, wear out. **esaurimento** *nm* exhaustion. **esa-**

urimento nervoso nervous breakdown. **esaurito** adj **1** exhausted. **2** finished, sold out.

esca ('eska) nf bait.

esclamare (eskla'mare) vi exclaim. **esclamazione** nf exclamation.

escludere* (es'kludere) vt exclude. **esclusione** nf exclusion.

esclusivo (esklu'zivo) adj exclusive. **esclusiva** nf monopoly, sole rights.

esco ('esko) v see **uscire**.

escursione (eskur'sjone) nf excursion.

esecutivo (ezeku'tivo) adj,nm executive.

esecutore (ezeku'tore) nm executor.

esecuzione (ezekut'tsjone) nf execution.

eseguire (eze'gwire) vt carry out, perform.

esempio (e'zɛmpjo) nm example, illustration. **per esempio** for example.

esemplare (ezem'plare) adj exemplary. nm **1** copy. **2** example.

esentare (ezen'tare) vt exempt. **esente** (e'zɛnte) adj exempt.

esequie (e'zɛkwje) nf pl funeral.

esercitare (ezertʃi'tare) vt **1** exercise. **2** practise. **esercito** (e'zertʃito) nm army. **esercizio** (ezer'tʃittsjo) nm **1** exercise. **2** practice.

esibire (ezi'bire) vt show, exhibit. **esibizione** nf exhibition. **esibizionista** nm exhibitionist.

esigere* (e'zidʒere) vt demand, claim.

esilarare (ezila'rare) vt exhilarate.

esile ('ezile) adj slim, slender.

esiliare (ezi'ljare) vt exile. **esiliato** nm exile.

esilio (e'ziljo) nm exile.

esimere (e'zimere) vt exempt.

esistenzialismo (ezistentsja'lizmo) nm existentialism.

esistere* (e'zistere) vi exist. **esistenza** (ezis'tɛntsa) nf existence, life.

esitare (ezi'tare) vi hesitate. **esitazione** nf hesitation.

esito ('ezito) nm outcome, result.

esonerare (ezone'rare) vt release, dismiss. **esonero** (e'zɔnero) nm exemption.

esorbitante (ezorbi'tante) adj exorbitant.

esorcizzare (ezortʃid'dzare) vt exorcize. **esorcismo** (ezor'tʃizmo) nm exorcism. **esorcista** (ezor'tʃista) nm exorcist.

esortare (ezor'tare) vt encourage, urge.

esoso (e'zɔzo) adj **1** hateful. **2** mean.

esoterico (ezo'teriko) adj esoteric.

esotico (e'zɔtiko) adj exotic.

espandere (es'pandere) vt expand. **espansione** nf expansion. **espansivo** adj expansive.

espatriare (espa'trjare) vi emigrate.

espediente (espe'djente) nm expedient.

espellere* (es'pellere) vt expel.

esperienza (espe'rjentsa) nf **1** experience. **2** experiment.

esperimento (esperi'mento) nm experiment.

esperto (es'perto) adj skilled, expert. nm expert.

espiare (espi'are) vt expiate.

esplicito (es'plitʃito) adj explicit.

esplodere* (es'plɔdere) vi explode.

esplorare (esplo'rare) vt explore, in-

vestigate. **esploratore** *nm* explorer.
esplorazione *nf* exploration.

esplosi (es'plɔzi) *v* see **esplodere**.

esplosione (esplo'zjone) *nf* explosion.

esplosivo (esplo'zivo) *adj,nm* explosive.

esploso (es'plɔzo) *v* see **esplodere**.

esporre* (es'porre) *vt* exhibit, expose.

esportare (espor'tare) *vt* export. **esportazione** *nf* export, exportation.

esposizione (espozit'tsjone) *nf* 1 exposition, explanation. 2 exhibition.

espressione (espres'sjone) *nf* expression. **espressivo** (espres'sivo) *adj* expressive.

espresso (es'prɛsso) *adj* express. *nm* 1 express train. 2 express letter.

esprimere* (es'primere) *vt* express.

espulsi (es'pulsi) *v* see **espellere**.

espulsione (espul'sjone) *nf* expulsion.

espulso (es'pulso) *v* see **espellere**.

esquimese (eskwi'mese) *adj,n* Eskimo.

essa ('essa) *pron 3rd pers fs* 1 she. 2 her, it.

esse ('esse) *3rd pers f pl* them.

essenza (es'sɛntsa) *nf* essence. **essenziale** *adj,nm* essential.

essere* ('ɛssere) *vi* exist, be. *v aux* be. **che ore sono?** what time is it? **cosa c'è?** what is the matter? **essere di** 1 belong to. 2 be from.

essi ('essi) *3rd pers m pl* them.

esso ('esso) *pron 3rd pers ms* 1 he. 2 him, it.

est (ɛst) *nm* east. *adj invar* east, eastern. **dell'est** 1 eastern. 2 easterly. **verso est** east-wards.

estasi ('ɛstazi) *nf* ecstasy. **estatico** (es'tatiko) *adj* ecstatic.

estate (es'tate) *nf* summer.

estendere* (es'tɛndere) *vt* extend, enlarge.

estensione (esten'sjone) *nf* extension.

esteriore (este'rjore) *adj,nm* outside, exterior.

esterno (es'tɛrno) *adj* external.

estero ('ɛstero) *adj* foreign. **all'estero** abroad.

estetico (es'tetiko) *adj* aesthetic. **estetica** *nf* aesthetics.

estetista (este'tista) *nf* beautician.

estinguere* (es'tingwere) *vt* 1 put out, extinguish. 2 quench. 3 pay off. **estintore** *nm* fire extinguisher. **estinzione** *nf* extinction.

estivo (es'tivo) *adj* summer, summery.

estradare (estra'dare) *vt* extradite. **estradizione** *nf* extradition.

estraneo (es'traneo) *adj* alien, foreign. *nm* stranger.

estrarre* (es'trarre) *vt* 1 extract. 2 pick out. **estratto** *nm* 1 extract. 2 excerpt.

estremo (es'trɛmo) *adj,nm* extreme. **estremista** *nm* extremist.

estro ('ɛstro) *nm* 1 inspiration. 2 whim.

estrogeno (es'trɔdʒeno) *nm* oestrogen.

estroverso (estro'vɛrso) *adj,n* extrovert.

estuario (estu'arjo) *nm* estuary.

esuberante (ezube'rante) *adj* exuberant. **esuberanza** (ezube'rantsa) *nf* exuberance.

esule ('ɛzule) *nm* exile. *adj* exiled.

età (e'ta) *nf* age.

etere ('ɛtere) *nm* ether.

eterno (e'tɛrno) *adj* eternal, never-ending. **eternità** *nf* eternity.

etica ('ɛtika) *nf* ethics. **etico** ('ɛtiko) *adj* ethical.

etichetta (eti'ketta) *nf* **1** etiquette. **2** label, ticket.

etimologia (etimolo'dʒia) *nf* etymology.

etnico ('ɛtniko) *adj* ethnic.

ettaro ('ɛttaro) *nm* hectare.

etto ('ɛtto) *nm also* **ettogrammo** hundred grams, hectogram.

eucalipto (euka'lipto) *nm* eucalyptus tree.

eufemismo (eufe'mizmo) *nm* euphemism.

eunuco (eu'nuko) *nm* eunuch.

Europa (eu'rɔpa) *nf* Europe. **europeo** (euro'peo) *adj,nm* European.

eutanasia (eutana'zia) *nf* euthanasia.

evacuare (evaku'are) *vt* evacuate. **evacuazione** *nf* evacuation.

evadere* (e'vadere) *vi* escape, flee.

evangelista (evandʒe'lista) *nm* Evangelist.

evaporare (evapo'rare) *vi* evaporate. **evaporazione** *nf* evaporation.

evasi (e'vazi) *v see* **evadere**.

evasione (eva'zjone) *nf* escape.

evasivo (eva'zivo) *adj* evasive.

evaso (e'vazo) *v see* **evadere**. *nm* **1** fugitive. **2** escaped convict.

evento (e'vento) *nm* **1** outcome. **2** event. **eventuale** *adj* possible.

evidente (evi'dɛnte) *adj* evident, obvius. **evidenza** (evi'dɛntsa) *nf* clarity. **mettersi in evidenza** show oneself.

evitare (evi'tare) *vt* avoid.

evizione (evit'tsjone) *nf* eviction.

evocare (evo'kare) *vt* evoke.

evoluzione (evolut'tsjone) *nf* evolution.

evviva (ev'viva) *interj* **1** hurrah! **2** long live.

F

fa¹ (fa) *adv* ago.

fa² (fa) *v see* **fare**.

fabbrica ('fabbrika) *nf* **1** building. **2** factory. **fabbricare** *vt* **1** build. **2** make, manufacture. **3** invent.

fabbro ('fabbro) *nm* smith. **fabbro ferraio** *nm* blacksmith.

faccenda (fat'tʃɛnda) *nf* **1** task, chore. **2** matter, affair.

facchino (fak'kino) *nm* porter.

faccia ('fattʃa) *nf* **1** face. **2** side (of a record). **facciata** *nf* facade.

facciano (fat'tʃamo) *v see* **fare**.

faccio ('fattʃo) *v see* **fare**.

facezia (fa'tʃɛttsja) *nf* joke.

facile ('fatʃile) *adj* **1** easy, simple. **2** probable, likely. **3** easy-going. **facilità** *nf* **1** ease. **2** aptitude.

facilitare (fatʃili'tare) *vt* facilitate, make easier.

facoltà (fakol'ta) *nf* **1** faculty. **2** right, authority. **3** university faculty. **facoltativo** *adj* optional.

faggio ('faddʒo) *nm* beech tree.

fagiano (fa'dʒano) *nm* pheasant.

fagiolo (fa'dʒɔlo) *nm* bean. **fagiolino** *nm* french bean.

fagotto (fa'gɔtto) *nm* **1** bundle. **2** bassoon. **far fagotto** leave.

fai ('fai) *v see* **fare**.

falce ('faltʃe) *nf* scythe, sickle.

falciare (fal'tʃare) *vt* **1** mow. **2** mow down. **falciatrice** *nf* mower.

falco ('falko) *nm* hawk. **falcone** *nm* falcon.

falda ('falda) *nf* **1** layer. **2** fold, pleat. **3** coat-tail. **4** brim. **5** slope. **6** foot (of a mountain). **7** flake.

falegname (faleɲ'ɲame) *nm* carpenter, joiner.

falena (fa'lɛna) *nf* moth.

falla ('falla) *nf* leak, leakage.

fallace (fal'latʃe) *adj* false, deceptive.

fallire (fal'lire) *vi* fail. *vt* miss. **fallimento** *nm* **1** failure. **2** bankruptcy.

fallo¹ ('fallo) *nm* **1** error. **2** *sport* foul.

fallo² ('fallo) *nm* phallus.

falò (fa'lo) *nm* bonfire.

falsare (fal'sare) *vt* distort, falsify. **falsario** (fal'sarjo) *nm* counterfeiter, forger.

falsariga (falsa'riga) *nf* **1** sheet of ruled paper. **2** model, example.

falsificare (falsifi'kare) *vt* **1** forge, fake. **2** tamper with.

falso ('falso) *adj* **1** false, artificial. **2** wrong. **3** untrue. **falso allarme** *nm* false alarm.

fama ('fama) *nf* fame, renown.

fame ('fame) *nf* hunger. **avere fame** be hungry.

famelico (fa'mɛliko) *adj* ravenous, starving.

famiglia (fa'miʎʎa) *nf* family.

familiare (fami'ljare) *adj* **1** domestic, family. **2** intimate, familiar.

famoso (fa'moso) *adj* famous, well-known.

fanale (fa'nale) *nm* **1** lamp, lantern. **2** headlight.

fanatico (fa'natiko) *adj* fanatical. *nm* fanatic.

fanciullo (fan'tʃullo) *nm* child, boy. **fanciulla** *nf* child, girl. **fanciullezza** (fantʃul'lettsa) *nf* childhood.

fandonia (fan'dɔnja) *nf* lie.

fanfara (fan'fara) *nf* brass band.

fango ('fango) *nm* mud. **fangoso** (fan'goso) *adj* muddy.

fanno ('fanno) *v* see **fare**.

fannullone (fannul'lone) *nm* lazybones.

fantascienza (fantaʃ'ʃɛntsa) *nf* science fiction.

fantasia (fanta'zia) *nf* imagination, fantasy.

fantasma (fan'tazma) *nm* ghost.

fante ('fante) *nm* **1** infantryman. **2** *game* knave, jack. **fanteria** *nf* infantry. **fantino** *nm* jockey.

fantoccio (fan'tɔttʃo) *nm* puppet.

farabutto (fara'butto) *nm* rogue, scoundrel.

faraone (fara'one) *nm* pharaoh.

farcire (far'tʃire) *vt* stuff.

fardello (far'dɛllo) *nm* bundle, load.

fare* ('fare) *vt* **1** make. **2** do. **3** say. **4** be. **fare acqua** leak. **fare benzina** fill up with petrol. **fare da** act as. **fare per** suit. **non fa niente** it doesn't matter.

farfalla (far'falla) *nf* butterfly.

farina (fa'rina) *nf* flour.

faringe (fa'rindʒe) *nf* pharynx.

farmacia (farma'tʃia) *nf* **1** pharmacy. **2** chemist's shop. **farmacista** *nm* chemist. **farmaco** ('farmako) *nm* medicine, drug.

faro ('faro) *nm* **1** lighthouse. **2** head-light, headlamp.

farragine (far'radʒine) *nf* jumble, medley.

farsa ('farsa) *nf* farce.

fascia ('faʃʃa) *nf* **1** band, strip. **2** bandage.

fasciare (faʃ'ʃare) *vt* bind, bandage.

fascicolo (faʃ'ʃikolo) *nm* **1** dossier, file. **2** number, issue (of a journal).

fascino ('faʃʃino) *nm* fascination, charm.

fascio ('faʃʃo) *nm* bundle.

fascismo (faʃ'ʃizmo) *nm* fascism. **fascista** *adj, nm* fascist.

fase ('faze) *nf* phase.

fastidio (fas'tidjo) *nm* **1** annoyance, trouble. **2** disgust. **dare fastidio a** annoy. **fastidioso** (fasti'djoso) *adj* annoying.

fasto ('fasto) *nm* pomp. **fastoso** (fas'toso) *adj* ostentatious.

fata ('fata) *nf* fairy.

fatale (fa'tale) *adj* fatal.

faticare (fati'kare) *vi* struggle, toil. **fatica** *nf* **1** toil, labour. **2** exhaustion, weariness. **3** trouble. **faticoso** (fati'koso) *adj* **1** tiring. **2** difficult.

fato ('fato) *nm* fate.

fatta ('fatta) *nf* kind, sort.

fattezze (fat'tettse) *nf pl* features.

fatto ('fatto) *v* see **fare**. *nm* **1** fact. **2** action, deed. **3** event. **4** subject. **badare ai fatti propri** mind one's own business. **dire il fatto suo** speak one's mind. **in fatto di** with respect to. **venire al fatto** come to the point.

fattore (fat'tore) *nm* **1** creator. **2** factor.

fattoria (fatto'ria) *nf* farm, farmhouse.

fattorino (fatto'rino) *nm* **1** office boy. **2**

telegraph boy.

fattucchiera (fattuk'kjera) *nf* witch.
fattucchiere (fattuk'kjere) *nm* sorcerer, wizard.

fattura (fat'tura) *nf* **1** manufacture, workmanship. **2** bill, invoice.

fatturare (fattu'rare) *vt* **1** adulterate, tamper with. **2** charge, invoice.

fatuo ('fatuo) *adj* silly, fatuous.

fauna ('fauna) *nf* fauna.

fausto ('fausto) *adj* lucky, happy.

fautore (fau'tore) *nm* supporter, follower.

fava ('fava) *nf* bean.

favilla (fa'villa) *nf* spark.

favo ('favo) *nm* honeycomb.

favola ('favola) *nf* **1** fable, story. **2** laughing-stock. **favoloso** (favo'loso) *adj* fabulous, fantastic, incredible.

favore (fa'vore) *nm* **1** goodwill. **2** favour. **a favore di 1** in the interest of. **2** on behalf of. **entrata di favore** *nf* complimentary seat. **per favore** please.

favoreggiare (favored'dʒare) *vt* **1** favour. **2** aid and abet.

favorevole (favo'revole) *adj* favourable, suitable.

favorire (favo'rire) *vt* **1** favour. **2** back, assist. **3** oblige. **favorito** *adj,nm* favourite.

fazione (fat'tsjone) *nf* faction.

fazzoletto (fattso'letto) *nm* **1** handkerchief. **2** headscarf.

febbraio (feb'brajo) *nm* February.

febbre ('febbre) *nf* fever. **avere la febbre** have a temperature.

feccia ('fettʃa) *nf* **1** dregs, sediment. **2** scum, riffraff.

feci ('fetʃi) *v see* **fare**.

fecondare (fekon'dare) *vt* fertilize. **fecondo** *adj* fertile.

fede ('fede) *nf* **1** belief, trust. **2** faith, religion. **3** word of honour. **4** honesty. **5** certificate, document. **6** wedding ring. **fedele** *adj* **1** faithful, loyal. **2** exact. **fedeltà** *nf* fidelity, loyalty.

federa ('federa) *nf* pillowcase.

federale (fede'rale) *adj* federal.

federazione (federat'tsjone) *nf* federation.

fedina (fe'dina) *nf* **1** criminal record. **2** side-whisker.

fegato ('fegato) *nm* liver.

felce ('feltʃe) *nf* fern.

felice (fe'litʃe) *adj* **1** happy, contented. **2** lucky. **felicità** *nf* happiness.

felicitare (felitʃi'tare) *vt* make happy. **felicitarsi** *vr* congratulate. **felicitazioni** *nf pl* congratulations.

felino (fe'lino) *adj,nm* feline.

feltro ('feltro) *nm* felt.

femmina ('femmina) *nf* **1** female. **2** woman. **femminile** *adj* feminine.

fendere* ('fendere) *vt* split, crack, break. **fenditura** *nf* crack, fissure.

fenice (fe'nitʃe) *nf* phoenix.

fenicottero (feni'kottero) *nm* flamingo.

fenomeno (fe'nomeno) *nm* phenomenon. **fenomenale** *adj* phenomenal.

feria ('ferja) *nf* holiday. **feriale** *adj* working. **giorno feriale** *nm* weekday.

ferire (fe'rire) *vt* **1** wound, injure. **2** strike. **ferita** *nf* wound, injury.

fermare (fer'mare) *vt* **1** stop, halt. **2** fix, fasten. **3** arrest. **fermarsi** *vr* stop. **fermata** *nf* **1** stop. **2** pause. **fermacarte** *nm invar* paperweight. **fermacravatta** *nm invar* tiepin. **fermaglio** *nm* **1** fastener, clasp. **2** brooch.

fermentare (fermen'tare) *vi* ferment.
  fermentazione *nf* fermentation.

fermo ('fermo) *adj* **1** motionless, still.
  2 firm, steady. **fermo in posta** poste
  restante. **tener per fermo** be con-
  vinced. **fermezza** (fer'mettsa) *nf*
  firmness.

feroce (fe'rotʃe) *adj* fierce, wild. **fero-
  cia** (fe'rɔtʃja) *nf* ferocity.

ferragosto (ferra'gosto) *nm* feast of
  Assumption, 15th August.

ferraio (fer'rajo) *nm* black-smith.

ferrare (fer'rare) *vt* shoe (a horse).

ferreo ('ferreo) *adj* **1** strong. **2** iron.

ferro ('ferro) *nm* iron. **ferro da calza**
  knitting needle. **ferro da cavallo**
  horse-shoe. **ferro da stiro** *dom* iron.
  ferramento *nm pl* **ferramenta** *f* **1** iron
  tool. **2** hardware. **negozio di ferramenta** *nm* iron-monger's shop.

ferrovia (ferro'via) *nf* railway. **ferroviario** *adj* rail, railway. **ferroviere**
  (ferro'vijere) *nm* railwayman.

fertile ('fertile) *adj* fertile. **fertilità** *nf*
  fertility.

fertilizzare (fertilid'dzare) *vt* fertilize.
  fertilizzante *nm* fertilizer.

fervore (fer'vore) *nm* fervour.

festa ('festa) *nf* **1** feast, holiday. **2** birthday, name day. **3** party. **fare festa** take
  a holiday. **fare festa a** welcome. **fes-
  tivo** *adj* festive. **giorni festivi** *nm pl*
  holidays.

festeggiare (fested'dʒare) *vt* celebrate.

festevole (fes'tevole) *adj* festive, merry.

fetido ('fetido) *adj* fetid.

feto ('feto) *nm* foetus.

fetore (fe'tore) *nm* stench.

fetta ('fetta) *nf* slice. **fettuccine** *nf pl*
  strips of pasta.

feudale (feu'dale) *adj* feudal.

fiaba ('fjaba) *nf* fairy tale.

fiaccare (fjak'kare) *vt* **1** weaken. **2**
  break. **fiacco** *adj* listless, weak.

fiaccola ('fjakkola) *nf* torch.

fiala ('fjala) *nf* phial.

fiamma ('fjamma) *nf* **1** flame. **2** pennant.

fiammeggiare (fjammed'dʒare) *vi* **1**
  blaze, flame. **2** flash.

fiancheggiare (fjanked'dʒare) *vt* flank.

fianco ('fjanko) *nm* side, flank. **a fianco di** at the side of. **di fianco** sideways.

fiasco ('fjasko) *nm* **1** flask. **2** failure, fiasco.

fiatare (fja'tare) *vi* breathe. **fiato** *nm*
  breath. **strumenti a fiato** *nm pl* wind
  instruments.

fibbia ('fibbja) *nf* buckle.

fibra ('fibra) *nf* fibre.

ficcare (fik'kare) *vt* thrust, drive in, fix.
  ficcarsi *vr* intrude. **ficcarsi in capo**
  get into one's head.

fico ('fiko) *nm* **1** fig. **2** fig tree.

fidanzarsi (fidan'tsarsi) *vr* get engaged. **fidanzamento** engagement. **fidanzata** *nf* fiancée. **fidanzato** *nm* fiancé.

fidarsi (fi'darsi) *vr* trust.

fiducia (fi'dutʃa) *nf* trust, faith. **voto di
  fiducia** *nm* vote of confidence.

fiele ('fjele) *nm* **1** bile. **2** bitterness.

fieno ('fjeno) *nm* hay. **fienile** *nm* hay
  loft.

fiera¹ ('fjɛra) *nf* fair, exhibition.

fiera² ('fjɛra) *nf* wild beast.

fiero ('fjɛro) *adj* **1** fearsome, bold. **2** proud.

fifa ('fifa) *nf inf* fear, funk.

figgere* ('fiddʒere) *vt* fix, attach.

figlia ('fiʎʎa) *nf* daughter. **figliastra** *nf* stepdaughter.

figlio ('fiʎʎo) *nm* son. **figliastro** *nm* stepson.

figura (fi'gura) *nf* **1** form, shape. **2** figure. **3** appearance. **4** illustration. **fare la figura di** play the part of.

figurare (figu'rare) *vt* **1** figure. **2** represent, symbolize. *vi* **1** look well. **2** pretend. **figurarsi** *vr* think, imagine. **figurati!** *interj* **1** just imagine! **2** not at all!

fila ('fila) *nf* **1** row, line. **2** queue. **di fila** without interruption. **fare la fila** queue.

filantropo (fi'lantropo) *nm* philanthropist. **filantropico** (filan'trɔpiko) *adj* philanthropic.

filare¹ (fi'lare) *vt* **1** spin. **2** let out (rope). *vi* **1** trickle. **2** run. **3** be off. **filanda** *nf* spinning mill.

filare² (fi'lare) *nm* row, line.

filastrocca (filas'trɔkka) *nf* **1** yarn. **2** nonsense rhyme.

filatelia (filate'lia) *nf* philately, stamp-collecting. **filatelista** *nm* philatelist, stamp-collector.

filetto (fi'letto) *nm* fillet.

filiale (fi'ljale) *nf* branch office. *adj* filial.

filigrana (fili'grana) *nf* **1** filigree. **2** watermark.

film (film) *nm invar* film.

filmare (fil'mare) *vt* film.

filo ('filo) *nm* **1** thread. **2** yarn. **3** string. **4** wire. **5** edge. **filo di voce** weak voice. **filo d'erba** blade of grass. **per filo e per segno** minutely.

filobus ('filobus) *nm* trolley-bus.

filologo (fi'lɔlogo) *nm* philologist.

filosofia (filozo'fia) *nf* philosophy. **filosofico** (filo'zɔfiko) *adj* philosophical. **filosofo** (fi'lɔzofo) *nm* philosopher.

filtrare (fil'trare) *vt,vi* filter. **filtro** *nm* filter.

filza ('filtsa) *nf* series.

finale (fi'nale) *adj* final, last. *nm* finale. *nf* finals. **finalista** *nm* finalist. **finalmente** *adv* finally, at last.

finanza (fi'nantsa) *nf* finance.

finanziare (finan'tsjare) *vt* finance. **finanziario** *adj* financial. **finanziere** (finan'tsjere) *nm* financier.

finché (fin'ke) *conj* **1** until. **2** as long as.

fine¹ ('fine) *nf* end, conclusion. *nm* **1** purpose, aim. **2** out-come.

fine² ('fine) *adj* **1** fine, thin. **2** delicate, refined.

fine-settimana *nm or f invar* weekend.

finestra (fi'nestra) *nf* window. **finestrino** *nm* window (of train, etc.).

fingere* ('findʒere) *vt* **1** feign, fake, pretend. **2** imagine, suppose.

finire (fi'nire) *vt* finish, complete, end. *vi* end, be over. **andare a finire** end up.

Finlandia (fin'landja) *nf* Finland. **finlandese** *adj* Finnish. *nm* **1** Finn. **2** Finnish (language). **finnico** *adj* Finnish.

fino¹ ('fino) *adj* **1** fine, slender. **2** pure. **3** shrewd.

fino² ('fino) *prep* **1** until, as far as. **2** from.

finocchio (fi'nɔkkjo) *nm* fennel.

finora (fi'nora) *adv* until now.

finsi ('finsi) *v* see **fingere**.

finta ('finta) *nf* pretence. **far finta di** pretend to.

finto ('finto) *v* see **fingere**. *adj* fake, false, artificial. *nm* hypocrite.

finzione (fin'tsjone) *nf* deceit, sham.

fio ('fio) *nm* penalty.

fioccare (fjok'kare) *vi* **1** snow. **2** pour or flock in.

fiocco ('fjɔkko) *nm* **1** bow, knot. **2** flake, tuft.

fioco ('fjɔko) *adj* weak, feeble.

fionda ('fjonda) *nf* catapult.

fiordo ('fjɔrdo) *nm* fiord.

fiore ('fjore) *nm* **1** flower. **2** *pl* game clubs. **fiorario** *nm* florist. **fiorame** *nm* floral pattern. **a fiorami** floral patterned.

fiorire (fjo'rire) *vi* **1** flower. **2** flourish.

Firenze (fi'rentse) *nf* Florence. **fiorentino** *adj,n* Florentine.

firmare (fir'mare) *vt* sign. **firma** *nf* signature.

fisarmonica (fizar'mɔnika) *nf* accordion.

fischiare (fis'kjare) *vi,vt* **1** whistle. **2** hiss, boo. **fischietto** *nm* (child's) whistle. **fischio** *nm* whistle.

fisica ('fizika) *nf* physics.

fisico ('fiziko) *adj* physical. *nm* **1** physique. **2** physicist.

fisiologia (fizjolo'dʒia) *nf* physiology. **fisiologico** *adj* physiological.

fisionomia (fizjono'mia) *nf* countenance, aspect.

fisioterapia (fizjotera'pia) *nf* physiotherapy. **fisioterapista** *nm* physiotherapist.

fissare (fis'sare) *vt* **1** fix, direct. **2** arrange. **3** book. **fisso** *adj* fixed. **guardare fisso** stare.

fissione (fis'sjone) *nf* fission.

fittizio (fit'tittsjo) *adj* **1** fictitious. **2** artificial, false.

fitto¹ ('fitto) *adj* thick, dense. **a capo fitto** *adv* headlong.

fitto² ('fitto) *nm* rent.

fiume ('fjume) *nm* river.

fiutare (fju'tare) *vt* **1** sniff, smell, scent. **2** detect. **fiuto** *nm* smell, sense of smell.

flaccido ('flattʃido) *adj* flabby.

flacone (fla'kone) *nm* phial.

flagellare (fladʒel'lare) *vt* lash, whip. **flagello** *nm* **1** whip. **2** scourge.

flagrante (fla'grante) *adj* flagrant. **in flagrante** in the act.

flanella (fla'nɛlla) *nf* flannel.

flauto ('flauto) *nm* flute. **flautista** *nm* flautist.

flebile ('flɛbile) *adj* weak, plaintive.

flessibile (fles'sibile) *adj* flexible. **flessibilità** *nf* flexibility.

flessuoso (flessu'oso) *adj* pliable.

flipper ('flipper) *nm* pinball.

flirt (flirt) *nm* flirtation.

flora ('flora) *nf* flora.

florido ('flɔrido) *adj* **1** florid. **2** prosperous.

floscio ('flɔʃʃo) *adj* **1** limp. **2** languid. **cappello floscio** *nm* soft hat.

flotta ('flotta) *nf* fleet.

fluido ('fluido) *adj,nm* fluid.

fluire (flu'ire) *vi* flow.

fluorescente (fluoreʃ'ʃɛnte) *adj* fluorescent.

fluoro (flu'ɔro) *nm* fluoride.

flusso ('flusso) *nm* **1** flux. **2** discharge.

fluttuare (fluttu'are) *vi* fluctuate.

fobia (fo'bia) *nf* phobia.

foca ('fɔka) *nf zool* seal.

focaccia (fo'kattʃa) *nf* tart, bun.

foce ('fotʃe) *nf* **1** outlet. **2** river mouth.

focena (fo'tʃɛna) *nf* porpoise.

focolare (foko'lare) *nm* **1** hearth. **2** fireside.

fodera ('fɔdera) *nf* **1** lining. **2** cover. **foderare** (fode'rare) *vt* **1** line. **2** cover. **fodero** ('fɔdero) *nm* sheath.

foga ('fɔga) *nf* ardour.

foggia ('fɔddʒa) *nf* manner, style. **foggiare** *vt* form, mould.

foglia ('fɔʎʎa) *nf* leaf. **fogliame** *nm* foliage.

foglio ('fɔʎʎo) *nm* **1** sheet of paper, leaf. **2** pamphlet. **3** document. **4** note.

fogna ('fɔɲɲa) *nf* **1** drain. **2** sewer.

föhn (fœn) *nm invar* hair drier.

folata (fo'lata) *nf* gust.

folclore (fol'klore) *nm* folklore. **folcloristico** (folklo'ristiko) *adj* folk. **canto folcloristico** *nm* folk song.

folgorare (folgo'rare) *vi* **1** (of lightning) flash. **2** shine brightly. **folgore** ('folgore) *nf* flash of lightning.

folla ('folla) *nf* crowd, throng.

folle ('folle) *adj* mad, insane. **follia** *nf* madness.

follicolo (fol'likolo) *nm* follicle.

folto ('folto) *adj* thick, dense.

fomentare (fomen'tare) *vt* **1** foment. **2** incite.

fondamento (fonda'mento) *nm* **1** pl

fondamenti *m* foundation, basis. **2** pl **fondamenta** *f arch* foundation. **fondamentale** *adj* fundamental.

fondare (fon'dare) *vt* **1** found. **2** base, found. **fondarsi** *vr* rely upon.

fondere* ('fondere) *vt* **1** melt. **2** fuse. **fondersi** *vr* dissolve.

fonderia (fonde'ria) *nf* foundry.

fondina (fon'dina) *nf* holster.

fondo[1] ('fondo) *nm* **1** bottom, base. **2** background. **3** estate. **4** pl capital, funds. **5** pl dregs. **a fondo** in depth. **andare a fondo** sink. **in fondo** basically. **in fondo a** at the bottom of.

fondo[2] ('fondo) *adj* deep.

fonetica (fo'netika) *nf* phonetics. **fonetico** (fo'netiko) *adj* phonetic.

fonografo (fo'nɔgrafo) *nm* gramophone.

fontana (fon'tana) *nf* fountain. **fontaniere** (fonta'njere) *nm* plumber.

fonte ('fonte) *nf* **1** fountain. **2** source. **3** font.

fontina (fon'tina) *nf* soft cheese.

foraggiare (forad'dʒare) *vt* supply.

forare (fo'rare) *vt* **1** pierce. **2** perforate. **3** bore. *vi* have a puncture.

forbici ('fɔrbitʃi) *nf pl* scissors.

forca ('fɔrka) *nf* **1** pitchfork. **2** gallows.

forchetta (for'ketta) *nf* fork.

forcipe ('fɔrtʃipe) *nm* forceps.

foresta (fo'rɛsta) *nf* forest.

forestiere (fores'tjere) *adj* foreign. *nm* **1** foreigner. **2** stranger.

forfecchia (for'fekkja) *nf* earwig.

forfora ('forfora) *nf* dandruff.

formaggio (for'maddʒo) *nm* cheese.

formale (for'male) *adj* formal. **formalità** *nf* formality.

formare (for'mare) *vt* form, shape. **formare un numero** dial a number. **forma** *nf* 1 form, shape. 2 mould. 3 formality. **formato** *nm* format.

formica (for'mika) *nf* ant.

formicolare (formiko'lare) *vi* 1 swarm, abound. 2 have pins and needles. **formicolio** *nm* pins and needles.

formidabile (formi'dabile) *adj* formidable, tremendous.

formula ('fɔrmula) *nf* formula.

formulare (formu'lare) *vt* formulate, express.

fornace (for'natʃe) *nf* furnace.

fornaio (for'najo) *nm* baker.

fornire (for'nire) *vt* provide, furnish. **fornitore** *nm* supplier.

forno ('forno) *nm* 1 oven. 2 furnace. 3 bakery. **fornello** (for'nello) *nm* 1 ring. 2 bowl (of a pipe). **fornello a gas** gas cooker.

foro[1] ('foro) *nm* hole.

foro[2] ('foro) *nm* forum.

forse ('forse) *adv* perhaps, maybe. **essere in forse** be in doubt.

forsennato (forsen'nato) *adj* mad, insane. *nm* madman.

forte ('fɔrte) *adj* 1 strong, powerful. 2 loud. 3 expert. 4 well-built. *nm* 1 strong point. 2 fort. *adv* 1 strongly. 2 loudly.

fortezza (for'tettsa) *nf* 1 fortitude. 2 fortress.

fortificare (fortifi'kare) *vt* fortify. **fortificazione** *nf* fortification.

fortuito (for'tuito) *adj* chance, accidental

fortuna (for'tuna) *nf* 1 fortune, chance, luck. 2 riches. **per fortuna** luckily. **at-**

terraggio di fortuna *nm* emergency landing. **fortunato** *adj* lucky.

foruncolo (fo'runkolo) *nm* boil.

forza ('fɔrtsa) *nf* 1 strenght. 2 power. 3 force. **a forza di** by dint of. *interj* come on! **forzare** (for'tsare) *vt* force.

foschia (fos'kia) *nf* mist, haze.

fosco ('fosko) *adj* dark, gloomy.

fosfato (fos'fato) *nm* phosphate.

fosforescente (fosforeʃ'ʃente) *adj* phosphorescent.

fossa ('fɔssa) *nf* 1 ditch, trench. 2 pit. 3 grave. **fossetta** *nf* dimple.

fossile ('fɔssile) *nm* fossil.

fosso ('fɔsso) *nm* ditch.

foste ('foste) *v* see **essere**.

fosti ('fosti) *v* see **essere**.

foto ('foto) *nf* photo. **fotocopia** (fo-to'kɔpja) *nf* photocopy. **fotomodella** (fotomo'della) *nf* model.

fotogenico (foto'dʒeniko) *adj* photogenic.

fotografare (fotogra'fare) *vt* photograph. **fotografia** *nf* photograph. **fotografico** (foto'grafiko) *adj* photographic. **fotografo** (fo'tɔgrafo) *nm* photographer.

fra (fra) *prep* 1 between, among. 2 in, whitin. **fra poco** soon.

frac (frak) *nm invar* evening dress.

fracassare (frakas'sare) *vt* smash, break. **fracasso** *nm* 1 crash, din. 2 commotion. 3 crowd.

fradicio ('fraditʃo) *adj* 1 soaked, drenched. 2 rotten. **ubriaco fradicio** blind drunk.

fragile ('fradʒile) *adj* fragile. **fragilità** *nf* fragility.

fragola ('fragola) *nf* 1 strawberry. 2

strawberry plant.

fragore (fra'gore) *nm* crash, roar.

fragrante (fra'grante) *adj* fragrant.

fragranza (fra'grantsa) *nf* fragrance, scent.

fraintendere* (frain'tɛndere) *vi* misunderstand.

frammassone (frammas'sone) *nm* freemason. **frammassoneria** *nf* freemasonry.

frammento (fram'mento) *nm* fragment.

frammettere* (fram'mettere) *vt* insert. **frammettersi** *vr* interfere.

frana ('frana) *nf* landslide.

Francia ('frantʃa) *nf* France. **francese** (fran'tʃeze) *adj* French. *nm* 1 Frenchman. 2 French (language).

franchezza (fran'kettsa) *nf* 1 frankness. 2 boldness.

franco[1] ('franko) *adj* 1 free. 2 frank, sincere.

franco[2] ('franko) *nm* franc. **francobollo** (franko'bollo) *nm* postage stamp.

frangere* ('frandʒere) *vt* 1 break. 2 crush.

frangia ('frandʒa) *nf* fringe.

frantumare (frantu'mare) *vt* smash, shatter. **frantume** *nm* fragment.

frapporre* (frap'porre) *vt* insert. **frapporsi** *vr* intervene.

frase ('fraze) *nf* 1 phrase. 2 sentence.

frassino ('frassino) *nm* ash tree.

frastuono (fras'twɔno) *nm* hubbub, din.

frate ('frate) *nm* friar, brother.

fratello (fra'tɛllo) *nm* brother.

fraterno (fra'tɛrno) *adj* fraternal.

frattaglie (frat'taʎʎe) *nf pl* giblets.

frattanto (frat'tanto) *adv* meanwhile.

frattempo (frat'tempo) **nel frattempo** *adv* in the meantime.

fratturare (frattu'rare) *vt* fracture. **frattura** *nf* fracture.

frazione (frat'tsjone) *nf* fraction.

freccia ('frettʃa) *nf* arrow

freddo ('freddo) *adj* 1 cold, cool. 2 indifferent. *nm* cold. **freddezza** (fre'dettsa) *nf* 1 coldness, coolness. 2 indifference

fregare (fre'gare) *vt* 1 rub, polish. 2 *inf* cheat, swindle. **(io) me ne frego** I don't give a damn.

fregio ('fredʒo) *nm* 1 frieze. 2 decoration.

fremere ('fremere) *vi* 1 tremble, shake. 2 rage.

fremito ('fremito) *nm* 1 roar. 2 tremor.

frenare (fre'nare) *vt* restrain. *vi* brake.

freno ('freno) *nm* 1 horse's bit. 2 brake.

frequentare (frekwen'tare) *vt* 1 frequent. 2 attend. **frequente** *adj* frequent. **frequenza** (fre'kwɛntsa) *nf* frequency.

fresco ('fresko) *adj* 1 fresh. 2 cool. **freschezza** (fres'kettsa) *nf* freshness.

fretta ('fretta) *nf* hurry. **avere fretta** be in a hurry. **in fretta** hurriedly.

friggere* (fri'ddʒere) *vt, vi* fry.

frigido ('fridʒido) *adj* frigid.

frigo ('frigo) *nm* fridge.

frigorifero (frigo'rifero) *nm* refrigerator.

fringuello (frin'gwɛllo) *nm* chaffinch.

frissi ('frissi) *v* see **friggere**.

frittata (frit'tata) *nf* omelette.

fritto ('fritto) *v* see **friggere**. *adj* fried.

frivolo ('frivolo) *adj* frivolous.

frizione (frit'tsjone) *nf* friction.

frizzare (frid'dzare) *vi* 1 sting. 2 fizz, sparkle. **frizzante** *adj* sparkling.

frodare (fro'dare) *vt* defraud, cheat. **frode** ('frɔde) *nf* fraud.

fronda ('fronda) *nf* branch.

fronte ('fronte) *nf* 1 forehead. 2 front. **di fronte a** opposite.

fronteggiare (fronted'dʒare) *vt* confront.

frontiera (fron'tjɛra) *nf* border, frontier.

frottola ('frɔttola) *nf* 1 fib. 2 *pl* nonsense.

frugale (fru'gale) *adj* meagre, frugal.

frugare (fru'gare) *vt* search. *vi* rummage.

frullare (frul'lare) *vi* spin. *vt* whip, beat. **frullatore** *nm* whisk. **frullino** *nm* eggwhisk.

frumento (fru'mento) *nm* wheat.

frusciare (fruʃ'ʃare) *vi* rustle. **fruscio** *nm* rustle.

frustare (frus'tare) *vt* wip. **frusta** *nf* whip.

frustrazione (frustra'tsjone) *nf* frustration.

frutto ('frutto) *nm, pl* **frutti 1** fruit (on the tree). 2 gain, reward. **frutta** *nf* fruit (on the table). **frutteto** *nm* orchard. **frutti di mare** *nm pl* seafood. **fruttivendolo** (frutti'vendolo) *nm* fruiterer.

fu (fu) *v see* **essere**. *adj* deceased, late.

fucilare (futʃi'lare) *vt* shoot. **fucile** *nm* rifle.

fucina (fu'tʃina) *nf* forge.

fucsia ('fuksja) *nf* fuchsia.

fuga ('fuga) *nf* 1 flight, escape. 2 leak. **fugace** *adj* fleeting.

fuggire (fud'dʒire) *vi* flee, run away. *vt* avoid. **fuggiasco** *nm* fugitive.

fui ('fui) *v see* **essere**.

fuliggine (fi'liddʒine) *nf* soot.

fulminare (fulmi'nare) *vt* 1 strike down. 2 electrocute. *vi* flash (lightning), lighten. **fulmine** ('fulmine) *nm* flash of lightning, thunderbolt.

fumare (fu'mare) *vt,vi* smoke. **fumaiolo** (fuma'jɔlo) *nm* 1 chimneypot. 2 funnel.

fumatore *nm* smoker. **fumetto** *nm* strip cartoon. **fumo** *nm* 1 smoke. 2 vapour.

fummo ('fummo) *v see* **essere**.

funambolo (fu'nambolo) *nm* tightrope walker.

fune ('fune) *nf* rope. **funicolare** *nf* funicular railway. **funivia** *nf* cable car.

funebre ('funebre) *adj* funereal, gloomy. **pompe funebri** *nf* funeral service.

funerale (fune'rale) *nm* funeral. **funereo** (fu'nereo) *adj* funereal, gloomy.

funesto (fu'nesto) *adj* grievous, distressing.

fungo ('fungo) *nm* 1 fungus. 2 mushroom.

funzionare (funtsjo'nare) *vi* work, function. **funzione** *nf* function.

funzionario (funtsjo'narjo) *nm* civil servant.

fuoco ('fwɔko) *nm* 1 fire. 2 focus. **dare fuoco a** set fire to. **fuoco d'artificio** fire-work.

fuorché (fwor'ke) *conj,prep* except.

fuori ('fwɔri) *prep* beyond, out of. *adv* away, outside, out. **fuoribordo** *nm* outboard motor (boat). **fuorilegge** *nm* outlaw. **fuoruscito** *nm* exile.

furbo ('furbo) *adj* shrewd, cunning. **furberia** *nf* cumming.

furetto (fu'retto) *nm* ferret.

furfante (fur'fante) *nm* rogue, rascal.

furgone (fur'gone) *nm* van.

furia ('furja) *nf* anger, fury. **a furia di** by dint of.

furibondo (furi'bondo) *adj* furious, livid.

furioso (fu'rjoso) *adj* furious, angry.

furono ('furono) *v* see **essere**.

furore (fu'rore) *nm* **1** fury, vehemence. **2** craze.

furtivo (fur'tivo) *adj* furtive.

furto ('furto) *nm* theft.

fusa *fare le fusa*, purr.

fuscello (fuʃ'ʃello) *nm* twig.

fusi ('fuzi) *v* see **fondere**.

fusibile (fu'zibile) *nm* fuse.

fusione (fu'zjone) *nf* fusion.

fuso[1] ('fuzo) *v* see **fondere**.

fuso[2] ('fuzo) *nm* **1** *pl* **fusi** *m* spindle.

fusoliera (fuzo'ljera) *nf* fuselage.

fustagno (fus'taɲɲo) *nm* corduroy.

fusto ('fusto) *nm* **1** stem, stalk. **2** trunk (of tree or body). **3** cask, container.

futile ('futile) *adj* vain, futile. **futilità** *nf* futility.

futuro (fu'turo) *adj,nm* future.

G

gabbare (gab'bare) *vt* **1** trick, swindle. **2** mock.

gabbia ('gabbja) *nf* cage.

gabbiano (gab'bjano) *nm* seagull.

gabella (ga'bɛlla) *nf* tax, duty.

gabinetto (gabi'netto) *nm* **1** study, consulting room. **2** lavatory. **3** *pol* cabinet.

gaffe (gaf) *nf* blunder.

gagliardo (gaʎ'ʎardo) *adj* robust, vigorous.

gaio ('gajo) *adj* **1** gay, merry. **2** bright. **gaiezza** (ga'jettsa) *nf* gaiety.

gala ('gala) *nf* gala.

galantuomo (galan'twɔmo) *nm* gentleman.

galassia (ga'lassja) *nf* galaxy.

galea (ga'lea) *nf* galley.

galeone (gale'one) *nm* galleon.

galera (ga'lɛra) *nf* **1** *naut* galley. **2** prison.

galla ('galla) *nf bot* gall. **a galla** afloat. **stare a galla** float.

galleggiare (galled'dʒare) *vi* float.

galleri (galle'ria) *nf* **1** gallery. **2** tunnel.

Galles ('galles) *nm* Wales. **gallese** (gal'lese) *adj* Welsh *nm* **1** Welshman. **2** Welsh (language).

gallo ('gallo) *nm* cock. **gallina** *nf* hen.

gallone[1] (gal'lone) *nm* **1** braid. **2** *mil* stripe.

gallone[2] (gal'lone) *nm* gallon.

galoppare (galop'pare) *vi* gallop. **galoppo** (ga'lɔppo) *nm* gallop.

galoscia (ga'lɔʃʃa) *nf* galosh, wellington.

galvanizzare (galvanid'dzare) *vt* galvanize.

gamba ('gamba) *nf* leg. **darsela a gambe** take to one's heels. **persona in gamba** *nf* competent person.

gambero ('gambero) *nm* crayfish. **gambero di mare** lobster. **gamberetto** *nm* shrimp.

gambo ('gambo) *nm* stalk, stem.

gamma ('gamma) *nf* range, gamut.

ganascia (ga'naʃʃa) *nf* jaw.

gancio ('gantʃo) *nm* hook.

ganghero (ga'ngero) *nm* hinge. **andare fuori dai gangheri** lose one's self-control.

gara ('gara) *nf* competition, race, match.

garage (ga'raʒ) *nm* garage.

garanzia (garan'tsia) *nf* guarantee. **garantire** *vt* guarantee.

garbare (gar'bare) *vi* please. **garbato** *adj* polite. **garbo** *nm* **1** taste, style. **2** courtesy.

garbuglio (garbu'ʎʎo) *nm* muddle.

gareggiare (gared'dʒare) *vi* compete. **gareggiatore** *nm* competitor.

gargarismo (garga'rizmo) *nm* gargle. **gargarizzare** (gargarid'dzare) *vt* gargle.

garitta (ga'ritta) *nf* sentry-box.

garofano (ga'rɔfano) *nm* carnation. **chiodo di garofano** *nm* clove.

garrire (gar'rire) *vi* **1** twitter, chirp. **2**

(of a flag, etc.) flutter.

garrulo ('garrulo) *adj* talkative.

garza ('gardza) *nf* gauze.

garzone (gar'dzone) *nm* errand boy, helper.

gas (gas) *nm invar* gas.

gasolina (gazo'lina) *nf* gasoline.

gasolio (ga'zɔljo) *nm* diesel fuel.

gassosa (gas'sosa) *nf* fizzy drink.

gastrico ('gastriko) *adj* gastric.

gastronomia (gastrono'mia) *nf* gastronomy.

gatto ('gatto) *nm* cat. **gattino** *nm* kitten. **gattoni** *adv* **1** on all fours. **2** stealthily. **gattopardo** *nm* leopard, tigercat.

gavitello (gavi'tɛllo) *nm* buoy.

gazza ('gaddza) *nf* magpie.

gazzella (gad'dɛlla) *nf* gazelle.

gazzetta (gad'dzetta) *nf* gazette.

gelare (dʒe'lare) *vi,vt* freeze. **gelateria** *nf* ice-cream shop. **gelatina** *nf* jelly. **gelato** *nm* ice-cream. **gelo** ('dʒɛlo) *nm* frost. **gelone** *nm* chilblain.

gelido ('dʒɛlido) *adj* icy, cold.

gelosia[1] (dʒelo'sia) *nf* jealousy, envy.

gelosia[2] (dʒelo'sia) *nf* shutter.

geloso (dʒe'loso) *adj* jealous, envious.

gelsomino (dʒelso'mino) *nm* jasmine.

gemello (dʒe'mɛllo) *adj* twin. *nm* **1** twin. **2** *pl* cuff links. **3** *pl cap* Gemini.

gemere ('dʒemere) *vi* moan, groan.

gemito ('dʒemito) *nm* moan, groan.

gemma ('dʒemma) *nf* **1** gem, precious stone. **2** bud.

gene ('dʒɛne) *nm* gene.

genealogia (dʒenealo'dʒia) *nf* genealogy. **genealogico** (dʒenea'lɔdʒiko) *adj* genealogical. **albero genealogico** *nm* family tree.

generale (dʒene'rale) *adj* general, common. *nm* general. **star sulle generali** speak in general terms.

generalizzare (dʒeneralid'dzare) *vt* spread. *vi* generalize.

generare (dʒene'rare) *vt* produce, generate. **generatore** *nm* generator. **generazione** *nf* generation.

genere ('dʒenere) *nm* **1** type, sort, kind. **2** genre. **3** product. **4** gender. **genere umano** human race. **in genere** generally.

generico (dʒe'nɛriko) *adj* generic.

genero ('dʒɛnero) *nm* son-in-law.

generoso (dʒene'roso) *adj* generous. **generosità** *nf* generosity.

genetica (dʒe'nɛtika) *nf* genetics. **genetico** (dʒe'nɛtiko) *adj* genetic.

gengiva (dʒen'dʒiva) *nf anat* gum.

genio ('dʒɛnjo) *nm* **1** genius. **2** talent. **andare a genio** suit. **geniale** *adj* **1** clever. **2** pleasing.

genitali (dʒeni'tali) *nm pl* genitals.

genitore (dʒeni'tore) *nm* parent.

gennaio (dʒen'naio) *nm* January.

Genova ('dʒɛnova) *nf* Genova.

gente ('dʒɛnte) *nf* people.

gentile (dʒen'tile) *adj* kind, courteous. **Gentile signore** Dear sir. **gentilezza** (dʒenti'lettsa) *nf* **1** kindness. **2** favour.

gentiluomo (dʒenti'lwɔmo) *nm* gentleman.

genuino (dʒenu'ino) *adj* genuine.

genziana (dʒen'tsjana) *nf* gentian.

geografia (dʒeogra'fia) *nf* geography. **geografico** *adj* geographic. **geografo** (dʒe'ɔgrafo) *nm* geographer.

geologia (dʒeolo'dʒia) *nf* geology.

geologico (dʒeo'lɔdʒiko) *adj* geological. **geologo** (dʒe'ɔlogo) *nm* geologist.

geometra (dʒe'ɔmetra) *nm* surveyor.

geometria (dʒeome'tria) *nf* geometry. **geometrico** (dʒeo'metriko) *adj* geometric.

geranio (dʒe'ranjo) *nm* geranium.

gerarchia (dʒerar'kia) *nf* hierarchy.

gerente (dʒe'rente) *nm* director, manager. **gerenza** (dʒe'rentsa) *nf* management.

gergo ('dʒergo) *nm* slang, jargon.

geriatria (dʒerja'tria) *nf* geriatrics. **Germania** (dʒer'manja) *nf* Germany.

germe ('dʒerme) *nm* seed.

germogliare (dʒermoʎ'ʎare) *vi* sprout, bud.

germoglio *nm* shoot, bud.

gesso ('dʒesso) *nm* chalk.

gesticolare (dʒestiko'lare) *vi* gesticulate.

gestire (dʒes'tire) *vt* run, manage. **gestione** *nf* administration.

gesto (dʒesto) *nm* gesture.

Gesù (dʒe'zu) *nm* Jesus.

gesuita (dʒezu'ita) *nm* Jesuit.

gettare (dʒet'tare) *vt* throw, hurl.

getto ('dʒetto) *nm* **1** jet. **2** shoot. **di getto** at a stroke. **primo getto** draft.

gettone (dʒet'tone) *nm* token, counter.

ghermire (ger'mire) *vt* clutch, seize.

ghetto ('getto) *nm* ghetto.

ghiacciaia (gjat'ʃaia) *nf* ice-box. **ghiacciaio** *nm* glacier.

ghiacciare (gjat'ʃare) *vt,vi* freeze.

ghiaccio ('gjattʃo) *nm* ice. **ghiacciolo** (gjat'tʃɔlo) *nm* **1** icicle. **2** ice lolly.

ghiaia ('gjaja) *nf* gravel.

ghianda ('gjanda) *nf* acorn.

ghigliottina (giʎʎot'tina) *nf* guillotine.

ghignare (giɲ'ɲare) *vi* grimace, sneer. **ghigno** *nm* sneer.

ghiotto ('gjotto) *adj* greedy. **ghiottone** *nm* glutton.

ghiribizzo (giri'biddzo) *nm* whim.

ghirlanda (gir'landa) *nf* garland, wreath.

ghiro ('giro) *nm* dormouse.

già (dʒa) *adv* **1** once, formerly. **2** already. **3** yes, indeed.

giacca ('dʒakka) *nf* jacket.

giacché (dʒak'ke) *conj* since.

giacchetta (dʒak'ketta) *nf* jacket.

giaccio ('dʒattʃo) *v* see **giacere**.

giacere* (dʒa'tʃere) *vi* lie.

giacinto (dʒa'tʃinto) *nm* hyacinth.

giacqui ('dʒakkwi) *v* see **giacere**.

giada ('dʒada) *nf* jade.

giaggiolo (dʒad'dʒɔlo) *nm bot* iris.

giaguaro (dʒa'gwaro) *nm* jaguar.

giallo ('dʒallo) *adj* **1** yellow. **2** detective. **romanzo giallo** *nm* thriller. *~nm* **1** yellow. **2** yolk (of an egg).

giammai (dʒam'mai) *adv* never.

Giappone (dʒap'pone) *nm* Japan. **giapponese** (dʒappo'nese) *adj,n* Japanese. *nm* Japanese (language).

giardino (dʒar'dino) *nm* garden. **giardino d'infanzia** kindergarten. **giardino pubblico** park. **giardino zoologico** zoo. **giardinaggio** (dʒardi'naddʒo) *nm* gardening. **giardinetta** *nf* estate car. **giardiniere** (dʒardi'njere) *nm* gardener.

giarrettiera (dʒarret'tjera) *nf* **1** garter. **2** suspender.

giavellotto (dʒavel'lotto) *nm* javelin.

gibboso (dʒib'boso) *adj* humped.

gigante (dʒi'gante) *nm* giant. *adj* huge. **gigantesco** *adj* gigantic.

giglio ('dʒiʎʎo) nm lily.

gilè (dʒi'lɛ) nm waistcoat.

gin (dʒin) nm gin.

ginecologo (dʒine'kɔlogo) nm gynaecologist. **ginecologia** nf gynaecology.

ginepro (dʒi'nepro) nm juniper.

ginestra (dʒi'nestra) nf bot broom.

Ginevra (dʒi'nevra) nf Geneva.

gingillarsi (dʒindʒil'larsi) vr loiter, dawdle. **gingillo** nm plaything.

ginnasio (dʒin'nazjo) nm 1 secondary school. 2 gymnasium. **ginnasta** nm gymnast. **ginnastica** (dʒin'nastika) nf gymnastics. **ginnastico** adj gymnastic.

ginocchio (dʒi'nɔkkjo) nm knee.

giocare (dʒo'kare) vi,vt play. vi gamble. **giocatore** nm player. **giocattolo** (dʒo'kattolo) nm toy. **gioco** ('dʒɔko) nm game. **giocoso** adj playful.

giogo ('dʒogo) nm yoke.

gioia[1] ('dʒɔja) nf joy. **gioioso** (dʒo'joso) adj joyful.

gioia[2] ('dʒɔja) nf precious stone. **gioielliere** (dʒojel'ljɛre) nm jeweller. **gioiello** (dʒo'jɛllo) nm jewel.

gioire (dʒo'ire) vi rejoice.

giornalaio (dʒorna'lajo) nm newsagent.

giornale (dʒor'nale) nm 1 newspaper. 2 journal. **giornalismo** nm journalism. **giornalista** nm journalist, reporter.

giorno ('dʒorno) nm day, daytime. **a giorni** sometimes. **al giorno d'oggi** nowadays. **di giorno** by day. **due volte al giorno** twice daily. **giornata** nf 1 day. 2 day's pay.

giostra ('dʒɔstra) nf merry-go-round.

giovane ('dʒovane) adj 1 young. 2 new. nm young man, youth. nf young girl. **giovanile** adj youthful. **giovanotto** (dʒova'nɔtto) nm youth.

giovare* (dʒo'vare) vi be of use. vt aid. **giovarsi di** vr make use of.

Giove ('dʒove) nm Jupiter (planet).

giovedì (dʒove'di) nm Thursday.

gioventù (dʒoven'tu) nf youth.

gioviale (dʒo'vjale) adj jovial.

giraffa (dʒi'raffa) nf giraffe.

girandolare (dʒirando'lare) vi wander.

girare (dʒi'rare) vt 1 turn, spin. 2 go round. 3 travel round. 4 shoot (film). vi 1 spin, revolve. 2 wander. 3 turn, veer. **mi gira la testa** my head is spinning. **giradischi** nm invar record-player. **giramondo** nm globetrotter. **girarrosto** (dʒirar'rosto) nm cul spit. **girasole** nm sunflower. **girata** nf 1 turn, twist. 2 stroll. **giro** nm 1 turn. 2 stroll. 3 circle, ring. 4 circulation. 5 circuit. **in giro** around. **prendere in giro** make fun of.

girino (dʒi'rino) nm tadpole.

gironzolare (dʒirondzo'lare) vi roam.

girovagare (dʒirova'gare) vi wander.

gita ('dʒita) nf excursion.

giù (dʒu) adv down. **in giù** downwards. **su per giù** thereabouts.

giubba ('dʒubba) nf jacket. **giubbotto** (dʒub'bɔtto) nm jerkin.

giubilare (dʒubi'lare) vi rejoice. vt pension off.

giudicare (dʒudi'kare) vt judge.

giudice ('dʒeuditʃe) nm judge. **giudice popolare** juror.

giudizio (dʒu'dittsjo) nm 1 judgment. 2 opinion. 3 common sense.

giugno ('dʒuɲɲo) nm June.

giulivo (dʒu'livo) *adj* joyful.

giullare (dʒul'lare) *nm* jester.

giunco (dʒunko) *nm* rush, reed.

giungere* ('dʒundʒere) *vi* arrive. *vt* join. giungere a reach.

giungla ('dʒungla) *nf* jungle.

giunsi ('dʒunsi) *v* see giungere.

giunta ('dʒunta) *nf* 1 addition. 2 town council. 3 junta.

giunto ('dʒunto) *v* see giungere.

giurare (dʒu'rare) *vi,vt* swear. giuramento *nm* oath.

giuria (dʒu'ria) *nf* jury. giurato *nm* juror.

giurisdizione (dʒurizdit'tsjone) *nf* jurisdiction.

giustificare (dʒustifi'kare) *vt* justify. giustificazione *nf* justification.

giustizia (dʒus'tittsja) *nf* justice.

giusto ('dʒusto) *adj* 1 just, right, fair. 2 correct, right. *adv* exactly.

glaciale (gla'tʃale) *adj* glacial, icy.

glandola ('glandola) *nf* gland.

gli¹ (ʎi) *def art, m pl* the.

gli² (ʎi) *pron* 1 *3rd pers ms* to him *or* it. 2 *3rd pers m,f pl* them.

glicerina (glitʃe'rina) *nf* glycerine.

glicine (glitʃine) *nm* wisteria.

globo ('globo) *nm* globe, sphere. globale *adj* global.

gloria ('glɔrja) *nf* glory. glorioso (glo'rjoso) *adj* glorious.

glorificare (glorifi'kare) *vt* glorify.

glucosio (glu'kɔzjo) *nm* glucose.

gnocco ('ɲokko) *nm* 1 small ball of pasta *or* flour. 2 lump.

gnomo ('ɲomo) *nm* gnome.

gobba ('gɔbba) *nf* hump. gobbo ('gɔbbo) *nm* hunchback, *adj* humped.

gocciolare (gottʃo'lare) *vt,vi* drip. goccia *nf* drop, drip. gocciola ('gottʃola) *nf* drop.

godere (go'dere) *vt* enjoy. *vi* 1 rejoice. 2 benefit. godimento *nm* enjoyment.

goffo ('gɔffo) *adj* clumsy, awkward.

gol (gɔl) *nm invar* goal.

gola ('gola) *nf* throat.

golf (gɔlf) *nm invar* 1 golf. 2 sweater.

golfo ('golfo) *nm* gulf.

goloso (go'loso) *adj* greedy, avaricious. golosità *nf* greed.

golpe ('golpe) *nf* right-wing coup.

gomito ('gomito) *nm* elbow. gomitata *nf* nudge.

gomitolo (go'mitolo) *nm* ball of thread.

gomma ('gomma) *nf* 1 gum. 2 rubber. 3 tyre.

gondola ('gondola) *nf* gondola. gondoliere (gondo'ljere) *nm* gondolier.

gonfalone (gonfa'lone) *nm* banner.

gonfiare (gon'fjare) *vt* blow up, inflate. *vi* swell. gonfiarsi *vr* swell.

gonfio ('gonfjo) *adj* swollen. gonfiore *nm* swelling.

gong (gɔŋ) *nm invar* gong.

gonna ('gonna) *nf* skirt.

gonzo ('gondzo) *nm* simpleton.

gorgheggiare (gorged'dʒare) *vi,vt* warble, trill. gorgheggio *nm* trill.

gorgo ('gorgo) *nm* whirlpool.

gorgogliare (gorgoʎ'ʎare) *vi* gurgle.

gorilla (go'rilla) *nm invar* gorilla.

gotta ('gɔtta) *nf* gout.

governante (gover'nante) *nf* governess.

governare (gover'nare) *vt* govern. governatore *nm* governor. governo (go'vɛrno) *nm* government.

gracchiare (grak'kjare) *vi* croak.

gracidare (gratʃi'dare) *vi* croak, cackle.

gracile ('gratʃile) *adj* frail, delicate.

gradasso (gra'dasso) *nm* boaster.

gradino (gra'dino) *nm* step, stair.

gradire (gra'dire) *vt* **1** accept. **2** wish, like. *v imp* please. **gradevole** (gra'devole) *adj* pleasing.

grado ('grado) *nm* **1** degree. **2** grade, rank, position. **essere in grado di** be in a position to. **graduale** *adj* gradual.

graffiare (graf'fjare) *vt* scratch. **graffiatura** *nf* scratch. **graffio** ('graffjo) *nm* scratch.

grafico ('grafiko) *adj* graphic. *nm* graph.

grammatica (gram'matika) *nf* grammar.

grammo ('grammo) *nm* gramme.

grammofono (gram'mɔfono) *nm* gramophone.

granaglie (gra'naʎʎe) *nf pl* grain.

granaio (gra'najo) *nm* granary.

granata (gra'nata) *nf* **1** brush, broom. **2** *mil* shell.

Gran Bretagna *nf* Great Britain.

granchio ('krankjo) *nm* **1** crab. **2** mistake.

grande ('grande) *adj* **1** big, tall. **2** great. *nm,f* adult. **grandezza** (gran'dettsa) *nf* **1** size. **2** greatness.

grandeggiare (granded'dʒare) *vi* stand out.

grandinare (grandi'nare) *vi* hail. **grandine** ('grandine) *nf* hail. **chicco di grandine** *nm* hailstone.

grandioso (gran'djoso) *adj* grandiose.

granduca (gran'duka) *nm* gran duke.

granito (gra'nito) *nm* granite.

grano ('grano) *nm* **1** wheat. **2** grain.

granello (gra'nello) *nm* grain, seed.

granturco (gran'turko) *nm* maize.

granulo ('granulo) *nm* granule.

grappolo ('grappolo) *nm* bunch.

grasso ('grasso) *adj* **1** fat. **2** greasy. **grassezza** (gras'settsa) *nf* fatness.

grata ('grata) *nf* grating. **gratella** (gra'tɛlla) *nf* grill.

graticola (gra'tikola) *nf* grill.

gratis ('gratis) *adv* free of charge, free.

gratitudine (grati'tudine) *nf* gratitude.

grato ('grato) *adj* **1** grateful. **2** pleasing.

grattare (grat'tare) *vt* **1** scratch. **2** grate. **grattacielo** (gratta'tʃɛlo) *nm* skyscraper.

grattugiare (grattu'dʒare) *vt* grate. **grattugia** *nf* grater.

gratuito (gra'tuito) *adj* free.

gravare (gra'vare) *vt* oppress, burden.

grave ('grave) *adj* **1** heavy. **2** serious, grave, solemn. **gravità** *nf* gravity.

gravido ('gravido) *adj* **1** pregnant. **2** laden. **gravidanza** (gravi'dantsa) *nf* pregnancy.

grazia ('grattsja) *nf* **1** grace, charm. **2** favour, goodwill. **3** mercy, pardon. **4** *pl* thanks. **grazioso** (grat'tsjoso) *adj* gracious, charming.

Grecia ('gretʃa) *nf* Greece. **greco** ('greko) *pl* **greci** *adj,n* Greek. *nm* Greek (language).

gregge ('greddʒe) *nm pl* **greggi** *f* flock.

greggio ('greddʒo) *adj* raw, coarse.

grembiule (grem'bjule) *nm* apron.

grembo ('grembo) *nm* lap.

gremire (gre'mire) *vt* cram. **gremirsi** *vr* fill up. **gremito** *adj* crammed.

gretto ('gretto) *adj* **1** mean, stingy. **2** petty.

gridare (gri'dare) *vt,vi* shout, cry. **grida** *nf* proclamation. **grido** *nm* **1** pl grida *f* shout, cry. **2** pl **gridi** *m* cry (of an animal). **di grido** famous.

grigio ('gridʒo) *adj,nm* grey.

griglia (gri'λλa) *nf* grill.

grilletto (gril'letto) *nm* trigger.

grillo ('grillo) *nm* **1** *zool* cricket. **2** whim.

grinza ('grintsa) *nf* **1** crease. **2** wrinkle.

grippe (grippe) *nm* influenza.

grissino (gris'sino) *nm* breadstick.

grondare (gron'dare) *vi* **1** drip. **2** pour. **gronda** *nf* eaves. **grondaia** *nf* gutter.

groppa ('grɔppa) *nf* **1** back. **2** rump.

grossa ('grɔssa) *nf* gross.

grosso ('grɔsso) *adj* **1** big. **2** coarse, rough. **pezzo grosso** *nm* important person. **grossezza** (gros'settsa) *nf* **1** size. **2** thickness. **grossolano** *adj* rough, coarse.

grotta ('grɔtta) *nf* cave.

grottesco (grot'tesko) *adj* grottesque.

groviglio (go'viλλo) *nm* tangle.

gru (gru) *nf invar* **1** *zool* crane. **2** mechanical crane.

gruccia ('gruttʃa) *nf* **1** crutch. **2** coathanger.

grugnire (grun'nire) *vi* grunt. **grugnito** *nm* grunt.

grugno ('grunno) *nm* snout.

grullo ('grullo) *adj* silly.

grumo ('grumo) *nm* clot (of blood, etc.).

gruppo ('gruppo) *nm* group.

gruviera (gru'vjera) *nm* Gruyère.

guadagnare (gwadan'nare) *vt* **1** earn.

2 gain. **3** reach. **4** win. **guadagno** *nm* **1** gain. **2** earnings.

guado ('gwado) *nm* ford.

guaina (gwa'ina) *nf* sheath.

guaio ('gwajo) *nm* mishap, trouble.

guaire (gwa'ire) *vi* howl, whine. **guaito** *nm* whine.

guancia ('gwantʃa) *nf anat* cheek. **guanciale** *nm* pillow.

guanto ('gwanto) *nm* glove.

guardare (gwar'dare) *vt* **1** look at. **2** look after, watch, protect. **3** examine. *vi* **1** look. **2** take care, pay attention. **guardarsi** *vr* **1** look at oneself. **2** look at one another. **3** beware. **guardacaccia** *nm* gamekeeper. **guardacoste** (gwarda'kɔste) *nm* coastguard. **guardaroba** (gwarda'rɔba) *nm invar.* **1** wardrobe. **2** cloakroom. **guardata** *nf* glance.

guardia ('gwardja) *nf* guard. **guardia del corpo** bodyguard. **guardiano** *nm* guardian, keeper.

guardingo (gwar'dingo) *adj* cautious.

guarire (gwa'rire) *vi* recover, get well. *vt* cure, heal.

guarnigione (gwarni'dʒone) *nf* garrison.

guarnire (gwar'nire) *vt* **1** equip, furnish. **2** trim, decorate. **guarnizione** *nf* **1** decoration. **2** *cul* garnish.

guastare (gwas'tare) *vt* spoil, destroy, ruin. **guastarsi** *vr* go bad. **guastafeste** (gwasta'feste) *nm* spoilsport. **guasto** *adj* spoilt, damaged. *nm* **1** damage. **2** fault.

guazza ('gwattsa) *nf* dew.

guazzabuglio (gwattsa'buλλo) *nm* hotchpotch.

guazzare (gwat'tsare) *vi* splash. **guaz-**

zo nm **1** puddle. **2** pool. **3** gouache.

guercio ('gwertʃo) adj crosseyed.

guerra ('gwɛrra) nf war. **guerriero** (gwer'rjero) nm warrior.

guerreggiare (gwerred'dʒare) vi wage war.

guerresco (gwer'resko) adj warlike.

guerriglia (gwer'riʎʎa) nf guerrilla warfare. **guerrigliere** (gwerriʎ'ʎɛre) nm guerrilla.

gufo ('gufo) nm owl.

guglia ('guʎʎa) nf spire.

guidare (gwi'dare) vt **1** guide. **2** drive, pilot. **guida** nf **1** guidance. **2** guide. **3** guidebook, guide. **lezione di guida** nf driving lesson. **scuola guida** nf school of motoring.

guinzaglio (gwin'tsaʎʎo) nm leash.

guisa ('gwiza) nf manner, way. **a guisa di** like.

guizzare (gwit'tsare) vi **1** flash. **2** dart. **3** wriggle. **4** flicker.

guscio ('guʃʃo) nm shell.

gustare (gus'tare) vt **1** taste. **2** enjoy. **3** try, sample. **gusto** nm **1** taste. **2** pleasure. **3** good taste. **gustoso** (gus'toso) adj agreeable.

gutturale (guttu'rale) adj guttural.

H

ha (a) v see **avere**.

hai ('ai) v see **avere**.

hamburger (am'burger) nm beefburger.

hanno ('anno) v see **avere**.

hascisc (aʃ'ʃiʃ) nm invar hashish.

ho (ɔ) v see **avere**.

hockey ('hɔki) nm hockey.

I

i (i) *def art, m pl* the.

iarda ('jarda) *nf* yard (measurement).

iattanza (jat'tantsa) *nf* arrogance.

ibernazione (ibernat'tsjone) *nf* hibernation.

ibrido ('ibrido) *adj,nm* hybrid.

icona (i'kona) *nf* icon.

Iddio (id'dio) *nm* God.

idea (i'dɛa) *nf* **1** idea. **2** opinion. **cambiare idea** change one's mind. **ideale** *adj,nm* ideal. **idealista** *nm* idealist. **idealizzare** (idealid'dzare) *vt* idealize.

idem ('idem) *adv* the same.

identico (i'dɛntiko) *adj* identical.

identificare (identifi'kare) *vt* identify. **identificazione** *nf* identification.

identità (identi'ta) *nf* identity.

ideologia (ideolo'dʒia) *nf* ideology.

idillio (i'dilljo) *nm* idyll. **idillico** (i'dilliko) *adj also* **idilliaco** (idil'liako) idyllic.

idioma (i'djoma) *nm* **1** language. **2** dialect. **idiomatico** (idjo'matiko) *adj* idiomatic.

idiota (i'djɔta) *nm* idiot. *adj* idiotic.

idiotismo (idjo'tizmo) *nm* idiom.

idolo ('idolo) *nm* idol.

idoneo (i'dɔneo) *adj* suitable, fit.

idraulico (i'drauliko) *adj* hydraulic. *nm* plumber.

idroelettrico (idroe'lɛttriko) *adj* hydro-electric.

idrogeno (i'drɔdʒeno) *nm* hydrogen.

idroplano (idro'plano) *nm* hydroplane.

idrosci (idroʃ'ʃi) *nm* waterskiing.

idrovolante (idrovo'lante) *nm* seaplane.

iena ('jɛna) *nf* hyena.

ieri ('jeri) *adv* yesterday. **ieri l'altro** the day before yesterday.

igiene (i'dʒene) *nf* hygiene. **igienico** (i'dʒeniko) *adj* hygienic. **carta igienica** *nf* toilet-paper.

iglù (i'glu) *nm* igloo.

ignaro (iɲ'ɲaro) *adj* ignorant, unaware.

ignominia (iɲɲo'minja) *nf* **1** ignominy. **2** shameful deed.

ignorare (iɲɲo'rare) *vt* **1** not to know, be unaware of. **2** ignore. **ignorante** *adj* ignorant. *nm* ignoramus. **ignoranza** (iɲɲo'rantsa) *nf* ignorance.

ignoto (iɲ'ɲɔto) *adj* unknown.

ignudo (iɲ'ɲudo) *adj* naked.

il (il) *def art, ms* the.

ilare ('ilare) *adj* cheerful. **ilarità** *nf* hilarity.

illecito (il'letʃito) *adj* illicit.

illegale (ille'gale) *adj* illegal.

illeggibile (illed'dʒibile) *adj* illegible.

illegittimo (ille'dʒittimo) *adj* illegitimate.

illeso (il'lezo) *adj* unhurt.

illimitato (illimi'tato) *adj* unlimited.

illogico (il'lɔdʒiko) *adj* illogical.

illudere* (il'ludere) *vt* deceive, delude.

illuminare (illumi'nare) *vt* **1** illuminate, light up. **2** enlighten. **illuminare a giorno** floodlight. **illuminazione** *nf* lighting.

illusione (illu'zjone) *nf* illusion.

illusorio (illu'zɔrjo) *adj* deceptive.

illustrare (illus'trare) *vt* illustrate. **illustrazione** *nf* illustration.

illustre (il'lustre) *adj* famous, renowned.

imbacuccare (imbakuk'kare) *vt* muffle up. **imbacuccarsi** *vr* wrap oneself up.

imballaggio (imbal'laddʒo) *nm* packing. **carta d'imballaggio** *nf* brown paper, wrapping paper.

imballare (imbal'lare) *vt* pack.

imbalsamare (imbalsa'mare) *vt* embalm.

imbarazzare (imbarat'tsare) *vt* **1** impede. **2** embarrass. **imbarazzante** *adj* embarrassing. **imbarazzato** *adj* **1** embarrassed. **2** perplexed. **imbarazzo** *nm* **1** obstacle. **2** embarrassment.

imbarcare (imbar'kare) *vt* take on board. **imbarcarsi** *vr* embark. **imbarcadero** (imbarka'dɛro) *nm* landing stage.

imbastire (imbas'tire) *vt* **1** (sewing) tack. **2** rough out.

imbattersi (im'battersi) *vr* come across by change, bump into.

imbattibile (imbat'tibile) *adj* unbeatable.

imbavagliare (imbavaʎ'ʎare) *vt* gag.

imbecille (imbe'tʃille) *adj,nm* imbecile.

imbellettare (imbellet'tare) *vt* **1** make up. **2** embellish. **imbellettarsi** *vr* put on make-up.

imbellire (imbel'lire) *vt* adorn. *vi* improve in looks.

imbiancare (imbjan'kare) *vt* **1** whiten. **2** whitewash. *vi* turn white.

imboccare (imbok'kare) *vt* **1** feed. **2** suggest. **3** enter. **imboccatura** *nf* opening, entrance.

imboscata (imbos'kata) *nf* ambush.

imbottigliare (imbottiʎ'ʎare) *vt* bottle.

imbottire (imbot'tire) *vt* **1** stuff. **2** pad. **imbottito** *adj* stuffed. **panino imbottito** *nm* sandwich.

imbrattare (imbrat'tare) *vt* dirty.

imbrigliare (imbriʎ'ʎare) *vt* bridle.

imbrogliare (imbroʎ'ʎare) *vt* **1** confuse, muddle. **2** cheat. **imbrogliarsi** *vr* become involved. **imbroglio** *nm* **1** tangle, muddle. **2** trick, swindle.

imbronciarsi (imbron'tʃarsi) *vr* sulk.

imbrunire (imbru'nire) *vi* darken, grow dark. **sull'imbrunire** towards dusk.

imbruttire (imbrut'tire) *vt* make ugle. *vi* become ugly. **imbruttirsi** *vr* become ugly.

imbucare (imbu'kare) *vt* post.

imburrare (imbur'rare) *vt* butter.

imbuto (im'buto) *nm* funnel.

imitare (imi'tare) *vt* imitate. **imitazione** *nf* imitation.

immagazzinare (immagaddzi'nare) *vt* store.

immaginare (immadʒi'nare) *vt* **1** imagine. **2** suppose. **immaginazione** *nf* imagination. **immagine** (im'madʒine) *nf* **1** image. **2** figure.

immangiabile (imman'dʒabile) *adj* uneatable.

immatricolarsi (immatriko'larsi) *vr*
1 enrol. **2** *edu* matriculate.

immaturo (imma'turo) *adj* immature.
immaturità *nf* immaturity.

immedesimarsi (immedezi'marsi) *vr*
identify oneself.

immediato (imme'djato) *adj* immediate.

immemorabile (immemo'rabile) *adj*
immemorial.

immenso (im'mɛnso) *adj* huge, immense.

immergere* (im'mɛrdʒere) *vt* **1** immerse. **2** plunge. **3** dip. **immersione**
nf immersion.

immeritato (immeri'tato) *adj* undeserved.

immigrare (immi'grare) *vi* immigrate.
immigrante *adj,n* immigrant. **immigrazione** *nf* immigration.

imminente (immi'nɛnte) *adj* imminent.

immischiare (immis'kjare) *vt* involve.
immischiarsi *vr* interfere.

immobile (im'mɔbile) *adj* still, motionless. **beni immobili** *nm pl* real estate.

immobiliare (immobi'ljare) *adj* immovable. **società immobiliare** *nf*
building society.

immobilizzare (immobilid'dzare) *vt*
immobilize.

immoderato (immode'rato) *adj* excessive.

immondo (im'mondo) *adj* **1** filthy,
foul. **2** unclean. **immondizia** (immon'dittsja) *nf* **1** filth. **2** *pl* rubbish, refuse.

immorale (immo'rale) *adj* immoral.

immortale (immor'tale) *adj* immortal.
immortalità *nf* immortality.

immune (im'mune) *adj* **1** immune. **2**
free. **immunità** *nf* immunity. **immunizzare** *vt* immunize.

immutabile (immu'tabile) *adj* unchangeable.

impaccare (impak'kare) *vt* pack. **impacco** *nm* compress.

impacchettare (impakket'tare) *vt*
parcel.

impacciare (impat'tʃare) *vt* **1** hinder,
impede. **2** trouble. **impacciarsi** *vr*
meddle. **impaccio** *nm* hindrance.

impadronirsi (impadro'nirsi) *vr* **1**
seize. **2** take possession. **3** master.

impagliare (impaʎ'ʎare) *vt* stuff.

impalcatura (ipalka'tura) *nf* scaffolding, frame.

impallidire (impalli'dire) *vi* turn pale.

impanare (impa'nare) *vt* dip in breadcrumbs.

imparare (impa'rare) *vt* learn.

impareggiabile (impared'dʒabile) *adj*
incomparable.

impari ('impari) *adj invar* **1** unequal. **2**
uneven.

impartire (impar'tire) *vt* impart.

imparziale (impar'tsjale) *adj* impartial. **imparzialità** *nf* impartiality, fairness.

impassibile (impas'sibile) *adj* impassive.

impastare (impas'tare) *vt* **1** knead.
2 paste. **impasto** *nm* mixture.

impaurire (impau'rire) *vt* frighten. **impaurirsi** *vr* become frightened.

impazientirsi (impattsjen'tirsi) *vr* lose one's patience. **impaziente** *adj* impatient. **impazienza** (impa'tsjentsa) *nf* impatience.

impazzire (impat'tsire) *vi* go mad.

impeccabile (impek'kabile) *adj* impeccable.

impedire (impe'dire) *vt* **1** prevent. **2** hinder, obstruct. **impedimento** *nm* **1** obstacle. **2** hindrance.

impegnare (impeɲ'ɲare) *vt* **1** pawn. **2** pledge. **3** occupy. **4** oblige. **5** book, reserve. **impegnarsi** *vr* promise. **impegnativo** *adj* **1** binding. **2** exacting. **impegno** *nm* **1** obligation. **2** engagement. **3** attention.

impenetrabile (impene'trabile) *adj* impenetrable.

impenitente (impeni'tente) *adj* impenitent.

impennarsi (impen'narsi) *vr* **1** (of a horse) rear. **2** become annoyed.

imperativo (impera'tivo) *adj* imperative.

imperatore (impera'tore) *nm* emperor. **imperatrice** *nf* empress.

impercettibile (impertʃet'tibile) *adj* imperceptible.

imperdonabile (imperdo'nabile) *adj* unpardonable.

imperfetto (imper'fetto) *adj* **1** imperfect. **2** incomplete. **imperfezione** (imperfet'tsjone) *nf* imperfection.

imperioso (impe'rjoso) *adj* **1** imperious. **2** compelling.

impermalirsi (imperma'lirsi) *vr* take offence.

impermeabile (imperme'abile) *adj* **1** waterproof. **2** airtight. *nm* raincoat.

imperniare (imper'njare) *vt* **1** pivot. **2** base.

impero (im'pɛro) *nm* empire. **imperiale** *adj* imperial.

imperscrutabile (imperskru'tabile) *adj* inscrutable.

impersonale (imperso'nale) *adj* impersonal.

impersonare (imperso'nare) *vt* **1** personify. **2** play the role of.

imperterrito (imper'territo) *adj* intrepid, fearless.

impertinente (imperti'nente) *adj* impertinent. **impertinenza** (imperti'nentsa) *nf* impertinence.

imperturbabile (impertur'babile) *adj* imperturbable.

imperturbato (impertur'bato) *adj* unperturbed.

impeto ('impeto) *nm* impetus. **impetuoso** (impetu'oso) *adj* impetuous. **impetuosità** *nf* impetuosity.

impiantare (impjan'tare) *vt* **1** install. **2** establish.

impiantito (impjan'tito) *nm* floor. **impianto** *nm* **1** installation, fitting. **2** *tech* plant. **impianto stereofonico** *nm* music centre.

impiastrare (impjas'trare) *vt* smear. **impiastro** *nm* **1** poultice. **2** nuisance.

impiccare (impik'kare) *vt* hang.

impicciare (impit'tʃare) *vt* impede, hinder. **impicciarsi** *vr* interfere, meddle. **impiccio** *nm* **1** hindrance. **2** mess.

impiegare (impje'gare) *vt* **1** use, employ. **2** spend. **3** invest. **impiegato** *nm* **1** employee. **2** clerk. **impiego** (im'pjego) *nm* job, employment.

impiombare (impjom'bare) *vt* fill (a tooth). **impiombatura** *nf* filling.

implacabile (impla'kabile) *adj* implacable.

implicare (impli'kare) *vt* implicate, involve. **implicazione** *nf* implication.

implicito (im'plitʃito) *adj* implicit.

implorare (implo'rare) *vt* beg, implore.

impolverare (impolve'rare) *vt* cover with dust. **impolverarsi** *vr* become dusty.

imponente (impo'nɛnte) *adj* imposing.

imponibile (impo'nibile) *adj* taxable.

impopolare (impopo'lare) *adj* unpopular.

imporre* (im'porre) *vt* 1 impose, give. 2 command. **imporsi** *vr* dominate.

importante (impor'tante) *adj* important. **importanza** (impor'tantsa) *nf* importance.

importare (impor'tare) *vt* 1 import. 2 imply. *v imp* matter, be important. **importatore** *nm* importer. **importazione** *nf* 1 importation. 2 import.

importunare (importu'nare) *vt* pester, annoy. **importuno** *adj* annoying. *nm* nuisance.

imposizione (impozit'tsjone) *nf* imposition.

impossessarsi (imposses'sarsi) *vr* 1 take possession. 2 master.

impossibile (impos'sibile) *adj* impossible.

imposta¹ (im'pɔsta) *nf* shutter.

imposta² (im'pɔsta) *nf* tax.

impostare¹ (impos'tare) *vt* 1 begin. 2

plan, set out.

impostare² (impos'tare) *vt* post.

impostore (impos'tore) *nm* impostor.

impotente (impo'tɛnte) *adj* 1 weak, powerless. 2 impotent. **impotenza** (impo'tɛntsa) *nf* impotence.

impoverire (impove'rire) *vt* impoverish. **impoverirsi** *vr* become poor.

impreciso (impre'tʃizo) *adj* inexact, vague.

impregnare (impreɲ'ɲare) *vt* impregnate.

imprenditore (imprendi'tore) *nm* 1 entrepreneur. 2 contractor.

impreparato (imprepa'rato) *adj* unprepared.

impresa (im'presa) *nf* 1 undertaking, venture. 2 firm, concern.

impressionare (impressjo'nare) *vt* 1 make an impression upon, affect. 2 frighten. **impressionante** *adj* 1 striking. 2 frightening. **impressione** *nf* impression. **impressionismo** (impressjo'nizmo) *nm* impressionism.

imprestare (impres'tare) *vt* lend.

imprevisto (impre'visto) *adj* unforeseen.

imprigionare (impridʒo'nare) *vt* imprison.

imprimere* (im'primere) *vt* 1 imprint, stamp. 2 print.

improbabile (impro'babile) *adj* improbable.

improduttivo (improdut'tivo) *adj* unproductive.

impronta (im'pronta) *nf* imprint, mark.

improprio (im'prɔprjo) *adj* improper.

improvvisare (improvvi'zare) *vt* improvise. **improvviso** *adj* sudden. **all'improvviso** unexpectedly.

imprudente (impru'dɛnte) *adj* unwise, rash.

impudente (impu'dɛnte) *adj* impudent. **impudenza** (impu'dɛntsa) *nf* impudence.

impudico (impu'diko) *adj* immodest.

impugnare (impuɲ'ɲare) *vt* 1 grip. 2 contest.

impulso (im'pulso) *nm* impulse. **impulsivo** *adj* impulsive.

impunito (impu'nito) *adj* unpunished. **impunità** *nf* impunity.

impuntarsi (impun'tarsi) *vr* be obstinate.

impuro (im'puro) *adj* impure.

imputare (impu'tare) *vt* ascribe.

imputridire (imputri'dire) *vi* rot.

in (in) *prep* 1 in, at. 2 to. 3 into. 4 by. 5 on. **in casa** at home. **in piedi** standing.

inabile (i'nabile) *adj* unable, unfit.

inabitabile (inabi'tabile) *adj* uninhabitable.

inaccessibile (inattʃes'sibile) *adj* inaccessible.

inaccettabile (inattʃet'tabile) *adj* unacceptable.

inadeguato (inade'gwato) *adj* inadequate.

inalare (ina'lare) *vt* inhale.

inalienabile (inalje'nabile) *adj* inalienable.

inalterabile (inalte'rabile) *adj* unalterable.

inamidare (inami'dare) *vt* starch.

inammissibile (inammis'sibile) *adj* unacceptable.

inapplicabile (inappli'kabile) *adj* inapplicable.

inarcare (inar'kare) *vt* 1 arch. 2 bend.

inaridire (inari'dire) *vi* dry up. **inaridirsi** *vr* become dried up.

inaspettato (inaspet'tato) *adj* unexpected.

inasprire (inas'prire) *vt* 1 embitter. 2 exacerbate.

inastare (inas'tare) *vt* hoist.

inattendibile (inatten'dibile) *adj* unreliable.

inatteso (inat'teso) *adj* unexpected.

inaudito (inau'dito) *adj* unheard of.

inaugurare (inaugu'rare) *vt* inaugurate. **inaugurale** *adj* inaugural. **inaugurazione** *nf* inauguration.

inavvertenza (inavver'tentsa) *nf* inadvertence.

incagliare (inkaʎ'ʎare) *vt* hamper, impede. **incagliarsi** *vr* run aground.

incalcolabile (inkalko'labile) *adj* incalculable.

incalzare (inkal'tsare) *vt* 1 follow closely. 2 press, be imminent. **incalzante** *adj* 1 urgent. 2 imminent.

incamminare (inkammi'nare) *vt* start. **incamminarsi** *vr* set off.

incantare (inkan'tare) *vt* enchant, charm. **incantesimo** (inkan'tezimo) *nm* spell. **incanto** *nm* enchantment.

incapace (inka'patʃe) *adj* incapable, unable.

incappare (inkap'pare) *vi* run into danger.

incarcerare (inkartʃe'rare) *vt* imprison.

incaricare (inkari'kare) *vt* entrust,

charge. **incaricarsi** *vr* undertake. **incaricato** *nm* official.

incarico (in'kariko) *nm* task.

incartare (inkar'tare) *vt* wrap up.

incartocciare (inkartot'tʃare) *vt* put into a paper bag.

incassare (inkas'sare) *vt* 1 pack, encase. 2 collect. *vi* fit. **incasso** *nm* takings.

incastrare (inkas'trare) *vt* insert.

incatenare (inkater'nare) *vt* chain up.

incauto (in'kauto) *adj* imprudent.

incendiare (intʃen'djare) *vt* set fire to. **incendiarsi** *vr* catch fire. **incendio** (in'tʃendjo) *nm* fire.

incenso (in'tʃenso) *nm* incense.

incensurabile (intʃensu'rabile) *adj* irreproachable.

inceppare (intʃep'pare) *vt* obstruct. **incepparsi** *vr* jam.

incerto (in'tʃerto) *adj* uncertain, doubtful. **incertezza** (intʃer'tettsa) *nf* uncertainty.

incespicare (intʃespi'kare) *vi* stumble.

incessante (intʃes'sante) *adj* incessant.

incesto (in'tʃesto) *nm* incest.

inchiesta (in'kjesta) *nf* investigation, inquiry.

inchinare (inki'nare) *vt* bow. **inchinarsi** *vr* bow. **inchino** *nm* bow, cursty.

inchiodare (inkio'dare) *vt* nail, pin.

inchiostro (in'kjostro) *nm* ink.

inciampare (intʃam'pare) *vi* strumble, trip. **inciampo** *nm* obstacle.

incidente (intʃi'dɛnte) *nm* accident.

incidere* (in'tʃidere) *vt* 1 engrave, cut.

2 record.

incinta (in'tʃinta) *adj* pregnant.

incipriare (intʃi'prjare) *vt* powder.

incisione (intʃi'zjone) *nf* 1 incision. 2 engraving.

incisura (in'tʃizura) *vt* civilize. **incivile** *adj* 1 uncivilized. 2 rude.

incivilire (intʃivi'lire) *vt* civilize. **incivile** *adj* 1 uncivilized. 2 rude.

inclinare (inkli'nare) *vt* bend. *vi* incline.

includere* (in'kludere) *vt* include. **incluso** (in'kluzo) *adj* 1 included. 2 enclosed. **inclusione** *nf* inclusion.

incoerente (inkoe'rɛnte) *adj* incoherent.

incognito (in'kɔɲɲito) *adj* incognito.

incollare (inkol'lare) *vt* glue, paste.

incolore (inko'lore) *adj* colourless.

incolpare (inkol'pare) *vt* accuse, charge.

incolto (in'kolto) *adj* 1 neglected. 2 uneducated.

incolume (in'kolume) *adj* safe, unhurt.

incombustibile (inkombus'tibile) *adj* fireproof.

incominciare (inkomin'tʃare) *vt,vi* begin, start.

incomodare (inkomo'dare) *vt* trouble. **incomodarsi** *vr* put oneself out. **incomodo** (in'kɔmodo) *adj* troublesome, inconvenient. *nm* trouble.

incomparabile (inkompa'rabile) *adj* incomparable.

incompatibile (inkompa'tibile) *adj* incompatible.

incompetente (inkompe'tɛnte) *adj* incompetent. **incompetenza** (inkompe'tɛntsa) *nf* incompetence.

incompiuto (inkom'pjuto) *adj* incomplete, unfinished.

incompleto (inkom'pleto) *adj* incomplete.

incomprensibile (inkompren'sibile) *adj* incomprehensible.

inconcepibile (inkontʃe'pibile) *adj* incredible.

inconcludente (inkonklu'dɛnte) *adj* inconclusive.

inconsapevole (inkonsa'pevole) *adj* ignorant, unaware.

inconsolabile (inkonso'labile) *adj* inconsolable.

inconsueto (inkonsu'ɛto) *adj* unusual.

incontrare (inkon'trare) *vt* meet.

incontro[1] (in'kontro) **1** meeting. **2** match. **andare incontro (a) 1** meet. **2** face.

incontro[2] (in'kontro) *prep,adv* **1** towards. **2** against.

inconveniente (inkonve'njɛnte) *nm* snag, drawback.

incoraggiare (inkorad'dʒare) *vt* encourage. **incoraggiamento** *nm* encouragement.

incorniciare (inkorni'tʃare) *vt* frame.

incoronare (inkoro'nare) *vt* crown.

incorporare (inkorpo'rare) *vt* incorporate.

incorrere* (in'korrere) *vi* incur.

incorruttibile (inkorrut'tibile) *adj* incorruptible.

incosciente (inkoʃ'ʃɛnte) *adj* irresponsible.

incredibile (inkre'dibile) *adj* unbelievable, incredible.

incredulo (in'kredulo) *adj* incredulous. **incredulità** *nf* incredulity.

increspare (inkres'pare) *vt* **1** ruffle. **2** wrinkle. **incresparsi** *vr* ripple.

incrinare (inkri'nare) *vt* crack. **incrinarsi** *vr* crack.

incrociare (inkro'tʃare) *vt* cross. *vi* cruise. **incrociarsi** *vr* cross, interlace. **incrociato** *adj* crossed. **parole incrociate** *nf pl* crossword. **incrocio** *nm* crossing, crossroads.

incubatrice (inkuba'tritʃe) *nf* incubator.

incubo ('inkubo) *nm* nightmare.

incudine (in'kudine) *nf* anvil.

incuneare (inkune'are) *vt* wedge.

incupire (inku'pire) *vt,vi* darken. **incupirsi** *vr* become gloomy.

incurabile (inku'rabile) *adj* incurable.

incurante (inku'rante) *adj* careless.

incursione (inkur'sjone) *nf* raid, attack.

indagare (inda'gare) *vt* investigate. **indagine** (in'dadʒine) *nf* investigation, inquiry.

indebolire (indebo'lire) *vt,vi* weaken. **indebolirsi** *vr* weaken.

indecente (inde'tʃɛnte) *adj* indecent. **indecenza** (inde'tʃentsa) *nf* indecency.

indecisione (indetʃi'zjone) *nf* indecision.

indeciso (inde'tʃizo) *adj* undecided.

indefinito (indefi'nito) *adj* indefinite.

indegno (in'deɲɲo) *adj* unworthy.

indenne (in'dɛnne) *adj* unhurt. **indennità** *nf* **1** compensation, damages. **2** indemnity. **indennizzare** (indennid'dzare) *vt* compensate.

indescrivibile (indeskri'vibile) *adj* indescribable.

indesiderabile (indeside'rabile) *adj* undesirable.

indeterminato (indetermi'nato) *adj* vague, indefinite.

India ('indja) *nf* India. **indiano** *adj,n* Indian.

indicare (indi'kare) *vt* 1 point to, indicate. 2 show. 3 recommend. **indicatore** *nm* indicator, gauge. **indicatore stradale** road sign. **indicazione** *nf* indication.

indice ('inditʃe) *nm* 1 index finger, forefinger. 2 index. 3 needle, pointer. 4 sign.

indietreggiare (indjetred'dʒare) *vi* retreat, withdraw.

indietro (in'djetro) *adv* 1 back. 2 behind. 3 backwards. **all'indietro** backwards. **all'indietro** backwards. **andare indietro** (of a watch) be slow.

indifeso (indi'feso) *adj* undefended.

indifferente (indiffe'rɛnte) *adj* indifferent. **indifferenza** (indiffe'rɛntsa) *nf* indifference.

indigesto (indi'dʒɛsto) *adj* indigestible. **indigestione** *nf* indigestion.

indignare (indiɲ'ɲare) *vt* make indignant. **indignarsi** *vr* become angry. **indignato** *adj* indignant. **indignazione** *nf* indignation.

indimenticabile (indimenti'kabile) *adj* unforgettable.

indipendente (indipen'dɛnte) *adj* independent, free. **indipendenza** (indipen'dɛntsa) *nf* independence.

indiretto (indi'retto) *adj* indirect.

indirizzare (indirit'tsare) *vt* 1 direct. 2 address. **indirizzarsi** *vr* set out. **indirizzo** *nm* 1 direction. 2 address.

indiscreto (indis'kreto) *adj* indiscreet.

indispensabile (indispen'sabile) *adj* necessary, indispensable.

indistinto (indis'tinto) *adj* indistinct.

indivia (in'divja) *nf* endive.

individuale (individu'ale) *adj* individual. **individuo** (indi'viduo) *nm* individual.

indivisibile (indivi'zibile) *adj* inseparable, indivisible.

indizio (in'dittsjo) *nm* clue, sign.

indole ('indole) *nf* disposition, nature. **indolente** (indo'lɛnte) *adj* indolent.

indolenzire (indolen'tsire) *vi* go numb.

indomani (indo'mani) *adv* next day, day after.

indossare (indos'sare) *vt* put on, wear. **indossatrice** *nf* model.

indovinare (indo'vinare) *vt* guess. **indovinello** (indovi'nɛllo) *nm* riddle.

indù (in'du) *adj,n* Hindu.

indubbio (in'dubbjo) *adj* certain.

indubitato (indubi'tato) *adj* undoubted.

indugiare (indu'dʒare) *vi* delay, linger. **indugiarsi** *vr* loiter. **indugio** *nm* delay.

indulgente (indul'dʒɛnte) *adj* indulgent. **indulgenza** (indul'dʒɛntsa) *nf* indulgence.

indumento (indu'mento) *nm* 1 garment. 2 *pl* clothes.

indurire (indu'rire) *vt* harden.

indurre* (in'durre) *vt* induce.

industria (in'dustrja) *nf* industry. **industriale** *adj* industrial. *nm* industrialist.

inebriare (inebri'are) *vt* intoxicate.

inedito (i'nedito) *adj* unpublished.

ineguale (ine'gwale) *adj* **1** unequal. **2** uneven. **ineguaglianza** (ineg-waʎ'ʎantsa) *nf* inequality.

inerente (ine'rɛnte) *adj* inherent.

inerpicarsi (inerpi'karsi) *vr* climb.

inerte (i'nɛrte) *adj* inert. **inerzia** (i'nɛrtsja) *nf* inertia.

inesatto (ine'zatto) *adj* inexact.

inescusabile (inesku'zabile) *adj* inexcusable.

inesistente (iinezis'tɛnte) *adj* non-existent.

inesorabile (inezo'rabile) *adj* inexorable.

inesperto (ines'pɛrto) *adj* inexperienced.

inesplicabile (inespli'kabile) *adj* inexplicable.

inetto (i'nɛtto) *adj* **1** inept. **2** unsuited.

inevitabile (inevi'tabile) *adj* inevitable.

inezia (i'nɛttsja) *nf* trifle, thing of no importance.

infagottare (infagot'tare) *vt* bundle up.

infallibile (infal'libile) *adj* infallible.

infame (in'fame) *adj* infamous.

infangare (infan'gare) *vt* spatter with mud.

infante (in'fante) *nm* infant. **infanzia** (in'fantsja) *nf* **1** infancy. **2** childhood. **3** children.

infarcire (infar'tʃire) *vt* stuff, cram.

infarinare (infari'nare) *vt* coat with flour.

infastidire (infasti'dire) *vt* annoy.

infatti (in'fatti) *adv* in fact.

infatuarsi (infatu'arsi) *vr* become infatuated.

infedele (infe'dele) *adj* unfaithful. **in-**

fedeltà *nf* infidelity.

infelice (infe'litʃe) *adj* unhappy, unfortunate. **infelicità** *nf* unhappiness.

inferiore (infe'rjore) *adj* **1** lower. **2** inferior. **inferiorità** *nf* inferiority. **complesso d'inferiorità** *nm* inferiority complex.

infermeria (inferme'ria) *nf* sick bay. **infermiera** (infer'mjɛra) *nf* nurse. **infermiere** ('infer'mjɛre) *nm* male nursen.

inferno (in'fɛrno) *nm* hell. **infernale** *adj* infernal.

infestare (infes'tare) *vt* infest.

infettare (infet'tare) *vt* infect. **infezione** *nf* infection.

infiacchire (infjak'kire) *vt* weaken.

infiammare (infjam'mare) *vt* inflame. **infiammarsi** *vr* **1** flare up. **2** *med* be inflamed. **infiammazione** *nf* inflamation.

infido (in'fido) *adj* unreliable.

infilare (infi'lare) *vt* **1** thread. **2** insert. **infilarsi** *vr* put on.

infiltrarsi (infil'trarsi) *vr* infiltrate.

infimo ('infimo) *adj* lowest.

infine (in'fine) *adv* at last.

infinito (infi'nito) *adj* infinite.

infischiarsi (infis'kjarsi) *vr* not to care.

inflazione (inflat'tsjone) *nf* inflation.

inflessibile (infles'sibile) *adj* inflexible.

infliggere* (in'fliddʒere) *vt* inflict.

influenzare (influen'tsare) *vt* influence. **influenza** (influ'entsa) *nf* **1** influence. **2** influenza.

influire (influ'ire) *vi* have an influence.

infondato (infon'dato) *adj* unfounded.

informare (infor'mare) *vt* inform. **in-**

formarsi vr make enquiries. **informazioni** nf pl information.

informe (in'forme) adj shapeless.

informicolirsi (informiko'lirsi) vr have pins and needles.

infornare (infor'nare) vt put in oven. **infornata** nf **1** batch (of bread). **2** group.

infortunio (infor'tunjo) nm accident.

infossato (infos'sato) adj hollow, sunken.

inframmettersi* (inframmet'tersi) vr interfere.

infrangere* (in'frandʒere) vt break. **infrangibile** (infran'dʒibile) adj unbreakable.

infrastruttura (infrastrut'tura) nf infrastructure.

infrazione (infrat'tsjone) nf violation.

infreddarsi (infred'darsi) vr catch cold.

infuriare (infu'rjare) vi become angry. **infuriarsi** vr fly into a temper.

ingannare (ingan'nare) vt deceive, cheat. **inganno** nm deceit.

ingegnarsi (indʒeɲ'narsi) vr strive. **ingegno** nm **1** intelligence. **2** talent. **ingegnoso** (indʒeɲ'ɲoso) adj ingenious.

ingegnere (indʒeɲ'ɲere) nm engineer.

ingegneria nf engineering.

ingenuo (in'dʒɛnuo) adj naive, simple.

ingerirsi (indʒe'rirsi) vr meddle.

Inghilterra (ingil'tɛrra) nf England.

inghiottire (ingjot'tire) vt swallow.

inginocchiarsi (indʒinok'kjarsi) vr kneel (down).

ingiù (in'dʒu) adv **1** downwards. **2** down.

ingiuriare (indʒu'rjare) vt insult. **ingiuria** (in'dʒurja) nf insult. **ingiurioso** (indʒu'rjoso) adj insulting.

ingiusto (in'dʒusto) adj unjust, unfair. **ingiustizia** (indʒus'tittsja) nf injustice.

inglese (in'glese) adj English. nm **1** Englishman. **2** English (language).

ingoiare (ingo'jare) vt swallow, gulp.

ingombrare (ingom'brare) vt block, obstruct. **ingombro** nm obstacle.

ingommare (ingom'mare) vt gum.

ingordo (in'gordo) adj voracious.

ingorgarsi (ingor'garsi) vr be blocked or choked up. **ingorgo** nm blockage. **ingorgo stradale** traffic jam.

ingranare (ingra'nare) vt mot engage. **ingranare la marcia** put into gear.

ingrandire (ingran'dire) vt enlarge, increase, magnify. **ingrandimento** nm enlargement. **lente d'ingrandimento** nf magnifying glass.

ingrassare (ingras'sare) vt fatten. vi grow fat. **ingrassarsi** vr get fat.

ingrato (in'grato) adj **1** ungrateful. **2** disagreeable. **ingratitudine** (ingrati'-tudine) nf ingratitude.

ingrediente (ingre'djɛnte) nm ingredient.

ingresso (in'grɛsso) nm entrance.

ingrossare (ingros'sare) vt enlarge. **all'ingrosso** adv **1** wholesale. **2** about.

inguine ('ingwine) nm groin.

inibire (ini'bire) vt inhibit. **inibizione** nf inhibiton.

iniettare (injet'tare) vt inject. **iniezione** (injet'tsjone) nf injection.

inimicizia (inimi'tʃittsja) *nf* animosity.

inintelligibile (inintelli'dʒibile) *adj* unintelligible.

ininterrotto (ininter'rotto) *adj* unbroken.

iniziare (init'tsjare) *vt* **1** begin. **2** initiate. **iniziale** *adj, nf* initial. **iniziativa** *nf* initiative. **inizio** *nm* beginning.

innaffiare (innaf'fjare) *vt* water.

innalzare (innal'tsare) *vt* raise.

innamorare (innamo'rare) *vt* charm. **innamorarsi** *vr* fall in love. **innamorato** *nm* lover.

innanzi (in'nantsi) *adv* **1** before. **2** in front, ahead. **da oggi innanzi** from today onwards. ~*prep* before.

innato (in'nato) *adj* innate.

innegabile (inne'gabile) *adj* undeniable.

innestare (innes'tare) *vt* **1** graft. **2** vaccinate. **3** insert. **innestare la marcia** put into gear.

inno ('inno) *nm* **1** hymn. **2** anthem.

innocente (inno'tʃɛnte) *adj* innocent. **innocenza** (inno'tʃɛntsa) *nf* innocence.

innocuo (in'nɔkuo) *adj* harmless.

innovare (inno'vare) *vt* innovate.

innumerabile (innume'rabile) *adj* innumerable.

inoculare (inoku'lare) *vt* inoculate.

inoffensivo (inoffen'sivo) *adj* inoffensive.

inoltrare (inol'trare) *vt* forward. **inoltrarsi** *vr* advance.

inoltre (i'noltre) *adv* besides, moreover.

inondare (inon'dare) *vt* flood.

inoperoso (inope'roso) *adj* inactive.

inorridire (inorri'dire) *vt* horrify. *vi* feel horror.

inosservato (inosser'vato) *adj* unobserved.

inossidabile (inossi'dabile) **acciaio inossidabile** *nm* stainless steel.

inquadrare (inkwa'drare) *vt* frame. **inquadratura** *nf* shot (in a film).

inquietare (inkwje'tare) *vt* worry. **inquietarsi** *vr* become anxious. **inquieto** *adj* **1** anxious. **2** restless. **inquietudine** (inkwje'tudine) *nf* anxiety.

inquilino (inkwi'lino) *nm* tenant.

inquinare (inkwi'nare) *vt* pollute. **inquinamento** *nm* pollution.

insalata (insa'lata) *nf* salad. **insalatiera** (insala'tjera) *nf* salad bowl.

insalubre (insa'lubre) *adj* unhealthy.

insanabile (insa'nabile) *adj* incurable.

insanguinare (insangwi'nare) *vt* stain with blood.

insaputa (insa'puta) **all'insaputa di** *adv* unknown to.

insaziabile (insat'tsjabile) *adj* insatiable.

insegna (in'seɲɲa) *nf* **1** flag, banner. **2** decoration. **3** sign (board).

insegnare (inseɲ'ɲare) *vt* **1** teach. **2** point out. **insegnamento** *nm* teaching. **insegnante** *nm* teacher.

inseguire (inse'gwire) *vt* pursue, chase.

insensato (insen'sato) *adj* stupid.

insensibile (insen'sibile) *adj* **1** imperceptible. **2** insensitive.

inseparabile (insepa'rabile) *adj* inseparable.

inserire (inse'rire) *vt* insert. **inserzione** *nf* **1** insertion. **2** advertisement, notice.

insetto (in'setto) *nm* insect. **insetticida** *nm* insecticide.

insicuro (insi'kuro) *adj* unsure. **insicurezza** (insiku'rettsa) *nf* insecurity.

insidia (in'sidja) *nf* snare, trap.

insieme (in'sjeme) *adv,prep* together.

insignificante (insinnifi'kante) *adj* insignificant.

insinuare (insinu'are) *vt* insinuate.

insipido (in'sipido) *adj* insipid.

insistere* (in'sistere) *vi* insist, persist. **insistente** (insis'tɛnte) *adj* insistent.

insocievole (inso'tʃevole) *adj* unsociable.

insoddisfatto (insoddis'fatto) *adj* dissatisfied.

insolente (inso'lɛnte) *adj* insolent. **insolenza** (inso'lentsa) *nf* insolence.

insoluto (in'solito) *adj* unusual.

insolubile (inso'lubile) *adj* insoluble.

insomma (in'somma) *adv* in short. *interj* well! for heaven's sake!

insonnia (in'sɔnnja) *nf* insomnia.

insopportabile (insoppor'tabile) *adj* unbearable.

instabile (in'stabile) *adj* unstable. **instabilità** *nf* instability.

installare (instal'lare) *vt* install.

insù (in'su) *adv* **1** up. **2** upwards.

insubordinato (insubordi'nato) *adj* insubordinate.

insudiciare (insudi'tʃare) *vt* dirty.

insufficiente (insuffi'tʃɛnte) *adj* inadequate.

insulina (insu'lina) *nf* insulin.

insultare (insul'tare) *vt* insult. **insulto** *nm* insult.

insurrezione (insurret'tsjone) *nf* rising, revolt.

intaccare (intak'kare) *vt* **1** cut into. **2** corrode.

intagliare (intaʎ'ʎare) *vt* carve. **intaglio** *nm* carving.

intanto (in'tanto) *adv* meanwhile.

intascare (intas'kare) *vt* pocket.

intatto (in'tatto) *adj* intact.

integrale (inte'grale) *adj* complete. **pane integrale** *nm* wholemeal bread.

integrare (inte'grare) *vt* integrate. **integrazione** *nf* integration.

integro ('integro) *adj* **1** complete. **2** honest.

intelletto (intel'letto) *nm* intellect. **intellettuale** *adj,n* intellectual.

intelligente (intelli'dʒɛnte) *adj* intelligent, clever. **intelligenza** (intelli'dʒɛntsa) *nf* intelligence.

intemperie (intem'pɛrje) *nf pl* bad weather.

intendente (inten'dɛnte) *nm* superintendent.

intendere* (in'tendere) *vt* **1** understand. **2** hear. **3** mean. **4** intend. **intendersi** *vr* **1** get on together, agree. **4** be an expert. **s'intende** of course.

intensificare (intensifi'kare) *vt* intensify.

intenso (in'tenso) *adj* intense. **intensità** *nf* intensity.

intento (in'tɛnto) *adj* intent, fixed. *nm* intent.

intenzione (inten'tsjone) *nf* intention. **avere l'intenzione di** intend. **inten-**

zionale adj intentional.

intercettare (intertʃetˈtare) vt intercept.

interdire* (interˈdire) vt forbid, prohibit.

interessare (interesˈsare) vt 1 interest. 2 concern. vi matter. **interessarsi** vr take an interest. **interessante** adj interesting. **interesse** (inteˈresse) nm interest.

interfaccia (interˈfattʃa) nf interface.

interferire (interfeˈrire) vi interfere. **interferenza** (interfeˈrentsa) nf interference.

interiore (inteˈrjore) adj interior, inner. nm interior, inside.

intermedio (interˈmedjo) adj intermediate. **intermediario** (intermeˈdjarjo) adj,nm intermediary.

interminabile (intermiˈnabile) adj endless.

internare (interˈnare) vt intern.

internazionale (internattsjoˈnale) adj international.

interno (inˈterno) adj interior, internal. nm interior.

intero (inˈtero) adj whole, complete, entire.

interpretare (interpreˈtare) vt interpret. **interpretazione** nf 1 interpretation. 2 performance. **interprete** (inˈterprete) nm,f 1 interpreter. 2 performer.

interrogare (interroˈgare) vt question, examine, interrogate. **interrogazione** nf 1 question. 2 interrogation.

interrompere* (interˈrompere) vt interrupt. **interruzione** nf interruption.

interruttore (interrutˈtore) nm switch.

interurbano (interurˈbano) adj intercity. **chiamata interurbana** nf long-distance telephone call.

intervallo (interˈvallo) nm 1 space. 2 interval.

intervenire* (interveˈnire) vi 1 happen. 2 take part, intervene. 3 med operate. **intervento** (interˈvento) nm 1 intervention. 2 med operation.

intervistare (intervisˈtare) vt interview. **intervista** nf interview.

intesa (inˈtesa) nf 1 agreement. 2 understanding.

intestino (intesˈtino) nm intestine.

intimidire (intimiˈdire) vt intimidate.

intimo (ˈintimo) adj intimate.

intimorire (intimoˈrire) vt frighten. vi be afraid. **intimorirsi** vr get frightened.

intingolo (inˈtingolo) nm 1 sauce. 2 stew.

intirizzire (intiridˈdzire) vt numb.

intitolare (intitoˈlare) vt 1 entitle. 2 dedicate. **intitolarsi** vr be called.

intollerabile (intolleˈrabile) adj intolerable.

intollerante (intolleˈrante) adj intolerant. **intolleranza** (intolleˈrantsa) nf intolerance.

intonaco (inˈtonako) nm plaster.

intontire (intonˈtire) vt daze.

intoppare (intopˈpare) vi stumble.

intorno (inˈtorno) prep around, round, about.

intorpidire (intorpiˈdire) vt numb.

intralciare (intralˈtʃare) vt hinder. **intralcio** nm obstacle.

intransitivo (intransi'tivo) *adj, nm* intransitive.

intraprendere* (intra'prɛndere) *vt* undertake. **intraprendente** (intrapren'dɛnte) *adj* go-ahead.

intrattenere* (intratte'nere) *vt* entertain. **intrattenersi** *vr* linger.

intravedere* (intrave'dere) *vt* catch a glimpse of.

intreccio (in'trettʃo) *nm* plot, story.

intrepido (in'trɛpido) *adj* bold, fearless.

intrigo (in'trigo) *nm* plot, intrigue.

introdurre* (intro'durre) *vt* 1 insert. 2 introduce. 3 show in. **introduzione** *nf* introduction.

intromettersi* (intro'mettersi) *vr* 1 intervene. 2 interfere. **intromissione** (intromis'sjone) *nf* 1 intervention. 2 interference.

intronare (intro'nare) *vt* deafen.

introspettivo (introspet'tivo) *adj* introspective.

introverso (intro'vɛrso) *adj* introverted. *nm* introvert.

intrusione (intru'zjone) *nf* intrusion. **intruso** *nm* intruder.

intuitivo (intui'tivo) *adj* intuitive. **intuizione** *nf* intuition.

inumano (inu'mano) *adj* inhuman, cruel.

inumidire (inumi'dire) *vt* damp, dampen.

inusitato (inuzi'tato) *adj* unusual.

inutile (i'nutile) *adj* useless.

invadere* (in'vadere) *vt* invade. **invasione** (inva'zjone) *nf* invasion. **invasore** *nm* invader.

invalido (in'valido) *adj* 1 invalid, not valid. 2 disabled. *nm* invalid.

invano (in'vano) *adv* in vain.

invariabile (inva'rjabile) *adj* invariable.

invecchiare (invek'kjare) *vt* age. *vi* age, grow old.

invece (in'vetʃe) *adv* 1 instead. 2 on the contrary. **invece di** instead of.

inventare (inven'tare) *vt* invent. **inventore** *nm* inventor. **invenzione** *nf* invention.

inverno (in'vɛrno) *nm* winter.

inverosimile (invero'simile) *adj* unlikely.

inverso (in'vɛrso) *adj* opposite, inverse.

invertebrato (inverte'brato) *adj,nm* invertebrate.

investigare (investi'gare) *vt* investigate. **investigatore** *nm* investigator. **investigazione** *nf* investigation.

investire (inves'tire) *vt* 1 invest. 2 assail. 3 knock down, run over. **investimento** *nm* 1 investment. 2 collision.

invetriare (inve'trjare) *vt* glaze.

inviare (invi'are) *vt* send. **inviato** *nm* 1 envoy. 2 correspondent. **invio** *nm* sending.

invidiare (invi'djare) *vt* envy. **invidia** *nf* envy. **invidioso** (invi'djoso) *adj* envious.

invigorire (invigo'rire) *vt* strenghten.

invisibile (invi'zibile) *adj* invisible.

invitare (invi'tare) *vt* invite. **invitato** *nm* guest. **invito** *nm* invitation.

involgere* (in'voldʒere) *vt* 1 wrap. 2 involve.

involontario (involon'tarjo) *adj* unintentional.

involto (in'volto) *nm* package.

invulnerabile (invulne'rabile) *adj* invulnerable.

inzaccherare (intsakke'rare) *vi* splash with mud.

inzuppare (intsup'pare) *vt* soak.

io ('io) *pron 1st pers m,f s* I. **io stesso** *pron 1st pers s* myself.

iodio ('jɔdjo) *nm* iodine.

ione ('jone) *nm* ion.

ipermercato (ipermer'kato) *nm* hypermarket.

ipnosi (ip'nɔzi) *nf invar* hypnosis.

ipnotizzare (ipnotid'dzare) *vt* hypnotize.

ipocondriaco (ipokon'driako) *adj,nm* hypochondriac.

ipocrisia (ipokri'zia) *nf* hypocrisy. **ipocrita** (i'pɔkrita) *adj* hypocritical. *nm* hypocrite.

ipoteca (ipo'tɛka) *nf* mortgage.

ipotesi (i'pɔtezi) *nf invar* hypothesis. **ipotetico** (ipo'tɛtiko) *adj* hypothetical.

ippica ('ippika) *nf* horseracing. **Ippico** ('ippiko) *adj* of horses.

ippocampo ('ippo'kampo) *nm* seahorse.

ippocastano (ippokas'tano) *nm* horse chestnut tree.

ippodromo (ip'pɔdromo) *nm* racecourse.

ippopotamo (ippo'pɔtamo) *nm* hippopotamus.

ira ('ira) *nf* anger.

iride ('iride) *nf* **1** rainbow. **2** *bot* iris. **3** *anat* iris.

Irlanda (ir'landa) *nf* Ireland. **irlandese** (irlan'dese) *adj* Irish. *nm* **1** Irishman. **2** Irish (language).

ironia (iro'nia) *nf* irony. **ironico** (i'rɔniko) *adj* ironic.

irraggiungibile (irraddʒun'dʒibile) *adj* unattainable.

irragionevole (irradʒo'nevole) *adj* unreasonable.

irrazionale (irrastsjo'nale) *adj* irrational.

irregolare (irrego'lare) *adj* **1** irregular. **2** uneven.

irrequieto (irre'kwjeto) *adj* troubled.

irresistibile (irresis'tibile) *adj* irresistible.

irresoluto (irreso'luto) *adj* irresolute.

irresponsabile (irrespon'sabile) *adj* irresponsible.

irrigare (irri'gare) *vt* irrigate. **irrigazione** *nf* irrigation.

irrigidire (irridʒi'dire) *vt* stiffen. **irrigidirsi** *vr* stiffen.

irritare (irri'tare) *vt* irritate. **irritabile** (irri'tabile) *adj* irritable. **irritazione** *nf* irritation.

irrompere* (ir'rompere) *vi* rush.

irto ('irto) *adj* **1** bristly. **2** bristling.

iscrivere* (is'krivere) *vt* enrol, register.

iscrizione (iskrit'tsjone) *nf* **1** enrolment. **2** inscription.

Islanda (iz'landa) *nf* Iceland. **islandese** *adj* Icelandic. *nm* **1** Icelander. **2** Icelandic (language).

isola ('izola) *nf* island.

isolare (izo'lare) *vt* **1** isolate. **2** insulate. **isolamento** *nm* **1** isolation. **2** insulation.

ispettore (ispet'tore) *nm* inspector.

ispezionare (ispettsjo'nare) *vt* inspect. **ispezione** *nf* inspection.

ispirare (ispi'rare) *vt* inspire. **ispirazione** *nf* inspiration.

Israele (izra'ele) *nm* Israel. **israeliano** *adj,n* Israeli.

issare (is'sare) *vt* hoist.

istante (is'tante) *nm* instant. **istantaneo** (istan'taneo) *adj* instantaneous.

isterico (is'teriko) *adj* hysterical. **isterismo** *nm* hysteria.

istinto (is'tinto) *nm* instinct. **istintivo** *adj* instinctive.

istituire (istitu'ire) *vt* institute, found.

istituzione *nf* institution.

istituto (isti'tuto) *nm* institute. **istitutore** *nm* tutor. **istitutrice** *nf* governess.

istrice ('istritʃe) *nm,f* porcupine.

istruire* (istru'ire) *vt* instruct, teach. **istruttore** *nm* instructor. **istruzione** *nf* **1** instruction. **2** teaching, education.

Italia (i'talja) *nf* Italy. **italiano** *adj,n* Italian. *nm* Italian (language).

itinerario (itine'rarjo) *nm* route, itinerary.

itterizia (itte'rittsja) *nf* jaundice.

Iugoslavia (jugo'slavja) *nf* Yugoslavia. **iugoslavo** *adj,n* Yugoslav.

iuta ('juta) *nf* jute.

L

la[1] (la) *def art, fs* the.

la[2] (la) *pron* **1** *3rd pers fs* her, it. **2** *2nd pers m,f s fml* you.

là (la) *adv* there. **di là di** beyond. **più in là** further on.

labbro ('labbro) *nm* **1** *pl* **labbra** *f anat* lip. **2** *pl* **labbri** *m* lip, rim.

labirinto (labi'rinto) *nm* labyrinth.

laboratorio (labora'tɔrjo) *nm* **1** laboratory. **2** workshop.

laborioso (labo'rjoso) *adj* **1** laborious. **2** hard-working.

laburista (labu'rista) *nm* Labour Party member.

lacca ('lakka) *nf* lacquer.

laccio ('lattʃo) *nm* noose. **laccio delle scarpe** shoelace.

lacerare (latʃe'rare) *vt* tear.

lacrima ('lakrima) *nf* tear.

lacrimogeno (lakri'mɔdʒeno) **gas lacrimogeno** *nm* tear gas.

ladro ('ladro) *nm* thief, robber.

laggiù (lad'dʒu) *adv* down there.

lagnarsi (laɲ'narsi) *vr* complain, grumble.

lago ('lago) *nm* lake.

laguna (la'guna) *nf* lagoon.

laico ('laiko) *adj* lay, secular.

lama ('lama) *nf* blade. **lametta** *nf* razor blade.

lambiccarsi (lambik'karsi) *vr* **lambiccarsi il cervello** rack one's brains.

lambire (lam'bire) *vt* lick, lap.

lambrusco (lam'brusko) *nm* type of red wine.

lamentare (lamen'tare) *vt* lament. **lamentarsi** *vr* **1** complain, moan. **2** lament. **lamento** *nm* **1** lament. **2** complaint.

laminato (lami'nato) *adj* laminated. **laminato plastico** *nm* laminated plastics.

lampada ('lampada) *nf* lamp. **lampadina** *nf* light bulb.

lampeggiare (lamped'dʒare) *vi* (of lightning) flash.

lampione (lam'pjone) *nm* streetlamp.

lampo ('lampo) *nm* **1** flash of lightning. **2** flash. **in un lampo** in a flash.

lampone (lam'pone) *nm* raspberry. **pianta di lampone** *nf* raspberry cane.

lana ('lana) *nf* wool.

lancetta (lan'tʃetta) *nf* **1** hand (of a watch). **2** pointer.

lancia[1] ('lantʃa) *nf* lance.

lancia[2] ('lantʃa) *nf* launch.

lanciare (lan'tʃare) *vt* **1** throw, hurl. **2** launch. **lancio** *nm* **1** throw. **2** launching.

languire (lan'gwire) *vi* **1** languish. **2** flag. **languido** ('langwido) *adj* **1** weak. **2** languid.

lanterna (lan'tɛrna) *nf* lantern.

lapide ('lapide) *nf* **1** tombstone. **2** plaque.

lapis ('lapis) *nm invar* pencil.

lardo ('lardo) *nm* lard.

largo ('largo) *adj* **1** wide, broad. **2** lib-

eral. *nm* **1** breadth. **2** space. **3** open sea.
farsi largo clear one's way. **larghezza**
(lar'gettsa) *nf* **1** width, breadth. **2** generosity.

larice (la'ritʃe) *nm* larch.

laringe (la'rindʒe) *nf* larynx. **laringite**
nf laryngitis.

larva ('larva) *nf* larva.

lasagne (la'zaɲɲe) *nf pl* dish made of
strips of pasta and covered with sauce.

lasciare (laʃ'ʃare) *vt* **1** leave. **2** let, allow. **3** abandon, give up. **4** keep. **5**
leave. **lasciare cadere** drop. **lascia-
passare** *nm invar* pass, permit.

lascivo (laʃ'ʃivo) *adj* lascivious.

lassativo (lassa'tivo) *adj,nm* laxative.

lassù (las'su) *adv* up there.

lastra ('lastra) *nf* **1** slab, sheet. **2** paving
slab. **3** X-ray plate.

lastricare (lastri'kare) *vt* pave. **lastri-
co** ('lastriko) *nm* pavement.

latente (la'tente) *adj* latent, hidden.

latino (la'tino) *adj,nm* Latin.

latitudine (lati'tudine) *nf* latitude.

lato¹ ('lato) *nm* side. **d'altro lato** on the
other hand.

lato² ('lato) *adj* wide.

latrina (la'trina) *nf* public lavatory.

latta ('latta) *nf* **1** tin plate. **2** can, tin.

lattaio (lat'tajo) *nm* milkman.

latte ('latte) *nm* milk. **latteria** *nf* dairy.
lattiera (lat'tjera) *nf* milk jug.

lattuga (lat'tuga) *nf* lettuce.

laurea ('laurea) *nf educ* degree. **laurearsi** (laure'arsi) *vr* graduate.

lauro ('lauro) *nm* laurel.

lava ('lava) *nf* lava.

lavagna (la'vaɲɲa) *nf* blackboard.

lavanda (la'vanda) *nf* lavender.

lavandaia (lavan'daja) *nf* washer-
woman, laundress.

lavanderia (lavande'ria) *nf* laundry.

lavandino (lavan'dino) *nm* sink.

lavare (la'vare) *vt* **1** wash. **2** clean.
lavare a secco dry-clean. **lavapiatti**
(lava'pjatti) *nm also* **lavastoviglie** *nf*
dishwasher. **lavatrice** *nf* washing machine.

lavorare (lavo'rare) *vi,vt* work. **lavorante** *nm also* **lavoratore** *nm* worker.
lavoro *nm* **1** work. **2** job.

le¹ (le) *def art,f pl* the.

le² (le) *pron* **1** *3rd pers f pl* them. **2** *3rd
pers fs* to her or it. **3** *2nd pers m,f s fml*
to you.

leale (le'ale) *adj* loyal. **lealtà** *nf* loyalty.

lebbra ('lebbra) *nf* leprosy. **lebbroso**
(leb'broso) *nm* leper.

leccare (lek'kare) *vt* lick. **leccarsi le
labbra** lick one's lips.

leccalecca (lekka'lekka) *nm* lollipop.

lecito ('letʃito) *adj* permitted, allowed.

lega ('lega) *nf* **1** league. **2** alloy.

legale (le'gale) *adj* legal. *nm* lawyer.
legalizzare (legalid'dzare) *vt* **1** legalize. **2** authenticate.

legare (le'gare) *vt* **1** tie (up), bind. **2**
join. **legame** *nm* link, tie, bond.
legatura *nf* binding.

legato (le'gato) *nm* legacy.

legge ('leddʒe) *nf* law, rule.

leggenda (led'dʒenda) *nf* legend.

leggere* ('leddʒere) *vt* read. **leggibile**
(led'dʒibile) *adj* legible.

leggero (led'dʒero) *adj* **1** light. **2** slight.
3 agile. **leggerezza** (leddʒe'rettsa) *nf*
1 lightness. **2** agility.

leggiadro (led'dʒadro) adj 1 pretty. 2 lovely.

legione (le'dʒone) nf legion.

legislazione (ledʒizlat'tsjone) nf legislation. **legislativo** adj legislative.

legittimo (le'dʒittimo) adj legitimate.

legno ('leɲɲo) nm wood. **di legno** wooden. **legna** nf firewood. **legname** nm wood, timber.

lei ('lei) pron 1 3rd pers fs she, her, it. 2 cap 2nd pers ms fml you. **dare del lei** use the polite form of address. **lei stessa** pron 1 3rd pers fs herself, itself. 2 cap 2nd pers fs fml yourself. **lei stessa** pron 2nd pers ms fml yourself.

lembo ('lembo) nm 1 edge. 2 hem.

lente ('lente) nf lens. **lente a contatto** contact lens.

lenticchia (len'tikkja) nf lentil.

lentiggine (len'tiddʒine) nf freckle.

lento ('lento) adj 1 slow. 2 slack. **lentezza** (len'tettsa) nf slowness.

lenzuolo (len'tswɔlo) nm 1 pl **lenzuoli** m sheet. 2 pl **lenzuola** f pair of sheets.

leone (le'one) n 1 lion. 2 cap Leo.

leopardo (leo'pardo) nm leopard.

lepre ('lepre) nf hare.

lesbico ('lezbiko) adj lesbian.

lessare (les'sare) vt boil. **lesso** adj boiled. nm boiled beef.

lessi ('lessi) v see **leggere**.

lessico ('lessiko) nm lexicon, dictionary.

lesto ('lesto) adj 1 swift. 2 agile.

letame (le'tame) nm manure, dung.

letizia (le'tittsja) nf happiness.

lettera ('lettera) nf letter. **letterale** adj literal.

letterario (lette'rarjo) adj literary. pro-

prietà letteraria nf copyright.

letteratura (lettera'tura) nf literature.

lettiga (let'tiga) nf stretcher.

letto[1] ('letto) v see **leggere**.

letto[2] ('letto) nm bed. **letto matrimoniale** double bed.

lettore (let'tore) nm reader.

lettura (let'tura) nf reading.

leucemia (leutʃe'mia) nf leukaemia.

leva[1] ('leva) nf lever.

leva[2] ('leva) nf conscription.

levante (le'vante) nm east.

levare (le'vare) vt 1 raise, lift up. 2 remove. **levarsi** vr 1 rise, get up. 2 take off. **levarsi di mezzo** get out of the way. **levata** nf 1 rising. 2 postal collection.

levatoio (leva'tojo) **ponte levatoio** nm drawbridge.

levigare (levi'gare) vt smooth.

levriere (le'vrjere) nm greyhound.

lezione (let'tsjone) nf lesson.

lezioso (let'tsjoso) adj affected.

lezzo ('leddzo) nm stench.

li (li) pron 3rd pers m,f pl them.

lì (li) adv there. **essere lì lì per** be on the point of.

Libano ('libano) nm Lebanon. **libanese** adj,n Lebanese.

libbra ('libbra) nf pound (weight).

libellula (li'bellula) nf dragonfly.

liberale (libe'rale) adj liberal.

liberare (libe'rare) vt free, liberate. **liberazione** nf liberation.

libero ('libero) adj 1 free. 2 vacant. 3 open. **libertà** nf freedom, liberty.

Libia (li'bia) nf Libya. **libico** adj,n Libyan.

Libra ('libra) nf Libra.

libro ('libro) nm book. **libro mastro** ledger. **libreria** nf 1 bookshop. 2 bookcase. **libretto** nm 1 notebook, booklet. 2 libretto. **libretto di assegni** chequebook.

licenza (li'tʃentsa) nf 1 licence. 2 permission. 3 leave. 4 notice. 5 diploma.

licenziare (litʃen'tsjare) vt dismiss.

liceo (li'tʃɛo) nm high school, grammar school.

lichene (li'kɛne) nm lichen.

lido ('lido) nm shore.

lieto ('ljɛto) adj happy, joyful.

lieve ('ljeve) adj light.

lievito ('ljevito) nm yeast.

ligustro (li'gustro) nm privet.

lilla ('lilla) adj invar lilac (coloured). nm 1 lilac (colour). 2 bot lilac.

limare (li'mare) vt file. **lima** nf file.

limitare (limi'tare) vt limit, restrict.

limite ('limite) nm 1 limit. 2 boundary.

limone (li'mone) nm 1 bot lemon. 2 lemon (colour). 3 lemon tree. **limonata** nf lemonade. **limonato** adj lemon (coloured).

limpido ('limpido) adj clear, limpid.

lince ('lintʃe) nf lynx.

linciare (lin'tʃare) vt lynch.

lindo ('lindo) adj neat.

linea ('linea) nf line.

lineamenti (linea'menti) nm pl features.

lingua ('lingwa) nf also **linguaggio** nm 1 tongue. 2 language. **linguistica** (lin'gwistika) nf linguistics.

lino ('lino) nm 1 flax. 2 linen. **linoleum** (li'nɔleum) nm linoleum.

liocorno (lio'kɔrno) nm unicorn.

liquidare (likwi'dare) vt 1 settle, pay. 2 sell off. 3 eliminate. **liquidazione** nf 1 settlement, winding-up. 2 sale. 3 elimination.

liquido ('likwido) adj,nm liquid.

liquirizia (likwi'rittsja) nf liquorice.

liquore (li'kwore) nm liqueur.

lira[1] ('lira) nf lira. **lira sterlina** pound sterling.

lira[2] ('lira) nf lyre.

lirico ('liriko) adj lyric. nm lyric poet.

lisca ('liska) nf fishbone.

lisciare (liʃ'ʃare) vt 1 smooth. 2 caress. **liscio** adj 1 smooth. 2 (of a drink) neat.

liso ('lizo) adj worn out.

lista ('lista) nf 1 list. 2 strip. **listino** nm list.

litania (lita'nia) nf litany.

lite ('lite) nf 1 lawsuit. 2 quarrel, argument.

litigare (liti'gare) vi quarrel. **litigio** nm quarrel.

litorale (lito'rale) nm coast.

litro ('litro) nm litre.

liuto (li'uto) nm lute.

livellare (livel'lare) vt level. **livello** (li'vello) nm level. **passaggio a livello** nm level crossing.

livido ('livido) adj livid. nm bruise.

Livorno (li'vorno) nf Leghorn.

livrea (li'vrɛa) nf livery.

lo[1] (lo) def art, ms the.

lo[2] (lo) pron 3rd pers ms him, it.

lobo ('lɔbo) nm lobe.

locale[1] (lo'kale) adj local.

locale[2] (lo'kale) nm 1 room. 2 pl premises. 3 place.

localizzare (lokalid'dzare) vt localize.

locanda (lo'kanda) nf inn. **locandiere** (lokan'djere) nm innkeeper.

locomotiva (lokomo'tiva) *nf* locomotive.

lodare (lo'dare) *vt* praise. **lode** *nf* praise. **lodevole** (lo'devole) *adj* praiseworthy.

logaritmo (loga'ritmo) *nm* logarithm.

loggia ('lɔddʒa) *nf* 1 balcony. 2 loggia. 3 masonic lodge.

logica ('lɔdʒika) *nf* logic. **logico** ('lɔdʒiko) *adj* logical.

logorare (logo'rare) *vt* wear out. **logoro** ('logoro) *adj* worn, worn out.

Londra ('londra) *nf* London.

longitudine (londʒi'tudine) *nf* longitude.

lontano (lon'tano) *adj* 1 distant, far away. 2 far. *adv* far away, far. **di lontano** from a distance. **lontano un chilometro** a kilometre away. **lontananza** (lonta'nantsa) *nf* distance.

lontra ('lontra) *nf* otter.

loquace (lo'kwatʃe) *adj* talkative.

lordo ('lordo) *adj* filthy.

loro ('loro) *pron* 1 *3rd pers m,f pl* they, them, to them. 2 *cap 2nd pers m,f fml* you, to you. *poss adj* 1 *3rd pers pl invar* their. 2 *2nd pers pl fml invar* your. *poss pron* 1 *3rd pers pl invar* theirs. 2 *2nd pers pl fml invar* yours. **loro stesse** *pron* 1 *3rd pers f pl* themselves. 2 *cap 2nd pers f pl* yourselves. **loro stessi** *pron* 1 *3rd pers m pl* themselves. 2 *cap 2nd pers m pl* yourselves.

losco ('losko) *adj* 1 squinteyed. 2 shady, suspicious.

loto ('lɔto) *nm* lotus.

lottare (lot'tare) *vi* 1 struggle. 2 wrestle. **lotta** *nf* struggle. **lottatore** *nm* wrestler.

lotteria (lotte'ria) *nf* lottery.

lozione (lot'tsjone) *nf* lotion.

lubrificare (lubrifi'kare) *vt* lubricate. **lubrificante** *nm* lubricant.

lucchetto (luk'ketto) *nm* padlock.

luccicare (luttʃi'kare) *vi* shine, gleam.

lucciola (luttʃola) *nf* firefly.

luce ('lutʃe) *nf* light. **fare luce su** throw light on. **lucente** (lu'tʃente) *adj* shining.

lucerna (lu'tʃɛrna) *nf* oil lamp.

lucernario (lutʃer'narjo) *nm* skylight.

lucertola (lu'tʃertola) *nf* lizard.

lucidare (lutʃi'dare) *vt* shine, polish.

lucido ('lutʃido) *adj* 1 shining. 2 lucid. **lucidità** *nf* lucidity.

luglio ('luʎʎo) *nm* July.

lugubre ('lugubre) *adj* gloomy.

lui ('lui) *pron 3rd pers ms* 1 he. 2 him, it. **lui stesso** *pron 3rd pers ms* himself, itself.

lumaca (lu'maka) *nf* 1 snail. 2 slug.

lume ('lume) *nm* light.

luminoso (lumi'noso) *adj* luminous.

luna ('luna) *nf* moon. **luna di miele** honeymoon. **lunare** *adj* lunar. **lunapark** ('lunapark) *nm invar* amusements park.

lunedì (lune'di) *nm* Monday.

lungo ('lungo) *adj* 1 long. 2 slow. 3 thin, diluted. *prep* along. **di gran lunga** by far. **per lungo e per largo** far and wide. **lunghezza** (lun'gettsa) *nf* length. **lungi** *adv* far.

luogo ('lwɔgo) *nm* 1 place. 2 position, site. 3 passage (in a book). **avere luogo** take place.

lupo ('lupo) *nm* wolf. **cane lupo** *nm* Alsatian. **lupo di mare** old salt, old sailor.

luppolo ('luppolo) *nm bot* hop.

lurido ('lurido) *adj* filthy.

lusingare (luzin'gare) *vt* flatter. **lusinga** *nf* flattery.

Lussemburgo (lussem'burgo) *nm* Luxembourg.

lusso ('lusso) *nm* luxury. **di lusso** de luxe, luxury. **lussuoso** (lussu'oso) *adj* luxurious.

lustrare (lus'trare) *vt* polish, shine. **lustrascarpe** *nm invar* shoeshine boy. **lustro** *adj* shiny.

lutto ('lutto) *nm* mourning.

M

ma (ma) *conj* **1** but. **2** yet.

macabro ('makabro) *adj* macabre.

maccheroni (makke'roni) *nm pl* macaroni.

macchia[1] ('makkja) *nf* stain, spot.

macchia[2] ('makkja) *nf* bush, scrub.

macchiare (mak'kjare) *vt* stain, spot. **macchiato** *adj* spotted. **caffè macchiato** *nm* coffee with a drop of milk.

macchina ('makkina) *nf* **1** engine, machine. **2** car. **macchina da cucire** sewing machine. **macchina da scrivere** typewriter. **macchina fotografica** camera. **macchinetta** *nf* **1** cigarette lighter. **2** coffee percolator. **macchinista** *nm* engine-driver.

macchinare (makki'nare) *vt* plot.

macedonia (matʃe'dɔnja) *nf* fruit salad.

macellare (matʃel'lare) *vt* butcher, slaughter. **macellaio** *nm* butcher. **macelleria** *nf* butcher's shop. **macello** (ma'tʃɛllo) *nm* abattoir, slaughterhouse.

macina ('matʃina) *nf* millstone. **macinare** *vt* grind, mill. **macinino** *nm* **1** coffee grinder. **2** pepper-mill.

macrobiotico (makrobi'ɔtiko) *adj* macrobiotic. **cibo macrobiotico** *nm* health food.

Madera (ma'dɛra) *nm* Madeira wine.

madido ('madido) *adj* damp, moist.

Madonna (ma'dɔnna) *nf* **1** Our Lady. **2** Madonna.

madre ('madre) *nf* mother. **madreperla** (madre'perla) *nf* mother-of-pearl.

madrina *nf* godmother.

madrigale (madri'gale) *nm* madrigal.

maestà (maes'ta) *nf* **1** majesty, grandeur. **2** *cap* Majesty. **maestoso** (maes'toso) *adj* majestic.

maestro (ma'ɛstro) *nm* **1** master. **2** schoolteacher. *adj* **1** main. **2** skilful. **maestra** *nf* schoolmistress.

mafia ('mafja) *nf* Mafia. **mafioso** (ma'fjoso) *nm* member of the Mafia.

magari (ma'gari) *adv* **1** even. **2** perhaps. *conj* if only. *interj* if only it were so!

magazzino (magad'dzino) *nm* warehouse.

maggio ('maddʒo) *nm* May. **primo maggio** *nm* May Day.

maggiorana (maddʒo'rana) *nf* marjoram.

maggiore (mad'dʒore) *adj* **1** greater. **2** bigger. **3** older. **4** greatest. **5** biggest. **6** oldest. *nm mil* major. **maggiordomo** (maddʒor'dɔmo) *nm* butler. **maggiorenne** (maddʒo'rɛnne) *adj* law of age.

magia (ma'dʒia) *nf* magic. **magico** ('madʒiko) *adj* magic, magical.

magistero (madʒis'tero) *nm* **1** skill. **2** teaching profession.

magistrato (madʒis'trato) *nm* magistrate.

maglia ('maʎʎa) *nf* **1** stitch, link. **2** pullover. **3** vest. **lavorare a maglia** knit.

magnete (maɲˈɲete) *nm* magnet. **magnetico** (maɲˈɲetiko) *adj* magnetic.

magnetofono (maɲɲeˈtɔfono) *nm tech* taperecorder.

magnifico (maɲˈɲifiko) *adj* splendid, magnificent.

magnolia (maɲˈɲɔlja) *nf* magnolia.

mago (ˈmago) *nm* magician, wizard. **maga** *nf* sorceress.

magro (ˈmagro) *adj* 1 thin. 2 scanty, meagre. 3 lean. **mangiare di magro** abstain from eating meat. **magrezza** (maˈgrettsa) *nf* thinness.

mai (ˈmai) *adv* 1 ever. 2 never. **come mai?** how is that? **mai più** never again.

maiale (maˈjale) *nm* 1 pig. 2 pork.

maionese (majoˈnese) *nf* mayonnaise.

mais (ˈmais) *nm* maize.

maiuscolo (maˈjuskolo) *adj* (of a letter) capital. **maiuscola** (maˈjuskola) *nf* capital letter.

malaccorto (malakˈkɔrto) *adj* imprudent.

malafede (malaˈfede) *nf* bad faith.

malanno (maˈlanno) *nm* misfortune.

malapena (malaˈpena) **a malapena** *adv* hardly.

malaria (maˈlarja) *nf* malaria.

malato (maˈlato) *adj* 1 sick, ill. 2 sore. *nm* sick person, patient. **malattia** *nf* illness.

malavoglia (malaˈvɔʎʎa) *nf* ill will.

malcontento (malkonˈtento) *adj* discontented. *nm* discontent.

male (ˈmale) *nm* 1 evil, wrong. 2 ache, pain. **andare a male** go bad. **di male in peggio** from bad to worse. **mal di denti** toothache. **mal di gola** sore throat. **mal di mare** seasickness. **mal di testa** headache. *adv* 1 badly. 2 ill. **non c'è male** not too bad.

maledire* (maleˈdire) *vt* curse. **maledetto** *adj* cursed. **maledizione** *nf* curse.

maleducato (maleduˈkato) *adj* rude, ill-bred.

malefico (maˈlɛfiko) *adj* malign.

malerba (maˈlɛrba) *nf* weed.

malessere (maˈlessere) *nm* 1 uneasiness. 2 indisposition.

malevolo (maˈlɛvolo) *adj* malevolent. **malevolenza** (malevoˈlɛntsa) *nf* malevolence.

malfamato (malfaˈmato) *adj* notorious.

malfatto (malˈfatto) *adj* misshapen.

malfattore (malfatˈtore) *nm* evildoer, criminal.

malfermo (malˈfɛrmo) *adj* unstable.

malfido (malˈfido) *adj* unreliable.

malgrado (malˈgrado) *prep* despite, in spite of. *conj* although.

malia (maˈlia) *nf* enchantment.

maligno (maˈliɲɲo) *adj* malignant.

malinconia (malinkoˈnia) *nf* melancholy. **malinconico** (malinˈkɔniko) *adj* melancholy.

malinteso (malinˈteso) *adj* misunderstood. *nm* misunderstanding.

malizia (maˈlittsja) *nf* malice. **malizioso** (malitˈtsjoso) *adj* malicious.

malmenare (malmeˈnare) *vt* illtreat.

malnutrizione (malnutritˈtsjone) *nf* malnutrition.

malo (ˈmalo) *adj* bad. **di mala voglia** *adv* unwillingly.

malsano (malˈsano) *adj* unhealthy.

malta (ˈmalta) *nf* mortar.

malto ('malto) *nm* malt.

maltrattare (maltrat'tare) *vt* illtreat.

malumore (malu'more) *nm* bad mood. **di malumore** in a bad mood.

malvagio (mal'vadʒo) *adj* evil.

malversare (malver'sare) *vt* embezzle. **malversazione** *nf* embezzlement.

malvolentieri (malvolen'tjeri) *adv* unwillingly.

mamma ('mamma) *nf inf* mummy, mum. **mamma mia!** my goodness!

mammella (mam'mella) *nf* breast.

mammifero (mam'mifero) *nm* mammal.

mancare (man'kare) *vi* 1 lack, want. 2 miss, be missing. 3 fail. **non ci mancherebbe altro!** that's all we need! **mancante** *adj* 1 missing. 2 lacking. **mancanza** (man'kantsa) *nf* lack.

mancia ('mantʃa) *nf* tip, gratuity.

mancino (man'tʃino) *adj* 1 left. 2 left-handed. 3 disloyal.

mandare (man'dare) *vt* send. **mandare giù** swallow. **mandato** *nm* 1 mandate. 2 warrant.

mandarino[1] (manda'rino) *nm* mandarin.

mandarino[2] (manda'rino) *nm* mandarin, tangerine.

mandolino (mando'lino) *nm* mandolin.

mandorla ('mandorla) *nf* 1 almond. 2 kernel. **mandorlo** ('mandorlo) *nm* almond tree.

mandria ('mandrja) *nf* herd.

maneggiare (maned'dʒare) *vt* handle. **maneggio** *nm* 1 handling. 2 management.

manette (ma'nette) *nf pl* handcuffs.

mangano ('mangano) *nm* mangle.

mangianastri (mandʒa'nastri) *nm Tdmk* portable cassette recorder.

mangiare (man'dʒare) *vt* 1 eat. 2 corrode. 3 waste. 4 (in draughts, etc.) take. **mangiabile** (man'dʒabile) *adj* edible. **mangime** *nm* fodder.

mangiatoia (mandʒa'toja) *nf* manger.

mango ('mango) *nm* 1 mango. 2 mango tree.

mania (ma'nia) *nf* 1 mania. 2 obsession, craze. **maniaco** (ma'niako) *adj* 1 maniacal. 2 crazy. *nm* maniac.

manica ('manika) *nf* 1 sleeve. 2 *cap* English Channel. **essere un altro paio di maniche** be another kettle of fish.

manichino (mani'kino) *nm* tailor's dummy.

manico ('maniko) *nm* handle.

manicomio (mani'kɔmjo) *nm* lunatic asylum.

maniera (ma'njera) *nf* 1 way, manner, style. 2 *pl* manners. **in maniera che** so that. **manierato** *adj* affected.

manifattura (manifat'tura) *nf* 1 manufacture. 2 factory.

manifestare (manifes'tare) *vt* display, show. *vi pol* demonstrate. **manifestazione** *nf pol* demonstration. **manifesto** (mani'festo) *nm* 1 poster. 2 manifesto.

maniglia (ma'niʎʎa) *nf* handle, knob.

manipolare (manipo'lare) *vt* handle, manipulate.

mannaggia (man'naddʒa) *interj* damn!

mano ('mano) *nf pl* **mani** 1 hand. 2 power. 3 skill. 4 help. 5 coat (of paint). **alla mano** affable. **a mano** by hand. **bat-**

tere le mani clap. **di seconda mano** second-hand. **man mano** gradually. **sotto mano** or **a portata di mano** at hand. **stringere la mano a** shake hands with. **manata** nf handful. **manicotto** (mani'kɔtto) nm muff. **manodopera** (mano'dɔpera) nf labour. **manopola** (ma'nɔpola) nf knob. **manoscritto** (manos'kritto) nm manuscript. **manovella** (mano'vella) nf handle.

manomettere (mano'mettere) vt illtreat.

manovrare (mano'vrare) vt manoeuvre. **manovra** (ma'nɔvra) nf manoeuvre.

mansueto (mansu'eto) adj 1 tame. 2 meek.

mantello (man'tello) nm cloak.

mantenere* (mante'nere) vt 1 keep, maintain. 2 support. **mantenimento** nm maintenance.

mantice (man'titʃe) nm bellows.

mantiglia (man'tiʎʎa) nf mantilla.

manuale (manu'ale) adj manual. nm manual, handbook.

manubrio (ma'nubrjo) nm 1 handle. 2 handlebar.

manutenzione (manuten'tsjone) nf maintenance.

manzo ('mandzo) nm beef.

mappa ('mappa) nf map. **mappamondo** nm globe.

marca ('marka) nf mark. **marca di fabbrica** trademark.

marcare (mar'kare) vt 1 mark, note. 2 sport score.

marcia[1] ('martʃa) nf 1 march. 2 mot gear. **marciapiede** (martʃa'pjede) nm 1 pavement. 2 platform.

marcia[2] ('martʃa) nf pus.

marciare (mar'tʃare) vi march.

marcire (mar'tʃire) vi go bad. **marcio** adj rotten, bad.

marco[1] ('marko) nm mark (coin).

marco[2] ('marko) nm mark, sign.

mare ('mare) nm sea, ocean. **mare grosso** heavy sea. **marea** (ma'rea) nf tide.

maremma (ma'remma) nf swamp.

maresciallo (mareʃ'ʃallo) nm marshal.

margarina (marga'rina) nf margarine.

margherita (marge'rita) nf daisy.

margine ('mardʒine) nm 1 edge, border. 2 margin.

marina (ma'rina) nf 1 sea. 2 coast. 3 navy. 4 Art seascape. **marinaio** nm sailor. **marino** adj marine.

marinare (mari'nare) vt marinade. **marinare la scuola** play truant.

marionetta (marjo'netta) nf puppet.

maritare (mari'tare) vt marry. **maritarsi** vr marry, get married. **maritale** adj marital.

marito (ma'rito) nm husband.

marittimo (ma'rittimo) adj maritime.

marmellata (marmel'lata) nf jam, marmalade.

marmo ('marmo) nm marble.

marra ('marra) nf hoe.

marrone (mar'rone) nm chestnut. adj brown.

marsupiale (marsu'pjale) nm marsupial.

martedì (marte'di) nm Tuesday. **martedì grasso** Shrove Tuesday.

martellare (martel'lare) vt, vi hammer.

vi throb. **martello** (mar'tɛllo) *nm* hammer.

martire (mar'tire) *nm,f* martyr. **martirio** *nm* **1** martyrdom. **2** torment.

marxismo (mark'sizmo) *nm* Marxism. **marxista** *adj,n* Marxist.

marzapane (martsa'pane) *nm* marzipan.

marziale (mar'tsjale) *adj* martial.

marzo ('martso) *nm* March.

mascalzone (maskal'tsone) *nm* villain.

mascara (mas'kare) *nm* mascara.

mascella (maʃ'ʃɛlla) *nf* jaw.

mascherare (maske'rare) *vt* mask, conceal. **maschera** ('maskera) *nf* mask. **ballo in maschera** *nm* masked ball.

maschile (mas'kile) *adj* masculine, male, manly.

maschio ('maskjo) *adj* male, manly. *nm* **1** male. **2** boy.

masochismo (mazo'kizmo) *nm* masochism.

massa ('massa) *nf* pile, heap, mass.

massacrare (massa'krare) *vt* massacre. **massacro** *nm* massacre.

massaggiare (massad'dʒare) *vt* massage. **massaggio** *nm* massage.

massaia (mas'saja) *nf* house-wife.

massiccio (mas'sittʃo) *adj* **1** solid. **2** huge. **oro massiccio** *nm* solid gold.

massima ('massima) *nf* maxim, rule.

massimo ('massimo) *adj* greatest. *nm* maximum. **al massimo** at the most.

massone (mas'sone) *nm* freemason. **massoneria** *nf* freemasonry.

masticare (masti'kare) *vt* chew.

mastro ('mastro) *nm* ledger.

matematica (mate'matika) *nf* mathematics. **matematico** (mate'matiko) *nm* mathematician. *adj* mathematical.

materasso (mate'rasso) *nm* mattress.

materia (ma'tɛrja) *nf* **1** matter, material. **2** subject. **materiale** *adj,nm* material.

materno (ma'tɛrno) *adj* maternal. **maternità** *nf* maternity, motherhood.

matita (ma'tita) *nf* pencil.

matriarcale (matriar'kale) *adj* matriarchal.

matrice (ma'tritʃe) *nf* **1** womb. **2** counterfoil.

matricolare (matriko'lare) *vt* enroll. **matricolarsi** *vr* matriculate. **matricola** (ma'trikola) *nf* **1** register. **2** first year student.

matrigna (ma'triɲɲa) *nf* step-mother.

matrimonio (matri'mɔnjo) *nm* marriage, matrimony. **matrimoniale** *adj* matrimonial.

matterello (matte'rɛllo) *nm* rolling pin.

mattina (mat'tina) *nf also* **mattino** *nm* morning. **mattinata** *nf* **1** morning. **2** matinée.

matto ('matto) *adj* mad, crazy. *nm* madman.

mattone (mat'tone) *nm* brick. **mattonella** (matto'nɛlla) *nf* tile.

maturare (matu'rare) *vi* **1** ripen. **2** mature. **maturità** *nf* maturity. **maturo** *adj* **1** ripe. **2** mature.

mausoleo (mauzo'lɛo) *nm* mausoleum.

mazza ('mattsa) *nf* club.

mazzo ('mattso) *nm* bunch.

me (me) *pron 1st pers m,f s* **1** me. **2** myself.

meccanica (mek'kanika) *nf* mechanics. **meccanico** (mek'kaniko) *adj* mechanical. *nm* mechanic. **meccanismo** *nm* mechanism. **meccanizzare** (mekkanid'dzare) *vt* mechanize.

mèche (meʃ) *nf* streak (in the hair).

medaglia (me'daʎʎa) *nf* medal.

medesimo (me'dezimo) *adj* same.

media ('medja) *nf* average. **in media** on average.

mediante (me'djante) *prep* by means of.

medicare (medi'kare) *vt* med treat, dress. **medicamento** *nm* treatment, remedy. **medicina** *nf* medicine. **medico** ('mɛdiko) *nm* doctor. **medico condotto** panel doctor.

medio ('mɛdjo) *adj* 1 middle. 2 average. *nm* middle finger. **scuola media** *nf* secondary school.

mediocre (me'djɔkre) *adj* 1 average. 2 mediocre. **mediocrità** *nf* mediocrity.

medioevo (medjo'evo) *nm* Middle Ages. **medioevale** *adj* medieval.

meditare (medi'tare) *vt* 1 meditate upon. 2 ponder. *vi* meditate. **meditazione** *nf* meditation.

mediterraneo (mediter'raneo) *adj* Mediterranean. **(Mare) Mediterraneo** *nm* Mediterranean (Sea).

medusa (me'duza) *nf* jellyfish.

megafono (me'gafono) *nm* loudspeaker.

meglio ('mɛʎʎo) *adv,adj invar* 1 better. 2 best. **tanto meglio** so much the better. ~*nm* best. **fare del proprio meglio** do one's best.

mela ('mela) *nf* apple. **melo** *nm* apple tree.

melagrana (mela'grana) *nf* pomegranate.

melanzana (melan'dzana) *nf* aubergine.

melassa (me'lassa) *nf* molasses.

melodia (melo'dia) *nf* melody.

melodramma (melo'dramma) *nm* melodrama. **melodrammatico** (melo-dram'matiko) *adj* melodramatic.

melone (me'lone) *nm* melon.

membrana (mem'brana) *nf* membrane.

membro ('membro) *nm* 1 *pl* **membra** *f* limb. 2 *pl* **membri** *m* member.

memoria (me'mɔrja) *nf* 1 memory. 2 *pl* memoirs. **a memoria** by rote; by heart. **memorabile** (memo'rabile) *adj* memorable.

menare (me'nare) *vt* 1 lead, take. 2 deliver (a blow). **sapere a menadito** have at one's fingertips.

mendicare (mendi'kare) *vt,vi* beg. **mendicante** *nm* beggar.

meno ('meno) *adv* 1 less. 2 minus. 3 least. **a meno che** unless. **meno male** so much the better. **per lo meno** at least. **venire meno** 1 fail. 2 faint. ~*conj* except. *adj invar* 1 less, fewer. 2 least. *nm* least.

menopausa (meno'pauza) *nf* menopause.

mensa ('mɛnsa) *nf* canteen, refectory.

mensile (men'sile) *adj* monthly.

menta ('menta) *nf* mint.

mente ('mente) *nf* mind. **sapere a mente** know by heart. **mentale** *adj* mental. **mentalità** *nf* mentality.

mentire (men'tire) *vi* lie.

mento ('mento) *nm* chin.

mentre ('mentre) *conj* 1 while. 2 whereas.

menu (mə'ny) *nm also* **menù** menu.

menzionare (mentsjo'nare) *vt* mention. **menzione** *nf* mention.

menzogna (men'tsoɲɲa) *nf* lie.

meraviglia (mera'viʎʎa) *nf* amazement, wonder. **a meraviglia** wonderfully. **meraviglioso** (meraviʎ'ʎoso) *adj* wonderful. **meravigliarsi** *vr* be amazed.

mercante (mer'kante) *nm* merchant.

mercanzia (merkan'tsia) *nf* merchandise.

mercato (mer'kato) *nm* market. **a buon mercato** cheaply.

merce ('mertʃe) *nf* goods.

mercenario (mertʃe'narjo) *adj,nm* mercenary.

merciaio (mer'tʃajo) *nm* haberdasher. **merceria** *nf* haberdashery (shop).

mercoledì (merkole'di) *nm* Wednesday.

mercurio (mer'kurjo) *nm* mercury.

merda ('merda) *n f tab* excrement.

merenda (me'renda) *nf* midafternoon snack.

meridiana (meri'djana) *nf* sundial.

meridionale (meridjo'nale) *adj* southern.

meringa (me'ringa) *nf* meringue.

meritare (meri'tare) *vt* deserve, merit, earn. **meritevole** (meri'tevole) *adj* deserving. **merito** ('merito) *nm* merit.

merletto (mer'letto) *nm* lace.

merlo[1] ('merlo) *nm* blackbird.

merlo[2] ('merlo) *nm arch* battlement.

merluzzo (mer'luttso) *nm* cod.

mero ('mero) *adj* mere.

meschino (mes'kino) *adj* **1** wretched. **2** scanty, poor, mean.

mescita ('meʃʃita) *nf* **1** bar. **2** public house.

mescolare (mesko'lare) *vt* **1** mix, blend. **2** shuffle (cards). **mescolanza** *nf* mixture.

mese ('mese) *nm* month.

messa[1] ('messa) *nf* Mass.

messa[2] ('messa) *nf* putting, placing. **messa in piega** (hair) set.

messaggio (mes'saddʒo) *nm* message, note. **messaggero** (messad'dʒero) *nm* messenger.

Messico ('messiko) *nm* Mexico. **messicano** (messi'kano) *adj,n* Mexican.

messo ('messo) *v* see **mettere**.

mestiere (mes'tjere) *nm* job, trade.

mesto ('mesto) *adj* sad.

mestolo (mes'tolo) *nm also* **mestola** ('mestola) *nf* ladle.

mestruazione (mestruat'tsjone) *nf* menstruation. **avere le mestruazioni** have a period.

meta ('meta) *nf* aim, object.

metà (me'ta) *nf* half.

metabolismo (metabo'lizmo) *nm* metabolism.

metafisica (meta'fizika) *nf* metaphysics.

metafora (me'tafora) *nf* metaphor. **metaforico** *adj* metaphorical.

metallo (me'tallo) *nm* metal. **metallico** (me'talliko) *adj* metallic. **metallurgia** *nf* metallurgy.

metano (me'tano) *nm* methane.

meteora (me'teora) *nf* meteor.

meteorologia (meteorolo'dʒia) *nf* meteorology. **meteorologico** (meteoro'lɔdʒiko) *adj* meteorological.

meticcio (me'tittʃo) *adj,nm* half-breed.

meticoloso (metiko'loso) *adj* scrupulous, meticulous.

metodista (meto'dista) *nm* Methodist.

metodo ('mɛtodo) *nm* **1** method. **2** order.

metodico (me'tɔdiko) *adj* methodical.

metro ('mɛtro) *nm* metre. **metrico** ('metriko) *adj* metric.

metropoli (me'trɔpoli) *nf invar* metropolis. **metropolitana** *nf* underground, tube.

mettere* ('mɛttere) *vt* **1** put, place, set. **2** take (time). **3** suppose. **4** install. **5** put forth, sprout. **mettere in onda** transmit. **mettere su** set up. **mettersi** *vr* **1** place oneself. **2** put on. **3** begin.

mezzo ('mɛddzo) *adj* **1** half. **2** medium. *adv* half. *nm* **1** half. **2** middle. **3** means. **le due e mezzo** half past two. **mezzaluna** *nf* crescent. **mezzanotte** (meddza'nɔtte) *nf* midnight. **mezzogiorno** *nm* **1** midday, noon. **2** south. **mezz'ora** *adj,nf* half-hour.

mi (mi) *pron 1st pers m,f s* **1** me, to me. **2** myself.

mia (mia) *poss adj, poss pron* see **mio**.

miagolare (mjago'lare) *vi* miaow.

mica ('mika) *adv* **mica male** not too bad. **non...mica** not at all.

miccia ('mittʃa) *nf* fuse.

micio ('mitʃo) *nm inf* cat.

microbo ('mikrobo) *nm also* **microbio** (mi'krɔbjo) microbe.

microfono (mi'krɔfono) *nm* microphone.

microscopio (mikros'kɔpjo) *nm* microscope.

midollo (mi'dollo) *nm anat* marrow.

mie ('mie) *poss adj, poss pron* see **mio**.

miei ('mjei) *poss adj,poss pron* see **mio**.

miele ('mjɛle) *nm* honey.

mietere ('mjɛtere) *vt* reap.

migliaio (miʎ'ʎajo) *nm pl* **migliaia** *f* about a thousand.

miglio ('miʎʎo) *nm pl* **miglia** *f* mile.

migliore (miʎ'ʎore) *adj* **1** better. **2** best.

miglioramento *nm* improvement. **migliorare** *vt,vi* improve.

mignolo ('miɲɲolo) *nm* **1** little finger. **2** little toe.

migrare (mi'grare) *vi* migrate.

mila ('mila) *adj,n invar* thousands.

Milano (mi'lano) *nf* Milan.

milione (mi'ljone) *nm* million. **milionario** (miljo'narjo) *nm* millionaire. **milionesimo** *adj* millionth.

milite ('milite) *nm* soldier. **militare** *vi* **1** fight. **2** *nm* serve. *adj* military. **militante** *adj,nm* militant.

millantare (millan'tare) *vt* ex-aggerate. **millantatore** *nm* boaster.

mille ('mille) *adj,nm* thousand. **millennio** (mil'lennnjo) *nm* millennium. **millesimo** *adj* thousandth.

millepiedi (mille'pjɛdi) *nm invar* centipede.

milligrammo (milli'grammo) *nm* milligram.

mimetizzare (mimetid'dzare) *vt* camouflage.

mimo ('mimo) *nm* **1** mimic. **2** mime.

minacciare (minat'tʃare) *vt* threaten. **minaccia** *nf* threat.

minare (mi'nare) *vt* **1** mine. **2** undermine. **mina** *nf* mine (explosive). **minatore** *nm* miner.

minareto (mina'reto) *nm* minaret.

minerale (mine'rale) *adj,nm* mineral.

minestra (mi'nɛstra) *nf* soup. **minestrone** *nm* thick vegetable and pasta soup.

miniatura (minja'tura) *nf* miniature.

miniera (mi'njera) *nf* mine, quarry.

minimo ('minimo) *adj* 1 least. 2 lowest. *nm* minimum.

ministero (minis'tɛro) *nm* 1 ministry. 2 office. **ministero degli affari esteri** Foreign Office. **ministero dell'interno** Home Office. **ministro** *nm* minister.

minore (mi'nore) *adj* 1 smaller, less. 2 younger. 3 minor. 4 smallest. 5 youngest. **minoranza** (mino'rantsa) *nf* minority. **minorenne** (mino'renne) *adj* under age. *nm law* minor.

minuetto (minu'etto) *nm* minuet.

minuscolo (mi'nuskolo) *adj* small, tiny. **minuscola** (mi'nuskola) *nf* small letter.

minuto[1] (mi'nuto) *adj* 1 minute. 2 precise. **al minuto** retail.

minuto[2] (mi'nuto) *nm* minute.

mio, mia, miei, mie ('mio, 'nia, 'mjɛi, 'mie) *poss adj 1st pers s* my. *poss pron 1st pers s* mine.

miope ('miope) *adj* shortsighted.

miracolo (mi'rakolo) *nm* miracle.

miraggio (mi'raddʒo) *nm* mirage.

mirare (mi'rare) *vt* gaze at, look at. *vi* aim. **mira** *nf* aim. **mirino** *nm* viewfinder.

miscela (miʃ'ʃela) *nf* mixture. **miscellaneo** (miʃʃel'laneo) *adj* miscellaneous.

mischia ('miskja) *nf* fray, fight.

mischiare (mis'kjare) *vt* mix.

miscuglio (mis'kuʎʎo) *nm* mixture.

miseria (mi'zɛrja) *nf* 1 poverty. 2 misery. **miserabile** (mize'rabile) *adj*

wretched. **misero** ('mizero) *adj* 1 wretched. 2 poor.

misi ('mizi) *v see* **mettere**.

missile ('missile) *nm* missile.

missione (mis'sjone) *nf* mission. **missionario** *nm* missionary.

mistero (mis'tɛro) *nm* mystery. **misterioso** (miste'rjoso) *adj* mysterious.

mistico ('mistiko) *adj* mystical. **misticismo** *nm* mysticism.

misto ('misto) *adj* mixed. *nm* mixture.

mistura (mis'tura) *nf* mixture.

misurare (mizu'rare) *vt* measure. **misura** (mi'zura) *nf* 1 measure. 2 size, measurement. **a misura che** in proportion as. **su misura** made to measure.

mite ('mite) *adj* mild.

mito ('mito) *nm* myth. **mitologia** *nf* mythology.

mitra[1] ('mitra) *nf* mitre.

mitra[2] ('mitra) *nm* submachine gun. **mitragliatrice** (mitraʎʎa'tritʃe) *nf* machine-gun.

mittente (mit'tɛnte) *nm* sender.

mobile ('mɔbile) *adj* movable, mobile. *nm* 1 piece of furniture. 2 *pl* furniture.

mobilio (mo'biljo) *nm* furniture.

mobilitare (mobili'tare) *vt* mobilize.

moda ('mɔda) *nf* fashion. **di moda** in fashion. **modista** *nf* milliner.

modellare (model'lare) *vt* model. **modella** (mo'dɛlla) *nf Art* model. **modello** (mo'dɛllo) *nm* 1 model. 2 pattern.

moderare (mode'rare) *vt* moderate. **moderato** *adj* moderate. **moderazione** *nf* moderation.

moderno (mo'dɛrno) *adj* modern, up-to-date. **modernizzare** (modernid'dzare) *vt* modernize.

modestia (mo'dɛstja) *nf* modesty. **modesto** (mo'dɛsto) *adj* modest.

modificare (modifi'kare) *vt* modify, alter.

modo ('mɔdo) *nm* **1** way, method. **2** *mus* key. **3** means. **a ogni modo** anyway. **in tutti i modi** in any case. **per modo di dire** so to speak.

modulare (modu'lare) *vt* modulate.

modulo ('mɔdulo) *nm* form.

mogano ('mɔgano) *nm* mahogany.

moglie ('moʎʎe) *nf* wife.

molecola (mo'lɛkola) *nf* molecule.

molesto (mo'lɛsto) *adj* annoying.

molla ('mɔlla) *nf* **1** spring. **2** *pl* tongs. **molletta** *nf* **1** clothes peg. **2** hairgrip.

molle ('mɔlle) *adj* soft.

mollusco (mol'lusko) *nm* mollusc, shellfish.

molo ('mɔlo) *nm* pier.

molteplice (mol'teplitʃe) *adj* **1** complex. **2** various.

moltiplicare (moltipli'kare) *vt* multiply.

moltitudine (molti'tudine) *nf* crowd.

molto ('molto) *adj* **1** much, a lot of. **2** *pl* many. **3** (of time) long. *adv* **1** much, a lot. **2** very.

momento (mo'mento) *nm* moment. **momentaneo** *adj* momentary.

monaco ('mɔnako) *nm* monk. **monaca** ('mɔnaka) *nf* nun.

Monaco ('mɔnako) *nf* Monaco. **Monaco di Baviera** Munich.

monarca (mo'narka) *nm* monarch. **monarchia** *nf* monarchy.

monastero (monas'tɛro) *nm* **1** monastery. **2** convent. **monastico** (mo'na-stiko) *adj* monastic.

monco ('monko) *adj* **1** maimed. **2** incomplete.

mondezzaio (mondet'tsajo) *nm* rubbish tip.

mondo ('mondo) *nm* world. **mondiale** *adj* **1** world. **2** worldwide.

monello (mo'nɛllo) *nm* rascal.

moneta (mo'neta) *nf* **1** coin. **2** small change. **carta moneta** *nf* paper money.

monetario (mone'tarjo) *adj* monetary. **monetarismo** *nf* monetarism.

monocromo (mo'nɔkromo) *adj* monochrome.

monologo (mo'nɔlogo) *nm* monologue.

monopolio (mono'pɔljo) *nm* monopoly. **monopolizzare** (monopolid'dzare) *vt* monopolize.

monotono (mo'nɔtono) *adj* monotonous. **monotonia** *nf* monotony.

monsone (mon'sone) *nm* monsoon.

montaggio (montad'dʒo) *nm tech* assembly.

montagna (mon'taɲɲa) *nf* mountain. **montagnoso** *adj* mountainous. **montanaro** *nm* person living in the highlands.

montare (mon'tare) *vi* climb, mount. *vt* **1** mount. **2** assemble, put together. **3** whip (cream).

monte ('monte) *nm* **1** mountain. **2** pile, heap.

montone (mon'tone) *nm* **1** ram. **2** mutton.

monumento (monu'mento) *nm* monument. **monumentale** *adj* monumental.

mora ('mora) *nf* blackberry.

morale (mo'rale) *nf* morality. *nm*

morale. **moralità** nf morality. **mora-leggiare** (moraled'dʒare) vi moralize.

morbido ('mɔrbido) adj soft. **morbidezza** (morbi'dettsa) nf softness.

morbillo (mor'billo) nm measles.

mordere* ('mɔrdere) vt bite. **mordente** (mor'dɛnte) adj biting.

morfina (mor'fina) nf morphine.

morire* (mo'rire) vi die.

mormorare (mormo'rare) vi murmur, mutter.

moro ('mɔro) adj dark. nm Negro.

morsi ('mɔrsi) v see **mordere**.

morsicare (morsi'kare) vt 1 nibble. 2 sting. **morso** ('mɔrso) v see **mordere**. nm 1 bite. 2 sting. 3 horse's bit.

mortadella (morta'dɛlla) nf spicy pork sausage.

mortaio (mor'tojo) nm mortar.

mortale (mor'tale) adj 1 mortal. 2 deadly. nm mortal. **mortalità** nf mortality.

morte ('mɔrte) nf death.

morto ('mɔrto) v see **morire**. adj dead. nm dead man.

mosaico (mo'zaiko) nm mosaic.

mosca ('moska) nf fly.

moschea (mos'kɛa) nf mosque.

moschetto (mos'ketto) nm musket.

mossa ('mɔssa) nf 1 movement. 2 game move.

mossi ('mɔssi) v see **muovere**.

mosso ('mɔsso) v see **muovere**. adj agitated. **mare mosso** nm rough sea.

mostarda (mos'tarda) nf mustard.

mostrare (mos'trare) vt show, exhibit. **mostra** nf exhibition, show.

mostro ('mostro) nm monster. **mostruoso** (mostru'oso) adj monstrous.

motivo (mo'tivo) nm 1 cause, motive. 2 motif.

moto[1] ('mɔto) nm motion. **mettere in moto** start.

moto[2] ('mɔto) nf invar motorbike.

motocicletta (mototʃi'kletta) nf motorcycle. **motociclista** nm motorcyclist.

motocisterna (mototʃis'tɛrna) nf motanker.

motore (mo'tore) nm motor, engine. **motorino** nm motorcycle.

motoscafo (motos'kafo) nm motorboat.

movesti (mo'vesti) v see **muovere**.

movimento (movi'mento) nm movement.

mozione (mot'tsjone) nf motion.

mozzare (mot'tsare) vt cut off.

mozzarella (mottsa'rɛlla) nf sweet Neapolitan cheese.

mozzicone (mottsi'kone) nm cigar or cigarette stub.

mucca ('mukka) nf cow.

mucchio ('mukkjo) nm heap, pile.

muco ('muko) nm mucus.

muffa ('muffa) nf mould, must.

mugghiare (mug'gjare) vi bellow, roar.

muggire (mud'dʒire) vi 1 moo. 2 bellow, roar. **muggito** nm roar.

mughetto (mu'getto) nm lily-of-the-valley.

mugnaio (muɲ'ɲajo) nm miller.

mugolare (mugo'lare) vi 1 howl. 2 whine.

mulino (mu'lino) nm mill. **mulino a vento** windmill.

mulo ('mulo) nm mule.

multa ('multa) *nf* fine.

multicolore (multiko'lore) *adj* multi-coloured.

multirazziale (multirat'tsjale) *adj* multiracial.

mummia ('mummja) *nf* mummy.

mungere* ('mundʒere) *vt* milk.

municipio (muni'tʃipjo) *nm* **1** municipality. **2** town hall. **municipale** *adj* municipal.

munire (mu'nire) *vt* **1** fortify. **2** supply, provide. **munizioni** *nf pl* ammunition.

muoio ('mwɔjo) *v* see **morire**.

muori ('mwɔri) *v* see **morire**.

muovere* ('mwɔvere) *vt,vi* move. **muovere un passo** take a step. **muoversi** *vr* move, stir.

muraglia (mu'raʎʎa) *nf* **1** wall. **2** barrier.

muro ('muro) *nm* **1** *pl* **muri** *m* wall. **2** *pl* **mura** *f* city wall. **muratore** *nm* mason.

muschio ('muskjo) *nm* musk.

muscolo ('muskolo) *nm* muscle.

museo (mu'zɛo) *nm* museum, art gallery.

musica ('muzika) *nf* music. **musicale** *adj* musical.

muso ('muzo) *nm* snout.

mussolina (musso'lina) *nf* muslin.

muta ('muta) *nf* wet suit.

mutande (mu'tande) *nf pl* pants, knickers. **mutandine** *nf pl* **1** bathing trunks. **2** pants.

mutare (mu'tare) *vt* change.

mutilare (muti'lare) *vt* mutilate.

muto ('muto) *adj* dumb, mute.

mutuo ('mutuo) *adj* mutual, reciprocal. *nm* loan.

N

nacchera ('nakkera) *nf* castanet.

nacqui ('nakkwi) *v* see **nascere**.

nafta ('nafta) *nf* diesel (oil).

nailon ('nailon) *nm* nylon.

nanna ('nanna) *nf inf* sleep.

nano ('nano) *nm* dwarf.

napalm ('napalm) *nm* napalm.

Napoli ('napoli) *nf* Naples. **napoletano** *adj,n* Neapolitan.

nappa ('nappa) *nf* tassel.

narcotico (nar'kɔtiko) *adj,nm* narcotic.

narice (na'ritʃe) *nf* nostril.

narrare (nar'rare) *vt* tell, relate. **narrativa** *nf* **1** narrative. **2** fiction. **narratore** *nm* narrative writer. **narrazione** *nf* narration, account.

nascere* ('naʃʃere) *vi* be born. **nascita** ('naʃʃita) *nf* birth.

nascondere* (nas'kondere) *vt* hide. conceal. **nascondersi** *vr* hide. **nascondiglio** *nm* **1** hiding place. **2** hide and seek.

nascosi (nas'kɔsi) *v* see **nascondere**.

nascosto (nas'kɔsto) *v* see **nascondere**. *adj* hidden. **di nascosto** secretly.

nasello (na'sɛllo) *nm* whiting.

naso ('naso) *nm* nose. **nasale** (na'sale) *adj* nasal.

nastro ('nastro) *nm* **1** ribbon. **2** tape. **nastro magnetico** recording tape.

nasturzio (nas'turtsjo) *nm* nasturtium.

natale (na'tale) *adj* native, natal. **natalità** *nf* birth rate.

Natale (na'tale) *nm* Christmas.

natatoia (nana'toja) *nf* fin.

natica (na'tika) *nf* buttock.

nativo (na'tivo) *adj,nm* native.

nato ('nato) *v* see **nascere**. *adj* born. **nato morto** still-born.

natura (na'tura) *nf* **1** nature. **2** temperament. **naturale** *adj* natural. **naturalismo** *nm* naturalism. **naturalizzare** (naturalid'dzare) *vt* naturalize.

naufragio (nau'fradʒo) *nm* shipwreck.

nausea ('nauzea) *nf* **1** nausea. **2** disgust. **nauseare** *vt* **1** nauseate. **2** disgust.

nautico ('nautiko) *adj* nautical.

navata (na'vata) *nf* nave.

nave ('nave) *nf* ship, boat, liner. **navale** *adj* naval.

navetta (na'vetta) *nf* shuttle.

navigare (navi'gare) *vi* sail. **navigazione** *nf* navigation.

nazionalizzare (nattsjonalid'dzare) *vt* nationalize. **nazionalizzazione** *nf* nationalization.

nazione (nat'tsjone) *nf* nation. **nazionale** *adj* national. **nazionalismo** *nm* nationalism. **nazionalista** *nm* nationalist. **nazionalità** *nf* nationality.

nazismo (nat'tsizmo) *nm* Nazism. **nazista** *nm* Nazi.

ne (ne) *pron* **1** of him, her, it, *or* them. **2** about it or them. *adv* from there. *partitive* some, any.

né (ne) *conj* neither, nor. **né...né** neither...nor.

neanche (ne'anke) *adv,conj* not even.

nebbia ('nebbja) *nf* **1** fog. **2** mist. **nebbioso** (neb'bjoso) *adj* **1** foggy. **2** misty.

necessario (netʃes'sarjo) *adj* essential, necessary. **necessità** *nf* necessity, need.

negare (ne'gare) *vt* **1** deny. **2** refuse. **negativa** *nf* negative. **negativo** *adj* negative.

negli ('neʎʎi) contraction of **in gli.**

negligere* (ne'glidʒere) *vt* neglect. **negligente** *adj* negligent. **negligenza** (negli'dʒentsa) *nf* negligence.

negoziare (negot'tsjare) *vt* negotiate. *vi* trade, deal. **negoziante** *nm* dealer. **negoziato** *nm* negotiation. **negoziatore** *nm* negotiator.

negozio (ne'gɔttsjo) *nm* **1** shop. **2** business.

negro ('negro) *adj,n* Negro.

nei ('nei) contraction of **in i.**

nel (nel) contraction of **in il.**

nell' (nel) contraction of **in l'.**

nella ('nella) contraction of **in la.**

nelle ('nelle) contraction of **in le.**

nello ('nello) contraction of **in lo.**

nemico (ne'miko) *adj* hostile. *nm pl* **nemici** enemy.

nemmeno (nem'meno) *adv, conj* not even.

neo ('nɛo) *nm* beauty spot, mole.

neon ('nɛon) *nm* neon.

neonato (neo'nato) *adj* newborn. *nm* newborn child.

nepotismo (nepo'tizmo) *nm* nepotism.

neppure (nep'pure) *adv,conj* not even.

nero ('nero) *adj* black. *nm* **1** black. **2** *cap* Black.

nervo ('nɛrvo) *nm* nerve, sinew. **dare ai nervi** get on one's nerves. **nervoso** (ner'voso) *adj* **1** nervous. **2** excitable.

nessuno (nes'suno) *adj* **1** no, none. **2** any. *pron* **neuter** noone, nobody.

nettare ('nettare) *nm* nectar.

netto ('netto) *adj* **1** clean, pure. **2** net.

neutrale (neu'trale) *adj* neutral. **neutralità** *nf* neutrality. **neutralizzare** (neutralid'dzare) *vt* neutralize.

neutro ('neutro) *adj* **1** neuter. **2** neutral.

neve ('neve) *nf* snow.

nevicare (nevi'kare) *vi* snow. **nevicata** *nf* fall of snow.

nevischio (ne'viskjo) *nm* sleet.

nevrosi (ne'vrɔzi) *nf invar* neurosis.

nicchia ('nikkja) *nf* niche.

nichel ('nikel) *nm invar* nickel.

nicotina (niko'tina) *nf* nicotine.

nido ('nido) *nm* nest.

niente ('njɛnte) *pron invar, nm invar* nothing. *adv* not at all.

ninfa ('ninfa) *nf* nymph.

ninfea (nin'fea) *nf* waterlily.

ninna-nanna (ninna-'nanna) *nf* lullaby.

ninnolo ('ninnolo) *nm* knick-knack, plaything.

nipote (ni'pote) *nm* **1** nephew. **2** grandson. **3** *pl* grand-children. *nf* **1** niece. **2** grand-daughter.

nitido ('nitido) *adj* **1** clear. **2** bright.

nitrire (ni'trire) *vi* neight.

no (nɔ) *adv* **1** no. **2** not.

nobile ('nobile) *adj,nm* noble. **nobiltà** *nf* nobility.

nocca ('nɔkka) *nf* knuckle.

nocciola (not'tʃɔla) *nf* hazelnut. **noc-**

ciuolo (not'tʃwɔlo) nm hazelnut tree.

nocciolo ('nɔtlʃolo) nm 1 kernel. 2 stone.

noce ('notʃe) nf walnut, nut. nm walnut tree.

nocivo (no'tʃivo) adj harmful.

nocqui ('nɔkkwi) v see nuocere.

nodo ('nɔdo) nm knot.

noi ('noi) pron 1st pers m,f pl 1 we. 2 us. noialtri pron 1st pers m,f pl 1 we. 2 us. noi stessi pron 1st pers pl ourselves.

noia ('nɔja) nf 1 boredom. 2 annoyance. dare noia annoy. noioso (no'joso) adj 1 boring. 2 irratating.

noleggiare (noled'dʒare) vt hire, rent. noleggio nm also nolo ('nɔlo) nm hire.

nomade ('nɔmade) adj nomadic. nm nomad.

nome ('nome) nm 1 name. 2 noun.

nominare (nomi'nare) vt name, elect. nomina ('nɔmina) nf nomination.

non (non) adv not. non...che only.

noncurante (nonku'rante) adj careless.

nondimeno (nondi'meno) conj nonetheless.

nonno ('nɔnno) nm inf grandfather, grandad or granpa. nonna nf inf grandmother, grandma.

nono ('nɔno) adj ninth.

nonostante (nonos'tante) prep in spite of, despite.

non-ti-scordar-di-me nm invar forget-me-not.

nord (nɔrd) nm north. adj invar north, northern. del nord 1 northern. 2 northerly. verso nord northwards. nord-est nm north-east. adj invar north-east,

north-eastern. del nord-est 1 north-eastern. 2 north-easterly. nordico adj northern. nord-ovest nm north-west. adj invar north-west, north-western. del nord-ovest 1 north-western. 2 north-westerly.

norma ('nɔrma) nf 1 norm. 2 regulation.

normale adj normal, usual. normalità nf normality.

Norvegia (nor'vedʒa) nf Norway. norvegese adj,n Norwegian. nm Norwegian (language).

nostalgia (nostal'dʒia) nf nostalgia. nostalgico (nos'taldʒiko) adj nostalgic.

nostro ('nɔstro) poss adj 1st pers pl our. poss pron 1st pers pl ours.

notaio (no'tajo) nm notary.

notare (no'tare) vt 1 note (down), mark. 2 observe. nota ('nɔta) nf 1 note. 2 mark. 3 bill. 4 list. notevole (no'tevole) adj noteworthy.

notificare (notifi'kare) vt notify, inform.

notizia (no'tittsja) nf 1 piece of news. 2 pl news, information.

noto ('nɔto) adj well-known.

notorio (no'tɔrjo) adj notorius.

notte ('nɔtte) nf night. notturno adj nocturnal. guardiano notturno nm night-watchman.

novanta (no'vanta) adj,nm ninety. novantesimo nf ninetieth.

nove ('nɔve) adj,nm nine. novecento (nove'tʃento) adj nine hundred. nm 1 nine hundred. 2 twentieth century.

novella (no'vella) nf short story. novelliere (novel'ljere) nm short story writer.

novembre (no'vɛmbre) *nm* November.

novità (novi'ta) *nf* **1** novelty, innovation. **2** news.

novizio (no'vittsjo) *nm* novice.

nozze ('nɔttse) *nf pl* marriage, wedding.

nuca ('nuka) *nf* nape (of the neck).

nucleo ('nukleo) *nm* nucleus. **nucleare** *adj* nuclear.

nudo ('nudo) *adj* **1** naked, nude. **2** bare, plain. *nm* nude. **nudismo** *nm* nudism. **nudista** *nm* nudist. **nudità** *nf* nudity.

nulla ('nulla) *pron invar* nothing. *adv* nothing.

nullo ('nullo) *adj* void, null.

numero ('numero) *nm* number. **nu-**

merico (nu'mɛriko) *adj* numerical.

numeroso (nume'roso) *adj* numerous.

nuoccio ('nwɔttʃo) *v see* **nuocere**.

nuocere* ('nwɔtʃere) *vi* harm, hurt, damage.

nuora ('nwɔra) *nf* daughter-in-law.

nuotare (nwo'tare) *vi* swim. **nuotatore** *nm* swimmer. **nuoto** ('nwɔto) *nm* swimming.

nuovo ('nwɔvo) *adj* **1** new. **2** recent. **di nuovo** again.

nutrire (nu'trire) *vt* feed, nourish. **nutriente** (nutri'ɛnte) *adj* nutritious. **nutrimento** *nm* nourishment.

nuvola ('nuvola) *nf* cloud. **nuvoloso** (nuvo'loso) *adj* cloudy.

o

o (o) *conj* or. **o...o** either...or.

oasi ('ɔazi) *nf* oasis.

obbedire* (obbe'dire) *vt,vi* see **ubbidire.**

obbligare (obbli'gare) *vt* oblige, compel. **obbligato** *adj* obliged, grateful. **obbligatorio** (obbliga'tɔrjo) *adj* compulsory. **obbligo** ('ɔbbligo) *nm* **1** obligation. **2** duty.

obeso (o'bezo) *adj* obese. **obesità** *nf* obesity.

obiettare (objet'tare) *vt* object. **obiettivo** (objet'tivo) *adj,nm* objective. **obiettore** *nm* objector. **obiezione** *nf* objection.

obitorio (obi'tɔrjo) *nm* mortuary.

oblio (o'blio) *nm* oblivion.

obliquo (o'blikwo) *adj* oblique, slanting.

obliterare (oblite'rare) *vt* obliterate.

oblò (o'blɔ) *nm* porthole.

oblungo (o'blungo) *adj* oblong.

oboe ('ɔboe) *nm invar* oboe.

oca ('ɔka) *nf* goose.

occasionare (okkazjo'nare) *vt* cause.

occasione (okka'zjone) *nf* opportunity, occasion. **oggetto d'occasione** *nm* bargain.

occhio ('ɔkkjo) *nm* eye. **a quattr'occhi** tete à tete. **dare nell'occhio** catch the eye. **occhiali** *nm pl* glasses, spectacles. **occhiali da sole** sunglasses. **occhiata** *nf* glimpse, glance. **occhiello** (ok'kjɛllo) *nm* buttonhole.

occidente (ottʃi'dente) *nm* west. **occidentale** *adj* western.

occorrere* (ok'korrere) *v imp* need. *vi* happen. **occorrente** (okkor'rɛnte) *adj* necessary. *nm* all tha is necessary. **occorrenza** (okkor'rentsa) *nf* **1** need. **2** occasion. **3** occurrence.

occulto (ok'kulto) *adj* occult.

occupare (okku'pare) *vt* **1** occupy, take up. **2** use, employ. **occuparsi** *vr* busy oneself, concern oneself. **occupante** *nm* occupier. **occupato** *adj* **1** busy. **2** occupied, taken, engaged. **occupazione** *nf* **1** occupation. **2** job, employment.

oceano (o'tʃeano) *nm* ocean.

ocra ('ɔkra) *nf* ochre.

oculista (oku'lista) *nm* oculist.

ode ('ɔde) *nf* ode.

odiare (o'djare) *vt* hate, detest. **odio** ('ɔdjo) *nm* hatred. **odioso** (o'djoso) *adj* hateful.

odo ('ɔdo) *v* see **udire.**

odorare (odo'rare) *vt,vi* smell. **odore** *nm* **1** smell. **2** *pl* herbs.

offendere* (of'fɛndere) *vt* offend, hurt. **offendersi** *vr* take offence. **offensiva** *nf* offensive. **offensivo** (offen'sivo) *adj* offensive.

offersi (of'fɛrsi) *v* see **offrire.**

offerta (of'fɛrta) *nf* offer.

offerto (of'fɛrto) *v* see **offrire.**

offesa (of'fesa) *nf* offence.

officina (offi'tʃina) *nf* workshop.

offrire* (of'frire) vt offer.

offuscare (offus'kare) vt darken, obscure.

oggetto (od'dʒetto) nm object. **oggettivo** adj objective.

oggi ('oddʒi) adv today. **al giorno d'oggi** nowadays. **oggi a otto** a week today.

ogni ('oɲɲi) adj each, every. **in ogni modo** in any case. **ogni tanto** now and again.

Ognissanti (oɲɲis'santi) nm All Saints' Day.

ognuno (oɲ'ɲuno) pron each one, everyone, everybody.

ohimè (oi'me) interj oh dear!

Olanda (o'landa) nf Holland. **olandese** (olan'dese) adj Dutch. nm 1 Dutchman. 2 Dutch (language).

olfatto (ol'fatto) nm sense of smell.

olimpiade (olim'piade) nf Olympic Games. **olimpico** (o'limpiko) adj Olympic.

olio ('oljo) nm oil.

oliva (o'liva) nf olive. **olivo** nm olive tree.

olmo ('olmo) nm elm tree.

oltraggiare (oltrad'dʒare) vt outrage, violate. **oltraggio** nm outrage, offence. **oltraggioso** (oltrad'dʒoso) adj outrageous.

oltre ('oltre) prep 1 beyond. 2 over. 3 besides. adv 1 ahead. 2 further.

oltrepassare (oltrepas'sare) vt exceed, overstep.

omaggio (o'maddʒo) nm homage.

ombelico (ombe'liko) nm navel.

ombra ('ombra) nf 1 shade, shadow. 2 ghost. **ombreggiare** vt shade.

ombrello (om'brello) nm umbrella.

ombrellino nm parasol. **ombrellone** nm beach umbrella.

omettere* (o'mettere) vt omit.

omicidio (omi'tʃidjo) nm murder. **omicida** (omi'tʃida) nm murderer.

omissione (omis'sjone) nf omission.

omogeneo (omo'dʒeneo) adj homogeneous.

omosessuale (omosessu'ale) adj,nm homosexual.

oncia ('ontʃa) nf ounce.

onda ('onda) nf wave.

onde ('onde) adv whence, from where. pron with or by which. conj so that.

ondeggiare (onded'dʒare) vi 1 undulate. 2 waver.

ondulare (ondu'lare) vi,vt wave, undulate. **ondulazione** nf 1 undulation. 2 (in hair) wave.

onesto (o'nesto) adj honest, decent. **onestà** nf honesty.

onice ('onitʃe) nf onyx.

onnipotente (onnipo'tɛnte) adj omnipotent, almighty.

onomastico (ono'mastiko) nm name-day.

onore (o'nore) nm honour. **onorabile** adj honourable. **onorare** vt honour. **onorario** adj honorary. **onorevole** (ono're vole) adj honourable.

ontano (on'tano) nm alder.

opaco (o'pako) adj opaque.

opale (o'pale) nm opal.

opera ('ɔpera) nf 1 work. 2 mus opera.

operaio (ope'rajo) nm worker.

operare (ope'rare) vi work, act. vt med operate on. **operazione** nf operation. **operoso** (ope'roso) adj industrious.

opinione (opi'njone) nf opinion.

oppio ('oppjo) *nm* opium.

opponente (oppo'nente) *adj* opposing. *nm* adversary.

opporre* (op'porre) *vt* oppose.

opportuno (oppor'tuno) *adj* timely.

opposizione (oppozit'tsjone) *nf* opposition.

opposto (op'posto) *adj,nm* opposite, contrary. **all'opposto** on the contrary.

oppressi (op'pressi) *v* see **opprimere**.

oppressione (oppres'sjone) *nf* oppression.

oppresso (op'presso) *v* see **opprimere**. *adj* oppressed. **oppressivo** (oppres'sivo) *adj* oppressive.

opprimere* (op'primere) *vt* 1 oppress. 2 burden.

oppure (op'pure) *conj* or else.

opulento (opu'lɛnto) *adj* opulent.

opuscolo (o'puskolo) *nm* pamphlet.

ora[1] ('ora) *nf* 1 hour. 2 time. **che ore sono?** what time is it? **di buon'ora** early. **non vedere l'ora di** long to.

ora[2] ('ora) *adv* now, just now.

orale (o'rale) *adj* oral.

orario (o'rarjo) *nm* timetable.

orazione (orat'tsjone) *nf* oration.

orbene (or'bene) *conj* so, well.

orbita ('ɔrbita) *nf* orbit.

orchestra (or'kɛstra) *nf* orchestra.

orchidea (orki'dɛa) *nf* orchid.

ordinare (ordi'nare) *vt* 1 tidy, put in order. 2 order, command. 3 prescribe. 4 ordain. **ordinamento** *nm* regulation. **ordinazione** *nf* 1 ordination. 2 prescription.

ordinario (ordi'narjo) *adj* ordinary.

ordine ('ordine) *nm* 1 order. 2 command.

ordire (or'dire) *vt* plot, scheme.

orecchia (o'rekkja) *nf* dog-ear. **orecchio** *nm* ear. **orecchino** *nm* earring.

orefice (o'refitʃe) *nm* goldsmith.

orfano ('orfano) *adj,nm* orphan. **orfanotrofio** (orfano'trɔfjo) *nm* orphanage.

organico (or'ganiko) *adj* organic.

organizzare (organid'dzare) *vt* organize. **organizzazione** *nf* organization.

organo ('organo) *nm* organ. **organista** *nm* organist.

orgasmo (or'gazmo) *nm* 1 orgasm. 2 agitation, anxiety.

orgia ('ɔrdʒa) *nf* orgy.

orgoglio (or'goʎʎo) *nm* pride, arrogance. **orgoglioso** (orgoʎ'ʎoso) *adj* proud, haughty.

orientare (orjen'tare) *vt* orientate.

oriente (o'rjɛnte) *nm* east. **orientale** *adj* eastern, oriental.

origano (o'rigano) *nm* oregano.

originare (oridʒi'nare) *vi* derive, originate.

origine (o'ridʒine) *nf* 1 origin, source. 2 cause. **originale** *adj,nm* original. **originalità** *nf* originality.

origliare (oriʎ'ʎare) *vi* eavesdrop.

orina (o'rina) *nf* urine.

orizzonte (orid'dzonte) *nm* horizon. **orizzontale** *adj* horizontal.

orlo ('orlo) *nm* 1 rim, edge. 2 hem.

orma ('orma) *nf* 1 footprint. 2 trace.

ormai (or'mai) *adv* 1 by now. 2 by then.

ormeggiare (ormed'dʒare) *vt* moor.

ormone (or'mone) *nm* hormone.

ornare (or'nare) *vt* decorate, adorn. **ornamento** *nm* decoration.

ornitologia (ornitolo'dʒia) *nf* ornithology.

oro ('ɔro) nm gold. **d'oro** golden.

orologio (oro'lɔdʒo) nm **1** clock. **2** watch. **orologio da polso** wristwatch.

oroscopo (o'rɔskopo) nm horoscope.

orpello (or'pɛllo) nm tinsels.

orribile (or'ribile) adj horrible, awful.

orrore (or'rore) nm horror.

orso ('orso) nm bear. **orso polare** polar bear.

ortica (or'tika) nf nettle.

orto ('ɔrto) nm garden, market garden. **orticultura** nf horticulture.

ortodosso (orto'dɔsso) adj orthodox.

ortografia (ortogra'fia) nf spelling.

orzo ('ɔrdzo) nm barley. **orzata** nf barley water.

osare (o'zare) vt,vi dare.

osceno (oʃ'ʃeno) adj obscene. **oscenità** nf obscenity.

oscillare (oʃʃil'lare) vi **1** sway, swing. **2** vary. **3** hesitate.

oscurare (osku'rare) vt darken, obscure. **oscuramento** nm blackout. **oscurità** nf **1** darkness. **2** obscurity. **oscuro** adj **1** dark. **2** obscure.

ospedale (ospe'dale) nm hospital.

ospitare (ospi'tare) vt lodge, put up. **ospite** ('ɔspite) nm **1** host. **2** guest. **ospitale** adj hospitable, friendly. **ospitalità** nf hospitality.

ospizio (os'pittsjo) nm **1** (establishment) home. **2** hostel.

ossequio (os'sekwjo) nm respect, reverence.

osservare (osser'vare) vt **1** observe. **2** note, remark. **osservatore** nm observer. **osservatorio** (osserva'tɔrjo) nm observatory. **osservazione** nf observation.

ossessionare (ossessjo'nare) vt obsess. **ossessione** nf obsession. **ossesso** (os'sɛsso) adj obsessed.

ossia (os'sia) conj or rather.

ossigeno (os'sidʒeno) nm oxygen. **ossigenato** adj bleached.

osso ('ɔsso) nm **1** pl **ossi** m (of animals or figurative) bone. **2** pl **ossa** f anat bone. **ossatura** nf framework. **ossobuco** nm **1** marrow bone. **2** dish made with this.

ostacolare (ostako'lare) vt hinder, impede. **ostacolo** (os'takolo) nm obstacle.

ostaggio (os'taddʒo) nm hostage.

oste ('ɔste) nm innkeeper.

ostello (os'tello) nm **ostello della gioventù** youth hostel.

osteria (oste'ria) nf inn.

ostetrica (os'tetrika) nf midwife.

ostile (os'tile) adj hostile. **ostilità** nf hostility.

ostinarsi (osti'narsi) vr persist. **ostinato** adj obstinate. **ostinazione** nf obstinacy.

ostrica ('ɔstrika) nf oyster.

ostruire (ostru'ire) vt block.

ottagono (ot'tagono) nm octagon. **ottagonale** adj octagonal.

ottano (ot'tano) nm octane.

ottanta (ot'tanta) adj,nm eighty. **ottantesimo** adj eightieth.

ottava (ot'tava) nf octave.

ottenere* (otte'nere) vt gain, get, obtain.

ottico ('ɔttiko) nm optician.

ottimo ('ɔttimo) adj excellent, very good. nm best. **ottimismo** nm optimism. **ottimista** nm optimist.

otto ('ɔtto) adj,nm eight. **ottocento**

(otto'tʃento) *adj* eight hundred. *nm* **1** eight hundred. **2** nineteenth century. **ottavo** *adj* eighth.

ottobre (ot'tobre) *nm* October.

ottone (ot'tone) *nm* brass.

otturare (ottu'rare) *vt* fill (a tooth).

ottuso (ot'tuzo) *adj* blunt.

ovaia (o'vaja) *nf* ovary.

ovale (o'vale) *adj* oval.

ovatta (o'vatta) *nf* cottonwool.

ovazione (ovat'tsjone) *nf* ovation.

ovest ('ɔvest) *nm* west. *adj invar* west, western. **dell'ovest 1** western. **2** westerly. **verso ovest** west-wards.

ovile (o'vile) *nm* sheepfold.

ovulo ('ɔvulo) *nm* ovule.

ovvero (ov'vero) *conj or* else.

ovvio ('ɔvvjo) *adj* obvious.

oziare (ot'tsjare) *vi* idle. **ozio** ('ɔttsjo) *nm* **1** idleness. **2** leisure. **ozioso** (ot't-sjoso) *adj* idle.

P

pacchetto (pak'ketto) *nm* packet.

pacco ('pakko) *nm* parcel, package.

pace ('patʃe) *nf* peace. **pacifico** (pa'tʃifiko) *adj* peaceful. **(Oceano) Pacifico** *nm* Pacific (Ocean).

pacificare (patʃifi'kare) *vt* appease, pacify.

pacifismo (patʃi'fizmo) *nm* pacifism. **pacifista** *nm* pacifist.

padella (pa'della) *nf* frying pan.

padiglione (padiʎ'ʎone) *nm* **1** pavilion. **2** tent.

Padova ('padova) *nf* Padua.

padre ('padre) *nm* father. **padrino** *nm* godfather.

padrone (pa'drone) *nm* **1** owner, boss. **2** landlord.

paesaggio (pae'zaddʒo) *nm* landscape.

paese (pa'eze) *nm* **1** country. **2** village. **paesano** *nm* countryman.

paffuto (paf'futo) *adj* puffy.

pagaia (pa'gaja) *nf* paddle.

pagano (pa'gano) *adj,nm* pagan.

pagare (pa'gare) *vt* pay. **paga** *nf* pay, payment, salary. **pagamento** *nm* payment.

pagella (pa'dʒella) *nf* report card.

paggio ('paddʒo) *nm* **1** page. **2** pageboy.

pagina ('padʒina) *nf* page (of a book).

paglia ('paʎʎa) *nf* straw. **paglietta** *nf* **1** steel wool. **2** boater (hat).

pagliaccio (paʎ'ʎattʃo) *nm* clown.

pagnotta (paɲ'ɲotta) *nf* round loaf.

pagoda (pa'goda) *nf* pagoda.

paio[1] ('pajo) *nm* pair.

paio[2] ('pajo) *v* see **parere**.

pala ('pala) *nf also* **paletta** shovel.

palato (pa'lato) *nm* palate.

palazzo (pa'lattso) *nm* **1** palace. **2** block, building.

palchetto (pal'ketto) *nm* **1** shelf. **2** *Th* box.

palco ('palco) *nm* **1** platform. **2** *Th* box. **palcoscenico** (palkoʃ'ʃeniko) *nm* stage.

palese (pa'leze) *adj* clear, evident.

palestra (pa'lestra) *nf* gymnasium.

palio ('paljo) *nm* horserace at Siena.

palla ('palla) *nf* **1** ball. **2** bullet. **pallacanestro** (pallaka'nestro) *nf* basketball. **pallavolo** *nf* volleyball.

palleggiare (palled'dʒare) *vi sport* dribble.

pallido ('pallido) *adj* pale. **pallidezza** (palli'dettsa) *nf* paleness.

pallone (pal'lone) *nm* football. **palloncino** *nm* toy balloon.

pallotta (pal'lottola) *nf* **1** pellet. **2** bullet.

palma[1] ('palma) *nf also* **palmo** *nm anat* palm.

palma[2] ('palma) *nf bot* palm.

palo ('palo) *nm* pole, post.

palombaro (palom'baro) *nm* diver.

palpare (pal'pare) *vt* touch, feel.

palpebra ('palpebra) *nf* eyelid.

palpitare (palpi'tare) *vi* throb, palpitate. **palpito** ('palpito) *nm* beat.

paltò (pal'tɔ) *nm invar* overcoat.

palude (pa'lude) *nf* marsh.

panca ('panka) *nf* bench. **pancone** *nm* workbench.

pancetta (pan'tʃetta) *nf* bacon.

panchina (pan'kina) *nf* garden seat.

pancia ('pantʃa) *nf* belly. **panciotto** (pan'tʃɔtto) *nm* waistcoat.

pancreas ('pankreas) *nm invar* pancreas.

panda ('panda) *nm invar* panda.

pane ('pane) *nm* 1 bread. 2 loaf of bread. **pane grattato** breadcrumbs. **panforte** (pan'fɔrte) *nm* gingerbread. **panino** *nm* roll. **panino imbottito** sandwich.

panico ('paniko) *nm* panic.

paniere (pa'njere) *nm* basket.

panna¹ ('panna) *nf* cream. **panna montata** whipped cream.

panna² ('panna) *nf mot* breakdown.

panneggiare (panned'dʒare) *vt, vi* drape.

pannello (pan'nɛllo) *nm* panel.

panno ('panno) *nm* 1 cloth. 2 *pl* clothes. **pannolino** *nm* 1 nappy. 2 sanitary towel.

panorama (pano'rama) *nm* view, panorama.

pantaloni (panta'loni) *nm pl* trousers.

pantera (pan'tɛra) *nf* panther.

pantofola (pan'tɔfola) *nf* slipper.

pantomima (panto'mima) *nf* pantomime.

papà (pa'pa) *nm inf* daddy, dad.

Papa ('papa) *nm* pope. **papale** *adj* papal. **papato** *nm* papacy.

papavero (pa'pavero) *nm* poppy.

papero ('papero) *nm* gosling.

papiro (pa'piro) *nm* papyrus.

pappagallo (pappa'gallo) *nm* parrot.

paprica ('paprika) *nf* 1 red pepper. 2 paprika.

parabola (pa'rabola) *nf* parable.

parabrezza (para'breddza) *nm* windscreen.

paracadute (paraka'dute) *nm invar* parachute. **paracadutista** *nm* parachutist.

paradiso (para'dizo) *nm* paradise, heaven.

paradosso (para'dɔsso) *nm* paradox.

parafango (para'fango) *nm* mudguard.

paraffina (paraf'fina) *nf* paraffin.

parafuoco (para'fwɔko) *nm* fireguard.

paragonare (parago'nare) *vt* compare. **paragone** *nm* comparison.

paragrafo (pa'ragrafo) *nm* paragraph.

paralisi (pa'ralizi) *nf invar* paralysis. **paralizzare** (paralid'dzare) *vt* paralyse.

parallelo (paral'lɛlo) *adj, nm* parallel.

paralume (para'lume) *nm* lampshade.

paranoia (para'nɔja) *nf* paranoia.

parapetto (para'petto) *nm* parapet.

parare (pa'rare) *vt* 1 adorn. 2 ward off. 3 avert.

parasole (para'sole) *nm* parasol.

parassita (paras'sita) *nm* parasite.

parata¹ (pa'rata) *nf* 1 *sport* parry. 2 defence.

parata² (pa'rata) *nf* parade.

paraurti (para'urti) *nm invar* bumper.

paravento (para'vɛnto) *nm* screen.

parcheggiare (parked'dʒare) *vt* park. **parcheggio** *nm* **1** parking. **2** car park.

parchimetro (par'kimetro) *nm* parking meter.

parco¹ ('parko) *nm* park.

parco² ('parko) *adj* sparing, economical.

parecchio (pa'rekkjo) *adj* **1** a lot of, a good deal of. **2** considerable, some. *pron* a good many. *adv* much.

pareggiare (pared'dʒare) *vt* level, balance. *vi sport* draw. **pareggio** *nm* **1** balance. **2** *sport* draw.

parente (pa'rɛnte) *nm,f* relation, relative. **parentela** (paren'tela) *nf* **1** relationship. **2** relatives.

parentesi (pa'rɛntezi) *nf invar* **1** parenthesis. **2** bracket.

parere* (pa'rere) *v imp* **1** seem, appear. **2** think. *nm* opinion.

parete (pa'rete) *nf* wall.

pari ('pari) *adj invar* **1** equal. **2** same. **3** (of a number) even. **parità** *nf* parity.

Parigi (pa'ridʒi) *nf* Paris.

parlamento (parla'mento) *nm* parliament.

parlare (par'lare) *vi* speak, talk. *vt* speak.

parmigiano (parmi'dʒano) *adj, nm* Parmesan.

parodia (paro'dia) *nf* parody.

parola (pa'rɔla) *nf* **1** word. **2** speech. **3** promise.

parolaccia (paro'lattʃa) *nf* bad word, swearword.

parrò (par'rɔ) *v* see **parere**.

parrocchia (par'rɔkkja) *nf* parish.

parroco ('parroko) *nm* parish priest.

parrucca (par'rukka) *nf* wig.

parrucchiere (parruk'kjere) *nm* hairdresser.

parsi ('parsi) *v* see **parere**.

parso ('parso) *v* see **parere**.

parte ('parte) *nf* **1** part. **2** portion, share. **3** side, direction. **4** *law, comm* party. **a parte** separately. **da parte** aside. **da una parte...d'altra parte** on the one hand...on the other.

partecipare (partetʃi'pare) *vi* **1** take part, participate. **2** share. *vt* announce.

participio (parti'tʃipjo) *nm* participle.

particolare (partiko'lare) *adj* **1** particular. **2** strange. **3** special. **4** private. *nm* detail.

partigiano (parti'dʒano) *adj,n* partisan.

partire (par'tire) *vi* leave, go away, depart. **a partire da oggi** starting from today. **partenza** (par'tɛntsa) *nf* departure.

partita (par'tita) *nf* game, match.

partito (par'tito) *nm* **1** choice. **2** match (marriage). **3** *pol* party.

partitura (parti'tura) *nf mus* score.

partorire (parto'rire) *vt* give birth to. **parto** *nm* birth, delivery.

parvi ('parvi) *v* see **parere**.

parziale (par'tsjale) *adj* partial.

pascere* ('paʃʃere) *vi* graze.

pascolare (pasko'lare) *vt, vi* graze. **pascolo** ('paskolo) *nm* pasture, meadow.

Pasqua ('paskwa) *nf* Easter.

passabile (pas'sabile) *adj* passable.

passaggio (pas'saddʒo) *nm* **1** passage. **2** crossing. **3** lift (in a car). **essere di passaggio** be passing through.

passare (pas'sare) *vi* **1** pass (by). **2** cease, stop. **3** go away. **4** happen. *vt* **1** pass. **2** exceed. **3** spend (time). **4** strain. **passante** *nm* passerby. **passaporto** (passa'pɔrto) *nm* passport. **passatempo** (passa'tempo) *nm* hobby, pastime. **passato** *adj, nm* past.

passeggero (passed'dʒero) *nm* passenger.

passeggiare (passed'dʒare) *vi* go for a walk. **passeggiata** *nf* **1** walk. **2** drive, run, excursion.

passerella (passe'rella) *nf* **1** gangplank. **2** catwalk.

passero ('passero) *nm* sparrow.

passione (pas'sjone) *nf* passion.

passivo (pas'sivo) *adj* passive. **passività** *nf* passivity.

passo ('passo) *nm* **1** step. **2** excerpt, passage. **fare due passi** go for a short walk.

pasta ('pasta) *nf* **1** dough, pastry. **2** pasta. **3** cake. **pasta dentifricia** toothpaste. **pastasciutta** (pastaʃ'ʃutta) *nf* pasta (with sauce).

pastello (pas'tello) *nm* pastel.

pasticca (pas'tikka) *nf* pastille.

pasticceria (pastittʃe'ria) *nf* cake shop.

pasticciare (pastit'tʃare) *vt* bungle. **pasticcio** *nm* **1** pie. **2** mess.

pastiglia (pas'tiʎʎa) *nf* tablet.

pastinaca (pasti'naka) *nf* parsnip.

pasto ('pasto) *nm* meal. **vino da pas-**

to *nm* table wine.

pastore (pas'tore) *nm* shepherd.

pastorizzare (pastorid'dzare) *vt* pasteurize.

pastrano (pas'trano) *nm* overcoat.

pastura (pas'tura) *nf* pasture.

patata (pa'tata) *nf* potato. **patata fritta** chip. **patatina** *nf* potato crisp.

patella (pa'tella) *nf* limpet.

patente[1] (pa'tente) *nf* licence, certificate.

patente[2] (pa'tente) *adj* obvious, evident.

paterno (pa'terno) *adj* paternal.

patetico (pa'tetiko) *adj* pathetic.

patibolo (pa'tibolo) *nm* scaffold.

patire (pa'tire) *vt, vi* suffer.

patria ('patrja) *nf* homeland, native land.

patrigno (pa'triɲɲo) *nm* stepfather.

patrimonio (patri'mɔnjo) *nm* **1** estate. **2** heritage.

patriota (patri'ɔta) *nm* patriot. **patriottico** (patri'ɔttiko) *adj* patriotic.

patrono (pa'trɔno) *nm* patron saint.

pattinare (patti'nare) *vi* skate. **pattinaggio** *nm* skating. **pattino** *nm* skate.

patto ('patto) *nm* agreement, pact.

pattuglia (pat'tuʎʎa) *nf* patrol.

pattume (pat'tume) *nm* rubbish, refuse. **pattumiera** (pattu'mjera) *nf* dustbin.

paura (pa'ura) *nf* fear, fright. **fare paura** frighten. **pauroso** (pau'roso) *adj* **1** timid. **2** frightening.

pausa ('pauza) *nf* pause.

pavimento (pavi'mento) *nm* floor.

pavone (pa'vone) *nm* peacock.

pavoneggiarsi (pavoned'dʒarsi) *vr* show off.

paziente (pat'tsjɛnte) *adj* patient. *nm med* patient. **pazienza** (pat'tsjɛntsa) *nf* patience.

pazzo ('pattso) *adj* mad, insane. *nm* madman. **pazzia** *nf* madness.

peccare (pek'kare) *vi* sin. **peccato** *nm* sin. **che peccato!** what a shame! **peccatore** *nm* sinner.

pecora ('pekora) *nf* sheep. **pecorino** *nm* sheep's milk cheese.

peculiare (peku'ljare) *adj* peculiar.

pedale (pe'dale) *nm* pedal. **pedalare** *vi* pedal.

pedana (pe'dana) *nf* **1** rug. **2** *sport* springboard.

pedante (pe'dante) *adj* pedantic. *nm* pedant.

pedata (pe'data) *nf* **1** footstep. **2** kick.

pediatria (pedja'tria) *nf* paediatrics.

pedicure (pedi'kure) *nm,f* chiropodist.

pedina (pe'dina) *nf game* **1** draughtsman. **2** pawn.

pedone (pe'done) *nm* pedestrian. **pedonale** *adj* pedestrian.

peggio ('peddʒo) *adv, adj invar* **1** worse. **2** worst. *nm,f* worst.

peggiorare (peddʒo'rare) *vt* make worse. *vi* worsen, deteriorate.

peggiore (ped'dʒore) *adj* **1** worse. **2** worst.

pegno ('peɲɲo) *nm* **1** pledge, pawn. **2** token. **3** forfeit.

pelare (pe'lare) *vt* **1** peel, skin. **2** pluck (a bird). **pelame** *nm* hair, fur.

pelle ('pɛlle) *nf* **1** skin. **2** hide. **3** leather. **amici per la pelle** *nm pl* friends for life.

pellegrino (pelle'grino) *nm* pilgrim. **pellegrinaggio** *nm* pilgrimage.

pellicano (pelli'kano) *nm* pelican.

pelliccia (pel'littʃa) *nf* fur coat, fur.

pellicola (pel'likola) *nf* **1** film, layer. **2** *phot* film.

pelo ('pelo) *nm* **1** hair. **2** fur, coat.

peloso (pe'loso) *adj* hairy.

peltro ('peltro) *nm* pewter.

peluria (pe'lurja) *nf* down, soft hair.

pelvi ('pɛlvi) *nf invar* pelvis.

pena (pena) *nf* **1** penalty, punishment. **2** pain, distress. **vale la pena** it is worthwhile. **penale** *adj* penal. **penalizzare** (penalid'dzare) *vt* penalize. **penoso** (pe'noso) *adj* painful.

pendere* ('pɛndere) *vi* **1** hang. **2** lean, slope. **pendente** (pen'dɛnte) *adj* leaning. *nm* pendant. **pendenza** (pen'dɛntsa) *nf also* **pendice** slope. **pendio** *nm* slope, slant.

pendolo ('pɛndolo) *nm* pendulum. **pendola** ('pɛndola) *nf* pendulum clock.

pene ('pene) *nm* penis.

penetrare (pene'trare) *vi* enter, penetrate. *vt* penetrate.

penicillina (penitʃil'lina) *nf* penicillin.

penisola (pe'nizola) *nf* peninsula.

penitente (peni'tɛnte) *adj,n* penitent. **penitenza** (peni'tɛntsa) *nf* penance.

penna ('penna) *nf* **1** feather. **2** pen.

pennello (pen'nɛllo) *nm* paintbrush.

penombra (pe'nombra) *nf* dim light.

pensare (pen'sare) *vi* think, consider. *vt* think over, ponder. **pensatore** *nm* thinker. **pensiero** (pen'sjɛro) *nm* thought. **stare in pensiero** be worried. **pensieroso** (pensje'roso) *adj* thoughtful.

pensile ('pensile) *adj* hanging.

pensionare (pensjo'nare) *vt* pension (off). **pensionato** *nm* pensioner. **pensione** *nf* 1 pension. 2 board. 3 boarding house.

pentagono (pen'tagono) *nm* pentagon.

Pentecoste (pente'kɔste) *nf* Pentecost, Whitsun.

pentirsi (pen'tirsi) *vr* 1 repent. 2 regret, be sorry. **pentimento** *nm* 1 repentance. 2 regret.

pentola ('pentola) *nf* pot. **pentola a pressione** pressure cooker.

penzolare (pendzo'lare) *vi* dangle. **penzoloni** *adv* dangling.

pepe ('pepe) *nm* pepper. **peperone** *nm* pepper, capsicum.

pepita (pe'pita) *nf* nugget.

per (per) *prep* 1 for. 2 by. 3 through. 4 during. 5 towards. **per amico** as a friend.

pera ('pera) *nf* pear.

perbacco (per'bakko) *interj* by Jove!

perbene (per'bene) *adj invar* respectable.

percalle (per'kalle) *nm* gingham.

percentuale (pertʃentu'ale) *nf* percentage.

percepire (pertʃe'pire) *vt* 1 notice, perceive. 2 receive. **percezione** *nf* perception.

perché (per'ke) *conj* 1 why. 2 because. 3 so that.

perciò (per'tʃɔ) *conj* therefore.

percorrere* (per'korrere) *vt* go through, cross.

percorso (per'korso) *nm* 1 distance. 2 journey.

percossa (per'kɔssa) *nf* blow.

percuotere* (per'kwɔtere) *vt* strike, hit.

percussione (perkus'sjone) *nf* percussion.

perdere* ('perdere) *vt* 1 lose. 2 miss. *vi* leak. **perdersi** *vr* get lost. **perdita** ('perdita) *nf* loss.

perdonare (perdo'nare) *vt* forgive, pardon. **perdono** *nm* pardon.

perfetto (per'fetto) *adj* perfect.

perfezionare (perfettsjo'nare) *vt* perfect. **perfezionarsi** *vr* specialize. **perfezione** *nf* perfection.

perfidia (per'fidja) *nf* treachery. **perfido** ('perfido) *adj* treacherous.

perfino (per'fino) *adv* even.

perforare (perfo'rare) *vt* 1 pierce, perforate. 2 bore.

pergamena (perga'mena) *nf* parchment.

pericolo (pe'rikolo) *nm* danger. **pericoloso** (periko'loso) *adj* dangerous.

periferia (perife'ria) *nf* outskirts, suburbs.

perimetro (pe'rimetro) *nm* perimeter.

periodo (pe'riodo) *nm* period. **periodico** (peri'ɔdiko) *adj* periodic. *nm* periodical.

perire (pe'rire) *vi* perish.

periscopio (peris'kɔpjo) *nm* periscope.

perito (pe'rito) *adj* skilled, expert. *nm* expert.

perla ('perla) *nf* pearl.

perlustrare (perlus'trare) *vt* search.

permaloso (perma'loso) *adj* touchy.

permanente (perma'nɛnte) *adj* permanent.

permeare (perme'are) vt permeate.

permesso (per'messo) adj permitted. nm 1 permission, permit. 2 leave. interj excuse me! permesso? may I come in?

permettere* (per'mettere) vt allow, permit.

pernice (per'nitʃe) nf partidge.

perno (ˈperno) nm pivot.

pero (ˈpero) nm pear tree.

però (pe'rɔ) conj however, yet.

perossido (pe'rɔssido) nm peroxide.

perpendicolare (perpendiko'lare) adj, nf perpendicular.

perpetuo (per'petuo) adj perpetual.

perplesso (per'plesso) adj perplexed.

perquisire (perkwi'zire) vt search. perquisizione nf search. mandato di perquisizione nm search warrant.

perseguitare (persegwi'tare) vt 1 pursue. 2 persecute. persecutore nm persecutor. persecuzione nf persecution.

perseverare (perseve'rare) vi persevere.

persi (ˈpersi) v see perdere.

persiana (per'sjana) nf shutter.

persino (per'sino) adv even.

persistere* (per'sistere) vi continue, persist.

perso (ˈperso) v see perdere.

persona (per'sona) nf person. personale adj personal. nm staff. personalità nf personality.

personaggio (perso'naddʒo) nm character.

personificare (personifi'kare) vt personify.

persuadere* (persua'dere) vt persuade, convince. persuasione nf persuasion. persuasivo adj persuasive.

pertanto (per'tanto) conj therefore.

pertosse (per'tosse) nf whooping cough.

pervenire* (perve'nire) vi reach.

pesare (pe'sare) vt,vi weigh. pesante (pe'sante) adj heavy. peso (ˈpeso) nm 1 weight. 2 burden.

pesca¹ (ˈpeska) nf peach. pesco nm peach tree.

pesca² (ˈpeska) nf fishing. pescare vt 1 fish. 2 catch. pescatore nm fisherman.

pesce (ˈpeʃʃe) nm 1 fish. 2 pl cap Pisces. non sapere che pesci pigliare not know which to choose. pesce d'aprile April fool. pescecane (peʃʃe'kane) nm shark. pescheria nf fishmonger's shop. pescivendolo (peʃʃi'vendolo) nm fishmonger.

pessimismo (pessi'mizmo) nm pessimism. pessimista nm pessimist. pessimistico adj pessimistic.

pessimo (ˈpessimo) adj 1 very bad. 2 worst.

pestare (pes'tare) vt 1 trample on. 2 crush. 3 stamp (feet). pestello (pes'tello) nm pestle. pesto adj ground. nm kind of sauce. carta pesta nf papiermâché.

peste (ˈpeste) nf 1 plague. 2 nuisance.

petalo (ˈpetalo) nm petal.

petizione (petit'tsjone) nf petition.

petrolifero (petro'lifero) pozzo petrolifero nm oilwell.

petrolio (pe'trɔljo) nm 1 oil. 2 petroleum. **petroliera** (petro'ljɛra) *nf* oil tanker.

pettegolo (pet'tegolo) *adj* gossipy. *nm also* **pettegola** *nf* gossip. **pettegolezzo** (pettego'leddzo) *nm* gossip.

pettinare (petti'nare) *vt* comb. **pettinarsi** *vr* comb one's hair. **pettinatura** *nf* hairstyle. **pettine** ('pettine) *nm* comb.

petto ('petto) *nm* 1 *anat* chest. 2 breast. **pettirosso** (petti'rosso) *nm* robin.

pezza ('pettsa) *nf* 1 patch. 2 cloth.

pezzo ('pettso) *nm* 1 piece, bit. 2 portion. **pezzo di ricambio** spare part. **pezzo grosso** bigwig. **un gran pezzo** a long time.

piaccio ('pjattʃo) *v see* **piacere**.

piacere* (pja'tʃere) *vi* please, be pleasing. *v imp* like. **piacere a** please. ~ *nm* 1 pleasure, enjoyment. 2 favour. **per piacere** please. **piacevole** *adj* pleasant.

piaga ('pjaga) *nf* wound, sore, grief.

piagnucolare (pjaɲɲuko'lare) *vi* whimper.

pianerottolo (pjane'rɔttolo) *nm arch* landing.

pianeta (pja'neta) *nm* planet.

piangere* ('pjandʒere) *vi* cry, weep. *vt* lament.

pianista (pja'nista) *nm* pianist.

piano[1] ('pjano) *adj* flat, level. *adv* 1 quietly, gently. 2 slowly. **pian piano** very slowly.

piano[2] ('pjano) *nm* 1 plain. 2 plane. 3 floor, storey. **primo piano** fore ground.

pianterreno *nm* ground floor.

piano[3] ('pjano) *nm* 1 plan. 2 project.

piano[4] ('pjano) *nm* piano.

pianoforte (pjano'fɔrte) *nm* piano.

piansi ('pjansi) *v see* **piangere**.

piantare (pjan'tare) *vt* 1 plant. 2 fix, put. 3 abandon. **piantarsi** *vr* stand. **pianta** *nf* 1 *bot* plant. 2 *anat* sole 3 plan.

piantagione *nf* plantation.

pianto[1] ('pjanto) *v see* **piangere**.

pianto[2] ('pjanto) *nm* weeping.

pianura (pja'nura) *nf* plain.

piastra ('pjastra) *nf* slab. **piastrella** (pjas'trella) *nf* tile.

piattaforma (pjatta'forma) *nf* platform.

piatto ('pjatto) *adj* flat. *nm* 1 plate. 2 dish (of food). 3 *cul* course. 4 *pl* cymbals. **piattino** *nm* saucer.

piazza ('pjattsa) *nf* square, marketplace. **fare piazza pulita** make a clean sweep. **piazzale** *nm* square, open space.

picca ('pikka) *nf* 1 lance, pike. 2 *pl game* spades.

piccante (pik'kante) *adj* spicy, pungent.

picchiare (pik'kjare) *vt* hit, strike. *vi* knock. **picchiotto** (pik'kjɔtto) *nm* doorknocker.

picchio ('pikkjo) *nm* woodpecker.

piccino (pit'tʃino) *adj* small, tiny.

piccione (pit'tʃone) *nm* pigeon.

picco ('pikko) *nm* peak. **andare a picco** sink. **a picco** perpendicularly.

piccolo ('pikkolo) *adj* small, little. *nm* little child.

piccone (pik'kone) *nm* pickaxe.

pidocchio (pi'dɔkkjo) *nm* louse.

piede ('pjɛde) *nm* foot. **a piedi** on

foot. **stare in piedi** stand. **piedistallo** (pjedis'tallo) *nm* pedestal.

piegare (pje'gare) *vt* fold, bend. *vi* 1 turn. 2 lean. **piegarsi** *vr* bow. **piega** *nf* 1 fold. 2 pleat.

phieghevole (pje'gevole) *adj* flexible.

pieno ('pjeno) *adj* full, complete. **fare il pieno** *mot* fill up. **pieno zeppo** full up.

pietà (pje'ta) *nf* pity, mercy. **monte di pietà** *nm* pawnbroker's shop. **pietoso** (pje'toso) *adj* 1 pitiful. 2 compassionate.

pietanza (pje'tantsa) *nf* 1 dish. 2 *cul* course.

pietra ('pjetra) *nf* stone.

piffero ('piffero) *nm mus* pipe.

pigiama (pi'dʒama) *nm* pyjamas.

pigione (pi'dʒone) *nf* rent.

pigliare (piʎ'ʎare) *vt* 1 take. 2 catch.

pigmeo (pig'meo) *adj,n* Pigmy.

pigna ('piɲɲa) *nf* pine cone.

pigolare (pigo'lare) *vi* cheep, chirp.

pigro ('pigro) *adj* 1 lazy. 2 slow. **pigrizia** (pi'grittsja) *nf* laziness.

pila ('pila) *nf* 1 *arch* pile, support. 2 battery.

pilastro (pi'lastro) *nm* pillar.

pillola ('pillola) *nf* pill.

pilone (pi'lone) *nm* pylon.

pilotare (pilo'tare) *vt* 1 pilot. 2 *mot* drive. **pilota** *nm* pilot.

pimento (pi'mento) *nm* cayenne pepper.

pinacoteca (pinako'tɛka) *nf* art gallery.

pingue ('pingwe) *adj* fat.

pinguino (pin'gwino) *nm* penguin.

pinna ('pinna) *nf* 1 fin. 2 flipper.

pinnacolo (pin'nakolo) *nm* pinnacle.

pino ('pino) *nm* pine tree. **pineta** *nf* pine forest.

pinta ('pinta) *nf* pint.

pinza ('pintsa) *nf* pliers, pincers. **pinzette** *nf pl* tweezers.

pio ('pio) *adj* devout, charitable.

pioggia ('pjɔddʒa) *nf* rain.

piombare[1] (pjom'bare) *vi* fall heavily. **piombare su** assail.

piombare[2] (pjom'bare) *vt* 1 seal. 2 fill (a tooth). **piombo** ('pjombo) *nm* lead.

pioniere (pjo'njere) *nm* pioneer.

pioppo ('pjɔppo) *nm* poplar tree.

piovere* ('pjɔvere) *vi* 1 rain. 2 pour. **piovere a catinelle** rain cats and dogs.

piovigginare (pjoviddʒi'nare) *vi* drizzle.

piovra ('pjɔvra) *nf* octopus.

piovve ('pjɔvve) *v* see **piovere**.

pipa ('pipa) *nf* pipe.

pipistrello (pipis'trello) *nm zool* bat.

piramide (pi'ramide) *nf* pyramid.

pirata (pi'rata) *nm* pirate.

piroscafo (pi'rɔskafo) *nm* steamship.

piscina (piʃ'ʃina) *nf* swimming pool.

pisello (pi'sɛllo) *nm* pea.

pisolino (pizo'lino) *nm* nap.

pista ('pista) *nf* 1 track. 2 runway.

pistola (pis'tɔla) *nf* pistol.

pistone (pis'tone) *nm* piston.

pitone (pi'tone) *nm* python.

pittore (pit'tore) *nm* painter.

pittoresco (pitto'resko) *adj* picturesque.

pittura (pit'tura) *nf* painting, picture.

più (pju) *adv* 1 more. 2 most. **di più** more. **non...più** no longer. **più tardi**

later. **tanto più che** all the more since. ~ *prep* plus. *adj* more. *nm* majority. **per lo più** generally.

piuma ('pjuma) *nf* **1** down. **2** feather. **peso piuma** *nm sport* featherweight.

piuttosto (pjut'tɔsto) *adv* rather, somewhat.

pizza ('pittsa) *nf* dough base covered with various tomato mixtures.

pizzicare (pittsi'kare) *vt* **1** nip, pinch. **2** sting, bite. *vi* itch. **pizzicotto** (pittsi'kɔtto) *nm also* **pizzico** ('pittsiko) *nm* nip.

pizzicagnolo (pittsi'kaɲɲolo) *nm* specialist grocer. **pizzicheria** (pittsike'ria) *nf* delicatessen.

pizzo ('pittso) *nm* **1** lace. **2** goatee beard.

placare (pla'kare) *vt* calm.

placca ('plakka) *nf* plaque.

placenta (pla'tʃɛnta) *nf* placenta.

placido ('platʃido) *adj* **1** tranquil, calm. **2** placid.

plagiare (pla'dʒare) *vt* plagiarize.

planare (pla'nare) *vi* glide.

plasmare (plaz'mare) *vt* mould. **plasma** *nm* plasma.

plastica ('plastika) *nf* plastic. **plastico** ('plastiko) *adj* plastic.

platano ('platano) *nm* plane tree.

platea (pla'tɛa) *nf Th* stalls, pit.

platino ('platino) *nm* platinum.

platonico (pla'tɔniko) *adj* platonic.

plausibile (plau'zibile) *adj* plausible.

plebaglia (ple'baʎʎa) *nf* rabble.

plebe ('plebe) *nf* common people.

plico ('pliko) *nm* **1** packet (of letters). **2** envelope.

plotone (plo'tone) *nm* platoon.

plumbeo ('plumbeo) *adj* leaden.

plurale (plu'rale) *adj,nm* plural.

pneumatico (pneu'matiko) *adj* pneumatic. *nm* tyre.

po' (pɔ) *adj* contraction of **poco**.

pochino (po'kino) *adj,nm* little.

poco ('pɔko) *adj* **1** little. **2** insufficient. **3** *pl* few. **da poco** worthless. ~ *pron* **1** little. **2** *pl* few. **un altro poco** another little bit. ~ *adv* little. **a poco a poco** little by little. **per poco non** almost. **vediamo un po'** let's have a look.

podere (po'dere) *nm* farm.

podestà (podes'ta) *nm* mayor.

poema (po'ema) *nm* poem. **poesia** (poe'zia) *nf* **1** poetry. **2** poem. **poeta** (po'eta) *nm* poet. **poetico** (po'etiko) *adj* poetic.

poi ('pɔi) *adv* then, after. **d'allora in poi** from then on.

poiché (poi'ke) *conj* for, since.

polacco (po'lakko) *adj* Polish. *nm* **1** Pole. **2** Polish (language).

polarizzare (polarid'dzare) *vt* polarize.

polca ('polka) *nf* polka.

polemica (po'lemika) *nf* controversy, polemic.

polenta (po'lenta) *nf* pudding made of maize flour.

poliestere (poli'estere) *nm* polyester.

poligamia (poliga'mia) *nf* polygamy.

poligono (po'ligono) *nm* polygon.

poliinsaturo (poliin'saturo) *adj* polyunsaturated.

polistirene (polisti'rɛne) *nm* polystyrene.

politecnico (poli'tɛkniko) *nm* polytechnic.

politica (po'litika) nf 1 politics. 2 policy. **politico** (po'litiko) adj political. nm politician.

polizia (polit'tsia) nf police. **poliziotto** (polit'tsjotto) nm policeman. **romanzo poliziesco** nm detective story.

polizza ('polittsa) nf 1 voucher. 2 receipt. 3 bill. **polizza d'assicurazione** insurance policy.

pollaio (pol'lajo) nm poultry yard.

pollice ('pollitʃe) nm 1 thumb. 2 big toe. 3 inch.

polline ('polline) nm pollen.

pollo ('pollo) nm chicken. **pollame** nm poultry.

polmone (pol'mone) nm lung. **polmonite** nf pneumonia.

polo[1] ('polo) nm (astronomy) pole. **polare** adj polar.

polo[2] ('polo) nm polo.

Polonia (po'lonja) nf Poland.

polpa ('polpa) nf flesh, pulp. **polpetta** nf meatball.

polpaccio (pol'pattʃo) nm anat calf.

polso ('polso) nm 1 pulse. 2 wrist. **polsino** nm shirt cuff.

poltrona (pol'trona) nf 1 armchair. 2 Th stall.

poltrone (pol'trone) adj lazy.

polvere ('polvere) nf 1 dust. 2 powder. **polveroso** (polve'roso) adj dusty.

polverizzare (polverid'dzare) vt pulverize.

pomata (po'mata) nf ointment.

pomeriggio (pome'riddʒo) nm afternoon.

pomice ('pomitʃe) nf pumice.

pomo ('pomo) nm 1 apple. 2 apple tree.

pomo d'Adamo Adam's apple.

pomodoro (pomo'dɔro) nm tomato.

pompa[1] ('pompa) nf pomp, splendour.

pompa[2] ('pompa) nf pump.

pompelmo (pom'pelmo) nm grapefruit.

pompiere (pom'pjɛre) nm fireman.

ponce ('pɔntʃe) nm also **punch** (pʌntʃ) nm invar punch (drink).

ponderare (ponde'rare) vt ponder.

ponente (po'nente) nm west.

ponesti (po'nesti) v see **porre**.

pongo ('pɔngo) v see **porre**.

poni ('poni) v see **porre**.

ponte ('ponte) nm 1 bridge. 2 naut deck.

pontefice (pon'tefitʃe) nm pontiff.

popolare (popo'lare) vt populate. adj popular. **popolarità** nf popularity.

popolo ('pɔpolo) nm people, nation. **popolazione** nf population.

popone (po'pone) nm melon.

poppa[1] ('poppa) nf stern.

poppa[2] ('poppa) nf breast.

poppare (pop'pare) vt suck.

porcellana (portʃel'lana) nf china, porcelain.

porco ('pɔrko) nm pl **porci** 1 pig. 2 pork. **porcellino** nm piglet. **porcile** nm pigsty. **porcospino** nm porcupine.

porgere* ('pɔrdʒere) vt 1 hand. 2 hold out. **porgere una mano** lend a hand.

pornografia (pornogra'fia) nf pornography. **pornografico** (porno'grafiko) adj pornographic.

poro ('pɔro) nm pore. **poroso** (po'roso) adj porous.

porpora ('porpora) *nf* purple. **porporino** *adj* purple.

porre* ('porre) *vt* **1** place, put, set. **2** suppose.

porro ('pɔrro) *nm* leek.

porta ('pɔrta) *nf* **1** door. **2** gate. **portiera** (por'tjɛra) *nf* door. **portiere** (por'tjɛre) *nm* **1** doorman, porter. **2** goalkeeper.

portabagagli (portaba'gaʎʎi) *nm invar* **1** luggage rack. **2** porter.

portacenere (porta'tʃenere) *nm invar* ashtray.

portachiavi (porta'kjavi) *nm invar* key ring.

portaerei (porta'ɛrei) *nf invar* aircraft-carrier.

portafoglio (porta'fɔʎʎo) *nm invar* **1** wallet. **2** portfolio.

portalettere (porta'lɛttere) *nm invar* postman.

portamonete (portamo'nete) *nm invar* purse.

portare (por'tare) *vt* **1** carry. **2** take. **3** bring. **4** wear. **5** lead. **6** feel. **portarsi** *vr* behave. **portamento** *nm* bearing. **portata** *nf* **1** range. **2** capacity. **portatile** *adj* portable.

portariviste (portari'viste) *nm invar* magazine rack.

portasapone (portasa'pone) *nm invar* soap dish.

portasigarette (portasiga'rette) *nm invar* cigarette case.

portaspilli (portas'pilli) *nm invar* pin cushion.

portauova (porta'wɔva) *nm* egg cup.

portavoce (porta'votʃe) *nm invar* **1** megaphone. **2** mouthpiece, spokes-man.

portico ('pɔrtiko) *nm* porch.

portinaio (porti'najo) *nm* porter, door-man. **portineria** *nf* porter's lodge.

porto[1] ('pɔrto) *nm* **1** carriage, transport. **2** postage.

porto[2] ('pɔrto) *nm naut* port.

porto[3] ('pɔrto) *nm* port (drink).

Portogallo (porto'gallo) *nm* Portugal. **portoghese** (porto'gese) *adj, nm* Portuguese. *nm* Portuguese (language).

porzione (por'tsjone) *nf* **1** share, portion. **2** helping (of food).

posa ('pɔsa) *nf* **1** pause. **2** pose. **3** *phot* exposure.

posare (po'sare) *vt* put, place, set *or* lay down. *vi* pose. **posarsi** *vr* alight. **posata** *nf* piece of cutlery.

posatoio (posa'tojo) *nm* perch.

poscritto (pos'kritto) *nm* postscript.

posi ('posi) *v see* **porre**.

positivo (pozi'tivo) *adj* positive.

posizione (pozit'tsjone) *nf* **1** position. **2** site. **3** situation.

posporre* (pos'porre) *vt* postpone.

possedere* (posse'dere) *vt* possess, own, have. **possedimento** *nm* **1** estate. **2** possession. **possesso** (pos'sɛsso) *nm* possession. **possessore** *nm* possessor, owner.

possiamo (pos'sjamo) *v see* **potere**.

possibile (pos'sibile) *adj* possible. **possibilità** *nf* **1** possibility. **2** opportunity.

posso ('pɔsso) *v see* **potere**.

posta ('pɔsta) *nf* **1** post, mail. **2** post office. **postale** *adj* postal. **cassetta postale** *nf* postbox. **postino** *nm* postman.

posteggiare (posted'dʒare) vi park. **posteggio** nm parking place.

posteriore (poste'rjore) adj **1** back, hind. **2** later.

posterità (posteri'ta) nf posterity.

posticcio (pos'tittʃo) adj false, fake.

posto[1] ('posto) v see **porre**.

posto[2] ('posto) nm **1** place, spot, site. **2** place, seat. **3** job, position. **4** space, room. **5** post. **a posto** in order. **posto di primo soccorso** first-aid post.

postumo ('pɔstumo) adj posthumous.

potabile (po'tabile) adj drinkable.

potare (po'tare) vt prune.

potassio (po'tassjo) nm potassium.

potente (po'tɛnte) adj powerful. **potenza** (po'tɛntsa) nf power.

potenziale (poten'tsjale) adj, nm potential.

potere[*1] (po'tere) vi **1** be able. **2** be allowed. **può darsi** it is possible.

potere[2] (po'tere) nm power.

potrò (po'trɔ) v see **potere**.

povero ('pɔvero) adj poor, needy. nm **1** poor man. **2** beggar. **poveretto** nm poor wretch. **povertà** nf poverty.

pozza ('pottsa) nf puddle, pool. **pozzanghera** (pot'tsangera) nf puddle. **pozzo** ('pottso) nm well.

pranzare (pran'dzare) vi **1** lunch. **2** dine. **pranzo** nm **1** lunch. **2** dinner.

pratica ('pratika) nf **1** experience. **2** practice. **3** knowledge, familiarity. **praticare** vt **1** practice. **2** exercise. **pratico** ('pratiko) adj **1** practical. **2** experienced.

prato ('prato) nm meadow.

preavvertire (preavver'tire) vt forewarn.

preavvisare (preavvi'zare) vt forewarn. **preavviso** nm notice, warning.

precario (pre'karjo) adj precarious.

precauzione (prekaut'tsjone) nf precaution.

precedere (pre'tʃedere) vt precede, go before. **precedente** (pretʃe'dɛnte) adj preceding. nm precedent. **precedenza** (pretʃe'dɛntsa) nf **1** precedence. **2** mot right-of-way, priority.

precipitare (pretʃipi'tare) vt **1** hurl. **2** speed up. vi crash down, fall. **precipizio** (pretʃi'pittsjo) nm precipice.

precisare (pretʃi'zare) vt specify, relate precisely. **precisione** nf precision. **preciso** adj exact, precise. **alle due precise** at exactly two o'clock.

precoce (pre'kɔtʃe) adj precocious.

preconcetto (prekon'tʃetto) adj preconceived. nm preconception.

precursore (prekur'sore) nm forerunner.

predare (pre'dare) vt pillage. **preda** nf **1** prey. **2** booty.

predecessore (predetʃes'sore) nm predecessor.

predestinare (predesti'nare) vt predestine. **predestinazione** nf predestination.

predica ('predika) nf sermon. **predicare** vt,vi preach.

prediletto (predi'letto) adj,nm favourite.

predire* (pre'dire) vt predict. **predizione** nf prediction.

predominare (predomi'nare) *vi* predominate, prevail. **predominio** *nm* predominance.

prefabbricato (prefabbri'kato) *adj* prefabricated.

prefazione (prefat'tsjone) *nf* preface.

preferire (prefe'rire) *vt* prefer. **preferenza** (prefe'rɛntsa) *nf* preference. **preferibile** (prefe'ribile) *adj* preferable.

prefetto (pre'fɛtto) *nm* prefect. **prefettura** *nf* prefecture.

prefiggere* (pre'fiddʒere) *vt* arrange in advance. **prefiggersi** *vr* intend.

prefisso (pre'fisso) *nm* prefix.

pregare (pre'gare) *vt* **1** pray. **2** beg, ask. **prego** *interj* **1** yes please! **2** pardon? **3** don't mention it!

pregevole (pre'dʒevole) *adj* valuable.

preghiera (pre'gjera) *nf* prayer.

pregiare (pre'dʒare) *vt* esteem. **pregio** ('predʒo) *nm* **1** esteem. **2** merit.

pregiudicare (predʒudi'kare) *vt* prejudice. **pregiudizio** (predʒu'dittsjo) *nm* prejudice.

pregustare (pregus'tare) *vt* look forward to.

preistorico (preis'tɔriko) *adj* prehistoric.

prelato (pre'lato) *nm* prelate.

prelevare (prele'vare) *vt* **1** withdraw. **2** take.

preliminare (prelimi'nare) *adj, nm* preliminary.

preludio (pre'ludjo) *nm* prelude.

prematuro (prema'turo) *adj* premature.

premeditato (premedi'tato) *adj* premeditated.

premere* ('premere) *vt,vi* squeeze, press. *vi* **1** insist. **2** be urgent.

premiare (pre'mjare) *vt* reward. **premio** ('premjo) *nm* **1** prize. **2** reward. **3** award.

preminente (premi'nente) *adj* pre-eminent. **preminenza** (premi'nentsa) *nf* pre-eminence.

premura (pre'mura) *nf* **1** care, attention. **2** hurry, urgency. **premuroso** (premu'roso) *adj* thoughtful.

prenatale (prena'tale) *adj* antenatal.

prendere* ('prendere) *vt* **1** take. **2** seize, catch. **3** surprise. **4** receive, get, earn. **5** take up, occupy. **6** catch (illness). **7** treat, consider. **8** hit, catch. *vi* set, take root. **prendere a** begin to. **prendere a destra** turn right. **prendere con le buone** treat nicely. **prendere fuoco** catch fire. **prendersela con** *vr* get angry with.

prenotare (preno'tare) *vt* book, reserve.

preoccupare (preokku'pare) *vt* worry, be anxious. **preoccuparsi** *vr* get worried. **preoccupato** *adj* worried. **preoccupazione** *nf* worry.

preparare (prepa'rare) *vt* preparare. **prepararsi** *vr* get oneself ready. **preparazione** *nf also* **preparativo** *nm* preparation.

preposizione (prepozit'tsjone) *nf* preposition.

prepotente (prepo'tente) *adj* overbearing, tyrannical. **prepotenza** (prepo'tentsa) *nf* arrogance.

prerogativa (preroga'tiva) *nf* privilege, prerogative.

presa ('presa) *nf* **1** capture, seizure. **2** dose. **3** pinch. **4** electric plug.

presbite ('prezbite) *adj* longsighted.

prescrivere* (pres'krivere) *vt* prescribe.

presentare (prezen'tare) *vt* **1** present. **2** introduce. **3** offer. **4** show. **presentarsi** *vr* appear. **presentatore** *nm* compere. **presentazione** *nf* introduction.

presente (pre'zɛnte) *adj,nm* present.

presentire (presen'tire) *vt* foresee. **presentimento** (presenti'mento) *nm* premonition.

presenza (pre'zɛntsa) *nf* presence.

preservativo (preserva'tivo) *nm* contraceptive.

presi ('presi) *v* see **prendere**.

preside ('preside) *nm* **1** principal. **2** dean.

presidente (presi'dɛnte) *nm* president.

presidio (pre'sidjo) *nm* garrison.

presiedere (pre'sjɛdere) *vt,vi* preside over.

preso ('preso) *v* see **prendere**.

pressare (pres'sare) *vt* press. **pressa** ('pressa) *nf* press.

pressione (pres'sjone) *nf* pressure.

presso ('presso) *adv* near, nearby. **da presso** closely. **presso a** about to. ~ *prep* **1** nearby. **2** in, at. **3** care of. **4** in the opinion of. **5** among. **presso a** in comparison with. **pressi** *nm pl* vicinity. **pressappoco** (pressap'pɔko) *adv* roughly, more or less.

prestabilire (prestabi'lire) *vt* arrange in advance.

prestare (pres'tare) *vt* **1** lend. **2** give.

prestigio (pres'tidʒo) *nm* **1** trick. **2** prestige. **gioco di prestigio** *nm* conjuring trick.

prestito ('prestito) *nm* loan. **dare in prestito** lend.

presto ('prɛsto) *adv* **1** quickly. **2** early. **3** soon. **al più presto** as quickly as possible. **fare presto** hurry.

presumere* (pre'zumere) *vi* presume. **presuntuoso** (presuntu'oso) *adj* presumptuous. **presunzione** *nf* presumption.

prete ('prɛte) *nm* priest.

pretendere* (pre'tɛndere) *vt* **1** claim. **2** assert. **3** demand. **4** want, ask (a price). *vi* claim.

pretenzioso (preten'tsjoso) *adj* pretentious.

pretesa (pre'tesa) *nf* **1** claim. **2** pretension.

pretesto (pre'tɛsto) *nm* pretext, excuse.

prevalere* (preva'lere) *vi* prevail. **prevalersi** *vr* take advantage.

prevedere* (preve'dere) *vt* **1** foresee. **2** forecast.

prevenire* (preve'nire) *vt* anticipate.

preventivare (preventi'vare) *vt* allocate. **preventivo** *nm* budget.

previdenza (previ'dɛntsa) *nf* foresight.

previsione (previ'zjone) *nf* expectation. **previsioni del tempo** *nf pl* weather forecast.

prezioso (pret'tsjoso) *adj* precious.

prezzemolo (pret'tsemolo) *nm* parsley.

prezzo ('prettso) *nm* **1** cost. **2** price.

prigione (pri'dʒone) *nf* prison. **prigioniero** *nm* prisoner.

prima ('prima) *adv* **1** first. **2** before. **3** beforehand. **4** formerly. *prep* before. *nf* **1** first night. **2** *mot* first gear. **3** first class. **prima o poi** sooner or later.

primavera (prima'vera) *nf* spring.

primitivo (primi'tivo) *adj* primitive.

primo ('primo) *adj* **1** first. **2** principal. *nm* first. **primogenito** (primo'dʒɛnito) *adj, nm* firstborn.

primula ('primula) *nf* primrose.

principale (print∫i'pale) *adj* main, chief, principal. *nm* manager, boss.

principe ('print∫ipe) *nm* prince. **principessa** *nf* princess.

principio (prin't∫ipio) *nm* **1** start, beginning. **2** principle.

priore (pri'ore) *nm rel* prior.

priorità (priori'ta) *nf* priority.

prisma ('prizma) *nm* prism.

privare (pri'vare) *vt* deprive.

privatizzare (privatid'dzare) *vt* privatize.

privato (pri'vato) *adj* private.

privilegio (privi'ledʒo) *nm* privilege.

privo ('privo) *adj* lacking, wanting.

probabile (pro'babile) *adj* probable, likely. **probabilità** *nf* probability.

problema (pro'blema) *nm* problem.

procacciare (prokat't∫are) *vt* seek, obtain.

procedere (pro't∫edere) *vi* **1** proceed, go on. **2** start. **3** act. **procedimento** *nm* **1** process. **2** *law* proceedings.

processione (prot∫es'sjone) *nf* procession.

processo (pro't∫esso) *nm* **1** process. **2** *law* trial, lawsuit.

proclamare (prokla'mare) *nf* proclaim, declare. **proclamazione** *nf* proclamation.

procreare (prokre'are) *vt* procreate.

procurare (proku'rare) *vt* **1** obtain. **2** cause.

proda ('proda) *nf* **1** bank, shore. **2** edge.

prodigare (prodi'gare) *vt* lavish. **prodigo** ('prodigo) *adj* lavish.

prodigio (pro'didʒo) *nm* miracle.

produrre* (pro'durre) *vt* **1** produce. **2** cause. **prodursi** *vr* happen. **prodotto** *nm* product. **produttivo** *adj* productive. **produttore** *nm* producer. **produzione** *nf* **1** production. **2** manufacture.

proemio (pro'ɛmjo) *nm* introduction.

profanare (profa'nare) *vt* profane. **profano** *adj* profane.

proferire* (profe'rire) *vt* pronounce.

professare (profes'sare) *vt* **1** profess. **2** practise. **professione** *nf* profession. **professionista** *nm* professional. **professore** *nm* **1** teacher. **2** professor.

profeta (pro'feta) *nm* prophet. **profetico** (pro'fetiko) *adj* prophetic. **profezia** (profet'tsia) *nf* prophecy.

profilo (pro'filo) *nm* profile, outline. **di profilo** in profile.

profittare (profit'tare) *vi* profit, gain. **profitto** *nm* profit, gain.

profondo (pro'fondo) *adj* **1** deep. **2** profound. **poco profondo** shallow. **profondità** *nf* depth.

profugo ('profugo) *nm* refugee.

profumare (profu'mare) *vt* perfume.

profumo *nm* perfume.

profusione (profu'zjone) *nf* profusion.

progettare (prodʒet'tare) *vt* plan.

progetto (pro'dʒetto) *nm* plan, project.

prognosi ('prɔɲozi) *nf* prognosis.

programmare (program'mare) *vt* program. programma *nm* 1 programme. 2 program.

progredire (progre'dire) *vi* progress, advance. progresso (pro'gresso) *nm* progress.

proibire (proi'bire) *vt* forbid, prohibit.

proiettare (projet'tare) *vt* throw, project. *vi* project. proiettile (pro'jettile) *nm* 1 missile. 2 shot, shell, bullet. proiettore *nm* 1 searchlight. 2 projector.

proletario (prole'tarjo) *adj,nm* proletarian. proletariato *nm* proletariat.

prolifico (pro'lifiko) *adj* prolific.

prologo ('prɔlogo) *nm* prologue.

prolungare (prolun'gare) *vt* lengthen, extend, prolong. prolungamento *nm* extension.

promettere* (pro'mettere) *vt* promise. promessa *nf* promise.

prominente (promi'nɛnte) *adj* prominent.

promiscuo (pro'miskuo) *adj* 1 mixed. 2 promiscuous.

promontorio (promon'tɔrjo) *nm* headland, promontory.

promozione (promot'tsjone) *nf* promotion.

promuovere* (pro'mwɔvere) *vt* 1 promote. 2 encourage, provoke.

pronome (pro'nome) *nm* pronoun.

pronto ('pronto) *adj* 1 ready. 2 quick,

prompt. pronto soccorso *nm* first aid. ~ *interj* (on the telephone) hello!

prontuario (prontu'arjo) *nm* handbook.

pronunciare (pronun'tʃare) *vt* pronounce. pronuncia *nf* pronunciation.

propaganda (propa'ganda) *nf* propaganda.

propendere* (pro'pɛndere) *vi* incline. propensione *nf* inclination. propenso (pro'pɛnso) *adj* inclined.

propizio (pro'pittsjo) *adj* favourable.

proponimento (proponi'mento) *nm* resolution.

proporre* (pro'porre) *vt* propose, suggest. proporsi *vr* intend.

proporzione (propor'tsjone) *nf* proportion. proporzionale *adj* proportional.

proposito (pro'pɔzito) *nm* 1 aim, intention. 2 theme, subject. a proposito 1 by the way. 2 to the point. a proposito di with regard to.

proposizione (propozit'tsjone) *nf* proposition.

proposta (pro'posta) *nf* proposal.

proprietà (proprje'ta) *nf* 1 property. 2 owner ship. proprietario *nm* 1 owner, proprietor. 2 landlord.

proprio ('prɔprjo) *adj* 1 own. 2 suitable, convenient. 3 characteristic. 4 proper. *nm* one's own. *adv* 1 exactly, just, precisely. 2 really.

propulsione (propul'sjone) *nf* propulsion.

prora ('prɔra) *nf* prow, bows.

prorogare (proro'gare) *vt* defer, postpone, put off. **proroga** ('prɔroga) nf extension, adjournment.

prorompere* (pro'rompere) vi burst out.

prosa ('prɔza) nf prose.

prosciutto (proʃ'ʃutto) nm ham.

proscrivere* (pros'krivere) vt outlaw, proscribe.

proseguire (prose'gwire) vt continue, pursue. vi proceed, continue.

prosperare (prospe'rare) vi flourish, thrive. **prosperità** nf prosperity. **prospero** ('prɔspero) adj 1 favourable. 2 prosperous.

prospettiva (prospet'tiva) nf 1 perspective. 2 view. 3 prospect.

prospetto (pros'pɛtto) nm 1 view. 2 prospectus.

prossimo ('prɔssimo) adj 1 near. 2 next. nm 1 fellow human being. 2 neighbour. **prossimità** nf nearness, proximity.

prostituire (prostitu'ire) vt prostitute. **prostituta** nf prostitute. **prostituzione** nf prostitution.

protagonista (protago'nista) nm 1 protagonist. 2 chief actor.

proteggere* (pro'tɛddʒere) vt protect, defend.

proteina (prote'ina) nf protein.

protendere* (pro'tɛndere) vt extend. **protendersi** vr lean forward.

protessi (pro'tɛssi) v see **proteggere**.

protestante (protes'tante) adj, n Protestant.

protestare (protes'tare) vi protest. **protesta** (pro'tɛsta) nf protest.

protetto (pro'tɛtto) v see **proteggere**.

protettore (protet'tore) nm 1 protector. 2 patron.

protezione (protet'tsjone) nf 1 protection. 2 patronage.

protocollo (proto'kɔllo) nm 1 protocol. 2 register.

prototipo (pro'tɔtipo) nm prototype.

protrarre* (pro'trarre) vt 1 prolong. 2 put off.

provare (pro'vare) vt 1 prove. 2 test, try. 3 feel, experience. **provarsi** vr try on. **prova** ('prɔva) nf 1 trial, test. 2 examination. 3 proof, evidence. 4 rehearsal. **prova generale** dress rehearsal. **in prova** on trial.

provenire* (prove'nire) vi come from. **provenienza** (prove'njentsa) nf origin, source.

proverbio (pro'vɛrbjo) nm proverb. **proverbiale** adj proverbial.

provincia (pro'vintʃa) nf province. **provinciale** adj provincial.

provocare (provo'kare) vt provoke. **provocante** adj provocative. **provocazione** nf provocation.

provvedere* (provve'dere) vt provide, furnish, supply. vi attend to, take care of. **provvedimento** nm measure, precaution.

provvigione (provvi'dʒone) nf commission.

provvisorio (provvi'zorjo) adj provisional.

provvista (prov'vista) nf supply.

prua ('prua) nf prow.

prudente (pru'dɛnte) adj prudent, wise. **prudenza** nf prudence, caution.

prudere* ('prudere) *vi* itch. **prurito** *nm* itch.

prugna ('pruɲɲa) *nf* plum. **prugna secca** prune. **prugno** *nm* plum tree.

pseudonimo (pseu'dɔnimo) *nm* pseudonym.

psicanalisi (psika'nalizi) *nf invar* psychoanalysis. **psicanalista** *nm* psychoanalyst.

psichiatra (psi'kjatra) *nm* psychiatrist. **psichiatria** *nf* psychiatry. **psichiatrico** (psi'kjatriko) *adj* psychiatric.

psichico ('psikiko) *adj* psychic.

psicologo (psi'kɔlogo) *nm* psychologist. **psicologia** *nf* psychology. **psicologico** (psiko'lɔdʒiko) *adj* psychological.

psicopatico (psiko'patiko) *adj* psychopathic. *nm* psychopath.

psicosi (psi'kɔzi) *nf* psychosis.

pubblicare (pubbli'kare) *vt* publish. **pubblicazione** *nf* publication. **pubblicità** *nf* publicity, advertising.

pubblico ('pubbliko) *adj* 1 public. 2 state. *nm* 1 public. 2 audience.

pubertà (puber'ta) *nf* puberty.

pudico (pu'diko) *adj* modest, decent. **pudicizia** (pudi'tʃittsja) *nf* modesty.

pudore (pu'dore) *nm* modesty, decency.

puerile (pue'rile) *adj* childish.

pugilato (pudʒi'lato) *nm* boxing. **pugile** ('pudʒile) *nm* boxer.

pugnalare (puɲɲa'lare) *vt* stab. **pugnale** *nm* dagger.

pugno ('puɲɲo) *nm* 1 fist. 2 fistful. 3 punch. **fare a pugni** fight. **prendersi a pugni** begin to fight. **tirare pugni** punch.

pulce ('pultʃe) *nf* flea.

pulcino (pul'tʃino) *nm* chick.

puledro (pu'ledro) *nm* foal.

puleggia (puleddʒa) *nf* pulley.

pulire (pu'lire) *vt* 1 clean. 2 polish. **pulito** *adj* 1 clean. 2 tidy. **pulizia** (pulit'tsia) *nf* cleaning.

pullman ('pulman) *nm invar* 1 mot coach. 2 (*railway*) pullman coach.

pulpito ('pulpito) *nm* pulpit.

pulsare (pul'sare) *vi* throb.

pungere* ('pundʒere) *vt* 1 prick. 2 sting.

punire (pu'nire) *vt* punish. **punizione** *nf* punishment.

punta ('punta) *nf* 1 point, tip, end. 2 top. 3 pinch, touch. 4 promontory. **camminare in punta di piedi** walk on tiptoe. **ore di punta** *nf pl* rush hours.

puntina *nf* 1 pin. 2 gramophone needle. **puntina da disegno** drawing-pin.

puntare (pun'tare) *vt* 1 point, direct, aim. 2 set. 3 bet. *vi* push. **puntata** *nf* 1 thrust. 2 bet. 3 instalment, number.

punteggio (pun'teddʒo) *nm* score.

puntellare (puntel'lare) *vt* prop up. **puntello** (pun'tɛllo) *nm* prop.

puntiglioso (puntiʎ'ʎoso) *adj* 1 punctilious. 2 obstinate.

punto ('punto) *nm* 1 point, dot. 2 stitch. 3 mark. 4 section. **fare punto** score. **in punto** exactly. ~ *adv* no, not at all.

puntuale (puntu'ale) *adj* punctual. **puntualità** *nf* punctuality.

puntura (pun'tura) *nf* 1 prick, sting, bite. 2 injection. 3 pain.

punzecchiare (puntsek'kjare) *vt* prick.

può (pwɔ) *v* see **potere**.

puoi ('pwɔi) *v* see **potere**.

pupattola (pu'pattola) *nf* doll.

pupazzo (pu'pattso) *nm* puppet.

pupilla (pu'pilla) *nf anat* pupil.

purché (pur'ke) *conj* provided that.

pure ('pure) *conj* **1** however, nonetheless, yet. **2** even, still. *adv* also, too.

purgare (pur'gare) *vt* purge, cleanse. **purga** *nf* purge.

purgatorio (purga'tɔrjo) *nm* purgatory.

purificare (purifi'kare) *vt* purify.

puritano (puri'tano) *adj,n* Puritan.

puro ('puro) *adj* pure. **purità** *nf* purity.

purpureo (pur'pureo) *adj* crimson.

purtroppo (pur'trɔppo) *adv* unfortunately.

pus (pus) *nm invar* pus.

putrefare* (putre'fare) *vi* rot.

putrido ('putrido) *adj* rotten, putrid.

puzzare (put'tsare) *vi* stink. **puzzo** *nm* bad smell, stink. **puzzolente** (puttso'-lente) *adj* stinking.

Q

qua (kwa) *adv* here. **di qua** this way. **quaggiù** *adv* down here. **quassù** *adv* up here.

quacchero ('kwakkero) *nm* Quaker.

quaderno (kwa'dɛrno) *nm* 1 exercise book. 2 notebook.

quadrante (kwa'drante) *nm* 1 quadrant. 2 dial, face (of a clock).

quadrato (kwa'drato) *adj* square. *nm* 1 *math* square. 2 boxing ring.

quadretto (kwa'dretto) *nm* check (of material). **a quadretti** checked.

quadrifoglio ('kwadri'fɔʎʎo) *nm* four-leaved clover.

quadro ('kwadro) *adj* square. *nm* 1 painting, picture. 2 *math* square. 3 *pl game* diamonds.

quadrupede (kwa'drupede) *adj,nm* quadruped.

quaglia ('kwaʎʎa) *nf* quail.

qualche ('kwalke) *adj invar* 1 some, a few. 2 any. **qualche volta** sometimes.

qualcheduno *pron* someone. **qualcosa** (kwal'kɔsa) *pron also* **qualchecosa** something. **qualcuno** (kwal'kuno) *pron* 1 someone. 2 anyone. **qualora** (kwa'lora) *conj* if, in case. **qualsiasi** (kwal'siasi) *adj* 1 any. 2 whatever. 3 ordinary. **qualunque** *adj invar* any, whatever.

quale ('kwale) *adj* what, which. *pron* 1 who. 2 whom, which. 3 whose. *adv* like.

qualificare (kwalifi'kare) *vt* 1 qualify.

2 define. **qualificarsi** *vr* qualify. **qualifica** (kwa'lifika) *nf* qualification.

qualità (kwali'ta) *nf* 1 quality. 2 type, kind.

quando ('kwando) *conj* 1 when. 2 while.

quantità (kwanti'ta) *nf* quantity.

quanto ('kwanto) *adj* how much *or* many. **quanto tempo?** how long? ~*pron* 1 how much *or* many. 2 what. **tutto quanto** the lot. 2 *pl* all. ~*adv* 1 how. 2 as much as. **quanto a** as regards. **quantunque** *conj* although.

quaranta (kwa'ranta) *adj,nm* forty. **quarantena** (kwaran'tɛna) *nf* quarantine. **quarantesimo** *adj* fortieth.

quaresima (kwa'rezima) *nf* Lent.

quartiere (kwar'tjere) *nm* 1 district, zone, quarter. 2 *mil* quarters.

quarto ('kwarto) *adj* fourth. *nm* quarter. **quartetto** *nm* quartet.

quarzo ('kwartso) *nm* quartz.

quasi ('kwazi) *adv* almost, nearly. *conj* as if.

quatto ('kwatto) *adj* 1 crouched. 2 silent. **quatto quatto** quietly.

quattordici (kwat'torditʃi) *adj* fourteen. *nm or f* fourteen. **quattordicesimo** *adj* fourteenth.

quattrini (kwat'trini) *nm pl* money, cash.

quattro ('kwattro) *adj* four. **fare quattro passi** take a walk. ~*nm or f* four.

quattrocento (kwattro'tʃento) *adj*

four hundred. *nm* **1** four hundred. **2** fifteenth century.

quegli ('kweʎʎi) *adj* see **quello**.

quei ('kwei) *adj* see **quello**.

quel (kewl) *adj* see **quello**.

quello, quel, quella ('kwello, kwel, 'kwella) *pl* **quelli, quegli, quelle** *pron* **1** that man, he. **2** that (one). **3** *pl* those, the ones. *adj* **1** that. **2** *pl* those.

quercia ('kwertʃa) *nf* oak.

questionario (kwestjo'narjo) *nm* questionnaire.

questione (kwes'tjone) *nf* question, matter.

questo ('kwesto) *pron* **1** this man. **2** this (one). **3** *pl* these, the ones. *adj* **1** this. **2** *pl* these.

questore (kwes'tore) *nm* chief constable.

questura (kwes'tura) *nf* police station.

qui (kwi) *adv* here.

quietanza (kwje'tantsa) *nf* receipt.

quietare (kwje'tare) *vt* quieten. **quietarsi** *vr* calm down. **quiete** ('kwjete) *nf* calm.

quindi ('kwindi) *adv* therefore.

quindici ('kwinditʃi) *adj* fifteen. *nm or f* fifteen.

quindicesimo *adj* fifteenth.

quinta ('kwinta) *nf Th* wing.

quinto ('kwinto) *adj* fifth. **quintetto** *nm* quintet.

quota ('kwɔta) *nf* **1** quota, share. **2** instalment. **3** altitude. **4** *sport* odds. **prendere quota** gain height.

quotidiano (kwoti'djano) *adj* daily. *nm* daily newspaper.

R

rabarbaro (ra'barbaro) *nm* rhubarb.
rabberciare (rabber'tʃare) *vt* patch up.
rabbia ('rabbja) *nf* **1** rabies. **2** rage.
rabbino (rab'bino) *nm* rabbi.
rabbonire (rabbo'nire) *vt* placate. **rabbonirsi** *vr* calm down.
rabbrividire (rabbrivi'dire) *vi* shiver, shudder.
rabbuffare (rabbuf'fare) *vt* ruffle.
rabbuiare (rabbu'jare) *vi* grow dark. **rabbuiarsi** *vr* get dark.
raccapezzare (rakkapet'tsare) *vt* **1** gather. **2** understand.
raccapricciare (rakkaprit'tʃare) *vt* horrify. **raccapricciarsi** *vr* be horrified.
raccattare (rakkat'tare) *vt* pick up.
racchetta (rak'ketta) *nf* tennis racket.
racchiudere* (rak'kjudere) *vt* contain.
raccogliere* (rak'kɔʎʎere) *vt* **1** gather, collect, pick. **2** pick up. **raccogliersi** *vr* **1** assemble. **2** concentrate.
raccolta (rak'kɔlta) *nf* **1** harvest, crop. **2** collection.
raccolto (rak'kɔlto) *nm* crop, harvest.
raccomandare (rakkoman'dare) *vt* **1** recommend. **2** register (a letter, etc.). **raccomandata** *nf* registered letter. **raccomandazione** *nf* recommendation.
raccomodare (rakkomo'dare) *vt* **1** repair, mend. **2** put in order.
racconciare (rakkon'tʃare) *vt* repair.
raccontare (rakkon'tare) *vt* tell, narrate, recount. **racconto** *nm* **1** account.

2 tale, story.
raccorciare (rakkor'tʃare) *vt* shorten.
raccordare (rakkor'dare) *vt* join, connect. **raccordo** *nm* **1** *mech* connection. **2** slip-road, link road.
raccostare (rakkos'tare) *vt also* **raccozzare** (rakkot'tsare) bring together.
radar ('radar) *nm* radar.
raddolcire (raddol'tʃire) *vt* sweeten.
raddoppiare (raddop'pjare) *vt, vi* double.
raddrizzare (raddrit'tsare) *vt* straighten.
radere* ('radere) *vt* shave.
radiare (ra'djare) *vt* cancel, cross out.
radiatore (radja'tore) *nm* radiator.
radiazione (radjat'tsjone) *nf* radiation.
radicale (radi'kale) *adj,n* radical.
radicchio (ra'dikkjo) *nm* chicory.
radice (ra'ditʃe) *nf* root.
radio[1] ('radjo) *nm* radium. **radioattività** *nf* radioactivity. **radioattivo** *adj* radioactive.
radio[2] ('radjo) *nf invar* radio. **radioascoltatore** (radjoaskolta'tore) *nm* listener. **radiodiffusione** *nf* broadcasting.
radiografare (radjogra'fare) *vt* X-ray. **radiografia** *nf* X-ray.
rado ('rado) *adj* **1** sparse, thin. **2** infrequent. **di rado** rarely.
radunare (radu'nare) *vt* gather, collect. **radunarsi** *vr* assemble.
rafano ('rafano) *nm* radish.
raffica ('raffika) *nf* **1** gust, squall. **2** *mil*

hail, burst.

raffigurare (raffigu'rare) vt represent.

raffinare (raffi'nare) vt refine. **raffinamento** nm also **raffinatezza** (raffina'tettsa) nf refinement. **raffineria** nf refinery.

raffreddare (raffred'dare) vt cool. vi get cold. **raffreddarsi** vr 1 get cold. 2 catch a cold. **raffreddore** nm cold, chill.

raffrenare (raffre'nare) vt restrain.

rafia ('rafja) nf raffia.

raganella (raga'nɛlla) nf 1 frog. 2 rattle.

ragazzo (ra'gattso) nm 1 boy. 2 boyfriend. **ragazza** nf 1 girl. 2 girlfriend. **ragazza alla pari** au pair.

raggiare (rad'dʒare) vi shine, beam. **raggio** nm ray, beam.

raggirare (rad'dʒare) vt trick, cheat. **raggiro** nm trick.

raggiungere* (rad'dʒundʒere) vt 1 reach, arrive at. 2 catch up with. 3 achieve. 4 hit (a target).

raggiustare (raddʒus'tare) vt 1 repair, mend. 2 put in order, tidy.

raggomitolare (raggomito'lare) vt wind into a ball. **raggomitolarsi** vr curl up.

raggrinzare (raggrin'tsare) vt crease, wrinkle. vi become wrinkled.

raggruppare (raggrup'pare) vt group, assemble. **raggrupparsi** vr assemble.

ragguagliare (raggwaʎ'ʎare) vt 1 level. 2 brief, inform. **ragguaglio** nm 1 comparison. 2 information.

ragia ('radʒa) nf resin.

ragionare (radʒo'nare) vi reason. **ragionamento** nm reasoning.

ragione (ra'dʒone) nf 1 reason. 2 right. **aver ragione** be right. **ragioneria** nf 1 accountancy. 2 bookkeeping. **ragionevole** (radʒo'nevole) adj reasonable. **ragioniere** (radʒo'njere) nm accountant.

ragliare (raʎ'ʎare) vi bray.

ragno ('raɲɲo) nm spider. **ragnatela** nf spider's web.

ragù (ra'gu) nm sauce, ragout.

raion ('rajon) nm rayon.

rallegrare (ralle'grare) vt cheer. **rallegrarsi** vr 1 cheer up. 2 rejoice. **rallegrarsi con** congratulate.

rallentare (rallen'tare) vt slacken. **rallentarsi** vr slow down.

rame ('rame) nm copper.

rammaricare (rammari'kare) vt vex. **rammaricarsi** vr 1 lament, complain. 2 regret. **rammarico** (ram'mariko) nm regret.

rammendare (rammen'dare) vt 1 mend. 2 darn.

rammentare (rammen'tare) vt remember, recall. **rammentarsi** vr remember.

rammollire (rammol'lire) vt 1 soften. 2 melt.

ramo ('ramo) nm branch. **ramoscello** (ramoʃ'ʃello) nm twig.

rampicare (rampi'kare) vi climb.

rampollo (ram'pollo) nm 1 bot shoot. 2 scion.

rampone (ram'pone) nm harpoon.

rana ('rana) nf frog.

rancido ('rantʃido) adj rancid.

rancore (ran'kore) nm rancour.

randagio (ran'dadʒo) adj stray.

randello (ran'dello) nm club, stick.

rango ('rango) nm rank, status.

rannicchiarsi (rannik'kjarsi) *vr* crouch.

rannuvolare (rannuvo'lare) *vt* cloud. **rannuvolarsi** *vr* cloud over.

ranocchio (ra'nɔkkjo) *nm* frog.

ranuncolo (ra'nunkolo) *nm* buttercup.

rapa ('rapa) *nf* turnip.

rapace (ra'patʃe) *adj* rapacious.

rapida ('rapida) *nf* rapid.

rapido ('rapido) *adj* rapid, quick. *nm* express train.

rapina (ra'pina) *nf* robbery.

rapire (ra'pire) *vt* **1** snatch. **2** abduct, kidnap. **3** delight. **rapitore** *nm* kidnapper.

rappezzare (rappet'tsare) *vt* piece together. **rappezzo** (rap'pettso) *nm* patch.

rapporto (rap'pɔrto) *nm* **1** report. **2** relation, connection.

rappresaglia (rappre'saʎʎa) *nf* reprisal, retaliation.

rappresentare (rapprezen'tare) *vt* **1** represent. **2** perform, act. **rappresentarsi** *vr* imagine. **rappresentante** *nm* **1** representative. **2** sales-man. **rappresentazione** *nf* performance.

raro ('raro) *adj* rare.

rasare (ra'sare) *vt* **1** shave. **2** level.

raschiare (ras'kjare) *vt* scrape. *vi* clear one's throat.

rasentare (razen'tare) *vt* go close to, skim. **rasente** *prep* close to.

rasi ('rasi) *v see* **radere**.

raso ('raso) *v see* **radere**. *nm* satin.

rasoio (ra'sojo) *nm* razor.

rassegnarsi (rassen'ɲarsi) *vr* resign oneself. **rassegna** *nf* **1** *mil* inspection. **2** review. **3** report.

rasserenarsi (rassere'narsi) *vr* clear up.

rassettare (rasset'tare) *vt* **1** tidy, arrange. **2** repair, mend.

rassicurare (rassiku'rare) *vt* reassure. **rassicurarsi** *vr* be reassured.

rassomigliare (rassomiʎ'ʎare) *vi* resemble, look like. **rassomigliarsi** *vr* look alike. **rassomiglianza** (rassomiʎ'ʎantsa) *nf* resemblance.

rastrello (ras'trello) *nm* rake. **rastrelliera** (rastrel'ljera) *nf* **1** hay rack. **2** dish rack.

rata ('rata) *nf* instalment. **comprare a rate** buy on hire purchase.

ratificare (ratifi'kare) *vt* confirm, ratify.

ratto[1] ('ratto) *nm* kidnapping.

ratto[2] ('ratto) *nm* rat.

rattoppare (rattop'pare) *vt* patch, mend.

rattrappire (rattrap'pire) *vi* be stiff.

rattristare (rattris'tare) *vt* sadden. **rattristarsi** *vr* become sad.

rauco ('rauko) *adj* hoarse.

ravanello (rava'nello) *nm* radish.

ravioli (ravi'ɔli) *nm pl* pieces of stuffed pasta.

ravviare (ravvi'are) *vt* put in order, tidy.

ravvisare (ravvi'zare) *vt* recognize.

ravvivare (ravvi'vare) *vt* revive.

ravvolgere* (rav'vɔldʒere) *vt* wrap.

razionale (rattsjo'nale) *adj* rational.

razionare (rattsjo'nare) *vt* ration. **razione** *nf* ration.

razza ('rattsa) *nf* race, breed.

razzia (rat'tsia) *nf* raid. **razzismo** (rat'tsizmo) *nm* racialism. **razzista** *nm* racialist.

razzo ('raddzo) *nm* rocket.

re (re) *nm invar* king.

reagire (rea'dʒire) *vi* react.

reale[1] (re'ale) *adj* real. **realismo** *nm* realism. **realtà** *nf* reality.

reale[2] (re'ale) *adj* royal.

realizzare (realid'dzare) *vt* achieve, carry out. **realizzarsi** *vr* come about.

reato (re'ato) *nm* crime.

reattore (reat'tore) *nm* reactor.

reazione (reat'tsjone) *nf* reaction.

rebbio ('rebbjo) *nm* prong.

recapito (re'kapito) *nm* address.

recare (re'kare) *vt* 1 bring. 2 cause. **recarsi** *vr* go.

recensire (retʃen'sire) *vt* review. **recensione** *nf* review.

recente (re'tʃɛnte) *adj* recent, new.

recessione (retʃes'sjone) *nf* recession.

recingere* (re'tʃindʒere) *vt* surround, enclose. **recinto** *nm* enclosure.

recipiente (retʃi'pjɛnte) *nm* container.

reciproco (re'tʃiproko) *adj* mutual, reciprocal.

recitare (retʃi'tare) *vt* 1 recite. 2 perform. **recita** ('rɛtʃita) *nf* performance.

reclamare (rekla'mare) *vi* protest, complain. *vt* demand, claim. **reclamo** *nm* claim.

reclame (re'klam) *nf* 1 advertisement. 2 advertising.

reclusione (reklu'zjone) *nf* 1 seclusion. 2 imprisonment.

reclutare (reklu'tare) *vt* enlist, enrol, recruit. **recluta** *nf* recruit.

record ('rɛkord) *nm invar* record (in sport, etc.).

recriminare (rekrimi'nare) *vi* recriminate. **recriminazione** *nf* recrimination.

recto ('rɛkto) *nm* 1 recto, righthand side of page. 2 reverse (of a coin).

redarguire (redargu'ire) *vt* reprove, reproach.

redattore (redat'tore) *nm* 1 writer. 2 editor. **redazione** *nf* 1 editing. 2 editorial staff.

reddito ('rɛddito) *nm* income, revenue.

redentore (reden'tore) *nm* redeemer. **redenzione** *nf* redemption.

redigere* (re'didʒere) *vt* compile, draft.

redine ('rɛdine) *nf* rein.

reduce (re'dutʃe) *nm* survivor. *adj* returned.

refe ('refe) *nm* thread.

referendum (refe'rɛndum) *nm invar* referendum.

referenza (refe'rɛntsa) *nf* reference.

refettorio (refet'tɔrjo) *nm* refectory.

regalare (rega'lare) *vt* give. **regalo** *nm* gift.

regale (re'gale) *adj* regal.

regata (re'gata) *nf* boat race.

reggere* (rɛddʒere) *vt* 1 hold, support. 2 direct. 3 rule. *vi* resist. **reggersi** *vr* stand. **reggente** (red'dʒɛnte) *nm* regent.

reggia ('rɛddʒa) *nf* royal palace.

reggimento (reddʒi'mento) *nm* regiment.

reggipetto (reddʃi'pɛtto) *nm invar* also **reggiseno** *nm* bra, brassière.

regia (re'dʒia) *nf* (film) direction.

regime (re'dʒime) *nm* 1 regime. 2 diet.

regina (re'dʒina) *nf* queen. **reginetta** *nf* beauty queen.

regio ('rɛdʒo) *adj* royal.

regione (re'dʒone) *nf* region. **regionale** *adj* regional.

regista (re'dʒista) *nm* 1 (of a film) director. 2 *Th* producer.

registrare (redʒis'trare) *vt* 1 note, register. 2 record. **registratore** *nm* tape-recorder. **registratore di cassa** *nm* tape-recorder. **registratore di cassa** cash register. **registrazione** *nf* 1 registration. 2 recording. **registro** *nm* register.

regnare (reɲ'nare) *vi* reign. **regno** *nm* 1 kingdom. 2 reign.

regola ('regola) *nf* rule. **in regola** in order.

regolare (rego'lare) *vt* regulate, adjust. *adj* regular. **regolarità** *nf* regularity.

regolo ('regolo) *nm* ruler. **regolo calcolatore** slide rule.

reincarnazione (reinkarnat'tsjone) *nf* reincarnation.

relativo (rela'tivo) *adj* 1 relative. 2 relevant. **relatività** *nf* relativity.

relazione (relat'tsjone) *nf* 1 relation, relationship. 2 report.

relegare (rele'gare) *vt* 1 confine. 2 relegate.

religione (reli'dʒone) *nf* religion. **religioso** (reli'dʒoso) *adj* religious.

reliquia (re'likwja) *nf* relic.

reliquiario (reli'kwarjo) *nm* shrine.

remare (re'mare) *vi* row. **rematore** *nm* oars-man. **remo** *nm* oar.

reminiscenza (reminiʃ'ʃentsa) *nf* 1 remembrance. 2 reminiscence.

remissivo (remis'sivo) *adj* submissive.

remoto (re'mɔto) *adj* remote.

rena ('rena) *nf* sand.

rendere* ('rendere) *vt* 1 give back, return. 2 give. 3 make. 4 yield. **rendersi** *vr* become. **rendersi conto** realize.

rendiconto *nm comm* statement.

rendita ('rendita) *nf* income.

rene ('rene) *nm anat* kidney.

reni ('reni) *nf pl anat* back.

renna ('renna) *nf* reindeer.

Reno ('reno) *nm* Rhine.

reparto (re'parto) *nm* 1 department, section. 2 *mil* detachment.

repellente (repel'lente) *adj* repulsive.

repertorio (reper'tɔrjo) *nm* 1 index. 2 repertory.

replicare (repli'kare) *vt* 1 reply. 2 repeat. **replica** ('replika) *nf* 1 reply. 2 *Th* repeat performance, run.

reprensibile (repren'sibile) *adj* blameworthy.

repressione (repres'sjone) *nf* repression. **repressivo** *adj* repressive.

reprimere* (re'primere) *vt* check, suppress.

repubblica (re'pubblika) *nf* republic. **repubblicano** *adj,n* republican.

reputare (repu'tare) *vt* consider, judge. **reputazione** *nf* reputation.

requie ('rɛkwje) *nf* rest.

requisire (rekwi'zire) *vt* requisition. **requisizione** *nf* requisition.

resa ('resa) *nf* 1 surrender. 2 return.

resi ('resi) *v* see **rendere**.

residente (resi'dente) *adj,nm* resident. **residenza** (resi'dentsa) *nf* residence. **residenziale** *adj* residential.

residuo (re'siduo) *nm* remainder.

resina ('rezina) *nf* resin.

resistere (re'sistere) *vi* 1 resist, hold out. 2 endure. **resistente** *adj* resistant. **resistenza** (resis'tentsa) *nf* resistance.

reso ('reso) *v* see **rendere**.

resoconto (reso'konto) *nm* report.

respingere* (res'pindʒere) vt **1** repel, force back. **2** reject.

respirare (respi'rare) vi,vt breathe. **respirazione** nf respiration. **respiro** nm **1** breath. **2** rest.

responsabile (respon'sabile) adj responsible. **responsabilità** nf responsibility.

ressa ('ressa) nf crowd.

ressi ('ressi) v see **reggere**.

restare (res'tare) vi **1** stay, remain. **2** be left.

restaurare (restau'rare) vt restore. **restauro** nm restoration, repair.

restio (res'tio) adj reluctant.

restituire (restitu'ire) vt give back, restore.

resto ('resto) nm **1** rest, remainder. **2** change (money). **del resto** besides.

restringere* (res'trindʒere) vt **1** tighten, squeeze. **2** restrict. **3** take in (clothes). **restringersi** vr **1** narrow. **2** shrink. **3** close up. **restrizione** nf restriction.

rete ('rete) nf **1** net. **2** network. **3** sport goal. **reticella** (reti'tʃella) nf luggage rack.

reticente (reti'tʃente) adj reticent. **reticenza** (reti'tʃentsa) nf reticence.

reticolato (retiko'lato) nm wire netting.

retina ('retina) nf retina.

retorica (re'tɔrika) nf rhetorical. **retorico** (re'tɔriko) adj rhetorical.

retribuire (retribu'ire) vt **1** pay. **2** reward. **retribuzione** nf payment.

retro ('retro) nm back, reverse side.

retrodatare (retroda'tare) vt backdate. **retrogrado** (re'trɔgrado) adj backward, retrograde. **retroguardia** (retro'gwardja) nf rearguard. **retromarcia** (retro'martʃa) nf reverse gear.

retrospettivo (retrospet'tivo) adj retrospective. **retrovisore** (retrovi'zore) nm driving mirror.

retrocedere* (retro'tʃedere) vi retreat.

retta ('rɛtta) nf **dare retta** listen, pay attention.

rettangolo (ret'tangolo) nm rectangle. **rettangolare** adj rectangular.

rettificare (rettifi'kare) vt correct, rectify.

rettile ('rettile) nm reptile.

retto[1] ('retto) adj **1** straight. **2** honest. **3** correct, right. nm **1** right angle. **2** anat rectum.

retto[2] ('retto) v see **reggere**.

rettore (ret'tore) nm educ rector.

reumatismo (reuma'tizmo) nm rheumatism. **reumatico** (reu'matiko) adj rheumatic.

reverendo (reve'rendo) adj,nm reverend.

revisione (revi'zjone) nf revision.

revocare (revo'kare) vt annul.

revolver (re'vɔlver) nm invar revolver.

riabbassare (riabbas'sare) vt lower again.

riabbracciare (riabbrat'tʃare) vt embrace again.

riabilitare (riabili'tare) vr **1** rehabilitate. **2** reinstate. **riabilitazione** nf rehabilitation.

riaccendere* (riat'tʃendere) vt relight.

riaccompagnare (riakkompaɲ'ɲare) vt take back.

riacquistare (riakkwis'tare) vt regain.

riaddormentarsi (riaddormen'tarsi) vr fall asleep again.

riaffermare (riaffer'mare) *vt* reaffirm.

rialto (ri'alto) *nm* hill, rise.

rialzare (rial'tsare) *vt* lift up, raise. **rialzarsi** *vr* rise. **rialzo** (ri'altso) *nm* rise.

riammettere* (riam'mettere) *vt* readmit.

rianimare (riani'mare) *vt* revive.

riapertura (riaper'tura) *nf* reopening.

riapparire* (riappa'rire) *vi* reappear.

riaprire* (ria'prire) *vt,vi* reopen.

riassumere* (rias'sumere) *vt* **1** resume. **2** re-employ. **3** summarize. **riassunto** *nm* summary.

riattaccare (riattak'kare) *vt* **1** reattach. **2** hang up (telephone).

riattivare (riatti'vare) *vt* put back into operation.

ribadire (riba'dire) *vt* rivet.

ribaldo (ri'baldo) *nm* rogue.

ribaltare (ribal'tare) *vt,vi* overturn. **ribaltarsi** *vr* capsize. **ribalta** *nf* **1** footlights. **2** flap.

ribassare (ribas'sare) *vt* lower. *vi* fall. **ribasso** *nm* fall, reduction.

ribattere (ri'battere) *vt* return (ball). *vi* retort.

ribellarsi (ribel'larsi) *vr* rebel, revolt. **ribelle** (ri'belle) *nm* rebel. *adj* rebellious. **ribellione** *nf* rebellion.

ribes ('ribes) *nm invar* gooseberry. **ribes nero** blackcurrant. **ribes spinoso** gooseberry bush.

riboccare (ribok'kare) *vi* overflow.

ribrezzo (ri'breddzo) *nm* shudder.

ributtare (ribut'tare) *vt* repel.

ricacciare (rikat'tʃare) *vt* drive back.

ricadere* (rika'dere) *vi* fall again. **ricaduta** *nf* relapse.

ricamare (rika'mare) *vt* embroider. **ricamo** *nm* embroidery.

ricambiare (rikam'bjare) *vt* exchange. **ricambio** *nm* exchange.

ricapitolare (rikapito'lare) *vt* sum up.

ricaricare (rikari'kare) *vt* reload.

ricattare (rikat'tare) *vt* blackmail. **ricattatore** *nm* blackmailer. **ricatto** *nm* blackmail.

ricavare (rika'vare) *vt* obtain, gain.

ricchezza (rik'kettsa) *nf* wealth.

riccio[1] ('rittʃo) *nm* hedgehog. **riccio di mare** sea urchin.

riccio[2] ('rittʃo) *adj* curly. *nm* curl. **ricciuto** *adj* curly.

ricco ('rikko) *adj* rich.

ricercare (ritʃer'kare) *vt* **1** seek. **2** investigate. **ricerca** *nf* research.

ricetta (ri'tʃetta) *nf* **1** *med* prescription. **2** recipe.

ricevere (ri'tʃevere) *vt* receive. **ricevimento** *nm* reception. **ricevitore** *nm* receiver. **ricevuta** *nf* receipt.

richiamare (rikja'mare) *vt* **1** call back, recall. **2** attract, draw. **3** rebuke. **richiamo** *nm* **1** recall. **2** call.

richiedere* (ri'kjedere) *vt* **1** ask again. **2** demand, request. **3** need. **richiesta** (ri'kjesta) *nf* demand, request.

riciclare (ritʃi'klare) *vt* recycle.

ricino (ri'tʃino) *nm* castoroil plant. **olio di ricino** castor oil.

ricominciare (rikomin'tʃare) *vt* begin again.

ricompensa (rikom'pensa) *nf* reward.

riconciliare (rikontʃi'ljare) *vt* reconcile. **riconciliarsi** *vr* be reconciled.

ricondurre* (rikon'durre) *vt* take back.

riconoscere* (riko'noʃʃere) *vt* **1** recognize. **2** acknowledge. **riconoscente**

(rikonoʃˈʃente) adj grateful. **riconoscenza** (rikonoʃˈʃentsa) nf gratitude. **riconoscimento** nm recognition.

ricopiare (rikoˈpjare) vt copy out.

ricoprire* (rikoˈprire) vt cover.

ricordare (rikorˈdare) vt 1 remember, recall. 2 remind of. 3 commemorate. **ricordarsi** vr remember. **ricordo** (riˈkordo) nm 1 memory. 2 souvenir.

ricorrere* (riˈkorrere) vi 1 turn to. 2 appeal. 3 recur.

ricostruire (rikostruˈire) vt reconstruct.

ricotta (riˈkɔtta) nf cottage cheese.

ricoverare (rikoveˈrare) vt 1 shelter. 2 admit to hospital. **ricovero** (riˈkovero) nm refuge.

ricrearsi (rikreˈarsi) vr amuse oneself. **ricreazione** nf recreation.

ricredersi (rikreˈdersi) vr change one's mind.

ricuperare (rikupeˈrare) vt recover, salvage.

ricusare (rikuˈzare) vt refuse.

ridare* (riˈdare) vt give back.

ridere* (ˈridere) vi laugh.

ridicolo (riˈdikolo) adj ridiculous.

ridire* (riˈdire) vt 1 repeat. 2 find fault.

ridurre* (riˈdurre) vt 1 reduce. 2 adapt. **riduzione** nf 1 reduction. 2 mus arrangement.

riempire (riemˈpire) vt 1 fill. 2 stuff. 3 fill in.

rientrare (rienˈtrare) vi 1 reenter. 2 return.

rifare* (riˈfare) vt 1 do or make again. 2 repair.

riferire (rifeˈrire) vt 1 report. 2 ascribe. **riferirsi** vr refer. **riferimento** nm reference.

rifiutare (rifjuˈtare) vt 1 refuse. 2 reject. **rifiutarsi** vr refuse. **rifiuto** nm 1 refusal. 2 pl refuse, rubbish. **merce di rifiuto** nf pl waste goods.

riflessione (rifles'sjone) nf reflexion.

riflessivo (rifles'sivo) adj thoughtful.

riflesso (riˈflesso) nm 1 reflection. 2 reflex.

riflettere* (riˈflettere) vt,vi reflect. **riflettersi** vr be reflected. **riflettore** nm searchlight, floodlight.

rifondere* (riˈfondere) vt refund.

riformare (riforˈmare) vt 1 reform. 2 mil discharge. **riforma** nf 1 reform. 2 Reformation. **riformatore** nm reformer.

rifornire (riforˈnire) vt supply, provide. **rifornimento** nm supply. **stazione di rifornimento** nf filling station.

rifuggire (rifudˈdʒire) vi 1 flee. 2 shun.

rifugiarsi (rifuˈdʒarsi) vr take refuge. **rifugiato** nm refugee. **rifugio** nm refuge, shelter.

rifulgere* (riˈfuldʒere) vi shine.

rigaglie (riˈgaʎʎe) nf pl giblets.

rigare (riˈgare) vt rule. **riga** nf 1 line, stripe. 2 row. 3 ruler. 4 parting (in hair). **a righe** striped. **rigato** adj lined, striped.

rigettare (ridʒetˈtare) vt 1 throw back. 2 reject. **rigetto** (riˈdʒetto) nm rejection.

rigido (ˈridʒido) adj 1 stiff, rigid. 2 strict, severe. **rigidezza** (ridʒiˈdettsa) nf severity. **rigidità** nf rigidity.

rigirare (ridʒiˈrare) vt turn. **rigirarsi** vr turn round. **rigiro** nm 1 turning. 2 trick.

rigo (ˈrigo) nm line.

rigoglioso (rigoʎˈʎoso) adj exuberant.

rigore (ri'gore) *nm* rigour, harshness. **rigoroso** *adj* **1** severe. **2** rigorous.

rigovernare (rigover'nare) *vt* wash up (dishes).

riguardare (rigwar'dare) *vt* **1** look at again. **2** concern. **3** consider. *vi* overlook. **riguardarsi** *vr* take care of oneself. **riguardo** *nm* **1** regard, respect. **2** care. **riguardo a** as regards.

rilasciare (rilaʃ'ʃare) *vt* **1** leave alone. **2** release. **3** issue. **rilascio** *nm* **1** release. **2** issue.

rilassare (rilas'sare) *vt* relax. **rilassarsi** *vr* slacken.

rilegare (rile'gare) *vt* **1** bind (a book). **2** set (a jewel). **rilegatura** *nf* binding.

rileggere* (ri'ledddʒere) *vt* reread.

rilevare (rile'vare) *vt* **1** lift up. **2** notice. **3** point out. **4** survey. **5** understand. **6** relieve. **7** take over.

rilievo (ri'ljɛvo) *nm* relief.

rilucere (ri'lutʃere) *vi* glitter.

riluttante (rilut'tante) *adj* reluctant. **riluttanza** (rilut'tantsa) *nf* reluctance.

rima ('rima) *nf* rhyme.

rimandare (riman'dare) *vt* **1** send back. **2** put off, postpone. **rimando** *nm* **1** return. **2** postponement.

rimanere* (rima'nere) *vi* **1** stay, remain. **2** be left, remain. **rimanere ferito** be wounded.

rimango (ri'mango) *v* see **rimanere**.

rimarrò (rimar'rɔ) *v* see **rimanere**.

rimasi (ri'masi) *v* see **rimanere**.

rimasto (ri'masto) *v* see **rimanere**.

rimasugli (rima'suʎʎi) *nm pl* leftovers.

rimbalzare (rimbal'tsare) *vi* rebound. **rimbalzo** *nm* rebound.

rimbambire (rimbam'bire) *vi* become childish.

rimbeccare (rimbek'kare) *vt* retort.

rimboccare (rimbok'kare) *vt* turn *or* tuck up.

rimbombare (rimbom'bare) *vi* resound.

rimborsare (rimbor'sare) *vt* refund, repay.

rimediare (rime'djare) *vi* cure. **rimedio** (ri'mɛdjo) *nm* cure, remedy.

rimescolare (rimesko'lare) *vt* **1** mix. **2** shuffle (cards).

rimessa (ri'messa) *nf* **1** shed. **2** garage.

rimettere (ri'mettere) *vt* **1** replace, return. **2** put on again. **3** lose. **4** postpone. **5** send. **6** pardon. **7** entrust. **rimettersi** *vr* **1** return. **2** recover. **3** (of the weather) clear up. **4** rely.

rimodernare (rimoder'nare) *vt* update, modernize.

rimontare (rimon'tare) *vt* **1** reassemble. **2** go up again. **3** remount. *vi* **1** remount. **2** date.

rimorchiare (rimor'kjare) *vt* tow. **rimorchio** (ri'mɔrkjo) *nm* trailer.

rimorso (ri'mɔrso) *nm* remorse.

rimpasto (rim'pasto) *nm* reshuffle.

rimpatriare (rimpa'trjare) *vi* return home. *vt* repatriate. **rimpatrio** (rim'patrio) *nm* repatriation.

rimpiangere* (rim'pjandʒere) *vt* regret.

rimpiattino (rimpjat'tino) *nm* hide-and-seek.

rimpiccolire (rimpikko'lire) *vt* make smaller. *vi* become smaller.

rimpinzarsi (rimpin'tsarsi) *vr* overeat.

rimproverare (rimprove'rare) *vt* rebuke. **rimprovero** (rim'provero) *nm* rebuke, reproof.

rimuovere* (ri'mwɔvere) vt **1** remove. **2** dissuade.

Rinascimento (rinaʃʃi'mento) nm Renaissance.

rincagnato (rinkaɲ'ɲato) adj snub (of a nose).

rincalzare (rinkal'tsare) vt **1** prop up. **2** tuck in. **3** chase.

rincarare (rinka'rare) vt increase the price of.

rincasare (rinka'sare) vi go home.

rinchiudere* (rin'kjudere) vt enclose, shut up.

rincontrare (rinkon'trare) vt meet.

rincorrere* (rin'korrere) vt chase, pursue. **rincorsa** nf short run.

rincrescere* (rin'kreʃʃere) vi cause regret. v imp be sorry.

rinculare (rinku'lare) vi recoil.

rinfiancare (rinfjan'kare) vt prop up.

rinforzare (rinfor'tsare) vt reinforce, strengthen. **rinforzo** (rin'fɔrtso) nm **1** suppor. **2** mil reinforcement.

rinfrescare (rinfres'kare) vt **1** cool. **2** refresh. **rinfrescarsi** vr **1** cool down. **2** have a cool drink. **rinfrescante** adj refreshing. **rinfresco** nm refreshment.

rinfusa (rin'fuza) adv,adj **alla rinfusa** higgledy-piggledy.

ringhiare (rin'gjare) vi growl. **ringhio** nm growl.

ringhiera (rin'gjɛra) nf **1** railing. **2** pl banisters.

ringiovanire (rindʒova'nire) vt make younger. vi become younger.

ringraziare (ringrat'tsjare) vt thank. **ringraziamento** nm thanks.

rinnegare (rinne'gare) vt **1** deny. **2** disown.

rinnovare (rinno'vare) vt renew.

rinoceronte (rinotʃe'ronte) nm rhinoceros.

rinomato (rino'mato) adj famous.

rintoccare (rintok'kare) vi (of a clock) strike, (of a bell) toll.

rintoppare (rintop'pare) vt come across, bump into.

rintracciare (rintrat't ʃare) vt trace.

rintronare (rintro'nare) vt **1** shake. **2** stun. vi resound.

rintuzzare (rintut'tsare) vt blunt.

rinunciare (rinun'tʃare) vi give up, relinquist. vt renounce. **rinuncia** nf renunciation.

rinvenire* (rinve'nire) vt find. vi revive.

rinviare (rinvi'are) vt **1** send back. **2** put off, defer.

rinvigorire (rinvigo'rire) vt strengthen.

riordinare (riordi'nare) vt **1** tidy. **2** reorganize.

riorganizzare (riorganid'dzare) vt reorganize. **riorganizzazione** nf reorganization.

ripagare (ripa'gare) vt repay.

riparare (ripa'rare) vt **1** repair, mend. **2** protect. **riparazione** nf repair. **riparo** nm shelter. **senza riparo** irreparably.

ripartire (ripar'tire) vt divide, share. vi leave again.

ripassare (ripas'sare) vt **1** recross. **2** revise. **3** retouch. **4** look over. **ripassata** nf **1** revision. **2** look over, inspection. **ripasso** nm revision.

ripensare (ripen'sare) vi **1** reconsider. **2** change one's mind.

ripentirsi (ripen'tirsi) *vr* repent.

ripercussione (riperkus'sjone) *nf* repercussion.

ripetere (ri'petere) *vt* repeat. **ripetizione** *nf* **1** repetition. **2** rehearsal.

ripiano (ri'pjano) *nm* shelf.

ripido ('ripido) *adj* steep.

ripiegare (ripje'gare) *vt* fold up.

ripiego (ri'pjɛgo) *nm* expedient.

ripieno (ri'pjɛno) *adj* stuffed. *nm* stuffing, filling.

riporre* (ri'porre) *vt* place.

riportare (ripor'tare) *vt* **1** take *or* bring back. **2** report. **3** win, obtain, receive. **riportarsi** *vr* refer.

riposare (ripo'sare) *vt* **1** put back. **2** rest. *vi* rest. **riposarsi** *vr* rest. **riposo** (ri'pɔso) *nm* rest. **a riposo** retired.

ripostiglio (ripos'tiʎʎo) *nm* **1** hiding place. **2** storeroom.

riprendere* (ri'prɛndere) *vt* **1** take back. **2** take again. **3** resume. **4** reprove. **5** film. *vi* revive. **riprendersi** *vr* **1** recover. **2** correct oneself.

ripresa (ri'presa) *nf* **1** resumption. **2** *sport* second half *or* round.

riprodurre* (ripro'durre) *vt* reproduce. **riproduzione** *nf* reproduction.

ripugnante (ripuɲ'ɲante) *adj* repugnant. **ripugnanza** (ripuɲ'ɲantsa) *nf* repugnance.

ripulsione (ripul'sjone) *nf* repulsion. **ripulsivo** *adj* repulsive.

risaia (ri'saja) *nf* paddy field.

risalire (risa'lire) *vt* **1** go up again. **2** go back to, date from.

risaltare (risal'tare) *vi* stand out. **risalto** *nm* relief, prominence. **fare risalto** stand out.

risanare (risa'nare) *vt* cure.

risarcire (risar'tʃire) *vt* compensate.

risata (ri'sata) *nf* laugh.

riscaldare (riskal'dare) *vt* **1** heat, heat up. **2** warm. **riscaldarsi** *vr* warm up. **riscaldamento** *nm* heating. **riscaldatore** *nm* heater.

riscatto (ris'katto) *nm* ransom.

rischiarare (riskja'rare) *vt* **1** light up. **2** enlighten. **3** clear. *vi* light up. **rischiararsi** *vr* clear up.

rischiare (ris'kjare) *vt* risk. *vi* run the risk. **rischio** *nm* risk. **rischioso** (ris'kjoso) *adj* risky.

risciacquare (riʃʃak'kware) *vt* rinse.

risció (riʃ'ʃɔ) *nm* rickshaw.

riscontrare (riskon'trare) *vt* **1** compare. **2** verify. **riscontrarsi** *vr* correspond. **riscontro** *nm* **1** checking. **2** comparison.

riscossa (ris'kɔssa) *nf* insurrection.

riscuotere* (ris'kwɔtere) *vt* **1** cash, draw, collect (one's salary). **2** obtain. **3** shake. **riscuotersi** *vr* **1** start. **2** *med* come round.

risentire (risen'tire) *vt* feel, experience. *vi* show signs of. **risentirsi** *vr* take offence. **risentimento** *nm* resentment.

riserbo (ri'serbo) *nm* reserve.

riservare (riser'vare) *vt* keep, reserve. **riserva** (ri'sɛrva) *nf* **1** stock, reserve. **2** reservation. **3** reserve, preserve. **4** *sport* reserve. **riservato** *adj* reserved.

risi ('risi) *v* see **ridere**.

risiedere (ri'sjedere) *vi* reside.

riso¹ ('riso) *v* see **ridere**.

riso² ('riso) *nm* rice.

riso³ ('riso) *nm* **1** laugh. **2** laughter.

risolsi (ri'sɔlsi) v see **risolvere**.

risolto (ri'sɔlto) v see **risolvere**.

risoluto (riso'luto) adj determined. **risolutezza** (risolu'tettsa) nf determination.

risoluzione (risolut'tsjone) nf resolution.

risolvere* (ri'sɔlvere) vt 1 resolve, solve. 2 break down, dissolve. 3 decide. 4 annul. **risolversi** vr 1 dissolve. 2 make up one's mind.

risonare (riso'nare) vi resound, ring out. **risonanza** (riso'nantsa) nf 1 resonance. 2 echo.

risorgere* (ri'sɔrdʒere) vi rise again. **risorgimento** nm 1 revival. 2 cap Italian 19th-century independence movement.

risorsa (ri'sorsa) nf resource.

risparmiare (rispar'mjare) vt 1 save. 2 spare. **risparmio** (ris'parmjo) nm saving. **cassa di risparmio** nf savings bank.

rispettare (rispet'tare) vt respect. **rispettabile** (rispet'tabile) adj respectable. **rispettabilità** nf respectability. **rispetto** (ris'petto) nm respect. **rispetto a** as regards. **rispettoso** (rispet'toso) adj respectful.

rispettivo (rispet'tivo) adj respective.

risplendere (ris'plendere) vi shine.

rispondere* (ris'pondere) vi 1 reply, answer. 2 be responsible for. 3 correspond. 4 respond. **rispondere di sì/no** answer yes/no.

risposi (ris'posi) v see **rispondere**.

risposta (ris'posta) nf 1 reply, answer. 2 response.

risposto (ris'posto) v see **rispondere**.

rissa ('rissa) nf brawl. **rissoso** (ris'soso) adj quarrelsome.

ristabilire (ristabi'lire) vt restore.

ristagnare (ristan'nare) vi stagnate. **ristagno** nm stagnation.

ristampare (ristam'pare) vt reprint.

ristorante (risto'rante) nm restaurant.

ristorare (risto'rare) vt refresh, restore. **ristoro** (ris'tɔro) nm 1 relief. 2 refreshments.

ristretto (ris'tretto) adj 1 narrow. 2 restricted, limited.

risuonare (risuo'nare) vi resound, ring out. **risuonanza** nf 1 resonance. 2 echo.

risurrezione (risurret'tsjone) nf resurrection.

risuscitare (risuʃʃi'tare) vt bring back to life, revive. vi rise again.

risvegliare (rizveʎ'ʎare) vt awaken, revive. **risveglio** nm revival.

ritaglio (ri'taʎʎo) nm 1 newspaper cutting. 2 scrap.

ritardare (ritar'dare) vt slow down, delay. vi 1 be late. 2 (of a watch) lose. **ritardo** nm delay. **in ritardo** late.

ritegno (ri'teɲɲo) nm restraint.

ritenere* (rite'nere) vt 1 keep back. 2 keep, hold. 3 consider. 4 remember. **ritenersi** vr consider oneself.

ritirare (riti'rare) vt 1 withdraw, draw back. 2 retract. 3 draw (money). **ritirarsi** vr 1 withdraw. 2 retire. **ritirata** nf 1 retreat. 2 lavatory. **ritiro** nm withdrawal.

ritmo ('ritmo) nm rhythm. **ritmico** ('ritmiko) adj rhythmic.

rito ('rito) *nm* rite. **rituale** *adj* ritual.

ritoccare (ritok'kare) *vt* touch up. **ritocco** (ri'tokko) *nm* retouch.

ritornare (ritor'nare) *vi* 1 return, come back. 2 recur. *vt* give back. **ritorno** *nm* return. **essere di ritorno** be back. **ritorno di fiamma** 1 backfire. 2 renewed passion.

ritrarre* (ri'trarre) *vt* 1 draw back. 2 reproduce. **ritirarsi** *vr* withdraw.

ritratto (ri'tratto) *nm* portrait.

ritroso (ri'troso) *adj* 1 reluctant. 2 shy.

ritrovare (ritro'vare) *vt* 1 find (again). 2 discover. 3 recover. **ritrovarsi** *vr* 1 meet. 2 find oneself. **ritrovo** (ri'trɔvo) *nm* 1 meeting. 2 meeting place. **ritrovo notturno** nightclub.

ritto ('ritto) *adj* 1 upright. 2 straight. **stare ritto** stand up. *~nm* right side.

riunire (riu'nire) *vt* 1 gather, collect. 2 reunite. **riunirsi** *vr* 1 be reunited. 2 meet. **riunione** *nf* meeting.

riuscire* (riuʃ'ʃire) *vi* 1 go out. 2 work *or* turn out. 3 result. 4 succed, manage. **riuscita** *nf* 1 result. 2 success.

riva ('riva) *nf* bank, shore.

rivale (ri'vale) *adj,n* rival. **rivaleggiare** *vi* rival. **rivalità** *nf* rivalry.

rivedere* (rive'dere) *vt* 1 see again. 2 revise, examine.

rivelare (rive'lare) *vt* reveal, disclose. **rivelazione** *nf* revelation.

riverberare (riverbe'rare) *vt* reverberate.

riverire (rive'rire) *vt* respect. **riverente** (rive'rente) *adj* reverent. **riverenza** (rive'rentsa) *nf* 1 reverence. 2 bow.

rivestire (rives'tire) *vt* 1 cover. 2 line.

riviera (ri'vjera) *nf* coast.

rivista (ri'vista) *nf* 1 mil parade. 2 magazine, review. 3 revue.

rivolgere* (ri'vɔldʒere) *vt* 1 turn (over). 2 direct. **rivolgersi** *vr* 1 turn round. 2 apply. 3 go towards. **rivolgimento** *nm* upheaval.

rivoltare (rivol'tare) *vt* turn. **rivoltarsi** *vr* revolt. **rivolta** *nf* revolt.

rivoltella (rivol'tella) *nf* revolver.

rivoluzione (rivolut'tsjone) *nf* revolution. **rivoluzionario** *adj* revolutionary.

rizzare (rit'tsare) *vt* raise, erect. **rizzarsi** *vr* 1 stand up. 2 stand on end.

roba ('rɔba) *nf* stuff, things, possessions.

robusto (ro'busto) *adj* strong, sturdy.

rocca ('rokka) *nf* fortress. **roccaforte** *nf* stronghold.

roccia ('rottʃa) *nf* rock. **roccioso** (rot'tʃoso) *adj* rocky.

rodaggio (ro'daddʒo) *nm mot* running in. **in rodaggio** running in.

Rodano ('rɔdano) *nm* Rhône.

rodere* ('rodere) *vt* 1 gnaw. 2 nibble. **roditori** *nm pl* rodents.

Rodesia (ro'dezja) *nf* Rhodesia. **rodesiano** *adj,n* Rhodesian.

rododendro (rodo'dɛndro) *nm* rhododendron.

rogna ('roɲɲa) *nf* 1 itch. 2 scabies.

rognone (roɲ'ɲone) *nm cul* kidney.

rollare (rol'lare) *vi naut* roll.

Roma ('roma) *nf* Rome. **romano** *adj, n* Roman.

Romania (roma'nia) *nf* Rumania. **romeno** *adj,n* Rumanian.

romanico (ro'maniko) *adj* romanesque.

romantico (ro'mantiko) *adj* romantic. **romanticismo** *nm* romanticism.

romanzo¹ (ro'mandzo) *adj* romance (language).

romanzo² (ro'mandzo) *nm* **1** novel. **2** romance. **romanziere** (roman'dzjɛre) *nm* novelist.

romito (ro'mito) *nn* hermit.

rompere* ('rompere) *vt* break, smash. *vi* break. **rompere la testa** annoy. **rompersi** *vr* break up. **rompersi la testa** rack one's brains. **rompicapo** *nm* annoyance. **rompiscatole** (rompis'katole) *nm sl* pest, nuisance.

ronda ('ronda) *nf mil* rounds, patrol.

rondine ('rondine) *nf zool* swallow.

rondone (ron'done) *nm* swift.

ronzare (ron'dzare) *vi* buzz, hum, whirr. **ronzio** *nm* buzz, hum.

ronzino (rond'zino) *nm inf* nag.

rosa ('roza) *nf* rose. *adj invar, nm invar* pink.

rosario (ro'zarjo) *nm* rosary.

rosbif ('rozbif) *nm invar* roast beef.

rosicchiare (rosik'kjare) *vt* nibble.

rosmarino (rozma'rino) *nm* rosemary.

rosolare (rozo'lare) *vt cul* brown.

rosolia (rozo'lia) *nf* German measles.

rospo ('rɔspo) *nm* toad. **ingoiare un rospo** swallow an insult.

rosso ('rosso) *adj,nm* red. **rossetto** *nm* lipstick. **rossore** *nm* shame.

rosticceria (rostittʃe'ria) *nf* shop selling cooked food.

rostro ('rɔstro) *nm* rostrum.

rotaia (ro'taja) *nf* **1** rail. **2** rut.

rotare (ro'tare) *vt,vi* rotate. **rotazione** *nf* rotation.

roteare (rote'are) *vt* whirl. *vi* wheel.

rotella (ro'tɛlla) *nf* wheel. **pattino a rotelle** *nm* roller-skate.

rotolare (roto'lare) *vt* roll. *vi* roll down. **rotolo** ('rɔtolo) *nm* roll.

rotondo (ro'tondo) *adj* round.

rotore (ro'tore) *nm* rotor.

rotta¹ ('rotta) *nf* **1** break. **2** rout. **a rotta di collo** at breakneck speed.

rotta² ('rotta) *nf* course, route.

rotto ('rotto) *v see* **rompere.** *adj* broken.

rottame *nm* **1** fragment. **2** *pl* wreckage, ruins. **rottami di ferro** *nm pl* scrap iron.

rottura *nf* break, braking off.

rovesciare (roveʃ'ʃare) *vt* **1** upset, spill. **2** overturn. **3** turn inside out. **4** overthrow. **rovesciarsi** *vr* **1** overturn, capsize. **2** fall down. **rovescio** (ro'veʃʃo) *nm* wrong side, other side. **a rovescio** back to front. **capire a rovescio** misunderstand. **alla rovescia 1** inside out. **2** upside down.

rovinare (rovi'nare) *vt* ruin. **rovina** *nf* fall, ruin.

rovistare (rovis'tare) *vt* ransack.

rovo ('rovo) *nm* bramble, blackberry bush.

rozzo ('roddzo) *adj* rough, coarse.

ruba ('ruba) *nf* **andare a ruba** sell like hot cakes.

rubacchiare (rubak'kjare) *vt* pilfer.

rubare (ru'bare) *vt* steal, rob. **rubacuori** (ruba'kwori) *nm sl* lady-killer.

rubinetto (rubi'netto) *nm* tap.

rubino (ru'bino) *nm* ruby.

rubrica (ru'brika) *nf* **1** directory. **2** feature, column.

rude ('rude) *adj* rough.

rudere ('rudere) *nm* ruin.

ruga ('ruga) *nf* wrinkle. **rugoso** (ru'goso) *adj* wrinkled.

rugby ('rugbi) *nm* rugby. **rugbista**

rugby-player.

ruggine ('ruddʒine) *nf* rust. **rugginoso** (ruddʒi'noso) *adj* rusty.

ruggire (rud'dʒire) *vi* roar. **ruggito** *nm* roar.

rugiada (ru'dʒada) *nf* dew.

rullare (rul'lare) *vt* roll. *vi* **1** roll. **2** *aviat* taxi. **rullio** *nm* roll. **rullo** *nm* **1** roll. **2** *tech* roller. **rullo compressore** steam-roller.

rum (rum) *nm* rum.

ruminare (rumi'nare) *vt* **1** chew. **2** ruminate.

rumore (ru'more) *nm* **1** noise, din. **2** rumour. **rumoroso** (rumo'roso) *adj* noisy. **rumoreggiare** (rumored'dʒare) *vi* make a noise.

ruolo ('rwɔlo) *nm* **1** roll, list. **2** role.

ruota ('rwɔta) *nf* wheel. **ruota di ri-** cambio spare wheel. **girare a ruota libera** *vi* freewheel.

rupe ('rupe) *nf* cliff.

rupia (ru'pia) *nf* rupee.

ruppi ('ruppi) *v* see **rompere**.

rurale (ru'rale) *adj* rural.

ruscello (ruʃ'ʃello) *nm* stream.

russare (rus'sare) *vi* snore.

Russia ('russja) *nf* Russia. **russo** *adj,n* Russian. *nm* Russian (language).

rustico ('rustiko) *adj* rustic.

ruttare (rut'tare) *vi* belch, burp. **rutto** *nm* belch.

ruvido ('ruvido) *adj* rough, coarse. **ruvidezza** (ruvi'dettsa) *nf* coarseness.

ruzzare (rud'dzare) *vi* gambol.

ruzzolare (ruttso'lare) *vi* roll down.

S

sa (sa) *v* see **sapere**.

sabato ('sabato) *nm* Saturday.

sabbia ('sabbja) *nf* sand. **sabbie mobili** *n pl* quicksands. **sabbioso** (sab'bjoso) *adj* sandy.

sabotare (sabo'tare) *vt* sabotage. **sabotaggio** *nm* sabotage **sabotatore** *nm* saboteur.

sacca ('sakka) *nf* **1** bag, satchel. **2** pocket.

saccarina (sakka'rina) *nf* saccharin.

saccente (sat'tʃente) *nm* knowall.

saccheggiare (sakked'dʒare) *vt* sack, plunder. **saccheggio** *nm* sack, pillage.

sacchetto (sak'ketto) *nm* paper bag.

sacco ('sakko) *nm* sack, bag. **sacco a pelo** sleeping-bag.

saccoccia (sak'kɔttʃa) *nf* pocket.

sacerdote (satʃer'dɔte) *nm* priest. **sacerdotale** *adj* priestly. **sacerdozio** (satʃer'dɔttsjo) *nm* priesthood.

sacramento (sakra'mento) *nm* sacrament.

sacrificare (sakrifi'kare) *vt* sacrifice. **sacrificio** *nm* sacrifice.

sacrilegio (sakri'lɛdʒo) *nm* sacrilege.

sacro ('sakro) *adj* holy, sacred.

sadico ('sadiko) *adj* sadistic. *nm* sadist. **sadismo** *nm* sadism.

saetta (sa'etta) *nf* arrow.

safari (sa'fari) *nm* safari.

saga ('saga) *nf* saga.

sagace (sa'gatʃe) *adj* clever, shrewd.

sagacità *nf* sagacity.

saggezza (sad'dʒettsa) *nf* wisdom.

saggio[1] ('saddʒo) *adj* wise, prudent. *nm* sage.

saggio[2] ('saddʒo) *nm* **1** trial, test. **2** sample. **3** study, essay.

Sagittario (sadʒit'tarjo) *nm* Sagittarius.

sagoma ('sagoma) *nf* outline, profile.

sagra ('sagra) *nf* festival.

sagrestia (sagres'tia) *nf* sacristy. **sagrestano** *nm* sacristan.

sai ('sai) *v* see **sapere**.

sala ('sala) *nf* room, hall. **sala da pranzo** dining room. **sala operatoria** operating theatre.

salamandra (sala'mandra) *nf* salamander.

salame (sa'lame) *nm* pork sausage, salami.

salamoia (sala'mɔja) *nf* brine.

salario (sa'larjo) *nm* wages, salary.

saldare (sal'dare) *vt* **1** join, weld. **2** settle, pay (a bill). **saldezza** (sal'dettsa) *nf* firmness. **saldo** *adj* solid, firm.

sale ('sale) *nm* salt. **salare** *vt* salt. **salato** *adj* **1** salt, salty. **2** expensive. **saliera** (sa'ljera) *nf* saltcellar.

salgo ('salgo) *v* see **salire**.

salice ('salitʃe) *nm* willow.

salire* (sa'lire) *vt,vi* climb, go up. *vi* rise, increase. **salire in macchina** get into a car. **salita** *nf* ascent, climb.

saliva (sa'liva) *nf* saliva.

salma ('salma) *nf* corpse.

salmo ('salmo) *nm* psalm.

salmone (sal'mone) *nm* salmon.

salone (sa'lone) *nm* **1** hall. **2** assembly room.

salotto (sa'lɔtto) *nm* sitting room.

salpare (sal'pare) *vi* set sail.

salsa ('salsa) *nf* **1** sauce. **2** gravy. **salsiera** (sal'sjɛra) *nf* sauceboat.

salsiccia (sal'sittʃa) *nf* pork sausage.

salso ('salso) *adj* salt, salty.

saltare (sal'tare) *vi* jump, leap. *vi* **1** jump over. **2** miss. **saltare in aria** explode.

saltatoio (salta'tojo) *nm* perch.

saltellare (saltel'lare) *vi* skip, hop.

saltello (sal'tello) *nm* jump.

salterellare (salterel'lare) *vi* hop, skip.

salterello (salte'rello) *nm* skip, jump.

saltimbanco (saltim'banko) *nm* acrobat.

saltimbocca (saltim'bokka) *nm invar* meat in anchovy sauce.

salto ('salto) *nm* jump, leap. **salto mortale** somersault.

salubre (sa'lubre) *adj* healthy.

salume (sa'lume) *nm* salted meat. **salumeria** *nf* delicatessen.

salutare (salu'tare) *vt* greet, say hello *or* goodbye to. **andare a salutare** go and see. **saluto** *nm* **1** greeting. **2** salute. **tanti saluti** best regards.

salute (sa'lute) *nf* health. **salutare** *adj* salutary.

salva ('salva) *nf* salvo.

salvaguardare (salvagwar'dare) *vt* safeguard. **salvaguardia** *nf* safeguard.

salvare (sal'vare) *vt* **1** save. **2** rescue. **salvarsi** *vr* escape. **salvagente** (sal-

va'dʒente) *nm invar* lifebelt. **salvazione** *nf* salvation. **salvezza** (sal'vettsa) *nf* safety. **salvo** *adj* safe. *prep* except.

salvataggio (salva'taddʒo) *nm* rescue.

salvia ('salvja) *nf bot* sage.

sambuco (sam'buko) *nm* elder tree.

san (san) *adj* contraction of **santo**.

sanare (sa'nare) *vt* **1** cure, heal. **2** put right. **sanabile** (sa'nabile) *adj* curable.

sanatorio (sana'tɔrjo) *nm* sanatorium.

sancire (san'tʃire) *vt* sanction.

sandalo ('sandalo) *nm* sandal.

sangue ('sangwe) *nm* blood. **fare sangue** bleed.

sanguinare (sangwi'nare) *vi* bleed.

sanguigno (sangwi'ɲo) *adj* **1** blood. **2** blood-red.

sanguinoso (sangwi'noso) *adj* bloody.

sanitario (sani'tarjo) *adj* sanitary.

sanno ('sanno) *v* see **sapere**.

sano ('sano) *adj* healthy, sound. **di sana pianta** entirely. **sano e salvo** safe and sound. **sanità** *nf* sanity.

santificare (santifi'kare) *vt* sanctify.

santo ('santo) *adj* holy, sacred. *nm* saint. **santità** *nf* holiness.

santuario (santu'arjo) *nm* sanctuary.

sanzionare (santsjo'nare) *vt* sanction, approve.* **sanzione** *nf* sanction.

sapere* (sa'pere) *vt* know. **sapere di** taste of. **sapiente** (sa'pjɛnte) *adj* wise. *nm* wise man. **sapienza** (sa'p-jɛntsa) *nf* wisdom, learning.

sapone (sa'pone) *nm* soap. **saponata** *nf* lather. **saponetta** *nf* bar of soap. **saponiera** (sapo'njɛra) *nf* soap dish.

sapore (sa'pore) *nm* taste, flavour. **sa-**

porito *adj* **1** tasty. **2** witty. **3** expensive.

sappiamo (sap'pjamo) *v* see **sapere**.

saprò (sa'prɔ) *v* see **sapere**.

saracinesca (saratʃi'neska) *nf* roller blind.

sarcasmo (sar'kazmo) *nm* sarcasm.

sarcastico (sar'kastiko) *adj* sarcastic.

sarchiare (sar'kjare) *vt* hoe, weed. **sarchio** *nm* hoe.

sarda ('sarda) *nf* pilchard. **sardina** *nf* sardine.

Sardegna (sar'deɲɲa) *nf* Sardinia. **sardo** *adj,n* Sardinian.

sardonico (sar'dɔniko) *adj* sardonic.

sarei (sa'rɛi) *v* see **essere**.

sarò (sa'rɔ) *v* see **essere**.

sarto ('sarto) *nm* tailor. **sarta** *nf* dressmaker. **sartoria** *nf* tailor's shop.

sasso ('sasso) *nm* stone. **sassoso** (sas'soso) *adj* stony.

sassofono (sas'sɔfono) *nm* saxophone.

Satana ('satana) *nm* Satan.

satellite (sa'tɛllite) *nm* satellite.

satira ('satira) *nf* satire. **satireggiare** *vt* satirize. **satirico** (sa'tiriko) *adj* satirical.

saturare (satu'rare) *vt* saturate. **saturazione** *nf* saturation.

Saturno (sa'turno) *nm* Saturn.

sauna ('sauna) *nf* sauna.

savio ('savjo) *adj* wise. *nm* sage.

saziare (sat'tsjare) *vt* satisfy, fill. **sazio** *adj* full, sated.

sbaccellare (zbattʃe'lare) *vt* shell (peas).

sbadataggine (zbada'taddʒine) *nf* carelessness. **sbadato** *adj* careless-

ness. **sbadato** *adj* carelss.

sbadigliare (zbadiʎ'ʎare) *vi* yawn. **sbadiglio** *nm* yawn.

sbagliare (zbaʎ'ʎare) *vt* **1** miscalculate. **2** mistake. *vi* make a mistake. **sbagliarsi** *vr* make a mistake, be mistaken. **sbagliato** *adj* wrong, mistaken. **sbaglio** *nm* mistake, error.

sballare (zbal'lare) *vt* unpack.

sballottare (zballot'tare) *vt* toss about.

sbalordire (zbalor'dire) *vt* amaze, stun. *vi* be amazed. **sbalordimento** *nm* amazement.

sbalzare (zbal'tsare) *vt* **1** throw, fling. **2** dismiss. *vi* bounce. **sbalzo** *nm* **1** bounce. **2** leap. **a sbalzi** by fits and starts.

sbandare (zban'dare) *vt* disband, disperse. *vi* *mot* skid. **sbandarsi** *vr* disperse.

sbandire (zban'dire) *vt* banish.

sbarazzare (zbarat'tsare) *vt* clear, rid. **sbarazzarsi di** *vr* get rid of.

sbarbare (zbar'bare) *vt* **1** uproot. **2** shave.

sbarcare (zbar'kare) *vt* put ashore, unload. *vi* go ashore, disembark. **sbarco** *nm* landing.

sbarrare (zbar'rare) *vt* block, bar. **sbarrare gli occhi** open one's eyes wide. **sbarra** *nf* **1** bar, barrier. **2** tiller.

sbatacchiare (zbatak'kjare) *vt, vi* bang, slam.

sbattere ('zbattere) *vi* **1** beat, shake. **2** bang, slam. *vi* slam. **sbattere fuori** throw out.

sbavare (zba'vare) *vi* dribble.

sbiadire (zbja'dire) *vi* fade.

sbieco ('zbjɛko) *adj* slanting, askew.

guardare di sbieco look at askance.

sbigottire (zbigot'tire) vt dismay. sbigottirsi vr be dismayed. sbigottimento nm dismay. sbigottito adj dismayed, amazed.

sbilenco (zbi'lenko) adj crooked.

sbirciare (zbir'tʃare) vt eye, gaze at.

sbirro ('zbirro) nm inf cop, policeman.

sboccare (zbok'kare) vi 1 flow. 2 lead, come out. sbocco nm outlet.

sbocciare (zbot'tʃare) vi blossom, open.

sborsare (zbor'sare) vt pay out.

sbottonare (zbotto'nare) vt unbutton.

sbozzare (zbot'tsare) vt sketch. sbozzo (zbottso) nm sketch.

sbranare (zbra'nare) vt tear to pieces.

sbrattare (zbrat'tare) vt clean, clear.

sbriciolare (zbritʃo'lare) vt crumble. sbriciolarsi vr crumble.

sbrigare (zbri'gare) vt finish off, deal with. sbrigarsi vr hurry.

sbrodolare (zbrodo'lare) vt stain, dirty.

sbronzo ('zbrontso) adj inf drunk.

sbucare (zbu'kare) vi come out.

sbucciare (zbut'tʃare) vt peel, skin. sbucciarsi vr graze. sbucciapatate nm invar potato peeler.

sbuffare (zbuf'fare) vi puff. sbuffo nm puff.

scabbia ('skabbia) nf scabies.

scabro ('skabro) adj rough.

scabroso (ska'broso) adj 1 rough. 2 difficult. 2 risqué.

scacchiera (skak'kjera) nf chessboard.

scacciare (skat'tʃare) vt chase or drive out.

scacco ('skakko) nm 1 square, check. 2 pl chess. a scacchi checked. scacco matto checkmate.

scadere* (ska'dere) vi 1 decline, decrease. 2 expire, be due. scadente (ska'dente) adj of poor quality, shoddy. scadenza (ska'dentsa) nf expiry.

scafandro (ska'fandro) nm 1 diving suit. 2 spacesuit.

scaffale (skaf'fale) nm bookcase, bookshelf.

scafo ('skafo) nm hull.

scaglia (ska'ʎʎa) nf 1 scale (of fish). 2 fragment. scaglioso (skaʎ'ʎoso) adj scaly.

scagliare (skaʎ'ʎare) vt throw, hurl.

scala ('skala) nf 1 stairs, staircase. 2 scale, proportion. scala a piuoli ladder. scala mobile escalator. scalino nm step, stair.

scalare (ska'lare) vt scale. scalatore nm mountain climber.

scaldare (skal'dare) vt warm up, heat. scaldabagno (skalda'baɲɲo) nm water heater.

scalfire (skal'fire) vt scratch.

scalo ('skalo) nm 1 wharf. 2 port of call. volo senza scalo nm non-stop flight.

scalogna (ska'loɲɲa) nf inf bad luck.

scaloppa (ska'loppa) nf escalope.

scalpello (skal'pello) nm chisel.

scalpore (skal'pore) nm noise, row.

scaltro ('skaltro) adj shrewd, crafty.

scaltrezza (skal'trettsa) nf cunning.

scalzare (skal'tsare) vt take shoes and socks from. scalzo adj barefoot.

scambiare (skam'bjare) vt 1 exchange. 2 mistake. scambio nm exchange.

scampanare (skampa'nare) vi peal, chime. scampanata nf peal.

scampare (skam'pare) *vt* save. *vi* escape. **scampo** *nm* refuge, safety. **non c'è scampo** there is no way out.

scampi ('skampi) *nm pl* scampi, prawns.

scampolo ('skampolo) *nm* remnant.

scanalare (skana'lare) *vt* groove. **scanalatura** *nf* groove.

scandalo ('skandalo) *nm* scandal. **scandalizzare** (skandalid'dzare) *vt* shock. **scandalizzarsi** *vr* be shocked. **scandaloso** (skanda'loso) *adj* scandalous, shocking.

scannare (skan'nare) *vt* slaughter.

scanno ('skanno) *nm* seat, bench.

scansare (skan'sare) *vt* avoid. **scansarsi** *vr* move aside.

scansia (skan'sia) *nf* bookcase.

scapigliare (skapiʎ'ʎare) *vt* ruffle, dishevel.

scapola ('skapola) *nf* shoulderblade.

scapolo ('skapolo) *nm* bachelor.

scappare (skap'pare) *vi* run away, flee. **scappata** *nf* 1 visit, call. 2 escapade.

scarabocchiare (skarabok'kjare) *vt* scribble. **scarabocchio** (skara'bɔkkjo) *nm* scribble.

scarafaggio (skara'faddʒo) *nm* cockroach.

scaramuccia (skara'muttʃa) *nf* skirmish.

scaricare (skari'kare) *vt* unload. **scaricarsi** *vr* 1 relax, unwind. 2 (of a clock) run down. **scarico** ('skariko) *adj* 1 unloaded. 2 (of a watch, etc.) run down. *nm* unloading. **tubo di scarico** *nm* exhaust pipe.

scarlatto (skar'latto) *adj,nm* scarlet.

scarlattina *nf* scarlet fever.

scarno ('skarno) *adj* thin, scanty.

scarpa ('skarpa) *nf* shoe. **scarpino** *nm* dancing shoe.

scarso ('skarso) *adj* 1 scarce. 2 meagre. 3 lean, poor. **scarsità** *nf* scarcity.

scartabellare (skartabel'lare) *vt* skim through (a book).

scartare (skar'tare) *vt* 1 unwrap. 2 reject. *vi* swerve.

scassare (skas'sare) *vt* break open. **scasso** *nm* housebreaking.

scassinatore (skassina'tore) *nm* burglar.

scatenare (skate'nare) *vt* unleash. **scatenarsi** *vr* break out. **scatenato** *adj* wild.

scatola ('skatola) *nf* 1 box. 2 tin, can. **in scatola** tinned. **rompere le scatole a** annoy.

scattare (skat'tare) *vi* 1 spring (up). 2 go off. *vt* take (a photo). **scatto** *nm* spring.

scaturire (skatu'rire) *vi* gush. 2 spring.

scavare (ska'vare) *vt* 1 dig (up). 2 excavate. **scavo** *nm* excavation.

scegliere* ('ʃeʎʎere) *vt* choose, pick.

sceicco (ʃe'ikko) *nm* sheik.

scelgo ('ʃelgo) *v see* **scegliere**.

scellerato (ʃelle'rato) *adj* wicked. **scelleratezza** (ʃellera'tettsa) *nf* wickedness.

scellino (ʃel'lino) *nm* shilling.

scelsi ('ʃelsi) *v see* **scegliere**.

scelta ('ʃelta) *nf* choice, selection.

scelto ('ʃelto) *v see* **scegliere**. *adj* choice.

scemare (ʃe'mare) *vt,vi* diminish, reduce. **scemo** *adj* silly.

scena ('ʃena) *nf* 1 stage. 2 scene. **sce-**

nata *nf* row, commotion.

scendere* ('ʃɛndere) *vi* come *or* go down. **2** dismount. *vt* descend. **scendiletto** (ʃendi'letto) *nm invar* bedside rug.

scenico ('ʃɛniko) *adj* scenic.

sceriffo (ʃe'riffo) *nm* sheriff.

scesa ('ʃɛsa) *nf* descent.

scesi ('ʃɛsi) *v see* **scendere**.

sceso ('ʃɛsi) *v see* **scendere**.

scettico ('ʃɛttiko) *adj* sceptical. *nm* sceptic. **scetticismo** *nm* scepticism.

scettro ('ʃɛttro) *nm* sceptre.

schedare (ske'dare) *vt* file. **scheda** ('skɛda) *nf* **1** index card. **2** ballot paper, form. **schedario** *nm* **1** file. **2** filing cabinet.

scheggia ('skeddʒa) *nf* chip, splinter.

scheletro ('skeletro) *nm* skeleton.

schema ('skema) *nm* outline, plan.

schermire (sker'mire) *vi sport* fence. **schermirsi** *vr* defend oneself. **scherma** *nf* fencing.

schermo ('skermo) *nm* screen.

schernire (sker'nire) *vt* sneer at. **scherno** *nm* scorn.

scherzare (sker'tsare) *vi* joke. **scherzo** *nm* joke. **per scherzo** as a joke. **scherzoso** *adj* playful.

schiacciare (skjat'tʃare) *vt* crush, squeeze. **schiaccianoci** *nm invar* nutcracker.

schiaffeggiare (skjaffed'dʒare) *vt* slap. **schiaffo** *nm* slap, smack.

schiamazzare (skjamat'tsare) *vi* **1** squawk. **2** cluck. **schiamazzo** *nm* **1** squawking. **2** din.

schiantare (skjan'tare) *vt* break. *vi inf* burst.

schiarire (skja'rire) *vt* clear up. *vi* become light.

schiavo ('skjavo) *nm* slave. **schiavitù** *nf* slavery.

schidione (ski'djone) *nm cul* spit.

schiena ('skjena) *nf* back, spine. **schienale** *nm* back (of a chair).

schierare (skje'rare) *vt* line up. **schierarsi** *vr* take sides. **schiera** ('skjera) *nf* **1** rank. **2** formation.

schietto ('skjetto) *adj* pure. **schiettezza** (skjet'tettsa) *nf* **1** purity. **2** sincerity.

schifiltoso (skifil'toso) *adj* fussy.

schifo ('skifo) *nm* disgust. **che schifo!** how disgusting! **schifoso** (ski'foso) *adj* disgusting, revolting.

schioccare (skjok'kare) *vt* **1** crack (a whip). **2** smack. **schiocco** ('skjɔkko) *nm* **1** crack. **2** smack.

schioppo ('skjɔppo) *nm* gun. **schioppettata** *nf* shot.

schiumare (skju'mare) *vt* skim. *vi* foam. **schiuma** *nf* froth, foam. **schiumoso** (skju'moso) *adj* frothy.

schivare (ski'vare) *vt* avoid.

schizofrenia (skiddzofre'nia) *nf* schizophrenia.

schizzare (skit'tsare) *vi* gush, squirt. *vt* **1** splash. **2** sketch. **schizzo** *nm* **1** squirt, splash. **2** sketch.

sci (ʃi) *nm invar* **1** ski. **2** skiing. **sci nautico** waterskiing.

scia ('ʃia) *nf* wake, trail.

scià (ʃa) *nm* shah.

sciabola ('ʃabola) *nf* sabre.

sciabordare (ʃabor'dare) *vt* (of water) lap. *vi* ripple.

sciacallo (ʃa'kallo) *nm* jackal.

sciacquare (ʃak'kware) vt rinse.

sciagura (ʃa'gura) nf misfortune. **sciagurato** adj unfortunate.

scialacquare (ʃalak'kware) vt dissipate.

scialbo ('ʃalbo) adj pale.

scialle ('ʃalle) nm shawl.

scialuppa (ʃa'luppa) nf sloop. **scialuppa di salvataggio** lifeboat.

sciamare (ʃa'mare) vi swarm. **sciame** nm swarm.

sciancato (ʃan'kato) adj 1 lame. 2 rickety. nm cripple.

sciare (ʃi'are) vi ski. **sciatore** nm skier.

sciarpa ('ʃarpa) nf scarf.

sciatto ('ʃatto) adj slovenly.

scientifico (ʃen'tifiko) adj scientific.

scienza ('ʃɛntsa) nf 1 knowledge. 2 science. **scienziato** nm scientist.

scimmia ('ʃimmja) nf monkey.

scimmiottare (ʃimmjot'tare) vt ape, imitate.

scimpanzé (ʃimpan'tse) nm chimpanzee.

scimunito (ʃimu'nito) adj silly. nm fool.

scintillare (ʃintil'lare) vi sparkle, glitter, twinkle. **scintilla** nf spark.

sciocco ('ʃɔkko) adj silly, foolish. nm fool. **sciocchezza** nf stupidity, foolishness.

sciogliere* ('ʃɔʎʎere) vt 1 untie, loosen. 2 melt, dissolve. 3 solve, resolve. **sciogliersi** vr 1 free oneself. 2 melt. **scioglilingua** nm invar tongue-twister.

sciolgo ('ʃɔlgo) v see **sciogliere**.

sciolsi ('ʃɔlsi) v see **sciogliere**.

sciolto ('ʃɔlto) v see **sciogliere**. adj 1 loose. 2 agile. 3 melted. **versi sciolti** nm pl blank verse.

scioperare (ʃope'rare) vi strike, go on strike. **scioperante** nm striker. **sciopero** ('ʃopero) nm strike.

sciorinare (ʃori'nare) vt hang out.

sciovinismo (ʃovi'nizmo) nm chauvinism.

scipito (ʃi'pito) adj tasteless.

scirocco (ʃi'rɔkko) nm sirocco.

sciroppo (ʃi'rɔppo) nm syrup. **sciroppato** adj in syrup.

sciupare (ʃu'pare) vt 1 waste. 2 spoil.

scivolare (ʃivo'lare) vi 1 slip, slide. 2 glide. **scivolo** ('ʃivolo) nm 1 slide, chute. 2 slipway.

scoccare (skok'kare) vt 1 shoot. 2 fling. 3 strike (hours). vi go off.

scocciare (skot'tʃare) vt inf annoy, bother.

scodella (sko'dɛlla) nf bowl, soup plate.

scodinzolare (skodintso'lare) vi (of a dog) wag its tail.

scoglio ('skɔʎʎo) nm 1 rock, cliff. 2 obstacle. **scogliera** (skoʎ'ʎɛra) nf reef. **scoglioso** (skoʎ'ʎoso) adj rocky.

scoiattolo (sko'jattolo) nm squirrel.

scolare (sko'lare) vt drain. vi drip. **scolo** nm drainage. **scolapiatti** nm invar draining rack.

scolaro (sko'laro) nm schoolboy, pupil.

scolastico (sko'lastiko) adj scholastic.

scollatura (skolla'tura) nf neckline.

scolorire (skolo'rire) vt discolour. vi fade, lose colour.

scolpare (skol'pare) vt excuse. **scolparsi** vr defend oneself.

scolpire (skol'pire) vt sculpt, carve.

scombro ('skombro) nm mackerel.

scommettere* (skom'mettere) *vt* bet. **scommessa** *nf* bet.

scomodare (skomo'dare) *vt* disturb, bother. **scomodarsi** *vr* bother. **scomodo** ('skɔmodo) *adj* uncomfortable.

scomparire* (skompa'rire) *vi* disappear, vanish. **scomparsa** *nf* disappearance.

scompartire (skompar'tire) *vt* divide. **scompartimento** *nm* compartment.

scompigliare (skompiʎ'ʎare) *vt* 1 throw into disorder, upset. 2 ruffle. **scompiglio** *nm* disorder.

scomporre* (skom'porre) *vt* 1 break up. 2 disarrange. **scomporsi** *vr* lose composure.

scomunicare (skomuni'kare) *vt* excommunicate.

sconcertare (skontʃer'tare) *vt* disturb, disconcert.

sconcio ('skontʃo) *adj* indecent.

sconfessare (skonfes'sare) *vt* abjure, repudiate.

sconfitta (skon'fitta) *nf* defeat.

sconnettere* (skon'nettere) *vt* disconnect.

sconosciuto (skonoʃ'ʃuto) *adj* unknown.

sconquassare (skonkwas'sare) *vt* shatter.

sconsigliare (skonsiʎ'ʎare) *vt* dissuade.

sconsolato (skonso'lato) *adj* desolate.

scontare (skon'tare) *vt* 1 pay off. 2 pay for. **sconto** *nm* discount.

scontento (skon'tɛnto) *adj* dissatisfied, displeased. **scontentezza** (skonten'tettsa) *nf* discontent.

scontrarsi (skon'trarsi) *vr* 1 meet. 2 clash. 3 collide. **scontro** *nm* 1 encounter, clash. 2 collision.

scontrino (skon'trino) *nm* 1 ticket. 2 token, voucher.

scontroso (skon'troso) *adj* sullen, touchy.

sconvolgere* (skon'vɔldʒere) *vt* upset, disturb. **sconvolto** (skon'vɔlto) *adj* upset.

scopare (sko'pare) *vt* brush. **scopa** *nf* 1 broom. 2 Italian card game.

scoperta (sko'perta) *nf* discovery.

scoperto (sko'perto) *adj* uncovered.

scopo ('skɔpo) *nm* aim, purpose.

scoppiare (skop'pjare) *vi* 1 burst, explode. 2 break out. **scoppio** ('skɔppjo) *nm* 1 explosion, burst. 2 outburst. 3 outbreak.

scoppiettare (skoppjet'tare) *vi* crackle.

scoprire* (sko'prire) *vt* 1 uncover, disclose. 2 discover.

scoraggiare (skorad'dʒare) *vt* discourage. **scoraggiamento** *nm* discouragement.

scorciare (skor'tʃare) *vt* shorten. **scorciarsi** *vr* become shorter. **scorciatoia** *nf* short cut.

scordare[1] (skor'dare) *vt* forget. **scordarsi** *vr* forget.

scordare[2] (skor'dare) *vt* put out of tune. **scordarsi** *vr* go out of tune.

scorgere* ('skɔrdʒere) *vt* make out, discern.

scorpione (skor'pjone) *nm* 1 scorpion. 2 *cap* Scorpio.

scorrazzare (skorrat'tsare) *vi* wander.

scorrere* ('skorrere) *vi* 1 flow, run. 2 pass. *vt* scour. **scorreria** *nf* raid.

scorretto (skor'retto) *adj* incorrect.

scorsa ('skorsa) nf glance.

scorso ('skorso) adj past, last. **l'anno scorso** last year.

scortare (skor'tare) vt escort. **scorta** ('skɔrta) nf 1 escort. 2 store, stock.

scortese (skor'teze) adj discourteous, impolite. **scortesia** nf rudeness.

scorticare (skorti'kare) vt skin, flay.

scorza ('skɔrdza) nf 1 bot bark. 2 rind, skin, peel.

scoscendere* (skoʃ'ʃendere) vi 1 crash down. 2 split.

scosceso (skoʃ'ʃeso) adj steep.

scossa ('skɔssa) nf shake, jolt. **scossa elettrica** electric shock.

scossi ('skɔssi) v see **scuotere**.

scosso ('skɔsso) v see **scuotere**.

scostare (skos'tare) vt shift, remove. **scostarsi** vr move away.

scostumato (skostu'mato) adj dissolute.

Scotch (skɔtʃ) nm invar Tdmk sellotape.

scottare (skot'tare) vt burn, scald. vi burn. **scottatura** nf burn.

scovare (sko'vare) vt 1 drive out. 2 discover.

Scozia ('skɔttsia) nf Scotland. **scozzese** (skot'tsese) adj Scottish, Scots. nm,f Scot.

screditare (skredi'tare) vt discredit.

scremare (skre'mare) vt skim.

screpolare (skrepo'lare) vi crack. **screpolarsi** vr split. **screpolatura** nf crack.

scribacchiare (skribak'kjare) vt,vi scribble.

scricchiolare (skrikkjo'lare) vi creak, squeak. **scricciolo** ('skrittʃolo) nm wren.

scrigno ('skriɲɲo) nm casket.

scriminatura (skrimina'tura) nf parting (in the hair).

scrissi ('skrissi) v see **scrivere**.

scritta ('skritta) nf inscription.

scritto ('skritto) v see **scrivere**. adj written. nm writing. **scrittore** nm writer. **scrittura** nf 1 writing, handwriting. 2 contract.

scrivania (skriva'nia) nf writing desk.

scrivere* ('skrivere) vt write.

scroccare (skrok'kare) vt scrounge.

scrofa ('skrɔfa) nf sow.

scrollare (skrol'lare) vt shake, shrug.

scrosciare (skroʃ'ʃare) vi 1 pelt, pour. 2 roar.

scroscio ('skrɔʃʃo) nm 1 roar, burst. 2 shower. **piovere a scroscio** pour.

scrupolo ('skrupolo) nm scruple. **scrupoloso** adj scrupulous.

scrutare (skru'tare) vt investigate, search.

scrutinio (skru'tinjo) nm counting, count (of votes). **scrutinio segreto** secret ballot.

scucire (sku'tʃire) vt unpick.

scuderia (skude'ria) nf stable.

scudiscio (sku'diʃʃo) nm riding whip.

scudo ('skudo) nm shield.

sculacciare (skulat'tʃare) vt spank. **sculacciata** nf spanking, spank.

scultura (skul'tura) nf sculpture. **scultore** nm sculptor.

scuola ('skwɔla) nf school.

scuotere* ('skwɔtere) vt shake.

scure ('skure) nf axe.

scuro ('skuro) adj 1 dark. 2 gloomy.

scusare (sku'zare) vt excuse, pardon. **scusarsi** vr 1 apologize. 2 find ex-

cuses. **scusa** *nf* **1** excuse. **2** pretext.
chiedere scusa ask pardon. *~interj* **1** I beg your pardon! **2** excuse me!

sdegnare (zdeɲˈɲare) *vt* scorn, disdain. **sdegno** *nm* scorn. **sdegnoso** (zdeɲˈɲoso) *adj* disdainful.

sdentato (zdenˈtato) *adj* toothless.

sdraia (ˈzdraja) *nf* deckchair.

sdraiare (zdraˈjare) *vt* stretch out. **sdraiarsi** *vr* lie down.

sdraio (ˈzdrajo) **sedia a sdraio** *nf* deckchair.

sdrucciolare (zdruttʃoˈlare) *vi* slip. **sdrucciolevole** (zdruttʃoˈlevole) *adj* slippery.

sdrucire (zdruˈtʃire) *vt* tear.

se[1] (se) *conj* if, whether. **se mai 1** if ever. **2** if anything.

se[2] (se) *pron 3rd pers m,f s, pl* form of **sé**.

sé (se) *pron 3rd pers m,f s, pl* oneself, itself, himself, herself, themselves. **se stessa** *pron 3rd pers f s* herself. **se stesse** *pron 3rd pers f pl* themselves. **se stesso** *3rd pers m s* himself. **se stessi** *pron 3rd pers m pl* themselves.

sebbene (sebˈbene) *conj* although.

seccare (sekˈkare) *vt* **1** dry. **2** bore. **3** annoy. **seccatore** *nm* bore.

secchia (ˈsekkja) *nf* bucket, pail. **secchiello** (sekˈkjello) *nm* pail.

secchio (ˈsekkjo) *nm* bucket, pail.

secco (ˈsekko) *adj* **1** dry. **2** lean.

secolare (sekoˈlare) *adj* **1** ageold. **2** secular, lay.

secolo (ˈsekolo) *nm* **1** century. **2** age.

secondario (sekonˈdarjo) *adj* secondary.

secondo[1] (seˈkondo) *adj* second. *nm* **1** second. **2** main course. **seconda** *nf*
second class.

secondo[2] (seˈkondo) *prep* according to. **secondo me** in my opinion.

sedano (ˈsedano) *nm* celery.

sede (ˈsede) *nf* **1** seat. **2** head office.

sedere* (seˈdere) *vi* sit, be seated. **sedersi** *vr* sit down. *nm* backside, bottom. **seduta** *nf* sitting, meeting.

sedia (ˈsedja) *nf* chair, seat. **sedia a dondolo** rocking chair.

sedici (ˈseditʃi) *adj* sixteen. *nm or f* sixteen. **sedicesimo** *adj* sixteenth.

sedile (seˈdile) *nm* seat, bench.

sedimento (sediˈmento) *nm* sediment, deposit.

sedurre* (seˈdurre) *vt* seduce. **seduzione** (sedutˈtsjone) *nf* seduction.

segale (ˈsegale) *nf* rye.

segare (seˈgare) *vt* saw. **sega** *nf* saw.

seggio (ˈseddzo) *nm* seat. **seggiovia** *nf* chair lift.

seggiola (ˈseddʒola) *nf* chair. **seggiolino** *nm* baby's chair.

segheria (segeˈria) *nf* sawmill.

seghettato (segetˈtato) *adj* serrated.

segmento (segˈmento) *nm* segment.

segnalare (seɲɲaˈlare) *vt* signal. **segnalarsi** *vr* distinguish oneself. **segnale** *nm* signal.

segnare (seɲˈɲare) *vt* **1** mark, note. **2** indicate, show. **3** *sport* score. **segnarsi** *vr* make the sign of the cross. **segno** *nm* **1** mark, sign. **2** target. **3** limit, extent. **cogliere nel segno** hit the mark. **per filo e per segno** in detail. **segnalibro** (seɲɲaˈlibro) *nm* bookmark.

segregare (segreˈgare) *vt* segregate, isolate. **segregazione** *nf* segregation.

segretaria (segreˈtarja) *nf* secretary.

segreteria (segre'teria) *nf* 1 secretary's office. 2 secretariat.

segreto (se'greto) *adj,nm* secret. **segretezza** (segre'tettsa) *nf* secrecy.

segugio (se'gudʒo) *nm* bloodhound.

seguire (se'gwire) *vt,vi* follow. **seguace** *nm* follower. **seguente** *adj* next, following.

seguitare (segwi'tare) *vi* 1 continue. 2 follow. **seguito** *nm* 1 suite. 2 following. 3 sequence, series. 4 continuation. **di seguito** uninterruptedly. **in seguito di** owing to.

sei[1] ('sɛi) *adj* six. *nm* or *f* six. **seicento** (sei'tʃɛnto) *adj* six hundred. *nm* 1 six hundred. 2 seventeenth century.

sei[2] ('sɛi) *v* see **essere**.

selce ('seltʃe) *nf* flint.

selciare (sel'tʃare) *vt* pave. **selciato** *nm* pavement.

selezionare (selettsjo'nare) *vt* select. **selezione** *nf* selection.

sella ('sɛlla) *nf also* **sellino** *nm* saddle.

seltz ('sɛltz) *nm* soda-water.

selva ('selva) *nf* forest, wood.

selvaggio (sel'vaddʒo) *adj* wild, savage. *nm* savage. **selvaggina** *nf* (hunting) game.

selvatico (sel'vatiko) *adj* wild.

semaforo (se'maforo) *nm* 1 signal. 2 traffic light.

semantica (se'mantika) *nf* semantics. **semantico** (se'mantiko) *adj* semantic.

sembiante (sem'bjante) *nm* appearance. **sembianza** (sem'bjantsa) *nf* 1 appearance. 2 *pl* features.

sembrare (sem'brare) *vi* seem, appear.

seme ('seme) *nm* 1 seed. 2 *game* suit.

semicerchio (semi'tʃɛrkjo) *nm* semicircle.

semifinale (semifi'nale) *nf* semifinal. **semifinalista** *nm* semifinalist.

seminare (semi'nare) *vt* sow.

seminario (semi'narjo) *nm* 1 seminary. 2 seminar.

semola ('semola) *nf* bran. **semolino** *nm* semolina.

semplice ('semplitʃe) *adj* simple, easy. **semplicità** *nf* simplicity. **semplificare** (semplifi'kare) *vt* simplify.

sempre ('sempre) *adv* 1 always, all the time, ever. 2 still. **una volta per sempre** once and for all. **sempreverde** *adj,nm* evergreen.

senape ('senape) *nf* mustard.

senato (se'nato) *nm* senate. **senatore** *nm* senator.

senile (se'nile) *adj* senile.

senno ('senno) *nm* judgment, commonsense.

seno ('seno) *nm* bosom, breast.

sensale (sen'sale) *nm* broker.

sensato (sen'sato) *adj* sensible.

sensazione (sensat'tsjone) *nf* sensation, feeling. **sensazionale** *adj* sensational.

sensibile (sen'sibile) *adj* 1 sensitive. 2 notable, considerable. **sensibilità** *nf* sensitivity.

sensitivo (sensi'tivo) *adj* sensitive. **sensitività** *nf* sensitivity.

senso ('sɛnso) *nm* 1 sense. 2 meaning. 3 direction, way. **senso unico** one way. **senso vietato** no entry. **sensuale** *adj* sensual, sensuous. **sensualità** *nf* sensuality.

sentenza (sen'tentsa) *nf* 1 sentence,

judgment. **2** saying.

sentiero (sen'tjero) *nm* path, way.

sentimento (senti'mento) *nm* feeling, sentiment. **sentimentale** *adj* sentimental.

sentinella (senti'nɛlla) *nf* sentry, guard.

sentire (sen'tire) *vt* **1** feel. **2** hear, listen to. **3** smell. **4** taste. **sentirsi** *vr* feel. **sentirsela di** feel capable of.

sentore (sen'tore) *nm* **1** inkling. **2** feeling.

senza (ˈsɛntsa) *prep* without. **senz'altro!** of course! certainly!

separare (sepa'rare) *vt* separate, divide. **separarsi** *vr* separate. **separato** *adj* separate. **separazione** *nf* separation.

sepolcro (se'polkro) *nm* grave, tomb.

sepolto (se'polto) *v see* **seppellire**. *adj* buried.

sepoltura (sepol'tura) *nf* burial.

seppellire* (sepel'lire) *vt* bury.

seppi (ˈsɛppi) *v see* **sapere**.

seppia (ˈseppja) *nf* cuttlefish.

sequela (se'kwɛla) *nf* sequence.

sequenza (se'kwentsa) *nf* sequence.

sequestrare (sekwes'trare) *vt* **1** seize, confiscate. **2** kidnap. **3** confine. **sequestro** (se'kwestro) *nm* seizure.

sera (ˈsera) *nf* evening. **abito da sera** *nm* evening dress. **serata** *nf* evening.

serbare (ser'bare) *vt* keep. **serbo** (ˈserbo) *nm* reserve. **mettere in serbo** store.

serbatoio (serba'tojo) *nm* **1** tank. **2** reservoir.

serenata (sere'nata) *nf* serenade.

sereno (se'reno) *adj* serene, calm. **serenità** *nf* serenity.

sergente (ser'dʒente) *nm* sergeant.

serico (ˈseriko) *adj* silk, silky.

serie (ˈserje) *nf invar* **1** series. **2** range.

serio (ˈserjo) *adj* serious, grave. **poco serio** flighty. **sul serio** really. **serietà** *nf* gravity.

sermone (ser'mone) *nm* sermon.

serpe (ˈserpe) *nf* snake.

serpeggiare (serped'dʒare) *vi* wind, meander.

serpente (ser'pente) *nm* snake, serpent.

serra (ˈserra) *nf* greenhouse, hothouse.

serraglio (ser'raʎʎo) *nm* menagerie.

serrare (ser'rare) *vt* **1** lock (up), close. **2** tighten. *vi* shut. **serrata** *nf* lockout. **serratura** *nf* lock.

servire (ser'vire) *vt,vi* serve. *vi* make use of. *v imp* need. **servirsi** *vr* **1** use. **2** help oneself.

servizio (ser'vittsjo) *nm* **1** service. **2** favour. **donna di servizio** *nf* domestic help. **essere di servizio** be on duty. **fare servizio** operate, be open. **servizio da caffè** coffee set.

servo (ˈservo) *nm* servant. **serva** (ˈserva) *nf* maid, servant. **servile** *adj* servile. **servitore** *nm* servant. **servitù** *nf* **1** servitude, slavery. **2** servants.

sesamo (ˈsɛzamo) *nm* sesame.

sessanta (ses'santa) *adj,nm* sixty. **sessantesimo** *adj* sixtieth.

sessione (ses'sjone) *nf* session.

sesso (ˈsɛsso) *nm* sex. **sessuale** *adj* sexual. **sessualità** *nf* sexuality.

sesto (ˈsesto) *adj* sixth.

seta (ˈseta) *nf* silk.

sete (ˈsete) *nf* **1** thirst. **2** desire, longing. **avere sete** be thirsty.

setola ('setola) *nf* bristle.

setta ('setta) *nf* sect.

settanta (set'tanta) *adj,nm* seventy. **settantesimo** *adj* seventieth.

sette ('sette) *adj* seven. *nm or f* seven.

settecento (sette'tʃɛnto) *adj* seven hundred. *nm* 1 seven hundred. 2 eighteenth century. **settimo** ('settimo) *adj* seventh.

settembre (set'tembre) *nm* September.

settentrione (setten'trjone) *nm* north. **settentrionale** *adj* northern.

settico ('sɛttiko) *adj* septic.

settimana (setti'mana) *nf* week. **settimanale** *adj* weekly. *nm* weekly magazine.

settore (set'tore) *nm* sector.

severo (se'vɛro) *adj* 1 severe, harsh. 2 austere. **severità** *nf* rigour, severity.

sezionare (settsjo'nare) *vt* dissect. **sezione** *nf* 1 part, section. 2 department.

sfaccendare (sfattʃen'dare) *vi* be busy. **sfaccendato** *adj* idle.

sfacciato (sfat'tʃato) *adj* impudent.

sfacelo (sfa'tʃɛlo) *nm* ruin, collapse.

sfaldare (sfal'dare) *vt* flake. **sfaldarsi** *vr* flake off.

sfarzo ('sfartso) *nm* pomp. **sfarzoso** (sfar'tsozo) *adj* showy.

sfasciare (sfaʃ'ʃare) *vt* smash. **sfasciarsi** *vr* 1 collapse. 2 crash.

sfavillare (sfavil'lare) *vi* sparkle, glitter.

sfavorevole (sfavo'revole) *adj* unfavourable.

sfera ('sfera) *nf* sphere. **sferico** ('sfɛriko) *adj* spherical.

sferrare (sfer'rare) *vt* 1 land, hit (a blow). 2 launch (an attack).

sferza (sfɛrtsa) *nf* whip, lash. **sferzare** *vt* whip.

sfiatato (sfja'tato) *adj* breathless.

sfidare (sfi'dare) *vt* challenge. **sfida** *nf* challenge.

sfiducia (sfi'dutʃa) *nf* distrust.

sfigurare (sfigu'rare) *vt* disfigure.

sfilacciare (sfilat'tʃare) *vi* fray.

sfilare (sfi'lare) *vt* 1 unthread. 2 take off. *vi* march past. **sfilata** *nf* 1 procession, line. 2 march-past.

sfinge ('sfindʒe) *nf* sphinx.

sfinito (sfi'nito) *adj* exhausted.

sfiorare (sfjo'rare) *vt* 1 graze, skim, brush. 2 touch upon.

sfiorire (sfjo'rire) *vi* fade, wither.

sfocato (sfo'kato) *adj* out of focus.

sfogare (sfo'gare) *vt* vent, let out. **sfogarsi** *vr* pour out one's feelings. **sfogo** *nm* 1 outlet. 2 vent, free rein.

sfoggiare (sfod'dʒare) *vt,vi* show off. **sfoggio** ('sfɔddʒo) *nm* parade, display.

sfoglia ('sfɔʎʎa) *nf* rolled pastry. **pasta sfoglia** *nf* puff pastry.

sfogliare (sfoʎ'ʎare) *vt* leaf through, turn the pages of (of book).

sfolgorare (sfolgo'rare) *vi* flash, blaze.

sfollare (sfol'lare) *vi* 1 empty, disperse. 2 evacuate. **sfollato** *nm* evacuee.

sfondo ('sfondo) *nm* background.

sformare (sfor'mare) *vt* deform.

sfortuna (sfor'tuna) *nf* bad luck, misfortune. **sfortunato** *adj* unfortunate, unlucky.

sforzare (sfor'tsare) *vt* force. **sforzarsi** *vr* do one's best. **sforzo** *nm* effort.

sfrattare (sfrat'tare) *vt* **1** expel. **2** evict. **sfratto** *nm* eviction.

sfregare (sfre'gare) *vt* rub.

sfregiare (sfre'dʒare) *vt* deface. **sfregio** *nm* gash, scar.

sfrenare (sfre'nare) *vt* let loose. **sfrenato** *adj* unbridled.

sfrontato (sfron'tato) *adj* shameless.

sfruttare (sfrut'tare) *vt* exploit. **sfruttamento** *nm* exploitation.

sfuggire (sfud'dʒire) *vt* avoid. *vi* escape, elude. **di sfuggita** *adv* in passing.

sfumatura (sfuma'tura) *nf* **1** gradation, shade. **2** nuance.

sgabello (zga'bɛllo) *nm* stool.

sgambettare (zgambet'tare) *vi* scurry.

sganciare (zgan'tʃare) *vt* unhook.

sgangherare (zgange'rare) *vt* unhinge. **sgangherato** *adj* **1** awkward. **2** ramshackle. **3** coarse.

sgarbo ('zgarbo) *nm* rudeness. **sgarbatezza** (zgarba'tettsa) *nf* rudeness. **sgarbato** *adj* rude, impolite.

sgattaiolare (zgattajo'lare) *vi* slip away.

sgelare (zdʒe'lare) *vt,vi* thaw. **sgelarsi** *vr* thaw. **sgelo** ('zdʒɛlo) *nm* thaw.

sghembo ('zgembo) *adj* slanting, askew

sghignazzare (zgiɲɲat'tsare) *vi* guffaw.

sgobbare (zgob'bare) *vi inf* **1** work hard. **2** swot.

sgocciolare (zgottʃo'lare) *vi* drip.

sgombrare (zgom'brare) *vt* **1** clear. **2** remove. *vi* move house.

sgombro[1] ('zgombro) *nm* removal.

sgombro[2] ('zgombro) *nm* mackerel.

sgomentare (zgomen'tare) *vt* terrify, frighten. **sgomento** *nm* dismay.

sgomitolare (zgomito'lare) *vt* unwind.

sgonfiare (zgon'fjare) *vt* deflate. **sgonfiarsi** *vr* go down. **sgonfio** *adj* deflated, flat.

sgorbiare (zgor'bjare) *vt* **1** scribble. **2** blot. **sgorbio** ('zgɔrbjo) *nm* **1** scribble. **2** blot.

sgorgare (zgor'gare) *vi* gush, pour.

sgradevole (zgra'devole) *adj* unpleasant.

sgradito (zgra'dito) *adj* unwelcome.

sgranare (zgra'nare) *vt* **1** shell, husk. **2** devour. **sgranare gli occhi** open one's eyes wide.

sgranchire (zgran'kire) *vt* stretch. **sgranchirsi** *vr* stretch.

sgravare (zgra'vare) *vt* unburden.

sgraziato (zgrat'tsjato) *adj* clumsy.

sgretolare (zgreto'lare) *vt* grind. **sgretolarsi** *vr* crumble.

sgridare (zgri'dare) *vt* scold, rebuke. **sgridata** *nf* scolding.

sguainare (zgwai'nare) *vt* unsheathe.

sgualcire (zgwal'tʃire) *vt* crease, wrinkle.

sguardo ('zgwardo) *nm* look, glance. **al primo sguardo** at first sight.

sguazzare (zgwat'tsare) *vi* **1** splash about. **2** wallow.

sgusciare (zguʃ'ʃare) *vt* shell, husk. *vi* slip away.

si (si) *pron* **1** himself, herself, oneself, itself, themselves. **2** one, people, they. **3** one another, each other. **si fa così** it is done this way.

sì (si) *adv* yes.

sia ('sia) *v* see **essere**. **sia…sia**

both...and.

siamo ('sjamo) *v* see **essere**.

sibilare (sibi'lare) *vi* whistle. **sibilo** ('sibilo) *nm* hiss, whistle.

sicché (sik'ke) *conj* so that, so.

siccità (sittʃi'ta) *nf* drought.

siccome (sik'kome) *conj* since, as.

Sicilia (si'tʃilja) *nf* Sicily. **siciliano** *adj,n* Sicilian.

sicomoro (siko'mɔro) *nm* sycamore.

sicuro (si'kuro) *adj* **1** safe, secure. **2** sure, certain. **3** reliable. **di sicuro** certainly. **mettere al sicuro** put in a safe place. **sicurezza** (siku'rettsa) *nf* **1** security, safety. **2** certainty.

sidro ('sidro) *nm* cider.

siedo ('sjɛdo) *v* see **sedere**.

siepe ('sjɛpe) *nf* hedge.

siesta ('sjɛsta) *nf* siesta, nap.

siete ('sjɛte) *v* see **essere**.

sifilide (si'filide) *nf* syphilis.

sifone (si'fone) *nm* siphon.

sigaretta (siga'retta) *nf* cigarette.

sigaro ('sigaro) *nm* cigar.

sigillare (sidʒil'lare) *vt* seal. **sigillo** *nm* seal.

sigla ('sigla) *nf* **1** initials. **2** abbreviation. **sigla musicale** signature tune.

significare (siɲɲifi'kare) *vt* mean, signify. **significante** *adj* significant. **significativo** *adj* significant. **significato** *nm* meaning, sense.

signora (siɲ'ɲora) *nf* **1** lady, woman. **2** (title of address) Mrs. **signorina** *nf* **1** young lady. **2** (title of address) Miss.

signore (siɲ'ɲore) *nm* **1** man, gentleman. **2** (title of address) Mr. **signorile** *adj* refined.

signoreggiare (siɲɲored'dʒare) *vt* dominate. **signoria** *nf* domination.

silenzio (si'lɛntsjo) *nm* silence. **silenzioso** (silen'tsjoso) *adj* silence, quiet.

silicio (si'litʃo) *nm* silicon. **chip di silicio** *nm* silicon chip.

sillaba ('sillaba) *nf* syllable.

siluro (si'luro) *nm* torpedo.

simbolo ('simbolo) *nm* symbol. **simboleggiare** *vt* symbolize. **simbolico** (sim'bɔliko) *adj* symbolic.

simile ('simile) *adj* like, alike, similar.

simmetria (simme'tria) *nf* symmetry.

simpatia (simpa'tia) *nf* liking, fondness. **simpatico** (sim'patiko) *adj* likeable, nice. **simpatizzare** *vi* take a liking.

simultaneo (simul'taneo) *adj* simultaneous.

sinagoga (sina'gɔga) *nf* synagogue.

sincero (sin'tʃero) *adj* sincere. **sincerità** *nf* sincerity.

sindacato (sinda'kato) *nm* trade union. **sindacalista** *nm* trade unionist.

sindaco ('sindako) *nm* mayor.

sinfonia (sinfo'nia) *nf* symphony.

singhiozzare (singjot'tsare) *vi* **1** hiccup. **2** sob. **singhiozzo** (sin'gjottso) *nm* **1** hiccup. **2** sob.

singolare (singo'lare) *adj* **1** singular. **2** peculiar.

singolo ('singolo) *adj* single, individual.

sinistro (si'nistro) *adj* **1** left. **2** sinister. *nm* misfortune. **sinistra** *nf* **1** left hand. **2** left hand side. **3** *pol* Left Wing.

sino ('sino) *prep* until, up to. **sin da** since.

sinonimo (si'nɔnimo) *adj* synonymous. *nm* synonym.

sintassi (sin'tassi) *nf invar* syntax.

sintesi ('sintezi) *nf invar* synthesis.

sintetico (sin'tetiko) *adj* synthetic.

sintomo ('sintomo) *nm* symptom.

sinuoso (sinu'oso) *adj* winding.

sionismo (sio'nizmo) *nm* Zionism. **sionista** *nm* Zionist.

sipario (si'parjo) *nm* curtain.

sirena (si'rɛna) *nf* 1 mermaid. 2 siren.

siringa (si'ringa) *nf* syringe.

sistemare (siste'mare) *vt* put in order, arrange, settle. **sistemarsi** *vr* settle down. **sistema** *nm* system, method.

sito ('sibo) *nm* site, place.

situare (situ'are) *vt* place. **situazione** *nf* situation.

slacciare (zlat'tʃare) *vt* undo, untie.

slanciare (zlan'tʃare) *vt* throw. **slanciarsi** *vr* hurl oneself. **slancio** *nm* 1 rush. 2 impulse, burst.

sleale (zle'ale) *adj* disloyal, unfaithful. **slealtà** *nf* disloyalty.

slegare (zle'gare) *vt* untie.

slittare (zlit'tare) *vi* 1 slide. 2 skid. **slitta** *nf* sledge, sleigh.

slogare (zlo'gare) *vt* dislocate.

sloggiare (zlod'dʒare) *vt* dislodge. *vi* move out.

smacchiare (zmak'kjare) *vt* clean.

smagliarsi (zmaʎ'ʎarsi) *vr* (of stockings) rip, ladder. **smagliatura** *nf* (in a stocking) rip, ladder.

smalto ('zmalto) *nm* 1 enamel. 2 nail varnish.

smania ('zmanja) *nf* longing, desire.

smantellare (zmantel'lare) *vt* dismantle.

smargiasso (zmar'dʒasso) *nm* boaster.

smarrire (zmar'rire) *vt* lose, mislay.

smarrirsi *vr* 1 lose one's way. 2 become confused.

smentire (zmen'tire) *vt* 1 deny. 2 contradict.

smeraldo (zme'raldo) *nm* emerald.

smettere* ('zmettere) *vt* stop, give up.

smilzo ('zmiltso) *adj* thin, lean.

sminuzzare (zminut'tsare) *vt* crumble.

smisurato (zmizu'rato) *adj* immense, huge.

smoccolare (zmokko'lare) *vt* smuff (a candle). *vi* swear.

smodato (zmo'dato) *adj* excessive.

smoking ('zmɔkiŋ) *nm invar* dinner jacket.

smontare (zmon'tare) *vt* 1 dismantle, tale to pieces. 2 dishearten. *vi* dismount, get off.

smorfia ('zmɔrfja) *nf* grimace.

smorto ('zmɔrto) *adj* wan, pale.

smorzare (zmor'tsare) *vt* 1 dim, lower. 2 quench (thirst). 3 put out.

smuovere* ('zmwɔvere) *vt* move, shift.

snello ('znɛllo) *adj* 1 slim, slender. 2 agile.

snob (znɔb) *nm invar* snob. *adj* trendy.

snocciolare (znottʃo'lare) *vt* 1 stone (fruit). 2 pay out.

snodare (zno'dare) *vt* untie, loosen.

so (sɔ) *v* see **sapere**.

soave (so'ave) *adj* soft, gentle.

sobbalzare (sobbal'tsare) *vi* 1 jolt, jerk. 2 start, jump. **sobbalzo** *nm* 1 jolt. 2 jump, start.

sobborgo (sob'bɔrgo) *nm* suburb.

sobrio ('sɔbrjo) *adj* sober.

socchiudere (sok'kjudere) *vt* halfclose.

soccombere (sok'kombere) *vi* give

way.

soccorrere* (sok'korrere) vt assist, help.

soccorso (sok'korso) nm help, assistance.

sociale (so't∫ale) adj social. **socialismo** nm socialism. **socialista** nm socialist.

società (sot∫e'ta) nf 1 society. 2 company, firm.

socievole (so't∫evole) adj sociable.

socio ('sɔt∫o) nm 1 member. 2 partner.

sociologia (sot∫olo'dʒia) nf sociology. **sociologo** (so'∫ɔlogo) nm sociologist.

soda ('sɔda) nf 1 soda. 2 soda-water.

soddisfare* (soddis'fare) vt,vi satify, fulfil. **soddisfacente** (soddisfa't∫ente) adj satisfactory. **soddisfazione** nf satisfaction.

sodo ('sɔdo) adj hard, firm. adv 1 hard. 2 deeply, intensely.

sofà (so'fa) nm invar sofa, settee.

sofferente (soffe'rente) adj suffering.

sofferenza (soffe'rentsa) nf suffering.

soffiare (sof'fiare) vt,vi 1 blow. 2 puff.

soffice ('sɔffit∫e) adj soft.

soffietto (sof'fjetto) nm bellows.

soffio ('sɔffjo) nm puff, whiff, breath.

soffitta (sof'fitta) nf attic, garret.

soffitto (sof'fitto) mn ceiling.

soffocare (soffo'kare) vt 1 suffocate, choke, strangle. 2 stifle. **soffocazione** nf suffocation.

soffrire* (sof'frire) vt 1 suffer. 2 endure, put up with, bear. vi suffer.

soggetto (sod'dʒetto) adj,nm subject. **recitare a soggetto** improvise. **soggettivo** adj subjective. **soggezione** nf 1

subjection. 2 embarrassment.

sogghignare (soggiɲ'ɲare) vi sneer.

soggiorno (sod'dʒorno) nm 1 stay. 2 living room.

soggiungere* (sod'dʒundʒere) vt add.

soglia ('sɔʎʎa) nf 1 doorstep. 2 threshold.

soglio ('sɔʎʎo) v see **solere**.

sogliola ('sɔʎʎola) nf zool sole.

sognare (soɲ'ɲare) vt,vi dream. **sogno** nm dream.

soia ('sɔja) nf soya.

solaio (so'lajo) nm attic.

solcare (sol'kare) vt plough, furrow. **solco** nm 1 furrow. 2 rut, track.

soldato (sol'dato) nm soldier. **soldatino** nm toy soldier.

soldo ('sɔldo) nm 1 penny. 2 pl money.

sole ('sole) nm sun. **solare** adj solar.

solenne (so'lɛnne) adj solemn, grave.

solere* (so'lere) vi be in the habit of.

soletta (so'letta) nf 1 sole (of a sock). 2 insole.

solido ('solido) adj,nm solid. **solidificare** vt solidify. **solidificarsi** vr solidify.

solitario (soli'tarjo) adj lonely, solitary.

solito ('sɔlito) v see **solere**. adj usual, habitual. **di solito** usually.

solitudine (soli'tudine) nf solitude.

sollecitare (sollet∫i'tare) vt urge. **sollecito** (sol'let∫ito) adj prompt.

solleticare (solleti'kare) vt tickle. **solletico** (sol'letiko) nm tickle. **fare il solletico a** tickle.

sollevare (solle'vare) vt 1 lift, raise. 2 comfort. **sollevarsi** vr rise.

sollievo (sol'ljevo) nm relief.

solo ('solo) *adj* **1** alone. **2** only. **3** one, single. **una sola volta** once only. ~ *adv* only. **da solo** by oneself, on one's own. **solamente** *adv* only. **solista** *nm* soloist.

solstizio (sol'stittsjo) *nm* solstice.

soltanto (sol'tanto) *adv* only.

solubile (so'lubile) *adj* soluble.

soluzione (solut'tsjone) *nf* solution.

soma ('soma) *nf* load. **bestia da soma** *nf* beast of burden.

somaro (so'maro) *nm* ass, donkey.

somigliare (somiʎ'ʎare) *vt,vi* resemble, be like. **somigliarsi** *vr* resemble one another. **somiglianza** (somiʎ'ʎantsa) *nf* resemblance.

sommare (som'mare) *vt* add up. **somma** *nf* **1** sum, total. **2** sum of money. **in somma** in a word. **sommario** *adj,nm* summary.

sommergere* (som'mɛrdʒere) *vt* submerge, flood. **sommergibile** (sommer'dʒibile) *nm* submarine.

sommesso (som'messo) *adj* **1** docile. **2** soft.

somministrare (somminis'trare) *vt* administer.

sommissione (sommis'sjone) *nf* submission.

sommo ('sommo) *adj* highest, supreme. *nm* summit. **sommità** *nf* summit.

sommozzatore (sommottsa'tore) *nm* frogman, deep-sea diver.

sonaglio (so'naʎʎo) *nm* bell. **serpente a sonagli** *nm* rattlesnake.

sonare (so'nare) *also* **suonare** *vt,vi* **1** ring, sound. **2** *mus* play. **sonata** *nf* sonata. **sonatore** *nm* player.

sondare (son'dare) *vt* sound, test. **sondaggio** *nm* opinion poll, survey.

sonetto (so'netto) *nm* sonnet.

sonico ('sɔniko) *adj* sonic. **barriera sonica** *nf* sound barrier.

sonnambulo (son'nambulo) *nm* sleepwalker.

sonnecchiare (sonnek'kjare) *vi* doze.

sonnifero (son'nifero) *nm* sleeping pill.

sonno ('sonno) *nm* sleep. **avere sonno** be sleepy.

sono ('sono) *v* see **essere**.

sonoro (so'nɔro) *adj* resonant. **onda sonora** *nf* soundwave.

sontuoso (sontu'oso) *adj* sumptuous.

soppiatto (sop'pjatto) **di soppiatto** *adv* secretly.

sopportare (soppor'tare) *vt* endure, bear, tolerate, stand.

sopprimere* (sop'primere) *vt* **1** suppress. **2** abolish.

sopra ('sopra) *prep* **1** above, over. **2** upon. **al di sopra di** above. **di sopra 1** upstairs. **2** above.

soprabito (so'prabito) *nm* overcoat.

sopracciglio (soprat'tʃiʎʎo) *nm* eyebrow.

sopraccoperta (soprakko'perta) *nf* **1** bedspread. **2** dust jacket (of a book).

sopraffare* (sopraf'fare) *vt* overcome.

sopraggiungere* (soprad'dʒundʒere) *vi* **1** arrive. **2** occur.

soprannaturale (soprannatu'rale) *adj, nm* supernatural.

soprannome (sopran'nome) *nm* nickname.

soprano (so'prano) *nm* soprano.

soprappiù (soprap pju) *nm* extra.

soprascarpa (sopras'karpa) *nf* overshoe, galosh.

soprattassa (soprat'tassa) *nf* surtax.

soprattutto (soprat'tutto) *adv* above all.

sopravvenire* (sopravve'nire) *vi* arrive. **2** occur.

sopravvivere* (soprav'vivere) *vi* survive. **sopravvissuto** *nm* survivor.

soprintendere* (soprin'tɛndere) *vi* supervise.

soqquadro (sok'kwadro) *nm* disorder, men.

sorbire (sor'bire) *vt* sip.

sorcio (ˈsortʃo) *nm* mouse.

sordido (ˈsordido) *adj* sordid.

sordo (ˈsordo) *adj* **1** deaf. **2** dull, low. **sordità** *nf* deafness. **sordomuto** (sordoˈmuto) *nm* deaf-mute.

sorella (soˈrɛlla) *nf* sister. **sorellastra** *nf* half-sister.

sorgere* (ˈsordʒere) *vi* rise. **sorgente** (sorˈdʒɛnte) *nf* **1** spring, fountain. **2** source.

sormontare (sormonˈtare) *vt* surmount.

sornione (sorˈnjone) *adj* cunning, sly.

sorpassare (sorpasˈsare) *vt* **1** overtake. **2** exceed. **sorpassato** *adj* out-of-date. **sorpasso** *nm* overtaking.

sorprendere* (sorˈprɛndere) *vt* **1** surprise. **2** catch. **sorprendente** (sorprenˈdente) *adj* surprising. **sorpresa** (sorˈpresa) *nf* surprise.

sorreggere* (sorˈreddʒere) *vt* support.

sorridere* (sorˈridere) *vi* smile. **sorriso** (sorˈriso) *nm* smile.

sorseggiare (sorsedˈdʒare) *vt* sip. **sorso** *nm* sip.

sorsi (ˈsorsi) *v* see **sorgere**.

sorta (ˈsorta) *nf* kind, sort.

sorte (ˈsorte) *nf* fate, destiny. **tirare a sorte** draw lots.

sorteggio (sorˈteddʒo) *nm* draw.

sortilegio (sortiˈlɛdʒo) *nm* witchcraft.

sortire[1] (sorˈtire) *vt* **1** get, receive. **2** draw.

sortire[2] (sorˈtire) *vi* **1** come out, emerge. **2** happen.

sorto (ˈsorto) *v* see **sorgere**.

sorvegliare (sorveʎˈʎare) *vt* watch over, supervise. **sorvegliante** *nm* keeper, watchman. **sorveglianza** *nf* supervision.

sorvolare (sorvoˈlare) *vt* **1** fly over. **2** skip over.

sosia (ˈsozja) *nm invar* double (of a person).

sospendere* (sosˈpɛndere) *vt* **1** hang (up). **2** suspend. **sospensione** *nf* suspension.

sospettare (sospetˈtare) *vt* **1** suspect. **2** distrust. **sospetto** (sosˈpɛtto) *vi* be suspicious. *adj* suspect. *nm* suspicion. **sospettoso** (sospetˈtoso) *adj* suspicious.

sospirare (sospiˈrare) *vi* sigh. **sospiro** *nm* sigh.

sosta (ˈsosta) *nf* halt, stop. **divieto di sosta** no parking.

sostanza (sosˈtantsa) *nf* substance.

sostegno (sosˈteɲɲo) *nm* support.

sostenere* (sosteˈnere) *vt* **1** support, maintain. **2** uphold, defend. **3** affirm.

sostentare (sostenˈtare) *vt* support.

sostituire (sostituˈire) *vt* **1** replace, substitute. **2** take the place of. **sostituto** *nm* substitute.

sottaceti (sottaˈtʃeti) *nm pl* pickles.

sottana (sotˈtana) *nf* **1** petticoat. **2** skirt.

sotterraneo (sotter'raneo) *adj* underground. *nm* cave.

sotterrare (sotter'rare) *vt* **1** bury. **2** hide.

sottile (sot'tile) *adj* **1** fine, thin. **2** slim, slender. **3** subtle.

sottintendere* (sottin'tɛndere) *vt* **1** understand. **2** imply.

sotto ('sotto) *prep* under, below. **sott'acqua** *adv* underwater. **sott'olio** in oil. ~ *adv* below. **di sotto** below.

sottocoppa (sotto'kɔppa) *nf* saucer.

sottolineare (sottoline'are) *vt* underline.

sottomettere* (sotto'mettere) *vt* subdue, subject. *vr* submit.

sottopassaggio (sottopas'saddʒo) *nm* underground passage.

sottoporre* (sotto'porre) *vt* subject, submit. **sottoporsi** *vr* submit.

sottoscrivere* (sottos'krivere) *vt* sign. *vi* assent.

sottosopra (sotto'sopra) *adv* **1** upside down. **2** topsy-turvy.

sottotitolo (sotto'titolo) *nm* subtitle.

sottoveste (sotto'vɛste) *nf* **1** petticoat. **2** waistcoat.

sottovoce (sotto'votʃe) *adv* in a quiet voice.

sottrarre (sot'trarre) *vt* **1** remove, steal. **2** subtract. **3** save. **sottrarsi** *vr* escape. **sottrazione** *nf* **1** subtraction. **2** theft.

sovraccaricare (sovrakkari'kare) *vt* overload.

sovrano (so'vrano) *adj,nm* sovereign.

sovrastare (sovras'tare) *vi* dominate.

sovvenzionare (sovventsjo'nare) *vt* subsidize. **sovvenzione** *nf* subsidy.

sovversivo (sovver'sivo) *adj* subversive.

sozzo ('sottso) *adj* filthy, dirty.

spaccare (spak'kare) *vt* break, split. **spaccarsi** *vr* split, crack. **spacco** *nm* split. **spaccamonti** (spakka'monti) *nm invar* boaster.

spacciare (spat'tʃare) *vt* **1** sell, sell off. **2** spread, circulate. **spacciarsi per** *vr* pass oneself off as. **spaccio** *nm* **1** selling. **2** shop.

spada ('spada) *nf* sword.

spaesato (spae'zato) *adj* lost.

spaghetti (spa'getti) *nm pl* long thin strips of pasta.

Spagna ('spaɲɲa) *nf* Spain. **spagnolo** *adj* Spanish. *nm* **1** Spaniard. **2** Spanish (language).

spago ('spago) *nm* string, twine.

spaiato (spa'jato) *adj* odd, unmatched.

spalancare (splan'kare) *vt* open wide.

spalare (spa'lare) *vt* shovel.

spalla ('spalla) *nf* **1** shoulder. **2** *pl anat* back. **alzare le spalle** shrug one's shoulders. **spallata** *nf* shrug. **spalliera** (spal'ljera) *nf* **1** back (of a seat). **2** head *or* foot (of a bed). **spallina** *nf* epaulette.

spalmare (spal'mare) *vt* spread, smear.

spandere* ('spandere) *vt* **1** shed. **2** spread.

sparare (spa'rare) *vt* fire, shoot. **sparo** *nm* shot.

sparecchiare (sparek'kjare) *vt* clear (the table).

spargere* ('spardʒere) *vt* **1** spread, scatter. **2** shed. **spargersi** *vr* spread.

sparire* (spa'rire) *vi* disappear, vanish.

sparpagliare (sparpaʎ'ʎare) *vt* scatter.

spartire (spar'tire) *vt* divide, share.

sparuto (spa'ruto) *adj* haggard.

spasimo ('spazimo) nm spasm.

spassarsi (spas'sarsi) vr also **spassarsela** (spas'sarsela) enjoy oneself. **spasso** nm enjoyment, amusement. **andare a spasso** go for a walk.

spaurire (spau'rire) vt frighten, terrify.

spaventare (spaven'tare) vt frighten, alarm. **spaventarsi** vr take fright. **spaventapasseri** (spaventa'passeri) nm invar scarecrow. **spavento** nm fear, terror. **spaventoso** (spaven'toso) adj terrible.

spazio ('spattsjo) nm space. **spaziale** adj 1 spatial. 2 space. **volo spaziale** nm space flight. **spazioso** (spat'tsjoso) adj spacious.

spazzare (spat'tsare) vt sweep (away). **spazzacamino** nm chimneysweep. **spazzaneve** nm invar snowplough. **spazzatura** nf rubbish.

spazzola ('spattsola) nf brush. **spazzolare** vt brush. **spazzolino** nm toothbrush.

specchio ('spekkio) nm mirror. **specchiarsi** (spek'kjarsi) vr 1 look at oneself (in a mirror). 2 be reflected.

speciale (spe'tʃale) adj special. **specialista** nm specialist. **specialità** nf speciality. **specializzarsi** (spetʃalid'dzarsi) vr specialize.

specie ('spetʃe) nf invar 1 species. 2 kind, type, sort. **(in) specie** especially.

specificare (spetʃifi'kare) vt specify. **specifico** (spe'tʃifiko) adj specific.

speculare (speku'lare) vi speculate. **speculatore** nm speculator. **speculazione** nf speculation.

spedire (spe'dire) vt send, post. **spedizione** nf expedition.

spegnere* ('speɲɲere) vt 1 put out, extinguish. 2 turn or switch off. **spegnersi** vr go out, be extinguished.

spellare (spel'lare) vt skin.

spelonca (spe'lonka) nf cavern.

spendere* ('spendere) vt spend.

spengo ('spengo) v see spegnere.

spennare (spen'nare) vt pluck.

spensi ('spensi) v see spegnere.

spensierato (spensje'rato) adj thoughtless.

spento ('spento) v see spegnere. adj 1 switched out or off. 2 extinct, dead.

sperare (spe'rare) vi hope. vt hope for. **speranza** (spe'rantsa) nf hope.

spergiurare (sperdʒu'rare) vi perjure oneself.

sperimentare (sperimen'tare) vt 1 test, try. 2 experience. **sperimentale** adj experimental.

sperma ('sperma) nm sperm.

speronare (spero'nare) vt ram. **sperone** nm spur.

sperperare (sperpe'rare) vt squander.

spesa ('spesa) nf 1 expense, cost. 2 shopping. 3 purchase. **a spese di** at the expense of. **essere spesato** have all expenses paid.

spesi ('spesi) v see spendere.

speso ('speso) v see spendere.

spesso ('spesso) adj 1 thick. 2 frequent. adv often. **spessore** nm thickness.

spettacolo (spet'takolo) nm 1 sight. 2 show. **spettacolare** adj spectacular.

spettare (spet'tare) vi 1 be up to. 2 be the duty or right of.

spettatore (spetta'tore) nm 1 spectator. 2 pl audience.

spettro ('spɛttro) *nm* ghost, spectre. **spettrale** *adj* ghostly.

spezie ('spɛttsje) *nf pl* spices.

spezzare (spet'tsare) *vt* break, smash. **spezzarsi** *vr* 1 break. 2 get broken. **spezzatino** *nm* stew.

spiacere* (spja'tʃere) *v imp* displease. **spiacevole** (spja'tʃevole) *adj* unpleasant.

spiaggia ('spjaddʒa) *nf* beach.

spianare (spja'nare) *vt* 1 smooth, flatten. 2 roll out (dough).

spiantare (spjan'tare) *vt* uproot.

spiare (spi'are) *vt* spy upon. **spia** *nf* spy.

spiccare (spik'kare) *vt* 1 pick. 2 cut off. 3 pronounce clearly. 4 issue. *vi* stand out. **spiccare il volo** take flight.

spicchio (spik'kjo) *nm* 1 segment, slice. 2 clove (of garlic).

spicciarsi (spit'tʃarsi) *vr* hurry.

spiccioli ('spittʃoli) *nm pl* small change.

spiedo ('spjedo) *nm cul* spit.

spiegare (spje'gare) *vt* 1 explain. 2 unfold, spread out. **spiegazione** *nf* explanation.

spietato (spje'tato) *adj* pitiless, ruthless.

spiga ('spiga) *nf* ear (of corn, etc.).

spilla ('spilla) *nf* brooch. **spillo** *nm* pin.

spilorcio (spi'lortʃo) *adj* mean, stingy.

spina ('spina) *nf* 1 thorn. 2 electrical plug. **birra alla spina** *nf* draught beer. **spina dorsale** spine. **filo spinato** *nm* barbed wire. **spinoso** (spi'noso) *adj* thorny.

spinacio (spi'natʃo) *nm* spinach.

spingere* ('spindʒere) *vt* 1 push, shove. 2 drive. 3 incite. **spingersi** *vr* 1 push forward. 2 dare.

spinsi ('spinsi) *v see* **spingere**.

spinta ('spinta) *nf* push, shove.

spinto ('spinto) *v see* **spingere**.

spionaggio (spio'naddʒo) *nm* espionage.

spira ('spira) *nf* coil. **spirale** *adj,nf* spiral.

spirare (spi'rare) *vi* 1 blow, breathe out. 2 breathe. 3 expire. *vt* exhale.

spirito ('spirito) *nm* 1 spirit. 2 ghost. 3 wit. **spiritoso** (spiri'toso) *adj* witty. **spirituale** *adj* spiritual.

splendere ('splendere) *vi* shine, gleam. **splendido** ('splendido) *adj* splendid, wonderful. **splendore** *nm* splendour.

spogliare (spoʎ'ʎare) *vt* 1 take off. 2 strip. **spogliarsi** *vr* undress. **spogliarello** (spoʎʎa'rello) *nm* striptease. **spogliatoio** *nm* changing room.

spoglio ('spoʎʎo) *nm* 1 sorting out. 2 examination.

spoletta (spo'letta) *nf* fuse.

spolverare (spolve'rare) *vt* dust.

sponda ('sponda) *nf* 1 edge. 2 bank.

spontaneo (spon'taneo) *adj* spontaneous.

sporcare (spor'kare) *vt* dirty, soil. **sporco** ('sporko) *adj* dirty.

sporgere* ('spordʒere) *vi* jut out. *vt* 1 put out. 2 stick out. **sporgersi** *vr* lean out.

sport (sport) *nm invar* sport. **sportivo** *adj* sporting.

sporta ('sporta) *nf* shopping basket.

sportello (spor'tello) *nm* 1 door. 2 counter. 3 window. 4 shutter.

sposalizio (spoza'littsjo) *nm* wedding.

sposare (spo'zare) *vt* marry. **sposar-**

si *vr* get married. **sposa** ('spoza) *nf* **1** bride. **2** wife. **sposo** ('spozo) *nm* **1** bridegroom. **2** husband.

spostare (spos'tare) *vt* move, shift.

sprangare (spran'gare) *vt* bolt. **spranga** *nf* bolt.

sprazzo ('sprattso) *nm* **1** spray. **2** flash.

sprecare (spre'kare) *vt* waste.

spremere ('spremere) *vt* **1** squeeze. **2** wring. **spremuta** *nf* fruit squash.

sprimacciare (sprimat'tʃare) *vt* shake.

sprizzare (sprit'tsare) *vt,vi* squirt.

sprofondare (sprofon'dare) *vi* **1** collapse. **2** sink. **sprofondarsi** *vr* **1** collapse. **2** sink.

spronare (spro'nare) *vt* spur on. **sprone** *nm* spur.

sproporzionato (sproportsjo'nato) *adj* disproportionate.

sproposito (spro'pozito) *nm* blunder.

sprovvisto (sprov'visto) *adj* illprepared, lacking. **alla sprovvista** unawares.

spruzzare (sprut'tsare) *vt* squirt, spray, sprinkle. **spruzzo** *nm* spray, splash.

spugna ('spuɲɲa) *nf* **1** sponge. **2** towelling.

spumare (spu'mare) *vi* foam. **spuma** *nf* foam, froth. **spumante** *nm* sparkling wine.

spuntare (spun'tare) *vt* **1** blunt, break the point of. **2** check off. *vi* **1** appear, sprout. **2** (of the sun) rise. **spuntarsi** *vr* become blunt. **spuntino** *nm* snack.

sputare (spu'tare) *vt,vi* spit. **sputo** *nm* spit, spittle.

squadra ('skwadra) *nf* **1** squad, squadron. **2** team. **3** set square.

squadrare (skwa'drare) *vt* look squarely at.

squadriglia (skwa'driʎʎa) *nf* squadron.

squagliare (skwaʎ'ʎare) *vt* melt. **squagliarsi** *vr* melt.

squalificare (skwalifi'kare) *vt* disqualify. **squalifica** (skwa'lifika) *nf* disqualification.

squallido ('skwallido) *adj* **1** squalid. **2** bleak. **squallore** *nm* **1** squalor. **2** dreariness.

squalo ('skwalo) *nm* shark.

squama ('skwama) *nf* scale (of a fish).

squarciare (skwar'tʃare) *vt* tear, rip. **a squarciagola** *adv* at the top of one's voice. **squarcio** *nm* **1** tear. **2** gash.

squassare (skwas'sare) *vt* shake violently.

squattrinato (skwattri'nato) *adj* penniless.

squilibrare (skwili'brare) *vt* unbalance. **squilibrio** *nm* lack of balance.

squillare (skwil'lare) *vi* ring. **squilla** *nf* bell. **squillo** *nm* ring. **ragazza squillo** *nf* callgirl.

squisito (skwi'zito) *adj* **1** exquisite. **2** (of food) delicious.

squittire (skwit'tire) *vi* cheep, squeak.

sradicare (zradi'kare) *vt* uproot.

sregolato (zrego'lato) *adj* disordered.

stabile ('stabile) *adj* **1** stable, fixed. **2** permanent. **beni stabili** *nm pl* real estate. **stabilità** *nf* stability. **stabilizzare** (stabilid'dzare) *vt* stabilize.

stabilire (stabi'lire) *vt* establish, fix, determine. **stabilirsi** *vr* settle. **stabilimento** *nm* **1** factory. **2** establishment.

staccare (stak'kare) *vt* **1** remove, take off. **2** detach. *vi* stand out. **staccarsi** *vr* **1** come off. **2** leave.

stacciare (stat'tʃare) *vt* sieve. **staccio**

nm sieve.

stadio (ˈstadjo) *nm* 1 stadium. 2 stage, phase.

staffa (ˈstaffa) *nf* stirrup.

staffetta (stafˈfetta) *nf* messenger. **corsa a staffetta** *nf* relay race.

staffile (stafˈfile) *nm* whip.

stagione (staˈdʒone) *nf* season. **stagionale** *adj* seasonal.

stagliare (staʎˈʎare) *vi* stand out. **stagliarsi** *vr* stand out.

stagnare (stanˈɲare) *vi* stagnate. **stagnante** *adj* stagnant.

stagno¹ (ˈstaɲɲo) *nm* pool.

stagno² (ˈstaɲɲo) *nm* tin. **(carta) stagnola** *nf* 1 tinfoil. 2 silver paper.

staio (ˈstajo) *nm* bushel.

stalla (ˈstalla) *nf* stable.

stallo (ˈstallo) *nm* 1 seat. 2 *game* stalemate.

stallone (stalˈlone) *nm* stallion.

stamattina (stamatˈtina) *adv also* **stamani** this morning.

stamberga (stamˈberga) *nf* hovel.

stambugio (stamˈbudʒo) *nm* small dark room.

stampare (stamˈpare) *vt* 1 print. 2 publish. **stampa** *nf* 1 print, printing. 2 press. **stampante** *nf* printer. **stampatello** (stampaˈtello) *nm* block letters. **stampato** *nm* printout. **stamperia** *nf* printing works. **stampo** *nm* mould, form.

stancare (stanˈkare) *vt* tire. **stancarsi** *vr* become tired. **stanchezza** (stanˈkettsa) *nf* tiredness. **stanco** *adj* tired.

standardizzare (standardidˈdzare) *vt* standardize.

stanga (ˈstanga) *nf* barrier, bar. **stan-**

gata *nf* blow.

stanghetta (stanˈgetta) *nf* 1 bolt. 2 side (of spectacles).

stanotte (staˈnɔtte) *adv* 1 tonight. 2 last night.

stante (ˈstante) *prep* on account of.

stantio (stanˈtio) *adj* stale.

statuffo (stanˈtuffo) *nm* piston.

stanza (ˈstantsa) *nf* room. **stanza da bagno** bathroom.

stanziare (stanˈtsjare) *vt* assign.

stappare (stapˈpare) *vt* uncork.

stare* (ˈstare) *vi* 1 be. 2 stay, remain. 3 be situated. 4 live. **come stai?** how are you? **lasciar stare** leave alone. **starci** be in agreement. **satre bene 1** be well. 2 suit. **stare in piedi** stand. **stare male 1** be ill. 2 fit badly. **stare per** be on the point of. **stare seduto** be seated. **stiamo a vedere!** let's wait and see! **ti sta bene!** it serves you right!

starna (ˈstarna) *nf* partridge.

starnutire (starnuˈtire) *vi* sneeze. **starnuto** *nm* sneeze.

stasera (staˈsera) *adv* this evening, tonight.

statalizzare (statalidˈdzare) *vt* nationalize. **statalizzazione** *nf* nationalization.

statico (ˈstatiko) *adj* static.

statistica (staˈtistika) *nf* statistics. **statistico** *adj* statistical.

stato¹ (ˈstato) *v see* **essere**.

stato² (ˈstato) *nm* 1 state, condition. 2 satus. 3 state, nation. **statale** *adj* state, of the state. **statista** *nm* statesman.

statua (ˈstatua) *nf* statue.

statura (staˈtura) *nf* height, stature. **di alta/bassa statura** tall/short.

statuto (sta'tuto) *nm* statute.

stavolta (sta'vɔlta) *adv inf* this time.

stazionare (stattsjo'nare) *vi* park. **stazionamento** *nm* parking.

stazione (stat'tsjone) *nf* **1** station. **2** resort.

steccare (stek'kare) *vt* **1** fence in. **2** put in splints. **stecca** *nf* **1** small stick. **2** *med* splint. **3** rib (of an umbrella). **4** billiard cue. **5** false note. **steccato** *nm* fence. **stecco** *nm* twig. **stecchino** *nm* toothpick.

stella ('stella) *nf* star. **stellare** *adj* **1** stellar. **2** star-shaped.

stelo ('stelo) *nm* stem, stalk.

stemma ('stemma) *nm* coat of arms.

stemperare (stempe'rare) *vt* dissolve.

stempiato (stem'pjato) *adj* (of hair) thin at the temples.

stendardo (sten'dardo) *nm* standard, banner.

stendere* ('stendere) *vt* **1** spread, spread out. **2** extend, stretch out. **3** hang out (washing). **stendersi** *vr* stretch out.

stenodattilografo (stenodatti'lɔgrafo) *nm* secretary, shorthand typist. **stenodattilografia** *nf* shorthand typing.

stenografia (stenogra'fia) *nf* shorthand.

stentare (sten'tare) *vi* **1** have difficulty. **2** be in want. **stentato** *adj* stunted. **3** difficult. **stento** ('stento) *nm* **1** need, hardship. **2** effort. **a stento** hardly.

sterco ('sterko) *nm* dung.

stereofonico (stereo'fɔniko) *adj* stereophonic.

stereotipato (stereoti'pato) *adj* stereotyped.

sterile ('sterile) *adj* **1** sterile. **2** barren.

sterilità *nf* sterility. **sterilizzare** (sterilid'dzare) *vt* sterilize. **sterilizzazione** *nf* sterilization.

sterlina (ster'lina) *nf* pound (sterling).

sterminare (stermi'nare) *vt* exterminate, destroy. **sterminio** *nm* slaughter, extermination. **sterminato** *adj* immense.

sternutire (sternu'tire) *vi* sneeze.

sterpo ('sterpo) *nm* twig.

sterzare (ster'tsare) *vt* steer. **sterzo** ('stertso) *nm* steering wheel.

stesso ('stesso) *adj* **1** same. **2** very. **fa lo stesso** it's all the same.

stesura (ste'sura) *nf* **1** drawing up, drafting. **2** draft.

stetoscopio (stetos'kɔpjo) *nm* stethoscope.

stetti ('stetti) *v* see **stare**.

stia ('stia) *nf* hen coop.

stigma ('stigma) *nm* mark, stigma.

stile ('stile) *nm* style. **stilista** *nm* stylist. **stilistica** (sti'listika) *nf* stylistics. **stilistico** (sti'listiko) *adj* stylistic.

stillare (stil'lare) *vi* drip, ooze. **stilla** *nf* drop.

stilografico (stilo'grafiko) **(penna) stilografica** *nf* fountain pen.

stimare (sti'mare) *vt* **1** estimate. **2** esteem. **3** value. **4** consider. **stima** *nf* **1** estimate. **2** esteem.

stimolare (stimo'lare) *vt* stimulate. **stimolante** *nm* stimulant. **stimolatore cardiaco** *nm* pacemaker. **stimolo** ('stimolo) *nm* **1** stimulus. **2** incentive.

stinco ('stinko) *nm inf* shin.

stingere* ('stindʒere) *vi* fade. **stingersi** *vr* fade.

stipare (sti'pare) vt cram together.

stipendio (sti'pɛndjo) nm salary.

stipo ('stipo) nm cabinet.

stipulare (stipu'lare) vt draw up.

stiracchiare (stirak'kjare) vt stretch.

stirare (sti'rare) vt 1 stretch. 2 iron. **stirarsi** vr stretch.

stirpe ('stirpe) nf race, descent.

stitico ('stitiko) adj constipated. **stitichezza** (stiti'kettsa) nf constipation.

stiva ('stiva) nf naut hold.

stivale (sti'vale) nm boot.

stizzire (stit'tsire) vt make angry. vi get angry. **stizzirsi** vr get angry. **stizza** nf anger. **stizzoso** (stit'tsoso) adj irritable.

stocco ('stɔkko) nm rapier.

stoffa ('stɔffa) nf cloth, material.

stoico ('stɔiko) adj,n stoic.

stola ('stɔla) nf stole.

stolido ('stɔlido) adj 1 foolish. 2 dull.

stolto ('stolto) adj stupid, foolish. **stoltezza** (stol'tettsa) nf stupidity.

stomacare (stoma'kare) vt sicken. **stomachevole** (stoma'kevole) adj sickening.

stomaco ('stɔmako) nm stomach.

stonare (sto'nare) vi 1 be out of tune. 2 clash. **stonato** adj out of tune.

stoppia ('stoppja) nf stubble.

storcere* ('stɔrtʃere) vt twist. **storcersi** vr twist.

stordire (stor'dire) vt stun, daze. **stordito** adj stunned, amazed.

storia ('stɔrja) nf 1 history. 2 story, tale.

storico ('stɔriko) adj historical. nm historian. **storiella** (sto'rjella) nf 1 story. 2 fib.

storione (sto'rjone) nm sturgeon.

stormire (stor'mire) vi rustle. **stormo** nm 1 flock. 2 swarm.

stornare (stor'nare) vt 1 avert. 2 dissuade.

storno ('storno) nm starling.

storpiare (stor'pjare) vt 1 cripple. 2 maim. **storpio** ('stɔrpjo) adj 1 crippled. 2 maimed. nm cripple.

storta ('stɔrta) nf twist, sprain.

storto ('stɔrto) adj twisted, bent.

stoviglie (sto'viʎʎe) nf pl crockery.

strabico ('strabiko) adj crosseyed.

strabiliare (strabi'ljare) vi be amazed. **strabiliarsi** vr be amazed.

strabismo (stra'bizmo) nm squint.

stracarico (stra'kariko) adj overloaded.

straccare (strak'kare) vt tire out. **stracco** adj exhausted.

stracchino (strak'kino) nm type of cheese.

stracciare (strat'tʃare) vt tear. **stracciatella** (strattʃa'tɛlla) nf soup with eggs and cheese.

straccio (strat'tʃo) adj torn. nm rag. **carta straccia** nf wastepaper. **straccivendolo** (strattʃi'vendolo) nm ragman.

stracuocere* (stra'kwɔtʃere) vt overcook. **stracotto** (stra'kɔtto) adj overcooked. nm stew.

strada ('strada) nf 1 street, road. 2 way. **stradale** adj road. **lavori stradali** nm pl road works. **stradario** nm street plan.

strafare* (stra'fare) vi do too much, overwork. **strafatto** adj 1 overdone. 2 overripe.

strage ('stradʒe) nf slaughter, massacre.

stralunare (stralu'nare) *vt* roll (one's eyes).

strambo ('strambo) *adj* strange. **stramberia** *nf* oddity.

strame ('strame) *nm* fodder.

strampalato (strampa'lato) *adj* eccentric.

strangolare (strango'lare) *vt* strangle. **strangolamento** *nm* strangling. **strangolatore** *nm* strangler.

straniero (stra'njero) *adj* foreign. *nm* foreigner.

strano ('strano) *adj* strange, odd. **stranezza** (stra'nettsa) *nf* strangeness.

straordinario (straordi'narjo) *adj* extraordinary. *nm* overtime.

strapagare (strapa'gare) *vt* overpay.

strapazzare (strapat'tsare) *vt* ill-treat. **strapazzarsi** *vr* overdo things. **strapazzata** *nf* scolding. **strapazzato** *adj* ill-treated.

strapieno (stra'pjeno) *adj* full up.

strapiombare (strapjom'bare) *vi* lean over.

strappare (strap'pare) *vt* **1** tear, rip. **2** pull out. **strappata** *nf* tug. **strappo** *nm* **1** pull, tug. **2** tear.

straripare (strari'pare) *vi* (of a river) overflow its banks.

strascicare (straʃʃi'kare) *vt also* **strascinare** drag. **strascico** ('straʃʃiko) *nm* train (of a dress).

stratagemma (strata'dʒemma) *nm* stratagem.

strategia (strate'dʒia) *nf* strategy. **strategico** (stra'tɛdʒiko) *adj* strategic.

strato ('strato) *nm* **1** layer, coat (of paint). **2** stratum.

stravagante (strava'gante) *adj* strange, odd, eccentric. **stravaganza** (strava'gantsa) *nf* eccentricity.

stravecchio (stra'vekkjo) *adj* very old.

stravizio (stra'vittsjo) *nm* excess.

stravolgere* (stra'vɔldʒere) *vt* twist. **stravolto** (stra'vɔlto) *adj* troubled.

straziare (strat'tsjare) *vt* torture, torment. **strazio** ('strattsjo) *nm* torment, torture.

stregare (stre'gare) *vt* bewitch. **strega** *nf* witch. **stregone** *nm* wizard. **stregoneria** *nf* witchcraft.

stregua ('stregwa) *nf* measure.

stremare (stre'mare) *vt* exhaust.

strenna ('strenna) *nf* Christmas present.

strepitare (strepi'tare) *vi* make a loud noise.

strepito ('strepito) *nm* din, noise. **strepitoso** (strepi'toso) *adj* noisy.

stretto[1] ('stretto) *v* see **stringere**. *adj* **1** narrow. **2** tight. **3** strict. **4** precise. **5** close, intimate. **a denti stretti** with clenched teeth. **stretta** *nf* grasp. **stretta di mano** handshake. **strettezza** (stret'tettsa) *nf* narrowness.

stretto[2] ('stretto) *nm* strait.

stria ('stria) *nf* stripe. **striato** *adj* striped.

stridere* ('stridere) *vi* **1** screech. **2** (of colours) clash. **strido** *nm* screech, shriek. **stridore** *nm* screeching. **stridulo** ('stridulo) *adj* shrill.

strillare (stril'lare) *vi* scream. **strillo** *nm* scream.

strimpellare (strimpel'lare) *vt* strum.

strinare (stri'nare) *vt* singe.

stringa ('stringa) *nf* lace, shoelace.

stringere* ('strindʒere) vt 1 tighten. 2 squeeze. 3 clasp, grasp. 4 conclude. 5 take in (a dress). vi be urgent.

strinsi ('strinsi) v see **stringere**.

striscia ('striʃʃa) nf 1 strip. 2 stripe.

strisciare (striʃ'ʃare) vt 1 drag. 2 graze. vi creep, crawl.

stritolare (strito'lare) vt crush.

strizzare (strit'tsare) vt 1 squeeze. 2 wring (clothes). **strizzare l'occhio** wink. **strizzata** nf squeeze. **strizzata d'occhio** wink.

strofe ('strɔfe) nf also **strofa** (strɔfa) stanza.

strofinaccio (strofi'nattʃo) nm rag, duster, cloth. **strofinare** vt rub.

stroncare (stron'kare) vt 1 break off. 2 destroy.

stropicciare (stropit'tʃare) vt rub.

strozzare (strot'tsare) vt strangle, choke.

struggere* ('struddʒere) vt 1 melt. 2 consume. **struggersi** vr 1 melt. 2 torment oneself. **struggimento** nm torment.

strumento (stru'mento) nm 1 instrument. 2 tool. **strumentale** adj instrumental.

strusciare (struʃ'ʃare) vt rub.

strutto ('strutto) nm lard.

struttura (strut'tura) nf structure. **strutturale** adj structural. **strutturalismo** nm structuralism.

struzzo ('struttso) nm ostrich.

stuccare[1] (stuk'kare) vt putty, plaster, stucco. **stucco** nm plaster, putty.

stuccare[2] (stuk'kare) vt 1 sicken, nauseate. 2 annoy. **stuccarsi** vr be bored.

studente (stu'dɛnte) nm student. **studentesco** adj student. **studentessa** nf student.

studiare (stu'djare) vt study.

studio ('studjo) nm 1 study. 2 study, office. 3 studio. **borsa di studio** nf grant.

studioso (stu'djoso) adj studious. nm scholar.

stufa ('stufa) nf 1 stove. 2 heater.

stufare (stu'fare) vt 1 stew. 2 inf bore. **stufato** nm stew. **stufo** adj inf fed up.

stuoia ('stwɔja) nf mat.

stuolo ('stwɔlo) nm crowd.

stupefare (stupe'fare) vt amaze. **stupefacente** (stupefa'tʃɛnte) nm drug.

stupido ('stupido) adj stupid, foolish. **stupidaggine** (stupi'daddʒine) nf 1 stupid act. 2 nonsense. **stupidità** nf stupidity.

stupire (stu'pire) vt amaze. vi be amazed. **stupirsi** vr be amazed. **stupendo** (stu'pɛndo) adj marvellous, wonderful. **stupore** nm astonishment.

stuprare (stu'prare) vt rape. **stupro** nm rape.

sturare (stu'rare) vt uncork. **sturabottiglie** nm invar corkscrew.

stuzzicare (stuttsi'kare) vt 1 poke, prod. 2 provoke. 3 arouse. **stuzzicadenti** (stuttsika'dɛnti) nm invar toothpick. **stuzzicante** adj appetizing.

su (su) adv up. prep 1 on, upon. 2 over. 3 about. 4 towards. **in su** upwards. **su due piedi** at once. **su per** up. **su per giù** roughly. ~ interj come on!

sua ('sua) poss adj, poss pron see **suo**.

subacqueo (su'bakkweo) adj underwater.

subaffittare (subaffit'tare) vt sublet.

subappaltare (subappal'tare) vt subcontract.

subbuglio (su'buʎʎo) *nm* confusion.

subcosciente (subkoʃ'ʃɛnte) *adj,nm* subconscious.

subentrare (suben'trare) *vi* replace.

subire (su'bire) *vt* undergo, suffer.

subitaneo (subi'taneo) *adj* sudden.

subito ('subito) *adv* immediately, at once.

sublime (su'blime) *adj* sublime.

subordinare (subordi'nare) *vt* subordinate. **subordinato** *adj,n* subordinate.

suburbio (su'burbjo) *nm* suburb. **suburbano** *adj* suburban.

succedere* (sut'tʃedere) *vi* 1 succeed, follow. 2 happen, occur. **succedersi** *vr* follow one another. **successione** *nf* succession. **successivo** *adj* following. **successo** (sut'tʃesso) *nm* 1 outcome. 2 success. **successore** *nm* successor.

succhiare (suk'kjare) *vt* suck, suck up.

succinto (sut'tʃinto) *adj* succinct.

succo ('sukko) *nm* 1 juice. 2 sap. **succoso** *adj* juicy. **succulento** (sukku'lento) *adj* succulent.

succursale (sukkur'sale) *nf* branch (office).

sud (sud) *nm* south. *adj invar* south, southern. **del sud** 1 southern. 2 southerly. **verso sud** southwards. **sud-est** *nm* south-east. *adj invar* south-east, south-eastern. **del sud-est** 1 south-eastern. 2 south-easterly. **sud-ovest** *nm* south-west. *adj invar* south-west, south-western. **del sud-ovest** 1 south-western. 2 south-westerly.

sudare (su'dare) *vi* sweat, perspire.

sudato *adj* covered in sweat. **sudore** *nm* sweat, perspiration.

sudario (su'darjo) *nm* shroud.

suddetto (sud'detto) *adj* above-mentioned.

suddito ('suddito) *nm* subject, citizen.

suddividere* (suddi'videre) *vt* subdivide. **suddivisione** *nf* subdivision.

sudicio ('suditʃo) *adj* dirty, filthy. *nm* dirt. **sudiceria** *nf* filthiness. **sudiciume** *nm* dirt, filth.

sue ('sue) *poss adj, poss pron* see **suo**.

sufficiente (suffi'tʃɛnte) *adj* sufficient, enough. **sufficienza** (suffi'tʃɛntsa) *nf* sufficiency.

suffisso (suf'fisso) *nm* suffix.

suffragio (suf'fradʒo) *nm* vote, suffrage. **suffragista** *nf* suffragette.

suffumicare (suffumi'kare) *vt* fumigate.

suga ('suga) **carta suga** *or* **cartasuga** *nf* blotting paper.

suggellare (suddʒel'lare) *vt* seal. **suggello** *nm* seal.

suggerire (suddʒe'rire) *vt* suggest. **suggerimento** *nm* suggestion. **suggeritore** *nm* prompter.

suggestionare (suddʒestjo'nare) *vt* influence. **suggestione** *nf* instigation. **suggestivo** *adj* 1 evocative. 2 picturesque.

sughero ('sugero) *nm* cork.

sugli ('suʎʎi) contraction of **su gli**.

sugna ('suɲɲa) *nf* 1 fat. 2 grease.

sugo ('sugo) *nm* 1 juice. 2 gravy. 3 sauce. 4 essence, gist. **sugoso** (su'goso) *adj* juicy.

sui ('sui) contraction of **su i**.

suicidarsi (suitʃi'darsi) *vr* commit suicide. **suicida** *nm* one who has committed suicide. **suicidio** *nm* suicide.

suino (su'ino) *nm* **1** pig. **2** *pl* swine. **carne suina** *nf* pork.

sul (sul) contraction of **su il**.

sull' (sul) contraction of **su l'**.

sulla ('sulla) contraction of **su la**.

sulle ('sulle) contraction of **su le**.

sullo ('sullo) contraction of **su lo**.

sultanina (sulta'nina) *nf* (fruit) sultana.

sultano (sul'tano) *nm* sultan.

sunto ('sunto) *nm* summary.

suntuoso (suntu'oso) *adj* sumptuous.

suo, sua, suoi, sue ('suo, 'sua, 'swɔi, 'sue) *poss adj* **1** *3rd pers s* his, her, its. **2** *2nd pers s fml* your. *poss pron* **1** *3rd pers s* his, hers, its. **2** *2nd pers s fml* yours.

suocera ('swɔtʃera) *nf* mother-in-law.

suocero ('swɔtʃero) *nm* father-in-law.

suoi ('swɔi) *poss adj, poss pron* see **suo**.

suola ('swɔla) *nf* sole (of a shoe).

suoli ('swɔli) *v* see **solere**.

suolo ('swɔlo) *nm* **1** ground. **2** soil. **3** layer.

suonare (swo'nare) *vt,vi* **1** ring, sound. **2** *mus* play. **suono** ('swɔno) *nm* sound.

suora ('swɔra) *nf* nun, sister.

superare (supe'rare) *vt* **1** exceed, surpass. **2** overcome, get over. **superato** *adj* out-of-date.

superbo (su'perbo) *adj* proud, arrogant. **superbia** (su'pɛrbja) *nf* pride.

superficiale (superfi'tʃale) *adj* superficial. **superficialità** *nf* superficiality.

superficie (super'fitʃe) *nf, pl* **superfici** *or* **superficie** surface.

superfluo (su'perfluo) *adj* superfluous. *nm* surplus.

superiore (supe'rjore) *adj* **1** higher, upper. **2** superior. *nm* superior. **superiorità** *nf* superiority.

superlativo (superla'tivo) *adj, nm* superlative.

supermercato (supermer'kato) *nm* supermarket.

supersonico (super'sɔniko) *adj* supersonic.

superstite (su'pɛrstite) *adj* surviving. *nm* survivor.

superstizione (superstit'tsjone) *nf* superstition. **superstizioso** (superstit'tsjoso) *adj* superstitious.

supino (su'pino) *adj* supine. **cadere supino** fall on one's back.

suppellettile (suppel'lettile) *nf* furnishings, fittings.

suppergiù (supper'dʒu) *adv inf* roughly, approximately.

supplemento (supple'mento) *nm* supplement. **supplementare** *adj* supplementary, extra.

supplicare (suppli'kare) *vt* beg, implore. **supplica** ('supplica) *nf* petition.

supplire (sup'plire) *vt* take the place of. *vi* **1** make up (for). **2** take the place (of). **supplente** (sup'plɛnte) *adj,n* substitute.

supplizio (sup'plittsjo) *nm* torture.

supporre* (sup'porre) *vt* suppose, imagine. **supposizione** *nf* supposition. **supposto** (sup'posto) *adj* supposed. **supposto che** supposing.

supposta (sup'posta) *nf* suppository.

suppurare (suppu'rare) *vi* fester.

supremo (su'prɛmo) *adj* supreme. **su-**

premazia (supremat'tsia) *nf* supremacy.

surclassare (surklas'sare) *vt* outclass.

surgelare (surdʒe'lare) *vt* freeze. **surgelato** *adj* frozen. **surgelati** *nm pl* frozen foods.

surrealismo (surrea'lizmo) *nm* surrealism. **surrealista** *adj* surrealist.

surrogare (surro'gare) *vt* take the place of, replace. **surrogato** *nm* substitute.

suscettibile (suʃʃet'tibile) *adj* susceptible.

suscitare (suʃʃi'tare) *vt* 1 arouse. 2 provoke, cause.

susina (su'sina) *nf* plum. **susino** *nm* plum tree.

susseguire (susse'gwire) *vi* follow.

sussidiare (sussi'djare) *vt* 1 subsidize. 2 support. **sussidiario** *adj* subsidiary. *nm* primary schoolbook. **sussidio** *nm* 1 aid, help. 2 subsidy.

sussiego (sus'sjego) *nm* haughtiness.

sussistere (sus'sistere) *vi* 1 exist. 2 be valid.

sussultare (sussul'tare) *vi* start. **sussulto** *nm* start, jump.

sussurrare (sussur'rare) *vt,vi* whisper, murmur. **sussurro** *nm* murmur.

svagare (zva'gare) *vt* amuse. **svagarsi** *vr* enjoy oneself. **svago** *nm* amusement.

svaligiare (zvali'dʒare) *vt* rob, ransack.

svalutare (zvalu'tare) *vt* devalue. **svalutazione** *nf* devaluation.

svampare (zvam'pare) *vi* die down, calm down.

svanire (zva'nire) *vi* disappear, vanish.

svantaggio (zvan'taddʒo) *nm* disadvantage. **svantaggioso** (zvantad'dʒoso) *adj* unfavourable.

svariare (zva'rjare) *vt* vary.

svedese (zve'dese) *adj* Swedish. *nm* 1 Swede. 2 Swedish (language).

svegliare (zveʎ'ʎare) *vt* awaken, wake up. **svegliarsi** *vr* wake up. **sveglia** *nf* alarm clock. **sveglio** *adj* 1 awake. 2 quick-witted.

svelare (zve'lare) *vt* reveal.

svelto ('zvelto) *adj* 1 quick. 2 quick-witted. 3 slim.

svendita ('zvendita) *nf* (clearance) sale.

svenire* (zve'nire) *vi* faint. **svenimento** *nm* faint, faintingfit.

sventolare (svento'lare) *vt,vi* flutter.

sventrare (zven'trare) *vt* disembowel.

sventura (zven'tura) *nf* misfortune, bad luck. **sventurato** *adj* unlucky.

svergognato (zvergoɲ'ɲato) *adj* shameless.

svernare (zver'nare) *vi* spend the winter.

svestire (zves'tire) *vt* undress.

Svezia ('zvetsja) *nf* Sweden.

sviare (zvi'are) *vt* 1 divert. 2 lead astray. **sviarsi** *vr* go astray.

svignare (zviɲ'ɲare) *vi* slip away. **svignarsela** (zviɲ'ɲarsela) *vr* slip away.

sviluppare (zvilup'pare) *vt,vi* develop. **sviluppo** *nm* development.

svincolare (zvinko'lare) *vt* free.

svista ('zvista) *nf* oversight.

svitare (zvi'tare) *vt* unscrew.

Svizzera ('zvittsera) *nf* Switzerland. **svizzero** ('zvittsero) *adj,n* Swiss.

svogliato (zvoʎ'ʎato) *adj* unwilling.

svolazzare (zvolat'tsare) *vi* flutter.

svolgere* ('zvɔldʒere) *vt* **1** unwind. **2** develop. **3** carry out. **svolgersi** *vr* **1** take place. **2** unwind. **svolgimento** *nm* development.

svoltare (zvol'tare) *vi* turn. **svolta** ('zvɔlta) *nf* turn, bend.

svuotare (zvwo'tare) *vt* empty.

T

tabacco (taˈbakko) *nm* tobacco. **tabaccaio** *nm* tobacconist. **tabaccheria** *nf* tobacconist's shop.

tabella (taˈbɛlla) *nf* table, list.

tabernacolo (taberˈnakolo) *nm* tabernacle.

tabù (taˈbu) *adj,nm* taboo.

tacca (ˈtakka) *nf* notch, dent.

taccagno (takˈkaɲɲo) *adj* mean, miserly. *nm* miser.

taccheggiatore (takkeddʒaˈtore) *nm* shoplifter.

tacchino (takˈkino) *nm* turkey.

taccio (ˈtattʃo) *v see* **tacere**.

tacco (ˈtakko) *nm* heel.

taccuino (takkuˈino) *nm* notebook.

tacere* (taˈtʃere) *vi* be quiet *or* silent. *vt* keep secret. **far tacere** silence.

tachigrafo (taˈkigrafo) *nm* tachograph.

tachimetro (taˈkimetro) *nm* speedometer.

tacito (ˈtatʃito) *adj* 1 silent. 2 tacit. **taciturno** *adj* quiet, taciturn.

tacqui (ˈtakkwi) *v see* **tacere**.

tafano (taˈfano) *nm* horsefly.

tafferuglio (taffeˈruʎʎo) *nm* brawl.

taffetà (taffeˈta) *nm* taffeta.

taglia (ˈtaʎʎa) *nf* 1 reward. 2 ransom. 3 size.

tagliare (taʎˈʎare) *vt* 1 cut. 2 cut off. *vi* cut across. **tagliacarte** (taʎʎaˈkarte) *nm invar* paperknife. **tagliando** *nm* voucher. **tagliente** *adj* cutting, sharp. **taglio** *nm* cut, cutting.

tagliatelle (taʎʎaˈtɛlle) *nf pl* long flat strips of pasta.

tagliola (taʎˈʎɔla) *nf* trap, snare.

tagliuzzare (taʎʎutˈtsare) *vt* chop finely, shred.

talco (ˈtalko) *nm* talcum.

tale (ˈtale) *adj* 1 such, such a. 2 so. *pron* someone. **il tal dei tali** so-and-so. **talché** *conj* so that. **talmente** *adv* so. **talora** *adv* now and again. **taluno** *adj,pron* some. **talvolta** (talˈvɔlta) *adv* sometimes.

taleggio (taˈleddʒo) *nm* type of cheese.

talento (taˈlento) *nm* talent.

tallone (talˈlone) *nm anat* heel.

talpa (ˈtalpa) *nf zool* mole.

tamburo (tamˈburo) *nm* drum. **tamburare** *also* **tamburellare** *vi* drum. **tamburello** (tambuˈrɛllo) *nm* tambourine.

Tamigi (taˈmidʒi) *nm* Thames.

tamponare (tampoˈnare) *vt* 1 plug, stop. 2 collide with, bump into. **tamponamento** *nm* collision. **tampone** *nm* pad.

tana (ˈtana) *nf* den, lair.

tanaglie (taˈnaʎʎe) *nf pl* pincers, pliers.

tanfo (ˈtanfo) *nm* musty smell.

tangibile (tanˈdʒibile) *adj* tangible.

tango (ˈtango) *nm* tango.

tanto (ˈtanto) *adj* 1 so much. 2 *pl* so many. *pron* 1 so much. 2 *pl* a lot of people. *adv* so, so much. **di tanto in tanto** from time to time. **ogni tanto**

every now and then. **tanto quanto** as much as.

tappare (tap'pare) *vt* plug, stop up.

tappeto (tap'peto) *nm* carpet. **tappetino** *nm* rug.

tappezzare (tappet'tsare) *vt* 1 cover. 2 upholster. **tappezzeria** *nf* 1 tapestry. 2 upholstery. **fare tappezzeria** be a wallflower.

tappo (tappo) *nm* stopper, cork.

tarantola (ta'rantola) *nf* tarantula.

tarchiato (tar'kjato) *adj* thickset, sturdy.

tardare (tar'dare) *vi* be late. *vt* delay. **tardi** *adv* late. **fare tardi** be late. **tardo** *adj* 1 slow. 2 late.

targa ('targa) *nf* 1 shield. 2 *mot* numberplate. 3 nameplate.

tariffa (ta'riffa) *nf* 1 price-list. 2 charge, rate, fare.

tarlo ('tarlo) *nm* woodworm.

tarma ('tarma) *nf* moth. **tarmato** *adj* moth-eaten.

tartagliare (tartaʎ'ʎare) *vi* stammer, stutter.

tartaro ('tartaro) *nm* tartar.

tartaruga (tarta'ruga) *nf* 1 tortoise. 2 turtle.

tartina (tar'tina) *nf* sandwich.

tartufo (tar'tufo) *nm* truffle.

tasca ('taska) *nf* pocket. **tascabile** (ta-s'kabile) *adj* pocket-sized. **tascapane** *nm* haversack.

tassare (tas'sare) *vt* tax. **tassa** *nf* tax. **tassazione** *nf* taxation.

tassì (tas'si) *nm invar* taxi. **tassista** *nm* taxi driver.

tasso[1] ('tasso) *nm* yew tree.

tasso[2] ('tasso) *nm* badger.

tastare (tas'tare) *vt* 1 touch. 2 feel.

tastiera *nf* keyboard. **tasto** *nm* 1 key. 2 feel, touch. **tastoni** *adv* gropingly. **andare a tastoni** grope.

tattica ('tattika) *nf* tactics. **tattico** ('tattiko) *adj* tactical.

tatto ('tatto) *nm* 1 sense of touch, touch. 2 tact.

tatuaggio (tatu'addʒo) *nm* tatoo.

tautologia (tautolo'dʒia) *nf* tautology.

taverna (ta'vɛrna) *nf* inn, tavern.

tavola ('tavola) *nf* 1 table. 2 board, slab. 3 plate, illustration. **tavola calda** snack-bar.

tavolo ('tavolo) *nm* table. **tavolino** *nm* table. **comodino** bedside table.

tazza ('tattsa) *nf* cup.

te (te) *pron* 2nd pers *m,f s fam* you. **da te** by yourself.

tè (te) *nm invar* tea. **teiera** (te'jɛra) *nf* teapot.

teatro (te'atro) *nm* theatre. **teatrale** *adj* theatrical.

tecnica ('tɛknika) *nf* technique. **tecnico** ('tɛkniko) *adj* technical. *nm* technician, engineer. **tecnologia** *nf* technology.

tedesco (te'desko) *adj,n* German. *nm* German (language).

tedioso (te'djoso) *adj* tedious.

tegame (te'game) *nm* pan.

teglia ('teʎʎa) *nf* pan.

tegola ('tegola) *nf* tile.

tela ('tela) *nf* 1 cloth. 2 canvas, painting. 3 *Th* curtain.

telaio (te'lajo) *nm* loom, frame.

telecomunicazioni (telekomunikat't-sjoni) *nf pl* telecommunications.

teleferica (tele'fɛrika) *nf* cableway.

telefonare (telefo'nare) *vi,vt* telephone.

telefonata *nf* telephone call. **telefonata urbana/interurbana** local/longdistance call. **telefonico** (tele'foniko) *adj* telephonic. **cabina telefonica** *nf* telephone box. **telefonista** *nm* telephonist. **telefono** (te'lefono) *nm* telephone. **dare un colpo di telefono** ring.

telegiornale (teledʒor'nale) *nm* television news.

telegrafare (telegra'fare) *vt* wire, telegraph. **telegrafo** (te'legrafo) *nm* telegraph.

telegramma (tele'gramma) *nm* telegram.

telepatia (telepa'tia) *nf* telepathy.

teleschermo (teles'kermo) *nm* television screen.

telescopio (teles'kɔpjo) *nm* telescope.

televisione (televi'zjone) *nf* television. **televisione a colori** colour television. **televisore** (televi'zore) *nm* television set.

telone (te'lone) *nm* tarpaulin.

tema ('tema) *nm* 1 theme, subject. 2 essay, composition. **tematico** (te'matiko) *adj* thematic.

temerario (teme'rarjo) *adj* rash, reckless. **temerarietà** *nf* boldness, recklessness.

temere (te'mere) *vt* 1 fear, be afraid of. 2 doubt. *vi* be afraid.

temperamento (tempera'mento) *nm* temperament.

temperare (tempe'rare) *vt* 1 moderate, mitigate, alleviate. 2 sharpen. **temperalapis** (tempera'lapis) *nm also* **temperamatite** *nm invar* pencilsharpener. **temperato** *adj* moderate, temperate. **temperino** *nm* penknife.

temperatura (tempera'tura) *nf* temperature.

tempesta (tem'pesta) *nf* storm, tempest, hurricane. **tempestoso** (tempes'toso) *adj* 1 stormy. 2 agitated.

tempia ('tempja) *nf anat* temple.

tempio ('tempjo) *nm* 1 temple. 2 church.

tempo ('tempo) *nm* 1 time, period. 2 weather. 3 tense. 4 *sport* half-time. 5 tempo, beat. **a tempo** on time. **tempo fa** some time ago.

temporale[1] (tempo'rale) *nm* storm, thunderstorm.

temporale[2] (tempo'rale) *adj* temporal, secular.

temporaneo (tempo'raneo) *adj* 1 temporary. 2 transient, transitory.

temprare (tem'prare) *vt* temper, strengthen.

tenace (te'natʃe) *adj* 1 tenacius. 2 stubborn. **tenacia** *nf* tenacity.

tenaglie (te'naʎʎe) *nf pl* pincers, pliers.

tenda ('tenda) *nf* 1 curtain. 2 awning. 3 tent. **tendina** *nf* curtain.

tendenza (ten'dɛntsa) *nf* 1 tendency. 2 trend. 3 inclination.

tendere* ('tendere) *vt* 1 stretch. 2 hang *or* hold out. 3 tighten. 4 lay. *vi* 1 tend. 2 incline, be inclined. **tendere le orecchie** prick up one's ears.

tendine ('tendine) *nm* tendon, sinew.

tenebre ('tenebre) *nf pl* darkness, gloom. **tenebroso** (tene'broso) *adj* gloomy, dark.

tenente (te'nente) *nm* lieutenant.

tenere* (te'nere) *vt* 1 hold. 2 have. 3 keep. 4 contain. 5 occupy. 6 consider.

vi **1** resemble. **2** hold, stick. **3** (of a dye) be fast. **tenere conto di** keep in mind. **tenere la destra/sinistra** keep to the right/left. **tenere stretto** clasp, grip. **tenere un discorso** give a speech. **tenersi** *vr* **1** hold *or* keep oneself. **2** stand. **3** consider oneself. **4** restrain oneself. **5** avoid. **6** follow. **tenersi pronto** be on the alert.

tenero ('tɛnero) *adj* **1** tender. **2** affectionate. **tenerezza** (tene'rettsa) *nf* **1** tenderness. **2** affection.

tengo ('tɛngo) *v see* **tendere**.

tenni ('tɛnni) *v see* **tenere**.

tennis ('tɛnnis) *nm* tennis. **tennista** *nm* tennis player.

tenore (te'nore) *nm* tenor. **tenore di vita** standard of living.

tensione (ten'sjone) *nf* **1** tension, strain. **2** voltage.

tentacolo (ten'takolo) *nm* tentacle.

tentare (ten'tare) *vt* **1** try, attempt. **2** test. **3** tempt. **tentativo** *nm* attempt. **tentazione** *nf* temptation.

tentennare (tenten'nare) *vi* **1** waver. **2** stagger, totter. **3** hesitate. *vt* shake.

tenue ('tɛnue) *adj* **1** slender, slight. **2** soft.

tenuta (te'nuta) *nf* **1** capacity. **2** estate. **3** uniform. **4** dress. **a tenuta d'acqua** watertight.

teologia (teolo'dʒia) *nf* theology. **teologo** (te'ɔlogo) *nm* theologian.

teorema (teo'rɛma) *nm* theorem.

teoria (teo'ria) *nf* theory, idea. **teorico** *adj* theoretical.

tepore (te'pore) *nm* mildness.

teppa ('teppa) *nf* mob, underworld.

terapia (tera'pia) *nf* therapy. **terapeu-**

tico (tera'pɛutiko) *adj* therapeutic.

tergicristallo (terdʒikris'tallo) *nm* windscreen-wiper.

tergiversare (terdʒiver'sare) *vi* beat about the bush.

terme ('tɛrme) *nf pl* hot springs, spa.

termale *adj also* **termico** ('tɛrmiko) thermal.

terminale (termi'nale) *nm* terminal.

terminare (termi'nare) *vt,vi* finish, end, terminate. **termine** ('tɛrmine) *nm* **1** limit, boundary. **2** term. **3** end, close.

termodinamica (termodi'namika) *nf* thermodynamics.

termometro (ter'mɔmetro) *nm* thermometer.

termonucleare (termonukle'are) *adj* thermonuclear.

termos ('tɛrmos) *nm Tdmk invar* Thermos.

termosifone (termosi'fone) *nm* radiator. **riscaldamento a termosifone** *nm* central heating.

termostato (ter'mɔstato) *nm* thermostat.

terra ('tɛrra) *nf* **1** earth. **2** land. **3** ground, floor. **4** soil. **5** clay. **per terra** on the ground. **terracotta** (terra'kɔtta) *nf* terracotta. **terremoto** (terre'mɔto) *nm* earthquake.

terrapieno (terra'pjɛno) *nm* embankment, earthwork.

terrazza (ter'rattsa) *nf also* **terrazzo** *nm* terrace.

terreno (ter'reno) *adj* earthly.

terreno² (ter'reno) *nm* **1** ground, soil, land. **2** site.

terribile (ter'ribile) *adj* terrible, fearful.

territorio (terri'tɔrjo) *nm* territory. **ter-**

ritoriale adj territorial.

terrò (ter'rɔ) v see **tenere**.

terrore (ter'rore) nm terror. **terrorismo** nm terrorism. **terrorista** nf terrorist.

terzo ('tertso) adj third. nm 1 third. 2 third party. **terza** nf 1 third class. 2 third gear.

tesa ('tesa) nf brim (of a hat).

teschio ('teskjo) nm skull.

tesi[1] ('tezi) nf invar thesis.

tesi[2] ('tesi) v see **tendere**.

teso ('teso) v see **tendere**. adj uptight.

tesoro (te'zɔro) nm 1 treasure. 2 treasury. **tesoreria** nf treasury. **tesoriere** nm treasurer.

tessera ('tɛssera) nf pass, card.

tessere ('tessere) vt weave. **tessile** ('tessile) adj,nm textile. **tessuto** nm 1 cloth, material, fabric. 2 anat tissue.

testa ('testa) nf head. **dare alla testa** go to one's head. **in testa** on one's head. **rompersi la testa** rack one's brains.

testamento (testa'mento) nm law will.

testardo (tes'tardo) adj 1 stubborn. 2 headstrong.

testicolo (tes'tikolo) nm testicle.

testimone (testi'mɔne) nm witness. **testimoniare** vt,vi testify. **testimonianza** (testimo'njantsa) nf testimony. **testimonio** (testi'mɔnjo) nm witness.

testo ('testo) nm text. **libro di testo** textbook

testone (tes'tone) nm obstinate person.

testuggine (tes'tuddʒine) nf tortoise.

tetro ('tetro) adj gloomy, sombre.

tetta ('tetta) nf inf 1 breast. 2 teat. **tettarella** (tetta'rɛlla) nf teat, dummy.

tetto ('tetto) nm roof. **tettoia** nf 1 shed. 2 roof.

Tevere ('tevere) nm Tiber.

ti (ti) pron 2nd pers m,f,s fam you, to you.

tiara ('tjara) nf tiara.

tic (tik) nm invar 1 tic. 2 mannerism.

ticchettare (tikket'tare) vt tick.

ticchio ('tikkjo) nm 1 spasm. 2 whim.

tictac (tik'tak) nm tick, ticking.

tieni ('tjeni) v see **tenere**.

tiepido ('tjepido) adj lukewarm.

tifo ('tifo) nm typhus.

tifone (ti'fone) nm typhoon.

tifoso (ti'foso) nm fan, supporter.

tiglio (ti'ʎʎo) nm lime tree, linden.

tignuola (tiɲ'ɲɔla) nf moth.

tigre ('tigre) nf tiger.

timbrare (tim'brare) vt stamp. **timbro** nm 1 stamp. 2 timbre. **timbro di gomma** rubber stamp.

timido ('timido) adj shy, timid. **timidezza** (timi'dettsa) nf skyness.

timo ('timo) nm thyme.

timone (ti'mone) nm rudder. **timoniera** (timo'njera) nf wheelhouse.

timore (ti'more) nm fear. **timoroso** (timo'roso) adj timorous.

timpano ('timpano) nm 1 kettledrum. 2 eardrum. 3 arch gable.

tingere* (tin'dʒere) vt dye, tint.

tino ('tino) nm vat.

tinta ('tinta) nf 1 dye. 2 colour, shade. **tintoria** nf 1 dry-cleaner's shop. 2 dyeworks.

tipo ('tipo) nm 1 type. 2 inf chap, fellow. **tipico** ('tipiko) adj typical.

tipografia (tipogra'fia) nf printing.

tiranneggiare (tiranned'dʒare) vt oppress.

tiranno (ti'ranno) *nm* tyrant. *adj* tyrannical. **tirannia** *nf* tyranny. **tirannico** (ti'ranniko) *adj* tyrannical.

tirare (ti'rare) *vt* 1 pull, drag, draw. 2 pull out, extract. 3 throw. 4 shoot. 5 print. 6 draw, trace. *vi* 1 pull. 2 aim, tend. 3 (of the wind) blow. 4 be tight. 5 shoot. **tirare avanti** struggle on. **tirare calci** kick. **tirare giù** jot down. **tirare su** 1 pull up. 2 bring up. **tirare vento** be windy. **tirarsi in là** *vr* move aside. **tirata** *nf* tug, pull. **tiratore** *nm* shooter. **tiratore scelto** marksman. **tiratura** *nf* 1 printing. 2 circulation. **tiro** *nm* 1 shooting, firing. 2 shot. 3 trick. **a tiro** within range.

tirchio (tirkjo) *adj* mean, stingy.

tirocinio (tiro't∫injo) *nm* apprenticeship.

titolo ('titolo) *nm* 1 title. 2 headline. 3 security, share.

tizio ('tittsjo) *nm* 1 chap, fellow. 2 what's-his-name.

tizzo ('tittso) *nm also* **tizzone** 1 brand. 2 ember.

toboga (to'bɔga) *nm invar* toboggan.

toccare (tok'kare) *vt* touch, feel. *vi* 1 happen. 2 be the duty of. 3 concern. **a chi tocca? tocca a me** whose turn is it? it's my turn. **tocco** *nm* touch. **al tocco** at one o'clock.

toga ('tɔga) *nf* gown.

togliere ('tɔʎʎere) *vt* take (away). 2 remove, take off. **togliersi di mezzo** *vr* get out of the way.

toletta (to'letta) *nf* 1 dressing-table. 2 toilet.

tolgo ('tɔlgo) *v* see **togliere**.

tollerare (tolle'rare) *vt* tolerate, bear.

tollerabile (tolle'rabile) *adj* tolerable. **tolleranza** (tolle'rantsa) *nf* tolerance, toleration.

tolsi ('tɔlsi) *v* see **togliere**.

tolto ('tɔlto) *v* see **togliere**.

tomaia (to'maja) *nf* upper (of a shoe).

tomba ('tomba) *nf* tomb.

tomo ('tɔmo) *nm* tome, volume.

tonaca ('tɔnaka) *nf* 1 tunic. 2 habit.

tondo ('tondo) *adj* round.

tonfo ('tonfo) *nm* 1 thud. 2 splash.

tonico ('tɔniko) *nm* tonic.

tonnellata (tonnel'lata) *nf* ton.

tonno ('tonno) *nm* tuna fish.

tono ('tɔno) *nm* tone.

tonsilla (ton'silla) *nf* tonsil. **tonsillite** *nf* tonsillitis.

topazio (to'pattsjo) *nm* topaz.

topo ('tɔpo) *nm* 1 mouse. 2 rat. **topo di biblioteca** bookworm.

topografia (topogra'fia) *nf* topography.

toppa ('tɔppa) *nf* 1 patch. 2 lock.

torba ('torba) *nf* peat.

torbido ('torbido) *adj* 1 murky. 2 troubled.

torcere* ('tɔrt∫ere) *vt* 1 twist. 2 wring.

torchiare (tor'kjare) *vt* press. **torchio** ('tɔrkjo) *nm* press.

torcia ('tɔrt∫a) *nf* torch.

tordo ('tordo) *nm* thrush.

Torino (to'rino) *nf* Turin.

torma ('torma) *nf* swarm, throng.

tormentare (tormen'tare) *vt* torment. **tormento** *nm* 1 torment. 2 agony.

tornare (tor'nare) *vi* 1 return, go *or* come back. 2 turn out, prove to be. 3 become again. **tornare a fare** do again.

torneo (tor'nɛo) *nm* tournament.

toro ('tɔro) *nm* **1** bull. **2** *cap* Taurus.

torpedine (tor'pɛdine) *nf* torpedo.

torpido ('tɔrpido) *adj* torpid. **torpore** *nm* torpor, lethargy.

torre ('torre) *nf* **1** tower. **2** *game* rook. **torretta** *nf* turret.

torrefare (torre'fare) *vt* roast.

torrente (tor'rɛnte) *nm* torrent. **torrenziale** *adj* torrential.

torrido ('tɔrrido) *adj* torrid.

torrone (tor'rone) *nm* nougat.

torsi ('tɔrsi) *v* see **torcere**.

torso ('tɔrso) *nm* trunk, torso.

torsolo ('tɔrsolo) *nm* stump.

torta ('tɔrta) *nf* cake.

tortellini (tortel'lini) *nm pl* stuffed rings of pasta.

torto[1] ('tɔrto) *v* see **torcere**.

torto[2] ('tɔrto) *nm* wrong. **a torto** wrongly. **avere torto** be wrong.

tortora ('tɔrtora) *nf* dove.

tortuoso (tortu'oso) *adj* winding, curving.

torturare (tortu'rare) *vt* torture. **tortura** *nf* torture.

torvo ('tɔrvo) *adj* surly.

tosare (to'zare) *vt* shear, clip. **tosatrice** *nf* lawn-mower.

Toscana (tos'kana) *nf* Tuscany. **toscano** *adj,n* Tuscan.

tossico ('tɔssiko) *adj* toxic. *nm* poison.

tossire (tos'sire) *vi* cough. **tosse** *nf* cough.

tostare (tos'tare) *vt* **1** roast. **2** toast. **tostapane** *nm invar* toaster.

totale (to'tale) *adj* total, complete. *nm* total.

totalitario (totali'tarjo) *adj* totalitarian.

totocalcio (toto'kaltʃo) *nm* football pools.

tovaglia (to'vaʎʎa) *nf* tablecloth. **tovaglioso** *nm* napkin.

tozzo ('tɔttso) *nm* piece, bit. *adj* stocky, squat.

tra (tra) *prep* **1** between. **2** among.

traballare (trabal'lare) *vi* stagger, totter.

traboccare (trabok'kare) *vi* overflow.

tracannare (trakan'nare) *vt* gulp down.

traccia ('trattʃa) *nf* **1** trace. **2** trail, track. **3** footprint. **4** outline. **tracciare** *vt* **1** outline. **2** trace.

trachea (tra'kɛa) *nf* windpipe.

tradire (tra'dire) *vt* **1** betray. **2** be unfaithful to. **tradimento** *nm* **1** betrayal. **2** treachery. **3** treason. **traditore** *nm* traitor. *adj* treacherous.

tradizione (tradit'tsjone) *nf* tradition. **tradizionale** *adj* traditional.

tradurre* (tra'durre) *vt* translate. **traduttore** *nm* translator. **traduzione** *nf* translation.

trafficare (traffi'kare) *vi* trade, deal. *vt* trade in. **trafficante** *nm* dealer. **traffico** ('traffiko) *nm* **1** trade. **2** traffic. **3** bustle. **traffico contrario** *nm* contraflow.

traforare (trafo'rare) *vt* pierce, bore.

tragedia (tra'dʒɛdja) *nf* tragedy. **tragico** ('tradʒiko) *adj* tragic. *nm* tragedian.

traggo ('traggo) *v* see **trarre**.

traghetto (tra'getto) *nm* **1** crossing. **2** ferryboat.

tragitto (tra'dʒitto) *nm* journey.

traguardo (tra'gwardo) *nm* winning post.

trai ('trai) *v* see **trarre**.

trainare (trai'nare) *vt* drag, haul.

tralasciare (tralaʃ'ʃare) *vt* **1** omit. **2**

give up.

tralcio ('traltʃo) *nm* **1** *bot* shoot. **2** vine shoot.

traliccio (tra'littʃo) *nm* trellis.

tram (tram) *nm invar* tram.

trama ('trama) *nf* plot.

tramezzare (tramed'dzare) *vt* partition, separate. **tramezzo** (tra'meddzo) *nm* partition.

tramite ('tramite) *nm* way, means. *prep* by means of.

tramontana (tramon'tana) *nf* north wind.

tramontare (tramon'tare) *vi* **1** (of the sun) set, go down. **2** fade. **tramonto** *nm* sunset.

tramortire (tramor'tire) *vi* faint.

trampoli ('trampoli) *nm pl* stilts.

trampolino (trampo'lino) *nm* **1** springboard. **2** diving board.

tranello (tra'nello) *nm* trap, plot.

trangugiare (trangu'dʒare) *vt* bolt, gulp down.

tranne ('tranne) *prep* except.

tranquillo (tran'kwillo) *adj* calm, peaceful, still. **tranquillità** *nf* calm, stillness.

transatlantico (transa'tlantiko) *adj* transatlantic. *nm* liner.

transitivo (transi'tivo) *adj* transitive.

transito ('transito) *nm* passage, transit.

transizione (transit'tsjone) *nf* transition.

tranvai (tran'vai) *nm invar* tram.

tranvia (tran'via) *nf* **1** tramway. **2** tram.

trapanare (trapa'nare) *vt* drill. **trapano** ('trapano) *nm* drill.

trapelare (trape'lare) *vi* **1** trickle. **2** leak out.

trapezio (tra'pettsjo) *nm* trapeze.

trapiantare (trapjan'tare) *vt* transplant. **trapianto** *nm* transplant.

trappola ('trappola) *nf* trap.

trarre* ('trarre) *vt* **1** drag, pull, draw. **2** throw. **3** obtain.

trasalire (trasa'lire) *vi* start, jump.

trasandare (trazan'dare) *vt* neglect. **trasandato** *adj* slovenly.

trascinare (traʃʃi'nare) *vt* drag, pull.

trascorrere* (tras'korrere) *vt* **1** spend, pass. **2** go through quickly (a book, etc.). *vi* pass.

trascurare (trasku'rare) *vt* **1** neglect. **2** ignore. **trascurato** *adj* **1** neglected. **2** careless.

trasferire (trasfe'rire) *vt* transfer, move. **trasferirsi** *vr* move. **trasferimento** *nm* transfer.

trasformare (trasfor'mare) *vt* change, transform. **trasformazione** *nf* transformation.

trasfusione (trasfu'zjone) *nf* transfusion.

trasgredire (trazgre'dire) *vt* infringe, violate.

traslocare (tranzlo'kare) *vt, vi* move. **trasloco** (traz'loko) *nm* removal. **fare trasloco** move house.

trasmettere* (traz'mettere) *vt* **1** transmit. **2** send. **trasmissione** *nf* **1** transmission. **2** programme, broadcast.

trasognato (trasoɲ'ɲato) *adj* dreamy.

trasparente (traspa'rente) *adj* transparent.

traspirare (traspi'rare) *vi* **1** perspire. **2** leak out. **traspirazione** *nf* perspiration.

trasportare (traspor'tare) *vt* transport. **trasporto** (tras'porto) *nm* transport.

trassi ('trassi) v see **trarre**.

trastullare (trastul'lare) vt amuse. **trastullo** nm toy.

trasudare (trasu'dare) vi sweat.

trattare (trat'tare) vt 1 treat. 2 deal with, discuss. vi deal with, be about. **trattarsi di** v imp be a matter of. **trattativa** nf negotiation. **trattato** nm 1 treatise. 2 treaty.

trattenere* (tratte'nere) vt 1 keep or hold back. 2 detain, keep waiting. 3 entertain. **trattenersi** vr 1 remain, stay. 2 restrain oneself.

tratto[1] ('tratto) v see **trarre**.

tratto[2] ('tratto) nm 1 line, stroke. 2 stretch, space. 3 passage (in a book). 4 feature. **a un tratto** all of a sudden.

trattore (trat'tore) nm tractor.

trattoria (tratto'ria) nf restaurant.

trauma ('trauma) nm trauma.

travagliare (travaʎ'ʎare) vt trouble. **travaglio** nm 1 toil. 2 suffering.

travasare (trava'zare) vt decant.

trave ('trave) nf beam, rafter.

traversare (traver'sare) vt cross. **traversa** nf crossbar. **traversata** nf crossing.

traverso (tra'verso) adj oblique. **di traverso** 1 askance. 2 amiss, the wrong way.

travestire (traves'tire) vt disguise. **travestimento** nm disguise.

travisare (travi'zare) vt distort, falsify.

travolgere* (tra'vɔldʒere) vt 1 overturn, upset. 2 overthrow.

tre (tre) adj three. nm or f three. **trecento** (tre'tʃento) adj three hundred. nm 1 three hundred. 2 fourteenth century.

trebbiare (treb'bjare) vt thresh.

treccia ('trettʃa) nf plait.

tredici ('treditʃi) adj thirteen. nm or f thirteen. **tredicesimo** adj thirteenth.

tregua ('tregwa) nf 1 truce. 2 respite.

tremare (tre'mare) vt 1 tremble, shake. 2 shiver.

tremendo (tre'mɛndo) adj awful, fearful.

trementina (tremen'tina) nf turpentine.

tremito ('tremito) nm shiver, shudder.

tremolare (tremo'lare) vi quiver.

tremore (tre'more) nm tremor.

treno ('treno) nm train. **treno di vita** way of life.

trenta ('trenta) adj,nm thirty. **trentesimo** adj thirthieth.

trespolo ('trespolo) nm trestle.

triangolo (tri'angolo) nm triangle. **triangolare** adj triangular.

tribolare (tribo'lare) vt torment.

tribordo (tri'bordo) nm starboard.

tribù (tri'bu) nf invar tribe. **tribale** adj tribal.

tribuna (tri'buna) nf 1 platform. 2 gallery. 3 sport stand. **tribunale** nm 1 court. 2 tribunal.

tricheco (tri'kɛko) nm walrus.

triciclo (tri'tʃiklo) nm tricycle.

trifoglio (tri'fɔʎʎo) nm 1 clover. 2 shamrock.

triglia ('triʎʎa) nf red mullet.

trillare (tril'lare) vi 1 trill. 2 vibrate. **trillo** nm 1 ring. 2 trill.

trilogia (trilo'dʒia) nf trilogy.

trimestre (tri'mɛstre) nm term.

trina ('trina) nf lace.

trincare (trin'kare) vt drink greedily.

trincea (trin't∫ea) *nf* trench.

trinciare (trin't∫are) *vt* cut up, mince.

trinità (trini'ta) *nf* trinity.

trio ('trio) *nm* trio.

trionfare (trion'fare) *vi* triumph. **trionfale** *adj* triumphal. **trionfo** *nm* 1 triumph. 2 *game* trumps.

triplice ('triplit∫e) *adj* triple.

tripode ('tripode) *nm* tripod.

trippa ('trippa) *nf* tripe.

triregno (tri'reɲɲo) *nm* papal tiara.

triste ('triste) *adj* sad. **tristezza** (tris'tettsa) *nf* sadness.

tristo ('tristo) *adj* bad, evil.

tritare (tri'tare) *vt* mince. **tritacarne** *nm invar* mincer. **tritatutto** *nm invar* slicer and shredder.

trittico ('trittiko) *nm* triptych.

trivellare (trivel'lare) *vt* drill. **trivella** (tri'vella) *nf* drill.

triviale (tri'vjale) *adj* low, vulgar.

trofeo (tro'feo) *nm* trophy.

trogolo ('trogolo) *nm* trough.

troia ('trɔja) *nf* sow.

tromba ('tromba) *nf* trumpet. **tromba d'aria** tornado. **trombone** *nf* trombone.

troncare (tron'kare) *vt* break *or* cut off, interrupt. **tronco** *nm* 1 trunk (of a tree or body). 2 section.

trono ('trɔno) *nm* throne.

tropico ('trɔpiko) *nm* tropic. **tropicale** *adj* tropical.

troppo ('trɔppo) *adj* 1 too much. 2 *pl* too many. *adv* too, too much. **di troppo** in the way.

trota ('trɔta) *nf* trout.

trottare (trot'tare) *vi* trot. **trotto** *nm* trot.

trotterellare (trotterel'lare) *vi* 1 trot along. 2 toddle.

trottola ('trɔttola) *nf* spinning top.

trovare (tro'vare) *vt* 1 find, discover. 2 meet. **andare a trovare** visit. **trovarsi** *vr* 1 be, be situated. 2 feel.

truccare (truk'kare) *vt* 1 disguise, make up. 2 cheat. **truccarsi** *vr* make oneself up. **trucco** *nm* 1 make-up. 2 trick.

truciolo ('trut∫olo) *nm* wood shaving.

truffare (truf'fare) *vt* swindle, cheat. **truffa** *nf* swindle, fraud. **truffatore** *nm* swindler.

truppa ('truppa) *nf* troop.

tu (tu) *pron* 2nd pers m,f s *fam* you. **dare del tu** use the familiar form of address. **tu stesso** 2nd pers s *fam* yourself.

tua ('tua) *poss adj, poss pron* see **tuo**.

tuba ('tuba) *nf* 1 tuba. 2 top-hat.

tubare (tu'bare) *vi* coo.

tubercolosi (tuberko'lɔzi) *nf invar* tuberculosis.

tubo ('tubo) *nm* 1 pipe. 2 tube. **tubatura** *nf* piping. **tubetto** *nm* tube.

tue ('tue) *poss adj, poss pron* see **tuo**.

tuffare (tuf'fare) *vt* plunge, dip. **tuffarsi** *vr* dive, plunge. **tuffatore** *nm* diver. **tuffo** *nm* dive, plunge.

tulipano (tuli'pano) *nm* tulip.

tumore (tu'more) *nm* tumour.

tumulto (tu'multo) *nm* uproar, tumult.

tunica ('tunika) *nf* tunic.

tuo, tua, tuoi, tue ('tuo, 'tua, 'twɔi 'tue) *poss adj* 2nd pers s *fam* your. *poss pron* 2nd pers s *fam* yours.

tuoi ('twɔi) *poss adj, poss pron* see **tuo**.

tuono ('twono) *nm* thunder. **tuonare** *vi*

thunder.

tuorlo (tu'ɔrlo) *nm* egg yolk.

turare (tu'rare) *vt* stop, plug, cork.

turba ('turba) *nf* mob, crowd.

turbante (tur'bante) *nm* turban.

turbare (tur'bare) *vt* trouble, worry, disturb. **turbarsi** *vr* become agitated. **turbamento** *nm* disturbance.

turbina (tur'bina) *nf* turbine.

turbine ('turbine) *nm* **1** whirlwind. **2** hurricane.

turchese (tur'kese) *adj,nf* turquoise.

Turchia (tur'kia) *nf* Turkey. **turco** *adj* Turkish. *nm* **1** Turk. **2** Turkish (language).

turchino (tur'kino) *adj* dark blue.

turismo (tu'rizmo) *nm* tourism. **turista** *nm* tourist. **turistico** (tu'ristiko) *adj* touristic.

turlupinare (turlupi'nare) *vt* cheat.

turno ('turno) *nm* turn. **di turno** on duty.

tuta ('tuta) *nf* overalls.

tutela (tu'tɛla) *nf* guardianship. **tutore** *nm* guardian.

tutto ('tutto) *adj* **1** all. **2** *pl* each, every. *pron* **1** all, everything. **2** *pl* all, everyone. **del tutto** completely. **innanzi tutto 1** first of all. **2** above all. **tutt'al più** at very most. **tutt'altro!** on the contrary! **tutti e due** both. **tutto il giorno** the whole day. **tuttavia** *conj* yet, nevertheless.

U

ubbia (ub'bia) *nf* whim.

ubbidire (ubbi'dire) *vt,vi* obey. **ubbidiente** (ubbi'djɛnte) *adj* obedient. **ubbidienza** (ubbi'djɛntsa) *nf* obedience.

ubriacare (ubria'kare) *vt* intoxicate. **ubriacarsi** *vr* get drunk. **ubriachezza** (ubria'kettsa) *nf* drunkenness. **ubriaco** *adj* drunk. **ubriacone** *nm* drunkard.

uccello (ut'tʃɛllo) *nm* bird. **uccelliera** (uttʃel'ljɛra) *nf* aviary.

uccidere* (ut'tʃidere) *vt* kill.

uccisi (ut'tʃizi) *v* see **uccidere**.

ucciso (ut'tʃizo) *v* see **uccidere**. *adj* killed. *nm* victim. **uccisione** *nf* killing, murder. **uccisore** *nm* killer, murdered.

udire* (u'dire) *vt* hear. **udibile** (u'dibile) *adj* audible. **udienza** (u'djɛntsa) *nf* 1 hearing, sitting. 2 audience, interview. **udito** *nm* hearing. **uditore** *nm* listener. **uditorio** (udi'tɔrjo) *nm* audience.

uffa ('uffa) *interj* what a bore!.

ufficio (uf'fitʃo) *nm* 1 office. 2 department. **ufficio postale** post office. **ufficiale** *adj* official. *nm* official, officer.

ufo ('ufo) **a ufo** *adv* free, for nothing.

uggia ('uddʒa) *nf* dislike.

uggiolare (uddʒo'lare) *vi* whine.

ugola ('ugola) *nf* uvula.

uguagliare (ugwaʎ'ʎare) *vt* make even *or* equal, equalize. **uguagliarsi** *vr* be equal. **uguaglianza** *nf* equality.

uguale (u'gwale) *adj* 1 equal. 2 alike, identical. **per me è uguale** it's all the same to me. **ugualmente** *adv* likewise.

ulcera ('ultʃera) *nf* ulcer.

uliva (u'liva) *nf* olive.

ulteriore (ulte'rjore) *adj* further, ulterior.

ultimo ('ultimo) *adj* last, final, latest. **ultimatum** *nm invar* ultimatum.

ultravioletto (ultravio'letto) *adj* ultraviolet.

ululare (ulu'lare) *vi* howl. **ululo** ('ululo) *nm* howl, howling.

umanesimo (uma'nezimo) *nm* humanism. **umanista** *nm* humanist.

umanitario (umani'tarjo) *adj* humanitarian.

umano (u'mano) *adj* 1 human. 2 humane. **umanista** *nm* humanist. **umanità** *nf* humanity.

umbilico (umbi'liko) *nm* navel.

umido ('umido) *adj* damp, wet. *nm* 1 dampness, damp. 2 stew. **umidità** *nf* dampness.

umile ('umile) *adj* humble. **umiltà** *nf* humility.

umiliare (umi'ljare) *vt* humiliate, humble. **umiliante** *adj* humiliating. **umiliazione** *nf* humilitiation.

umore (u'more) *nm* mood, humour.

umorismo *nm* humour. **umoristico** (umo'ristiko) *adj* funny, humorous.

un (un) see **uno**.

una ('una) see **uno**.

unanime (u'nanime) *adj* unanimous.

unanimità nf unanimity.

uncino (un'tʃino) nm hook. **uncinetto** nm crochet hook. **lavorare all'uncinetto** crochet.

undici ('unditʃi) adj eleven. nm or f eleven. **undicesimo** adj eleventh.

ungere* (un'dʒere) vt grease, oil. **ungere le ruote** grease someone's palm. **ungersi** vr dirty oneself with grease.

Ungheria (unge'ria) nf Hungary. **ungherese** (unge'rese) adj,n Hungarian. nm Hungarian (language).

unghia ('ungja) nf 1 nail. 2 claw, talon. **unghiata** nf scratch.

unguento (un'gwento) nm ointment.

unico ('uniko) adj 1 sole, only. 2 unique. **unicamente** adv only.

unicorno (uni'korno) nm unicorn.

unificare (unifi'kare) vt unify. **unificazione** (unifikat'tsjone) nf unification.

uniforme (uni'forme) adj uniform, even. nf uniform. **uniformità** nf uniformity.

unire (u'nire) vt join, unite, connect. **unione** nf union. **unito** adj united.

unità (uni'ta) nf 1 unity. 2 unit.

università (universi'ta) nf university. **universitario** adj university. nm university student or teacher.

universo (uni'verso) nm universe. **universale** adj universal.

uno, un, una ('uno, un, 'una) adj one. indef art a, an. pron one, someone. **a uno a uno** one by one. **l'un l'altro** one another.

unto ('unto) adj greasy, oily. nm grease. **untuoso** (untu'oso) adj greasy, oily.

uomo ('wɔmo) nm pl **uomini** man.

uopo ('wɔpo) nm need.

uovo ('wɔvo) nm pl **uova** f egg. **uova strapazzate** scrambled eggs. **uovo affogato** poached egg.

uragano (ura'gano) nm hurricane.

uranio (u'ranjo) nm uranium.

Urano (u'rano) nm Uranus.

urbano (ur'bano) adj 1 urban, city. 2 urbane. **urbanistica** (urba'nistika) nf town planning.

urgente (ur'dʒente) adj urgent. **urgenza** (ur'dʒentsa) nf urgency. **d'urgenza** urgently.

urinare (uri'nare) vi urinate. **urina** nf urine.

urlare (ur'lare) vi shout, howl. **urlata** nf howl. **urlo** nm pl **urli** m or **urla** f howl.

urna ('urna) nf 1 urn. 2 ballot-box.

urrà (ur'ra) interj hurrah!

urtare (ur'tare) vt knock against, bump into. vi hit, run into. **urtarsi** vr 1 become annoyed. 2 collide. **urtata** nf shove. **urto** nm 1 collision, crash. 2 push. 3 clash.

usare (u'zare) vi 1 be accustomed. 2 be in fashion. vt use, employ. **usabile** (u'zabile) adj usable. **usanza** (u'zantsa) nf custom, habit. **usato** adj used, worn, secondhand. nm usual. **uso** nm 1 use. 2 custom. **usuale** adj usual.

uscio ('uʃʃo) nm door. **usciere** (uʃ'ʃere) nm usher.

uscire* (uʃ'ʃire) vi 1 go or come out, leave. 2 appear, be published. **uscita** nf exit, way out. **uscita di sicurezza** emergency exit.

usignolo (uzin'ɲɔlo) nm nightingale.

ussaro (us'saro) nm hussar.

ustionare (ustjo'nare) vt burn. **ustione** nf burn.

usura (u'sura) *nf* usury. **usuraio** *nm* usurer.

usurpare (uzur'pare) *vt* usurp.

utensile (uten'sile) *nm* utensil, tool.

utente (u'tente) *nm* user.

utero ('utero) *nm* womb.

utile ('utile) *adj* useful. *nm* gain, profit. **utilità** *nf* usefulness. **utilitario** *adj* utilitarian. **utilizzare** (utilid'dzare) *vt* use, utilize.

uva ('uva) *nf* grape. **uva passa** raisin. **uva secca** currant. **uva spina** gooseberry.

V

va' (va) *v* imperative form of **andare**.

vacante (va'kante) *adj* vacant. **vacanza** (va'kantsa) *nf* 1 holiday. 2 vacancy. **andare in vacanza** go on holiday.

vacca ('vakka) *nf* cow.

vaccinare (vattʃi'nare) *vt* vaccinate. **vaccino** *nm* vaccine.

vacillare (vatʃil'lare) *vi* 1 stagger. 2 hesitate.

vacuo ('vakuo) *adj* empty.

vada ('vada) *v* imperative form of **andare**.

vadano ('vadano) *v* imperative form of **andare**.

vado ('vado) *v* see **andare**.

vagabondare (vagabon'dare) *vi* wander, roam. **vagabondaggio** *nm* vagrancy. **vagabondo** *adj* vagabond, wandering. *nm* tramp.

vagare (va'gare) *vi* wander.

vaghezza (va'gettsa) *nf* vagueness.

vagina (va'dʒina) *nf* vagina.

vagire (va'dʒire) *vi* (of a newborn baby) cry.

vaglia¹ ('vaʎʎa) *nf* worth.

vaglia² ('vaʎʎa) *nm invar* money order. **vaglia postale** postal order.

vagliare (vaʎ'ʎare) *vt* sift. **vaglio** *nm* sieve.

vago ('vago) *adj* vague.

vagone (va'gone) *nm* 1 wagon, truck. 2 carriage. **vagone letto** sleeping-car.

vai ('vai) *v* see **andare**.

vaiolo (va'jɔlo) *nm* smallpox.

valanga (va'langa) *nf* avalanche.

valere* (va'lere) *vi* 1 be worth. 2 be equal *or* correspond to. **non vale!** it does not count! **vale a dire** that is to say. **valersi** *vr* make use of. **valevole** (va'levole) *adj* valid. **validità** *nf* validity. **valido** ('valido) *adj* valid.

valgo ('valgo) *v* see **valere**.

valicare (vali'kare) *vt* cross. **valico** ('valiko) *nm* pass.

valigia (va'lidʒa) *nf* suitcase. **fare le valigie** pack. **valigeria** *nf* leather goods shop.

valle ('valle) *nf also* **vallata** valley.

valletto (val'letto) *nm* valet.

valore (va'lore) *nm* 1 value, worth. 2 courage, valour. 3 valuables. 4 *pl* shares. **mettere in valore** bring out. **valorizzare** (valorid'dzare) *vt* make the most of, exploit. **valoroso** (valo'roso) *adj* valiant.

valutare (valu'tare) *vt* 1 value. 2 estimate. **valuta** *nf* 1 currency, money. 2 value. **valutazione** *nf* estimate.

valvola ('valvola) *nf* 1 valve. 2 electric fuse.

valzer ('valtser) *nm invar* waltz.

vampa ('vampa) *nf* 1 blaze, flame. 2 flush.

vampiro (vam'piro) *nm* vampire.

vandalo ('vandalo) *nm* vandal. **vandalismo** *nm* vandalism.

vaneggiare (vaned'dʒare) *vi* rave.

vanesio (va'nɛzjo) *adj* vain.

vangare (van'gare) *vt* dig. **vanga** *nf* spade.

vangelo (van'dʒɛlo) *nm* gospel.

vaniglia (va'niʎʎa) *nf* vanilla.

vanno ('vanno) *v* see **andare**.

vano ('vano) *adj* 1 useless, vain. 2 vain, conceited. **vanità** *nf* vanity. **vanitoso** (vani'toso) *adj* vain.

vantaggio (van'taddʒo) *nm* advantage. **vantaggioso** (vantad'dʒoso) *adj* advantageous.

vantare (van'tare) *vt* boast of. **vantarsi** *vr* boast. **vantatore** *nm* boaster.

vapore (va'pore) *nm* 1 steam, vapour. 2 steamer. **vaporetto** *nm* steamboat. **vaporizzatore** (vaporiddza'tore) *nm* spray, atomizer.

varare (va'rare) *vt* launch. **varo** *nm* launching.

varcare (var'kare) *vt* go beyond, cross. **varco** *nm* way, passage.

variare (vari'are) *vt,vi* vary, alter. **variabile** (va'rjabile) *adj* variable, changeable. **variante** *nf* variant. **variazione** *nf* variation. **varietà** *nf* variety.

varicella (vari'tʃella) *nf* chickenpox.

varicoso (vari'koso) *adj* varicose.

vario ('varjo) *adj* various.

varrò (var'rɔ) *v* see **valere**.

vasca ('vaska) *nf* 1 basin. 2 tank, tub.

vascello (vaʃ'ʃello) *nm* ship.

vasellame (vazel'lame) *nm* crockery, dishes.

vaso ('vazo) *nm* 1 vase. 2 jar. 3 pot.

vassoio (vas'sojo) *nm* tray.

vasto ('vasto) *adj* vast, spacious.

Vaticano (vati'kano) *nm* Vatican.

ve (ve) *pron 2nd pers m,f pl fam* you, to you. *adv* there.

vecchio ('vekkjo) *adj* old. **vecchiaia** *nf* old age. **vecchietto** *nm* old man.

vedere* (ve'dere) *vt,vi* see. **farsi vedere** appear. **non vedere l'ora di** look forward to. **vedersi** *vr* meet. **vedetta** *nf* look-out. **veduta** *nf* view.

vedova ('vedova) *nf* widow. **vedovo** ('vedovo) *nm* widower.

vedrò (ve'drɔ) *v* see **vedere**.

veemente (vee'mente) *adj* vehement. **veemenza** (vee'mentsa) *nf* vehemence.

vegetare (vedʒe'tare) *vi* vegetate. **vegetariano** *nm* vegetarian. **vegetazione** *nf* vegetation.

vegliare (veʎ'ʎare) *vi* 1 stay awake. 2 attend, watch. **veglia** *nf* 1 vigil. 2 evening party. **veglione** *nm* masked ball.

veicolo (ve'ikolo) *nm* vehicle.

vela ('vela) *nf* sail. **veleggiare** *vi* sail. **veliero** (ve'ljero) *nm* sailing ship.

velare (ve'lare) *vt* 1 veil. 2 cover. **velo** *nm* veil.

veleno (ve'leno) *nm* poison. **velenoso** (vele'noso) *adj* poisonous.

velino (ve'lino) *adj* vellum. **carta velina** *nf* tissue paper.

velivolo (ve'livolo) *nm* aircraft.

velleità (vellei'ta) *nf* empty wish.

vellicare (velli'kare) *vt* 1 tickle. 2 stimulate.

vello ('vɛllo) *nm* 1 fleece. 2 *zool* coat.

velluto (vel'luto) *nm* velvet. **vellutato** *adj* velvet.

veloce (ve'lotʃe) *adj* quick, rapid, fast. **velocità** *nf* speed.

velodromo (ve'lɔdromo) *nm* cycle track.

veltro ('veltro) *nm* greyhound.

vena ('vena) *nf* vein. **venato** *adj* veined.

vendemmiare (vendem'mjare) *vt* harvest (grapes). *vi* gather in the harvest. **vendemmia** *nf* wine harvest.

vendere ('vendere) *vt* sell. **venditore** *nm* seller.

vendetta (ven'detta) *nf* revenge.

vendicare (vendi'kare) *vt* revenge, avenge. **vendicativo** *adj* vindictive.

vendita ('vendita) *nf* sale. **in vendita** on sale.

venerare (vene'rare) *vt* worship, revere. **venerabile** (vene'rabile) *adj* venerable. **venerazione** *nf* veneration.

venerdì (vener'di) *nm* Friday. **venerdì santo** Good Friday.

Venere ('venere) *nf* Venus.

Venezia (ve'nettsja) *nf* Venice. **veneziano** *adj,n* Venetian.

vengo ('vengo) *v* see **venire**.

veniale (ve'njale) *adj* venial.

venire* (ve'nire) *vi* 1 come, arrive. 2 happen. **fare venire** send for. **venire a prendere** fetch. **venire bene/male** turn out well/badly. **venuta** *nf* coming, arrival.

venni ('venni) *v* see **venire**.

ventaglio (ven'taʎʎo) *nm* fan.

venti ('venti) *adj* twenty. *nm or f* twenty. **ventesimo** (ven'tezimo) *adj* twentieth.

ventilare (venti'lare) *vt* ventilate. **ventilazione** *nf* ventilation.

vento ('vento) *nm* wind. **ventoso** *adj* windy.

ventosa (ven'tosa) *nf* sucker.

ventre ('ventre) *nm* stomach, belly.

ventricolo (ven'trikolo) *nm* ventricle.

ventriloquo (ven'trilokwo) *nm* ventriloquist.

ventura (ven'tura) *nf* chance, fortune.

venturo (ven'turo) *adj* next, coming.

venusto (ve'nusto) *adj* beautiful.

verace (ve'ratʃe) *adj* true, real.

veranda (ve'randa) *nf* veranda.

verbo ('vɛrbo) *nm* 1 verb. 2 word. **verbale** *adj* verbal, oral. *nm* minutes.

verde ('verde) *adj,nm* green. **essere al verde** be broke. **verdeggiare** *vi* turn green. **verdura** *nf* vegetables.

verdetto (ver'detto) *nm* verdict.

verecondo (vere'kondo) *adj* modest.

verga ('verga) *nf* rod.

vergine ('verdʒine) *nf* virgin. **verginità** *nf* virginity.

vergogna (ver'gonna) *nf* shame. **che prova vergogna** ashamed. **vergognarsi** *vr* be ashamed. **vergognoso** (vergon'ɲoso) *adj* 1 shameful. 2 bashful.

verificare (verifi'kare) *vt* verify, check. **verificarsi** *vr* happen. **verifica** (ve'rifika) *nf* check, inspection.

verme ('verme) *nm* worm. **vermicelli** (vermi'tʃelli) *nm pl* type of pasta.

vermiglio (ver'miʎʎo) *adj,nm* vermilion.

vermut ('vermut) *nm invar* vermouth.

vernaccia (ver'nattʃa) *nf* type of white wine.

verniciare (verni'tʃare) *vt* varnish, paint. **vernice** *nf* paint, varnish.

vero ('vero) *adj* true, real. **verità** *nf* truth.

verosimile (vero'simile) *adj* probable.

verricello (verri'tʃello) *nm* winch.

verro ('verro) *nm* boar.

verrò (ver'rɔ) *v* see **venire**.

versare (ver'sare) *vt* **1** pour. **2** spill. **3** deposit. **versarsi** *vr* spill. **versamento** *nm* **1** deposit. **2** payment.

versatile (ver'satile) *adj* versatile. **versatilità** *nf* versatility.

versione (ver'sjone) *nf* **1** version. **2** translation.

verso¹ ('verso) *nm* **1** verse. **2** line.

verso² ('verso) *nm* reverse (of a coin, etc.).

verso³ ('verso) *prep* towards.

vertebrato (verte'brato) *adj,nm* vertebrate.

verticale (verti'kale) *adj* vertical.

vertice ('vertitʃe) *nm* summit, top.

vertigine (ver'tidʒine) *nf* dizziness. **avere le vertigini** feel dizzy. **vertiginoso** (vertidʒi'noso) *adj* dizzy.

vescica (veʃ'ʃika) *nf* bladder.

vescovo ('veskovo) *nm* bishop.

vespa ('vespa) *nf* **1** wasp. **2** *Tdmk* scooter.

vestaglia (ves'taʎʎa) *nf* dressing-gown.

vestibolo (ves'tibolo) *nm* hall, foyer.

vestigio (ves'tidʒo) *nm* trace.

vestire (ves'tire) *vt* dress, clothe. **veste** ('veste) *nf* dress, clothing. **vestiario** (ves'tjarjo) *nm* clothing. **vestito** *nm* **1** dress. **2** suit. **3** *pl* clothes.

veterano (vete'rano) *adj,nm* veteran.

veterinario (veteri'narjo) *nm* veterinary surgeon, vet.

veto ('veto) *nm* veto.

vetro ('vetro) *nm* glass. **vetro stratificato** *nm* laminated glass. **vetraio** *nm* glazier. **vetrata** *nf* glass door or window. **vetrina** *nf* **1** shopwindow. **2** glass case.

vetta ('vetta) *nf* summit.

vettovaglie (vetto'vaʎʎe) *nf pl* food supplies.

vettura (vet'tura) *nf* carriage, coach.

vezzeggiare (vettsed'dʒare) *vt* fondle. **vezzo** *nm* **1** habit. **2** affection. **3** *pl* charms. **vezzoso** (vet'tsoso) *adj* pretty.

vi (vi) *pron* 2nd pers *m,f pl fam* you, to you. *adv* there.

via¹ ('via) *nf* **1** street, road. **2** way. **per via aerea** airmail. **via di mezzo** middle course. **viale** *nm* avenue.

via² ('via) *adv* away.

viadotto (via'dotto) *nm* viaduct.

viaggiare (viad'dʒare) *vi* travel. **viaggiatore** *nm* traveller, passenger. **commesso viaggiatore** *nm* salesman. **viaggio** *nm* journey.

Via Lattea *nf* Milky Way.

viandante (vian'dante) *nm* wayfarer.

viavai (via'vai) *nm invar* bustle.

vibrante (vi'brare) *vi* vibrate, quiver. **vibrante** *adj* vibrant. **vibrazione** *nf* vibration.

vicario (vi'karjo) *nm* vicar.

viceconsole (vitʃe'konsole) *nm* vice-consul.

vicedirettore (vitʃediret'tore) *nm* assistant manager.

vicenda (vi'tʃenda) *nf* event. **a vicenda** in turn.

vicepresidente (vitʃepresi'dɛnte) *nm* vice-president.

viceversa (vitʃe'versa) *adv* vice versa.

vicino (vi'tʃino) *adj* near, neighbouring. *nm* neighbour. *adv* close by. **vicino a** near. **vicinato** *nm* neighbourhood. **vicinanza** *nf* **1** vicinity. **2** *pl* neighbourhood.

vicolo ('vikolo) nm alley.

video ('video) nm video.

vidi ('vidi) v see **vedere**.

vidimare (vidi'mare) vt stamp, authenticate.

vieni ('vjeni) v see **venire**.

vietare (vje'tare) vt forbid, prohibit.

vigilare (vidʒi'lare) vt watch over. **vigilante** adj watchful. **vigilanza** nf vigilance. **vigile** ('vidʒile) adj watchful. nm policeman. **vigile del fuoco** fireman. **vigilia** nf 1 eve. 2 vigil.

vigliacco (viʎ'ʎakko) adj cowardly. nm coward. **vigliaccheria** nf cowardice.

vigna ('vinɲa) nf 1 vineyard. 2 vine. **vigneto** (vinɲ'neto) nm vineyard.

vignetta (vinɲ'netta) nf cartoon.

vigore (vi'gore) nm strength, force. **entrare in vigore** come into force. **vigoroso** (vigo'roso) adj vigorous.

vile ('vile) adj low, mean, base.

villa ('villa) nf villa, country house.

villaggio (vil'laddʒo) nm village.

villano (vil'lano) adj rude. nm 1 peasant. 2 boor.

villeggiare (villed'dʒare) vi go on holiday. **villeggiante** nm holiday-maker. **villeggiatura** nf holiday.

viltà (vil'ta) nf 1 cowardice. 2 meanness.

viluppo (vi'luppo) nm tangle.

vimini ('vimini) nm pl wicker.

vincere* ('vintʃere) vt 1 win. 2 conquer. 3 beat. vi win. **vincersi** vr keep one's self-control. **vincitore** nm winner.

vincolare (vinko'lare) vt bind. **vincolo** ('vinkolo) nm bond, tie.

vino ('vino) nm wine.

viola[1] (vi'ɔla) nf bot violet. adj,nm violet, mauve.

viola[2] (vi'ɔla) nf viola.

violare (vio'lare) vt violate.

violentare (violen'tare) vt 1 force. 2 violate, rape. **violento** (vio'lɛnto) adj violent. **violenza** (vio'lentsa) nf violence.

violetta (vio'letta) nf violet.

violino (vio'lino) nm violin.

violoncello (violon'tʃello) nm cello.

viottolo (vi'ɔttolo) nm track, path.

vipera ('vipera) nf viper.

virgola ('virgola) nf comma. **virgolette** nf pl inverted commas.

virile (vi'rile) adj virile, manly. **virilità** nf virility, manhood.

virtù (vir'tu) nf virtue. **virtuoso** (virtu'oso) adj virtuous. nm virtuoso.

virulento (viru'lento) adj virulent.

virus ('virus) nm invar virus.

viscere ('viʃʃere) nm anat organ. nf pl bowels.

vischio ('viskjo) nm mistletoe.

visconte (vis'konte) nm viscount.

viscoso (vis'koso) adj sticky, viscous.

visibile (vi'zibile) adj visible. **visibilità** nf visibility.

visiera (vi'zjera) nf visor.

visione (vi'zjone) nf vision.

visitare (vizi'tare) vt 1 visit. 2 med examine. 3 inspect. **visita** ('vizita) nf 1 visit. 2 examination. **visitatore** nm visitor.

visivo (vi'zivo) adj visual.

viso ('vizo) nm face.

vispo ('vispo) adj lively.

vissi ('vissi) v see **vivere**.

vissuto (vis'suto) *v* see **vivere**.

vista ('vista) *nf* 1 sight. 2 view.

visto ('visto) *v* see **vedere**. *nm* visa.

vistoso (vis'toso) *adj* showy, striking.

visuale (vizu'ale) *adj* visual.

vita[1] ('vita) *nf* life. **vitale** *adj* vital. **vitalità** *nf* vitality.

vita[2] ('vita) *nf* waist.

vitamina (vita'mina) *nf* vitamin.

vite[1] ('vite) *nf* vine.

vite[2] ('vite) *nf* screw.

vitello (vi'tɛllo) *nm* 1 calf. 2 veal.

vittima ('vittima) *nf* victim.

vitto ('vitto) *nm* food. **vitto e alloggio** board and lodging.

vittoria (vit'tɔrja) *nf* victory. **vittorioso** (vitto'rjoso) *adj* victorious.

vituperare (vitupe'rare) *vt* insult, disgrace. **vituperio** (vitu'pɛrjo) *nm* 1 shame. 2 insult.

viva ('viva) *interj* hurrah! long live.

vivace (vi'vatʃe) *adj* 1 lively. 2 bright. **vivacità** *nf* liveliness.

vivaio (vi'vajo) *nm* 1 fish pond. 2 *bot* nursery.

vivanda (vi'vanda) *nf* food.

vivere* ('vivere) *vi, vt* live.

viveri (vi'veri) *nm pl* supplies, victuals.

vivido ('vivido) *adj* vivid.

vivisezione (viviset'tsjone) *nf* vivisection.

vivo ('vivo) *adj* 1 alive, living. 2 lively. 3 bright.

viziare (vit'tsjare) *vt* spoil. **viziato** *adj* spoilt.

vizio ('vittsjo) *nm* 1 bad habit, vice. 2 defect. **vizioso** (vit'tsjoso) *adj* 1 depraved. 2 defective. **circolo vizioso** *nm* vicious circle.

vizzo ('vittso) *adj* withered.

vocabolo (vo'kabolo) *nm* word. **vocabolario** *nm* 1 dictionary. 2 vocabulary.

vocale (vo'kale) *adj* vocal. *nf* vowel.

vocazione (vokat'tsjone) *nf* vocation.

voce ('votʃe) *nf* voice.

vociare (vo'tʃare) *vi* shout.

vodka ('vɔdka) *nf* vodka.

vogare (vo'gare) *vi* row. **voga** *nf* 1 rowing. 2 fashion, vogue. **vogatore** *nm* oarsman.

voglia ('vɔʎʎa) *nf* wish, desire. **di buona/mala voglia** willingly/unwillingly.

voglio (vɔʎʎo) *v* see **volere**.

voi ('voi) *pron 2nd pers m, f pl fam* you. **voialtri** ('vojaltri) *pron 2nd pers m, f pl fam* you. **voi stessi** *pron 2nd pers pl fam* yourselves.

volano (vo'lano) *nm* shuttlecock.

volare (vo'lare) *vi* fly. **volante** *adj* flying. *nm* steering wheel. **volantino** *nm* leaflet. **volata** *nf* flight.

volatile (vo'latile) *adj* volatile. **volatilità** volatility.

volentieri (volen'tjeri) *adv* willingly.

volere* (vo'lere) *vt* 1 want, wish. 2 demand, require. **voler bene a** love. **volerci** be necessary. **volere dire** mean. ~ *nm* will.

volgare (vol'gare) *adj* vulgar, common. **volgarità** *nf* vulgarity.

volgere* ('vɔldʒere) *vt, vi* turn. **volgersi** *vr* turn round.

volgo ('volgo) *nm* common people.

volli ('vɔlli) *v* see **volere**.

volo ('volo) *nm* flight.

volontà (volon'ta) *nf* will. **volontari**

adj voluntary. *nm* volunteer. **volenteroso** (volente'roso) *adj* willing.

volpe ('volpe) *nf* fox.

volsi ('vɔlsi) *v see* **volgere**.

volta[1] ('vɔlta) **1** time. **2** turn. **a volte** sometimes. **una volta** once.

volta[2] ('vɔlta) *nf arch* vault.

voltaggio (vol'taddʒo) *nm* voltage.

voltare (vol'tare) *vt,vi* turn. **voltarsi** *vr* turn round. **voltata** *nf* turn, turning.

volteggiare (volted'dʒare) *vi* **1** fly about. **2** vault.

volto[1] ('vɔlto) *v see* **volgere**.

volto[2] ('volto) *nm* face.

volubile (vo'lubile) *adj* fickle, changeable.

volume (vo'lume) *nm* volume. **voluminoso** (volumi'noso) *adj* bulky.

voluttuoso (voluttu'oso) *adj* voluptuous.

vomitare (vomi'tare) *vt,vi* vomit. **vomito** ('vɔmito) *nm* vomit.

vorace (vo'ratʃe) *adj* greedy, voracious. **voracità** *nf* greed.

voragine (vo'radʒine) *nf* chasm.

vorrò (vor'rɔ) *v see* **volere**.

vortice ('vɔrtitʃe) *nm* whirl.

vostro ('vostro) *poss adj* 2nd pers pl *fam* your. *poss pron* 2nd pers pl *fam* yours.

votare (vo'tare) *vi* vote. **votante** *nm* voter. **votazione** *nf* voting, vote. **voto** *nm* **1** vow. **2** vote. **3** mark.

vulcano (vul'kano) *nm* volcano. **vulcanico** (vul'kaniko) *adj* volcanic.

vulnerabile (vulne'rabile) *adj* vulnerable.

vuoi ('vwɔi) *v see* **volere**.

vuole ('vwɔle) *v see* **volere**.

vuotare (vwo'tare) *vt* empty. **vuoto** ('vwɔto) *adj* empty. *nm* empty space, vacuum.

X

xenofobia (ksenofoˈbia) *nf* xenophobia.

xeres (ˈkseres) *nm invar* sherry.

xerocopiare (kserokoˈpjare) *vt* photo-copy. **xerocopia** (kseroˈkɔpja) *nf* photocopy.

xilofono (ksiˈlɔfono) *nm* xylophone.

Y

yacht (jɔt) *nm invar* yacht.

yoga (ˈjɔga) *nm* yoga.

yoghurt (ˈjɔgurt) *nm* yoghurt.

Z

zabaione (dzaba'jone) *nm* dessert made of eggs and marsala.

zacchera ('tsakkera) *nf* splash of mud.

zaffare (tsaf'fare) *vt* plug, stop up.

zafferano (dzaffe'rano) *nm* saffron.

zaffiro (dzaf'firo) *nm* sapphire.

zagara ('dzagara) *nf* orange blossom.

zaino ('dzaino) *nm* rucksack.

zampa ('tsampa) *nf* paw, leg.

zampillare (tsampil'lare) *vi* gush, spring. **zampillo** *nm* spurt.

zampogna (tsam'poɲɲa) *nf* bagpipe.

zana ('tsana) *nf* cradle.

zangola ('tsangola) *nf* churn.

zanna ('tsanna) *nf* tusk, fang.

zanzara (dzan'dzara) *nf* mosquito. **zanzariera** (dzandza'rjɛra) *nf* mosquito net.

zappare (tsap'pare) *vt* hoe. **zappa** *nf* hoe.

zar (tsar) *nm* tsar. **zarina** *nf* tsarina.

zattera ('tsattera) *nf* raft.

zavorra (dza'vɔrra) *nf* ballast.

zazzera (tsat'tsera) *nf* shock of hair.

zebra ('dzɛbra) *nf* zebra.

zecca ('tsekka) *nf* mint. **nuovo di zecca** *adj* brand-new.

zefiro ('dzɛfiro) *nm* zephyr.

zelo ('dzɛlo) *nm* zeal. **zelante** *adj* zealous.

zenit ('dzɛnit) *nm invar* zenith.

zenzero ('dzendzero) *nm* ginger.

zeppa ('tseppa) *nf* wedge.

zeppo ('tseppo) *adj* crammed, stuffed.

pieno zeppo crammed full.

zerbino[1] (dzer'bino) *nm* dandy.

zerbino[2] (dzer'bino) *nm* doormat.

zero ('dzɛro) *nm* zero, nought.

zia ('tsia) *nf* aunt.

zibellino (dzibel'lino) *nm* sable.

zibetto (dzi'betto) *nm* civet.

zigomo ('dzigomo) *nm* cheekbone.

zigzag (dzig'dzag) *nm invar* zigzag. **camminare a zigzag** zigzag.

zimbello (tsim'bello) *nm* 1 decoy bird. 2 laughingstock.

zinco ('tsinko) *nm* zinc.

zingaro ('tsingaro) *nm* gipsy. **zingaresco** *adj* gipsy.

zio ('tsio) *nm* uncle.

zirlare (dzir'lare) *vi* chirp.

zitella (tsi'tɛlla) *nf* spinster. **zitellona** *nf* old maid.

zittire (tsit'tire) *vt* silence.

zitto ('tsitto) *adj* quiet, silent. **stare zitto** be quiet.

zoccolo ('tsɔkkolo) *nm* 1 clog. 2 hoof.

zodiaco (dzo'diako) *nm* zodiac.

zolfo ('tsolfo) *nm* sulphur.

zolla ('dzolla) *nf* clod, tuft. **zolletta** *nf* sugar lump.

zona ('dzɔna) *nf* zone, area.

zonzo ('dzondzo) **andare a zonzo** *adv* wander about, stroll.

zoo ('dzɔo) *nm invar* zoo.

zoologia (dzoolo'dʒia) *nf* zoology. **zoologico** (dzoo'lɔdʒiko) *adj* zoological. **giardino zoologico** *nm* zoo. **zo-**

ologo (dzoˈɔlogo) *nm* zoologist.

zoppicare (tsoppiˈkare) *vi* **1** limp. **2** be shaky. **zoppicante** *adj* **1** lame. **2** unsteady. **zoppo** (ˈtsɔppo) *adj* **1** lame. **2** wobbly, unsteady.

zotico (ˈdzɔtiko) *adj* rough, uncouth.

zucca (ˈtsukka) *nf* pumpkin. **zuccone** *nm* fool.

zucchero (ˈtsukkero) *nm* sugar. **zuccherare** *vt* to sugar. **zuccheriera** (suk- keˈrjera) *nf* sugar bowl.

zucchino (tsukˈkino) *nm* courgette.

zuccotto (tsukˈkɔtto) *nm* iced sweet made of cream and chocolate.

zuffa (ˈtsuffa) *nf* scuffle.

zufolo (ˈtsufolo) *nm* whistle.

zulù (dzuˈlu) *nm invar* Zulu.

zuppa (ˈtsuppa) *nf* soup. **zuppa inglese** *nf* trifle. **zuppiera** (tsupˈpjera) *nf* soup tureen.